高名凯语言学论文集

高名凯 著

商务印书馆
2011年·北京

图书在版编目(CIP)数据

高名凯语言学论文集/高名凯著.—北京:商务印书馆,1990.1(2011重印)
ISBN 978-7-100-00888-4

Ⅰ.①高⋯ Ⅱ.①高⋯ Ⅲ.①语言学—文集 Ⅳ.①H0-53

中国版本图书馆CIP数据核字(2011)第016508号

所有权利保留。
未经许可,不得以任何方式使用。

GĀOMÍNGKĂI YŬYÁNXUÉ LÙNWÉNJÍ
高名凯语言学论文集
高名凯 著

商 务 印 书 馆 出 版
(北京王府井大街36号 邮政编码 100710)
商 务 印 书 馆 发 行
北京瑞古冠中印刷厂印刷
ISBN 978-7-100-00888-4

1990年3月第1版　　　开本 850×1168 1/32
2011年3月第2版　　　印张 23 插页 2
2011年3月北京第2次印刷
定价:46.00元

高名凯

1938年12月,作者于巴黎市郊。

1958年8月,作者与朱德熙、林焘、王力、魏建功合影(从左至右,中间为高名凯。此照片为北京大学第一届语言学和汉语研究生毕业时与老师合影的一角)。

1962年7月,作者与《语言学概论》编写组部分成员合影于北京大学未名湖畔。

从左至右:石安石、陈松岑、徐通锵、贾彦德、高名凯、李兆同、叶蜚声。

古安兄：

报刊尚未到。不知这"语言学概论"中的地图在出版上有困难。我想两幅地图是否可请人照抄一张，只抹上原图上所有的号数，不加颜色，×许可省去网线。如无法找到人抄画，即也罢了。去信以后也想过。我在上海已经十天左右了。在这里做进四次报告，为此连三时半左右，其中一次讲的是"语言学与社会语言、方言语的关系"；二次讲的是"语言古籍刊行"。介绍搞普通话学的各种方法的思路及刘叔贤等，加以评论。另一次的对象是各省市一般教师，另三次的对象是华东师大、复旦、外语学院等高等学校的语言学教师。下星期还要做两次报告。两次座谈会。大多是安排的结束后，忙着是印讲搞。此次拟好讲稿，可以大大地减省答复来信。

作者手迹

重 印 说 明

高名凯先生(1911—1965),北京大学中文系教授,是我国著名的理论语言学家、汉语语法学家和文学翻译家,曾为中国现代语言学的开拓与发展做出了重要贡献。为纪念高名凯先生诞辰100周年,我馆重排出版高名凯先生语言学著作系列,包括《汉语语法论》、《语法理论》、《高名凯语言学论文集》和《语言论》等四种。

《高名凯语言学论文集》初版于1990年,收录了高名凯先生重要论文29篇,其中有一些是生前未发表的遗作。本次重印依据商务印书馆1990年版。

虽然近半个世纪过去了,高名凯先生的著作对今天的语言学研究仍具有重要参考价值,相信本书的出版一定会对语言学研究者和爱好者有所帮助。

目 录

语言的结构与哲学的思想 …………………………… 1
语言与思维 …………………………………………… 16

汉语规定词"的" ……………………………………… 27
汉语句终词的研究 …………………………………… 80
汉语之表意语法 ……………………………………… 116
唐代禅家语录所见的语法成分 ……………………… 150
书评:《中国语法理论》 ……………………………… 186
语法杂识 ……………………………………………… 202
论汉语语法的历史继承性 …………………………… 243
从语法与逻辑的关系说到主语宾语 ………………… 267
汉语里的单部句 ……………………………………… 279

关于汉语的词类分别 ………………………………… 289
再论汉语的词类分别 ………………………………… 300
三论汉语的词类分别 ………………………………… 315
关于汉语实词分类问题 ……………………………… 330
汉语语法研究中的词类问题 ………………………… 337

论语言与言语	367
再论语言与言语	409
语言与言语问题的争论	430
语言与言语问题争论的意见分歧的根源	449

有关汉语规范化的一些问题	492
语音规范化和汉字正音问题	510
关于《语音规范化和汉字正音问题》的补充说明	531
关于文字改革	542
文风中的风格问题	558
语言的内部发展规律与外来词	566

福州语之语丛声母同化	579

美国描写语言学语言分析方法述评	595
德·索绪尔和他的《普通语言学教程》	674

作者简历	722
高名凯语言学论著目录(附译文目录)	724
编后记	730

语言的结构与哲学的思想
——1947年12月26日清华大学哲学会演讲辞

我们提出"语言的结构与哲学的思想"这个问题，可以说有公私两个原因。现代哲学界里有一个潮流就是对于语言的问题极为注意。许多哲学家都用语言学去解释哲学，哲学和语言学的携手可以说是没有比这时代更为亲切过。尤其是卡那普（Carnap）和他的一派哲学家，即所谓维也纳学派，对于语言的问题特别的重视。在这个潮流之下，更有一部分人注意到语言的结构和哲学思想的关系。罗素就曾说过，许多哲学家都以为他们能够脱离语言的结构的影响，其实他们都是看错了的。罗素特别提到许多哲学家都是受了"主词—宾词"式的语言结构的影响而走上了神秘的一元论的路，以为宇宙的结构就是"本体—属性"式的，尤其是柏拉德莱（Bradley）一派的绝对论者总以为一切的知识，一切的说法都是对"绝对"这个"本体"加以解释的宾词或"属性"。这完全是受了语言结构的影响。虽然罗素本人后来也多少用了语言的另一种结构去解释他的逻辑原子论，但是他对这个问题的注意总是值得我们称赞的。不但是罗素，就是斯波尔丁（Spaulding）和怀悌黑（White-head）等人也曾提过同样的问题。在我们中国一方面，十年前也有前辈先生们注意到这问题，而且还进而想用中国语言的结构去研究中国思想的特性，认为中国人没有"本体论"的思想，没有"本体—属性"的观念,而中国的语言刚刚好没有系词(copula),所以要比较中西思想的不同可以从中西语言的结构的研究下手。我们暂时不必讨论这种说法的是非。一般哲学家对于这个问题既是这样注意,我们似乎也不能放过他。这是公的原因。至于私的原因呢,那就是我个人的问题了。我对于哲学曾经发生过一段小小的因缘,但是后来的兴趣却转到语言学方面去。要问为什么转移这兴趣呢,其中的一部分原因就是在这种潮流下想要试试看是不是可以用语言学的方法去研究哲学,是不是可以在研究不同语言的结构里得到研究不同民族的哲学思想的方法。不幸得很,虽然我对语言学还没有多少深刻的研究,我已经感到要用研究各语言的不同结构的方法去探讨应用这些语言的不同民族的哲学思想的特性是一条走不通的路。所以说我这篇文章,可以说是我的一篇忏悔录。我不是来说语言的结构与哲学的思想有如何的不可分割的关系,而是来报告这种方法是有如何的困难。

现在的问题就在于为什么拿研究不同语言的结构做方法来探讨应用各种不同语言的民族的哲学思想是一条走不通的路。要答复这个问题,我们就得先弄清楚语言和思想的关系。语言是什么呢?传统的说法都认为语言是思想的表达(expression of thoughts)。洪保尔特(von Humboldt)有一句著名的语言定义,他认为语言是心灵的重复的工作,去利用口中发出的声音来表达思想(the ever-repeated labour of the mind to utilize articulated sounds to express thoughts)。这句话的意思就是说语言是我们拿来表达思想的一个工具。这工具是什么呢?就是口中发出的声音。换言之,口中发出的声音就是表达思想的符号。语言是符号,这是我们大家所知道的。然而我们也不要误会以为一切的符号都是语言。语言只是符号的一种。符号是什么呢？平常的说法，拿一个东西去代表另外一个东西，这就是符号。比方说，天上乌云密布，我们就想，要下雨，我们拿乌云来代表下雨，这其间就有符号作用。任何东西都可以拿来代表另外一个东西。然而符号必得是个两极的结构（bi-polar construction）。西洋人一般都认符号为 symbol。凡是一个 symbol 必有一个 symbolizing element 和一个 symbolized element，失其一就不成其为符号。这两个成分可以是任何的东西，但是他们可以谁也不代表谁，不发生符号作用。如果发生了符号作用这两个成分就联结在一起。平常为着方便起见，我们说某物是某物的符号，其实符号就是两个成分的结合，代表乙物的甲物只是符号之中的 symbolizing element，而离开了这 symbolized element 的乙物也就不成其为符号了。语言是符号，所以它也不能没有这个两极性。但是语言只是一种符号，不是一切的符号，所以它的 symbolizing element 和 symbolized element 必得是特殊的东西。乌云和下雨产生了符号关系，然而这并不是语言，因为这其间的 symbolizing element 和 symbolized element 都是自然界的东西，而且是语音以外的东西。语言符号的 symbolizing element，照洪保尔特的说法就是口中发出的声音，不能是别的东西，它的 symbolized element 就是洪保尔特所说的思想，也不能是别的东西。这两个成分必得结合在一起，才能成为符号，没有 symbolized element 的声音只是物理现象，没有 symbolizing element 的思想也不是语言。这是就浅显的道理来说。如果我们再往深一点分析的话，我们就觉得这种说法还不够真切。因为我们的语言可以是无声的语言，就是说可以是没有说出来的语言，而我们所要表达的也不只是理性的思想而已。从前一方面来说，我们最好是拿听觉印象(acoustic image)或说话印象(verbal image)来作为语言符号的 symbolizing element，因为纵使可以有不发音的语言，但是在用语言来思想的时候，我们却不能不有一个我们从前听人家说话时所给我们留下的那个声音印象浮在我们的心灵里。从后一方面来说，语言符号的 symbolized element 也不仅仅是理性的思想。思想这个名词可以引起许多误会，因为一般人多半都认为思想就是理性的观念。然而语言的表达不只是这些理性的观念。萨皮尔(Sapir)曾经对于语言下过一个定义，他说："语言是拿一种自由制造的符号的系统去交通观念、感情、意志的一个纯粹人为而不是本能的所有的方法"(Language is a purely human and non-instinctive method of communicating ideas, emotions, desires by means of a system of voluntarily produced symbols)。语言之表达感情、意志是个不可否认的事实，不过，当我们把感情、意志表达出来的时候，我们所要人家知道的并不是我们的感情本身，而是这感情的意念，换言之，就是感情和意志，表达出来之后，它也就不是情意本身，而是一个"公相化"(universalized)的意念；不过这种意念并不是狭义的理性的思想，它只是一种意义(meaning)而已。说到这个地方，我们觉得最好认为语言符号的 symbolized element 是"意义"。"意义"这个语词的范围很大，在心灵里能够感到一个"意思"的都是意义。我们知道，卡那普学派认为只有物理的语言，可以实证的语言才是有意义的语言；不能实证的语言，如宗教的语言、艺术的语言、形而上学的语言等都是没有意义的语言，它们只是 Scheinwörte 或是 Scheinsätze(假的语词或假的语句)。我们不必在这里细加批评卡那普的理论，因为他所说的没有意义的语言在我们看来显然是有意义的。卡那普所推崇的物理的语言其实也不见得都可以加以实验,而他自己所说的这个理论也显然是不能实验的,而且是个不折不扣的形而上学的理论。在语言学家看来,意义之是否合理、是否"有意义",是否可以证明,都只是 pre-linguistic 或是 post-linguistigue 的问题,从纯粹语言学的观点来说,只要能说出一个声音,而这个声音又代表了某个意义的,这就是语言的符号。怀悌黑说,我们有各种不同的知识,也有各种不同的认识的道路(different ways of knowing)。我们可以有各种不同的意义,固不止是理性意义,一切的意义都可以是语言符号的 symbolized element。不过说到这里,我们还没有把语言符号的一个重要的特性说出来。仅仅有这两极性还不能是语言符号。萨皮尔说语言是交通观念、感情、意志的一个纯粹人为的方法。这句话值得我们注意。语言是要拿来交通人与人之间的观念情意的,我们之所以要表达我们的思想情意,乃是要把它交通给别人,让别人知道。因为有这个作用,所以语言学家都认为语言是社会的现象。所以,仅仅拿一个说话印象来代表某个意义还是不够的,我们可以自定下一个声音去代表某个意义,然而这种代表法却不是别人所能懂得的,结果别人听了并不会懂得我们的意思。因此,语言的符号必得是社会的分子所公认的,大家所同意(mutual understanding)的。这一点是很重要的。

经过这一段的解释,我们总可以明白,凡是要表达一个意义,就非借重语言不可,没有语言我们就没有法子表达我们的意思,交通我们的意义。思想的意义也是意义的一种,所以,凡是要表达思想,也就非依赖语言不可。这是从说者一方面来论。从听者一方面,凡是要明白别人的思想也就非从别人的语言下手不可,因为除了他的语言之外,我们就没有法子知道他的思想。(当然这语言可以再用文字的符号代表他；文字是符号的符号）所以说到这里，我们就得承认研究别人的思想只有研究他的语言。这样说起来，研究思想当然是非求助于语言不可了。我们并不反对以研究语言为工具去研究思想。

可是我们的问题并不在于是否可以用语言的研究为工具探讨思想，我们的问题是"语言的结构与哲学的思想"，我们的疑问是：可否拿语言的结构为凭借去探讨哲学的思想？换言之，我们是不是可以拿中西语言结构的不同去观察中西哲学思想的不同？

要回答这个问题，我们得先假设用同一语言的人必得有同一的思想。不幸得很，这个假设并不是绝对的真理。语言是社会的产物，所以在同一 masse parlante（用索绪尔[de Saussure]的名言来说），同一语言社区中的人所用的是同一的语言，然而拿这公共的工具来表达的却是个人的思想（我们现在可以不必提到情意了）。这就像是大家打了一把刀，然而拿刀来切东西的却是个人，而各人所切的却并不一定是同样的东西。语言学家对于"实际的语言"和"个人的说话"分别得非常清楚，葛迪尼（Gardiner）认为 speech 和 language 是两回事，索绪尔也认为 parole 和 langue 必得加以分别。language 是公共的语言，然而 speech 或 parole 却是个人的说话。尽管语言是大家所共有的，但是拿它来表达的却是说话人的思想。从这一点上说来，研究某一种语言实在没有法子让我们知道用这种语言来表达思想的一群人的共同的思想，除非有一个条件，就是应用这种语言的人大家都只有一种相同的思想。这虽然是事实上的一个疑问，然而却是可能的。比方说，某一个语言社区里出了一个伟大的思想家，他的思想太好了，一切的人都相信他，都跟着他想，结果大家只有一种思想。假定这是事实的话，现在我们还要问一问语言的结构是不是可以表现这种思想?

我们无妨再假定这种思想是哲学的思想,试问语言的结构是否可以表现这哲学思想?关于哲学的思想是什么,这是大家所辩论的问题。不过我们总可以说哲学的思想是超经验的思想(metem-pirical),我们也可以说哲学的思想是思想内容,而不是思想的形式,不是逻辑。哲学家总得说出他的思想是什么(一元论、唯心论、绝对论、太极说等等)。语言的结构是什么呢?语言的结构就是语法(grammar)。罗素、怀悌黑等所批评的也就是一般哲学家用以解释"本体—属性"的哲学思想的"主词—宾词"式的语法结构。语法是什么呢?我们应当用一句最简单的话来说明。语法就是把语词安排在一起,或用语言中的附加成分去表示这些语词所代表的意义是在哪一种关系之下,是在哪一种情况之下的结构方式。用粗浅的观察来说,语言中的语词"相当"于思想中有内容的主要的观念或意义,语言中的语法"相当"于思想中的逻辑形式。假如这个"相当"是绝对的话,那么,语法就只能表现思想中的逻辑部分,不能表现思想中有内容的部分,哲学部分。这样说起来,我们怎么能用语法的研究去揭破哲学的思想呢?然而这并不是严重的问题,因为这种"相当"并不是绝对的。为什么不是绝对的呢?原来语言符号中的 symbolizing element 和 symbolized element 的结合只是一个社会的习惯,并没有任何必然的关系。换言之,在语言符号之中我们之用某种 symbolizing element 去表示某种 symbolized element,这其间并没有什么理由,只是社会的公认而已。我们中国人用 pi 这个 symbolizing element 去代表"笔"这个 symbolized element,然而英国人却用 pen,法国人却用 plume。我们说不出到底是 pi 有道理,还是 pen 有道理,还是 plume 有道理。

因为这不同的说法所代表的是同一的意义,而我们之所以用 pi,这是因为我们的社会习惯,我们的社会公认 pi 代表"笔",所以,我一说 pi,和我用同一语言的人都懂得是"笔"。这里我们得讨论一个问题。我们说语言是一种符号。这是十分正确的。不过西洋人往往说语言是 symbol,萨皮尔就是其中的一个。到此为止我们也是沿用这名称。其实 symbol 这个名称并不足以解释语言符号的特性,而且会引起误会。原来 symbol 有象征的意思。我们说国旗是国家的 symbol,因为它是国家的象征,它之代表国家是有理由的。然而语言符号的作用却并没有任何的理由,只要经过大家的同意,任何发音都可以代表任何的意义。欧邦(Urban)对于这种说法曾经怀疑过,他认为语言的符号是有象征的作用的,比方说,我们说"花在笑",这"笑"字是一种取比(meta-phore),他让我们想象到花的某种实在的性质。欧邦这种说法是有他的目的的。他要反驳卡那普的理论,认为形而上学的意义也是真的,所以只好主张语言的符号是象征,因为形而上学的理论都是一种取比的说法,而取比就是一种象征,象征必有所象所征,必相当地代表"实在"。我们不必跟着卡那普攻击形而上学,也不必陪着欧邦主张语言符号是象征,因为形而上学是"语言之后"的问题,而取比的象征作用也不是语言符号的问题。语言符号的问题只在乎语音和意义之间的关系,语音之代表意义并没有任何理由,并不说明某个意义和其他一个意义之间是否有取比的作用,或已经成功为符号的一个"音义"的结合和另外一个"音义"的结合是不是象征的作用。此外,还有一部分人认为语言中的拟声字可以说明语言符号有象征的作用。这种理论也是似是而非的。他们说"鸭"是个拟声字,它代表鸭的叫声。然而我们细加分析之后,就知道这种拟声也并不是绝对的。第一,在语言中用 ja 的声音去代表"鸭",并不比 canard(法文"鸭")的声音去代表鸭更近事实,我们也说不出理由到底是 ja 或是 tpia,或是 tia,或是 kia,或是 ka,或是 pia 更像鸭的叫声。第二,用 ja 去代表"鸭",这已经是一种自由的选择,如果我们用 mi 去代表"鸭",只要大家同意,也并没有什么不可以。第三,拟声字多半都只是偶然的凑合,有的拟声字最初并没有任何拟声的性质。只是语音变化的结果才带有这种性质的。有的从前的拟声字却因为语音的变化而失其拟声的色彩,所以在拟声字里,语音和意义的结合也并没有绝对的理由,绝对的必要。所以我们觉得语言的符号应当是 sign 而不是 symbol,因为在大家公认之下,symbol 这个语词所代表的意义是象征而不是符号。这又是语言符号的特性,这特性可以让我们明白为什么用语法的结构有的时候也可以表示某一个有内容的观念。符号之代表意义并没有任何的理由,可以自由地应用,结果,我们也就可以用语法的结构去代表思想中的某一个有内容的观念了。

这样说起来,用语法的结构去研究应用这种语言的民族的哲学不是正当的办法吗?其实不然。原来用语法的结构去代表某个哲学观念固然是可能的,但是其中却必得有一个条件,就是社会的习惯这样的应用。这社会的成分是值得注意的,因为它使可以自由选择的语言符号变成不自由的。换言之,经过社会的同意之后,我们就非遵从大家的说法不可。结果,任何人都得向社会去学习语言,不能自造符号,不得已而自制的话,也必得等社会公认之后才成为语言的事实。结果,用哪一种方式去表示某种思想也只是一种社会的习惯而已。

现在我们可以说明为什么用研究不同语言的语法结构去探讨

不同民族的哲学思想是一条走不通的路了。这可以分为三方面来说：

（一）语言符号是个社会的习惯，它又可以自由代表意义，结果有了某种语法结构，它所代表的却不一定非是某种哲学观念不可。换言之，同样的观念可以由各种不同的语法形式代表，同样的语法结构也可以代表不同的观念，而同一的观念又可以由不同的语法结构来代表，只看社会的习惯如何。比方说，英语有占有格（possessive case）。说英语的人是用占有格这个语法形式去代表占有的观念，然而中国人却不用这个形式，而用规定词"的"去代表。我们说"我父亲的房子"，这和英国人说 my father's house 并没有意义上的不同，然而英国人是用占有格，我们却用"的"。"的"的语法形式并不是占有格，因为他还可以用在"红的花"上面，而英语的词尾 s 不能加在 red 之后，成为 red's flower。我们还可以说"说话的人"，然而英语却不能够说 speak's man，而说 the man who speaks 或 the speaker。语法的形式虽然不同，但是我们说"我父亲的房子"时，我们的意义却和英语的 my father's house 没有什么不同。这是就中英语的比较上来说，其实就是在同一的语言里，也可以有不同的形式去表示同一的意义。英语的 my father's house 也可以说成 the house of my father，语法的形式改变了，然而代表的意义还是一样的。在这种情形之下，如果我们看见某一语言的语法里没有某种结构就认为这个语言里没有这种观念或哲学思想，那就上了当了。再说到著名的系词问题。许多哲学家都认为"本体—属性"的哲学是"主词—宾词"式的语法结构表示出来的，中国语没有系词，所以就没有"主词—宾词"式，也没有"本体论"的问题。在我们看来，问题却并不是这样简单。先说西洋语的系词。一部分西洋的现代语言,如英语、法语、德语等,的确都有系词,而且在说明某个主词的性质或说明其为什么东西时,也都非用系词不可。西洋人曾经讨论"本体论"的问题也是事实。然而这系词的应用并不是一切西洋语所必需的。俄文有系词,但可以不用,希腊的系词也在可用可不用之列。古代印欧诸语,如梵文,也是这样。无论是用或是不用,意义都不因此而有不同。我们并不能说它用的时候就有"本体—属性"的思想,不用的时候就没有这种思想。何况"本体—属性"的思想和"主词—宾词"所表示的观念也并不完全一致呢。"主词—宾词"所表示的只是某一个东西的某一种性质,从这种观念推到"本体—属性"的思想,其间已经有个类推或取比作用,这是"语言之后"(post-linguislic)的问题,而不是语言的问题。然而就连这"某一个东西的某一个性质"也并不是必定得有一个系词来表示。再说到中国语一个方面。一般人认为中国语没有系词,这是看错了的。我们说:"我们是中国人",这"是"字不是系词是什么?然而我们也可以不用"是",只说"我们中国人",语法形式虽然不同,其所表达的意义则是同样的。不过,中国语的"是"虽是系词,它和西洋语的系词也不一样。西洋语的系词是用 verb to be,中国语的系词却并不是 verb to be。原来各语言的系词并不一定都是 verb to be,非洲斯瓦希里语(Swahili)就用代名词去表示系词,"树他大"就等于英语的 the tree is big。中国语的系词也是这一类的用法,"是"字本是指示词,它的意思是"此"。这是用指代词来表示系词的一个办法。中国古代语的"乃"也是指代词的一种,《史记》中的"乃夜",其他通常的"乃父"、"乃公"等都是指代词的用法,这一类的系词绝不是 verb to be。"为"字虽是系词,但是它的意义原来是"做","吾为中国人",就是现代的"我做中国人"。"我做中国人"的"做"已经很近于系词。这是用 verb to act 当作系词用的。总之,中国语有系词,但是可用可不用,而且中国语的系词也并不是 verb to be。然而中国人也可以同样的表示"某个东西的某种性质"的观念。这样说起来,中国人之是否有"本体—属性"的哲学观念哪能从中国语之是否有系词来下手研究呢?

(二)语法的结构之不能表示哲学的思想还可以从语法成分和语义成分的结合来解释。语言学家把语言的研究分为三部分,语音、语法、语义。语音是任何语言符号所必需的,我们不必讨论。语法成分代表语词和语词之间的关系是在如何的情况之下,语义是每一个语词的意义。不过在实际的语言中,独立的语词是没有的。语词总是存在于一个语句或其他样子的 gestalt(universe of discourse)之中。不过无论如何,在这个 gestalt 之中,我们可以分析出语法成分和语义成分两者。整个的 gestalt 或 context(上下文)表示一个完整的意思,但这意思的结构却是各语义成分加上语法成分的总和。不过,因为习惯的关系,哪一种意思部分由语法成分来负担,哪一种意思由语义成分来负担却各不相同。总和尽管是"七",但是朝三暮四,或者是朝四暮三却可以自由。换言之,有的语言可以用语义成分去表示另一语言用语法成分所表示的意思。比方说,西洋语多半都有被动式去表示被动的意义,英语的-ed 和德语的 te 就是这种语法成分。然而这同样的意思在中国语却是用语义成分(semanteme)表示出来的。我们说"我受骗了","我挨打了","我遭殃了",这"受"、"遭"、"挨"等都是纯粹的动词,而且是"主动式"(active)的动词,它们是语义成分,不是语法成分,然而我们却并不因为这个而没有被动的观念,我们说"我受骗了"时却并不会不承认"骗"的动作是自他方发出,我们只是接受这种动作而已。所以看到中国语法里没有被动的形式就认为中国人没有"被动"的观念,那就错了。

（三）语言符号的 signifying element 是声音（或听觉印象）,它的 signified element 是意义,或我们这里所说的思想。要知道思想是潜存的,是永远存在的,它是怀悌黑所谓的"久远的事物"(eternal object)。我们平常也说思想变了,这只是从潜存的世界里取出不同的思想而已。事实上任何的思想都是永远存在的。皇帝可以成为过去的事实,但是"皇帝"这个观念总是永远的存在,虽然我们的脑筋可以不想它。语义的变化只是不同的观念的来去而已。就是因为思想是潜在的,我们没有法子看到它,明白它,所以要表达这思想的时候,我们就非应用一个感觉得到的工具不可。这个工具就是语音。要知道语音是个具体的东西,它是现实世界里的一个现象。黑格尔说:"语言是现实化了的文化(actualized culture)。""现实化"这个语词最为重要。用怀悌黑的话来说,语言符号的 signifying element 是个"现实事素"(actual entity)。现实事素必得在时间中进行,它有它的生命;它随着时间变化。刚刚好语言符号的两极的关系是自由的,没有理由的,所以,这变化也无伤于语言的作用。变了之后还可以同样地代表某个意义,都无所谓,只要社会的分子明白就行。这种现象的结果,就是语音或和语音离不开的语法形式（语法是符号的 signifying element,它必得有个语音的形式）的不断的变迁。变迁的结果可以使语法形式发生变动,然而我们却可以同样地表示原来的思想。比方说,拉丁文用语尾的不同去表示各种不同的"格"(cases),主格是 soror,领格是 sororis,间接目的格是 sorori。但是语音有它的特殊的生命,它可以因为纯粹的生理或物理的原因而起变化,这种变化不受意义的影响。从拉丁到法文,一切音重之后的语音都损失掉了,结果,三个不同的"格"都变成同样的发音 soeur,后来就另加上虚字去表示领格(de la soeur)和间接目的格(á la soeur)。意思是一样的,然而语法的形式却变化了。又如拉丁没有代名词,lego(我念),legis(你念),legit(他念)是用三个不同的语尾去表示。后来因为语音的变化,三个语词法文的念法都只是同一的 li(s),li(s),li(t),不能分别,于是就加上了代名词,je li(s),tu li(s),il li(t),语法的形式改变了,然而意义可以同样地表达。再举一个中国语的例。现代人往往用"地"字去代表副词的语尾,而用"的"字去代表其他表示规定关系的地方。这其实只是一个幻觉,因为在语言中,"地"、"的"是同样的念音。然而在五代宋初,"地"和"底"却的确是分用的,而且界限非常地明显。"地"是副词语尾,"底"表示其他的规定关系。那时候,这两个字的念音不同,一是浊音辅音,一是清音辅音。可是到了宋末,我们可以从各种俗文学里看出"地"和"底"混用的情形,后来又来了一个"的"字,表示一切的规定关系连副词也包括在内。原因是在宋末元初,北方方言起了一个语音的变化,凡是浊音都变成了清音,结果"地"、"的"、"底"都一样的念法。这语音变化的结果就是语法上失去了这种分别。又因为副词和其他的规定关系有相通之处,大家都是规定某个东西,又因为动词本身已经足够表示规定它的语词是个副词,所以也就不必再用其他的语法形式。语音的变化使语法形式发生变化,然而我们还可以同样的表示我们的意义,因为在不同的上下文里,我们会知道哪是规定名词或是规定动词的。因为语音的变化而使两个不同的发音变成同一的发音,这是普通的语言现象。这两个相同的语音,如果可以在上下文里让人明白它的不同的意义的话,就可以继续存在。如果连上下文都不能够表示它的不同的意义的话,语言的社区往往会创出另外的形式去分别它,然而到了这个时候,语法的形式就不同了,而我们所要表达的意义却是相同的。这样的说起来,我们怎么能够用语法的结构去说明民族的哲学思想的特征呢?

有了这些理由,我认为要用不同语法的研究去探讨各民族的哲学思想是很困难的事。这当然不是说不必研究语言而能知道各民族,甚至于各哲学家的思想。一切的思想,一切的知识,都只能用语言来表达,不研究别人的语言,哪能知道别人的哲学思想?然而,这并不是说,只研究语法的结构就可以让我们明白各语言所表达的不同民族的哲学思想。

(原载《学原》第1卷第12期,1948年)

语言与思维

语言和思维是两种紧密联系在一起的社会现象。语言是人们的交际工具，是社会中交流思想的工具，它使人们能够表达各自的思想，达到互相了解，使人们在一切活动范围中调整其共同的工作。思维是人脑的一种机能，它是人脑反映离开我们的意识而独立存在的客观世界的一种活动。没有语言，人们就不能组织社会生活；没有思维，人们就不能认识客观世界的规律。而这两种社会现象又是紧密地联系在一起的。

语言虽然要有人们嘴里发出的声音作为它的物质外壳，但是语言并不只是人们嘴里发出的声音。人们嘴里发出的声音，只有在它包含有意义或者和思维结合在一起的时候，才是语言。所以离开了思维，语言就不存在。"人"在创造语言之前，早就会从嘴里发出声音来，但这种声音只是自然现象，和其他的动物（例如狮子或老虎）嘴里发出的声音一样，并不是语言。而那时候的"人"，由于没有语言作为交流思想、互相了解、调整共同活动的工具，也就没有成为真正的人类，只是人类的祖先。"人"在创造语言之前，也早就有了反映客观世界的认识活动，但是这种认识活动却没有超出感觉、知觉和观念的范围。在认识活动逐渐发展的过程中，语言逐渐形成，等到"人"能够用嘴里发出的各种声音来作为思维的物质外壳的时候，人类才真正有了思维。

但是，这并不等于说，思维是语言所产生的，也并不等于说，语言是思维所产生的。思维原可以分为形象思维和抽象思维两种。形象思维指的是感觉、知觉、观念等认识活动；抽象思维指的是以概念为基本形式的认识活动，又称为逻辑思维。人们平常谈论"思维"问题时所说的"思维"，一般指抽象思维。本文上面所说和以下要说到的"思维"，除了特别标明"形象思维"的，都是指抽象思维。思维既不能脱离语言而形成，语言既不能脱离思维而形成，那么，思维是不是语言所产生的呢？语言是不是思维所产生的呢？都不是。语言有它自己的内部发展规律，思维也有它自己的内部发展规律。人类的抽象思维是从形象思维发展出来的。如果不是由于形象思维的高度发展，而终于在劳动的过程中发展到可以飞跃为抽象思维的地步，人即使能够发出千变万化的声音，那也不会产生抽象思维或语言本身。声音只是帮助抽象思维形成的一种外在的条件，尽管它是一个不可缺少的条件。抽象思维更不能产生语言，因为在语言产生之前，抽象思维根本就没有现实的存在。但是，尽管这样，没有语言，思维就不能形成；没有思维，语言也不能形成。所以，语言和思维是相互依赖的，是同时产生的。

语言和思维是存在于"语言·思维"这个统一体内的两个不同的对立面。它们既是同一个统一体的两个对立面，它们之间就有不可分割的关系。这种关系既表现在语言对思维的依赖性上，又表现在思维对语言的依赖性上。

语言不能离开思维而存在，因为语言只是一种信号。作为信号的事物和被这信号所指明的事物之间，要有一种指明者和被指明者的关系，否则信号就不能存在。语言是拿生理器官所发出的声音去指明精神活动中的思维的，只有在这种情况下，生理器官所发出的声音才成为信号,才成为语言;离开了这种关系,生理器官所发出的声音就只是音波,只是物理现象,不是信号,不是语言。

信号是一种特殊的符号,不是一切的符号都是信号,也不是所有的信号都是语言。某些西方语言学家的错误就在于:他们把信号和语言混同起来,把一切的信号都看成语言。其实,语言尽管是信号之一种,但它是一种特殊的信号。有的时候,在指明者和被指明者之间有直接的自然的关系:作为指明者的事物的特点和作为被指明者的事物的特点之间有某种共同之点。比方说,拿豺狼来比喻帝国主义。豺狼既指明帝国主义,它也是一种符号。看了报纸上的豺狼的漫画,就知道它指的是帝国主义。在这种情形中,指明者和被指明者之间有直接的自然的关系,豺狼和帝国主义之间有共同的特点:残暴。但是有的时候,情形就不是这样的,指明者和被指明者之间没有直接的自然的关系。例如拿电报的号码去指明文字。只有这后一种符号才是信号。我们说语言是一种信号,这就说明了语言的一个特点,即语言之作为思维的信号不是根据某一种声音的特点(如鼻音的特点)和被这声音所指明的某种思维内容的特点(如"人"这个声音所指明的"人"这个概念的内容方面的特点)的某种共同点来进行的。换言之,语言只有信号作用,没有其他的符号作用,指明者和被指明者之间并没有直接的自然的关系,指明者和被指明者之间所以具有信号关系,只是因为"约定俗成"。拿什么指明者去指明什么被指明者,不是根据这两者之间的共同之点,而是根据运用符号的人们的公认,习惯成自然,这就叫做"约定俗成"。为什么我们汉族人拿 mǎ 这个声音去指明"马"这个概念呢?没有别的理由,只是因为大家在习惯上都拿 mǎ 这个声音去指明"马"这个概念,不是因为 mǎ 这个声音和"马"这个概念所反映的客观事物之间有什么共同的特点。不过,这里所说的"约定俗成"并不是大家开会讨论通过的,而是人们在社会的劳动实践中,由习惯定下来的。并且,在语言的发展过程中,这种"约定俗成"是要在语言发展内部规律的基础上实现,不是人们所能随便规定的。总之,因为语言是一种信号,它的存在依赖于它所指明的思维,如果没有思维作为它的被指明者,语言就不能存在。

不但语言的存在要依赖思维,而思维的存在也要依赖语言。这正是语言和思维互相依赖的具体的表现。思维对语言的依赖性可以拿巴甫洛夫的"语言是抽象思维的承担者"这一原理来说明。

我们知道,动物的活动就是动物对客观刺激物的反应或反射。这种反应或反射可以分为几类。对刺激物的原始的反应或反射,例如太阳的光芒射到我们眼睛的时候,瞳孔就收缩起来,这种反应叫做直接反应。如果把一系列的原始反应或反射组织成复杂的反应,遇到一个刺激就一连串地反应下去,而这种成套的反应又并不需要事先的训练,只是先天得来的,这就叫做本能的反应。例如闻到饭香,不但流口水,并且胃和喉咙等都动作起来。因为直接的反应和本能的反应都是先天得来的,所以是无条件的反射,即无需在训练中由于某种条件而养成习惯的反射。在高等动物界,除了这些无条件反射之外,还有条件反射。在某种条件下,例如,每当睁开眼睛看见阳光时,都听到洪亮的打钟的声音,经过多次的重复,只要听到洪亮的钟声,瞳孔就会收缩起来。瞳孔的收缩本来是动物对阳光的刺激所有的原始反应,现在却在这种条件的出现下,对钟声的刺激发出原先对阳光刺激的反应或反射,这就叫做条件反射。条件反射是后天的学习所获得的习惯,它能够使动物对原始刺激物的信号发出反射,例如对阳光的信号(即洪亮的钟声)发出对阳光所有的原始的反射（收缩瞳孔）。动物对这种条件反射的信号刺激物进行神经活动的系统，称为第一信号系统。人类除了第一信号系统之外，还有第二信号系统，就是以语言作为引起抽象思维活动的刺激物的信号的神经活动的系统。第二信号系统和第一信号系统不同。在第一信号系统里，作为信号刺激物的必须是一种形象。例如狗看见肉就会流口水，后来训练它，使它看见肉的时候同时看到强烈的电灯光，几次之后，只让它看到电灯光，它也会流口水。这里，电灯光给狗的感官所留下的形象就成了原先肉给狗的感官所留下的形象的信号。但是在第二信号系统里，作为信号刺激物的却是语言。语言是形象（第一信号系统）的信号。狗看到电灯光流口水，因为电灯光的形象指明了肉的形象。但是狗却不能够因"电灯"这个词的刺激而流口水，而人类则可以因"电灯"这个词的刺激而走去开电门。语言中的词之所以能够成为第二信号系统的刺激物，因为它包含有意义，而意义却正是概念之被巩固在词里的。概念不是形象，而是从感觉、知觉或观念的形象里抽象出来的，对客观事物的概括。第二信号系统是第一信号系统的信号，因为第二信号系统（语言）是以形象为基础，加以概括化，抽象化，而再拿来指明这些形象的。正因其如此，第二信号系统必须是从形象发展出来的，是有其原来的物质刺激物的。我们是从这些刺激物所给我们留下的形象里抽出其一般的特性，构成与语音结合在一起的概念或意义的。作为这种抽象概念和语音的结合体的语言，一方面脱离了形象，一方面却成为形象的信号，我们只要听到语言，不必看到客观的刺激物，就可以发出我们原先要对这刺激物所给我们留下的形象的反应。在人们进行抽象思维的时候，语言充当了这种思维的刺激物，没有语言充当这种刺激物，思维就不能产生。至于我们要对哪一个语言成分有哪一个特定的思维活动,这就要看我们是在哪一种条件下建立起刺激物(语言)和反应(思维)之间的联系了。我们说语言是社会现象,这不但是因为语言是人们的社会的交际工具,同时也因为语言的刺激和思维的反应之间的联系是在社会实践中建立起来的。

人类的思维活动是在语言材料的基础上进行的,没有语言,就不能够进行思维。人类是借语言的帮助来进行思维的。我们进行思维的时候,要运用概念,然而没有一个概念可以脱离词而存在。没有语言作为材料基础,任何思维的活动都是不能实现的。因为人们进行思维的时候往往没有把话说出来,有的人就认为我们可以脱离语言而进行思维。这种看法是错误的。这些人所以把问题看错了,是因为他们没有了解外部言语和内部言语的区别。我们平常说话,是把话说出口来,成为别人的听觉所能接受的外部表现,这就是外部言语。但是思维只是为着反映客观世界,或为着准备交际或交流思想而进行的,无需把话说出口来。没有说出口来,并不等于没有语言,只是没有语言的外部表现。这种没有说出口来的言语,叫做内部言语。我们进行思维的时候,语言仍然是这思维活动的刺激物,我们的神经系统仍然有发音的兴奋,只是比较微弱,没有让人听出声音或看出动作罢了。所以,思维的活动是依靠语言的材料基础来进行的,没有语言,思维的活动就不可能。

语言是第二信号系统的物质刺激物,这就意味着语言是抽象思维的承担者。抽象思维之所以能够形成、巩固和发展,都有赖于语言作物质材料。抽象思维和形象思维有本质上的不同。形象思维的形式是形象,每一个形象都成为一个界限分明的单位。对树叶的绿颜色的感觉和对浮云的白颜色的感觉显然是不相同的,对马的观念也和对鹿的观念有差别。作为抽象思维的形式的"绿"和"白","马"和"鹿"等概念却没有形象。概念是从同一类事物里抽象出其一般的特点而概括出来的。因为概念是从各个个别事物的形象里概括出来的,而它本身没有形象,所以就要有一个物质的外壳把它承担起来,它才能够形成。而语言正是这种物质外壳。没有语言来承担,抽象思维就不可能形成,也不可能巩固。

正因为语言是形成和巩固思维成果的物质外壳,它也就成了传授知识的工具。一切知识的传授都是通过语言来进行的,因为一切的认识成果都是由于有了语言而得以形成和巩固的。人类有两种获得知识的方式:一种是掌握和运用人类已经得到的知识,一种是认识还没有被认识的自然界和社会现象的规律。在第一种情况下,人们就要传授或学习已有的知识,这种传授和学习要通过语言。在第二种情况下,人们就要进行研究工作,在已知事物的范围外去进行科学的探讨。要进行有系统的学习,就得通晓本族语言,就得领会日常生活所必要的一定数量的概念。这些概念是前人在经验中所获得,用语言记载下来,传给我们的。这虽然不是我们的直接经验,但是可以通过语言来学习而获得。这也正是语言在人类社会中所起的一个重大的作用。在学习或传授知识的过程中,我们都是拿旧有的词去说明某种知识的。新概念的形成也是在词的基础上实现的。在发现新现象或新知识的时候,我们最初可以拿旧有的词来描写或解说它,但是一直到这个时候为止,我们却还没有发展一个新的概念,等到我们能够给它起个名称的时候,我们才能把我们新发现的知识巩固下来。在此之前,我们的新知识只是以模糊的状态在我们所已知的词或概念的基础上存在着的,新的概念还没有形成和巩固。可见,知识的发展,思维的发展,新概念的产生和巩固都有赖于语言。

就是从人类的抽象思维的产生来说,语言也是不可缺少的。尽管人类在从猿到人的进化过程中,由于劳动的推动,在形象思维的基础上发展了抽象思维的能力,但是,必须有语言,这种抽象思维的能力才能进一步形成和发展。按其本质说,抽象思维应当是由形象思维发展出来的。如果原始人类的形象思维没有发展到相当的程度,如果原始人类只有发音器官的发达,或只会发出各种不同的声音,而没有形象思维的高度发展和抽象思维的萌芽,那也不可能产生抽象思维。但是,除了发展的内部原因之外,人类形象思维之发展成抽象思维,却还要有语言作为它的外因或推动力。语言和思维都是劳动的产物。人的祖先在劳动中制造工具和运用工具,正在形成中的人才有了互相交际的迫切需要,这些需要促进了分节语,即语言的产生。另一方面,在生产的发展过程中,人的意识也愈来愈丰富了,他的抽象思维的能力也愈来愈增长了,但这抽象思维的能力却需要有语言的推动才能完全实现为现实的抽象思维。人类在物质资料的生产过程中,起先从许多复杂的自然现象中抽出个别的事物,给它起个名称;然后在生产进一步发展的过程中,在比较某些事物的时候,人在这些事物中发现了某种共同的东西,创立了一般的概念,以及包括所有这一类事物的口头用语。所以,人类就是在语言的推动之下实现了从形象思维到抽象思维的飞跃的。

语言并且是表达思维的工具。人类的抽象思维是反映客观世界规律的认识活动,它是以认识客观规律,使人利用这规律去改造世界的资格为社会服务的。但是要发挥抽象思维的作用,就必须使人们有思想上和经验上的交流;而要交流思想和经验,首先要把它们表达出来，使它们成为可"捉摸"的、"物质化"的、可了解的东西。而语言正是表达它们的工具。思维之所以能通过语言被表达出来，被人所了解，是因为语言是思维的承担者，它可以使思维"物质化"或具有物质的外壳，是因为语言的声音可以被人的听觉感官所接受，从而被人所"获取"。

　　语言和思维就这样彼此互相依赖地存在于同一个统一体内。但是语言和思维的这种紧密的联系，并不等于说语言和思维是同一样事物。语言和思维是存在于统一体内的两个不同的现象。忽略了它们之间的紧密联系，是不正确的；忽略了它们之间的差别，也是不正确的。尽管离开了思维，语言就不存在，但语言仍然是语言，思维仍然是思维，两者不可混为一谈。我们说语言和思维是紧密联系着的，这句话本身就意味着它们是两种不同的东西，只有在具有不同特点的两样不同的事物之间才谈得到彼此之间的联系。语言和思维是两个不同的事物，可以从许多地方表现出来。全人类的抽象思维的机能是相同的，然而人类却有万千不同的个别的语言。自有人类存在的一天起，全人类所有的抽象思维都是逻辑思维，全人类的抽象思维都是依照同样的逻辑规律进行的，但是各不同时代的社会都有许许多多不同的氏族语言、部落语言、部族语言、民族语言。我们和苏联人都依照同样的逻辑规律进行思维，但是我们和苏联人却说不同的语言——汉语和俄语。汉语和俄语可以表达同样的思想内容，但彼此却是不同的语言。如果语言和思维是同一个东西，那么，思想是什么样子，语言就应该是什么样子，同一个思想也就只能够有同一个语言表达，全人类有同样的思维规律，也就只能够有同一种语言的规律。然而事实说明，全人类有相同的思维规律，却有万千不同的个别语言的规律。思维没有民族性,语言有民族性。

因为各种语言都有其特点,不同的语言之间往往是拿不同的语言成分去表达或承担同样的思维成分的。比方说,苏联人说 дом,汉人就说"房子",英吉利人就说 house,所用的语言成分尽管不同,所指的概念或事物却是相同的。不但是不同的语言可以拿不同的语言成分去表达同样的思维成果,就是同一种语言也可以拿不同的语言成分去表达同样的思维成果。在词汇方面,各种语言都在自己的系统里具有一些同义词或双重式,例如汉人既可以说"老婆",又可以说"妻子"。这个词所指的思维成果是相同的,但在语言上却运用不同的词。虽然同义词的创造意味着人类的认识成果,发现近似的现象或概念之间的不同色彩,但是把同义词用在句子里的时候,由于上下文的制约,它们却能指明同样的概念。如果语言和思维是同一个东西,同一个概念就只能够有一个词,不可能有同义词,同一个词也就只能够有一种形式,不能有双重式。语言既是表达思想的工具,表达者和被表达者就不可能是同一个东西。在进行思维和表达思想的时候,我们可能运用两种不同的语言,内部言语和外部言语可能不一样。可以拿俄语来向苏联人表达我们的思想,而拿汉语来进行思维。表达时所用的可以不是进行思维时所用的语言。翻译之所以可能和必要,正是因为语言和思维不是同一回事情。

语言和思维既是这样密切结合在一个统一体内的不同的东西,它们之间就一方面各有各自的特点,各自的内部发展规律,一方面又彼此地互相影响。自从语言和思维同时产生的时候起,语言和思维就不断地彼此推动,思维的日益发展推动了语言的发展,语言的日益发展也推动了思维的发展。

语言和思维的这样统一而不同一的关系使我们了解：要使语言训练能够得到有效的成果，除了学习语言的规律之外，还要学习思维的规律（即逻辑规律），只有在充分掌握思维规律的情况下，我们的语言才可能是具有良好文风的语言。语言和思维的统一而不同一的关系又使我们了解：要使思维能力的锻炼能够得到有效的成果，除了学习思维规律之外，还要学习语言规律，只有在充分掌握语言规律的情况下，我们的思维才可能是具有精密性和准确性的思维。然而语言和思维的这种统一而不同一的关系却又告诉我们：语言规律仍然是语言规律，思维规律仍然是思维规律，我们既不能拿语法学的学习去替代逻辑学的学习，也不能拿逻辑学的学习去替代语法学的学习。我们要掌握语言，首要的锻炼仍然是语法规律的学习；我们要掌握思维规律，首要的锻炼仍然是逻辑学的学习。彼此的参考和结合是十分必要的，但两者不可互相顶替。今天，党号召我们注意文风，写作中缺乏逻辑性就应当是我们要注意的一个问题。从语言和思维的这种关系来看，我们学习写作的人就有必要借助思维规律的锻炼来提高写作中的逻辑性。

（原载《语文学习》1959年10月号）

汉语规定词"的"

一

语言是由人类口中所发出的声音,但这种声音必是代表社会群中其他分子所共同了解的意义的。不代表意义的声音只是物理现象,并非语言。所以凡是语言中的任何一个单位(语词),必是音和义两个成分的组合物。① 因此,要规定一个语词必得看他在发音和表意两方面是不是一致。如果音同而义也同,必是同一的语词。如果音和义两方面只有一方面相同,问题就发生了。在这种情形之下,我们是以意义为依归的,因为语言的功用本来是要表达意义。所以,如果有两个语词,他所代表的意义是同一的,语言学家就叫他们做同义字,就算他们做一个语词也无不可。例如《左传》"吾以女为夫人"和"我鬷御哉"两句,②"吾"、"我"二字就是义同音异的同义字,我们说它们是两个语词固然是对的,就说它们只是一个语词也未尝不可以。然而等到音同而义不同的时候,我们就非把他们当作不同的语词看不可。例如《礼记》"不以食道用美焉尔"③的

---

① 参阅 F. de Saussure, Cours de linguistique générale,第三章。
② 《左传·庄公八年》。
③ 《礼记·檀弓》。

"爾"字和《仪礼》"弃爾幼志,顺爾成德"①的"爾"字,都是属于纸韵"儿氏切"的读音(《广韵》),现在的北京语都是念为 ɚ 的,然而两者间意义的差别是谁也知道的。又如《诗经》"生于道周"②和《离骚》"虽不周于今之人兮",前后的"周"字,都是一样的读音,《广韵》作"职流切",属于尤韵,现在的北京语都念做 tṣou,然而这两个"周"字意义的不同却是显而易见的。事实上这两个不同意义的"爾"和"周",都应当算是两个不同的语词。这本来是一个极其平常的语言学原则,可是因为中国文字的特殊结构,学者们往往在不知不觉之中,受其影响,而对中国语词的认识也常常发生错误。即此"的"字的解释就是一个例子。

"的"字《说文》作"旳",许慎认为是"明也"。③ 古书对于"的"字的训诂,说法很多。除《说文》之外,以"的"有明白之训者,《广雅》:"的,白也。"④《玉篇》:"的,明见也。"⑤以"的"有实之训者,《增韵》:"的,实也。"⑥《正韵》:"的,端的也。"⑦以"的"有鹄的之训者,《玉篇》:"的,射质也。"⑧《正韵》:"的,射侯之中。"⑨以"的"有莲子之训者,《尔雅·释草》:"其实,莲;其根,藕;其中,的。"⑩《玉篇》作"菂"。⑪ 以"的"有马之训者,《易·说卦》"其于马也……为的颡",

---

① 《仪礼·士冠礼》。
② 《诗经·唐风·有杕之杜》。
③ 《续古逸丛书》宋刊《说文解字》卷七上,第1页下。
④ 《文选楼丛书》本《广雅》卷四,第2页上。
⑤ 《玉篇》(影宋版)卷二十,第5页上。
⑥ 光绪二十八年上海宝善斋本《康熙字典》午中,第9页下所引。
⑦ 明正德三年重刊本《洪武正韵》卷十六,第14页下。
⑧ 同注⑤。
⑨ 同注⑦。
⑩ 《古逸丛书》本《尔雅》卷下,第4页下。
⑪ 《玉篇》卷十三,第2页上。

注:"额有白毛,今之戴星马。"①《尔雅·释畜》作"駒"。② 又有以"的"有妇人面饰之训者,《仙经》:"鲍姑以艾灼龙女额,后人效之,谓之龙的。"③《集韵》通作"黓"。④ 这许多不同的诂训,实在是代表不同的语词,和我们今日用作语助的"的"字毫无关系。作为语助用的"的"字自有其来源。本文的目的就是要就语音和意义两方面来研究语助词"的"字,其在现代口语中所有的语法价值,及其在历史上的演变痕迹。

二

一提到"的"字,我们就会想象到"我的父亲"、"好看的花"等类的用法。这里所用的当然就是我们所谓的虚字,或语助词。然而这语助或虚字所表达的到底是哪一种语法价值,则是我们所要确定的。一般西洋和受过西洋影响的语法学家,对于"的"字用法的解释不谓不多,不过他们的解释大都不是把"的"字所有的不同的意义混在一起谈,就是把"的"字的同一意义误为不同的用法。其最大的原因就是没有直接注意到"的"字音义两成分的组合,而拿西洋的语法来套中国的虚字。代表前一派的,是法国的戴遂良(Wieger)和我们的赵元任先生;代表后一派的是鲁迅及一般受西洋语法影响的人。戴遂良在他分析语体文中"的"的用法时,认为

---

① 《易经·说卦》第十一章注。
② 《古逸丛书》本《尔雅》卷下,第 25 页下。
③ 《康熙字典》午中,第 9 页下所引。
④ 《姚刊三种》本《集韵》卷十,第 36 页上。

"的"字有下列的功用：①

(一)代表名词的领格，如：这个人的……。

(二)代表代词的占有格，如：我的书。

(三)代表动词原式的占有格，如：走的时候。②

(四)代表动词的被动格，如：你说的好。

(五)代表动词的可能格，如：吃的(吃不的)。

(六)代表方位格，如：他爬的桌子上。

(七)代表形容词的语尾，如：要紧的。

(八)代表副词的语尾，如：快快的，慢慢的。

(九)代表句终，如：我去说的。

赵元任先生在他的《北京、苏州、常州语助词的研究》③中以为北京语中发音为"得"字的语助词实在就是"的"字，他认为北京语中"得"(按，即"的"字)字的用法有下列数种：

(一)领格，如英文之's。

(二)前置形容词词尾，如：好看得衣裳。有的时候像西洋的关系代名词，如：吃饭得时候。

(三)后置形容词词尾，如：我要一个好得。这是真得。相当于文言文的"者"字。

(四)事类，如：告诉了他，他会生气得。不行，这样一定会出事情得。

---

① 见其所作 *Rudiments de parler et de style chinois*.第一卷。这系统是我为他归纳的，氏于其近代 *Chinois parlé*, *manuel* 中尚举有许多用法，我们不必再为转录。

② 氏以为此处的"的"有类于拉丁 *gérondif* 语尾 *di*，因为"走的时候"可以译为拉丁的 *tempus eundi*，见前书第 81 页。

③ 见《清华学报》第三卷，第二期，1926 年。

(五)副词词尾,如:好好儿得走。

(六)动词结果——性质,如:他唱得好听着呐。

(七)动词结果——程度,如:他累得走不动勒。

(八)可能,如:看得见。

(九)等于"跟"、"和",如:八块得七块是十五块。

赵先生所用的"得"和一般人所用的"的"字,只是文字上的不同。大约是因为北京语里语助"的"字的发音是 tə,而 tə 近于"得"(赵氏标音 de),他就用"得"字。我们知道"的"字在这个地方只代表念为 tə 音的一个虚字。因为语助词在句子中的地位不重要,说话的时候,往往把元音读成最模糊的中元音,有的时候就连它是什么音都不很清楚。西洋人称这种现象为中性音调,因为不但元音,就是音调(即四声)也和本来的读法不同。有人曾用实验的方法证明这种音调和其他四声的不同,而称之曰"第六音调"(阴平、阳平、上、去、入五声以外的),可是他的意思却和西洋人所说的中性音调并无分别。这种中性音调的元音可以用希伯来文的 Cheva(即比较含混的元音 ə)来代表。实在很难说他的读音是"得",而不是"的"。不过以元音的性质来说,当然"得"(tə)是比"的"(ti)近于 Cheva,可是如果我们知道 tə 是"的"用为语助词时的必然的读音,而"得"字又有其他的用法,即由实字"得"演化而来的语助词"得",而这两者又有相混的可能,我们觉得还是用一般人已经通用的"的"字来得妥当。不过这也不是重要的问题。我们所要说的是:戴、赵二氏所举的语助词"的"(或"得")的用法,显然都有两种困难。第一,他们都把许多不同意义的语词混在一起谈;第二,他们都是用西洋的语法来解释中国的语法。我们看戴遂良所列的用法中,第五条代表动词的可能格,第六条代表方位格,和第九条代表句终的说法就有一点格格不相人。"吃的吃不的"的"的"字,以发音来说,也许和"快快的"的"的"字相同,然而在意义上显然是不同的。这"的"字正如戴遂良自己所说的一样,是表示"可能格"的,从语源学的立场来说,确是"得"字演化而来的语助词,尚存有可以得到或不可以得到的意思。纵使我们不能用语源学的意思来解释现实的语法价值,可是就以现实的用法来说,大家也都知道这两者意义的不同,实在不是一个相同的语词。至于"他爬的桌子上"的"的"字,更是不妥。戴遂良自己说,这里"的"字有"在"或"到"的意思,①可知这是另外一个语词,和一般人所说的"我的父亲"之类的语助词"的"完全是两回事。赵元任先生所举的也是一样。"动词结果——性质"中的"他唱得好听着呐","动词结果——程度"中的"他累得走不动勒",都是表示可能性和动作所达到的可能程度,和一般的"的"字毫无关系。至于"八块得七块是十五块"的"得"字,更是另外的东西。此处戴、赵二氏的困难可以说是太注重于发音而忽略了意义。赵先生说:"北京 de 得这个语助词似可以分为'得''的'两个不同的语助词……但这样分法是文字上的分化,在语言上的事实上,其实都是说 de'得'的,所以北京话只有一种语助词当许多种用法"。② 这就是明证。中国老先生研究语法太注重于表面上的文字,而戴、赵二氏能够脱离这个束缚,而到文字背后去注意发音的异同,这当然是一个极大的进步。然而要知道中国语是单音缀的语言。在中国语中,表示不同意义的语词往往有同样发音的可能。戴、赵二氏还有一个困难,即用西洋的语法格局

---

① 见 *Rudimentsr de parle etr de style chinois* 第一卷,第 122 页,载遂良也许也认为这是另外一个语词,只是他没有说明。

② 《清华学报》第三卷,第二期,1926 年。

来套中国的语法。比方说,戴遂良以为"的"字有表示动词被动格的功用。因为"你说的好"这句话译成法文是 ce que tu as dit est bien. 这里 ce que 的 que 是目的格关系代名词,所以这个动词是被动格,就是"被你所说的"的意思。然而在中国人看来,这里的动词明明是主动格。"你说"就是"你说"。"的"不过是表示那句话和"你说"的关系而已,表示那是"你说的话"不是"别人说的话"。这样由于外国文的翻译而来说明中国的语法,则中国的语法必和任何一种语言的语法相同。然而这是不可能的,因为我们明明知道各语言的语法是不同的。如果中国语的语法和任何语言都相同,则这和任何不同语法的语言都相同的语法结构必是一个怪物。如果是以外国文翻译时所用的外国语法范畴来说明中国语法的话,则戴、赵二氏所举的又嫌过略。"说话的那个人就是我的父亲"可以译为法文 Ce lui qui parle est mon père. 这里 qui 是主格关系代名词,则"的"字又可以说是主格关系代名词的语助词。"往东流的水"可以译成法文 l'eau courant à l'est,则"的"字又可以说是现在分词的语尾。这样说起来,将无底止。所以要研究一种语言的语法,应当看在这种语言中,是不是有一种特殊的语法形式去表示一种特殊的语法范畴,换言之,即是不是有一种特殊的语音形式去表示一种特殊的语法意义。

和戴、赵二氏相反的,则有鲁迅和一般受西洋语法影响而硬要划分中国语言中形容词、领格及副词语尾的用法的。鲁迅译西洋著作时,往往用"的"、"底"、"地"三个字去分别西洋的领格、形容词及副词。例如,在他所译卢那卡尔斯基《艺术论》的《原序》[①]就有

[①] 《艺术论》,上海大江书铺,1929。像这一类的文章,到处都是,固不止于此。

这么一段：

> 本书是将在种种的际会，因种种的端绪，写了下来的几种论文，组织底地编纂而成的，这些论文，由共通的题目所统一。但这并非本来的意义上的美学的理论。在这些论文中，于趣味，美底知觉，美底判断的本质，都未加解剖。

这样划分领格、形容词及副词语尾的办法，固不止是鲁迅一人。一般受西洋语法影响的作家们都是这样。要知道这三个字之用作语助者都是念为 ti，或是 tə，他们在发音方面是一样的，并不会因为文字上写成三个不同的字就成为三个不同的语词。不然的话，"爾"和"尔"、"國"和"国"、"聲"和"声"、"郤"和"却"，也是不同的语词了。所以，纵使是用了三个不同写法的文字，如果他们的读音是一样的，而他们所表示的又是同样的意思，这种分别只是多余的。我们知道宋朝禅家语录常常用"者"、"遮"和"这"三个字去表示指示词"此"。例如《云门匡真禅师广录》①中就有这样不同的写法：

> 者里也须是个人始得。（一九八八号 545 页上行）
> 须到者个田地始得。（一九八八号 545 页中行）
> 这个是长连床上学得底。（一九八八号 551 页上行）
> 总似这般底，水也难消。（一九八八号 553 页上行）
> 遮个公案。（一九九九号 959 页上行）

谁也知道这三个字只是同一语词的不同的写法。然而为什么鲁迅等人就以为"底"、"地"、"的"可以代表三个不同的语法范畴呢？这是因为他们有意地学西洋语法的办法。在西洋语言中，形

---

① 《大正新修大藏经》，第四十七卷《诸宗部》四，目录号数第一九八八号。

容词、副词及名词的领格大都有三个不同的语法形式,他们也以为中国的语言也应当分别这三者。① 要知道应当不应当是另外一个问题。语法是一种社会的传习,本来无所谓应当不应当,更谈不到合乎逻辑不合乎逻辑。我们要看中国的语法是不是有这三者的分别,只要看中国人说话的时候有没有用三个不同的形式去表示这三个范畴。即退一步,承认这三者有分别的必要,我们也应当创造三个不同的形式去表示他,绝不是用三个同样发音的字所能胜任的;因为在说话方面,这三个不同的字还不外是一个同一的语词。从发音方面说,这三个不同的字并没有不同。那么从意义方面说,他们是不是有分别呢?这也就是我们所要讨论的问题了。

三

思想和说话的关系是一个谜。有的人以为有了思想才会说话,有的人以为学会了说话才会思想。大约这两种说法都有相当的道理。实在的情形是这两者虽然不是一个东西,却谁也离不开谁。没有语言的思想是没有着落的思想,所以许多思想观念的成立都有赖于名词的创造。在思想里有了某个范畴,在语言中必有他的表征。不过语言的表征却不仅是语法的结构,每一个语词的意义成分也可以表征思想范畴。在语法的结构中,如果只有一个形式,而其所代表的意思又可以归纳在一个范畴之中,我们就只能

---

① 一般人以为用"他"、"她"、"它"三字,就可以给中国语法增加上"性别"的范畴,也是一样的可笑。要知道,不管这三个字写得如何不同,只要说话时,仍然都说成一样,语法的性别范畴还是不存在的。用文字去分别男女,正如画男女的图像一样,是另一回事,不是语法的问题。

算他是一个语法范畴,不必注意这个范畴之中还可以包含多少更小的观念。没有语言形式的思想界限是模糊不清的。比方说,在英语里头,表示多数的就有一个多数格,就是在名词之后加上一个语尾-s。有了这个语尾的形式,我们就可以说英文有"多数"这个语法范畴。多数这个观念是包括双数的、三数的。英语 two books,three books,就其意义说,是有双数和三数的范畴的,然而这双数和三数云云是 two 和 three 这个字的意义成分表征出来的,并不是-s 这个语法形式表现出来的。所以仅就思想的立场上说,说英语的人当然是有双数和三数的观念。然而就语法的立场上说,英语只有多数格。不过有的时候,同一的思想范畴也可以由不同的语法形式来表现,而在意义上则没有任何的不同。我们可以说这不同的语法形式是表现同一的语法功能。这正如同义字一样,都是用不同的发音去表示同样的意义。例如,德文中的多数格就有各种不同的形式。

照上节所云,"的"字和"底"、"地"在发音上是相同的,所以只是一个共同的形式。即按其意义说,虽然用翻译的办法,这同样的发音形式可以相当于西洋语言中的领格、形容词、副词以及关系代名词等等,可是这只是一种割裂的办法。这些意义实在可以归纳在一个范畴之内,称之曰"规定关系",而"的"字也可以叫做"规定词"。所谓语法范畴,原不外是表示一种关系的观念,不过关系的观念很多,也并不都得由语法来表达。在关系观念之中,有一种叫做规定关系,是一切语言所共有的。规定关系就是在两个或两个以上的语词,其中有一个是给另外一个语词一个范围去规定他的界限的,在中国语中,规定者是在被规定者之前的。比方说《金瓶梅》第八十八回有一句:"这秃和尚贼眉贼眼的只看我。""和尚"是比较空泛的观念。"秃"就是规定"和尚"的一个语词。加上"秃"字，和尚的范围就规定了。意思说：这只是秃和尚，而不是其他的和尚。"看"也是一个比较空泛的观念。"贼眉贼眼的"就给"看"一个规定。意思说：这只是贼眉贼眼的看，而不是其他的看。这种规定关系有时只由语词的秩序来表示。"秃和尚"就是一个例子。有的时候，就在规定者之后加上一个"的"字。这种规定关系在印欧语言中有各种不同的表示较小观念的语法形式。比方说，形容词是规定名词的一种语词，印欧语的形容词有其特殊的形态，所以是一个语法格式。领格是规定被领的名词或代名词的一种语词，印欧语有其特殊的形态，所以是一个语法格式。副词是规定动词的一种语词，印欧语的副词有其特殊的形态，所以是一个语法格式。这是三种常见的规定词，实在可以算做规定词的固不止此。关系代名词也就是规定词之一种，因为他所领导的整个句子就是给前头的名词一个规定的。然而中国语并没有特别的形态去分别这些观念，中国语只有一个"的"字去表达这一切的观念。在中国人的语象里，我们只有一个"的"字去表达规定的关系。这并不是说中国人只有一个规定关系的观念，并没有规定观念所包含的其他较小的观念。这只是说：在中国人说话的时候，他只有表示较泛的规定关系的语法形式，而"的"字的语法价值也只是在于表达这个观念而已。这是我们所以称"的"为汉语规定词的理由。

　　这也可以于现代的口语和白话文里看得出来。中国人说"好看的花"，和说"快快的走"时，并不觉得这两个"的"有什么分别。中国人说"很富的人家"就没有像戴遂良所说的一样，有 la famille qui est riche 的意思，其中的"的"字是表示关系代名词的。在中国人看来，这句话的语法结构和上一句一样，都是表示一种规定关系。在白话文里头,现在受了英语语法影响所写的文章,乱用"地"、"底"、"的",我们不去管他,但在明清小说里,"的"是用在一切表示规定关系的地方的。我们且以《红楼梦》为例。《红楼梦》表达规定关系时,不论这种规定关系是否可以译成西洋的形容词、领格、副词或是关系代表名词,都用"的":

　　用土和马粪满满的填了一嘴。(第七回)

　　凤姐和贾蓉也遥遥的听见了,都装作没听见。(第七回)

　　我就是个多愁多病的身,你就是那倾城倾国的貌。(第二十三回)

　　咱们谋到了,靠菩萨的保佑,有些机会,也未可知。(第六回)

　　若迟了一步,回事的人多了,就难说了。(第六回)

　　忽见周瑞家的笑嘻嘻走过来,点手儿叫他。(第六回)

　　忽见堂屋中柱子上挂着一个匣子,底下又坠着一个秤砣是的,却不住的乱晃……有煞用处呢?(第六回)

《金瓶梅》也是同样的情形。例如:

　　你早替我叫下四个唱的,休要误了。(第八十回)

　　俺们倒没意思剌剌的。(第八十回)

　　你不知道这小油嘴,他好不辣达的性儿。(第八十回)

　　隔壁谁家屋里失了火,烧得红腾腾的。(第八十回)

　　你今日到那里去来,为何沉沉昏昏的?(第八十回)

　　我的嫂子被他娶了多少日子?(第十回)

　　恁个没天理的头命囚根子。(第八十九回)

　　武松口衔着刀子,双手去干开他胸脯,扑乞的一声,把心肝五脏生扯下来。(第八十回)

在《金瓶梅》里,我们还可以发现两个现象,即《金瓶梅》的作者和赵元任先生正相反,他是用"的"去表达规定关系,同时又用"的"去代替"得",去表达可能性和可能的程度的。例如:

一个亲娘舅,比不的他人。(第八十回)

你等怎抵斗的他过。(第八十回)

做不的主儿。(第八十回)

见他吃的酩酊醉,也不敢问他。(第八十回)

这显然是用同音字去表达两个不同的意义,在语法上是表达两个不同的语法范畴,和规定词"的"是两个不同的语词。

还有一个现象颇堪注意,即在表达带有副词性质的语词时,《金瓶梅》的作者有的时候就用"地",例如:

忽见吴月娘蓦地走来。(第八十回)

说养我一场,怎地不与他清明寒食烧纸?(第八十九回)

不过这里也有个情形,就是像这一类的用法,有的时候也用"的",例如:

你怎的只顾在前头,就不进去了?(第八十回)

你告诉我你心里怎的?(第八十回)

不知怎的,心中只是不耐烦。(第八十回)

这到底是什么原因?这可以不可以证明中国语法中副词和其他的规定词是有分别的?我们以为像这一类语词之用"地",乃是因为这些语词已经成为成语,和其他的规定词略有不同。这些语词,在"地"或"的"之上只有一个字,因为中国语往往要音调的协和,自身的独立就比较困难,所以常常是和"地"或"的"字连在一起用。我们看最初加在带有副词性的语词后面的,也就是这一类"蓦地"、"私地"、"怎地"、"特地"等,所以容易成为成语。既然成为成语,则更改就没有那么方便。我们看较早的用法,五代宋初的副词是和其他的规定词有别的。这时候,如果要用语助词去表示副词意义的话,就用"地"。"地"字到后来才和"的"字合流。但从"地"字改到"的"字的过程中,只有这一类的语词,因为习惯的关系是最晚的。《金瓶梅》尚存有此类"地"字的用法,但作者有时还用"的",也可以显出"地"字在消灭过程中的挣扎痕迹了。

四

有人也许要说:"的"、"地"、"底"三字的用法是有历史的根据的,宋人语录中不用"的"字,只用"底",而"地"的用法也和"底"不同,这当然是个很有力的论据;但我们要知道纵使在历史的过程中,中国语曾经有某种语法范畴的分别,可是,这只是历史的陈迹,不能代表语法的现实价值。照现在的情形言,中国语法(这当然是指国语而言)并没有领格、形容词及副词语助的分别,现代人之用"地"、"的"、"底"三字也并不能表现中国语有这三者的划分。我们用历史的眼光来看,就知道古时中国语之用"地"、"底"、"的",都有他的原因和理由的,并不是和现今的办法一样,只是无谓的人工的区别。

规定词之用"的"字者,是宋代末年的事。在白话文的历史中,最初用作规定词的是"底"字。顾亭林在他的《唐韵正》中说:"的字在入声,则当入药音,都略切,灼酌妁芍之类也。转去声,则当入啸音,都料切,钓钌构豹之类也。后人误音为滴,转上声为底。按宋人书中凡语助之辞皆作底,并无的字,是近代之误……今人小的字当作小底。《宋史》有内殿直小底,入内小底,内班小底。《辽史》有近侍小底,承应小底,笔砚小底。"①这句话虽然有点武断,晚宋话本中已用"的"字,并非"并无的字",但宋人语录确是不用"的"。不但是《宋史》、《辽史》,《隋唐嘉话》亦载:"崔湜为中书令,张嘉贞为舍人,湜轻之,常呼为张底。"②以我们所知道的最早的白话文材料来说,敦煌所发现的变文虽然带有白话的成分,但规定词的语助词却没有发现过。我们只在刘复所集的《敦煌掇琐》中,看到一处,是在杂文《㚻䩢新妇文》中:③

便即下财下礼,色(即索)我将来,道我是底,未许之时,求神拜鬼,及至入(乙本作将)来,语我如此。

此外还有两处用"地"的,但这"地"到底是不是一个纯粹的规定语助词尚成问题。这两个"地"字一见《敦煌掇琐》的《燕子赋》,一见《掇琐》的《丑女缘起》:④

雀儿被额,更额气愤;把得话头,特地更闷。

私地诏一宰相。

"特地"、"私地"云云虽有副词的意义,但却类似成语,不能当做纯粹的语助词看。用"地"表示纯粹的语助词,是在五代禅家语录中才发现的。

敦煌所发现的写本,虽云"无在公元第十世纪(北宋初年)之后者"⑤,但这些变文的著作时代,我们却知道得不大确实。尚有早期的白话材料,而其著作年代及作者生平大体为吾人所认识者,则

---

① 思贤讲舍本《音学五书·唐韵正》卷十九,第28页下。
② 语见《史通》郭注。
③ 见中研院历史语言研究所专刊之二,《敦煌掇琐》十五。
④ 同上,三至四;又八。
⑤ 语见郑振铎:《插图本中国文学史》,第三册,第584页。

是禅家的语录。我们现在还看得到的最早的禅家语录要算是敦煌所发现的《神会和尚语录》残卷。《神会和尚语录》残卷共有三种，都藏在巴黎国家图书馆里，经胡适先生校写，合并伦敦大英博物院所藏的神会和尚《顿悟无生般若颂》残卷和《景德传灯录》卷二十八所载的《荷泽神会大师语》刊成《神会和尚遗集》。神会和尚，据《宋僧传》云，是于上元元年(760)死的，卒年九十三岁。① 他的全盛时代当在唐开元、天宝间。这些语录当是第八世纪初中叶的作品。不过在神会和尚的语录里，白话的成分并不多，和我们有关系的，只有一个例子：

若是实者，刹那发心，岂能断诸位地烦恼？

这个"地"是用在相当于西洋所谓的领格。领格语助词之用"地"者，除此例外，我们在一切的材料中就没有发现过第二个，此当是笔误或后人钞写错的。可是，"底"之作为语助用的，却看不到。除了《神会和尚语录》以外，还有五种唐代的禅家语录，是第九世纪的作品而用白话写成的：

(一)《庞居士语录》②

(二)《筠州黄檗断际禅师传心法要》③

(三)《黄檗断际禅师苑陵录》④

(四)《临济录》⑤

---

① 神会和尚姓高氏，襄阳人。关于他的生平，胡适先生作有《荷泽大师神会传》，载《神会和尚遗集》卷首。

② 《大日本续藏经》，卷下之上，第二十五套，目录号数一三一八。

③ 《大正新修大藏经》第四十八卷，《诸宗部》五，目录号数二〇一一A。

④ 《大正新修大藏经》第四十八卷，《诸宗部》五，目录号数二〇一一B。

⑤ 《大日本续藏经》卷下之上，第二十三套，目录号数一二九四所收之《古尊宿语录》(宋颐藏主集)卷四、五。此文上卷又见《大正大藏经》第四十七卷，目录号数一九八五，题目是《镇州临济慧照禅师语录》。

(五)《真际大师语录》①

庞居士即庞蕴,襄阳人,贞元(785—805)初年遇石头希迁,与其论道。元和(806—820)初年回襄阳,大约就在这个时候逝世。他平日的谈论,由他的朋友于頔记录,即此处的《庞居士语录》。《筠州黄蘗断际禅师传心法要》及《黄蘗断际禅师苑陵录》系希运(即黄蘗)和裴休的谈话,而由裴休记录者。希运于大中四年(850)卒。这两部语录大略是第九世纪初中叶的作品。《临济录》分为二卷:上卷《临济慧照禅师语录》,下卷《临济慧照禅师勘辩》。慧照即临济义玄,于咸通八年(867)卒。他平日的谈论由其门人三圣院慧然集录,这当是第九世纪中叶的作品。真际大师即赵州从谂,乾宁四年(897)卒,其语录乃其门人文远所集,是第九世纪末叶的作品。这些都是不可多得的第九世纪的白话材料。② 在这些语录之中,我们只发现几个"底"字,作为规定词用的:

与么听法底人。——《临济录》

这个是黄蘗底。——《临济录》

自达么大师从西土来,祇是觅个不受人惑底人。——《临济录》

把我著底衣。——《临济录》

不是省力底事。——《传心法要》

教儞知那得树上自生底木杓。——《苑陵录》

---

① 《古尊宿语录》卷十三—十四。
② 关于这些禅师的生平,马伯乐教授均有叙述。见马氏 Sur quelques textes anciens de chinois parlé,文载 Bullctin de l'Ecole française d' Extréme-Orient, tome XIV., 1914。

后背底潭。① ——《庞居士语录》
　　粥饭底僧。——《庞居士语录》
然而"地"字却一处也没有发现过。"地"字的用法是五代一直到南宋末年所特有的。我们在五代以及宋代的禅家语录和理学家的语录里可以看出"底"、"地"两字的分别的用法。

　　五代的禅家语录，我们可以看得到的，有《大正大藏经》所收的《云门匡真禅师广录》②。据雷岳所作《行录》③，匡真禅师"讳文偃，姓张氏，世为苏州嘉兴人……以乾和七年己酉四月十日顺寂"。按乾和为南汉刘晟年号，乾和四年即五代后汉隐帝乾祐二年，为公元949年。是《匡真广录》乃是第十世纪中叶的作品，系其弟子明识大师守坚之所集者。《匡真广录》共分上中下三卷，我们曾全部查过，发现"底"和"地"同时存在，"地"有十二处，完全表示副词。"底"有七十三处，表示其他的规定词。兹请略举数例：

　　甲、地
　　　学人簇簇地，商量个什么？（一九八八号547页上行）
　　　喃喃地便道：这个是公才语……（一九八八号552页上行）
　　　隐隐地似有个物相似。（一九八八号558页上行）
　　乙、底
　　　虽然如此，若是得底人，道火不能烧口……。（一九八八号545页下行）

---

① 马伯乐教授认为潭即现今口语的 ni（哩）。
② 见《大正新修大藏经》第四十七卷，《诸宗部》四，目录号数第九八八号。
③ 雷岳所作《云门山光泰禅院匡真大师行录》附《大藏经》所载《匡真广录》后，见《大藏经》第四十七卷，《诸宗部》四，一九八八，第575页下行。

还有透不得底句么？（一九八八号546页中行）

如何是不睡底眼？（一九八八号546页中行）

道得底出来。（一九八八号547页下行）

还有未道著底句也无？（一九八八号548页上行）

书中有两个很可怀疑的句子，即："如何是学人的的事？"（545页中行）及"如何是曹溪的的意？"（551页下行）这里的"的"字是不是我们所要探讨的规定词？我们把这两句和书中其他用"的"的地方相比较，知道这"的"字并不是一语助词。

正当与么时如何？师云：的。问：从上古德以何为的？师云：看取舌头。（547页下行）

问曹溪的旨，请师垂示。（549页中行）

问：如何是祖宗的子？（550页下行）

这里的"的"字都是实字。另外我们在较晚的禅家语录《大慧普觉禅师语录》①中发现有这样的句子：

问：如何是佛法的大意？师云：老僧无的的大意，亦无如何。（813页下行）

"无的的大意"，只能解作"没有什么的的大意"。"的的"是分不开的，是一种形容词而有实在的意义。我们再把这和"学人的的事"，"曹溪的的意"相比较，就知道一定是当时禅家常说的特别名词，绝不是一个语助词。

---

① 见《大正新修大藏经》第四十七卷，《诸宗部》四，目录号数第一九九八号。《语录》后附有僧蕴闻《谢降赐大慧禅师语录入藏奏剳》中载："臣僧蕴闻，昨于乾道七年三月中，不惧天诛，以先师大慧禅师臣宗杲语录投进。"（一九九八号943页上行）既称先师，则大慧禅师必卒于乾道七年三月以前。《语录》凡三十卷，是一部大著作，第一卷开头就说"师绍兴七年七月二十一日，于临安府明庆院开堂"，是南宋绍兴年间（1131—1161）的作品无疑。

我们已经看出五代的禅家语录,"底"和"地"是分用的。然而这"底"、"地"二者是不是和其他不同写法的同一字一样,并没有不同语法范畴上的功用?就在《匡真广录》里头,我们知道"什么"的"什"有的时候是写做"甚"的。例如:"教意提不起,过在什么处?"(一九八八号 561 页下行)"上座住甚处?"(一九八八号 561 页中行)这只是写法的不同。那么,"底"和"地"是不是亦系不同写法的同一字?不是。一来因为在这个时期,"底"和"地"的读音大有分别;二来在用法上,两个的分别是很显然的。"地"只用于相当于西洋副词的地方,而"底"字也从没有侵入"地"的范围。这种情形从五代一直到宋代末年止都保持着。宋代的禅家语录,有的时候只用"底",但这"底"字却不侵犯"地"的范围;有的时候,则两者并用。原来语录是一种文白合掺的文体,用不用这些语词,原是作者的自由,不能因为语录中没有"地"字就认为"地"字不存在于口语,何况有的语录却有这两者的分别。淳化年间(990—994)的《汾阳无德禅师语录》[①]就有"底"、"地"的分用。为着节省篇幅计,略举数例:

甲、底

    受佛付嘱了底人,还记得付嘱底事么?(一九九二号 596 页上行)

    作么生是三玄底旨趣?(一九九二号 597 页下行)

    还有会底么?(一九九二号 597 页上行)

    如何是接初机底句?(一九九二号 597 页上行)

    如何是辨衲僧底句?(一九九二号 597 页上行)

---

① 见《大正新修大藏经》第四十七卷,《诸宗部》四,目录号数第一九九二号。《语录》前附杨亿所作序,称:"淳化四年,西河缁素千余人,协心削牍,遣沙门契聪诣白马山,迎至其郡。"是知其为淳化年间人物。

乙、地

匆匆地见后为什么？（一九九二号 596 页上行）

只怎么哄哄恫恫地烂。（一九九二号 596 页下行）

莫只怎么兀兀地？（一九九二号 597 页上行）

比较晚期的北宋仁宗年间（1023—1062）的《杨岐方会和尚语录》①则只用"底"，而不见"地"。其中有一个"特地饶舌"，可以不可以算是副词语助词尚成问题。然而更晚的元祐绍圣年间（1086—1096）的《法演禅师语录》②却又两者并用。"底"字不必举，我们就举几个"地"字的例：

万余人来此赴会，哄哄地。（一九九五号 664 页中行）

如今只见老汉，独自口吧吧地。（一九九五号 664 页中行）

南宋初年绍兴年间（1131—1161）的《大慧普觉禅师语录》，也是"底"、"地"分用的。其中用"地"的有：

若僧若俗，有情无情，尽皆饱鞠鞠地。（一九九八号 820 页下行）

特地一场愁。（一九九八号 822 页下行）

蓦地又相见。（一九九八号 836 页上行）

宋代的理学家不但在思想上受了不少佛家的影响，就是在文体上也受了佛家的熏陶。理学家的语录分明是效法禅家的语录

---

① 见《大正新修大藏经》第四十七卷，《诸宗部》四，目录号数第一九九四号。《语录》后附湘中苾刍文政所作序，称："师袁州宜春人，姓冷氏。落发于潭州刘阳道吾山。俗龄五十四。卒于云盖山，塔存焉。"而于生年卒年皆未提及。惟载此《序》作于"皇祐二年仲春既望日"。按：皇祐为北宋仁宗年号，皇祐之前尚有天圣、明道、景祐、宝元、康定、庆历等，皆系仁宗年号。此《序》既为方会和尚门人所作，其时在方会卒年之后，则此《语录》一定是作于仁宗年间的。

② 见《大正新修大藏经》第四十七卷，《诸宗部》四，目录号数第一九九五号。

的。宋人语录中之最早者,要算是《二程语录》①,但《二程语录》的白话成分简直就没有。我们却于《龟山语录》②中看到几处用"底"的地方:

圣人作处,唯求一个是底道理。若果是,虽纣之政有所不革;果非,虽文武之政不因。(卷三,第11页上)

两铭只是发明一个事天底道理。(卷三,第25页下)

尽其心者知其性,如何是尽心底道理?(卷三,第28页上)

只是一个是底道理。(卷四,第12页上)

可是"地"却没有发现过。朱熹的《语录》可以说是宋人语录中规模最大的。我们把《朱子全书》③都查过,看得很明显,"底"和"地"的用法是有不同的。"地"只用于相当于西洋的副词的地方,而"底"也只用于相当于副词以外的其他规定词的地方。两者界限分明,毫不紊乱。《朱子全书》用"地"用"底"的地方多得不可胜数,我们只好举几个例:

甲、用"底"者

这须是乐家辨得声音底方理会得。(《朱子全书》卷四十,第7页上)

今又难改他底,若卒改他底,将来后世或有重立庙制,则又著改也。(《朱子全书》卷三十八,第46页上)

此身在天地间便是理和气凝聚底。(《朱子全书》卷六十一,第41页上)

---

① 见《游廌山先生集》。
② 《四部丛刊续编》本。
③ 有康熙御制本。

天地公共底,谓之鬼神。(《朱子全书》卷五十一,第5页下)

　　又说季通底用不得。(《朱子全书》卷五十,第22页上)

　　也只祭得境内底。(《朱子全书》卷三十九,第21页下)

　　然圣人有个存亡继绝底道理。(《朱子全书》卷三十八,第28页下)

　　韦昭是个不分晓底人。(《朱子全书》卷四十一,第4页上)

乙、用"地"者

　　才为物欲所蔽,便阴阴地黑暗了。(《朱子全书》卷四十四,第11页下)

　　道则平铺地散在里。(《朱子全书》卷四十八,第2页上)

　　夜半黑淬淬地。(《朱子全书》卷四十九,第22页上)

其他如"恁地"、"怎地"、"怎生地"、"忽地"等连篇累牍,不计其数。

综上所言,在五代及宋季的禅家和理学家语录中,我们可以看得很清楚,"底"和"地"是两个不同的语助词,两者的分用是很清楚的。然而到此为止,我们还没有遇到"的"字。

最初用"的"字的,是宋朝的俗文学。我们知道宋朝的俗文学是很兴盛的,所谓"大曲"、"鼓子词"、"诸宫调"、"戏文"和"话本"等都是宋朝文人所创造的体裁。大曲尚脱不了词的束缚,虽然偶而也有白话的成分,但规定语助词却没有发现过。鼓子词传者极少。据郑振铎先生云,今所知者有赵德麟《侯鲭录》中所载咏会真记故事的《商调蝶恋花》。[①] 但还是用古文写的。诸宫调之存于今者也

---

① 郑振铎:《插图本中国文学史》第三册,第694页。

不多。郑振铎先生说除董解元的《西厢记诸宫调》、无名氏的《刘知远诸宫调》、王伯成的《天宝遗事诸宫调》以外,别无第四本。① 《刘知远诸宫调》是一个残本,系俄国柯智洛夫1907至1908年发掘张掖黑水故城时之所发现者。我们在郑振铎先生所引的几段原文里,知道这时候的俗文学也有"底"、"地"两字的用法:②

甲、地

　　洪义自约末天色二更过,皓月如秋水,款款地进两脚,调下个折针也闻声。

　　这般材料怎地发迹!

乙、底

　　行雨底龙必将鬼使差。

　　若还到庄说甚底。

今日还存在的完整的戏文只有《永乐大典》的《小孙屠》、《张协状元》及《宦门弟子错立身》。③《小孙屠》下注"古杭书会编撰"。《宦门弟子错立身》下注"古杭才人新编"。当是晚期的作品。郑振铎先生以《张协状元》中有"这番书会,要夺魁名,占断东瓯盛事"句,认为编者"似并为温州人,正和最早的戏文《王魁》、《王焕》出于同地,也许竟是出于同时也不一定"。④ 我们再以文中的语法结构来看,觉得此文比前二者的著作时期为早则是毫无疑问的。在《张协状元》中,"底"和"地"还是照样的用着,没有例外;而在《小孙屠》

---

① 郑振铎:《插图本中国文学史》第三册,第698页。
② 郑振铎:《插图本中国文学史》第三册,第707—710页。
③ 此三戏文存于《永乐大典》第一万三千九百九十一卷,番禺叶恭绰氏民国九年于伦敦古玩肆中之所购得者。北平图书馆曾传写一部。后马隅卿氏依北平图书馆钞本排印,交古今小品书籍印行会出版。
④ 郑振铎:《插图本中国文学史》第三册,第923页。

及《宦门弟子错立身》中情形就不同了。在这里我们第一次见到"的"字代替了"底"字,只有少数的句子中还存有"底"的痕迹,而"地"字还是照样的存在。试举数例如下:

甲、《小孙屠》

  李琼梅的便是。(第1页下)

  大的必达,小的必贵。(第3页上)

  出去做甚的?(第3页上)

  当日的令史过来。(第4页上)

  人非土木的,不敢忘恩义。(第4页上)

  这睡的是谁?(第6页下)

  妈妈说甚底?(第7页下)

  在家吃酒做甚底?(第8页下)

  滴滴底鲜血沾衣袂。(第11页上)

  当歌对酒醺醺地。(第2页下)

  蓦蓦地古道西风峻岭。(第4页下)

  休得要恁地。(第5页上)

  谁知每日贪欢会,醺醺地,不思量归计。(第6页上)

  婆婆不知我家庭怎地吃官司,关了门。(第10页下)

  兄弟款款地来。(第12页下)

乙、《宦门弟子错立身》

  我去勾阑里散了看的。(第56页上)

  害瞎的去寻羊。(第56页下)

  我孩儿要招个做杂剧的。(第59页上)

  不嫁做杂剧的,只嫁个院本的。(第59页上)

  教奴怎底。(第56页上)

波畜生因甚底缘何尚然落后？（第59页下）

怎地孩儿为路岐？（第59页上）

勾阑收拾家中怎地？（第56页上）

宋代话本之存于今日者有《京本通俗小说》残本和《五代平话》残本等。《京本通俗小说》残本①载有小说共《碾玉观音》、《菩萨蛮》、《西山一窟鬼》、《志诚张主管》、《拗相公》、《错斩崔宁》、《冯玉梅团圆》等七篇，其中除《拗相公》一篇述王安石下野事，《志诚张主管》一篇述北宋年间事外，都是叙述南宋高宗建炎绍兴年间的故事，绝不能是南宋早期的作品。《冯玉梅团圆》开头就说"此歌出自我宋建炎年间"，乃是宋人之作无疑。其中述绍兴十五年玉梅与范承信夫妇团圆，后一年承信任满赴京，后来改回原姓，又"累官至两淮留守，夫妻偕老，其死央二镜，子孙世传为至宝"。又见其必是南宋末年的作品。其他诸篇亦皆南宋末年之作。②

在这些小说中，"底"字已不存在，以前用"底"的地方，这里都用"的"。"地"字作为副词语助词用的还有，除"怎地"、"恁地"外，有这些例：

---

① 缪荃孙的《东京小品》把残本的《东京通俗小说》刊行，后来亚东也有印本，胡适先生作《序》。我们所用的就是缪氏刊本。

② 除《冯玉梅团圆》外，《碾玉观音》述绍兴年间事，而于结局上说："后人评论得好"，必是宋末的作品。《菩萨蛮》也是述绍兴年间的事，总不会是太早的作品。《西山一窟鬼》亦述绍兴年间事，而于结局上说："吴教授从此俗俗出家，云游天下，十二年后遇甘真人于终南山，从之而去。"可知也是绍兴以后的作品。《拗相公》述王安石下野的故事，述到王安石死时为止，在结局上说："至今世间人家多有呼猪为拗相公者，后人论我宋元气都为熙宁变法所坏，所以有靖康之祸。"可知是南宋末年的作品。《错斩崔宁》述高宗年间事，开头云"我朝元丰年间"，又谓"高宗时"，不标朝代，必是宋人之作；结局上说："将这一半家私舍入尼姑庵中，自己朝夕看经念佛，追荐亡魂，尽老百年而终。"也可以证明其为南宋末年的作品。就是《志诚张主管》述东京汴州开封府事，书中亦无其他年代的记录。但就其文体言，当是与上述诸篇同时的作品。

静悄悄地无一个人。(卷十,第6页下)

　　睁起杀番人的眼儿咬得牙齿剥剥地响。(卷十,第11页上)

　　口里喃喃地道:作怪,作怪,没奈何!(卷十,第4页下)

——《碾玉观音》

　　远远地王婆早接见了。(卷十二,第7页下)

　　兀自慢慢地赶来。(卷十二,第13页上)

——《西山一窟鬼》

　　从下至上看过,暗暗地喝采。(卷十三,第4页上)

——《志诚张主管》

最可注意的,这里已经有好多地方,在《志诚张主管》、《拗相公》、《错斩崔宁》、《冯玉梅团圆》四篇中,"的"字也已经代替了副词语助的"地":

　　看见员外须眉皓白,暗暗的叫苦。(卷十三,第4页下)

　　二媒约会了双双的到张员外宅里。(卷十三,第3页下)

——《志诚张主管》

　　闷闷的过了一夜。(卷十四,第9页上)

——《拗相公》

　　轻轻的收拾了随身衣服,款款的开了门出去。(卷十五,第7页上)

　　它两人须连夜逃走它方,怎的又去邻舍人家借宿一宵!(卷十五,第17页上)

　　怎的杀了我丈夫刘贵!(卷十五,第21页下)

　　后来又怎的杀了老王,奸骗了奴家!(卷十五,第21页下)

——《错斩崔宁》

　　两口双双的劝女儿改嫁。(卷十六,第10页上)

——《冯玉梅团圆》

《五代平话》残本有诵芬室景宋巾箱本。吴元忠跋云："疑此平话或出南渡小说家所为。"我们看每卷卷首都有"新编五代某史平话"字样，而其回目上下句字数不同，不若元曲题目之齐整，然必为其前身无疑，当是宋代晚期或金元间的作品。《五代平话》残本中，也是"的"取"底"而代之，而用"地"的地方也是混乱的。例如：

炀帝恁地荒淫无道。(《梁史平话》卷上，第2页上)

当时恁地太平。(《梁史平话》卷上，第2页上)

黄巢听得恁地说，不觉泪汪汪，道：……。(《梁史平话》卷上，第7页上)

只见那妻子张妇娘泪簌簌的下。(《梁史平话》卷上，第15页上)

泪珠似雨滴滴地流满粉腮。(《梁史平话》卷上，第15页上)

将些银子与那岳喜的伴当，交他好好的传示着。(《梁史平话》卷上，第15页下)

从这些材料里我们可以看出在宋代末叶，"的"字已经完全代替了"底"字，同时"地"、"的"（即"底"）的分别也就渐渐的混乱了。这种情形在元朝的俗文学里也还存在。在《水浒传》[①]中，就有这个现象：

宋江簌簌地又把不住抖。(第四十一回)

那殿宇岌岌地动。(第四十一回)

[①] 《水浒传》或谓罗贯中作，或谓施耐庵作，但其为元代的作品，则是大家所承认的。

你只自悄悄地取了娘来。(第四十二回)

只见远远地山凹里露出两间草屋。(第四十二回)

拿了朴刀寻路,慢慢的走过岭来。(第四十二回)

我们自重重的谢你。(第四十二回)

不怎的胆大,如何杀得四个大虫。(第四十二回)

初期的元曲如关汉卿的《窦娥冤》①,也是如此:

哥哥,待我慢慢地寻思。(第一折)

羞人答答的教我怎生说波!(第一折)

匆匆的教我怎生回得他去?(第一折)

也不消这等使性平空的推了我一交!(第一折)

待我慢慢的劝化俺媳妇儿。(第一折)

我不与你,你就怎地我?(第二折)

但在后期的元曲,这种情形就没有了。一切的规定语助词都用"的"字,再无"的"、"地"之分了。我们在禅家文献里还发现了这样一段记载,是元代元统三年猪儿年七月十八日敕修《百丈清规》的圣旨:②

皇帝圣旨行中书省行……札牙笃皇帝教起盖大龙翔集庆寺的时分……曾行圣旨有来。江西龙兴路百丈大智觉照禅师在先立来的清规体例……将那各寺里增减来的不一的清规,休教行依著。这校正归一的清规体例定体行……

---

① 《元曲选》第四十二册。《录鬼簿》将关汉卿列入"有所编传奇行于世者"的第一人,《太和正音谱》称关汉卿为"初为杂剧之始",关汉卿之为元剧的初期作家是无疑义的。惜其生平不为吾人所知耳。

② 《大正新修大藏经》第四十八卷,《诸宗部》五,目录号数第二〇二五号,第1110页上,中行。

是"的"字的势力居然侵入元代的官方文献里头来了。这也可以于《元典章》看得出来。《元典章》大都用"的",但也有混用"底"的地方,如"他每原旧职事,又教他的孩儿弟侄承袭,今后罢了呵!却教别个有功底军官每承袭"。① 相当于副词的地方,元典章也用"的",如"为这般上头渐渐的翁婆家消乏了也"。②

明朝的白话文,多是全用"的"字,惟理学家的语录,尚有混合的情形。王阳明的《语录》③就有这现象。平常是用"的",但有时也用"底"或"地":

懵懵懂懂的任意去做。(卷一,第3页上)

那三更时分,空空静静的。(卷三,第6页下)

但腔子里黑窣窣的。(卷三,第7页下)

良知原是精精明明的。(卷三,第16页下)

须要时时用致良知的功夫方才活泼泼地。(卷三,第10页下)

"逝者如斯",是说自家心情活泼泼地否?(卷三,第10页下)

活活泼泼地,此便是浩然之气。(卷三,第13页下)

先儒谓鸢飞鱼跃,与必有事焉,同一活泼泼地。(卷三,第25页下)

亦是。天地间活泼泼地无非此理。(卷三,第24页下)

工夫只一般,不是以那数件都做"格物"底事。(卷三,第24页下)

---

① 《典章》八,《吏部》二,第24页上。
② 《典章》十八,《户部》一,第22页下。
③ 《四部备要》本《阳明全书》。

> 盖心之本体自是广大底。(卷三,第 24 页下)

其他的地方全用"的"。这些例外分明是受了宋儒的影响。至于后来,明清的白话文,如我们上面所举的《金瓶梅》和《红楼梦》,都全用"的",如有例外也只是"怎地"、"蓦地"、"忽地"、"特地"等类乎成语的语词。① 这是我们所熟识的,也用不着举例说明了。

五

我们已经从各时代的材料中看出"底"、"地"、"的"三字的演变痕迹。然而为什么有这种演变?这则是我们所要研究的问题。

现代口语或白话文中所用的"的"字到底是从哪里来的,这是一个没有解决的问题,而学者们对此也曾有过不少的推测,只是没有人下过正确的结论。马伯乐先生曾经对此问题发过一个疑问。他说:

> 有人以为 ti 是文言"之"或"者"所引伸出来的。但是这样简单的纯粹的引伸是不可能的。因为果尔,则我们就非得特别想像汉语声纽从 č 变 t 的过程不可。反之,如果我们认为他是古音之存留于通俗口语中,如我上面之所注者,则未免太为武断。我们知道汉语的 t 常常是从古纽 t 演化而来。所以这个字的古纽当他在文言文中不再存在的时候却保留于通俗的口语中。然而我们应当记得汉语的 č 不仅是由 ty 演化而来,同时也由 tsy 变来的,而这两者的分别在日本的汉音中却看得非常清楚。"之"或者"很显明的是带古纽 ts 的字,而

---

① 参阅本文第三部分。

不是 t，他的读音是 tsyiě，而从没有和"底"一样发为 tie 音。所以，在口语的 ti（的）和文言文的 tche（之）中，并无任何的关系。①

正如马伯乐先生之所云，汉语并没有从 č 变 t 的现象，所以我们不能说"的"(ti)是"之"(či=tche)的直接音变的结果。然而，马伯乐先生对于"的"是"之"之存在于通俗口语中的意见加以怀疑，则不是我们所敢赞同的。反之，我们却大有理由说"的"是"之"存在于口语中的古音。马伯乐先生的出发点是认为"之"的古音是 tsyiě 而不是这 tie。这却不是我们的意见。我们知道"之"的声纽在中古的韵书中是作"止"的。在唐五代的韵书中②，王国维手写的敦煌写本第二种第三种，延光室影印的清故宫写本王仁昫《刊谬补缺切韵》和《广韵》都是作为"止而切"的。"止"是属于照母的。据陈澧的《切韵考》③"止、之、章、征、诸、煮、支、职、正、旨、占、脂"等十二切上字是属于一类，则是毫无疑义的。这些切上字，以宋人的说法来说，就是照三等字。照母和知母的分别是很显然的，宋图④是这样的分类，陈澧的研究结果是这样的分别，陆志韦先生的形式证明⑤也是这样的分法。然而，我们由《说文》形声字的比较的研究，则知上古音纽的知母和照母是不分的。《说文》解说古字，常称某字由某得声，某字某声，这些字在古代必是同样来源的字

---

① 见氏文 *Sur quelques textes anclens de chinois parlé*，第 35 页注四。

② 唐五代韵书之存于世者，由北京大学刘复编成《十韵汇编》，以下所述，皆据《十韵汇编》本。

③ 渭南严氏用《东塾丛书》本校刻本陈澧《切韵考》卷二，《声类考》第二页上。

④ 见司马光：《切韵指掌图》，丰城熊氏旧补史堂校刻本，第 6 页《辨分韵等第》歌及所列诸图。

⑤ 陆志韦：《证广韵五十一声类》，见《燕京学报》第二十五期，第 1—58 页。

(当然这所谓上古到底是什么时候,我们也没有法子确定,因为《说文》虽为汉代许慎所作,而每一个形声字的创作年代则非我们之所知者。不过我们总可以说这些形声字必是在许慎以前作成的,而这些形声字必代表许慎以前某一时期的同音字,或由同一来源而分化出来的方音。不论是同一时代同一地域所造出来的同声字,或在不同时代不同地域所造出来的字,这些在《切韵》时代不同音而在形声字中互相通转的字必是出于同一的来源)。我们曾把《说文》由"之"得声的字其在《广韵》的反切研究过,知道在九个(连"之"在内)字之中,其中的反切都是以摩擦或破裂摩擦齿音为切上的,独有"坎"字从"欠","之"声,许其切,属于喉牙音(许慎错了,这"坎"明明是"欠"声字,"欠"是属于喉牙音)陆志韦先生即以此并以《说文》声系的大表证明古代有从 k 等通 tɕ 等的大路,而推想古时的"之"字或许是喉牙音。[①] 因为"之"字在《切韵》时代已是 tɕi 音,而"之"声的字在《切韵》时代必与"之"字音相近,不足以说明古代"之"字的发音到底是什么样子。因此我们又把一切《广韵》以"之"为切上的字,其在《说文》中有什么形声字,再看这一切形声字之中,除了"之"外,还有什么切上字,结果知道在《广韵》中用"之"为切上的字,他的形声字,则很多是用知母端母等字为切上的。例如,"纯"字是"之尹切"、"常伦切",而和他同声的字的切上字却不只是限于照母字:

屯　　陟纶切　徒伦切

萅　　昌唇切(《广韵》作春)

肫　　章伦切

[①] 见陆文《释之》(未刊稿)。

笔	徒损切
枔	丑伦切
邨	徒浑切
窀	陟纶切　坠顽切　徒浑切
顿	都困切
庉	徒浑切　徒损切
黗	他衮切　他昆切
奄	常伦切

这里,"陟"是属于知母的,"丑"是属于彻母的,"都"是属于端母的,"他"是属于透母的,"徒"是属于定母的,"昌"是属于穿母的。又如"焯"字是"之若切",而和"焯"同声的字则为:

卓	竹角切
趠	丑教切　敕角切(《广韵》作卓)
逴	丑略切　敕角切
踔	丑教切　敕角切
犖	竹角切
罩	都教切
倬	竹角切
悼	徒到切
淖	奴教切
掉	徒吊切　女角切　徒了切
婥	昌约切
綽	昌约切

这里,"竹"是知母字,"敕"是彻母字,其余如上,惟"奴"、"女"两字一是泥母字,一为娘母字,泥娘亦是齿音的一种。又如"桎"、

"郅"两字皆为"之日切",而和他们同声的字则为:

铚	之日切　陟栗切
至	脂利切
荎	徒结切　直尼切
咥	丁结切　徒结切　丑栗切
胵	徒结切　陟栗切
胵	处脂切
室	式质切
窒	陟栗切　丁结切
挃	徒结切
厔	陟栗切（《广韵》作䵖）
疐	丑利切　丑吏切
致	陟利切
蛭	止而切　人质切
挃	陟栗切
姪	直一切　徒结切
蛭	之日切　丁悉切　丁结切
垤	徒结切
墆	豬几切　陟利切
缀	陟利切　直利切
遰	陟里切　陟移切

这里,"脂"和"之"是同类字,"直"是澄母字,"丁"是端母字,"处"和"昌"是同类字,"式"是审母字,"豬"是知母字,"人"是日母字。像这样的例子甚多,因为陆志韦先生对此曾经做过统计,我们也用不着来多说了。我们只把陆志韦先生的统计表中关于照母三等字

(即以"之"为切上之字)和上面所举几个声类字所生的关系者,列之如下:①

⋮						
之	5.8 2.9	2.0	2.8 1.1	5.0 2.5	3.0 1.3	3.0 1.4
⋮	都	他	徒	陟	丑	直

又:②

⋮						
之	5.2 4.7	7.3 7.0	2.4 2.6	1.8		1.5 1.1
⋮	昌	时	式	食	而	以

每格的上行数目字代表《广韵》一字两读,两声类相逢的比例倍数("1"是机率数,比"1"多的是超机率的,证明其有关系),下行是代表《说文》形声字在《广韵》不同声类相逢的比例倍数。从这两个表看来,我们知道上古音中,照母三等(即之母)和端、透、定、知、彻、澄以及穿三、审三、禅、日、喻等的通转情形。这通转可以给我们一个印象,即上古音中,这些音必是同类的,或者是同一来源的音。关于别的我们暂不讨论,我们只论照母和知母的关系。宋图分别三十六字母,多有四等之分,独端、透、定、泥只有一四等,而知、彻、澄、娘只有二三等,精、清、从、心、邪只有一四等,而照、穿、

---

① 《〈说文〉〈广韵〉中间声类转变的大势》,表丁格下,见《燕京学报》第二十八期,第22页。
② 同上,表丙格下,第21页。

床、审、禅只有二三等。高本汉先生即以此现象证明知、彻、澄、娘即是端、透、定、泥的二三等，照、穿、床、审、禅即是精、清、从、心、邪的二三等。① 由我们看来，知、彻、澄、娘和其相等符的端、透、定、泥，又照、穿、床、审、禅和其相等符的精、清、从、心、邪在上古音中，必是同一类的，而照和知，根据陆表所统计的来看，在上古亦必是同类。现在的问题是问一问照（之）和知在中古的系统中到底是什么音。中古照、知的分别是谁都知道的事实。马伯乐先生以为这两者的分别是：②

  知 č

  照 tś(tṣ)

虽然是用了不同的符号，但"知"之作为 č 则是大可怀疑的。高本汉先生以为知应作为ṭ(=ṭ)而照应作为 tṣ（二等）或tṣ（三等）。这则近于事实。③ 罗常培先生曾以梵汉对音的比较，认为知、彻、澄、娘应当作为卷舌音，因为梵语的 cerecrals 或 linguals ṭ, ɸ, ʄh, dh 常常是用知、彻、澄母字来注音的。④ 陆志韦先生对于此说曾经加以反驳，他的理由是：(1)在梵汉对音中，这些舌音多是用特别新造加口旁的字来注音，如"咃"、"嗏"等字。(2)译音中亦有不以"吒"等当 ṭ 等而尚用"轻多轻他……轻那"者，可知此等字当时并无适

---

 ① B. Karlgren：*Etude sur la phonologie chinoise*，第二章，第 49—57 页。
 ② 氏所作 *Etudes sur la phonétique historique de la langue annamite*，p. 15，文载 BEFEO XII, 1912，又见氏所作 *Le dialecte de Tch'ang-ngan sous les T'ang*，p. 4，文载 BEFEO XX, 1920。
 ③ *Etude sur la phonologie chinoise* 第十八章 *Dictionnaire*。
 ④ 罗常培：《知彻澄娘音值考》，《中研院历史语言研究所集刊》第三本第一分，第 121—157 页。

当的汉语译音,故不与汉语的音译字完全同音。(3)就在梵汉对音中,有时竟用来母字去标音,如 Kukkuṭa 俱俱罗,Saṃghaṭi 僧伽犁,Draviḍa 陀毗罗。① 既用知母字又用来母字,则此等舌音与知母字及来母字必有其相似之处,但这不是说必得完全相同。梵语的舌音(卷舌音)是以舌发音的。来母字也是以舌发音的。熊氏刻本《切韵指掌图·辨五音例》云:"欲知徵,舌挂齿(舌头,舌上)。"又《辨字母清浊歌》云:"惟有来日两个母,半商半徵清浊平。"②舌头舌上既属徵,则这半商半徵的来母字必有一部分与舌有关。梵语卷舌音在这一点上必与来母字相近,然而来母字并非卷舌音,是知知母字必是一种舌音,但非卷舌音。按来母 l 是舌尖抵颚的边音,而知母字在越语东京方言中尚作颚音 l(ƚ),此是舌背抵颚的破裂音。高本汉先生以现代方言中,西安知母三等开口字有一部分作 t,兰州知母二三等合口及三等开口的一部分亦作 t,平凉二等合口及三等开合的一部分亦作 t,高丽汉音二等有一部分作 l',日本汉音二等作 t,三等开合的一部分也作 t,汕头二等及三等的一部分作 t,福州厦门全作 t,越语东京方言全作 f,再以齿音的端母 t 无二三等,而其他各母的三等字都是喻化音,乃定其即为端母之二三等由喻化而来的颚音 f。③ 我们知道,《切韵指掌图》称端母为舌头音,而称知母为舌上音,舌头音是舌尖抵齿的齿音,则舌上音很可能是舌背抵颚的颚音,然而,这颚音绝不是 k 类的,因为三十六字

---

① 陆志韦:《试拟〈切韵〉声母之音值并论唐代长安语之声母》,《燕京学报》第 28 期,第 49—51 页。

② 残本守温论字之书(巴黎国家图书馆存敦煌写本第二〇一一号)亦有"欲知徵舌挂齿"句。

③ *Etude sur la phonologie chinoise*,第二章,第十章。

母中自有见群等母。高本汉先生谓知为ƒ当是合理的拟构。

敦煌所发现的藏汉对音中①,之是作为 ci(tɕi),而知也是作为 ci 的。之知在今日大部分方言中都是颚化音(惟福州语之为 tɕi 而知则为 ti),但在《切韵》时代必是两者不同的,不然《切韵》也用不着分别知照两母了。不过在颚化的过程中,作为藏汉对音的方言比较的早一点而已。

上面我们已经说过,从《说文》形声字的声类研究中,知母字和照母字是通转的。上古音中知母既是和照母相通转,则照母字亦当与知母字音相类。我们知道照母字在上古音中也和端母相通转,可知这些字大约是从同一来源来的。我们推想最初的当是一个齿音 t,后来分为 t 和 ȶ,ȶ 又因与介音 -i- 接触变为 tʂ 或 tɕ(照二照三),而没有与 -i- 接触的,仍然是 ȶ(知)。不过这是后话,在上古音中,知照两母当是同样的颚音 ȶ(高本汉初标为 ƒ,后改标为 t̂,即国际音标的 ȶ)。高本汉先生在一九二八年的《汉语上古音问题》②一文中,尚标上古"者"、"诸"等字为:

者　tśi̯a
诸　tśi̯wo

---

①　敦煌发现的汉藏对音材料有汉藏对音《千字文》残卷,伯希和与羽田亨合编的《敦煌遗书》第一集曾将此残卷影印出来,有藏文译音《金刚经》残卷,共有两种,皆由陶慕士与克罗生研究过,加以现代的标音(F. W. Thomas and G. L. M. Clauson, *A Chinese Buddhist Text in Tibetan Writing*, JRAS. 1926),有藏文译音《阿弥陀经》残卷,亦由陶、克二氏研究过,加以现代标音(*A Second Chinese Buddhist Text in Tibetan Writing*, JRAS. 1927),有汉藏对音《大乘中宗见解》,陶慕士、宫本(S. Miva-motto)和克罗生曾经研究过,并加现代标音(*A Chinese mahāyāna Catechism in Tibetan and Chinese Characters*, JRAS. 1929),有注音本《开蒙要训》。此外复有《唐蕃会盟碑》,系唐穆宗长庆二年(公元 822 年)建立于拉萨,尚存于世。这些材料曾为罗常培氏所利用而研究唐五代的西北方言。其书即以《唐五代西北方音》命名,由中研院历史语言研究所出版。

②　B. Karlgren: *Problem of Archaic Chinese*, JRAS, 1928.

等到他的 *Grammata Serica* 出版的时候，他就标《广韵》时代的照母字"之"在上古时代的发音为 t̂iəg。① 马伯乐先生以为"之"的上古音是 tśyiĕ，所以看不出"之"和"底"的关系。不过他提出这个问题，这是他的贡献。

我们现在暂不讨论汉语上古音的韵母。我们知道在《切韵》时代"底"的韵母是 -iei，而"之"的是 -i，"底"是 tiei 而"之"是 tɕi。② 从上面的研究中，我们知道上古的"之"字是念为 t̂iəg 的，而 t̂ 又是更古的 t 演化而来的，则"之"、"底"之在上古为同音字是无疑的。-g 收尾变成 -i 是语音学上很普通的现象，因此用中古的 tiei 去代替上古的 t̂iəg 是很自然的事。

上古的 t̂iəg(ƫiəg)，一方面经过 t̂(ƫ)的阶段，又经过韵母的异化同化两作用(-iəi＞iei 异化作用，再-iei＞-i 同化作用)而变成颚化音的 tɕi(即高本汉之 fʂi)，一方面在口语中还保留着这个 t̂iei (t̂iəg＞t̂iə＞t̂iei)的面目，又因 t̂ 与 t 相近，又变成 tiei。t̂iəg 的本来写法是"之"，变成 tɕi 时仍然写作"之"。存在于口语中的 tiei 只好用另一个字去代替了，这便是"底"的来源(这 tiei 又因同化作用变为后来的 ti)。这种情形在近代的方言中很多。近代方言常常有一字两读或念书说话两种不同发音的情形，而在这种情形之下，说话的发音又往往是古音的保留，如福州语中，就有这种情形：

中古音	现时口语	现时读音
儿 nʑie	nie	i
试 ʂi	tɕ'ɛi	sœy

---

① *Grammata Serica*, pp. 380—381.
② 韵母音值暂从高本汉。好在语助词的韵母本不十分清楚，只要大体不差，就行。

死 si	si	sy
未 mjʷei	muoi	ɛi
规 kjwi	kui	kiɛ
赛 sɑi	sɑi	suoi

当然相反的情形,即念音比口语更古,也是有的,但比较的少数,如:

中古音	现时口语	现时读音
改 kɑi	kuï	kɑi
司 si	sɑ	si(sy)

这种一字两读而表现古今音之并存者,不但存于福州语中,其他方言,如汕头、厦门等,也有这种情形。既然可以口语读音两者不同,而口语又多数是古音的保留,则唐代口语之 tiei 与文言之 ti 只是一个语词的两种读音,却是非常可能的。福州语的白话中,因为"人"字有两种读法,一是文言的 iŋ,一是口语的 nœŋ,就发明了一个"仈"字去代表后者,这就和"之"之有两种读音,结果用"底"去代表 tiei 一样,都是很自然的事。

《广韵》的"又切"确是一个值得注意的问题。陈澧以此为同声类的证据,可以说是完全的错误。如果是同声类的字,为什么要再来一个用另外一个切上字的切?如果要耍把戏,则一切的字都可以来一个又切。这明明是有意义的。又切的意思是标两种读音。然而为什么有两种读音?这有两个可能。一是标方音的不同,一是标在同一方言中的不同的读法。为什么同一方言的同一字有不同的读法?最大的可能是因为有今古两音并存的缘故。我们认为《广韵》的"又切"至少有一部分是告诉我们当时的语言中也有今古两音并存的情形。只可惜"之"字《广韵》无"又切",不然也用不着我们来研究了。

五代时,如上节之所述,"底"和"地"在语法上是不同的,因为"地"是限于用在表示副词的地方。这句话也有音韵学的根据。我们知道"地"字在中古音中是 diei＞di;高本汉先生在他的《方言字典》中作为 d'i 是一个错误。我们知道在敦煌所发现的藏汉对音中,"地"是作为 di,而梵汉对音中也明明是用"地"去标 d 的。① 我们再从纯粹的音理方面来说,就知道一切带有吐气的音根本上不能是浊音(此据 Fouché 先生之说)。吐气的特征就在于张开喉咙,让空气出去,而不使音带发生振动。吐气是最不能是浊音的。所以和吐气合在一起的破裂音,绝不能是浊音的破裂音。梵文中的 bh,dh,gh 到底是不是浊音本已成为问题。现在西欧人之读梵文者,对于这些音都发为 b+h,d+h,g+h,而不发 bh,dh,gh,正足以证明这一种吐气的浊音的不可能。大约梵文 bh,dh,gh,与 ph,th,kh,之别只在于硬软,而不在于清浊。不过,无论如何,"地"与"底"总是不同的。"底"是端母字,而"地"是定母字,前者系清音,而后者则为浊音。我们虽然不知道"底"是什么时候从 tiei 变成 ti(由于同化作用),也不知道什么时代 diei 变成 di,但这"底"(ti)与"地"(di)总是大有分别的。不空学派翻译梵语,凡 t 音多用端母字"多"或"底",如 Sugata"索(上)伽(上)多(上)"Sarvadevatā-bhiṣkṛtyai"萨婆提婆多(引)毗(重)色托底";凡 d 音则多用定母字"地",如 Sarvatathagatādhiṣṭhāna"萨啰蟠(上,二合)多(上)他伽

---

① 马伯乐先生在他的 *Le dialecte de Tch'ang-ngan sous les T'ang*(pp. 23—41)以为第七世纪的"地"是不吐气的,他又以不空学派的译音为根据,认为后来的"地"是吐气的浊音。我们看现代吴语的浊音都是不吐气的,很可以说浊音的"地"就没有吐气过。

（上）多地（上重）瑟妳（丑遏反，二合），那"。可知"底"、"地"的分别是很清楚的。这di分明是ti的变形，是代表语法范畴的更换。所以，无论从意义方面或形式方面来说，五代及宋人之所以分别"底"、"地"都是有语法价值的意义。然而"底"和"地"为什么又变成"的"呢？原来，在唐五代时，"的"的发音和"底"、"地"都不同。"的"是属于入声锡韵的。《切韵残卷》第三种，《敦煌掇琐》钞刻的唐写本王仁昫《刊谬补缺切韵》，清故宫唐写本的《刊谬补缺切韵》，将斧所藏的唐写本《唐韵》和《广韵》都作"都历切"。敦煌写本藏汉对音中，"的"是作为tig的（高本汉作tiek），与"底"音有别。然而这"底"、"地"、"的"三个字在后来都变了音，三者都变为ti音。现在的问题是：这种变音是起于什么时代？元代八思巴文字的对音①告诉我们，"地"字在元代的对音是八思巴文字的ti。虽然在八思巴文字中，"底"字却反而作为di，可是，照"底"的反切及今日各方音中的发音来看，"底"之为ti则是毫无问题的。当然八思巴文字是从蒙古音转来的，而对清浊的分别往往是相反的，不足做证据。可是《中原音韵》②告诉我们当时的北方方言清浊的分别已经没有了。赵荫棠先生的《中原音韵研究》③都标"底"、"的"两字为tı。"的"字不见于我们所知道的八思巴文字对音中。但《中原音韵》已经列"的"入"入声作上声"字中，虽然《中原音韵》把"的"列入齐微韵，而把"底"字列入支思韵，可是，如果我们知道这两字的声

---

① 八思巴文字曾经俄人达喇古那夫（A. Dragunov）研究过。氏作有 The hPH-AGS-PA Script and Ancient Mandarin 一文，载1930年之《苏俄科学研究院院刊》，本文所引即据此文附表。

② 元周德清作。《自序》云："言语一科，欲作乐府，必正言语，欲正言语，必宗中原之音。"其中所载颇可代表当时北音的情形。

③ 商务印书馆1936年出版。

母相同,这两字此时都列入上声,语助语的元音本来是很不清楚的,则"底"、"的"两字之发音在《中原音韵》以前已经呈出相混的状态却是可以想象得到的(赵荫棠亦标"的"为 tı)。按上节之所述,"的"字在宋末已经代替了"底",这也是因为音相同,而随便拿来代替,正如"底"代替"之"一样,没有什么奇怪的。这种混乱的情形,在语音方面,发生于宋末元初,而于语法上的混乱也恰好是在这个时候。这让我们知道"底"、"地"、"的"的交替过程完全是语音变化的结果。

这是就北方的官话历史来说。在各方言中,各有各的不同情形。福州语相当于西洋副词的地方是用"着"(tiok)或"得"(teik),而其他的规定词则用"其"(ki),例如,"好其"(好的),"伊其"(他的)。陆志韦先生告诉我,吴语中当作副词用的"格"字是念为浊音的 ge,而其他的规定词则可用清音的 ke。这也许是语句中 sandhi 的作用,也许是语法的不同。不过以北方的官话(即国语)来说,在历史的演变上,副词和其他规定词的分别在宋末元初已不存在,现在的官话更没有这种分别。

六

"的"是"之"的后身不但可以从语音方面看得出来,也可以由意义方面来解释。

《说文》训"之"谓:"㞢,出也,象艸过屮,枝茎益大有所之,一者地也。"①因为《说文》这一句不足轻重的话,引起了不少的解释。

---

① 《续古逸丛书》宋刊《说文解字》,卷六下,第1页上。

徐灏《说文解字注笺》谓:"之之言滋也,艸木滋长也。江阴孔氏曰:艸木初出多两叶对生,及其既长,则枝叶左右参差,故屮象初生之形。按:之借为语助,又为之往之义。《尔雅》曰:如,适,之,往也。如,适,之之本义皆非往而借为往,此正所谓本无其字依声托事也。"①王筠《说文句读》云:"释诂:之,往也。艸之萃狱竞出,各有所指,故人之各有所往,得用之也。"②高翔麟《说文字通》云:"周伯琦曰:古人因物制字,如之本芝艸,乎本吁气,焉本鸢鸟,后人借为助语。助语既多,反为所夺;又制字以别之,乃有芝,呼,鸢等字。"③实则"之"有"出也""往也"的意义是大家所知道的,而《说文》硬给他解释为"象艸过屮,枝茎益大有所之,一者地也",则是疑问,而后人又从而作下许多训诂更是不可靠。《说文》所以这样说,也许是因为许慎以为"之"的写法是从屮从一,实则根据钟鼎文字,"之"字就有不是从屮从一的。容庚先生的《金文编》就有一个"之"作为㞢的。④ 商承祚《殷虚文字》称"《说文解字》:之,出也,象艸过屮枝茎渐益大,有所之也;一者地也。按卜辞亦从止从一(㞢),人所之也。《尔雅·释诂》:'之,往也。'当为之之初谊。"⑤卜辞"之"既是从"止"从"一";则最古的"之"大约就是这样写法,并非《说文》所说的"象艸过屮"。从字形解释,"从止从一"的"之"当是"之"之原形,而"往也"也当是"之"之初义。现今安南语,走路的走尚作为đi(ɖi),而藏文亦有.doŋ-ba者,皆与"之"的音 t̑iəg＞t̑iəi＞t̑iei＞

---

① 《说文解字注笺》,卷六下,第2页下。
② 王氏家刻本《说文解字句读》,卷十二,第1页下。
③ 查氏刊本《说文字通》,卷六,第13页上—下。
④ 贻安堂刊本容庚《金文编》卷六,第5页下。
⑤ 商承祚:《殷虚文字类编》(决定不移轩本)卷六,第5页上。

tiei＞ti颇相近,大约是汉藏语系的原始语词。由"往也"的初义引申而有"出也"的意义也是极其自然的。我们知道"之"字除了这些实义外,还有他的虚义,即当作语助用的。"之"于古代文字中之作为语助用者共有三义:(一)指示词,如《诗经》之"之子于归",(二)目的格代词,如《论语》之"左丘明耻之",(三)我们所谓的规定词,如《论语》之"夫子之道,忠恕而已矣",亦即葛兰言所谓之领格虚字。① "止于一"的"往"意即走到一个指定的地方,由此而引申出指示词"这个"、"那个",又由此而引申出目的格代词。"往也"又引申为"出也"的实义,由此则引申为领格虚字,因为属于某物的,为某物所有的,即系某物所出的。英语领格虚字 of 是副词 off(出去)演化而来,法语领格虚字 de,德语领格虚字 von 都有所由来或所从出的意义。这三种意义都存在于古代文字中,但到了后来,指示词及目的格代词的"之"却变了音,取了 tɕ-声,即后来的"者、这、遮"(指示词)及"之"(文言中的目的格代词),而规定词的"之"则保存其比较近古的发音 ti 于口语中,而用另一个字"底"或"的"代替之(这是指北方官话而言)。这种分别起于什么时候,我们无从确知。刘知几在他的《史通·北齐诸史》里极端赞扬王劭(或作邵)《齐志》用通俗语言的得体。在他叙述王劭《齐志》所用的通俗语中,有这么一句话:"渠们底个,江左彼此之辞,乃若君卿,中朝汝我之义。"②"汝我之义"似有错误,注云:"当作汝尔。"但"彼此之辞"绝不能有错误。"彼"指"渠们","此"指"底个","底个"即是"这个"

---

① 葛兰言氏曾作有 *Quelques particularités de la langue et de la pensée chinoises* 一文,将中国古书中所用"之"者作一统计的研究,文载 1920 年之 *Revue philosophique* 第 3 期。

② 梁溪浦氏求放心斋《史通通释》,卷十七。

的意思。浦起龙《史通通释》谓"底个"有"那个"的意思,可以说是误解了《史通》。"底"之当做"那"(问句的那)用是古书中常见的例。"吹绉一池春水,干卿底事"就是一个例子。颜师古《刊谬正俗》谓:"底本言何等物,其后遂省但言("但"疑"何"之误),直云等物耳"。现今常州语还有用"tia 东西"称"什么东西"的。但是这个"底个"却不能是"那个"的意思。一来,这里明明说"江左彼此之辞",二来,《北齐书》亦有称何等物为"底"的,例如《徐之才传》:"之才谓坐者曰:'个人讳底?'众莫知。"在北方既有以"底"称"何等",则此处的"底个"绝不能亦是"那个",不然,也用不着特别着重于江左中朝之分了。所惜者,王劭的《齐志》现在已经看不见,而李百药的《北齐书》也已看不出这句话的痕迹。可是唐朝王李二书都存在,刘氏的话绝不是没有根据。总之,南北朝时,指示词"此"在江南是"底个",是念为 tiei-ka 的,而北方则已经说为 tɕi-ka。两者事实上都是"之"字,不过在北方"之"字已经变为颚化音的 tɕi,而南方还是念为 tiei 的。现代上海语还说"这个"为[diʔ-gəʔ]。可见,不但现在的"的"字古时写作"底",就是现在的"这",当时的江左语也是写作"底"的。"这"、"的"都是古代"之"所有的意义,也可以证明"的"是"之"的后身了。

指示词"之"既与规定词"之"分家之后,在唐宋以后的白话文中,指示词由以 tɕ,ts 为声的标音字"这、者、遮"等去代表,而规定词则由以 t-为声的标音字"底"、"的"去代表。这里还有一个问题,即:白话文的"的"可以用在句末,如"这是我的",而古文的"之"就不能这样用,平常用在句末的是"者"字。这是何故?原来"者"字在隋唐的发音,也是照母字,《广韵》作"之也切"。从"者"字和其形声字的研究中,我们知道"者"的古音必是 ţia,和"之"是同声母的字,只有元音的不同。我们知道"者"字有两个用处,一是表示指示词的,一是表示规定词的。(此后者是前者所引申的。)前者就是"这"字,后者相当于口语中"的"字之在句末者。① 《说文》论"者",说是"别事词也"。分别事情,就是分别其彼此。此即所谓指示词。我们上面已经说过在禅家语录中,"者"、"这"、"遮"三个字是同样的用作指示词的。现今福州语谓"此"尚曰"者","者伙"即"此人"之意。"之"本来就有指示词的功能,所以"之"与"者"的关系是很显然的。即以后一个用处来说,古文中的"某者"与现今的"的"一样都是缺乏被规定词的规定虚字。"这是红的"等于"此乃红者","卖柑的说"等于"卖柑者曰",都是取消不必说的被规定词的。"红的"即"红的东西","卖柑的"即"卖柑的人",这"东西"与"人"是不必说的。"之"、"者"大约是同一来源的字,后来才变了音,或是从某种方言借来的。因为用惯了,就占据了"之"在句末的位置。②

还有一个问题,即汉语的颚化本来有两个来源,一是由前面的齿音颚化而来的,如在现的 tṣi(知)是以前的 ṭ,另外一种是由后面的牙音颚化而来,如现在的 tɕien(见)是以前的 kien>kjien。我们知道上古文字中有一"其"字,("渠"、"厥"等亦同此类),是从牙音 k 的。此字在现今的福州语中尚念为 ki。其在古文中亦有指示词,第三身代词和规定词的功能。"其人也,面目可憎,语言无味","其"就是指示词。"其行己也恭","其"就是第三身代词。"不在其位,不谋其政","其"字就是规定词,有白话"他的"的意义。所以现

---

① 关于"者"字的语法价值,参阅拙作 *Essai sur la valeur réelle des particules prépositionnelles en chinois*(Rodstein,Paris,1940),*Introduction*,pp. 21—23。

② 古代"者"字也有用在句中的例,如《管子·君臣篇》:"此人君者二过也……此人臣之大罪也。""者"、"之"古为一词更是显而易见的。

代福州语中,说"我的"为"我其","好的"为"好其","其"字仍是当做规定词用的。然而作为指示词用的"其"却不存在。福州语的指示词是用颚化齿音的"者",而第三身代词则用失却牙音的"伊"(i)。("慢慢的走"的"的"字广州语说话时也是用牙音 kc,这当然也是"其"字的后身。)上海语第三身代词为 i-也许是 gji 损失声母的结果。然而其他吴语中,第三身代词之带牙音声母者,却不算少。据赵元任先生《现代吴语的研究》:余姚、黄岩 ghé,温州、衢县 ghi,金华 ghoq,永康 ghou。这些都是古文"其"的后身。吴语之用牙音声母字去表示指示词"彼此"者甚多。赵氏所研究的三十三方言中用牙音 g-声母字去表示"此"与"彼",如 geq(此)gow(彼),giq(此)gé(彼)者,有十三方言;用齿音 dh-声母字去表示"此",而用牙音 g-声母字去表示"彼",如 dhih(此)geq(彼)tzyh(此)gow(彼)者,有八方言,用牙音 g-声母字去表示"此",而用其他杂类字去表示"彼",如 geg(此)laa(彼)geq(此)bheq(彼)者,有六方言。① 用齿音 dh-者很明显的是"之"的后身,而用牙音-g 者则是"其"的继续。章炳麟在他的《新方言》里也有一段话。他说:"《尔雅》:'之閒也。'之训此者与时同字(时从之声)。之其同部,古亦通用。《周书》:'孟侯朕其弟。'其即之也。《尔雅》:'之子者,是子也。'《管子·山权数》:'之龟为无訾。'之亦训是。《小雅·蓼莪》:'欲报之德。'《笺》云:'之犹是也。'《庄子·逍遥游》:'之人也,之德也。'之即其也。今凡言之者,音变如丁兹切,俗或作'旳'(按:'的'《说文》作'旳',章氏从古),之宵音转也(作底者亦双声相转)。然江南运

---

① 赵元任:《现代吴语的研究》,1928 年清华学校研究院印行,标音仍赵氏之旧,氏所标 *g*, *gh*, *d*, *dh* 等果系清音或浊音,轻音或重音,尚难确定,但其为牙音与齿音则是不成问题的。

河而东,以至浙江、广东,凡有所隶属者,不言'旳'而言'革'(或作格),则非'之'字之音变,乃'其'字之音变矣。"①"之"、"其"古虽同部,但不同声。章氏的说法和我们的见解颇有相类之处。他也以为古时有"之"、"其"两字可以通用的。所谓通用者是意义上的相同,并不是音韵上的相同。换言之,"之"、"其"虽系同部,却不同声,他们只有在用法上是相同的。不过章氏以为"的"是"之"的变音,则非我们所敢赞同的。马伯乐先生已经说过,中国语中并没有从 tɕ-, ts-, tʂ-变 t-的现象,"的"绝不能是"之"的音变,他只是"之"的古音保留于口语中的。章氏还举了许多例,证明古代的指示词如何的保留在现今的方言里,他说:"《尔雅》:'时,寔,是也。'《广雅》:'是,此也。'淮西蕲州谓'此'曰'时个',音如'特',淮南扬州指物示人则呼曰'时',音如'待',江南松江、大仓谓此曰'是个',音如'递',或曰'寔个',音如'敌'。古无舌上音,齿音亦多作舌头,'时'读如'待','是'读如'提','寔'读如'敌',今仅存矣。"②"是"之作为"此"解者,古书中确有存在。《周书·公奭》:"呜呼! 君已曰:'时我,我亦不敢宁于上帝命。'""时我",注云:"是在我。"但章氏以为现今淮西念为"特",淮南念为"待"的即是古代的"时",江南念为"递"的即是古代的"是",念为"敌"的即是古代的"寔",则未免解释得太机械。"时"、"寔"、"是"都是《切韵》时代的禅母字。禅母与照三(即"之")在《说文》形声字的通转特多,其在上古当是同一类的。高本汉先生标禅母为 tʑ-。陆志韦先生改标禅母为 dʑ 是有道理的。"之"与"时"的分别只在清浊,其在上古亦当如是。换句话说,

---

① 《章氏丛书》本《新方言·释词》,第一,第 7 页下。
② 《章氏丛书》本《新方言·释词》,第一,第 7 页下。

都是上古的齿音。现今念为"特"、"待"、"递"、"敌"的是古代以齿音为声母的指示词的后身,这是无疑的。但一定说"特"、"待"等于"时","递"等于"是","敌"等于"寔",却说得太过了。章氏又以为湖北的"过"即古代的"故","或书作'个里',非也"。① 也是犯了同样的毛病。"过"、"个"都是代表牙音,不见得即是"故",也不见得哪一个对。古书之以牙音字为指示词者很多("其、厥、渠"等),我们所举的"其"不过是其代表而已。总之,在现代的南方方言里,齿牙两音的指示词都有存在。不但南方,就是北方也有这种情形,虽是不常见。《北齐书·徐之才传》:"个人讳底?""个"就是牙音 k- 之用为指示词"此"者。《水浒传》:"震天价响。""价"就是牙音 k- 之用为相当于西洋所谓副词者。甚至于现今的北方方言也有齿牙两音同时存在的情形。除了"的"外,津浦路一带自天津至山东境内还有说"真 ko","满庭 ko 乱跑"的。这些都是和古代的"其"同类的。高本汉所标的中古音,"其"字作为 g'ji,我们颇怀疑这吐气的浊音,但不管其吐气不吐气,浊音不浊音,"其"的发音在上古总是一个牙音。这牙音的颚化确是可以变成颚化音的。然则今日念为 tʂʅ 的"之"是否"其"演化而来的?但我们觉得"其"之由牙音变为颚化音乃是晚近之事。元代八思巴文字中,"其"字尚作为 ki-,而"之"之念为 tɕi 却起于隋唐时代。所以,纵使古代的牙音已有变成颚化的趋向,"其"类而用作指示词、规定词者,却是后来才变为颚音的。

---

① 《章氏丛书》本《新方言·释词》,第一,第 6 页下。

七 余论

至于为什么在古汉语中有齿牙两种声母的指示词,第三身代词或规定词,则是一个不易解决的问题。我们考查汉藏语系,知道在汉藏语系中本来就有这两种用法。藏文[①]"此"为 di 而"彼"为 de,所当注意者,de 于古典时代亦有第三身代词之义。藏文领格有以-i 或 kyi 表示者。-i 或即.di 损失声母后的形态,但也可以是 kyi 的缩形。然而在较近的口语中,藏文的第三身代词则单数为 k'o,多数为 k'o-pa,k'o-wa,k'o-ts'o,k'o-càg,不过有的方言仍有以 de-dag,de-rnams 表示多数第三身代词者。暹逻文[②]第三身代词亦以牙音为声母 khǎo 但指示词则"此"为 ni̱,"彼"为 nǎn,n-虽系鼻音,但仍是一种齿音,其与藏文.d-系同源大约尚说得通:一个旁证即相当于印欧语的关系代词,暹逻语尚作破裂吐气、齿音 thi。至于元音的-i,-ǎn 相当于藏文的-i,-e 更是说得过去。安南语[③]的指示词是 nâẙ,âẙ 第三身代词为 nó,但有的时候,"彼此"的"彼"则作 kiɑ。是齿牙两种声母的痕迹都有存在。老挝语[④]"此"为 ni,"彼"为 nǎnn,而第三身代词则有作 khán 者,与暹逻文极其接近。倮倮语[⑤]"此"为 ee,"彼"为 k'ē,而第三身代词亦作 k'ē(单数),

---

① 标音根据 H. A. Jäschke:*A Tibetan-English Dictionary*,London,1934。
② 标音根据 D. J. B. Pallegoix:*Siamese-French-English Dictionary*,Bangkok,1896。
③ 标音根据 G. Cordier:*Dictionnaire annamite-français*,Hue,1930。
④ 标音根据 T. Guiguard:*Dictionnaire Laotien-français*,Hong Kong,1912。
⑤ 标音根据 P. Vial:*Dictionnaire français-lolo*,Hong Kong,1909。

k'ēché(多数)。仲家语①"此"为 ni,与暹逻、安南同,但"彼"则保留原来之 te 与藏文相似。可注意者,仲家语之 te 亦可作为第三身代词用,与古藏文之 de 同。巴那语(Bahnar)②第三身代词有作 gɑr,get,di(客气用语)者,而此语尚有一无定代词 de,颇足寻味。总之,从其他汉藏语系语言的研究中,我们知道汉藏语系的语言多有齿牙两种声母的指示词和第三身代词。我们看一部分的指示词多由 t- 而演为 n-,而古藏文又以 de 兼表指示词及第三身代词(牙音的 ke 是后来才有的),大约齿音是比较原始的形式,而牙音是后来才有的。然而,在各种语言中,大半都有齿牙两音的存在,汉语之"之"与"其"即其一例,又好像这两种音是同出于一源的。换言之,好像在原始的汉藏语中,已经有了这两种意义相同的语词,在上述各语言中都有其遗留的痕迹。当然汉藏语系的亲属问题,到现在尚没有确定的结论。这种相同说不定只是一种偶然的凑合。我们也只好存疑。可是古代汉语中有"之"、"其"两种指示词,这指示词后来又用在各种不同的引申意义上,则是我们所敢断定的。

[后记]我作此文时,得业师陆志韦先生的指示不少。他还写了一篇《释之》,讨论"之"字的语法功能和他的来源,可惜还没有发表。又本文因印刷种种困难,以致排刻万国音标未能十分精确,希读者谅之。

(原载《汉学》第 1 辑,1944 年)

---

① 标音根据 Jos. Esguirol et Gust: Williatte, *Dictionnaire divi-français*, Hong Kong, 1908。

② 标音根据 P. X. Dourisboure: *Dictionnaire bahnar-français*, Hong Kong, 1882。

汉语句终词的研究[*]

一

陆志韦先生在他给我的《汉语语法论》[①]所作的序文中认为我对于汉语的煞尾词没有详细的讨论。这也是事实。《汉语语法论》是一部尝试的著作,它的目的是给汉语的语法整理出一个新的系统来。所以我只在第三编《句型论》中讨论各种句型应用"语终词"来表现的地方,略为提到。现在是给这些词作一个比较详细的研究的时候了。

汉语中有一些虚字是放在句子尾巴上的。例如:罢、吗、呢、啊、哇、呀,等等。(你去罢! ——可不是吗? ——你干不干呢? ——真好看的衣裳啊! ——咱们走哇! ——真可气呀!)这些词很少人给解释过。一般的训诂学家都只说它们是"语助"。然而"语助"的范围太广,一切的虚字其实都可以说是语助,不但是这些词。《文心》曾称这些词为"送末",这又未免太雅了。西洋人称这些词为 final particles 或 particules finales,然而这也只说这些词

---

[*] 本文收入文集时删去讲泰语和藏语的句终词一节。
[①] 即将于开明书店出版。

是尾巴词,至于是语词的尾巴或是句子的尾巴都没有说明白。

陆志韦先生曾提议过称谓这些词为"送句词",后来他又只说是煞尾词。我在我的《汉语语法论》中称这些词为"语终词",现在却觉得有些不妥。因为"语"字的范围太泛,所以就改称为"句终词",最大的道理是这些词都是放在整个句子的尾巴上的。

句终词的一个特点就是它和整个的句子有密切的关系。换言之,它不能是一语一词的辅助成分,乃是整个句子的辅助成分,所以它所表现的是整个句型的改变。例如,"你去"是一个句子,"你"和"去"两个观念联结在一起,来表示一个肯定的判断,叙述"你去"这事实。但是加上了"罢"字,句子所用的材料仍是"你去"两个字,可是句子的型却整个地改变了,这已经不是叙述"你去"这桩事实,而是命令你去了。所以"你去罢!"是命令型的句子。如果是加上"吗"字,情形又不同了,句子所用的材料仍是"你去"两个字,可是句子的型却已经不再是叙述句,而是询问句了,"你去吗?"是询问型的句子。也因为这个道理,我认为这些词是属于句型论的问题。我之所以称之为句终词者,也正因为它是表达整个句型的语法成分。

句终词的应用是汉藏语系的语言所特有的现象。西洋人学中国语往往不会应用这些句终词。我曾说过一切的语言都有方法把说话人心中的思想情意表达出来,只是表达的方式不同而已。①欧洲的语言因为有丰富的形态学的变化来表达各种不同的语法成分,中国语在这一方面却恰恰好是贫乏的,因此,中国语在语次的安排上特别地严整,语次的颠倒往往是不同的意思的表现,"我打

---

① 拙作《怎样研究中国的文法》,见燕京大学《文学年报》第七期,第113—115页。

你"和"你打我"的意思就大不相同。"东流水"、"水东流"、"流水东"的意思也不一样。① 欧洲语有"格位"的形态学的变化,有形容词、副词等语尾的变化,所以语词和语词间的关系不大受语次的影响。因为这个道理,在询问型的句子里,欧洲语可以用语次的颠倒来表示,英语的 You will come 是叙述句,而 Will you come? 则是询问句。当然在询问句之中,也有语调的变化,然而语调的变化所表现的意思并不一致,所以还得有另外的语法成分。中国语在语调的应用上也和欧洲语一样,但是另加的语法成分却不能学欧洲语的办法,用语次的颠倒,因为语次的改换可以使人误会是语词和语词的关系发生变化。"你要去"固然是 You will go 的意思,可是"要你去"却不能有英语 Will you go? 的意思,而近于英语的 You must go。要表现询问的意思,中国语就得用句终词"吗":"你要去吗?"有了这个"吗"字,就是没有语气的变化也可以表现询问的意思。所以,句终词的应用大半是必要的。这是中国语法和欧洲语法的一个不同的地方。不但是中国语和欧洲语的不同,而且是整个汉藏语系的语言的特征,所以要研究这个问题,我们应当先对中国各方言的语法加以分析,再来比较其他汉藏语系的语言,然后可以看出这特征的所在。本文想给国语、南浔、福州、广州这四个代表中国四个方言分野的方言做一个关于句终词的用法的分析。

二

国语所用的句终词一共有七个,不过有的时候写法有不同而

---

① 这例子是借用陆志韦先生的,见陆著 *On Chinese Poetry*,p.101。

已。这七个句终词就是:(一)吗,(二)呢,(三)罢,(四)啊,(五)哟,(六)噢,(七)啦。

Ⅰ 吗

(1)"吗"字是询问句终词,有的时候写作"么",其实是一个语词的不同的写法。国语的询问句有时也用"呢"字作句终词。但"吗"和"呢"的用法非常不一样。凡句中没有其他的语词来表示询问的意思者,必须用"吗"字,句中如果已经有其他的语词来表示询问的意思者就用"呢"。比方说,"你去"这句子,其语词的变化有时也可以表示和叙述句不同,可是并不确切,用了一个"吗"字,询问的意思就确切了。"你去吗?"只能是询问句;然而这地方却不能用"呢",因为这里除了"吗"外,没有其他任何的语词可以表示询问的。如果这句子是"谁去?"而我们还要加一个语词来表示询问的话,我们就不能用"吗",只能用"呢":"谁去呢?"国语询问句的结构本有几个方式。第一,在没有任何询问意思的句子之后加上询问词,即如上述的"你去吗?"。第二,用肯定否定两命题的重复,如:"你去不去?"第三,用选择的询问。如:"你好还是他好?"第四,用特殊询问词,如:"你到哪儿去?"①在这四种询问句之中,除了第一种以外,其他的结构,不加句终词也能表现询问的意思,只是不大顺口而已。第一种的结构,如果不用句终词的话,就不是一个询问句。当然有的时候,语调的变化亦能表示,可是意思不准确,而其他的三种结构,就是不用语调的变化也能表示询问的意思。"你去不去"无论用哪一种语调说都是询问句。就是因为这个道理,第一

---

① 所谓特殊询问词是指那些用以指定问题的某种范围的虚字而言。例如,"谁"是指"哪一个人","何故"是指"哪一个缘故"之类。参阅拙著《汉语语法论》第三编,第二章第二节(三),第559—577页。

种的询问句非用句终词"吗"不可,而其他的三种结构却非用"呢"不可。我们说"你去吗?""你好呢,还是他好呢?""你到哪儿去呢?"其实细细地研究起来,"你去吗?"的方式也是从肯定否定重复式的询问句变化而来的。肯定否定重复式的询问句有的时候为着节省说话的用力起见,往往把后面的语词省略了,只说否定命题中的否定词。如"你去不去?"有的时候只说"你去不?",这种形式就是"吗"的来源。白居易诗:"晚来天欲雪,能饮一杯无?"《水浒传》:"注子里有酒没?""无"、"没"都是否定词而用在询问句中的。"无"现在北京语念作 wu,可是根据高本汉的《方言字典》,①中古时代却念作 mjiu,现在中国各方言多半念 u 或 vu,然而汕头念 bu,广州念 mou,而高丽及日本吴音都念 mu。"没"北京语念 mo,说话时发为 mei 音,高本汉认为中古音为 muət,现在中国各方言多半念为 mu 或 mo;最可注意的是"没"字在大同、太原均念为 mɑ,所以,现在念为 mə(mʌ)的"吗"字其实就是中古时代的"无"、"没"之类的否定词,这否定词之所以放在句末的原因是因为肯定否定重复式的询问句的省略的结果。还有一个明显的证明,就是唐宋以后用在白话文上的询问句终词"么"字,五代之际还有用在完整的肯定否定重复式询问句中的。例如顾敻的《荷叶杯词》有"鬓乱四肢柔,泥人无语不抬头,羞么羞?"句,彭遁孙的《荷叶杯》②也有"行到曲廊边,暗中扶遍小栏干,寒么寒?"句。这和现代的"羞不羞?""寒不寒?"没有什么分别。

现在无妨举国语中所用的询问句终词"吗"字的例子如下:

---

① 高本汉:《方言字典》即其所著之 Étnde sur la phonologie chinoise 第十八章,本文所引中古音皆以此为根据。

② 参阅杨伯峻:《中国文法语文通解》,第 507 页。

客气就是平等吗?(《回家以后》剧本)

你来了不是我给你开的门吗?(《骆驼祥子》第138页)

听说哥哥也要讨姨嫂了,真的吗?(《泼妇》剧本)

我要去睡了,慎卿还没有起来吗?(《好儿子》剧本)

真是给我的吗?(《二马》第54页)

你没看见丘嫂吗?(《赶集·热包子》)

瘟老头子,这样要紧的信来啦,你还说宽心话吗?(《岳飞之死·人的买卖》剧本)

府大人县里老爷,不通统都是官吗?(《官场现形记》第十四回)

少吃一盏,却不是好吗?(《西厢记·赖婚》)

这"吗"字,读为 mə(mʌ),较早的白话文写为"麽"字,现在也还沿用,其实是同一语。"麽"字的例:

这里有酒麽?(《水浒传》第六十五回)

情缘完结,都交割清楚了麽?(《红楼梦》第一百二十回)

丹霞在麽?(《庞居士语录》)

可是郑州人小字进奴麽?(《京本通俗小说·冯玉梅团圆》)

你还知麽?(《永乐大典·小孙屠》)

你既到阴司地狱可有曾见得亲人的麽?(《刘香宝卷》)

难道我们的计划便通盘打消了麽?(《桂公塘》第19页)

你不相信酒麽?(《高老师》第19页)

不是也不断地塞给你钱化麽?(《雷雨》第一幕)

(2)"吗"、"麽"还有一个用法,就是放在两个表示条件关系的命题之中的第一个命题(即提出条件的命题)的尾巴上。

举几个例:①

你去吗,我就不去。

要是不说吗,又怕太委屈了。

去吗,没有什麽大意思;不去吗,又怕他见怪。

说吗,又觉得不好意思。

干吗,有你的好处;不干吗,我就不管你的事了。

这一类的句子,因为"吗"、"麼"放在命题的尾巴上,所以,也是句终词之一种。除此之外,"吗"、"麼"还有用在停顿句子中的某一成分的地方,例如《二马》中的:

买卖吗,那能老赚钱?(第225页)

啊?我一猜就是吗,你们父子的眼睛长得一个样。(第236页)

但是,这一类的用法很难说是句终词,只是表示说话时句子中某一成分的停顿,我们也不过是附带地一提。

(3)"吗"字还可以用在句终,来表示责难的意思。例如:②

我早已告诉过你,你不听吗!

我叫你去,你不去吗!

他请你来,你不来吗!

这一类的句子是从询问的方式变来的。"我早已告诉过你,你不听吗!"有"我早已告诉过你,谁叫你不听呢!"的意思。

II 呢

(1)"呢"的用法最重要的就是上面所述询问命题的表示,不过

---

① 这种说法在书本中还很少见,所以只好自己来造些例子。
② 同上。

在这命题之中必有其他的特殊询问词或其他表示询问的意思的语法成分而已。现在只举几个例：

A. 句中有特殊询问词者

那么是哪一个的告帖呢?(《岳飞之死》剧本第二幕第二场)

那么,谁是我的朋友呢?(《高老师》第79页)

到底是什么事呢?(《桂公塘·毁灭》第177页)

这是何苦呢?(《红楼梦》第一一三回)

伊从自己家里出来的时候,原是穿着鞋,但这有什么用呢?(《卖火柴的女儿》)

如今就靠这几个小子们,如何使得呢?(《儿女英雄传》第二回)

那里去找他呢?(《官场现形记》第十四回)

谁打死他的呢?(《赶集·大悲寺外》)

B. 句中以肯定否定重复式来表示询问者

咱犯得上要他不呢?(《二马》第380页)

然而那究竟是不是长生的仙药呢?(《赶集·铁牛和病鸭》)

你告诉她没有呢?(《岳飞之死》剧本第三幕)

C. 用于抽选询问句者

是没有文化之故,还是不懂得文化之故呢?(《燕郊集·广亡征》)

这个好呢,那个好呢?(《雀鼠集·车中》)

还是在死的萧仙床上搜着的呢,还是在你同你别的女儿床上搜着的呢?(《官场现形记》第十四回)

在 C 类的例子中,最后一个命题之前的命题(无论多少)可以不用"呢"。

近代口语中有仅用"呢"而句中没有其他表示询问意义的语法成分者,例如《二马》中的"我的烟荷包呢?"(第 278 页);《雷雨》中的"别人知道了说闲话呢?"(第一幕),"大少爷呢?"(第三幕);《死亡线外》的"这个女人呢?"(《岳飞之死》戏剧集第 123 页)。这似乎和我们上面所说的不相一致,其实不然。原来这些句子的询问的意思都只是"不问而知"(understood)的,不过是省略去而已。"我的烟荷包呢?"其实是"我的烟荷包在哪儿呢?"的意思。"别人知道了说闲话呢?"其实是"别人知道了说闲话怎么办呢?"的意思。"这个女人呢?"其实是"这个女人是谁呢?"的意思。因为是"不问而知"的,所以就被省略了。

(2)和"吗"、"麼"一样,"呢"也可以用在两个表示条件关系的命题之中的第一个命题的尾巴上,而且在国语里是比"吗"、"麼"更为常用的。例如:

要说呢,文丞相去是最足以摧折强虏的锐锋——(《桂公塘》第 14 页)

有比他强的呢,就把他免了职;始终找不到比他高明的呢,最后也许就跟了他。(《赶集·黑白李》)

你要是有办法呢,我自然愿意帮你的忙;你没办法呢,我只好另找事,叫你省下点工钱。(《二马》第 229 页)

论交情的话呢,我求你给我两个礼拜的限;论法律呢,我当初和你哥哥定的是:不论谁辞谁,都得两个礼拜以前给信。(《二马》第 233 页)

若就是这个话呢,我们姑娘在时,我也跟着听俗了;若是我们有甚么不好处呢,我是太太派来的,二爷倒是回太太去。(《红楼梦》第一一三回)

(3)"呢"字又可以表示厌烦、轻蔑、对抗、另有所主张的意思。例如：

A. 表示厌烦

傻猫叫唤不出来了，还醉著呢！(《二马》第330页)

妈在门外等着呢。(《儿女英雄传》第十七回)

小心点我的衣服被你的树枝扫了一下，沾了不少泥浆呢。(《桂公塘》第6页)

臭男人们脏心眼多着呢。(《赶集·爱的小鬼》)

B. 表示轻蔑

跟马威学中国话呢。(《二马》第223页)

不是等着你们，人家等着见老爷呢。(《雷雨》第二幕)

这小子变戏法玩呢。(《二马》第97页)

我细听了听，他是练习圣诗呢。(《赶集·黑白李》)

她自己还不如那锅饭值钱呢。(《赶集·柳家大院》)

还不脱书生本色呢。(《桂公塘·黄公俊之最后》)

C. 表示对抗

听说是"仁义之师"呢。(《桂公塘·黄公俊之最后》)

我才不怕呢。(《赶集·同盟》)

还得好些钱呢。(《儿女英雄传》第九回)

这背死尸小老儿却也来不得的呢。(《儿女英雄传》第九回)

D. 表示另有所主张

你离开这里，正是你的福气呢。(《桂公塘·毁灭》)

生命仿佛是拉锯玩呢。(《赶集·歪毛儿》)

恐怕这小朝廷有些不稳呢。(《桂公塘·毁灭》)

E. 表示无可奈何者

真想不到许定国竟会投北呢。(《桂公塘·毁灭》)

怪不得街上那么多的"打倒帝国主义"的标语呢。(《赶集·五九》)

但还不是喝贺酒的时候呢。(《桂公塘·黄公俊之最后》)

否则,不仅对不起祖先们,也将对不起子孙们呢。(《桂公塘·黄公俊之最后》)

III 罢

"罢"字现代人多改写为"吧",其实是同一的语词。"罢"字的用法共有三种:

(1)最主要的用法是命令命题的表达。一般所谓的命令命题多半都是指上峰对下峰的强制式的命令而言,其实广义地说,劝告之类的语气也是命令命题之一种,因为劝告的目的也是要对方有所行动,劝告只是客气的命令而已。然而"罢"字所表达的则是带有劝诱态度的客气的命令。例如:

我一时想不起,妹妹告诉我罢。(《红楼梦》第八十九回)

前头有的是大松林猛恶去处,不拣怎的,与他结果了罢。(《水浒传》第八回)

找个铺户人家问问罢。(《儿女英雄传》第四回)

诸位都坐下了罢。(《桂公塘》第6页)

老师,我有梳子,你梳梳罢。(《高老师》第114页)

先养病吧,父亲,过两天再说。(《二马》第194页)

就这么办吧,姐姐。(《二马》第222页)

给这儿一刀吧,你有一切的理由,我死,决不计较你。(《赶集·大悲寺外》)

那么你叫鲁妈进来吧。(《雷雨》第二幕)

妈,您让我替您解开吧。(《雷雨》第二幕)

求你瞧我的分上,饶了她的不是吧!(《岳飞之死·人的买卖》)

(2)表示疑问。例:

不要丸药里换了甚么东西害人罢?(《官场现形记》第二一回)

该不致于有一个造孽连累一群罢?(《第二梦》第一幕)

可是,不见得是正当罢?(《月下》剧本)

你来了好久罢?(《少奶奶的扇子》第二幕)

他自己也知道靠不住的罢?(《燕郊集·驳皈销铎真空宝卷》)

老敢该回来了吧?(《卡昆冈》第二幕)

他该看见了我吧?(《旱》第62页)

妈,您不怪我吧?您不怪我这次没听您的话,跑到周公馆做事吧?(《雷雨》第二幕)

大概他是不愿意吧?(《雷雨》第二幕)

今儿你爸对他讲明了我们的困苦,他就拿这大叠钞票给了爸爸,你也给你爸爸高兴吧?(《岳飞之死·人的买卖》)

(3)放在两个条件关系的命题中的第一个命题的尾巴上,引出条件。例如:①

说罢,有你的便宜;不说罢,我可要打你了。

要是不怪我罢,我也就不怪你了。

这种用法国语不常见,但确有其存在。

---

① 自造的例子。

IV 啊

(1)"啊"的用法大半是表示感叹,加在感叹命题的尾巴上,来表示感叹的意思。一般地说,在任何环境之下,都可以用"啊",但是有的时候,这"啊"(a)字却因为语句中句终词之前的一个语词的收尾音的性质而起 sandhi(语丛音变)[①]作用。先举几个例来证明"啊"在一切情形之下的用法:

这么死了太冤啊!(《二马》第 185 页)

咱们可以商量啊!(《二马》第 230 页)

可是这个人不应该乱侮辱父亲的名誉啊。(《雷雨》第二幕)

你们在这儿啊。(《雷雨》第二幕)

你也说说,这都是你的好孩子啊。(《雷雨》第三幕)

婆婆这样,娘家也不能落后啊。(《赶集·抱孙》)

在这些例中,句终词之前的语词的收尾有各种不同的发音,-n,-ŋ,-y,-ɚ,-ɿ,-ʊ,然而都可以用 ɑ(啊)。可是有的时候,ɑ 就因为前一语词的收尾的不同而生变化。变化的规则是:

(a)以-ɑ,-iɑ,-uɑ 收尾的语词,后面的句终词就变成 iɑ(写作"呀")。例如:

连李子荣也不能忘下(ɕiɑ)呀!(《二马》第 275 页)

我没有跟谁说话(xuɑ)呀!(《岳飞之死·金宝》)

哦,他(t'ɑ)呀——(《雷雨》第二幕)

(b)以-ɛ,-iɛ,-yɛ 收尾的语词,后面的句终词就变成 iɑ。例如:

[①] sandhi 是梵文的一个语法术语,意思是语词和语词用在同一的句子中因为接触的结果而起的语音变化。泰西语言学家常引用此术语来解释造句法语音学的现象。

不定那一时就碰个脑浆迸裂(liɛ)呀!(《二马》第84页)

(c)以-i,-ai,-uai,-ei,-ui,收尾的语词,后面的句终词就变成 iɑ(呀):

生是王家的人,死是王家的鬼(kui)呀!(《赶集·抱孙》)

快(k'uai)呀!(《二马》第138页)

往下抬(t'ai)呀!(《二马》第176页)

真是倒霉(mei)呀!(《橄榄行路难·飘流插曲》第二章)

(d)以-ɤ,-o,-uo 收尾的语词,后面的句终词就变成 iɑ(呀):

你是成心耍我(uo)呀!(《二马》第414页)

这东西赶上"点儿低",非死不可(k'ɤ)呀!(《二马》第84页)

(e)以-u,-ɑʊ,-iɑʊ,-oʊ,-iʊ 收尾的语词,后面的句终词就变成 uɑ(哇)或 iɑ(呀):

你们的买卖好(xɑʊ)哇。(《二马》第133页)

抢他的狗(koʊ)哇!(《二马》第139页)

咱也管不了(liɑʊ)呀:(《二马》第275页)

也不能一点面子不留(liʊ)哇!(《二马》第277页)

我并没亲眼看见人人见恶(u)呀!(《赶集·歪毛儿》)

(f)以-n(-an,-uan,-iɛn,-yɛn,-ən,-in,-yn)收尾的语词,后面的句终词就变成 nɑ(哪、呐)或 iɑ(呀):

老没见(tɕiɛn)呀!(《赶集·同盟》)

他翻白眼(iɛn)呀!(《赶集·抱孙》)

他在矿上吃的也是周家的饭(fan)哪。(《雷雨》第一幕)

天(t'iɛn)哪!(《雷雨》第二幕)

进去吧,太太,别看(k'an)哪。(《雷雨》第四幕)

即便一点点都能觉醒我们(mən)呀。(《高老师》第 79 页)

谢谢您(nin)哪!(《二马》第 49 页)

还有完(uan)哪!(《二马》第 79 页)

也不失咱们的身分(fən)哪!(《二马》第 102 页)

可是你不是外国人(ʐən)哪!(《二马》第 114 页)

(g)以-ŋ(-aŋ,-iaŋ,-uaŋ,-əŋ,-ʊŋ,-iʊŋ)收尾的语词,后面的句终词就变为 ŋa 或 ia(呀),唯 ŋa 没有写的文字,只是听有此音罢了。例:

中国大有希望(uaŋ)呀!(《二马》第 275 页)

嫌咱老,她也不年青(tɕʻiŋ)呀!(《二马》第 380 页)

先请客运动(tʊŋ)呀!(《二马》第 72 页)

人要死的时候,可是都哼哼(xəŋ)呀!(《二马》第 185 页)

(h)以卷舌元音-ɚ 或舌尖元音-ʅ,-ɿ 收尾的语词,后面的句终词变为 ia(呀)。例:

咱有铺子(tsɿ)呀!(《二马》第 380 页)

他去守那门子尸(ʂʅ)呀!(《赶集·同盟》)

怎么一个劲儿的按铃儿(ɚ)呀!(《二马》第 8 页)

(i)以-y 收尾的语词,后面的句终词变成 ya,惟无此文字,一般人写作"呀",其实是错的。例如:

好大规矩(tɕy)呀!(《二马》第 52 页)

我不敢上厨房去(tɕʻy)呀!(《二马》第 68 页)

(2)用以表示两个联络关系的命题中第一个提出条件的命题。例如:

他要是说再干两星期呀,那算是妥了。(《二马》第 234 页)

要是我呀,我就不收那些宝贝!(《二马》第 125 页)

你不放心哪,我给你一手儿看看。(《赶集·铁牛和病鸭》)

V 哟

"哟"也是表示惊叹的句终词,不过多半都是用在表达沉痛的情绪的地方。例如:

我的爱人哟!你是我的 Beatrice。(《橄榄·歧路》)

人生是怎样短促的哟!(《橄榄·十字架》)

你们这些脚镣手铐哟!(《橄榄·行路难》)

是哟!(《破屋·冲突》)

起来哟!起来哟!(《破屋·冲突》)

他们要钱哟!(《破屋·冲突》)

至于"哟"的来源,也许只是"呀"的变形,$ia > io$ 是很可能的,沉痛的时候神经紧张,舌根略为退缩,口腔略为合闭,自然就由 ia 变为 io 了。

VI 噢

国语中又有一个句终词"噢"($ɔ$),它的作用是表示沉痛而带惊愕的情绪。这其实是一种拟声的语词,因为 $ɔ$ 的发音正表示惊愕。现在举几个例:[①]

真可恶噢!

未免太欺负人噢!

他居然死了噢!

太不成话噢!

我真说不出话来噢!

VII 啦

---

① 这例子是我自制的。

"啦"字其实是"了"字的音变,在语言中,这两个字其实是同一语。可是"了"字有两种念音 liau,lə 或 lɑ,而"啦"字却只等于念为 lə 的"了"。在这种情形之下,现代人往往就用"啦"字去代替"了"字。

然而,这并不是说放在句子尾巴上的"了"或"啦"就是句终词。原来"了"或"啦"有两种用法,一是表示动词的完成态(aspect accompli du verbe)①,例如"我吃了饭再去",这里的"了"字(也可以写作"啦")所表示的意思是"吃"的动作的完成,完成吃的动作之后再去。另外一种用法是表示判断的确定,例如"好极了!"或"好极啦!",这里的"了"字或"啦"字并没有表示任何动作的态(aspect),所以绝不是表示动词的完成态的虚字。用语言表达出来的判断就是命题,就是句子,"好极啦!"的"啦"字明明是给"好极"这个命题加以确定的说法,所以是表示句型变化的语词,是句终词。不过详细地研究起来,当作句终词用的"了"或"啦"也有两种不同的用法。

(1)单句后面的确定词,即如上之所述者。请举几个例:

对了。(《雷雨》第二幕)

真有趣极了!(《二马》第 74 页)

我只好不提什么了。(《雷雨》第四幕)

走吧,又觉得不好意思,好难过啦!(《二马》第 113 页)

好,我该告诉你我的历史啦!(《二马》第 113 页)

该告诉我点关于这个铺子的事啦。(《二马》第 117 页)

你老人家太夸奖了。(《岳飞之死·金宝》)

---

① 关于动词的"态"的问题,参阅拙著《汉语语法论》第二编第五章。

(2)表示不可避免的结果。这多半是用于上下有联络关系的命题中。例如:

现在太太既然是也去了,那我不必多说了。(《雷雨》第四幕)

慢慢地无论谁都要小心点,不敢见我,最后铁链子锁着我,那我真就成了疯子了。(《雷雨》第四幕)

自从到中国做买卖,他觉得对中国人不屑于讲礼貌,对他手下的中国人永远是吹胡子瞪眼睛,所以现在要改也改不了啦。(《二马》第148页)

晚了可就那儿也挤不进去了。(《二马》第315页)

以上所述是就这些句终词的本来用法而言。但是其中也有混用的情形。人类的语言不但是表达思想的工具,事实上在实际生活之中,活的语言所表达的很少能脱离人类的情意的成分。情意是很细腻的,所以有的语法成分往往因为掺杂有情意的成分就改了样子。比方说,"吧"是用来表示劝告式的命题,但是在劝告的时候,如果含有疑惑的态度,则这种句子往往会变成和疑惑相似的询问句:"你去吧?""吗"字本来是用为表示询问的,但是如果劝告人而不敢出之以肯定的口吻,我们也就可以用"吗"字来表达劝告式的命令命题了:"你去吗?"更普通的情形,就是任何命题都可以加上表情的成分,因此,表情的句终词"啊"也可以用在询问命令等命题的尾巴上,又因为这些命题的句终词有时可以不用,结果就产生了两个现象:

(1)命题的尾巴上本来不必用句终词,结果只是把感叹句终词"啊"用在命题的尾巴上,又因为语丛音变的作用,有时又随着"啊"之前的语词的收尾而生语音的变化。例如:

先请客运动呀!(《二马》第72页)

干什么呀?(《二马》第 95 页)

看他的脚呀!看他的脚呀!(《二马》第 138 页)

你能吃这个呀?(《二马》第 105 页)

这就是保罗的收藏啊?(《二马》第 156 页)

咱们走哇?(《二马》第 165 页)

有什么可忙的呀?(《二马》第 171 页)

我死不了哇?(《二马》第 138 页)

第二咱们造谣,她可得哪?(《赶集·同盟》)

什么叫挂号呀?(《赶集·抱孙》)

(2)如果句终有"呢",则加了"啊"之后,结果生了语丛音变作用,变为"哪":ni＋a＞na,以第一语词的辅音 n 加在第二语词的元音 a 之上。例如:

张大哥,无锡地方钱多着哪!(《岳飞之死·人的买卖》)

什么时候下班哪?(《赶集·同盟》)

你到底干什么哪?(《二马》第 327 页)

在这些句子之中,"哪"(na)都是"呢啊"(ni＋a)的叠并。

三

南浔语①所应用的句终词和国语也差不多,只是在询问命题方面多了一个 wʌ,在劝告式命令命题方面多了一个 dʌʔ,在感叹命题方面分为 a,ja 和 ɒ 三个而已。兹请分述于次:

---

① 南浔语的材料,是陆志韦先生供给我的,他对本文还有许多意见上的贡献,都应当在此致谢。

I 吗

南浔语的"吗"和国语的"吗"完全一样,有三种用法:(1)用于询问命题而没有其他表示询问意思的语法成分者,(2)用于两个表示条件关系的命题之中的第一个命题的尾巴上,(3)用于表示责难的命题的尾巴上。例如:

(1)询问命题。

nø kɑ du kʌʔ ȵiŋ wɜ pʻɔ mʌ?(你这么大的人还怕吗?)①

kɑ(kə)ɕi tu pu dø nø zɜ ioŋ diɒ mʌ?(这么多的布你都用完了吗?)

nø ȵiŋ tʌʔ kɑ ɕi tu z wɜ fʌʔ uø zɔŋ tsɑŋ mʌ?(你认得这许多字还不会上账吗?)

(2)表示条件关系者。

nø tɕʻi mʌ,ŋ zø fʌʔ tɕʻi(你去吗,我就不去。)

kɔŋ mʌ,ja fʌʔ hɒ(讲吗,也不好。)

(3)表示责难。

ŋ tɕiɒ nø tɕʻi,nø fʌʔ tɕʻi mʌ(我叫你去,你不去吗。)

ŋ tɕiɒ nø kɔŋ,nø fʌʔ kɔŋ mʌ(我叫你讲,你不讲吗。)

II 无

南浔语还有一个询问句终词 wʌ,其实就是"无"字的音转。wʌ 的用法和"吗"没有两样,我们比较宁波语的语法,更可以确信国语的"吗、么"实在是肯定否定式询问命题的否定词变来的。宁

---

① 这翻译只是意思上的转述,并不是把一个一个的语词直接地从注音翻成文字。

波语的"弗"(fʌʔ)字有两种用法,一是肯定否定式,例如:糙米饭先生吃弗吃? 一是询问句终词,例如:还有别个事干弗?① 这"弗"明明是否定词而用于句终者。南浔语的 wʌ 和宁波语的"弗"颇相近,也可以用在句终来表示询问的意义,这 wʌ 其实就是"无"。举几个例:

  tsɿ wɛ jø wʌ? (纸还有吗?)

  kʌʔ po tɒ zɿ ŋ kʌʔ wʌ? (这把刀是我的吗?)

  ŋ miŋ tsɒ tsʻiŋ kʻɑʔ ȵiŋ, nø lʌŋ lɜ pɒŋ mɒŋ wʌ? (我明天请客,你能来帮忙吗?)

III　呢

南浔语的"呢"大体说起来,也有三种用法。

(1) 用于询问命题之后者。例如:

  jɒ ku liŋ nɑ wø sɑ m pʌʔ tʻiŋ ʨiɛ nʌ? (摇过铃,你们为什么没有听见呢?)

  nø kʌʔ mɑʔ lʌ sɑ di fɔŋ ziŋ dzɑʔ kʌʔ nʌ? (你的袜子从什么地方找着的呢?)

  lɜ lʌ kʻɑʔ ȵiŋ nø wø sɑ fʌʔ kɒ su ŋ nʌ? (来了客人,你为什么不来告诉我呢?)

(2) 用在表示条件关系的命题中者。例如:

  ʨʻi nʌ(ȵi), zø ʨʻi (去呢,就去。)

(3) 用在表示厌恶的感叹命题中者。例如:

  lɔŋ tsʌŋ du nʌ! (浪真大呢!)

---

① 参阅 Möllendorff 所著之 Ningpo Colloquial Handbook, pp. 67—68。

kʌʔ tsaʔ sʅ ȵiø zɛ fʌʔ hɒ nʌ!（这只水牛才不好呢!）

tø lǝɛ nʌ!（丢脸呢!）

IV 罢

南浔语的罢(bɑ)也有三种用法。

(1) 劝告式的命令命题。例如：

nø kɔŋ pʌʔ ŋ t'iŋ ba!（你讲给我听罢!）

fʌʔ jɒ tɕ'iʌʔ lʌ ba!（不要吃了罢!）

zø tɕiɒ ba!（睡觉罢!）

(2) 表示疑问的。例如：

nø tɕ'iʌʔ lʌ ba?（你吃了罢?）

nø fʌʔ ȵiŋ tʌʔ ŋ ba?（你不认得我罢?）

nø fʌʔ wø zɔŋ tsɑŋ ba?（你不会上账罢?）

(3) 提出条件的。例如：

kɔŋ ba, jø nø kʌʔ hɒ tsʻʅ（请罢,有你的好处。）

tɕ'i ba, zø tɕ'i（去罢,就去。）

V 得

南浔语还有用"特"（dʔ）字来表示劝告式的命令的。Möllendorff 在他的 Ningpo Colloquial Handbook 书中尝举宁波语的句例,其中有"兑"的用法①。例如:"阿拉葛株树下坐坐兑!"（我们这株树下坐坐!）"快上紧读兑!"（快赶紧读!）这"兑"分明是劝告式的命令词,这"兑"其实就是"特"。南浔语也有同样用法的"特"。例如：

nø hɒ tɕ'i dʌʔ!（你好去得!）

---

① 参阅 Möllendorff 所著之 Ningpo Colloquial Handbook, pp. 6—28。

k'o i siŋ siŋ dʌʔ!（可以醒醒得!）

ioŋ tie koŋ, ja fʌʔ iɒ tɕiŋ dʌʔ!（用点功也不要紧得!）

VI 啊

南浔语的"啊"ɑ 和国语的"啊"用法相同,只是不常起语丛音变作用。"啊"是表示感叹的。例如:

t'ie a!（天啊!）

zia zia nø a!（谢谢你啊!）

zɛ ɘ˞, nø fʌʔ zʅ ŋa kuʌʔ n̠iŋ a!（然而你不是外国人啊!）

tɕiɒ n̠iŋ nɛ zø a!（叫人难受啊!）

ŋ m̩ pʌʔ sʌʔ a!（我没有说啊!）

VII 呀

国语的"啊"、"呀"是语丛音变作用所生的结果,可是南浔语的"啊"、"呀"(jɑ)有时有语义的分别。"啊"表示感叹,但不若"呀"的深刻。南浔语的"呀"相当于国语的"哟",表示深刻的、沉痛的感情。一切用"啊"的地方,只要所表示的感情更为沉痛、更为深刻,就可以用"呀"。例如:

tɕiɒ n̠iŋ nɛ zø ja!（叫人难受呀!）

t'ie ja!（天呀!）

ŋ tsʌŋ k'u miŋ ja!（我真苦命呀!）

ji p'ie nø ja!（他骗你呀!）

k'ua tie tɕ'i ja!（快点去呀!）

ŋ ja kuɛ fʌʔ tʌʔ ja!（我也管不得呀!）

dɛ ɣo tɕ'i ja!（抬下去呀!）

VIII 噢

南浔语的"噢"(ɒ)也是表示带有沉痛而惊愕的情绪的句终词。

例如：

vi mie tʻɛ tɕʻi wu n̥iŋ ɒ!（未免太欺负人噢！）

tʻɛ kʻo siŋ ɒ!（太可笑噢！）

tsʌŋ kʻo siʌʔ ɒ!（真可惜噢！）

IX 勒

"勒"即国语中的"了、啦"，用法也一样，一以表示确定的意思，一以表示不可避免之结果。例如：

(1)意思的确定：

m̩ pʌʔ bɛ faʔ lʌʔ!（没有办法勒！）

tʻɛ hɒ lʌʔ!（太好勒！）

(2)不可避免之结果：

ŋ faʔ tɕʻi, m̩ pʌʔ bɛ faʔ lʌʔ!（我不去，没有办法勒！）

nø faʔ kɔŋ, ŋ zø faʔ kuɛ nø lʌʔ!（你不讲，我就不管你勒！）

四

福州语①所用的句终词大半和国语相同，只是福州语的语丛音变范围特别大，一般的语词都因为前后语词发音的性质而起变化，所以不但是"啊"类的句终词起了语丛音变作用，其他的句终词也都受语丛音变的影响，只有"吗"是例外。兹请分述于次。

I 吗

---

① 福州语的材料是我依据自己的记忆收集的。我虽不是福州人，但自幼生长在福州，于福州语有深切的认识。

福州语也用"吗"字,但平常极不多见,可以说是例外。多半的询问命题,在国语用"吗"的地方,福州语则用"罢"。然而偶尔间也还用"吗"。例如:

ŋuai mui ɔuŋ kuɔ mʌ?① (我没讲过吗?)

ny ku ŋ ŋiaŋ ŋi mʌ? (你还不怕他吗?)

ku ŋ nei mʌ? (还不是吗?)

ny tia mɔ øyk ny tsieŋ mɛ tsy mʌ? (你父亲没给你钱买书吗?)

tsui ku ŋ nei i-ki tseik-eiŋ mʌ? (这还不是他的责任吗?)

ny ŋ nik ny lao-ma mʌ? (你不要你的老婆吗?)

ny ŋ niek mʌ? (你不吃吗?)

这和国语的用法并无不同。不过在福州语里,"吗"字不能用来表示联络关系中第一命题所提出的条件。

还有一个情形是福州语所特有的。一般在国语中所有的"难道"式的询问句,在福州语里就用一个说为 mʌ-rai 的句终词。例如:

ŋuai kiaŋ ŋi mʌ-rai? (我难道怕他吗?)

ny nɔ-nɔ② ku na xaŋ ŋuai ŋ meik mʌ-rai? (你难道还以为我不知道吗?)

---

① 福州语的语丛音变作用范围特别地广,差不多每一个语词的声母都因为前一语词的韵母的性质而起变化,这一句里的 ɔuŋ 本来是 kɔuŋ,因为上面的语词韵母收尾为 i 就将 k 同化了,所以只说成 ɔuŋ。本文不是专门讨论语丛音变的,后面只于有关句终词的地方加以解释,其他的语丛音变作用只好从略了。

② nɔ-nɔ 就是"难道"。"难道"福州语念为 naŋ-tɔ,在说话的时候,因为语音的同化作用,tɔ 的声母取了 n-,而 naŋ 的韵母取了 nɔ,不过有的时候,也可以不说 nɔ-nɔ 而意思还是一样的,因为后面已经有 mʌ-rai。

  ny ŋ ŋɔ mʌ-rai?（你难道不去吗?）
  i ŋ niɔŋ t'øyk tsy mʌ-rai?（伊—他—难道不想读书吗?）
  ny nɔ-nɔ ŋ niek mʌ-rai?（你难道不吃吗?）
  i ku i-ui tyŋ-ŋuɔk nøyŋ sei nu-ts'ai kɔuk mʌ-rai?（伊难道还以为中国人是奴才骨吗?）
  ny kɔuk-nøyŋ tu ŋ meik ŋuai-i p'ik-k'ei mʌ-rai?（你们难道还不知道我的脾气吗?）

  mʌ-rai 的来源颇值得讨论。mʌ 分明就是"吗"，但是 rai 是什么呢？我们知道福州语的语丛音变作用特别地多。凡是 n, l 之类的声母，如果前面的语词的韵母是 a, a, ʌ 之类的收尾的话，这 n, l 就变成了 r。因为这个道理，我们大可以想象这 rai 本来应当是一个 nai 或 lai 的语词，因为它的前面正是收尾 ʌ 的 mʌ。中国古书中有以"来"字作句终词用的。例如：《孟子·离娄》："盍归乎来!?"李商隐诗："一树浓姿独看来。""盍"训诂家均认为是"何不"之合音，那么这一句话的意思明明是"为什么不归呢!?"李诗的"来"字也有"呢"的意味。国语"呢、哩"不分，然而"哩"字从"里"(li)，当初的发音当是 li，因为 n, l 最易相混，后来就都念为 ni。"来"高本汉标为 lai，福州语读音为 lai，可是说话则为 li，国语的"呢"也许竟是古代的"来"的遗留，而福州语的 rai 大约就是"来"的古音之存留于说话之中，因为语丛音变作用而变成者。"乎"是询问词，相当于现今国语的"吗"，则《孟子》的"盍归乎来!?"正好是福州语的"……mʌ-rai!?"（吗来!?）。

 II 呢

  福州语句终词的"呢"(ni)也和国语一样，有三种用法。不过，因为句中常起语丛音变作用，"呢"也常起变化。变化的原则是：在鼻音收尾-ŋ①之后,保持其原来的 ni,在收尾-k 之后,变成 ti,在其他收尾之后都变成了 ri。现在就其三种用法举例如下:

(1)用在已有其他表示询问意义的询问句的尾巴上。

  tiɛ-nøyŋ kɛ-i kɔuŋ ni?（谁告诉他呢?）

  tsiɔŋ-ŋouŋ tsiɔŋ-ŋuaŋ ni?（为什么这样呢?）

  i siɛ-nɔ si-ɑo køyŋ-ny kɔuŋ ni?（他什么时候跟你说呢?）

  ny kʻɔ siɛ-nɔ ti-uɔŋ ni?（你去什么地方呢?）

  tieŋ-nø ri ki xuŋ ni?（哪儿来的风呢?）

  ny kʻɔ tieŋ-nø ri?（你去哪儿呢?）

  tsui sei siɛ-nɔ tɑi-iɛ ri?（这是什么事情呢?）

  tsui tiɔk tsiɔŋ-ŋiɔŋ mɑ ri?（这得怎么打呢?）

  tiɛ-nøyŋ ŋiɑŋ ŋi ri?（谁怕他呢?）

  i tsʻouk siɛ-nɔ reik ti?（他出什么花样呢?）

  i kʻɔ ti-riɔk kuɔk ti?（伊去哪一国呢?）

  tiɛ-nøyŋ niek ti?（谁吃呢?）

  tsui sei siɛ-nɔ tuɑi-ɔuk ti?（这是什么大学呢?）

        ——以上句中用特殊询问词者

  ny kiaŋ ŋ ŋiaŋ ni?（你怕不怕呢?）

  ny-nɛ kɔ-eiŋ ŋ ŋɔ-eiŋ ni?（你妈高兴不高兴呢?）

  ɛ ŋouŋ mɛ ŋouŋ ni?（傻不傻呢?）

  ny li ŋ ni ri?（你来不来呢?）

  ny kʻɔ ŋ ŋɔ ri?（你去不去呢?）

---

  ① 福州语的鼻音收尾只有这一个,《切韵》时代的其他鼻音收尾-n,-m,在福州语都变成了-ŋ。

i tiŋ ni ri?（他要不要呢?）

　　ny siek ŋ niek ti?（你吃不吃呢?）

　　i kuk ŋ ŋuk ti?（他掘不掘呢?）

　　ny xuak ŋ nuak ti?（你发不发呢?）

　　　　　　　　——以上肯定否定重复式询问句

　　i puɔk kʻɔuŋ ni, ŋ ŋɔuŋ ni?（他要睡呢,不睡呢?）

　　kɔuŋ ni, ŋ ŋɔuŋ ni?（讲呢,不讲呢?）

　　ny siek puɔŋ ni, ŋ niek puɔŋ ni?（你吃饭呢,不吃饭呢?）

　　ny kʻɔ ri, ŋ ŋɔ ri?（你去呢,不去呢?）

　　sei tyŋ-ŋuɔk xɔ ri, ku-rei ŋui-uɔk xɔ ri?（是中国好呢,还是外国好呢?）

　　øyŋ peik sia ri, ku-rei øyŋ meik ua ri?（用笔写呢,还是用笔画呢?）

　　sei tʻy ri, ku-rei kuk-ti?（是锄呢,还是掘呢?）

　　　　　　　　——以上抽选询问句

(2) 用以表示厌烦,轻蔑,无可奈何,有所主张者。

　　ia mɔ peiŋ-ŋuak ti!（太没办法呢!）

　　i ku-rɛ mui ri ri!（他还没来呢!）

　　ŋuai ku-rɛ ŋ mɛik ti?（我还不知道呢?）

　　ŋuai kɔ-eiŋ ni!（我高兴呢!）

　　tsui tsiu kiu-tsɔ xuɔŋ-nɔuŋ ni!（这就叫做荒唐呢!）

(3) 用以表示联络关系中第一个命题所提出的条件者。

　　kʻɔ ri, tsiu kʻɔ（去呢,就去。）

　　kɔuŋ ni, tsiu ŋ ma ny（讲呢,就不打你。）

　　siek ti, tsin riek; ŋ niek ti, tsiu ŋ niek（吃呢,就吃;不吃

呢,就不吃。)

　　puɔk tɔ-luaŋ ni, tsiu mɔ peiŋ-ŋie(要捣乱呢,就没你的便宜。)

　　puɔk mɛ ri, tsiu kaŋ ŋiŋ mɛ(要买呢,就赶紧买。)

　Ⅲ　罢

　福州语的"罢"(pʌ)也有三种用法。可是和国语比较,则有两个不同的地方。第一,福州语的"罢"常因语丛音变作用而起变化。第二,在表示条件的时候,福州语的"罢"同时也可以说为 pɛ 音。不过无论是 pʌ 也好,是 pɛ 也好,都一样地起语丛音变作用。这种变化的规则是:无论是 pʌ 也好,是 pɛ 也好,凡是在收尾-ŋ 之后,声母 p 都变成了 m-,在其余的收尾之后,则仍然保留其本来的 p-。

(1)用在劝告式的命令命题之后者。

　　k'ɔ pʌ!（去罢!）

　　køyŋ ŋuai ts'iaŋ ni pʌ!（给我请来罢!）

　　t'øyk pʌ!（读罢!）

　　ts'iaŋ nɔi pʌ!（请坐罢!）

　　ny kaŋ ŋiŋ ni pʌ!（你赶紧来罢!）

　　kɔuŋ mʌ!（讲罢!）

　　kiaŋ mʌ!（走罢!）

　　k'ui muɔŋ mʌ!（开门罢!）

(2)表示疑问者。

　　tsui sei ny-i pʌ?（这是你的罢?）

　　ny ŋ ŋiaŋ mʌ?（你不怕罢?）

　　ny jɔk lɔ pʌ?（你累了罢?）

　　i paŋ lɔ pʌ?（他病了罢?）

xɔ tsʻiaŋ sei ny tsi-a ɔuŋ ŋi pʌ?（好像是你自己讲的罢?）

　　ny ti liaŋ-mieŋ mʌ?（你要两片罢?）

　　mɛ riaŋ mʌ?（不痛罢?）

(3) 提出条件者。

　　kɔ pɛ, tsiu riɔk kʻɔ（去罢，就得去。）

　　kouŋ mɛ, tsiu riɔk kouŋ（讲罢，就得讲。）

　　li pɛ, tsiu ri（来罢，就来。）

　　puɔk kʻui pɛ, tsiu kʻui（要开罢，就开。）

　　ɛ kiaŋ mɛ, tsiu ŋ ŋøyŋ ni（怕罢，就不应当来。）

　　puɔk souŋ ma pɛ, tsʻiaŋ ŋɔ ŋie-rɑo（要想骂罢，请到外边。）

　　li pʌ, tsiu ri（来罢，就来。）

　　puɔk tsʻiaŋ mʌ, tsiu riɔk pouŋ tʻɛik（要请罢，就得发帖。）

Ⅳ 啊

　　福州语的"啊"，在用法方面，和国语并没有什么不同，就是在语丛音变作用方面也和国语大同小异，只是没有 nʌ（因为福州语并没有收-n 的语词），同时又多了一个 kʌ（因为福州语有收-k 的入声字），而且在语丛音变的实情方面也有不同。一般地说，ʌ 可以用在一切的情形之下，如果起了语丛音变作用的话，变化的原则是这样的：在-ŋ 收尾之后，变为 ŋʌ，在-k 收尾之后，变成 kʌ，在-u 收尾之后，变为 uʌ，在-i 收尾之后，变为 iʌ，在-e、-ɛ、-ɑ、-a、-y 等收尾之后，仍为 ʌ。"啊"(ʌ)在福州语多半也都是用以表示感叹的，有时也有用以提出条件的。例如：

(1) 表示感叹的。

kiaŋ ni nøyŋ ŋʌ!（吓死人哪!）

k'ɑ kuɔ t'ɔ-jeŋ ŋʌ!（太讨厌哪!）

ŋuai sik-tsai mɔ peiŋ-ŋuak kʌ!（我实在没办法啊!）

ŋ nøyŋ siɛ-nɔ tu ɔk ŋui-uɔk kʌ!（不要什么都学外国啊!）

i ja xu-tu uʌ!（伊太糊涂啊!）

ts'ai ja ts'u uʌ!（菜太粗啊!）

ja ŋai iʌ!（太坏呀!）

t'iaŋ tɔu tsiŋ tɛ ʌ!（程度真低啊!）

ŋ nøyŋ niɛ ʌ!（不要哭啊!）

tsi-tsiek tsy-nøyŋ-ŋiaŋ tsiŋ tsɔuk-ka ʌ!（这个女孩子真"作佳"——漂亮——呀!）

nøyŋ tu riɔk t'øyk tsy ʌ!（人都得读书啊!）

ŋuai ia ŋ meik tiɔk tsiɔŋ-ŋiɔŋ tsɔ ʌ!（我也不知道怎么做啊!）

(2) 提出条件的。

k'ɔ ʌ, tsiu k'o; ŋ ŋɔ ʌ, tsiu ŋ ŋɔ（去啊,就去;不去啊,就不去。）

kɔuŋ ŋʌ, tsiu ɔu ny-i peiŋ ŋie（讲啊,就有你的便宜。）

tsɔuŋ xu-tu uʌ, tsiu tsɔuŋ tɔ-rɛ（装糊涂啊,就装到底。）

puɔk k'ui iʌ, tsiu kaŋ ŋiŋ ŋai（要开呀,就赶紧开。）

V 噢

"噢"(ɔ)即等于国语的"哟",是用来表示沉痛的情绪的；也因为前一语词的收尾的性质而起变化。变化的规则是：在收尾-ŋ之后,变成 ŋɔ,在收尾-k 之后,变成 kɔ,在收尾-i 之后,变成 iɔ,在收尾-u 之后变成 uɔ,在其他的收尾之后,都保留其本来的 ɔ。

例如:

  kɔuŋ ŋi-ri, sik-tsai ia siɔŋ-niŋ ŋɔ! (说起来实在太伤心噢!)

  ɔ! ŋuai-i siŋ-ŋaŋ ŋɔ! (噢! 我的心肝噢!)

  ŋuai sik-tsai mɔ riɔŋ ŋuak kɔ! (我实在不想活噢!)

  ny mɔ tsʻiɔk ŋuai tsia liau kʻɔuk-kʻɔuk kɔ! (你不理我这老头儿噢!)

  kʻɛ ri iɔ! (快来噢!)

  sik tsai xu-tu uɔ! (实在糊涂噢!)

  tuai tsɔ ɔ! (大做噢!)

  tuai pʻa ɔ! (大打噢!)

  xø-xø tʻiɛ ɔ! (嘘嘘的哭噢!)

Ⅵ 啰

"啰"(lɔ)即国语的"啦"。语丛音变作用的原则是这样的:在收尾-ŋ之后,变成-nɔ,在收尾-k之后,变成 tɔ,在其他的收尾之后都保留其原来的 lɔ。例如:

(1)表示判断确定者。

  sei lɔ, sei lɔ! (是啰,是啰!)

  tsau lɔ, tsau lɔ! (糟啰,糟啰!)

  tyŋ-ŋuɔk mɛ-uɔŋ nɔ! (中国不会亡啰!)

  mɔ moiŋ nɔ! (没有脸啰!)

  tiɔk xuak tɔ! (得受罚啰!)

(2)表示不可避免之结果者。

  siek tsia iɔ, tsiu mɛ ri lɔ (吃这药,就不会死啰。)

  ŋ niaŋ ŋua, tsiu mɔ peiŋ ŋuak tɔ (不听话,就没办法啰。)

  tsiɔŋ-ŋuaŋ ni, tsiu mɔ nøyŋ ma lɔ (这样呢,就没人骂啰。)

mɔ puɔŋ niek, tsiu t'iu køyŋ nɔ(没饭吃,就跳江啰。)

siu nøyŋ ŋi, tsiu riɔk kiaŋ nɔ(受人气,就得走啰。)

五

广州语①的句终词也大体相同,但没有"哟"类,而且在任何情形之下都不起语丛音变作用。兹请述之于次:

I 吗

和国语一样,广州语的"吗"(ma)也是用以表示句中没有其他询问意义的语法成分的询问命题的。例如:

nei tsɔŋ m tuŋ ma?(你还不懂吗?)

tsou kɐm-jœŋ sei hɐi ŋoi-kwɔk ma?(就这样死在外国吗?)

tsɔŋ jɐu si-kan tuk ʃy ma?(还有时间读书吗?)

nei kou-hiŋ ma?(你高兴吗?)

nei tsɐn-hɐi kɐm-jœŋ ʃœŋ ma?(你真的这样想吗?)

k'øy sik tsɔ ʃan ma?(他吃了饭吗?)

II 呢

"呢"也有三种用法,一以表示句子已有其他询问成分的询问命题,一以表示厌烦、轻蔑、无可奈何、有所主张的情意,一以提出条件。例如:

(1)询问。

pin-kɔ hei-fun k'øy ni?(谁喜欢他呢?)

---

① 关于广州语的情形是我编就调查表请燕大广州籍同学王兆泉君给我讲的。我应当在此致谢。

nei høy pin-ʃy ni?（你去哪儿呢?）

k'øy ʃœŋ mi-ɛ hɔk-t'‿ɔŋ ni? （他上什么学堂呢?）

nei p'a m̩ p'a k'øy ni?（你怕不怕他呢?）

nei lei m̩ lei ni?（你来不来呢?）

k'øy tsɔŋ-i m̩ tsɔŋ-i k'øy ni?（他中意不中意她呢?）

nei høy m̩ høy ni?（你去不去呢?）

nei hɐi kwɔŋ-tseu jɐn ni, tsiŋ hɐi sɐn-wui jɐn ni?（你是广州人呢,还是新会人呢?）

ji ts'in ni, tsiŋ hɐi jiu mɛŋ ni?（要钱呢,还是要命呢?）

(2) 厌烦、轻蔑、无可奈何、有所主张。

ni-kɔ tsiŋ hɐi tou-mui ni!（这才是倒霉呢!）

k'øy kiu ŋɔ tsou, ŋɔ tsɔŋ m̩ tsou ni!（他让我做,我还不做呢!）

k'øy tsiŋ jɐu si-kan kin nei ni!（他才有时间见你呢!）

tsɔŋ kɐi k'øy hou ni!（还是他好呢!）

(3) 提出条件。

jiu sei ni, tsou sei hou la（要死呢,就死好了。）

jiu ts'ɛ ni, tsou ts'ɛ hou la（要走呢,就走好了。）

fu-ts'ɐn m̩ t'ɛŋ ŋɔ kɐ ni, ŋɔ tsou ts'ɛ（父亲不听我的呢,我就走。）

III 吧

"吧"的用法与国语同。例如:

(1) 劝告式的命令命题。

tsou ti hei-lei pa!（早点起来吧!）

jɐm ts'a pa!（喝[饮]茶吧!）

ŋɔ-tei tsou pa! （我们走吧！）

fɑi ti kɔŋ pa! （快点讲吧！）

tsou kɐm jœŋ pan pa! （就这么办吧！）

syn liu pa! （算了吧！）

(2) 表示疑问。

ni-kɔ kun m̩ wui hɐi tsɐn kɛ pa? （这个罐子不会是真的吧？）

ni-kɔ jɐn hɐi nei kɛ fu-ts'ɐn pa? （这个人是你的父亲吧？）

kɐm-jœŋ m̩ tak pa? （这样不成吧？）

(3) 提出条件。

høy pa, tsou høy （去吧，就去。）

kɔŋ pa, tsou tsuŋ-i nei （讲吧，就喜欢你。）

jiu sei pa, tsou m̩ ts'ɛ （要死吧，就不逃。）

IV 啊

广州的"啊"，并不起语丛音变作用。例如：

tsuŋ-kwɔk kɛ fa-hɔk tsøy hou a! （中国的化学最好啊！）

fɔŋ hɔ lœŋ a! （风很凉啊！）

ts'ɔ lɔk lei a! （坐下来啊！）

k'øy ts'in k'ei m̩ hɔ mɔŋ tsɔ a! （他千万别忘了啊！）

k'øy tsɐn hɐi hou jɐn a! （他真是好人啊！）

tsɐn ʃœŋ sɐm a! （真伤心啊！）

jiu ŋɔ-kɛ mɐŋ a! （要我的命啊！）

V 啦

"啦"的用法也有两种：

(1) 表示判断的确定。

tsɐn fu la! （真苦啦！）

ni-kɔ m̩ tak la!(这不成啦!)

tsiŋ tou mui la!(才倒霉啦!)

(2)表示不可避免的结果。

kɐm-jœŋ tsɔt m̩ tak,kɐm tsou wɔ fa pan la!(这还不成,那就没法办啦!)

kɐm-jœŋ tsou,ni-kɔ tsou syn ŋɔ-kɛ tsak-jɐm la!(这样做,这就算我的责任啦!)

kɐm-jœŋ kɔŋ,tsou m̩ hou la!(这样讲,就不好啦!)

fai ti tuk ʃy,ŋɔ tsou tsɔŋ-i nei la!(快点读书,我就喜欢[中意]你啦!)

六

句终词的应用不但是汉语各方言中所共有的语法成分,同时也是其他汉藏语系的语言所有的现象。这实是在汉藏语系诸语言的一个特征。怪不得西洋人学汉语都不大懂得应用这些句终词。一般研究汉语语法的人都只知道抄袭西洋语法的格套,而不肯对汉语语法作下科学的研究,比较的分析。知道了汉语有应用这些西洋语所没有的句终词之后,我们应当可以懂得西洋的格套实在是不足以拿来作研究汉语语法的标本了。

(原载《燕京学报》第 31 期,1946 年)

汉语之表意语法

一

语言不只是表达思想的工具而已,语言还表达感情和意志,这已经是现代语言学家所注意到的问题了。方德里叶斯(Vendryès)在他的《语言学》①中曾谓印欧语中的动词命令格乃是表达意志的语法成分,因为命令就是要别人有所行动,来使说话人的意志得以实现。葛迪纳氏(Gardiner)也认为语言的作用根本就在于表达说者之要统治别人的意志。② 虽然葛氏把语言的作用整个地归结在表达意志这一项上,未免太偏,但是意志的表达是人类语言的一种重要的作用,这则是无疑的。

不过,表达意志的方式,从一般语言学的观点来说,却不仅仅是语法的问题。正如表达思想的方式有时候可以由语义成分(semantems)来负责一样,意志的表达也可以由语义成分来担当。③ 比

---

① 参阅 Vendryès:Le Langage,II,Chap. 4. p. 162;氏称表意的语言为 langage actif。

② 参阅 Gardiner:Principles of Language,Introduction。

③ 关于语义成分和语法成分的分别,请参阅 Vendryès:Le Langage, II,Chap 1; III,Chap. 1;拙著《汉语语法论》,绪论第二章。

方说"我的希望就是活上一百岁",这句话所表现的当然是一种意欲,但是这意欲是从"希望"这个语义成分表达出来的,因为"希望"是这句子中的主词,主要的语词,而不是次要的,帮助表达语法范畴的语法成分。然而,如果我们说"我要活上一百岁"的话,这意欲的表达则是由语法成分来负责了,因为"要"字是个特别的语法成分,它并不是句子中的主要语词,取消它也可以,不过,有了它,意欲的作用就表现了出来,没有它就没有任何表达意欲的意味罢了。如何用语法成分来表达意欲,这才是语法学家所要讨论的问题。

一般语言学家对于表意语法的研究本极有限,而一向只用模仿西洋的语法格局来套汉语语法的人也多半忽略这一点。本文的目的就是要用科学的语言学的见地来研究汉语拿什么语法方式来表达说话人的意欲,一来想要让人家知道汉语语法的特殊性,二来也愿意这小小的意见对于"一般语言学"有所帮助。在研究的当中,我们要拿国语、苏州语、福州语、广州语这四种代表四个方言分野的方言来做比较。

二

汉语中表达意欲的语法方式,大体言之,可以分为几种。第一是欲词,第二是愿词,第三是表意的"动词之性"的语词,第四是命令命题。现在请先论欲词。

说到欲词,我们就得先论所谓汉语动词的"时间"。一般研究汉语语法的人,无论是以实用为目的的教士们也好,是模仿西洋的语法格局的洋派语法学家也好,大半都把汉语的动词给它戴上时间(tense)的帽子,认为汉语的动词可以分为过去、现在和将来三种格式。这种观念的错误,我已经在我的《汉语语法论》中说得极乎详细,这里不必多赘。① 但是关于"将来时"的问题,我们却有略加解释的必要。"将来时"(future tense)是一部分印欧语所有的语法成分,传统的语法学家都学着拉丁语的办法也给现在一部分的欧洲语套上这一方式。然而,详细地分析起来,我们就很容易看出现代三个重要的欧洲语都并没有"将来时"这个语法形式。② 英德法三种语言的动词都有现在时和过去时的形式上的分别,都有一个特别的方式来表示动词所代表的动作或历程是发生于什么时间,但是在将来方面,这三种语言却都没有特别的将来时的形式,都只是用别的方式来表达,而这别的方式也只能说是含有将来时的意味而已,不能说它的作用只在于表示将来。比方说,英语的 I will go,这 will 和 go 两个语词的本身都是用现在时的形式出现的,will 而且有"意欲"的意思。将来的动作或历程还没有实现,不过是我要其如此,欲其如此而已,所以所谓的英语动词的将来时只是表示意欲的欲词,不过所欲的动作或历程可以是将来的,故含有将来的意味罢了。德语、法语也是同样的情形。德语之 ich werde gchen,wcrdc 是现在时第一身的形式,而 gehen 是动词原式(infinitive),丝毫没有特别的将来时的形式。法语的所谓"将来时"表面上看来,似乎是特别的形式,其实是动词原式和动词 avoir 的现在时诸形式的结合。je chanterai 之 chanter 是动词原式,而 -ai 则是 avoir 的现在时第一身的形式。重要欧洲语的动词的将来时都成了问题,何况缺乏形态学的汉语。

---

① 关于汉语并没有动词的时间问题,请参阅拙著《汉语语法论》第二编第五章。
② 参阅 A. Meillet: Linguistique historique et linguistique générale, sur les caractères du verbe 一文。

原来一般人之误解将来时乃是模仿西洋语法书的结果,不过这西洋语法书也只是通俗的语法书,其本身已不甚合理罢了。事实上,一般人所谓的汉语动词的将来时只是一种欲词①而已。我们可以给这欲词加上一个英文的名目,叫做 desirative,或依希腊语法的术语称之为 optative,欲词的意思就是一种表达意欲的语法范畴。正如英语之用 will 一样,汉语也用"要"字来表达。我们说:"我要到天津去。"这句话的意思明明是我有到天津去的意欲。和"我要一管笔"之有我有得到一管笔的意欲并没有什么不同。因为我所"要"的,乃是还没有实现的未定的事实(eventuality),我们就以为这是表示将来的动作。然而这是看错了的,因为我们也可以说:"前年我要上法国去的时候,刚刚好生了一场大病,结果也就去不成了。"在这一个句子之中,"要上法国"的事情却是发生于"前年"(过去),哪里谈得到是将来?其实,我要上法国去的意欲是已往的事情,那时候也只有此意欲而已,因为"上法国"去这桩事情却被生病阻挠了,没有去得成。所以"要"字所表现的语法范畴明明是意欲的表达,而不是动词的将来时,虽然因为意欲的事素总是未定的事素,有的时候和将来亦有相通的地方。

这可以从各方言的情形看得出来。在我们所要研究的四种方

---

① 我们所以称这种语词为"欲词",因为这一类的语词在古文里多半是用"欲"字,比方说,《高士传·江上》之"奢子员亡,将奔吴,至江上,欲渡无舟",《博物志》之"欲采仙药"。并且,依据语源学的研究,这"欲"与"要"恐怕只是同一语的不同的写法。《说文》训"要",认为是"身中也"。这其实就是后来的"腰"字。表示意欲意义的"要"字是另一语,大约最初的意义是"约",和"欲"也只是写法的不同(参阅拙著《汉语语法论》第二编第七章)。古文尚有一个"将"字,如《孟子》之"今人乍见孺子将入于井",作用也和"要"一样,刘淇称这种语词为"欲辞"(《助字辨略》卷二第 28 页上),因此,我们也就称这一类的语词为欲词。

言之中,"要"字都是用来表示纯粹的意欲(纯粹的动词),同时又用来表达所谓的将来时(即我们所说的欲词)的。

A 国语 国语中的"要"字有的时候是纯粹的动词,有的时候是欲词。句子里没有其他任何的动词的时候,"要"字就是纯粹的动词,也就是语义成分,句子里还有其他的主要的动词而只用"要"字来作次要的辅助的成分时,"要"字就是欲词,表示动作或历程只是主体的意欲,并未实现,这样的"要"字当然就是语法成分了。

(1)纯粹动词之"要"。例如:

> 宝玉听了,便挨向凤姐身上,立刻要牌。(《红楼梦》第十四回)
>
> 祥子要了四两白干。(《骆驼祥子》第109页)
>
> 并不要许多时间,我们洗澡去。(《高老师》第97页)

(2)作为欲词用之"要"。例如:

> 他们要反日,我说了几句老实话,好,便是反动派,捣乱后方!(《追求》第159页)
>
> 她要成就一个奇迹,要把怀疑派的史循改造过来。(《追求》第179—180页)
>
> 它们不只是要自己挺起自己来,它们还要把它们底下的肉钉子拔将出来呢!(《高老师》第79—80页)
>
> 恐怕船上老鸨婆晓得之后,要打他骂他,急的在中舱坐着哭。(《官场现形记》第十三回)
>
> 正要寻个路头儿,因怕金桂拿他,所以不敢透漏。(《红楼梦》第九十一回)
>
> 你两个要打洒家,俺便和你厮打。(《水浒传》第三回)
>
> 他要看看那辆车。(《骆驼祥子》第121页)

这两种用法可以使我们明白"要"的本来作用只是表示意欲的纯粹动词,后来就把这动词的意思弱化了,作为表示意欲的语法成分。这欲词有的时候可以用来表示将来的意思,但是这也有待乎句中其他语法成分的标明或是上下文的启示,同时也还脱不了欲词的意味。例如:

明日是一定要走的了。(《红楼梦》第十五回)

明天……未来的……正要来到的……(《高老师》第119页)

父亲又说两星期后先行订婚礼,那时——你自然要来一趟……(《追求》第182页)

我们之所以知道这些句子带有"将来"的意味,这完全是因为这些句中有"明日"、"明天"、"两星期后……那时"等语义成分的缘故,如果没有这些语义成分的话,这些句中也未尝不可以说在过去或现在。所以光光"要"一个语词,它的作用并不是在于表示将来,只是可以兼示将来的意味而已。何况有的时候,明明是表示将来意味的句子却不必用"要"呢。比方说,"所以明天大家谈谈也是必要的"(《追求》第111页),这当然是表示将来的动作或历程,然而却没有用"要";"明天大家要谈谈也是必要的"虽然可通,但总不是"顺嘴"的说法。所以,"要"之表示将来只是偶然的作用,它的语法价值其实只是"欲词"。

B 苏州语 这情形也存在于苏州语。① 苏州人说要某个东西的时候,就把"要"当作主要动词用,但是说要某种动作或是一般人所谓的将来的动作时,也是用"要"(iæ)。

(1)纯粹动词之"要"。例如:

---

① 关于苏州语的情形是燕大苏州籍同学祝寿嵩君告诉我的。

li iæ iəʔ pən sɿ(他要一本书。)

li iæ iəʔ sou vaŋ-tsɿ(他要一所房子。)

(2)欲词之"要"。例如：

ŋou iæ tæ zɿ-zaŋ tɕʻi （我要到市场去。）

li iæ mɑ vaŋ-tsɿ(他要买房子。)

正如国语一样，含有将来意味的句子也可以用"要"，但多半总得再加上表示将来的语义成分，例如：

ŋou min tsæ iæ tæ saŋ ʜɛ tɕʻi （我明天[明朝]要到上海去。）

li kʻɛ ȵiɛ iæ kʻæ tɑ ɦɔʔ（他明[开]年要考大学。）

li tsiaŋ lɛ iæ tsou tɑ-ɦɔʔ iæ-tsaŋ(他将来要做大学校长。)

而且和国语一样，这"要"(iæ)也可以用在过去：

zɔʔ ȵiəʔ ŋou iæ tæ zɿ zaŋ tɕʻi kəʔ zən kuaŋ, tsen hæ baŋ zaʔ li(昨天我要到市场去的时候[辰光]，正好碰着他。)

ziɪ ȵiɪ nɛ iæ tɕʻi kəʔ zən kuaŋ, ŋou fəʔ zɿ ka sou nɛ gəʔ kəʔ kuø fəʔ hæ tsou kəʔ?（前年你要去的时候[辰光]，我不[勿]是告诉你这个官不[勿]好做的?）

这也可以证明苏州语中一般人所谓的"将来时"也只是一种欲词。

C 福州语　福州语不用"要"，但其所用之 puɔk 显然是和国语的"要"有同样的语法功能。① puɔk 当作纯粹动词用的时候，后面还有一个 tik，puɔk-tik 的意思就是国语的"要"。puɔk 同时也可以用作欲词，表示意欲。

---

① 关于福州语的情形是我自己依照记忆记下来的。我自幼生长在福州，当不至于误解福州语。

(1) 纯粹动词之 puɔk-tik。例如：

ŋuai puɔk-tik① siɔk pa peik（我要一管笔。）

i puɔk-tik laŋ ŋi②（他要两个。）

ny puɔk-tik nuɔ wai?（你要多少?）

ŋuai puɔk-tik tɕi tɕiɛ ɲiɛn（我要这只砚。）

(2) 欲词之 puɔk。例如：

ŋuai puɔk kʻɔ ŋui-uɔk（我要去外国。）

ny puɔk li ŋ li ri?（你要来不来呢?）

i puɔk tɔ tsia nɔ（他要拿这个东西。）

i puɔk søyŋ i rɔŋ（他要穿衣服。）

这里有个特殊的情形，就是福州语表示纯粹的意欲的动作的时候，有的时候可以只用 tik，例如：ŋuai tik tɕi siɔk kʻɘu（我要这一块。）不过一般的情形是 puɔk-tik 连用。puɔk-tik 大概是两个同义语的联合。它的语源虽不可考，但其语法价值则与国语的"要"并无二致。就是含有将来意味的句子，有的时候也和国语一样，可以用在表示过去的句子中。例如：

kʻɔ niɛŋ ŋuai puɔk kʻɔ peik-kiŋ ŋi si-ao, ŋuai tøyk kɛ-
rɔŋ kʻaŋ ɲiɛŋ ŋi siɔk xui（去年我要到北京去的时候，我
在街里看见他一次。）

---

① 有的时候，只用 tik 也可以。例如：

ŋuai tik tsi siɔk pa peik（我要这一把笔。）

ny tik ŋ ŋik ti?（你要不要呢?）

② 福州语的语丛音变作用最多，这 ŋi 本来是 ki，因为受了上一语词的收尾-ŋ 的同化，就变成 ŋi。下面所举福州语的例子中大多都有这情形，因为和本文的主旨没有关系，后面的语丛音变作用我们就不再解释了。

  sɔk-maŋ puɔk k'ɔ k'aŋ xiɛ ki si-ao, puak siɔk rɔ(昨天要去看戏的时候,摔了一跤。)

然而,关于将来的动作,却可以不必用 puɔk。例如:

  ŋuai miŋ naŋ k'ɔ xɔuk tɕ'iaŋ(我明天去福清。)

  ny siɛk wɔŋ puɔŋ k'ɔ(你吃完饭去。)

  D 广州语 广州语的用法也和国语一样。"要"(jiu)既可作为纯粹动词用,也可以作为表示意欲的欲词用。①

(1)纯粹动词之"要"。例如:

  k'øy jiu jɐt pou ʃy(他要一部书。)

  k'øy jiu jɐt kan ŋɔk(他要一间屋——他要一座房子。)

(2)欲词之"要"。例如:

  nei m̩ hai jiu lei tong ŋɔ k'iŋ ha ma?(你不是要来跟我谈谈吗?)

  k'øy jiu tsɔu kun(他要做官。)

  k'øy jiu mai ŋɔk(他要买房子。)

  nɛi ju hɐu tai-hɔk ma?(你要考大学吗?)

另外,在表示将来的句子里,也有两种情形,一是由于上下文而知道其有将来的意味,这一类句子并没有任何的特殊语法成分,一是由表示将来的语义成分来表明的,例如:

  k'øy tsœŋ lɔi jiu tsou tai-hɔk hɐu-tsœŋ(他将来要做大学校长。)

  ŋɔ ts'øyt nin jiu høy kuɔŋ tsau(我明年[出年]要去广州。)

---

 ① 关于广州语的情形是燕大广州籍同学陈熙橡君告诉我的。

k'øy t'iŋ jɐt jiu ta nei(他明天[明日]要打你。)

ŋɔ hau jɐt jiu tsau lʌ(我后天[后日]要走了。)

然而,这种表示将来的句子也可以用在过去。例如:

tsɔk jɐt ŋɔ jiu høy san-wui kɛ si hou,ŋam ŋam p'ɔŋ kin k'øy(昨天[昨日]我要去新会的时候,刚刚碰见他。)

ts'in nin nei jiu høy ʃœn hɔi kɛ si hou,ŋɔ m̥ hɐi kɐu soŋ nei tsi ni-kɔ kun m̥ hou tsou kɛ ma?(前年你要去上海的时候,我不是告诉你这个官不好做的吗?)

可知广州语中的"要"其实也只是表达意欲的欲词。

三

汉语尚有一种表达意志欲望的语法成分,即我们所谓的愿词(concessive)。① 愿望也是意欲的一种表达,一切心中所希望的都是愿望,但是我们这里所称的愿词则有它的特殊的含义。我们知道印欧语中有一种动词的虚拟式(subjunctive)和一种动词的条件式(conditional)。这两种形式其实也是表示未定事素的一种语法形式。不过条件乃是逻辑上的条件关系,而虚拟则完全是心理上的愿望。这两种形式在欧洲语中往往是联结在一起的,如英语的 if I were a bird,……既是条件,又是虚拟。关于这一类的语句,汉语也有用表示意欲的语词来表达的。最使我们感觉兴趣的,就是所谓条件式在汉语中除了用一些特别表示条件的"如果"、"倘然"、

---

① 请参阅拙著 *Essai sur la valeur réeile des particules prépositionnelles en chinois*, p. 128。

"假使"等等之外,还用"要"或"要是"。我们说:"要是你不去,我就不理你。"一般受过西洋语法格套影响的人都认为这种说法是动词的条件式。这当然是张冠李戴的办法。其实西洋语的条件式都有动词上的语法成分的变化,而汉语的动词却并不因为其含有条件的意味而生变化。这还不算是重要的问题。其实像"假使"、"假如"之类的用法固然可以说是表达逻辑上的条件关系,可是"要是"或"要"则是千真万确的愿词,它所表达的并不是逻辑上的条件关系,而是心理上的愿望。"你不去"并不是实在的情形,不过是你愿其如此而已。所以,这个句子也可以说成"你要是不去,我就不理你"。我们所以觉得这一类的句子含有条件的性质,这是因为这一种条件并不是事实上的情形,乃是我们要其如此,愿其如此而已。西洋人解释虚拟式本来就有认定 subjunctive 可以表示愿望之一条;然而欧洲语的 subjunctive 还有其他的含义,而且是动词的一种特殊的语法形式。这一方面可以让我们相信汉语的"要是"的确是表示愿望,一方面可以让我们知道汉语的"要是"和欧洲语的动词的虚拟式确是两回事。这也是我们所以特别称之为"愿词"的原因。不过,这里所说的愿词并不是指一般的意欲,一般的愿望,乃是指用愿望的方式来兼示条件意义的一种语法成分而言。

上面已经述过汉语的欲词是用表示意欲的"要"或其方言上的同义语来表达的。兼示条件的愿词也是用这个语词来表达的,这证明愿词其实是从欲词引申出来的,都是表示说话人的意志欲望的一种语法成分,不过应用的地方不同罢了。这而且是汉语的一般现象。无论是在国语也好,是在苏州语也好,是在福州语也好,(广州除外)各方言用以兼示条件的愿词都是由上面所述的欲词"要"或是它的同义语来表达。例如:

A 国语

要是他老跟着,到家门口别停住。(《骆驼祥子》第 126 页)

曹先生要是没有看出点危险来,何至于弃家逃走?(《骆驼祥子》第 140 页)

你要是不帮助我,简直的——(《二马》第 370 页)

你要是愿意帮助我,我也得给你干点什么。(《二马》第 370 页)

你要不依我,我就喊起来,叫里头太太听见了,我看你怎么样?(《红楼梦》第七十七回)

要不把你垫了背才怪。(《骆驼祥子》第 132 页)

我要有你这么个儿子,少教我活几岁也是好的!(《骆驼祥子》第 158 页)

B 苏州语

iæ zɿ nE fəʔ səʔ, ŋou uE i uE nE ɕiæ təʔ tsE(要是你不说,我还以为你晓得啦。)

iæ zɿ li tʻəʔ-ji kʻou-ɕoʔ kəʔ ɦE-ɕɿ, ŋou zy fəʔ li li(要是他太可恶的话,我就不理他。)

iæ zɿ nE hʌʔ-sE-ɕɿ-sɿ, ŋou zy taŋ nE(要是你瞎三话四[胡说八道]我就打你。)

iæ zɿ nE iæ lE, nE zy kʻua lE(要是你要来,你就快来。)

iæ zɿ li fəʔ hæ-hæ tɕiæ dəʔ sɿ, li zy iæ kʻæ fəʔ zaŋ(要是他不好好的读书,他就要考不上。)

iæ zɿ kuəʔ-tɕia fəʔ tʻɑ-bin, nɔ-təʔ uE iy tsin-bu kəʔ ɕi-waŋ tɕiaʔʔ?(要是国家不太平,哪里还有进步的希望呢?)

C 福州语

ny puɔk tsiɔŋ-ŋuaŋ,ŋuai ja mɔ peiŋ ŋuak（你要是这样的话，我也就没有办法啦。）

　　i puɔk tɔ-luaŋ ni,tsiu mɔi-ki peiŋ ŋie（他要捣乱呢，就没有他的便宜。）

　　ny puɔk kɔ-eiŋ tsɔ,tsiu kaŋ ŋiŋ tsɔ（你要高兴做的话，就赶紧做。）

　　ny puɔk lɔuŋ-ni ki ua,ŋuai tsiu mɔ tɕ'iɔk ny（你要是乱来的话，我就不睬你。）

　　i puɔk kɔuŋ,ŋuai tsiu p'ai（他要是说的话，我就打他。）

D　广州语

在这一点上，广州语却没有这用法。凡是说明条件关系的句子，广州语都用 jy kwɔ（如果）、jœk kwɔ（若果）、ka sɐi（假使）等。

总之，在各方言里，大半的情形都是用表示意欲的语词来表达含有愿望意味的条件。这其实是愿词，而不是动词的条件式或虚拟式。

四

意欲的表达还可以应用一些表示"动词之性"的虚字。如果我们所欲求的是事物的话，代表这事物的就是句子中的目的词，而代表欲求的语词也就是动词。动词是句子中的主要成分，没有它，句子就不能成立，所以它是语义成分，并不是语法成分，我们也就把它放开，不来讨论。如果我们所欲求的是动作的话，我们就用一些代表意欲的语词加在代表所欲所意的动作的语词之前。例如："我希望到外国去走一趟。"这"希望"两字表示"到外国去走一趟"的动作只是我的希望,我的欲求,我之心志之所趋,并非果有其事。这一类的语词西洋人叫做 helping verbs(助动词)或 auxiliary verbs(辅动词)。虽然是"助"或是"辅",然而总还是一种动词,所以,西洋语这一类的语词大多都和动词有同样的变化,大半都随着"时间"和"身"而生不同的变化。不过,西洋语的助动词范围极广,一切加在动词之上的另外一个随"时"随"身"而变化的动词都叫做助动词。汉语的动词本来就没有"时"、"身"的变化,而且只能够在句子中才有它的功能(换言之,离开了句子,这动词的本性就失掉了,因为它没有形态给它保证是动词,而在别的句子中也可以有名词、约词等功能),①何况有一部分西洋语的助动词在汉语却拿没有任何动词意味的语词来代表。例如英语之 must,译成汉语则为"必须"或"必","必"并没有任何动词的意味。它只是表示必然性的虚字,说明这动作是在必然性的情景之下罢了。所以,我们只简单地称这一类的语词为表示"动词之性"的虚字,不过我们得注意这一类的虚字还没有十分纯粹化,因为有的时候也可以拿它来代表省略的句子。例如,回答"你希望到外国去走一趟吗?"这句话时,我们可以省略地说:"我希望。"

表示"动词之性"的虚字很多,而"动词之性"也不只是一种。意欲性的表达只是其中的一项而已。② 从一方面说,句中所叙述的动作或历程并不是实在世界中所有的动作或历程,只是潜存于各种"性"的景况之下的动作或历程(例如:必然性、应然性、可能性等),从另一方面来说,这些动作或历程之中有一种只是说话人的

---

① 参阅《汉语语法论》绪论第四章。
② 参阅《汉语语法论》第二编第八章。

意志欲望的表现,并非实有其事。这一类的"动词之性"才是本文所注意的问题。

表达意欲性的虚字国语中颇有不少的种类,这些语词大半都取其本来的意义,用在表达意欲性的地方就把这意义弱化了。其他的方言中也是同样的情形,现在无妨作个比较的研究,如下。

A 国语

1. 愿意①

> 不但不愿意理他们,有时还隔着大眼镜瞪他们一眼。(《二马》第 344 页)
>
> 而姓曹的决没带出愿意挨打的神气,于是老茅也就没敢动手。(《二马》第 347 页)
>
> 你愿意不愿意跟我出去?(《高老师》第 60 页)
>
> 车辅愿意少要一点。(《骆驼祥子》第 11 页)

2. 希望②

> 我希望你能够来我家一次,和父亲见见。(《追求》第 46 页)
>
> 我希望成个财主,拿出多少万来,办图书馆,办好报纸,办博物院,办美术馆,办新戏园,多了!多了!(《二马》第 413 页)
>
> 希望能从清晨转到午后三四点钟,拉出"车份儿"和自己的嚼谷。(《骆驼祥子》第 2 页)

3. 敢

---

① 有的时候,也可以用"情愿"。例如《红楼梦》第六十六回:"他情愿剃了头,当姑子去。"

② 有的时候也可以用"盼望"。例如:"只盼望换个百儿八十的,恰好够买一辆车子的。"(《骆驼祥子》第 29 页)

自己抗了捐不算,还敢上控!(《官场现形记》第二十三回)

你有多大胆子,敢同本司顶撞?(《官场现形记》第二十三回)

又不敢造次去回贾母。(《红楼梦》第五十七回)

4. 肯

说他不肯退机器,不会办事,着实将他申饬两句,一定要退掉机器。(《官场现形记》第九回)

傅抚院又缩住了嘴,不肯说出来。(《官场现形记》第二十二回)

好姑娘哪肯和中国人打交待。(《二马》第342页)

留学的老爷们谁肯一礼拜挣两镑钱作碎催。(《二马》第115页)

5. 想

我只想弄些事来消遣一下。(《追求》第115页)

他想得把捉住它们,但是他一举手,它们可都飞走了。(《高老师》第57页)

外头有个人,想求老爷密保他一下,为的老爷不要钱,他不敢来送。(《官场现形记》第二十二回)

然后想收拾收拾书架上的东西。(《二马》第14页)

B 苏州语

1. 高兴①

ŋou kæ-ɕin tɕʻi(我高兴去。)

li kæ-ɕin lɛ(他高兴来。)

---

① 苏州语也可以说"愿意",但不是平常的情形罢了。

li kæ-ɕin hæ-hæ tɕiæ dɔʔ sʯ(他高兴好好地读书。)

   ŋou fəʔ kæ-ɕin tsou kuø(我不高兴做官。)

   nɛ aʔ kæ-ɕin tʻin ŋou kəʔ tɕʻiø kæʔ(你高兴听我的劝告吗?)①

2. 希望

   ŋou ɕi-uaŋ min-tsæ tɕʻi(我希望明天去。)

   li ɕi-uaŋ tsou jæ-tsaŋ(他希望做校长。)

   nɛ ɕi-uaŋ ma vaŋ-tsʅ aʔ(你希望买房子吗?)

3. 敢

   nɛ aʔ kø taŋ liʔ(你敢打他吗?)

   ŋou kø kʻæ dɑ-ɦoʔ(我敢考大学。)

   ŋou kø tɕʻi zin li(我敢去找[寻]他。)

   ŋou fəʔ kø taʔ li dɛ gəʔ-kəʔ vən-di(我不敢跟[搭]他谈这个问题。)

   ŋou fəʔ kø haʔ-sɛ-ɦo-zʅ(我不敢瞎三话四。)

4. 肯

   lin siɪ saŋ kʻən lɛ(林先生肯来。)

   kʻoŋ fu-tsʅ fəʔ kʻən zɛ-biɪ tsou kuø(孔夫子不肯随便做官。)

   li fəʔ kʻən ma kəʔ sou vaŋ-tsʅ(他不肯买这所房子。)

   nɛ kʻən dɔʔ sʯ tsɛ(你肯读书啦。)

   liaʔ kʻən səʔ ɦoʔ(他肯说话吗?)

---

① 苏州语的询问命题有个特别表示方式,就是在动词之前加上一个前加成分 aʔ(例如 aʔ tsʻʅʔ 就是"去不去?"或是"去吗?"的意思)。这一句中的 aʔ 就是这个询问的语法成分。

5. 想

　　li siaŋ hæ-hæ tɕiæ doʔ sɿ(他想好好地读书。)

　　li siaŋ taŋ ŋou(他想打我。)

　　ŋou siaŋ tæ zaŋ-hɛ tɕ'i(我想到上海去。)

　　ŋou fəʔ siaŋ tɕ'i-mø ȵin　(我不想欺负[瞒]人。)

　　ŋou siaŋ zin li dɐ-dɐ(我想找[寻]他谈谈。)

C　福州语

1. 高兴①

　　ŋuai kɔ-xeiŋ xua tɕieŋ(我高兴花钱。)

　　i kɔ-xeiŋ p'ieŋ nøyŋ(他高兴骗人。)

　　ny kɔ-xeiŋ ŋ k'ɔ-xeiŋ k'ɔ tsɔ mɛ-ma ni?（你高兴不高兴去做买卖呢?）

　　ŋuai kɔ-xeiŋ p'a pɛ-ju(我高兴打排球。)

　　ny kɔ-xeiŋ ŋ kɔ-xeiŋ li ŋuai ts'uɔ ɜl k'a riu ri?（你高兴不高兴到我家里来玩玩呢?）

2. 希望

　　ŋuai çi-uɔŋ tsai t'øyk saŋ nieŋ tsy(我希望再读三年书。)

　　i çi-uɔŋ tsɔ sɛŋ-ŋɐin-nioŋ(他希望做省长。)

　　ny çi-uɔŋ ɔk siɛ-nɔ ri?（你希望学什么呢?）

　　ŋuai mɔ çi-uɔŋ xua-tsai(我不希望发财。)

　　ny çi-uɔŋ t'ɔ lao-ma mʌ?（你希望讨老婆吗?）

3. 敢

　　ŋuai kaŋ p'a pɛ(我敢打牌。)

---

① 福州语也可以说"愿意",但不是一般的情形。

ny kaŋ xuaŋ tɔi i mʌ?(你敢反对他吗?)

i kaŋ sui piɛŋ pʻa nøyŋ(他敢随便打人。)

i kaŋ tʻiu(他敢跳。)

ŋuai kaŋ-ma i(我敢骂他。)

4. 肯

ŋuai ŋ kʻiŋ ui pui liɔŋ-siŋ luaŋ ŋouŋ(我不肯违背良心乱讲。)

ny kʻiŋ ŋ kʻiŋ li?(你肯不肯来?)

i kʻiŋ ma(他肯卖。)

tiɛ-nøyŋ kʻiŋ ŋouŋ tsia ua ri?(谁肯说这话呢?)

ŋuai kʻiŋ kiu i li(我肯叫他来。)

5. 想

ŋuai siɔŋ kʻɔ siaŋ niɛ kʻɔ kʻaŋ pɛŋ-ŋiu(我想到城里去看朋友。)

i siɔŋ siek ŋuai puoŋ(他想吃我的饭。)

pɛik-kiaŋ siɔŋ pʻa xɔuk tsiu nøyŋ(北方人想打福州人。)

kaŋ kuaŋ tu siɔŋ kʻi-ou nøyŋ(奸官都想欺负人。)

xa-ma siɔŋ siek tʻiɛŋ ɔɔ nyk(蛤蟆想吃天鹅肉。)

D 广州语

1. 中意①

ŋɔ tsɔŋ i høy(我愿意[中意]去。)

nei tsɔŋ i lei ma?(你愿意[中意]来吗?)

kʻøy tsɔŋ i mai(他愿意[中意]买。)

ŋɔ tsɔŋ i tʻɛŋ(我愿意[中意]听。)

---

① 广州语也可以用"愿意",但一般的情形是说"中意","愿意"未免太文雅了。

2. 希望

　　ŋɔ hei-mɔŋ høy ʃœŋ-hɔi(我希望去上海。)

　　k'øy hei-mɔŋ hɐu tai-hɔk(他希望考大学。)

　　nei hei-mɔŋ tsou kun ma?（你希望做官吗?）

　　ŋɔ hei-mɔŋ wɐn k'øy k'iŋ ha(我希望找[揾]他谈谈。)

　　nei hei-mɔŋ tsou tai hɔk hɐu-tsœŋ ma?（你希望做大学校长吗?）

3. 敢

　　nei kɐm ta k'øy ma?（你敢打他吗?）

　　ŋɔ m̩ kɐm t'ɔŋ k'øy k'iŋ ni-kɔ men t'ɐi(我不敢同他谈这个问题。)

　　nei kɐm ts'øy-ŋɐu p'a-ma-p'ei ma?（你敢吹牛拍马屁吗?）

　　k'øy m̩ kɐm tɔŋ-kɔŋ-sei-kɔŋ(他不敢东讲西讲。)

　　pin-kɔ kɐm lei?（谁敢来?）

4. 肯

　　lɑm sin sɑŋ m̩ hɐn tsou kun(林先生不肯做官。)

　　ŋɔ hɐn pɔŋ tsɔ nei(我肯帮助你。)

　　k'øy hɐn hou-hou tei tuk ʃy(他肯好好地读书。)

　　ma sin sɑŋ hɐn lei ma?（马先生肯来吗?）

5. 想

　　k'øy m̩ ʃœy hou-hou tei tuk ʃy(他不想好好地读书。)

　　nei ʃœŋ sei hai ŋai-kwɔk ma?（你想死在外国吗?）

　　k'øy ʃœŋ høy pin-tou ni?（他想去哪儿呢?）

　　ŋɔ ʃœŋ høy hɔk-t'ɔŋ(我想去学堂。)

ŋɔ ʃœŋ kɐm-jœŋ pan(我想这样办。)

依此所述,除了一两个地方,有方言上的用字的不同以外,各方言大半都是用同样的方式来表示动词的意欲性。这些字眼都是代表一种意志或欲望的:"愿意"表示由意志所发出的自由的意欲,"希望"表示意志对于某种动作或历程的希冀,"敢"表示意志对外发展的毅勇,"肯"表示意志的决定,"想"表示意志所发出的想象,换言之,都是表意的语法成分。当然在这些之外,还有其他类似的语词也可以拿来表示意志,例如"喜欢"等。这里所举的不过是就其重要的部分来说罢了。

五

最能表现说话人的意志者,莫过于命令。凡发出一个命令都是要对方有所行动。命令的本质就是意志的舒展,发号施令,要统治人家,要人家服从,要人家有所动作。

一向研究语法的人都只把命令的问题在动词的命令格(imperative)下略为一提,把命令认为只是动词的一个格式。这也有其原因。印欧诸语言的动词多半都有一个特殊的形式来表示命令,因之一般人就认为命令是动词的一个格式而已。其实命令是整个句型的问题,是用命令的方式来把整句的话说出来的。如果我们说"你去罢!",我们并不是只命令"去",我们是命令"你去",非"你去"不可,"别人去"就不符合这个命令的用意。不过,虽是整个句型的问题,命令命题本质上是个动词句,所以印欧诸语言也就用动词格式的变化来代表了。下命令的时候,总是要人有所行动,所以命令命题必是动词句(verbal sentence)。命令必是对第二人称下的,有的时候就是要对自己下命令,也应当把自己当作对象,当作第二人称来说话,所以印欧语的命令式都是用第二人称的单多数的动词的变化来做根据。又因为动词的变化已经表现其为第二人称的单多数,所以印欧诸语言的命令命题往往没有主词,并不像汉语一样,多半的情形是把主词说了出来:"你去罢!"或是"你们去罢!"

命令和请求其实是同样的语句所有的不同表现。命令和请求都是要对方有所行动,都是说话人的意志的舒展,只是因为环境地位等等的不同而发之于不同的语气。人类是最灵动的动物,他可以临机应变而改换语调,因而去达到他的目的。这种情形是太细密的,只好让心理学家去研究。我们所要分析的只是一般的情形。①

一般地说,汉语的命令命题有三种不同的表达法:

一、语气的表达。

二、命令词的应用。

三、借用其他的形式。

又因为命令和请求不同,请求又和劝告不同,我们又可以在性质上把命令命题分为三种:

一、强制的命令。

二、请求。

三、劝告。

这三种命令命题又都可以从肯定和否定两方面来说。否定式命令命题都多少含有"禁止"的意味。现在就把汉语各方言如何用

---

① 关于命令命题的性质,我在《汉语语法论》中有比较详细的解释,这里只好简单地一提。(请参阅该书第三编第四章)

这三种不同的方式来表示这三种不同性质的命令命题表达出来的情形和其否定的说法,述之如下:

A 语气的表达。语气的表达是一般的原则,命令命题的语气和叙述句的语气不大一样,都比较地沉重,其中以强制式程度最大,请求次之,劝告更次之。这一类的语气并没有文字的表达,我们只好用惊叹号来表现:强制式用三个惊叹号(!!!);请求式用两个(!!);劝告式用一个(!)。不过,这只是抽象的说法,实际的情形可以因为种种的环境关系而生变化。否定的说法本质上是"禁止",所以也属于强制之一类。

Ⅰ 国语

1. 强制式

> 拿破仑老实一点!!!① …… 跟马威去玩!!!(《二马》第173页)
>
> 高声念!!!(《第二梦》第一幕)
>
> 弄错了。回去!!!(《追求》第116页)

2. 请求

> 你再把请柬拿出来对过一遍,然后叫阿福去送!!(《月下》剧本)
>
> 你跟我一块儿吃饭!!(《二马》第240页)
>
> 你替我剥栗子!!(《红楼梦》第十九回)

3. 劝告

> 少爷,您总要大声点儿!(《回家以后》剧本)
>
> 你真喜读书也罢,假喜读书也罢,只在老爷跟前,或在别

---

① 这种符号是我们给改换了的,原书并不如此。

人跟前……只作出个喜读书的样子来!(《红楼梦》第十九回)

你得好好的歇一歇!(《二马》第39页)

喝一杯酒,鼓起勇气来!(《追求》第209页)

4. 否定式

不要这样乱说!!!(《第二梦》第二幕)

是我害了你了,你别怨我!!(《红楼梦》第一〇八回)

不要忘记了带一瓶 port wine 去,两瓶更好!(《追求》第192页)

II 苏州语

1. 强制式

nᴇ tɕʻi!!!（你去!!!）

nᴇ səʔ!!!（你说!!!）

nᴇ siɑ!!!（你写!!!）

2. 请求

nᴇ səʔ iəʔ tɕy ɦᴇ-ɦo!!（你说一句好话!!）

nᴇ təʔ ŋou siɑ iəʔ pʻiɪ!!（你给我写一篇!!）

nᴇ zou zou!!（你坐坐!!）

3. 劝告

nᴇ tɕʻiəʔ tiɪ zɔ!（你吃点茶!）

nᴇ lʏ sin lʏ sin nᴇ kəʔ i-zɑŋ!（你留心留心你的衣裳!）

nᴇ hæ-hæ tɕiæ tʻin ŋou kəʔ ɦᴇ-ɦo!（你好好地听我的话!）

4. 否定式

nᴇ fiæ tɕʻi!!!（你别[勿要]去!!!）

nɛ fiæ no ɲin lɛ kʻɛ sin!!（你别[勿要]拿人来开心!!）

nɛ fiæ səʔ hæ lɛ!（你别[勿要]说好了!）

III 福州语

1. 强制式

kiaŋ-ŋui,kiaŋ-ŋui!!!（走开,走开!!!）

kaŋ,ŋiŋ ma!!!（赶紧打!!!）

ny tsiu tuɔk ri!!!（你就得来!!!）

kʻui tsʻioŋ,kʻui tsʻioŋ!!!（开枪,开枪!!!）

2. 请求

ny miŋ-naŋ li siɔk rao!!（你明天来一趟!!）

ny tsai kɔuŋ tsʻiŋ tsʻu siɔk-tik kiaŋ!!（你再讲清楚一点儿!!）

tʻøyk siɔk-rao kʻøyk ŋuai tʻiaŋ!!（读一遍给我听!!）

tsɔ siɔk-a kʻøyk ŋuai kʻaŋ!!（做一下给我看!!）

3. 劝告

ny ku-rɛi mɛŋ-mɛŋ ŋiaŋ xɔ!（你还是慢慢走好!）

ku-rɛi xɔ-xɔ tuɔk tsɔ!（还是好好地做!）

miŋ-naŋ sɛŋ tɔ tsiɛŋ tsai kɔuŋ!（明天先拿钱再说!）

tsɔu-lɛ tuɔk aŋ-nɔuŋ xɔ!（家里得安顿好!）

4. 否定式

ŋ-nøyŋ ma!!!（不要打!!!）

ŋ-nøyŋ tsɔ kuaŋ!!!（不要做官!!!）

ŋ-nøyŋ kœyŋ nøyŋ ŋɔuŋ tsia ua!!（不要告诉人家这句话!!）

tsɔi xɔ ŋ-nøyŋ ŋɔ!（最好不要去!）

Ⅳ 广州语

1. 强制式

nei høy!!!（你去!!!）

nei tʻɐi ŋɔ!!!（你瞧我!!!）

nei fai ti lei!!!（你快点来!!!）

2. 请求

nei maŋ-maŋ ti tuk!!（你慢慢地读!!）

nei sin tsʻɔ-ha!!（你先坐一下!!）

nei sie jɐt pʻin!!（你写一篇!!）

3. 劝告

nei siu sɐm nɛi kin sam!（你小心你的衣服!）

tsɔŋ hɐi høy!（还是去!）

nei tsou kɐm-jœŋ pan!（你就这样办!）

4. 否定式

m̩ hou kɔm tʻɐi ŋɔ!!!（别这样瞧我!!!）

m̩ hou tsɔɛŋ jɐn lei hɔi-sɐm!!（不要拿人来开心!!）

m̩ hou kɐm-jœŋ ʃœŋ-sɐm!（不要这样伤心!）

各方言的情形都是一样的，都是用语气的沉重来表示，不过因为命令命题的种类的不同，沉重的程度也就不同罢了。

B 命令词的应用。命令词可以分为三种，一种是表示请求或劝告的语词，一种是句终词，一种是否定式的禁词。这三种之中，只有句终词是汉语所特有的，其他两种印欧诸语言也都有其存在。中国人说"请你来!!"，西洋人也说：please come!! 或 venez s'il vous plait!! 中国人说："别动!!!"西洋人也说：don't touch!!! 或：ne touchez pas!!! 可是中国人所说的"坐罢!!"的"罢"

则不是西洋的语言所有的语法成分。另外在句终词之中也常有借用叹词的地方,比方说"咱们走哇!!","哇"其实是"啊"在合口收尾的语词之后所生的语丛音变作用的结果,本来是表示情感的句终词,因为人类的心理作用的复杂性,所以命令的命题也可以带有感情的成分,因此也就加上这个叹词了。然而照其语法的实在价值来说,这些"啊"、"呀"、"哇"之类的语词本质上是表示感情的语法成分,这里我们也就不必讨论它了。现在就依据这三种命令词的性质,来研究各方言的情形。

Ⅰ 特殊命令词。①

1. 国语

亲家请坐!(《回家以后》剧本)

请坐,请坐,让我细细的看看!(《红楼梦》第一〇二回)

请大人发令!(《官场现形记》第六回)

诸位请便!(《官场现形记》第七回)

2. 苏州语

ts'in nɛ hæ-hæ t'in ŋou kəʔ ɦɛ-ɕɦ!(请你好好听我的话!)

ts'in nɛ zɛ-zɛ-biɪ-biɪ zou zou!(请你随随便便坐坐!)

ts'in nɛ səʔ iəʔ tɕy hæ ɕɦ!(请你说一句好话!)

ts'in nɛ zʏ tɕ'i!(请你就去!)

3. 福州语

ts'iaŋ ny mɔ tsɔ riɑŋ!(请你不作声!)

---

① 我们称这些命令词为特殊命令词,因为它表示一种特殊的意味,凡加上"请"或是"劳驾"等的,都是客气的说法。

ts'iaŋ ny siɔŋ nuŋ!（请你上船!）

　　　ny ts'iaŋ kɔuŋ!（你请讲!）

　　　ts'iaŋ miɛŋ!（请便!）

　　　ts'iaŋ ny siɛk-uɔŋ puɔŋ tsai kiaŋ!（请你吃完饭再走!）

4. 广州语

　　　ts'iŋ nei hɔu-hɔu tei t'ɛŋ ŋɔ kɛ syt wa!（请你好好的听我的话!）

　　　ts'iŋ nei fai ti kɔŋ!（请你快点讲!）

　　　ts'iŋ nei tsou!（请你走!）

　　　ts'iŋ nei tsou ti hei-lei!（请你早点起来!）

　　　ts'iŋ nei syn!（请你算!）

　　在这四方言之中,国语的"请"之外还有"劳驾"、"借光"等等,福州也还有 k'i-tøyŋ(起重)的说法,意思都差不多,只是用语的不同而已。这里也不必多举例证明。我们所要注意的是:(一)各方言都用"请"(当然在发音上有方音的不同);(二)各方言都可以取消主词"你"或"你们";(三)各方言都可以把主词放在"请"之前,或"请"之后,只是广州语不能把主词放在"请"之前;(四)各方言都可以主词和"请"两者都取消。

　　加"请"的句子,一般地说,不能是强制式的命令命题,它只存在于请求式和劝告式的命令命题。当然因为人类的心理十分复杂,嘴里说"请"而事实是在强制他人的情形也是常有的事。这则只好让心理学家去研究了。

　　II　命令句终词

1. 国语

　　　你放心吧!(《官场现形记》第六回)

二妹妹,你别管我们的事,你快穿衣服吧!(《红楼梦》第一〇一回)

好,你尽管骂吧!(《追求》第110页)

找个铺户人家问问吧!(《儿女英雄传》第四回)

我看你还是去躺一下吧!(《月下》剧本)

马威,咱们走吧!(《二马》第89页)

那末,你叫鲁妈进来吧。(《雷雨》第二幕)

先生,避避再走吧!(《骆驼祥子》第227页)

2. 苏州语

nɛ sia iəʔ pʻiɪ pɑ!(你写一篇吧!)

nɛ səʔ iəʔ tɕy hæ ɦʮ pɑ!(你说一句好话吧!)

nɛ tɕʻi pɑ!(你去吧!)

tɕʻiəʔ tiɪ zɔ pɑ!(吃点茶吧!)

tɕʻin iəʔ tiəʔ-tiəʔ pɑ!(轻一点点吧!)

3. 福州语

kʻui muoŋ mʌ!(开门吧!)

kaŋ ŋiŋ tsɔ pʌ!(赶紧做吧!)

ny tsɔ siɔh riu pʌ!(你做一首吧!)

ny puɔk pʻa tsiu pʻa pʌ!(你要打就打吧!)

køyŋ ŋuai tɔ ri pʌ!(给我拿来吧!)

nyɔŋ i tiu liɛŋ mʌ!(让他丢脸吧!)

4. 广州语

jɐm tsʻa pa!(喝茶吧!)

nei fai ti kɔŋ pa!(你快点讲吧!)

ŋɔ-tɛ tsou pʌ!(我们走吧!)

syn la pa!(算了吧!)

ts'øy-ts'øy pin-pin ts'ɔ-ha pa!（随随便便坐坐吧！）

"吧"是用在请求式和劝告式的命令命题中，同时也可以和特殊命令词"请"、"劳驾"之类合用。例如：

请你代我望望她吧。（《追求》第238页）国语

ts'in nɛ lɛ pɑ!（请你来吧!）苏州语

ts'iaŋ nɔi pʌ!（请坐吧!）福州语

ts'iŋ nei høy pa!（请你去吧!）广州语

至于"吧"之所以不能作为强制式的句终词用，只能够作为请求式或劝告式的命令句终词用，却有它的道理。原来"吧"字除作为命令句终词用之外，还作为疑惑命题的句终词用。例如："这个人是你的父亲吧？"下面我们将要论到汉语各方言都有借用询问命题来表示命令命题的情形。我们说："你不去吗？"有的时候，这句话的意思是命令你去。大约客气的时候，我们都是用询问或疑惑的口气来下命令的，因为不敢强制人，甚至于只敢用询问或疑惑的口气来说。以所借用询问或疑惑的命题来表达命令的必是请求式或劝告式。我们知道汉语询问命题的句终词是"吗"，而汉语的疑惑命题的句终词是"吧"。命令句终词"吧"明明是疑惑句终词的借用，因为用惯了，就成为命令命题的句终词了。不过，它还带有本来的客气的意味，所以不能用在强制式里。

III 命令否定词

1. 国语 国语的命令否定词有两个：一是"不用"，一是"不要"，说快一点儿，"不用"就成为"甭"，"不要"就成为"别"。

a 不用（甭）

袭人忙拉住道：不用去！（《红楼梦》第一〇八回）

不用管我那儿听来的！（《二马》第126页）

你也甭再别扭啦!(《骆驼祥子》第 85 页)

甭提多么要强啦!(《骆驼祥子》第 120 页)

b 不要(别)

不要忘记你已经二十六岁。(《追求》第 86 页)

不要管他!(《回家以后》剧本)

千万别出门!(《第二梦》第一幕)

叫声媳妇哥,别打我!(北平歌谣)

2. 苏州语(fiæ)①

nɛ fiæ no n̠in lɛ k'ɛ-sin! (你不要拿人来开心!)

fiæ ts'ɿ-n̠iɤ p'ɑˀ-mo-p'i! (不要吹牛拍马屁!)

fiæ taŋ n̠in! (别打人!)

nɛ fiæ lɛ! (你别来!)

nɛ fiæ səˀ! (你别说!)

3. 福州语 福州语的命令否定词有两个:一是 mɔ,就是平常的否定词,一是 ŋ t'øyŋ(或因语丛音变作用而成为 ŋ -nøyŋ),前者用于请求劝告式,后者用于禁止式。

a mɔ

mɔ riɛ, mɔ riɛ! (别哭,别哭!)

mɔ kiu, mɔ kiu! (别叫,别叫!)

mɔ riɔŋ tsiɑ ɔuŋ nɛ! (别想这问题!)

mɔ tsɔ tɕi ŋouŋ! (别做这么傻!)

mɔ iɑŋ ŋi (别怕他!)

---

① 苏州语的 fiæ(勿要)其实是 fəˀ(勿)iæ(要)两音级因为语丛音变作用而缩为一个音级的。

b ŋ tʻøyŋ(ŋ-nøyŋ)

ŋ tʻøyŋ ŋouŋ tsia ua！（别说这话！）

ŋ tʻøyŋ miɛ！（别跑！）

ŋ tʻøyŋ kʻøyk nøyŋ pieŋ ɳɔ！（别让人骗去！）

ny ŋ tʻøyŋ pʻa nøyŋ！（你别打人！）

ny ŋ tʻøyŋ sɐik siŋ ŋøyŋ！（你别失信用！）

4. 广州语（m̩ hou）

nei m̩ hou tʻai ha jɐn！（你不要太欺负人！）

m̩ hou tsœŋ jɐn lei hɔi-sam！（别拿人来开心！）

nei m̩ hou høy！（你别去！）

m̩ hou sie！（不要写！）

nei m̩ hou tʻɛŋ kʻøy kɛ wa！（你不要听他的话！）

C 借用其他的形式　这不但是汉语的情形，其他的语言也一样。有的时候，我们说："你去吗？"这虽是询问的句子，但是我们的目的却是要命令人家去。另外的情形，就是用表明动词的许可性的办法来给人家下命令。我们说，"你可以去！"这虽然是说明"去"的动作是我所允许你的，但既是允许了你，就是要你去实行。这也是表达意志的一种方法。所以，我们可以从两方面来讨论这问题：

Ⅰ 借用许可口气的语句

1. 国语

都头要知备细，可问郓哥！（《水浒传》第二十五回）

你可别言语！（《红楼梦》第八十九回）

去不得！（《水浒传》第二十五回）

2. 苏州语

fəʔ ɕy tɕ'i(不〈勿〉许去!)

nɛ fəʔ nen kʏ səʔ!（你不〈勿〉能够说!）

nɛ fəʔ ɕy taŋ ȵin!（你不〈勿〉许打人!）

3. 福州语

ny mɔ niɛŋ-ŋai tsiɔŋ ŋuaŋ tsɔ!（你不能够这么做!）

ny mɔ niɛŋ-ŋai sui piɛŋ luaŋ niɛk!（你不能够随便乱吃!）

mɔ niɛŋ-ŋai ma nøyŋ!（不能够骂人!）

4. 广州语

nei hɔ i høy!（你可以去!）

nei hɔ i lei!（你可以来!）

nei m̩ hɔ jɐm tsɐu!（你不可以喝〈饮〉酒!）

II 借用询问或疑惑命题

1. 国语

你还不取消董先生?! 还不叫我国材?!（《第二梦》第二幕）

何必这样儿着急呢?!（《回家以后》剧本）

听话匣子吧?!（《二马》第153页）

我的话，你怎么不听?!（《少奶奶的扇子》第二幕）

2. 苏州语

nɛ fəʔ k'æ dɑ-ɦɔʔ a?!（你不〈勿〉考大学吗!?）

nɛ fəʔ siaŋ hæ-hæ tɕiæ dоʔ sʏ a?!（你不〈勿〉想好好地读书吗?!）

nɛ kæ-ɕin tɕ'i pɑ?!（你高兴去吧!）

3. 福州语

ny kɔuŋ ŋ̍ ŋuŋ ni?!（你讲不讲呢?!）

ny ŋ tsɔ mʌ?!（你不做吗?!）

ny t'øyk ŋ t'øyk ni?!（你读不读呢?!）

4. 广州语

nei høy m̩ høy ni?!（你去不去呢?!）

nei tsuŋ kɐm tɑ jɑn ma?!（你还敢打人吗?!）

nei m̩ ʃœŋ tsou kun ma?!（你不想做官吗?!）

各方言中的情形都是一样。

六

依据上面的研究,我们知道在汉语各方言中都有一种拿来表达说话人的意志欲望的语法成分。这些语法成分的结构各方言也大体相似,就和外国语相比较,也有其相同的地方,虽然相异之处也还不少。这给我们说明表意的语法是语法中一个相当重要的问题,这给我们说明语言的作用绝不仅是思想的表达而已。我们希望这小小的一篇论文能够给"一般语言学"(general linguistics)贡献一些材料,去解决语言的本质问题。

（原载《燕京学报》第32期,1947年）

唐代禅家语录所见的语法成分

文言和白话的分别是非常明显的事实。但是我们却应当明白白话和白话文是两桩事。文言当然不是白话，因为它是古代的写的语言，但是它却是古代的白话文。换言之，所谓文言是古时代人依照当时的说话而写下来的语言。任何时代，任何地方，写的语言和说的语言都不能完全一致。就是现代的欧洲语，一般人都以为它们是言文一致，这其实是看错了的。说的英语和写的英文明明是不一致的，说话里可以用的字眼，说话里可以用的语法却不能够完全用在写的英文上；另一方面，写的英文所用的词汇和语法也不是说的英语都能用的。其他的语言也是如此。但是同一时代的同一语言，它的"文"和它的"语"虽然不完全一致，但可大体相似，如果是根据它的"语"而写下它的"文"的话。古代的文言文是那时候的写的语言，它和当时的说话不能够完全一致，但却是依据这说话而写下来的。当然像《诗经》一类的文句，因为它是诗的体裁，特种的语言，它能代表当时的语言到什么程度确是一个问题，但是它总可以代表当时的口诵的诗，而其他的古代散文也总可以相当代表当时的口语。不过后来因为文言文成了经典文，它的尊严使它成了固定的形式，而语言却不能抵抗时代的潮流而生变化，结果后来的文言文就离开口语太远了。也正是因为这个道理，才有唐宋的"白话文"的兴起。白话文也是一种"文"，它也不过是依据说话而写下的"文"而已,所以,它和说话不完全一致,然而它却相当地代表说话。依据这个解释,我们可以说现代的白话文是依据现代的说话而写下的"文",并不就是现代的白话本身,但却相当地代表现代的白话;中古时代的白话文是依据当时的说话而写下的"文",虽然不见得就是当时的白话本身,但却相当地代表那时代的白话。不过因为文言文的尊严的影响,有的地方还掺杂有文言的成分,变成一种不文不白的东西,这正如现代人写白话文不能够摆脱文言文和中古白话文的影响一样,都是难于避免的趋势。说的语言一出口就化为乌有,我们没有法子听古人说古话,所以,尽管古代的白话文如何地不和当时的说话完全一致,我们却除了这写的记录之外,再也找不到其他的材料可以让我们知道古代语言的实况,所以,拿研究古代白话文的办法去探讨古代的语言不但是可能的(写的语言总相当地代表说的语言),而且是唯一的办法。问题在于我们如何地揣摩它是如何地代表当时的语言罢了。①

现代的白话其实是唐宋时代的"普通话"所发展出来的口语。要追究这白话的历史就应当研究最早的唐宋白话文。"白话文"的历史并不难追溯,我们可以找到许多宋元的记录而用白话文写成的。宋儒的语录和所谓的宋代通俗文(如话本、诸宫调、大鼓词等)都是用白话文写成的,至少是半文半白的语言写成的。这种文体虽然不见得和当时的说话完全一致,但却相当地代表它。元朝的政府甚至于都把白话文用在官方的文告里,我们可以在《元典章》里看到这情形。不过这些材料都是十二世纪下半叶以后的作品,它们的文体也不是纯粹的白话文。斯坦因和伯希和在敦煌所发现

---

① 关于这个意见,请参阅拙著《汉语语法论》第12—14页。

的抄本文稿虽然可以给我们一些启示,让我们知道中古时代的白话情形,但是,虽说敦煌的抄本都是在第十世纪以前写成的①,它们的确切年代却并不是我们所能完全知道的,尤其是用白话文写成的变文,除非先做下时代的考证,我们很难利用它们来研究最早的白话文。

最早的白话文并不是传世的通俗文,而是禅家的语录。我们知道宋儒的思想颇受佛教哲学的影响,其实宋儒的语录也是效法禅家的语录。很早的时候,禅门弟子就养成了记录老师的说法的习惯,这些记录多半是用白话文写成的,也就是大家所称的"语录"。

依据我们所知道的,最早的禅家语录就是神会和尚的语录。根据《高僧传》的记载,神会和尚姓高氏,襄阳人,死于上元元年,卒年九十三岁。上元元年即公元七六〇年。② 所以,他的语录是第八世纪中叶的作品。巴黎国家图书馆藏有伯希和于敦煌发现的《神会和尚语录》残卷三种,伦敦大英博物院也藏有神会和尚《顿悟无生般若颂》残卷一种,《景德传灯录》也收有《荷泽神会大师语》一种。③ 可惜神会和尚的语录所用的白话文成分极少。只是偶尔用用,和六朝的笔记小说相去无几,不能作为研究初期白话文的根据。幸而我们在《大正新修大藏经》和《大日本续藏经》里看到许多禅家的语录,其中的一部分而且是第九世纪的作品,可以说是最初期的白话文的文献。这些语录除了事实的叙述外,一切的谈话,一

---

① 语见郑振铎:《插图本中国文学史》第三册第 694 页。
② 胡适之先生作有《荷泽大师神会传》,说明神会的生平,文载《神会和尚遗集》卷首。
③ 胡适之先生曾将这些材料集在一起,编成《神会和尚遗集》。

切的对话都是用白话文的体裁记录下来的,虽然其中也不免掺杂一些文言的成分。马伯乐曾于《中国古代白话文献考》里对于唐代的五种禅家语录作过一次详细的研究。① 这五种禅家语录就是《大正新修大藏经》和《大日本续藏经》里所收的:

(一)《庞居士语录》,

(二)《筠州黄蘗断际禅师传心法要》,

(三)《黄蘗断际禅师苑陵录》,

(四)《临济录》,

(五)《真际大师语录》。

第一种是庞蕴平日的说法和诗稿,由他的弟子于岫记录的。庞蕴大约卒于公元八〇六年与八二〇年之间。第二种和第三种是唐代著名诗人兼政治家裴休所记录的,内容是他和希运(即断际禅师)的谈话。希运卒于公元八五〇年。第四种是临济义玄(即慧照大师)的说法,由他的及门弟子慧然所记录的。义玄卒于八七六年。第五种是赵州从谂(即真际大师)的语录,由他的弟子文远记录的。从谂卒于公元八九七年。这些都是第九世纪的作品。马伯乐对于这些禅师的生平和这些语录的语法都有过详细的研究,②我们也不必多说了。马伯乐还提到《马祖道一禅师广录》、《百丈怀海禅师语录》和《神力禅师语录》等,认为它们是比较后期的作品,而且著作的时代也很可疑。他又提到《六祖大师法宝坛经》,认为此种语录要比他所研究的五种语录早,然而文句大约经过后人的修改,已经失去本来的面目,只好暂搁一边。

---

① Maspero: *Sur quelques textes anciens de chinois parlé*, 文载 *Bulletin de l'école française d'Extréme-Orient*, tome xiv.

② 参阅前举马氏文。

我们查了《大正新修大藏经》,知道其中还有四种第九世纪的禅家语录,是马伯乐所忽略的。即:

(一)《筠州洞山悟本禅师语录》,①

(二)《瑞州洞山良价禅师语录》,②

(三)《抚州曹山元证禅师语录》,③

(四)《抚州曹山本寂禅师语录》。④

前两种是洞山的良价禅师(悟本禅师乃其谥号)的语录,第一种《筠州洞山悟本禅师语录》由日僧宜默玄契于元文间(1736—1740)根据古代材料所编成的*,由另一日僧慧印(即指月)于宝历间(1751—1765)重校的;第二种《瑞州洞山良价禅师语录》是明代居士郭凝之所编辑的。依据宜默玄契的跋文,《筠州洞山悟本禅师语录》是根据许多确乎可靠的古代材料编成的。我们看一看宋版《景德传灯录》的《良价传》⑤,就注意到《传灯录》所记载的良价说法的语句和《筠州洞山悟本禅师语录》所记载的同段的语句并没有什么不同,虽然后者比前者所包含的材料多。宜默玄契还在后面加上一篇《洞山悟本禅师语录之馀》,说是:"属者予游于山阴,得书读之,皆祖语也。间有予未尝采者,虽片玉,出崑冈,故附后。"⑥初版于元文四年(1739)出书,大谷大学有藏本。明和三年(1766)出

---

① 见《大正新修大藏经》,卷四十七《诸宗部》四,第507—519页。
② 见《大正新修大藏经》,卷四十七《诸宗部》四,第519—526页。
③ 见《大正新修大藏经》,卷四十七《诸宗部》四,第526—536页。
④ 见《大正新修大藏经》,卷四十七《诸宗部》四,第536—544页。
⑤ 见《四部丛刊》影宋刊本《景德传灯录》,卷十五第12—17页。
⑥ 见《大正新修大藏经》,卷四十七《诸宗部》四,第517页上栏第12行。
* 对《悟本禅师语录》的年代,已有人提出异议,请参阅太田辰夫:《中国语历史文法·跋》,日本江南书院,1958年。

刊重校版,驹泽大学有藏本。重校版除了和初版一样有元趾的〈序文〉外,还有宜默玄契的〈序〉文和〈跋〉文各一篇,指月的〈序〉文一篇。《大正新修大藏经》就是依据这两种版本加以印行的。《瑞州洞山良价禅师语录》同时又存在于《大日本续藏经》的〈五家语录〉内,作其一部分。这种语录是郭凝之和日本人风信圆雄在明朝时候编成的,内容和《筠州洞山悟本禅师语录》无大差别,惟各段话的次序前后不一致,各有一两段特有的记载而已。我们知道《景德传灯录》所包含的内容比较短得多,又知道只要同样的话同时存在于《传灯录》和这两种语录时,其语言的结构就没有什么不同,又知道《传灯录》的编纂时期只在这些禅师死后一世纪左右①,我们可以相信在《传灯录》之前,良价的语录已经很流行,而这两种关于良价的语录大部分必是成于禅师生时,小部分才是成于良价死后(如叙述良价死时所说的话等)。换言之,这确是良价时代的白话文,可以代表当时的白话情况。《高僧传》、《景德传灯录》和这两种语录都认为悟本禅师或良价禅师卒于唐咸通十年三月。② 咸通十年即公元866年,距马伯乐所提的义玄之卒仅晚两年左右。可知这些语录也是第九世纪的作品,和马伯乐所研究的义玄等的语录同样的代表第九世纪的白话。

---

① 《景德传灯录》,杨忆《序》谓系东吴僧道原所作,而绍兴长乐郑昂《跋》则谓"本湖州铁观音院僧拱辰所撰,将游京师投进,途中与一僧同舟,因出示之,一夕,其僧负之而走,及至都,则道原者已进而被赏。"据此,则此书原系拱辰所作,著作年代于序、跋均无考,惟此书既系杨忆所进,而杨生于公历974年,卒于公历1030年,是其书之成必在第十世纪末叶或第十一世纪初叶,去良价之卒不过一百年左右,参阅《四部丛刊》本《景德传灯录》,张元济《跋》及马伯乐文,第3页注(4)之解释。

② 见江北刊经处本《高僧传》第三集卷十二第8页及《景德传灯录》卷十五第16—17页。

《抚州曹山元证禅师语录》也是日僧宜默玄契所编,日僧指月所校的。初版于宽保元年(1741)出书,除正文外,尚有柳泽公美《序》、元趾和南《序》及宜默玄契《序》各一篇。明和三年(1766)重校版含有指月于宝历十一年元月(1761)所作的《序》一篇,删去其他各序。《抚州曹山本寂禅师语录》共有上下二卷,上卷是无地地主人郭凝之在明朝时候所编纂的,下卷是宜默玄契所增加的材料。拿这种语录和前一种语录相比较,再拿它和《景德传灯录》的《抚州曹山本寂禅师传》[1]相比较,我们也可以得到和良价的语录的情形一样的结论:这些语录确乎是依据可靠的古代材料编成的,可以代表当时的白话。只是《高僧传》有一个错处,它并没有说明本寂的死期,而把本寂的名字冠上"梁"字,以为本寂是五代后梁时代的人。[2]《抚州曹山本寂禅师语录》说本寂(元证即其谥号)死于天復辛酉夏六月十六日[3],《景德传灯录》也有同样的记载[4]。天復为唐昭宗年号,天復元年即公元901年。本寂活跃的时期是在第九世纪的下半叶,他的语录也代表第九世纪的白话。

至于这些语录所代表的白话到底是那时代的官话还是那时代的地方方言,则是值得注意的问题。《瑞州洞山良价禅师语录》说:"师讳良价,会稽俞氏子。"[5]《传灯录》说:"筠州洞山良价禅师,会稽人也,姓俞氏。"[6]《高僧传》也说:"释良价,俗姓俞氏,会稽诸暨

---

[1] 见《景德传灯录》卷十七第5至9页。
[2] 见《高僧传》第三集卷十三第8页上。
[3] 见《大正新修大藏经》卷四十七《诸宗部》四,第540页中栏。
[4] 《景德传灯录》卷十七第8页下。
[5] 《大正新修大藏经》卷四十七《诸宗部》四,第519页中栏。
[6] 《景德传灯录》卷十五第12页上。

人也。"①可知良价是浙江人。《抚州曹山元证禅师语录》说:"师讳本寂,泉州莆田黄氏子。"②《传灯录》说:"抚州曹山本寂禅师泉州莆田人也,姓黄氏。"③《高僧传》也说:"释本寂,姓黄氏,泉州莆田人也。"④可知元证(即本寂)是福建人。这两个地区现在都不是通行国语的地方。我们是不是认为这些语录所代表的语言并不是初期的国语,而是闽浙的方言呢?我们的答案是否定的。洞山是筠州的一个山,坐落在现在江西的高安县,曹山是抚州的一个山,坐落在现在江西的吉安县。良价和本寂都没有长期居留在本乡。他们都在年青的时候离开本乡,到外面去学禅,后来都在各地游方,传播禅道。他们的生徒都是从各地方来的,有的甚至于是外国人。《筠州洞山悟本禅师语录》列举悟本的二十六个著名弟子时还提到一个日本人瓦屋能光呢。⑤ 在这种情形之下,他们的日常生活必得是用一种共同了解的语言来交换意见。何况这些语录所用的语法和后来的白话文也并没有什么大不同,并没有让我们看出多少地方的色彩。我们相信他们所用的语言必得是唐代的"普通话"。当然所谓"普通话"也不过是一种理想的语言状态而已,世界上就没有两个人说完全相同的话。所以这些语录里也可能掺杂一些方言的成分,但是尽管这样,我们还不能否认它是"普通话",因为"普通话"本来就免不了有方言的成分在内。

我们现在要根据这些语录来研究第九世纪的白话所用的语法

---

① 《高僧传》,第三集卷十二第 8 页上。
② 《大正新修大藏经》卷四十七《诸宗部》四,第 526 页下栏。
③ 《景德传灯录》卷十七第 5 页下。
④ 《高僧传》,第三集卷十三第 8 页上。
⑤ 见《大正新修大藏经》第 47 卷《诸宗部》四,第 518 页上栏。

成分。

I 语尾或后加成分

A. 现在口语里所常用的细小格语尾"子"已经在这些语录里发现。这"子"都是加在带有名词性质的语词的后面,而失去了它的本来的实义,我们无妨举几个例:

1. 严竖起拂子。(《悟本》第 507 页下第 8 行)[①]
2. 我有一句子。(《悟本》第 507 页下第 23 行)
3. 犹未消得他钵袋子。(《悟本》第 510 页下第 12 行)
4. 师与泰首座,冬节吃果子次。(《良价》第 523 页上第 20 行)
5. 有箇人家儿子。(《良价》第 520 页中第 13 行)
6. 师提起托子。(《元证》第 528 页下第 1 行)
7. 如何是师子?(《元证》第 529 页下第 9 行)
8. 这奴儿婢子。(《本寂》第 539 页下第 19 行)

B. 现在口语里所常用的细小格语尾"儿"也已经在这些语录里发现。例如:

1. 如何是白云青山儿?(《悟本》第 512 页上第 4 行)
2. 死猫儿头最贵。(《元证》第 529 页上第 4 行)
3. 西园抚掌岂不是奴儿婢子边事?(《元证》第 530 页上

---

① 见《大正新修大藏经》每页都有上中下三栏,每栏都有二十九行。这里所标的"下"字即第三栏的意思,以下均以"上"、"中"、"下"三字表示第一栏、第二栏、第三栏,又以《悟本》代表《筠州洞山悟本禅师语录》,《良价》代表《瑞州洞山良价禅师语录》,《元证》代表《抚州曹山元证禅师语录》,《本寂》代表《抚州曹山本寂禅师语录》。

第2行)

C. 语尾"头"的用法也已有存在。例如：

1. 犹将教意向心头作病在。(《悟本》第508页下第12行)

2. 师掷下镢头。(《悟本》第509页上第4行)

3. 待某甲舌头烂即向和尚道。(《悟本》第509页下第15、16行)

4. 放下镢头时作没生？(《悟本》第510页中第9行)

5. 千千万万认门头。(《悟本》第512页上第1行)

6. 好个话头，秖欠进语。(《本寂》第537页上第23行)

D. 语尾"裏"①的例：

1. 不从口裏道。(《悟本》第510页上第13行)

2. 粟畲裏去。(《悟本》第511页上第16行)

3. 他屋裏有多少典籍？(《良价》第520页中第14行)

4. 大唐国裏能有几人？(《良价》第523页中第27行)

5. 镢头炉炭裏回避。(《元证》第529页中第7行)

6. 好手犹如火裏莲。(《元证》第533页中第2行)

7. 此人屋裏事如何？(《元证》第535页下第7行)

8. 洪州城裏如许多人。(《本寂》第538页中第11行)

9. 如人暗裏书字。(《本寂》第540页下第24行)

E. 语尾"边"也在这些语录里发现，不过总是和指示词"这"或

---

① "裏"字严格地说，还不能算是纯粹的语尾，因为"口裏"还有"口之内"，"嘴的裏面"的语象。不过，这里已经变成了一个可以代表一个语法范畴的成分，可以用在许多语义成分的后面，我们无妨称之为准后加成分。

"那"连在一起。例如：①

1. 无功之功,岂不是那边人？(《悟本》第509页下第23、24行)

2. 犹是这边事,那边事,作么生？(《悟本》第514页中第22、23行)

3. 唤作那边人即不得。(《良价》第522页中第23行)

4. 古人提持那边人。(《本寂》第537页中第15行)

F. 语尾"者"、"人"、"家"等之用以表示某种人者。例如：

a. 者

1. 侍者把灯来。(《悟本》第507页下第25行)

2. 学者恒沙无一悟。(《悟本》第515页上第3行)

3. 学者先须识自宗。(《元证》第527页上第19行)

4. 道者珍重便化。(《元证》第527页下第25行)

5. 聋者若得闻,则具耳目。(《元证》第531页上第8行)

b. 人

1. 随流莫有道人居否？(《悟本》第508页下第16行)

2. 因有官人设斋施净财,请师看转大藏经。(《悟本》第509页下第1行)

3. 学人无个理路。(《良价》第522页下第21行)

4. 和尚为甚么回避学人？(《良价》第523页中第2、3行)

5. 出家人心不附物是真修行。(《良价》第526页中第17、18行)

---

① "边"字和"裏"字有同样的情形,其实只能说是准后加成分。

6. 怎么则学人不归去。(《元证》第531页上第21行)
c. 家
　　1. 有个人家儿子。(《良价》第520页中第13行)
　　2. 不虚参见作家来。(《良价》第521页下第29行)
　　3. 阇黎幸是作家。(《元证》第528页中第9、10行)
　　4. 僧家在此等衣线下。(《元证》第530页上第13行)
　　5. 僧家无事。(《良价》第526页中第20行)

II　前加成分

A. 前加成分"老"已经很常用,例如:
　　1. 又老宿拈袈裟角问云。(《悟本》第510页下第2行)
　　2. 他曾问老僧。(《悟本》第507页下第1行)
　　3. 老和尚何不速道？(《悟本》第514页上第27行)
　　4. 老兄作么生？(《良价》第523页上第11行)
　　5. 汝试算老僧看。(《良价》第525页中第28行)
　　6. 也要老兄定当。(《元证》第529页上第21行)

B. 前加成分"阿"也很常用,但往往是和询问代名词"那个"、"谁"等连在一起。例如:
　　1. 三身之中阿那身不堕众数？(《悟本》第510页中第24行)
　　2. 阿那个是阇黎主人公？(《悟本》第511页下第22行)
　　3. 汝底与阿谁去也？(《悟本》第508页上第8行)
　　4. 佛性在阿那头？(《悟本》第517页下第6行)
　　5. 净洗浓粧为阿谁？(《良价》第525页下第16行)

161

6. 阿那个是重？(《元证》第 531 页上第 29 行)
7. 弱于阿谁？(《元证》第 533 页中第 3 行)

III 规定词

这些语录里，一切的规定词都用"底"字，"的"字不见，但相当于西洋语的副词地方则用"地"，"底"、"地"的分用在五代和宋朝都很规则化①，其实唐朝就已经有这分别。例如：

A. 底

1. 不错底事作么生？(《悟本》第 509 页上第 2 行)
2. 如大地火发底道理。(《悟本》第 509 页上第 13 行)
3. 知有底人解入地狱。(《悟本》第 517 页中第 7 行)
4. 汝底与阿谁去也？(《良价》第 520 页上第 9、10 行)
5. 祇认得驴前马后底。(《良价》第 525 页上第 16 行)
6. 不改易底人来。(《元证》第 527 页中第 17 行)
7. 攒簇不得底病。(《元证》第 528 页上第 14 行)
8. 祇是丑陋底人。(《元证》第 531 页上第 24、25 行)
9. 名为独立底人。(《元证》第 534 页下第 1 行)
10. 自少养得底儿子。(《元证》第 535 页上第 23 行)
11. 不是从来底事。(《元证》第 535 页中第 1 行)
12. 沙门岂不是具大慈悲底人。(《本寂》第 538 页上第 7 行)
13. 如何是常在底人。(《本寂》第 538 页中第 24 行)

---

① 参阅拙著《汉语规定词"的"》第四节，见《汉学》第一辑。

14. 大丑陋底人重。(《元证》第531页中第1行)

B. 地

1. 亦是草漫漫地。(《悟本》第510页中第2、3行)
2. 湛湛地。(《悟本》第512页上第28行)
3. 因甚么到凭么地？(《良价》第524页下第25、26行)

此外有的时候，还偶尔用喉牙音的规定词"个"。例如《筠州洞山悟本禅师语录》的"不得说蚤个了"，这"个"就是"的"的意思，是用喉牙音的语词来代表规定词的。

IV 受导词

我们所谓的受导词就是一般人所谓的前置词或介词。我们觉得中国语里的这一类词和动词一样都是语词和语词之间所生的引导关系(relation of direction)之中的受导者，然而它却并不是纯粹动词，而是虚字，所以就叫它做受导词。受导词的用法很多，我们只就其与古文不同的用法略举数例。

A. 到

1. 汝去到石室里许。(《悟本》第508页上第15行)
2. 勿红烂到阇黎？(《元证》第531页上第28、29行)

B. 打

有一人不打飞鸢岭过便到此间。(《悟本》第513页下第5、6行)

C. 从

1. 既从祖师处来，又要见老僧作甚么？(《悟本》第511页下第9、10行)

2. 当时从甚么路出?(《悟本》第514页下第4行)

3. 从飞猿岭去。(《悟本》第514页下第5行)

4. 某甲从偏位中来。(《元证》第528页中第2行)

D. 向

1. 设有,汝向什么处著?(《悟本》第508页上第9行)

2. 但向伊道,只这是。(《悟本》第508页上第25、26行)

3. 何不向无寒暑处去。(《悟本》第509页下第9行)

4. 老僧日前也向人家屋簷下过来。(《良价》第524页上第1行)

5. 莫向密密处亲近。(《元证》第527页中第15行)

V 指示词

近指指示词用"这"或"者"("此"亦存在,但是古文的遗留),远指指示词用"那"。例如:

A. 这

1. 又来这里作么?(《悟本》第508页下第2行)

2. 云若不到这田地。(《悟本》第513页下第7行)

3. 作这个语话,岂有与么工夫?(《良价》第521页中第12行)

4. 却来这边行李。(《元证》第534页中第24、25行)

5. 也只这是。(《本寂》第540页上第10行)

6. 莫向这里显。(《元证》第529页上第7行)

7. 这奴儿婢子。(《元证》第530页上第4行)

8. 我从来疑著这汉。(《良价》第523页下第23行)

B. 者

　　1. 不是者个道理。(《悟本》第 511 页中第 19、20 行)

　　2. 犹有者个去就在。(《悟本》第 512 页中第 11 行)

　　3. 者回举似师,师肯之。(《悟本》第 511 页下第 8 行)

C. 那

　　1. 那个究竟作么生？(《悟本》第 511 页上第 24 行)

　　2. 汝祇划得那个,不解划得这个。(《悟本》第 512 页中第 21、22 行)

　　3. 唤作那边人即不得。(《良价》第 522 页中第 23 行)

　　4. 岂不是那边人？(《良价》第 522 页中第 20 行)

　　5. 先过那边知有,却来这边行李。(《元证》第 534 页中第 24 行)

近指指示词作为"这样"、"这么"解的还有两个形式："恁么"和"与么"。先举几个例：

A. 恁么

　　1. 我不恁么道。(《悟本》第 512 页上第 21 行)

　　2. 恁么,则无出头处。(《悟本》第 517 页下第 3 行)

　　3. 争得恁么多知？(《良价》第 520 页中第 15 行)

　　4. 大有人笑子恁么问。(《良价》第 522 页中第 21 行)

　　5. 曹山无恁么闲工夫。(《元证》第 527 页中第 18 行)

　　6. 恁么,则拱手去。(《元证》第 533 页上第 4 行)

　　7. 便恁么去时如何？(《本寂》第 537 页上第 28 行)

　　8. 曹山也曾恁么来。(《本寂》第 538 页下第 24 行)

B. 与么

　　1. 岂有与么工夫？(《悟本》第 509 页上第 12 行)

2. 汝祇解与么去,不解与么来。(《良价》第 524 页上第 4、5 行)

3. 我意不欲与么道。(《元证》第 529 页下第 18、19 行)

"这"字现在念作 tʂə,但是这个字却是从"言"得声的,《广韵》列入线韵,"鱼变切",高本汉认为是 ŋjiɛn 音。这种声音和 tʂə 相去太远,为什么现在会念成这个声音呢?原来"这"的意思本来是"迎也",这里作为指示词用的,无疑的只是一种借用。"这"之作为指示词用的其实是古音"之"保留在口语里的"音标"。换言之,"这个"是六朝的"底个",古代的"之"的后身,"这"不过是标音而已。然而"这"本来是 ŋjiɛn 音,如何可以拿来标 tɕi(中古音"之"念为 tɕi)呢?慧琳《一切经音义》认为"彼此"的"这"其实是"适"字的误写,这实在是很可能的说法。因为"适"《广韵》列入昔韵及锡韵,高本汉认为它的中古音是 ɕiɛk 或 ɕiek;ɕiɛk、ɕiek 和 tɕi 音很相近,可以拿来代表近指指示词。"恁么"更让我们觉得它是这样的。"恁么"的用法无疑地是和"这么"同意思的。马伯乐曾把"恁么"解释为也有"怎么"的义训。① 但是我们看马氏所举的例和这四部语录里所有的许许多多的"恁么"没有不是"这么"的意思。"恁"《广韵》列入侵韵及寝韵,"如林"、"如甚"二切。依高本汉的标音,"恁"的中古音是 nʑiəm。"与"的中古音是 iʷo;nʑiəm 接近于 ɕiek、ɕiɛk、tɕi,后面的收尾音 -m 分明是"么"mɐ 的语丛音变作用的结果。只是"与么"难于解释。"与"《广韵》列入鱼、语、御三韵,以诸、余吕、羊洳等切,依据高本汉的标音,它的中古音是 iʷo。这到底是不是因为损失了声母 tɕ、ɕ、nʑ 之类的辅音的结果呢?我们不敢下断语,

---

① 见前引马氏文,第 23—25 页。

只好在此存疑。

VI 系词

近代白话文和口语中所用的系词只有"是"字。① "是"本是指示词"这个"的意思,由"这个"而拿来作连接主宾词的系词用。这些语录里当然也是这样的用法,不过除了"是"之外,还有用"个"作系词用的,则是特殊的情形。"个"字也有指示词"这个"的意思,和"是"是同样的,不过"是"从齿音,"个"从喉牙音罢了。在古代的中国语言里本来有两套近指指示词,一是"之"、"是"、"此"之类从齿音的近指指示词,一是"其"、"居"、"厥"之类从喉牙音的近指指示词。近世口语里只见有用指示词"是"作为系词的,然而这里却也有用"个"作系词用的,"个"其实就是"其"、"居"、"厥"之类的语词的后身。例如:

A. 是

1. 大保任底人与那个是一,是二?(《悟本》第 507 页下第 28 行)

2. 如何是不言言?(《悟本》第 508 页中第 8 行)

3. 莫是怎么来者么?(《良价》第 520 页中第 24 行)

4. 祇如说佛界道界底是甚么人?(《良价》第 521 页上第 21 行)

5. 莫是纸衣道者否?(《元证》第 527 页下第 19 行)

6. 不与万法为侣者是甚么人?(《元证》第 528 页中第 22 行)

---

① 关于汉语的系词,请参阅拙著《汉语语法论》第 91—98 页。

7. 未审是甚么病？（《本寂》第537页下第28、29行）

8. 如何是非心非佛？（《本寂》第538页中第22行）

B. 个

沙门行个什么行？（《元证》第535页中第3行）

VII 人称代名词

人称代名词用法极乱，一共有这么多：

第一身人称代名词

我 吾 某 甲

第二身人称代名词

汝 儞 爾 子

第三身人称代名词

他 它 渠 伊

例如：

A. 我

1. 打著我心。（《元证》第528页中第15行）

2. 谁奈我何？（《元证》第529页中第5行）

3. 渠本不是我，我本不是渠。（《元证》第529页下第20行）

4. 我常见丛林好论一般两般。（《元证》第530页上第25行）

5. 将谓我孤负汝，汝却孤负我。（《元证》第530页下第28行）

B. 吾

1. 吾得天龙一指头禅。（《元证》第531页中第8行）

2. 汝记吾言。（《良价》第522页下第28行）

3. 吾有大病。（《本寂》第537页下第28行）

4.谁人为吾除得?(《本寂》第541页中第25、26行)

5.吾在云岩。(《良价》第522页中第2行)

C.某甲

1.某甲即是闽中人。(《悟本》第517页上第13行)

2.不知甚么处是与某甲已相见处。(《良价》第520页下第7行)

3.某甲未明,乞师指示。(《良价》第519页下第14、15行)

4.某甲从偏位中来。(《元证》第528页中第2行)

5.某甲到这里却不会。(《元证》第528页中第20、21行)

D.汝

1.汝有个爷。(《悟本》第507页上第12行)

2.汝将谓有气力底是也。(《悟本》第509页上第6行)

3.汝名甚么?(《悟本》第513页上第11行)

4.汝更去作甚么?(《良价》第520页中第20行)

5.汝在云岩作甚么?(《良价》第525页上第3行)

6.汝即今问那个位。(《元证》第538页上第17行)

7.汝来作什么?(《本寂》第541页上第16行)

E.儞

儞每日瞳个甚么。(《悟本》第513页上第8、9行)

F.爾

1.爾是甚么人家男女?(《悟本》第511页上第12行)

2.爾父名什么?(《悟本》第517页中第1行)

3.爾又作么生?(《良价》第521页上第1行)

4.待爾患维摩病始得。(《元证》第531页中第15行)

5. 爾还畜得么?(《元证》第527页中第8行)

6. 与爾休粮方。(《本寂》第541页上第22行)

G. 子

1. 子归乡莫打飞鸢岭过么?(《悟本》第513页下第3、4行)

2. 子得怎么性急。(《悟本》第514页上第27行)

3. 子甚处去?(《良价》第521页下第18行)

4. 子还识么?(《良价》第521页下第21行)

H. 他

1. 他曾问老僧。(《悟本》第507页下第1行)

2. 他屋里有多少典籍?(《悟本》第508页上第3行)

3. 为甚么不得他衣钵?(《良价》第524页中第13行)

4. 被他向上人唤作无惭愧懈怠菩萨,亦曰变易生死。(《元证》第530页中第19、20行)

I. 它

1. 它且不受礼。(《悟本》第508页中第22行)

2. 它亦不曾礼。(《悟本》第508页中第22、23行)

J. 伊

1. 但向伊道。(《悟本》第508页上第25行)

2. 为伊惺惺。(《元证》第528页上第19行)

3. 出离什么人接得伊。(《元证》第529页中第16行)

4. 我悔当时不向伊说。(《元证》第532页中第5行)

K. 渠

1. 渠今正是我,我今不是渠。(《悟本》第508页上第29行)

2. 渠无我即死。(《元证》第529页下第21行)

3. 子见甚道理便道渠无彼往?(《悟本》第513页下第7行)

4.是呼为无漏,始堪供养渠。(《元证》第533页下第23行)

这些个人称代名词之中,除了"某甲"是第一身谦卑式,"子"是第二身客气式之外,都没有其他意义上的不同,换言之,"我"和"吾","汝"和"爾、儞","他、它"和"伊、渠"都没有格位上的不同。最使我们感觉兴趣的就是"儞"字。现代口语的第二身人称代名词平常就说成"你"。这"你"字在唐代其他的禅家语录里已经发现过。如《庞居士语录》所载的:"我在你眼里。"这"你"字现在虽然说为 ni,其实是"爾"的古音的遗留。"爾"虽念为 ɚ,但是在中古时候,它的念音是日母字,《广韵》就认为它的反切是"儿氏"切,当时的念音应当是 ŋz-。根据《说文》形声字的研究,泥日两母的通转非常之甚,n-和 ŋz-的发音都是鼻音,其在中古时也和"汝"的发音相近。"爾"之念为 ɚ 是近代的事情,念音尽管变成了 ɚ,说话里还保存着和古音相近的 ni,而这 ni 则用"你"字写出之。山西方言里还有把第二身代名词说成 zŋ 的,更足以证明口语里还保留有"爾"的古音。其实,由文字的外形上,我们也可以断定"你"就是"爾"。说文无"爾"字,只有"尔"字,训为"词之必然也"。先秦文字及甲骨钟鼎等都不见有"尔",只见有"爾",可见"尔"是汉朝人的创造,最初是拿来分别训为"词之必然"的"爾"和训为"爾我"的"爾",可是后来人甚至于就拿"尔"和"爾我"的"爾"字一样的用起来。比方说,李百药的《北齐书》中就有"闻尔病,我为尔针"、"尔头即堕地"等句。"尔"既可以当作"爾我"的"爾"用,那么,加上"人",成为"你",也就和"儞"一样了。《筠州洞山悟本禅师语录》的"儞每日瞳个甚么"是我们所发现的唯一用"儞"字的材料,这更使我们相信现在口语里所说的"你"(ni)绝对就是古代的"爾",不过在念音方面,"爾"字现在念为 ɚ,而"你"则是说话里所存留的比较和古音相似的发音罢了。①

VIII 辅名词②

辅名词的种类很多,大半和古代的说法相似,我们也没有篇幅来细说。这里所要讨论的只是一般的辅名词。现在口语里有两个一般的辅名词:"个"和"只"。"只"是南方方言里所常见的,"个"是北方方言里所常见的。这些语录里却只见到"个",没有"只",这也许是因为它们所代表的语言是当时的"普通话",不是当时的闽浙方言的缘故罢。"個"有时写作"箇",这都只是写法的不同。举几个例:

1. 我见两箇泥牛斗入海。(《悟本》第508页下第24行)
2. 这箇牛须好看。(《悟本》第510页下第5行)
3. 几前一箇童子甚了事。(《悟本》第512页下第14行)
4. 犹作这個见解在。(《良价》第522页中第6行)
5. 自少养得一箇儿子。(《元证》第535页上第22行)
6. 一箇馀月不蒙一法示诲。(《悟本》第513页下第20行)

不过,这里也有个奇怪的情形,平常很少说"一箇",只说"箇",或与指示词"这"、"那"合用。在这种情形之下,这"箇"字的意思到底是"一箇",还是"这箇"都难决定。例如:

1. 好箇佛只是无光焰。(《悟本》第508页下第4、5行)

---

① 关于"你"的来源,请参阅拙著《汉语语法论》第307—310页。
② 辅名词(ad-nouns)是我们用来称谓汉语中"一本书"、"一匹马"、"一斤肉"里的"本"、"匹"、"斤"这一类语法成分的名词。我们所以用这个名词的理由,请参阅拙著《汉语语法论》第二编第四章。

2. 价阇黎承当简事。(《悟本》第508页上第26行)

3. 阇黎又向这里觅简甚么?(《悟本》第509页中第28、29行)

4. 一大藏教只是简之字。(《悟本》第510页下第10行)

5. 怎么则子得简入路。(《悟本》第513页上第21、22行)

6. 大众吃简甚么?(《良价》第521页下第8行)

7. 我将谓汝是简人。(《良价》第522页中第6行)

8. 说简净洁处。(《元证》第530页中第3行)

9. 知有简甚么。(《元证》第534页中第12行)

10. 不存简甚么。(《本寂》第539页下第13行)

至于和"这"、"那"合用的例子,我们也就不必举了。总之,这时代的口语很少说"一简",只说"简"。这原因是很容易明白的。我们曾经说过一般辅名词"简"其实是从喉牙音声母的指示词演变而来的。"简"和"其、厥、渠"等同类,最初是指示词"这个"的意思,后来才由"这个"引申出"这一个",又引申为一般的辅名词"个",说"一个"、"两个"、"三个"都可以。也正是这个原因,这里的"简"字往往决定不出来到底是"这个"的意思,或是"一个"的意思。这里"简"字的用法实在是指示词的"个"变为一般的辅名词的"个"之中的过程。这可以给我们证明一般辅名词"个"确是从指示词演化而来的。此外,辅名词中的部分词"些"也已经有其存在。例如:

1. 方有些子语话分。(《良价》第524页中第1行)

2. 直须枯木上更擦些子花。(《元证》第529页下第16行)

3. 得此便宜始较些子。(《元证》第530页中第18行)

IX 动词之态①

完成态虚字"了"并不如现在口语的到处应用,但也已经有它的存在。结果态虚字"著"和"得"倒用得很常。例如:

A. 了

　1. 已相看了也。(《悟本》第 508 页中第 11 行)

　2. 不得道蚤箇了。(《悟本》第 514 页中第 29 行)

　3. 师先过了。(《良价》第 521 页中第 17 行)

　4. 举前因缘了;便问……(《良价》第 519 页下第 23 行)

　5. 不得道早箇入了也。(《良价》第 521 页中第 27 行)

B. 著

　1. 我从来疑著这汉。(《悟本》第 511 页上第 4 行)

　2. 物挂著则不到地。(《悟本》第 517 页下第 24、25 行)

　3. 打著我心。(《元证》第 528 页中第 15 行)

　4. 如经蛊毒之乡水不得沾著一滴。(《元证》第 529 页上第 23、24 行)

　5. 不曾觑著。(《元证》第 531 页中第 3 行)

　6. 出语直教烧不著。(《元证》第 527 页上第 21 行)

　7. 还成滞著。(《本寂》第 540 页上第 17 行)

C. 得

　1. 如粪扫堆头拾得一颗明珠。(《悟本》第 507 页下第 16 行)

　2. 这里合下得一转语。(《悟本》第 510 页下第 17 行)

---

① 关于"动词之态"的意义,请参阅拙著《汉语语法论》第二编第五章。

3. 阇黎莫记得么?(《良价》第519页中第11行)

4. 终不记得。(《元证》第533页上第16行)

X 动词之体①

所谓动词的受动体,这些语录已经用"被"或是"蒙"去表示。例如:

A. 被

1. 被师伯一问,直得去死十分。(《悟本》第509页中第8行)

2. 若透祖佛不得,即被祖佛谩去。(《悟本》第509页下第11行)

3. 若被觅著时,如何抵拟他。(《悟本》第512页下第21行)

4. 怎么则国内总被阇黎占却。(《良价》第522页上第11、12行)

5. 和尚禅床为什么被别人坐却。(《元证》第527页中第20行)

6. 为甚么却被儿吞?(《元证》第529页下第11行)

7. 被他向上人唤作无惭愧懈怠菩萨。(《本寂》第540页中第5、6行)

B. 蒙

1. 虽在彼中,不蒙指示。(《悟本》第509页中第18行)

2. 一箇馀月,不蒙一法示诲。(《悟本》第513页下第20行)

---

① 关于"动词之体"的意义,请参阅拙著《汉语语法论》第二编第六章。

3. 既不蒙指示，又用设斋作甚么？（《良价》第520页上第29行）

XI 动词之性[①]

可能性的语法成分是用"得"和"会"来表现的，意欲性的语法成分是用"要"和"肯"来表现的，必然性的语法成分是用"须"来表现的。这都跟现代的口语一样。例如：

A. 得

1. 若无路，争得与老僧相见？（《悟本》第513页上第22行）
2. 争得到这里？（《悟本》第517页上第10行）
3. 空知有佛，不得成佛。（《悟本》第517页中第12行）
4. 甚么人得闻？（《良价》第519页下第24行）
5. 不得动著。（《元证》第534页上第27行）

B. 会

1. 若将耳听终难会。（《悟本》第507页下第12行）
2. 其僧却会。（《悟本》第507页下第26行）
3. 会么？云：不会。（《悟本》第509页下第3行）
4. 某甲到这里却不会。（《本寂》第538页中第8、9行）

C. 要

1. 有僧不安要见师。（《良价》第523页下第27行）
2. 也要老兄定当。（《元证》第529页上第21行）
3. 不要免。（《元证》第530页下第1行）

[①] 关于"动词之性"的意义，请参阅拙著《汉语语法论》第二编第七章。

D. 肯

1. 只是不肯礼拜。(《悟本》第 507 页下第 26、27 行)
2. 半肯半不肯。(《悟本》第 509 页中第 22、23 行)
3. 他又争肯？(《元证》第 531 页中第 13 行)

E. 须

1. 直须绝渗漏始得。(《悟本》第 507 页下第 2 行)
2. 大须审细。(《悟本》第 508 页上第 26 行)
3. 直须心心不触物,步步无处所。(《悟本》第 509 页下第 6、7 行)
4. 学者先须识自宗。(《元证》第 527 页上第 19 行)
5. 亦须头落。(《元证》第 528 页中第 26 行)

XII 特殊询问词①

现代口语的特殊询问词"什么",这些语录里也有,不过写法有两种罢了。有的时候写作"甚么",有的时候写作"什么"。此外,还有一个省略式,只写一个"甚"字。这虽是特殊询问词,但却需要和别的语词合在一起,去表明它所要询问的问题。如"为什么"、"甚么去处"、"甚么人"等,和现代语一模一样。现代口语的"怎样",这些语录里就作为"争",或是"作么"或是"作么生","怎"字不存在。现在举几个例：

A. 甚

---

① 我们所谓的"特殊询问词"是指询问命题里用以询问某一特殊点的语词,如"谁"是问"人"的,"多少"是问"数量"的等等。参阅拙著《汉语语法论》第三编第二章。

1. 教某甲向甚处去?(《悟本》第511页上第16行)

2. 药山问僧甚处来?(《悟本》第512页上第25行)

3. 师问云居甚处去来?(《悟本》第513页上第19行)

4. 子甚处去?(《良价》第521页下第18行)

5. 当时从甚路出?(《良价》第521页下第19行)

6. 时节怎么热,向甚处回避?(《元证》第529页中第7行)

B.甚么

1. 某甲为甚么不闻?(《悟本》第507页中第14行)

2. 无情说法甚么人得闻?(《悟本》第507页下第5行)

3. 他不饥吃甚么饭?(《悟本》第508页中第10行)

4. 为甚么不全肯?(《良价》第520页中第5行)

5. 是甚么人住处?(《良价》第522页中第25行)

6. 著衣吃饭有甚么难?(《元证》第527页中第10行)

7. 说甚么大话?(《本寂》第540页上第2行)

8. 因甚么如此?(《本寂》第540页中第19行)

C.什么

1. 和尚有什么事?(《悟本》第512页上第14行)

2. 不说不行时,合行什么路?(《悟本》第512页上第23、24行)

3. 弥勒什么时下生?(《悟本》第513页上第28行)

4. 什么处去来?(《良价》第523页上第6行)

5. 为什么不杀?(《元证》第529页中第5行)

6. 阐提人为什么在后?(《元证》第530页下第8、9行)

7. 什么人得闻?(《本寂》第541页上第7行)

8. 寻常将什么吃茶?(《本寂》第541页下第1行)

D. 争

　　1. 争知无情解说法?(《悟本》第507页中第17行)

　　2. 争知无人?(《悟本》第511页上第3行)

　　3. 争得到这里?(《良价》第521页下第2行)

　　4. 争奈落在第二头?(《良价》第523页中第17行)

　　5. 争鉴得个不恁么?(《元证》第527页下第9行)

　　6. 争敢谤和尚?(《元证》第531页上第13行)

　　7. 他又争肯?(《本寂》第541页中第16行)

E. 作么

　　作么取汝口辨?(《悟本》第508页中第7行)

F. 作么生

　　1. 不错底事作么生(《悟本》第509页上第2行)

　　2. 老兄作么生?(《悟本》第509页下第15行)

　　3. 狭路相逢时作么生?(《悟本》第514页上第9行)

　　4. 那个究竟作么生?(《良价》第523页中第18行)

　　5. 或到险处又作么生牵?(《元证》第528页中第17行)

　　6. 作么生是第一月?(《本寂》第539页上第6行)

这里可以看清楚,"怎么样"的意思是从"作什么样子"转来的。这些语录里所用的"作么"除了一两个地方有"怎么"的意思外,多半都有"作甚么"的意思。例如:

　　1. 又来这里作么?(《悟本》第508页下第2行)

　　2. 回首转脑作么?(《悟本》第512页中第7行)

　　3. 又问曹山作么?(《本寂》第538页上第26行)

　　4. 达摩又来作么?(《本寂》第540页上第6行)

这里的"作么"就是现代的"干吗",本来是"做甚吗"的意思。

179

"生"字的来源尚难明白,但其意义则是"样子"。章炳麟说:"《方言》:'曾,訾,何也。'今通语曰'曾',俗作'怎',或曰'訾',音转如'债'。"①"争、怎"当是古代"曾、訾"的遗留。但是"争、怎"和"作么生"意义上虽然相同,语音上亦可相通("作"、"怎"音相近),毕竟不是同一来源的语词。

其他的特殊询问词,如"谁"、"那个"等,已是古代或六朝的遗留,我们也就不必细加讨论了。

XIII 否定词

否定词有"不"、"莫"、"休"等,"没"字只一见。例如:

A. 不

1. 师曰不会。(《悟本》第 507 页中第 26 行)

2. 不知什么处是与某甲已相看处。(《悟本》第 508 页中第 13 行)

3. 不虚参见作家来。(《良价》第 521 页下第 29 行)

4. 不从口里道。(《良价》第 524 页中第 4 行)

5. 为甚么不雕琢?(《元证》第 529 页上第 16 行)

6. 教汝求生不得,求死不得。(《本寂》第 537 页下第 26 行)

B. 莫

1. 和尚莫厌良为贱。(《悟本》第 507 页中第 7 行)

2. 莫是药山之孙云岩嫡子么?(《良价》第 524 页下第 3 行)

3. 莫怪相逢不相识。(《良价》第 525 页下第 2 行)

---

① 《章氏丛书》本《新方言·释词》第 13 页上。

4. 莫是纸衣道者否?(《元证》第527页下第19行)

5. 莫向这里显。(《元证》第529页上第7行)

6. 今时莫作等闲。(《本寂》第540页下第26行)

C. 休

1. 休污我水担。(《良价》第521页上第18行)

2. 云峰休去。(《良价》第521页下第17行)

3. 休言落魄时。(《元证》第527页上第24行)

4. 休更迷头还认影。(《元证》第533页上第15行)

D. 没

虽然没用处,要且离他不得。(《本寂》第540页中第11行)

XIV 句终词

句终词除了"也"、"耶"、"乎"等尚保留古文的痕迹外,还有询问句的"也无"、"也未"、"否"、"么"、"来"、"聻"等。例如:

A. 也无

1. 还许某甲去也无?(《良价》第522页下第25行)

2. 一切众生还有此病也无?(《元证》第528页上第15行)

3. 还更有不肯者也无?(《元证》第529页上第2行)

4. 还求出离也无?(《元证》第529页中第15行)

5. 和尚还有此病也无?(《本寂》第538页上第2行)

B. 也未

1. 还喜欢也未?(《悟本》第507页下第15行)

2. 洞庭湖水满也未?(《良价》第525页中第24行)

C. 否

1. 还有与师同时慕道者否？（《悟本》第 507 页中第 27 行）
2. 乞眼睛底是眼否？（《悟本》第 508 页上第 10 行）
3. 莫便是本来面目否？（《良价》第 524 页下第 11、12 行）
4. 见智者否？（《良价》第 521 页中第 25 行）

D. 么

1. 还闻么？（《悟本》第 507 页下第 8 行）
2. 还有这个么？（《悟本》第 510 页下第 3 行）
3. 意上座欲知么？（《悟本》第 511 页中第 21 行）
4. 还见大慈么？（《良价》第 523 页上第 2 行）
5. 借取这个看得么？（《元证》第 532 页中第 11、12 行）
6. 尔还知君意么？（《本寂》第 537 页下第 23 行）

E. 来

1. 去什么处来？（《悟本》第 511 页中第 4 行）
2. 甚么劫中曾增减来？（《悟本》第 512 页上第 27 行）
3. 汝曾作甚么来？（《良价》第 520 页上第 4 行）
4. 甚处去来？（《良价》第 522 页上第 10 行）

F. 聻

师云：这个聻？云居云：他不死。（《良价》第 522 页上第 21 行）

马伯乐认为"聻"就是现在的"呢"。① 我们觉得"来"字也很像现在的"呢"的用法。这"来"恐怕就是后来的"哩"。

---

① 见前引马氏文第 27 页。

XV 其他

A. 现代口语的"就是"或"就",唐宋的白话文作为"便是"、"便"。王力先生认为"便"是宋人所特有的。我们曾经说过,"便"字的用法,六朝时,甚至于更早的时候就已经很通行。这些语录也给我们证明当时"便"字也很通行。我们而且在这四部语录里找不到任何可以当作语法成分用的"就"字。现在无妨举几个"便"字的例:

1. 何不道出门便是草?(《悟本》第510页上第29行)
2. 莫便是本来面目否?(《悟本》第511页上第29行)
3. 青林拂袖便出。(《良价》第522页下第2、3行)
4. 大家相送便迁化。(《良价》第524页下第4行)
5. 才有忻心便是犯戒。(《元证》第530页中第7行)
6. 座主便出去。(《元证》第531页上第14行)
7. 但知有便得。(《本寂》第540页中第17行)

B. 现在所用以表示"亦"的"也"字,这里也发现过。但只有一个例:

也大奇,也大奇。(《悟本》第507页下第11行)

C. 现在用以表示"仅"的"只"字当时也已经存在,不过有的时候则用"秖"或"祇"。例如:

a. 只

1. 只是认得驴前马后底将为自己。(《悟本》第511页下第24行)
2. 只如天上无弥勒,地下无弥勒。(《悟本》第513页中第1行)

3. 只是不行旧时路。(《元证》第530页中第1行)

　　4. 只恐不得轮回。(《本寂》第540页上第17、18行)

b. 秖

　　1. 秖如万里无寸草处。(《悟本》第510页上第25行)

　　2. 从生至死秖是这个。(《悟本》第512页中第6行)

　　3. 秖是逢草吃草。(《元证》第535页中第11行)

　　4. 秖是丑陋底人。(《本寂》第541页上第24行)

c. 祇

　　1. 祇到潼关便休。(《悟本》第512页上第1、2行)

　　2. 祇不闻末后一转。(《良价》第524页中第20行)

　　3. 祇是不肯礼拜。(《良价》第525页中第22行)

以上是就唐代的禅家语录去研究那时代的白话文所用的语法成分。这工作可以说只是给马伯乐的《中国古代白话文献考》做个补充而已。我们所以只讨论语法成分，不讨论词汇和语句的结构，这是因为这些语录还掺杂有古文的遗留，在词汇的应用上本来是最容易借用古语的，在句法的结构上也可以套用旧调。然而语法成分的用法就容易分别清楚是不是古代的用法。我们并不是说这些语录里并没有掺杂古代的语法成分，但是这些掺杂在内的语法成分我们就不提出来讨论。当然我们也并不是说唐代的"普通话"[①]就

[①] 普通话往往是由一个因为政治文化的优势而被一般人采取的方言发展出来的，往往会因为文学家的应用而扩张势力。但在扩张的过程里，它一方面会渗入各地的方言成分，一方面会因为文学家的应用而成为固定的标准语。要知道成为标准语之后，它就不再跟活的语言共同的演变，结果就和活的语言隔离了。于是人们又得根据活的语言去创造接近于口语的文体。这样说起来，不但是古代的文言文已经变成了古董，就是唐宋的白话文，甚至于现代的白话文都已经跟活的语言脱节了，我们似乎又应当再依据一个活的方言来创造合乎现代口语的文体了。

是这个样子,我们只是把这些材料整理出来,让人家从这里去揣摩当时的口语的情况而已。我们可以说我们从这些语录里所发现的语法成分在当时的"普通话"里都有其存在,但是还有一部分语法成分并没有出现在这些材料里,因此我们不能说完全明白了当时口语的情形。还有一点要声明的,这里所举的例子里,有的只是写法上的不同,如"什麽"和"甚麽","只"和"秖、衹"等都只能说是一个同一语的不同写法。但我们也把它们分开来举例,因为说不定这写法上的不同也有其他的缘故,这也只好让大家去研究去了。

(原载《燕京学报》第 34 期,1948 年)

书评:《中国语法理论》

王力著　第二册　上册三百七十一页　下册四百三十页　三十四年十月重庆初版　三十六年二月上海初版

这部书初次出版的时候,我没有机会看到,所以我写《汉语语法论》时,不能参考著者的最后意见;那时候我对他的批评也只根据他的初期作品。一直等到这部书印行上海版时,我才能够细加研究。著者本来是中国语法学界的先进,我对这部书的兴趣,使我不能不在这里给他作个公正的评介。

全书共分二册,上册除"导言"外,又分三章,第一章、第二章都是论"造句法"的,第三章论"语法成分"。"造句法"又分十六节,先后讨论字和词、词类、词品、仂语、句子、句子形式和谓语形式、叙述句、描写句和判断句、复合句、能愿式、使成式、处置式、被动式、递系式、紧缩式、次品补语和末品补语等问题。"语法成分"又分九节(即第十七节至二十五节),继续讨论系词、否定作用、副词、记号、情貌、语气、语气末品、联结词、关系末品等问题。下册共分三章:第四章"替代法和称数法"、第五章"特殊形式"、第六章"欧化的语法"。"替代法和称数法"讨论人称代词、无定代词、复指代词、指示代词、疑问代词、基数、序数、问数法、"一"、"一个"、人物的称数法、行为的称数法等问题。"特殊形式"讨论叠字、叠词、对立语、并合语、化合语、成语、拟声法和绘景法、复说法、承说法和省略法、倒装法和插语法、情绪的呼声和意义的呼声等问题。"欧化的语法"讨论复音词的创造、主语和系词的增加、句子的延长、可能式、被动式、记号的欧化、联结成分的欧化、新代替法和新称数法、新省略法、新倒装法、新插语法等问题。另外又有三个附录：（一）语音，（二）文字，（三）标点和格式。最后附以参考书目录。只要一看这些节名，我们就可以明白这部书的做法和一般硬要抄袭西洋格套的所谓"文法书"完全不同。这实在是研究中国语法的一条正当的道路，和著者以往的作品比，已经明显地给我们指示出他的进步。著者的《中国文法学初探》和《中国语文概论》，虽是拿新兴的语言学理论企图给中国语法作个正当的解释，然而许多的地方都还没有完全脱离西洋通俗语法学的束缚；在这一方面，这部书显然是进步的。比方说，《中国语文概论》还硬着头皮给中国语的动词加上表示"时间"（tense）的语法成分，认为中国语的动词有过去、现在和将来三个"时间"。这部书已经把这错误的观念改正了。著者说："中国语里的情貌都是独立的，不属于任何'tense'的，因为中国语没有'tense'可言。"（见上册第 285 页）他所谓的"情貌"就是英文的 aspect，也就是我在《汉语语法论》里所谓的"态"。又如他在《中国文法学初探》所附录的《中国文法中的系词》（第 189—190 页）里认为中国古代语里只有"非"字是系词，没有其他的"系词"。把"非"字当作系词看实在是一个极大的错误，因为语法必得是一个系统，没有肯定的系词，就不能有否定的系词，著者既认古代中国语没有"是"类的肯定的系词，"非"字就不能是系词，只是一个否定词。我曾在《汉语语法论》里批评过著者这种论调，欣喜的是著者也在本书里自己修改了这一点。他说："'非'字是不是纯粹的系词呢？依上古的语法观察，它也不能是系词。肯定语的系词既是上古所没有的，若说否定语的系词却是上古所有的，这是不通的说法。原来'非'字在上古只是一种否定副词。"（见上册第231页）又如著者在《中国语文概论》里认为动词有内动和外动的分别（见第52页），他在这部书里就说："实际上，及物不及物的分别，在中国语里，并不是重要的。这种'不重要性'就寄托在介词的缺乏上。"（按：及物不及物的分别即著者前此所谓的内外动的分别。）又如著者从前非常得意地分中国语词的词性为本性、准性与变性三者，现在他却在这部书里说："我现在承认本性变性之说还不如词类词品之说来得明显，于是我欣然接受了叶氏的学说。"（见上册第46页）这些修改显然是一种进步。

因为有了这些进步，这部书也就成为了中国语法学的一部重要的著作。他至少有下面几个优点：

（一）摆脱前此中国语法学者抄袭西洋通俗语法学的旧习，而能根据语言学的原理来就中国语法的特殊性研究中国语言的结构。

本书既名为"中国语法理论"，他的出发点自然是就理论的根本上来讨论中国语法的结构。所以全书到处都表示着著者之如何努力要从理论的根本上来分析中国语言的结构，而避免一般只知抄袭西洋通俗语法书的所谓"文法学家"的旧习。著者所根据的是现在语言学权威叶氏（Jesperson）、柏氏（Bloomfield）和房氏（Vendryès）三人的理论。最值得注意的就是著者应用了叶氏词品说（theory of ranks）来解释中国语的词性。他把一般人所称的parts of speech译为"词类"，而译叶氏之ranks为"词品"。他认为中国语的语词没有屈折表示它的词类，然而可以依据单独语词所代表的观念来给它规定一个词类,而且认为这种规定是非常容易的,只是这种词类并不指明语词入句之后的职务,所以愿意采取叶氏词品之说来分析中国语的语词装在句子里时所有的作用。这种作用可以依据语词在组织里的重要性来决定。最重要的叫做首品,次要的叫做次品,更次要的叫做末品。例如"白马"的"马"是首品,"飞鸟"的"鸟"是首品,而这里的"白"和"飞"都是次品。如果我们倒过来说"马白","鸟飞",语法上的意义就不同了,然而各词的品级并不因此而有所变更。于是,著者就拿这词品的理论来分析中国语各语词之间的关系。他在《中国现代语法》一书里,更尽其分析的能事来解剖语词和语词之间的组织上的关系。这种办法当然要比一般死要从词类上着眼来研究中国语的人高明得多了。又如著者在第一章第74页里说:"咱们如果很呆板地拿英语来比较,很容易倾向于以'用'、'拿'、'同'比 with,以'在'比 in,on,at 等,以'朝'、'向'比 toward 或 to,以'替'比 for,以'为'比 because of 或 for,以'比'比 than,以'如'比 as。因此,普通的中国语法书都把它们叫做'介词'或'前置词'(preposition)。我们是根本反对这一种意见的。"他管这些所谓"介词"叫做"末品谓语形式",名称虽不甚妥,但是看透了中国语没有前置词,则是就中国语的特性来解释中国语言结构的正当手法。又如上册第二章第十四节所论的递系式,认为欧洲语言中的关系词不存在于中国语,中国语"一句之中尽可以有两个叙述词,不必有定式不定式的分别。《马氏文通》把和西洋不定式相当的动词叫做'散动',实在是多余的……第一次连系的目的位,表位或谓语尽可以兼任第二次连系的主语,又两个连系可以紧缩为一个句子……"(见上册第189页)例如"多谢姐姐提醒了我"之类的句子。这种说法实在是就中国语的特殊性方面着眼,不似一般西洋传教士和一些所谓"文法学家"的论调。又如上册第二章第十三节论被动式,认为中国语并没有动词的被动态(即我于《汉语语法论》里所谓"被动体"——passive voice),只有句子的被动式,这和我在《汉语语法论》里的见解颇为相同。我也说过汉语的动词并没有被动和主动的分别,只有用拐弯的方式所表示的意思可以有被动的意义。像这一类的例子尚多,我们也不必多加说明了。

(二)新见解的贡献。

这部书的最大贡献就是著者有许多新的见解。这种见解不一定是理论上的,然而却是前人所没有提到的。例如著者把句子分为叙述句、描写句和判断句三类实在是很合理的办法(见上册第一章第七节第八节)。描写句和判断句虽都是名句,但是前者是描写某事物的性质的,这种性质可能有变化,然而后者却是判断这事物是什么东西的,前者的谓语是形容词,后者的谓语是名词,往往须加上系词"是"。我在《汉语语法论》里把句子的形式分为名词句和动词句二类,又于名词句里分为规定式和对注式二者,认为规定式是说明主词的性质的,对注式是说明主词是什么东西的,前者的表词(即王氏所谓的谓语)是约词(即所谓形容词),后者的表词是名词,必须加系词。这种说法和著者的说法并无多大的差别,然而我总没有勇气把句子的形式像著者那里鼎足而三地分为三类,只在名句里分为二式罢了。又如著者在上册第二章第十二节里所论的处置式实在是个很大的贡献。一般传教士和"西化"文法学家都说"把"字是受格(accusative)的记号,这当然是个极大的错误。我在《汉语语法论》里认为"把"字是半动词之一种,这和著者的称谓"助动词"其实是同样的意思,然而著者居然能够想出"处置式"这个名称来说明包含有助动词"把"字的句子,这则是他的贡献。又如下册第四章第三十三节所谓的"行为的称数法",实在也是道前人所未道的。像"说了一遍"、"吃了一顿"、"杀一阵"、"找了一番"、"熬了一场"、"踢一下子"、"打了一仗"这一类的结构从来没有人好好地解释过。这一类字眼和"名词的称数法"(即我们所谓的"辅名词"、"一钟酒"、"一句话"、"两瓶油"等)很类似,然而它们却是拿来说明动作的单位的。

(三)解释相当详细。

这部书除了在理论上作了一番努力的解释外,往往又把实际的问题,实际的例子细细地再加分析。例如上册第二章第十五节论紧缩式,除了从理论上说明中国语所有的这种特殊的句法外,著者还把它分为许多种类来解释:积累式的紧缩(例:兄弟来请安),转折式的紧缩(例:仁而不佞),申说式的紧缩(例:身子更要保重才好),目的式紧缩(例:来倒茶妹妹吃),结果式的紧缩(例:说的林黛玉扑嗤的一声笑了),条件式的紧缩(例:为高必因丘陵),容许式的紧缩(例:去了也是白去的),时间限制的紧缩(例:弟子入则孝,出则弟)。又如上册第三章论语法成分时,著者差不多都把每一个语法成分的用法细细地加以解释,而且对于这些语法成分的收集大体上也还丰富。又如下册第四章,特别在讨论称数法的地方,著者几乎把中国语里任何与数目字有关的说法完全解释过,这一点是任何中国语法书所不能及的。

当然语法的研究是很不容易的一门学问。著者曾在他的《中国现代语法》的自序里说过巴黎中国学院院长格拉奈(按即葛兰言)曾经如何地劝阻他不要研究中国语法,因为这种研究太不容易。所以,这部书的优点固然不少,然而他也有不少让我们不能满意的地方。我们无妨就其大者述评于下：

（一）理论不健全。

这部书的整个精神可以说是建筑在叶氏的词品说上。这当然是一个新的尝试，新的贡献。然而细细地研究起来，这种理论颇有不健全的地方。先说词的分品以什么做根据呢？著者说："在任何的联结里，只要它是指称一人或一物的，咱们都可以指出其中一个词是最重要的，其余的词都是附属品。这一个首要的词是被另一个词限制或修饰的，而这主持限制的一个词仍可受第三词的限制。因此，咱们可以从词的相互关系里，依照它们受限或主限的不同，定出若干'品级'（ranks）来。例如在 extremely hot weather 里，weather 显然是一个首要的观念，可以称为首品（primary）；hot 是限制 weather 的，可以称为次品（secondary）；extremely 是限制 hot 的，可以称为末品（tertiary）。"（上册第 34 页）根据著者的说明，词品的分级可以说有两个标准：（一）看它是最重要的或是次要的，或是更次要的；（二）看它是受限或是主限。从前一个标准来说，至少我们觉得著者所谓的"重要性"实在是太含糊的。为什么 weather 一定是最重要的呢？假定人家问我："What do you mean extremely hot? extremely hot weather or extremely hot water?" 而我的回答是："extremely hot weather."这里 weather 当然是首要的。假定人家问我："Do you mean extremely hot weather or extremely cold weather?"而我的回答是："extremely hot weather."这里首要的部分显然不是 weather，而是 hot。再假定人家问我："Do you mean extremely hot weather or just hot weather?"而我的回答是："extremely hot weather."这里首要的部分倒是 extremely 了。这样说起来，哪一个是首品，哪一个是次品，哪一个是末品,就大成问题了。原来著者对于语言的作用还没有十分明白,语言不只可以表达说话人的思想,同时也可以表达他的情意,重要不重要的问题,显然有几个不同的观点。在实际的语言环境里,说话人显然能够因为对话人的意向而对自己所说的话的某一部分有所着重。这种着重是随环境而变迁的。这种表达情意的作用而且是活语言随时都离不开的。本书没有特别讨论表情的语法,而在这里忽然拿"重要性"的问题来做划分词品的标准,我们想象他的意思大约是从逻辑立论,认为在逻辑的思想上,一切的环境除外,最重要的观念必得是一个不受限的观念,而限制他的观念则是次要的观念。可惜著者没有说明白。若就第二个标准来说,我们就觉得著者所用的词品说其实只是词类说的变相。正如著者所说,西洋语的所谓"记号"也不能够完全规定词类的分别(见上册第23页)。词类本来是就语义的立场,依照语词所代表的意义而给它规定一个"类"的。所以,我们之称 university 为名词并不是因为它有-ty 这个语尾(因为 dirty 只是形容词),而是因为这个语词的意义是代表一个不必受限制而能独立表示某个东西的观念。我们之所以称某词为形容词,为副词者,正是因为它可以限制(qualify)名词,限制动词的缘故。所以我们尽管可以批评传统词类划分的不正当,我们尽管可以不重视词类在语法上的作用,如果要分别词类的话,没有特殊语尾表示某种词者,也只好看它的意义是什么了。如果它的意义没有一定,只能在句子里表现出来的话,它就没有什么"本性",没有什么独立的词类,只有它在句子里所表现的性质,这种性质显然也可以依照它所表现的意义而称之为某词。著者的词品说既以主受限为标准,这就跟词类的分别没有什么不同,从这一点上看来,著者的词品说固然是不健全的,就是他的词类说也有毛病。他说："但是这种分类法仍不是我们所愿采用的,因为我们以为词类是可以在字典中标明的,是就词的本身可以辨认,不必等它进了句子里才能决定的。"(见上册第22页)他又说："这样,恰能使中国词类的界限比英语词类的界限更为明显。"(见上册第23页)这"正因中国的词不带词类的标记"。(上册第24页)其实单词都是存在于句子里的,字典里所缕列的语词只是为着方便起见从句子里抽象而来的,它之是哪一种词要看它在句子里所可能代表的意义。比方说,英文字典里的 love 一词下面标它为动词,又标它为名词,这是因为这个字在实际的语言里可以作为动词用,也可以作为名词用。若说它的本性是动词,又是名词,则是不通的说法。因为如果语词有其独立的本性的话,它就不能够既动且名。若说它的本性是动,变性是名的话,也是说不通的。因为它既可以名动并用,为什么它的本性就不是名词呢？而且到底是它所代表的名词的意义乃是动词的意义引申而来的,或是它所代表的动词的意义乃是名词的意义引申而来的,这已经是鸡生蛋或蛋生鸡的问题,无从决定。所以,一个语词是属于哪一个词类本来是以它在句子中的可能的用法来决定的,并不是以它的独立的性质来决定(语词根本就不能独立)。字典的解释也只是说明它在实际的语言里可能有哪一种词性罢了。当然有的语言,除了在句子里的地位以外,语词还有特殊的'记号',说明它只能在句子里作某种词的功用,因此这一类语言的字典就容易说明这语词是那类词,因为它在句子里只能有这种用法。中国语的语词恰恰相反,它并没有任何特殊的记号标明它在句子里只能当作那一类词用,所以规定中国语的词类要比有词类语尾的语言难。然而著者却说正因为中国的词不带词类的记号,反而容易规定;这实在是不健全的理论。著者说词类的分别要看它所代表的意义,这当然是正确的说法。著者又说"人其人"的上一个"人"虽是动词,但是它的意义并不和下一个"人"字相同,这也是对的。然而著者为什么知道这两个"人"字的意义不同呢?这分明是因为这两个"人"字在句子里的地位不同。那么,他如何能够知道字典里的"人"字必得是名词呢?如果认为"人"字有两个意义,一个意义带名词性,一个意义带动词性,那么,"人"字之必属名属动又用什么标准来决定呢?这在著者一定是个无法解决的问题,然而我们却非常容易解决:以字典里的"人"字来说,它既不是动词,也不是名词,也不是形容词("人"字还可以作为"人道"解),它只是可以在句子里有时当作名词用,有时当作动词用,有时当作形容词用的一个语词。为什么在句子里它就是某一种词呢?因为"人其人"的下一个"人"字代表思想中的某一个"物",上一个"人"字代表思想中的某一个"事"。为什么"人道"的"人"字是形容词呢?因为它代表思想里的一个限制"道"的观念的观念。"限制"!"限制"就是著者拿来规定词品的法宝,那么,他的词品说还能不是变相的词类说吗?

　　本书理论上的不健全还可以从许多方面看得出来。比方说,著者在讨论"有"字的时候说:"我们是把'有'认为动词的,这里该把以'有'为谓词的句子认为叙述句,因为叙述句是以动词为骨干的。它虽不像英语的 to have 或法语的 avoir 之类,有动词的变化(conjugation),然而它能带目的语,这一点却是和别的动词相同的。那些仅仅知道拿英语语法来范围中国语法的人们,把'花园里有一只狗'的'有'和英语的 there is 相比,而说'狗'是居于主位,其实该拿它和法语的 il y a 相比。而说'狗'是居于目的位。我们更进一步,还把'花园里'认为主位,因为中国人的语像(verbal image)里,地能领有事物,正像人能领有事物一般。"(见上册第94页)这里,著者认为"有"是动词,这是对的,他以为"花园里有一只狗"的"狗"是目的位,也是很对的。但是他说他要更进一步,把"花园里"认为是主位,这就未免太过分了。中国人的哲学固然认为"天"是人格神,可以领有事物,甚至于可以认为"地神"可以领有事物,但是说"花园里"可以领有事物则未免太想入非非了。要知道,这一类的句子固不止可以用"花园里",我们也可以说,"心里有事","空气里有香味","东边有人","水里有毒",我们甚至于可以说任何的事物里有任何的事物,换言之,这种结构可以用任何的字眼,代表任何的事物,要说任何的事物都能"领有"则是不可通的。假定我们说:"床上有一个夫人,房里有一个丫头。"著者难道就认为这"夫人"是"床"所领有的吗?这"丫头"是"房"所领有的吗?何况,"有"字只是一个动词,如果"花园里"是主位的话,这主位也就可能有其他的动词,例如:"花园里走走。"那么,著者是不是也认为这"走走"是"花园里"这个主位所领有的动作呢?显然不是的。"花园里"只是动作发生的地点,并不是动作的主体,所以"花园里有一只狗"的意思只是说"有狗"这桩事发生于"花园里"。"里"字更值得注意。如果"花园"可以领有的话,"花园的里边"这个东西也绝不能领有。更何况我们还可以说"有一只狗在花园里"哩。"有"是动词,这是对的,但是中国语的动词本来就可以不必有主词,这分明是没有主词的叙述句。意思是说:天地间有一条狗,这桩事情发生在花园里。这跟我们说"花园里走走"似的。他的意思是:走走的动作发生于花园里,并没有说明什么是"走走"的主体。当然"走走"这一类的动词可以有主位。比方说:"咱们花园里走走。"但是"有"这动词却不能有主位,这原因是"有"的意义就是存在,而一切存在物都是天地间所有的,都是"天"所领有的,所以就不必再说了。这种动词,我们可以管它叫做"绝对动词",它是不能有主词的,所以"花园里"绝不是主位。又如著者说:"叶氏屡次说过,verb to be 用为系词时,乃是没有色的(colorless),这就是说,它本身是没有意义的。依理,非但英语,一切族语的系词都该是没有意义的。既然没有意义,就不应该能受末品的修饰,凡普通认为修饰系词的末品,除了否定词外,都该认为修饰整个谓语的。明白了这个道理,咱们才有权利把系词认为虚词。"(上册第 228 页)据此,系词之所以为虚词乃是因为它没有意义。这句话可不是语言学家所敢说的了。本来语言符号的结构必得是音义的连合,没有代表意义的语词,其实是不可了解的东西。系词在于连系名句的主位和谓语,这就是它的意义,不过这种意义只是语言结构里代表关系观念的意义罢了。所谓虚词并不是没有意义的语词。著者在第三章所讨论的许多语法成分(即虚词),如果它们都是没有意义的话,那么,我们就如何能够分别"吃"和"吃了","我"和"我们","红"和"不红"的不同呢? 这显然是不健全的理论。我们只能说虚词所代表的意义是基本观念之间的关系的观念,或附属于基本观念之下而拿来说明这基本观念的状态的不能独立的观念,不能说它们没有意义。又如著者在第三章里忽然立了一个名目,叫做"记号",认为是采柏氏之说,又认为:"柏氏所谓记号(marks)的范围太大了,中国一切的虚词,他都叫做记号……我们的定义是:'凡语法成分,附加于词或仂语或句子形式的前面或后面,以表示它们的性质者,叫做记号。'"(上册第 263 页)这定义,这名目未免下得太草率了。要知道语言本来就是一种符号,广义地说,一切符号都是一种记号。为着方便起见,我们无妨拿记号来代表符号之中的一部分,标明某种语法成分,于是一切的虚词,正如柏氏之所言,都可以称之为记号。这种说法已经会引起误会。现在著者又把他的范围缩小了,认为只有"子"、"们"、"第"、"所"、"了"、"着"等词是记号。这实在是很可怪的。难道著者认为"呢"、"吗"、"非"、"於"等等就不是记号吗?

(二)前后矛盾。

虽然"研究某一族语的语法,如果把最大的努力用于可争论的地方,实在可惜"(语见本书《导言》),但是一部理论的书前后矛盾的地方太多总是不完善的。这部书最大的毛病就是论调前后不相符。比方说,著者在第一章第二节里说了许多话证明中国词类之如何容易分别,然而他又立刻在第三节里说:"老实说,若依西洋传统语法所下词类的定义,中国干脆就没有词类可言……这样,字典里竟没有注明词类可能,或虽注亦等于不注,因为差不多凡遇实词都得同时注出名形动三种字样,何必多此一举?"(见上册第45页)这里虽然用了"若依西洋传统语法所下词类定义"作为结论的条件,但是著者的分类显然也是依照这种定义的,他也并没有提出他自己的新定义。又如著者在第二第三两节里拚命解说词类词品的不同,认为词类是"就词的本身可以辨认,不必等它进了句子里才能决定的。根据词在句中的职务而分的,我们叫做词品,不叫词类"(上册第22页)。又说:"至于中国的词呢?它们完全没有词类记号,正好让咱们纯然从概念的范畴上分类,不受形式的拘束。"(第33页)然而他却在第六节里说:"这一类的词多数可以加上'着'字或'了'字的;'着'和'了'可以说是动词的记号,可见它们原来是动词。"(上册第75页)又如著者在第八节里说:"依中国语而论,这话未必是真理,因为中国语的叙述句也没有'时'的表现,怎能责之于描写句呢？不过咱们遇着需要表示时间的时候，就不妨像叙述句一样，在描写句里加入时间关系位或时间副词。"（见上册第104页。按：这句话就有语病，叙述句既没有"时"的表现，那能说可以像叙述句一样，加入时间关系位或时间副词来表现时间？著者的意思显然是说中国语叙述句里的动词并没有"时"的形式表现，并不是说叙述句全句没有"时"的表现）又说："中国语里的情貌都是独立的，不属于任何 tense 的，因为中国语没有 tense 可言。"（上册第285页）然而他却在第十节里说："有时候，'会'字只纯然表示将来性。"（上册第146页）又对情貌下个定义说："在语言里，对于动作的表现，不着重在过去现在或将来，而又和时间性有关系者，叫做情貌。"（上册第282页）又说："中国语里，就语法的形式上说，是没有 tenses 了；若就意义上说，它有没有方法可以表示过去现在和将来呢？乍看起来，似乎是有的……其实这是不对的。"（上册第297页。按：这里又是一个语病，中国语怎么能够没有过去现在和将来的意义？如果没有的话，"过去"这个字是什么意义呢？"现在"这个字又是什么意义呢？"将来"这个字又是什么意义呢？著者的意思大约是指中国语的动词没有这些 tenses 的形式而言）这样的前后矛盾实在使我们不知道应当相信他的哪一句话。

（三）解释欠妥。

本来一部理论的书，解释欠妥实在是势所难免。我们既在"理论不健全"一项里批评过著者在理论上所犯的毛病，这里也就不必再多说了。这里所谓的解释欠妥是指事实的解释而言。我们无妨举几个例。比方说，著者在第十三节里说："中国语的大部分及物动词不能用被动式。例如我们不能说：'绮儿被杰克爱。'"然而他没有注意到"绮儿被杰克爱上了"却是可以说的。难道这句话就不是被动式吗？他又说我们不能说："房子被枞树和桦树环绕。"然而他没有注意到我们可以说："房子让枞树和桦树绕住了。"难道这也不是被动式吗？（中国语拿来表示被动式的字眼还很多，如"给"、"挨"、"叫"、"教"等，著者都没有注意到）又如著者说："'臣外国人，不如光''侍中乐陵侯高，帷幄近臣，朕之所同亲，君何越职而举之?'等句不必认为同位或次品补语，因为它们实在是一种复合句中的按断式。"（见上册第211页）其实"臣外国人"固然可能是"臣乃外国人"的意思，但是这句话的意思分明是在说明"臣不如光"，"外国人"不过是对"臣"加以注解而已，如果说话人的目的是在于按断，而这按断是一复合句的一个句子成分的话，"臣外国人"就应当是一个完整的句子，然而说这句话的人显然还没有把话说完，非等到说"不如光"为止，他的话是没有完的话，所以"臣外国人"在别的说话环境里纵使有"臣乃外国人"的意思，这里"外国人"却是一个对注式的同位。正如我们现在说"美国总统罗斯福死了"，我们不能把他说成"美国总统是罗斯福，死了"一般。这一类的结构而且是标准的同位，如果这不算是同位的话，我们也就找不到什么同位了。（著者并不否认中国语有同位的存在）又如著者在第十节里认为"要"字除了表示愿望之外，又可以表示最近的将来会如此（见上册第148—149页）。我们姑不批评这种见解和著者所谓中国语无"时"的说法是如何的先后矛盾，只就事实的解释上来说，这种见解也是很不妥的。假定我们说："昨天我要上课的时候，我发现我的讲义丢了。"著者难道也认为他是表示最近的将来吗？也许著者会说这是表示愿望的。好罢，再举一个例："将来我要断气的时候，我可不许你们哭。"这就不能说是表示最近的将来了。又如著者在第十四节里认为现代语"他书念得很熟"的结构就等于古代语"鸟之将死,其鸣也哀"的结构(见上册第196页)。他又在另一个地方似乎要把"得"字认为就是古代"也"字的后身(见上册第279页)。这种说话实在不能叫我们相信。"也"字在音韵的演变上,绝不能和"得"有关系,而这两种结构的意义也并不一致。"他书念得很熟","得"有"到达某种程度的意思",然而"其鸣也哀"的"也"字却并没有这种意思。我们实在不能认"也"是"得"的前身。又如著者在第十八节里认为中国语"只把'没有'否定过去,却不把'有'字肯定过去;咱们只说'我吃饱了',并不说'我有吃饱'"。(见上册第240页——这又是一个矛盾,中国语到底有没有表示过去的语法成分呢?)其实北平语虽然没有这种用法,福州语却有。福州人说"我有吃饱","我有打人"。著者所谓的中国语是不是只指北平语呢?不是。他接着就讨论上海语、苏州语、广州语和嘉应语的说法。此外著者又在第二十六节里认为中国语只有"我、你、他"三个代词。"他"之指物是把那物看做"人化"(下册第4页),又在同节里认为"您"是"你老人家"缩短为"你老",再由"你老"缩短为"您"("您"之由"你们"变来可谓毫无疑问,参阅拙作《汉语语法论》第二编第二章),又在第五章里认为叠字、叠词、对立语等是特殊形式,因为它超出了常轨(什么是常轨?)等等都是非常不妥当的解释,我们也就不必细加评论了。

至于体裁上之无妨把"欧化的语法"归入附录,全句句型的变化之应当特别讨论等等,因为篇幅所限,我们也就不必多说了。

总之,这部书确有它的贡献,虽然也有它的缺点,我们对它的批评固然不是吹毛求疵,但是它也不会因此而失去它在中国语法学界上的重要地位。

(原载《燕京学报》第35期,1948年)

语法杂识

自从我的《汉语语法论》问世以来,我曾把有关一些汉语语法的未尽之意写成了几篇论文,刊载于《燕京学报》等刊物上。日来细加思索,觉得还有不少的意见,应该写出来的。因为这些都比较地零星,同时又不愿意多加重复,就不打算每一个问题都煞有介事地写上一篇论文,只将这些意见分段写在这里,作为《汉语语法论》和其他几篇有关的论文的补充和改正。已经看过《汉语语法论》等作品的读者们自然知道应当把这些解释安插在什么地方,没有看过的也可以在这里得到一些观念。不过,我总觉得我的解释不够详细和精确,我希望贤达之士能够给我严正的批评和指教。

一九五一年元旦于燕京大学

一 "么"与"什么"

我曾在《汉语句终词的研究》[①]里谈过汉语句终词"吗"的来源,认为"吗"就是"么",而"么"的来源就是"无"之类的否定词,认为询问词的"么"其实就是"能饮一杯无?"、"得阿娇好不?"、"君知

[①] 载《燕京学报》第 31 期。

其解未？"、"朕将嫁女与卿，称意否？"、"注子里有酒没？"、"纸还有无？"（南浔话，"无"，其作用与北方方言的"吗"完全相等）、"还有别个事干弗？"（宁波话，"弗"也是一个否定词而用为句终词的）之类的询问句所有的句终否定词变来的。这可以说是没有疑问的。但是这"吗"或"么"是不是和"什吗"或"什么"的"吗"或"么"同一的来源呢？这就需要我的补充解释了。按："吗"或"么"只是一般的询问词，都用在句终，然而"什么"却并不是句终词，我们可以把它放在句首。例如："什么是联合国啊？"语法的作用和"吗"或"么"并不一样。即以意义来论，"什么"有"何"或"何物"的意思，而"吗"或"么"就没有这作用。"什么"并不是"什"加句终词"么"，如果这里的"么"是句终词的话，那么，"什么"的意思就是"你所说的是'什'么？"，甚至于"你所说的是'什么'吗？"的意思了。可知"什么"是另一回事，它的意思是"何"或"何物"，并不和句终词的"吗"或"么"一致。

那么，"什么"到底是从哪儿来的呢？方言语法的研究使我们明白"什么"就是"什物"或"甚物"。福州话"物"音念为 uk，而说话却说为 nɔ，北京话的"东西"，福州话就说成 nɔ。值得注意的就是福州话要说"什么"时就说成了 ɕiɛ-nɔ。原来"物"的中古音是 mjĭuət，现在的汕头话还念为 mut，本来是个从鼻音声母的语词。福州口语的 nɔ 就是这个语词的变音。"什"是比较晚的写法，中古时代的白话文都是写为"甚"的。例如唐朝的《瑞州洞山良价禅师语录》就有这些句子："汝更去作甚么？""汝在云岩作甚么？"[①]唐朝

---

① 《大正新修大藏经》第四十七卷《诸宗部》四，第 520 页中第 20 行，第 525 页上第 3 行。

的《筠州洞山悟本禅师语录》也有这一类的句子："尔是甚么人家男女？""你每日瞳个甚么？"①这"甚"其实就是"何"的同义语，也就是《说文》里所提的"余"。章炳麟说："《说文》：'曾，词之舒也。''余，语之舒也，从八舍省声。''曾'、'余'同义，故'余'亦训'何'，通借作'舍'……江南曰'舍'，俗作'啥'，本'余'字也。"②"什"或"甚"既是"何"的同义词，所以"何处"在唐代的白话文里就说成了"甚处"，如《瑞州洞山良价禅师语录》的"子甚处去？"③可知初期的白话文里"甚"本来就有"何"的意思，"何处"可以说成"甚处"，"何物"也就可以说成"甚物"了。我们还可以在《神会语录》里找到用"是物"来说明"什么"的例子。如，"问：'唤作是物？'"④这证明了就是从语义的观点来说，"什么"也必是"甚物"或"何物"的后身。我疑心《晋书·王衍传》的"何物老妪……"就是"什么老太婆……"的意思。《老学庵笔记》云："今呼贱丈夫曰汉子，盖起于五胡乱华时北齐魏恺自散骑常侍迁州长史，固辞。宣帝大怒曰：'何物汉子，与官不就。'""何物汉子"就是"什么汉子"。因为"甚物"说得太常，大家就只知有"物"之音，于是就先拿与"物"音相近的"勿"去代替"物"。例如唐朝赵璘所著的《因话录》里就有这么一个句子："玄宗问黄幡绰：'是勿儿，得人怜？'"注云："'是勿儿'犹言'何儿'也。"⑤《神会语录》也有"是勿是生灭？"、"未审别驾疑是勿？"⑥等句。"是"和

---

① 《大正新修大藏经》第四十七卷《诸宗部》四，第 511 页上第 12 行，第 513 页上第 8 行。
② 《章氏丛书》《新方言·释词》第一，第 3 页上至下。
③ 《大正新修大藏经》第四十七卷《诸宗部》四，第 521 页下第 18 行。
④ 见《神会和尚遗集》卷一第 115 页，亚东图书馆出版，1930。
⑤ 赵璘《因话录》(《祥海》本)卷四第 7 页下。
⑥ 同注④，第一卷第 104 页，又第 143 页。

"甚"的替代是当时的通例。"是勿"就是现代的"什么"。"勿"与"物"音相同,可知当时口语里确是说"物"的。唐代的禅家语录还有用"作勿生"的例子。《神会语录》:"作勿生是?"①这"作勿生"就是现代的"怎么样?"可知当时这一类的语词确是说成"勿"音的,而"勿"则是"物"的注音。后来,大家就用与"勿"音相近的字"么"、"没"或"末"来代替它。成了习惯之后,甚至于要说"何物"都得说成双料的"甚物物",即"甚么物",也就是现在口语里的"什么东西"。现在的北方话甚至于可以只拿"吗"去表示"何物":"这是吗东西?"正如"哪里"本来是"何处"的意思,说常了可只留下"何"的义蕴似的(例如"哪里话来?"意即"什么话呢?"),"什物"也只剩下了"何"的意思。我们拿福州话的情形来比较,就更明白这道理了。福州话说"何物"时可以只说 ɕiɛ nɔ,也可以用双料的 ɕiɛ nɔ nɔ。更值得注意的,就是福州话里的"怎么"是 tɕiɔŋ jɔŋ;jɔŋ 即"样",tɕiɔŋ 即"怎",亦即《说文》所提的"曾"。北京话里可以说"怎么"的,福州话里却不能说 tɕiɔŋ nɔ。可知 nɔ 只能用在"物"的意义上。北方方言之所以可以说"怎么",这是因为"物"常用之后已变成了一般虚词,它渐渐地失去了它的特殊性,而与"甚"或"什"连在一起,只表达"什"或"甚"的意义,因此要说"何物"就可以说成了"甚么东西",结果要说"如何"也就可以说成"怎么样"了。福州话的演变还没有北方方言的迅速,因此"么"(即福州语的 nɔ)还存留有"物"的意义,福州人固然可以说 ɕiɛ nɔ nøyŋ(甚么人),ɕiɛ nɔ ti-xuɔŋ(甚么地方),然而却不能说 tɕiɔŋ nɔ jɔŋ,只能说 tɕiɔŋ jɔŋ 虽然有时也可以说 ɕiɛ nɔ jɔŋ(什么样)或 ɕiɛ nɔ jɔŋ jɔŋ 或 ɕiɛ nɔ jɔŋ ɕik(什么样式)。

---

① 《神会和尚遗集》卷一第 115 页。

还有一个值得注意的情形,就是北京人说句终词"吗"或"么"的时候,福州人就不能够说 nɔ,他必须说 cm。例如：ny uc tɕiɛŋ mɔ(你有钱吗?)这个 cm 其实就是《后汉书·冯衍传》"饥者毛食"的"毛",也就是否定词"无"之类的语词。福州话把"没有东西"说成 mɔ cn。可知询问句终词的 mɔ 的确是从否定词的 mɔ 演来的,而询问句终词的 mɔ 也和 ɕiɛ nɔ("什么"或"甚么")的 nɔ 不一样。有了这一段的解释,我们就可以确定地说,北方方言里的询问句终词"吗"或"么"是从询问否定词演来的,然而它的特殊询问词"什么"或"甚么"则是从"何物"或"甚物"变来的,两者的来源并不一致,两者的语法作用也不相同。

二 "即"与"就"

古文里有一个系词"即",现代的口语就说成了"就是"。这两个系词的历史关系,我没有在《汉语语法论》里说清楚。那时候,我认为"即"是指示词变来的,因为《尔雅·释诂》有"即,尼也"的说法,而注里就说"犹今也","今"是时间上的"此",《汉书·高帝纪》有"项伯许诺,即夜复去"的句子。[①] 但是细细地加以思索之后,我觉得这种解释不大妥当。按,《说文》："即,即食也"。甲骨文字"即"字亦作人即食之形。它的意义就是"就近"或"靠近",是个动词意义的语词。我们知道系词的作用就在于联系主词和宾词。"即"既是"即食"或"就食"之类的意义,这系词的"即"其实就是这种意义的动词的借用。印欧各语言的系词都是借用动词的,如英

---

① 《汉语语法论》第一编第一章第 95—96 页。开明书店,1948。

语的be(＜古英语béo),古爱尔兰语的biu,拉丁语的fuit,斯拉夫语的byti,bychǔ等都是梵语bhávati的同一个语词的演变,而bhávati的意义则是动词的"他变化"。又如德语的war,英语的was等都是梵语vásati的同一个语词的演变,而vásati的意义则是动词的"我居住";英语的is,德语的ist,拉丁语的est,法语的est等都是原始印欧语语根es-的演变,而es-的原义则是动词的"存在";法语的étais是拉丁语stare的后身,而stare的原义则是表示状态的动词。虽然系词是名句的语法成分,它也可能是其他的语词(指示词、代名词等)变来的,如汉语的"是"就是指示词的"是"变来的[①],但是动词意义的语词也可以借作系词之用,则是不可否认的。"即"既有"就食"或"靠近"之义,则把宾词靠近主词的系词或联系主宾两词的系词,其意义之系从动词意义的"即"变来,可以说是很自然的事。我疑心《尔雅·释诂》注之认为"犹今也",这带有指示词意义的"即"字其实也是"即食"或"就近"的"即"的演变。"即夜"就是"就近那一夜",因此有"当夜"的义蕴。有此"就近"的意义,于是,就带上了"就如何如何"的意义。例如《汉书·韩安国传》:"千里而战,即兵不获利。"《史记·封禅书》上:"即欲与神过。"这"即"字,古文里有的时候就用"则",有的时候就用"便"。例如《论语》:"行有余力,则以学文。"《汉语·公孙弘传》:"儒雅则公孙弘、董仲舒。"《世说新语》:"至便问徐孺子所在。"钟嵘《诗品》:"预此宗流,便称才子。"不过,"则"字和"便"字都不能当作系词用。其实,"便"和"则"都是"即"在"就如何如何"的意义上的同义语。最可注意的就是"即"在古文里就可以用"就"来代替。例如《三国

[①] 《汉语语法论》第一编第一章第92页。开明书店,1948。

志·法正传》:"亮叹曰:'法孝直若在,则能制主上,令不东行;就复东行,必不倾危矣。'"《广韵》:"即,就也。"又云:"就,即也。"可知"即""就"也是同一个语词的两种写法。"即"和"就"念音相近,古时必是同一语词。不过"就"字是比较晚起的字眼罢了。"就"字虽是"即"的同义词,后来的用法却略有不同。"即"可以单用来作为系词,然而"就"就不能单用来作为系词,拿"就"做系词时,就应当加上"是",而说成"就是"。例如,我们必须说:"他就是我的老师。"而不能说:"他就我的老师。"这原因是因为六朝时已经有"即是"作为系词的用法的。如法显《佛国记》的"从此东行近五十由延,至多摩黎帝国,即是海口"。"就"的用法是起于"即是"之后,因此就说成了"就是"。"即"本来可以作为系词用,所以单说"即"或说成双料的"即是"都无所谓,"就是"既仿效"即是",就成了习惯,不能不加"是"。然而系词以外的"即"却仍然只用单字的"即",因此系词以外的"就"也可以独用,当然说成双料的"便就"或"就便"也可以。我们知道六朝时代不但可以说"即是",甚至于可以说"便是",例如陶潜的《搜神后记》云:"头向便是路。"然而我们却不能够单用"便"而使其成为系词。原来"便"本来不能用作系词,后来也是因为仿效"即是"才用它的。因为是仿效,所以也就成了格套,必须说"便是"。那时候人家之所以用"便"乃是一个类推作用的结果,"便"本来只是"即"在系词以外的用法上的同义语,因为"即"还可以当作系词用,因此就依类相推,也用"便"来代替系词的"即"。不过,这种类推作用是起于"即是"的说法之后,所以就只能说"便是"。现在的情形是"便"和"便是"都已成了古董,没人用。大家都只用"就是"和"就"。

三 "得"

国语中有一种"得"的用法,它是表示程度的。例如:"她哭得脸都肿了。""我累得都走不动了。"有的人把这"得"字写成了"的"。其实这里的"得"在发音上固然跟"的"没有差别(两者都说成 tə),所表示的意义却不一样。"的"是规定词,表示规定关系,"得"却表示程度,是到了什么地步的意义。这"得"词的来源其实就是"到"字,最初的意义就是到达什么地步。福州话"到一个地方去"的"到"说为 kau,"她哭得脸都肿了"的"得"也说为 kau(itʻiɛ kau meiŋ tu tɕyŋ ŋ),"我累得都走不动了"的"得"也说为 kau(ɲuai jɔk kau tu mɛ kiaŋ ŋ)。上海话这一类的"得"说为 lɛ,而"到来"的"来"也说为 lɛ。"到"和"来"是同义语。最可注意的,就是敦煌的变文里也有用"来"字来表示国语里用这种"得"的地方。例如《丑女缘起》:"疎来魂魄膽飞颺……夫主疎来身已倒。"[①]这里的"来"就等于现在北方口语的"得"。

此外还有一种"得"的用法,也是一般人所不了解的。例如"他说得真好","他来得快"。其实这种"得"就是规定词的"的"。这是一种形容句;"他说得"和"他来得"都是主词,"真好"和"快"是宾词,意即"他说的话真好","他来的速度快",因为语言的环境让我们明白所规定的是什么,所以也就把规定词的受定者省略了。这一类的句子可以改为"他说的真是好","他来的真是快"或"他说的是真好","他来的是真快",足以证明。"有的是"也是同类的句子,

---

① 刘复《敦煌掇琐·琐八》第 49 页。

它是名句,意即"所有的东西都是我们所谈的东西",用这样的方法来表示这东西的众多。我们有时还说"有的是钱",这里就把宾词说出来,不加省略。

四 "阿堵"

《晋书·王衍传》云:"举阿堵物去。"《世说新语》亦云:"王夷甫口未尝言钱。妇欲试之,令婢以钱绕床,不得行。夷甫晨起见钱,呼婢曰:'举却阿堵物!'"又云:"顾长康画人,成,数年不点目睛。或问之。顾曰:'四体妍媸,本无关于妙处,传神写照,正在阿堵中。'"这"阿堵"一个语词,后世的人不知道是什么意思,就以"阿堵物"为"钱"的别名,以"阿堵中"为"眼"的别名。其实"阿堵"就是指示词"此"。我们曾在《汉语规定词"的"》①和《汉语语法论》②里详细讨论过汉语的指示词,认为汉语的指示词自古以来就有两套,一是从齿音的,一是从喉牙音的,前者就是古文的"之"(ȶiəg),"兹"、"此"……等,后者就是古文的"其"(gj'i)、"厥"等。"堵"是从齿音声母的字,其实就是古代的"之"的演变,不过还保留古音,没有像现在的北方方言似的变成颚化音的 tṣ-,ts-,tɕ-,等罢了。"阿堵物"就是"这个东西","阿堵中"就是"这里头"。这事实,刘淇已经在《助字辨略》里谈到③,现在的学者也都已经清楚知道。我们之所以要在这里提到这个问题,原因是在中古的时候,就有中国的学人明白这中间的原委。元朝的杨瑀早就在他所著的《山居新语》里说:"王衍

---

① 载《汉学》第一辑,第 27—80 页。中法汉学研究所,1944.
② 参阅拙著《汉语语法论》第二编第一章。
③ 刘淇《助字辨略》(长沙杨氏校刊本)卷三第 46 页上至下。

以铜钱为阿睹物,顾长康画神,指眼为阿睹中,二说于理未通。今北方人凡指此物皆曰阿的,即阿睹之说明矣。"①"的"就是"之"的后身,也就是中古时代的诗词里所写的"底个"的"底",也就是从齿音 t-的近指指示词,不过还没有颚化罢了。杨瑀这一段记载不但叫我们知道几百年前的中国学人也能用科学的方法来研究语言,他还让我们明白当时的北方方言还有把近指指示词说成纯齿音的 tɪ 的,而不是都把他说成颚化音的"这"(tʂə,tɕe,tɕi)。

不但是元朝的人,就是宋朝的人也就已经知道这秘密。宋马永卿的《嬾真子录》说:"古今之语,大都相同,但其字各别耳。古所谓'阿堵'者,乃今所谓'兀底'也。"②马永卿所谓的"兀底"就是杨瑀所谓的"阿的",亦即我们现在所谓的近指指示词。马永卿是南方人,他所说的"兀底"到底是当时的普通话或是当时的南方方言,没有说个明白,无从确定。不过,杨瑀既说"阿的"是北方人的说法,而元曲里也连篇累牍的"兀底"、"兀的",我们就可以猜想宋朝的时候北方话的近指指示词颇有从齿音"兀底"的。元曲的"兀底"一向没有人明白是什么意思,经马永卿这一说,我们也就可以恍然大悟了。"兀底气煞人也!"就是"这样的气坏了人啊!"

五 "宁馨"

《晋书·王衍传》又记载山涛称赞王衍的话,说:"何物老妪,生宁馨儿?""宁馨"是指示词,毫无问题。刘淇《助字辨略》云:"此

---

① 杨瑀《山居新语》(钱塘丁氏重刊影写本《武林往哲遗著》第 28 册),第 40 页下。

② 马永卿《嬾真子录》(涵芬楼据劳平甫校本排印),卷三第 6 页上。

'宁'字本作去声,与'恁'同,俗云:'如此也'。"①最可注意者,宋朝的人就对这个问题有个相当合理的解释。马永卿《嬾真子录》云:"山涛见王衍曰:'何物老妪,生宁馨儿?''宁'作去声,'馨'音'亨',今南人尚言之,犹言'恁地'也。宋前废帝悖逆,太后怒语侍者曰:'将刀来剖我腹,那得生宁馨儿?!'此两'宁馨',同为一意。"②可见刘淇的说法也是有所本的。

宋朝的学人居然能够以语言的立场来追究"宁馨"的义蕴,这实在是值得赞扬的。不过,马永卿和刘淇的解释也有其误会的地方。马刘二氏都认为"宁"是"恁",是"如此"的意思,这则是不正确的解释。"宁"是指示词,这是对的。但是"宁"到底是近指的指示词,还是远指的指示词呢?马刘二氏以为"宁"是近指指示词,其实"宁"固然是指示词,却不是"如此"之意。原来"宁"是从鼻音 n- 的一个语词。我们查一查现在所有的中国方言,大半都没有拿从 n- 的语词来作为近指指示词用的。赵元任先生的《现代吴语的研究》也没有告诉我们有这事实。只有广东话的"此"为 ni。一般的情形,从 n- 的指示词都是远指,即"那"字,现代的上海话和苏州话还有说 nɑ hɑŋ(那哼)的。nɑ hɑŋ 的意思就是"怎么样",这明明是拿远指指示词来作为询问词用的。这"那哼"就是"宁馨",然而却并不是"如此"的意思,而是"如彼"的义蕴。刘淇说"馨"字是"语余声",其实"馨"就是"样"的标音。"馨"字从"香","香"与"样"只有声母的不同,前者是从 h 的,后者就只短了这 h,h 丢掉是语音变化的通例,所以"馨"和"样"是同一个语词。这样说起来,"宁馨"就

---

① 刘淇《助字辨略》卷二第 38 页上。
② 马永卿《嬾真子录》卷三第 9 页下。

是"那样",并不是"恁地";"宁馨儿"就是"那样孩子",并不是"如此儿也"。世传殷浩尝至刘惔所清谈,殷去后,惔曰:"田舍儿强学人作爾馨语"。又传谢仁祖尝举手指地曰:"正自爾馨"。又传刘真对桓温曰:"使君如馨地,宁可战斗求胜。"又传王仲祖好仪形,每览镜自照曰:"王文开那生如馨儿?!"可知除了"宁馨"之外,六朝人还有说"爾馨"和"如馨"的。按:"爾"和"如"都是日母字,从 nz-声母的,日母和泥娘的字常常通转,这里的"爾"和"如"都是"宁"的另一种写法,而"爾"字在古文里也确有远指指示词的用法的,和后世的"那"是同一个语词。这使我们确信"宁馨"是"那样","如馨地"就是"那样地"。马永卿在赵宋的时候就知道"宁馨"是指示词,这是他的卓见,但是他以为"宁馨"是近指指示词,这则是他的误解。同在《晋书·王衍传》里,"阿堵"既是近指指示词,"宁馨"似乎不应该也是近指指示词。

六 "也"与"啊"

有一次听见一个人在台上演讲,每一句话都加上一个"啊"。例如:"今天啊,我们有了报效祖国的机会啊,我们应当响应政府的号召啊,报名参加军事干部学校啊。"这使我立刻想到古文的"也"和"啊"的关系。

"也"的语法价值,一向没有人弄清楚。有的人说它是一种标点符号,有的人说它是系词。这其实都是看错了的。标点符号当然也是一种说法的表现,但是标点符号只存在于写的语言,不存在于说的语言,它只代表说的语言的某种现象。比方说罢,说话里有个停顿,于是写的语言就在这停顿的地方加上一个句号或读号。

标点符号并不代表一个音素,它只是一个消极的语言成分,换言之,即不发任何一个音,或不加任何新的音素而能表现一种积极的语法作用。例如"我今天要到上海去",在"去"之后有个停顿,口里并没有发出任何的声音,然而这消极的"无"却可以生"有",因为它指明了这是一个句子的终点,它有它的语法上的积极的作用。写的语言就拿句号"。"去表现它。又如"你去不去呀?"在这句子里有个声调的变化,或只用语词次序的安排去表现它是一个询问的句子,这里都并没有加上新的音素,然而却有积极的语法作用,表明它是一个询问句。写的语言就用一个问号"?"去表示它。也正因为它是一个消极的语言成分,并没有音素,所以在中国的古文里,我们就没有用什么文字的形式去表现它,中国的文字都有音素,当然就不能够拿它来表示一个没有音素的语言成分了。"也"是一个文字,它有一个念音,代表某种音素,所以,它绝不能够是一个标点符号。要知道在"也"之后,我们还得来一个停顿,而且还得加上一个标点符号(如果用标点符号的话),这种情形就已经够得让我们明白"也"并不是一个标点符号了。

那么,"也"到底是不是系词呢?有人看到古文里的名句有"子之所言,世俗之言也","人主者,天下之利势也","严光字子陵,会稽余杭人也"之类的句子就以为"也"是系词,因为这一种的句子是名句,现在多半都用系词"是"。这种看法显然也是一种误解。我们曾经说过古代的名句本来就不必有系词,这种句子之只有"也"而没有"是、乃、为"之类的语词并不足以证明"也"是系词。王力先生在《中国文法学初探》里批评过这种看法的错误[1],我们也不必

---

[1] 王力《中国文法学初探》第102页,商务印书馆,1940。

在此多说。但是我们可以补充一句话说,系词是名句所特有的语法成分,而古文里的动句却也有"也"的(如"行一不义,杀一无罪而得天下,不为也","怀诸侯也","亲于其身为不善者,君子不入也"),可知"也"不是系词。当然有的人可以反驳我们说动句的"也"和名句的"也"可能是不同的语词,不能因为动句有"也"就认为名句的"也"不是系词。不过,我们既看到名句不必用"也"也能成立(例如"武攸绪,天后从子","臣闻不知而言,不智;知而不言,不忠"),动句不必用"也"也能成立(例如"楚子执之","五日,良夜未半往","杜预之荆州,顿七里桥"),名句有了系词还可以再用"也"(例如"斯乃敬元颖也","王命发视之,乃一少女也")。我们就知道"也"的作用不在于分别名动二句,而是另有功能。

这功能就是在于表示某种感情作用。要知道用"也"不用"也"都不能够使名动两种句子有任何逻辑意义上的变迁,它的作用就只有在于感情的表达了。用感情来说话的时候,任何一个句子或句子的段落都可以在尾巴上加上一个"也",因此"也"是一个表示感情作用的句终词。它其实就是现在口语里的"啊"。"也"中古音是 ja,《中原音韵》的时代已经念成了 jɛ。但是在说话里,我们还保留古音的 ja,因此就用中古时代念音为 ŋa 而《中原音韵》时代念音为 ja 的"呀"去代替它。我们现在还在口语里常常说"呀",不过有的时候就说"啊"罢了。① "啊"是"呀"或"也"掉了 j 的结果,它的作用完全与"也"或"呀"相等。如果我们把上述演说家的演词译成古文,我们就可以把"也"去代替"啊":"今也,报国有机也,吾人须响

---

① 现在北方话之用"啊"、"呀"、"哪"或"哇"都得看前一个语词的收尾音如何而定。这是语丛音变(sandhi)的现象。参阅拙著《汉语句终词的研究》,见《燕京学报》第 31 期第 92—95 页。

应政府之号召也，报名加入军校也。"当然这里的"也"未免太多，这是个人说话习惯的结果，我们听了演说家的演词也还不禁心里发笑呢。但是如果把这些段落都分开来看的话，每一段落后面所加的"也"就都很自然了。

剩下的还有一个问题，即"也"在古文里往往也可以拿来表示询问，例如："今应侯亡地而言不忧，此其情也？""不识臣之力也？抑君之力也？""夫子何哂由也？"那么，它是不是一个询问词呢？当然我们可以说它是一个询问句终词，但是这种语词也是从感叹句终词"也"演变而来的。我们知道我们可以同时用表情的方式和询问的方式来说同一句话。例如："你来不来哪？"这其实是"你来不来呢啊？"的"呢啊"的"急言"或"合音"："呢"(ni)加"啊"(a)成为了"哪"(na)。"呢"是表示询问，"啊"是表示感情。有的时候，我们就说："你来不来呢啊？"如果我们说："你来不来啊？"最初的情形，"啊"只是表示感情，因为"你来不来？"本身就可以形成一个询问句。但是因为"啊"常常这样的加在询问句之后，它就染上了询问的意义，而变成了询问词。"也"之变为询问词也是同样的情形。

七　语义的沾染与语法的变迁

语义的沾染作用可以使语法发生变化。"啊"之变为询问词，"也"之变为询问词即其一例。现代中国语的语法还有一个值得注意的现象，也是语义沾染作用的实例。古文里有"非……莫……"或"非……不……"的格套，口语里也有"非……不可（或"不成"等）"、"除非……不能（或"不得"等）"的说法。这是用前后两个否定的呼应来表达一个着重的肯定的语气的。例如"非打他一顿不可"，"非他来不成"，"除非你坦白，不能饶你"。这一类的句子本来是和"必得……才能（或'才可以'等）"的说法相对立的。换言之，前面用"非"的时候，后面就必须用"不可"之类的否定的格套，前面用"必得"或其他肯定的语词时，后面就必须用"才"类的语词。例如"必得叫他挨一顿打，他才懂得咱们的手段"。如果像《回家以后》剧本里那样的说"除非父亲是有很多的遗产，才有资格管束儿女呢"那就不合规律了。这句话应当说成"除非是父亲有很多的遗产，他就没有资格管束儿女呢"才对。然而这种规律现在已经渐渐地被说话的人打破了。我们常常听见人家说"非打他一顿！"、"非叫他得个教训"之类的句子而把后面的"不可"之类的否定式消了。我们也常常听见人家跟上面所举的例子似的说，"除非他来才有办法"，"非打他一顿才痛快呢"。这些句子严格地说都是不通的。但是一般人都已经说得相当地自然了。

这其实就是语义的沾染作用所生的结果。"非……不可"之类的句子是用前后两个否定的说法来着重地表达一个肯定的语气的，它其实是一种加强的肯定的说法，于是，这肯定的意义就沾染了前面的否定词"非"，使整个的句子仍然带有肯定的意义，虽然后面一个否定词已经不说了。"除非……才……"也是同样的情形。"除非……不……"之类的句子本来是用前后两个否定的语词来表达一个着重的肯定语气的。因为语义的沾染作用，把后面的否定语词换上一个肯定的语词"才"之后，这整个的句子仍然带有肯定的语气，虽然这里只有前面一个否定词。

八 "类乎'喝饭'的说法"的问题

叶圣陶前辈曾在《人民日报》上发表过一篇《类乎"喝饭"的说法》[①]，意思是说许多人没有注意到动词和它的目的词之间的逻辑关系，把"吃饭"之类说成了"喝饭"之类，其实"饭"不能和"喝"发生关系，我们可以说"喝茶"，而不能说"喝饭"。这一篇文章发表了之后，张守常、毕树棠、邵荃麟等先生就纷纷地设法让叶先生知道河北、山东和河南的方言里确有"喝饭"的说法。有一次陆志韦先生谈到这问题，他认为大家对于叶先生的批评是不对的，因为中国的方言可以把"吃"字念为"喝"，这两个字本来都是从喉牙音的 k- ，和 x- 可以通转，在甲方言里念为 k- 的，在乙方言里可以念为 x，所以所谓说成"喝饭"者其实还是"吃饭"，不过"吃"的念音是"喝"罢了。陆先生可以说是替叶先生解了围。其实叶先生所提的实在是一个重要的问题，这是关于语法的结构和逻辑的关系应当如何彼此相呼应的问题。我们曾经说过语法的研究不能过分注重逻辑，这意思并不是说语法可以违反逻辑，只是说语法是语言的形式，除了注意意义之外还须注意它的语言形式，因为同一的逻辑观念可以由不同的语言形式来表现，同一的语言形式又可以表现不同的意义，都视习惯如何而定。不过意义总有逻辑的根据，一个语法形式所表达的总得是个合乎逻辑的观念。比方说，我们曾说"除非"是代表一个"否定"，这里虽然是两个否定词"除"和"非"的结合，但是在逻辑的意义上它却只代表一个否定，因此我们不能只看见有

[①] 1950 年 5 月 24 日《人民日报》。

"除非"就认为这是二负等于一正的说法,它所表达的是一个肯定。我们必须认为它只表示一个否定。既认它所代表的是一个否定,那么,在说话里我们就必得符合这个逻辑的规律,不能把它看做是表示肯定的意义,除了习惯改了,大家又拿他去代替肯定的意义以外。所以,不合逻辑的语法是要不得的,问题只在于我们的习惯是拿什么形式代表这逻辑的观念罢了。形式可能表面看来是不合逻辑的,如"除非"是两个否定,把他认为是一个否定似乎是不合逻辑的。但是严格地说,这形式也毕竟只是形式,它和意义本来是两回事,只有等它和某种意义发生了关系,拿它来代表这意义时,它才成为语言的成分,而它所代表的意义才是它的语言作用。拿上面的例来说,"除非"只和一个否定的意义发生关系,它是同一个否定意义的重复的说法,它只指明一个否定的意义,它的语言价值也只在于此。但是它所指的这个否定的意义却有逻辑上的价值,换言之,它必得是一个否定的观念。"喝饭"的问题也是这样的情形,如果我们的语言习惯把"吃饭"说成了"喝饭",纵使这"喝"并不是"吃"的方音,它也可以是合乎逻辑的,因为"喝"只是形式,它所指的已经是"吃"的意义。如果习惯上认为"喝"只能够用在"茶"、"汤"、"水"之类之上的话,那么,说"喝饭"就是不合逻辑的了。如果意义的变化使"喝"变成了"吃"的意义(这是可能的语义变化,因为"吃"和"喝"可以发生联想作用),那么,方言里的"喝"纵使不是"吃"的音变而是正牌的"喝"也没有什么关系,我们仍然可以说"喝饭",只要看语言里是否有此习惯。如果有这习惯,说"喝饭"也就不违反逻辑了。

这是原则的问题,事实上,我们的确常常破坏语言习惯的规律,而说了许多不合逻辑的话。除了叶先生所举的例以外,我也曾看见过一个奇怪的现象。鼓励青年人响应政府的号召去参加军事干部学校的时候,有一个标语写道:"到祖国最光荣的岗位去。""祖国"哪能有"岗位"? 依照语法的结构,"祖国最光荣的岗位"就是"祖国的最光荣的岗位"而省略去"祖国"之后的"的"的,这种规定关系说明了这"岗位"是"祖国"的,然而"祖国"不能有"岗位","岗位"是每一个人在"祖国里"所有的,所以,这种说法是不合逻辑的。如果把这句话说成了"到祖国里最光荣的岗位去"或"到祖国所给我们预备的最光荣的岗位去",那就对了。

九　方言语法

高本汉在汉语里说,除了厦门和汕头等沿海几个地方的方言之外,一切现存的中国方言都是唐朝的共同语的后身,而厦门话和汕头话等也总是古代中国语的支流。① 中国各方言"本是同根生",它们的语法结构也就没有什么大不同。我们曾在《汉语语法论》和别的地方讨论过方言语法的比较研究怎么样可以使我们明了中国语的特性。事实上,中国语各方言的语法大体上都是一致的,只有小小的差别。就是这小小的差别,有的时候也只是表面上的不同,其实还是同一的来源。比方说,吴语方言里有一种特殊的说法,即说询问句时可以不用句终词,而在所询问的事情之前加上一个 a。例如:苏州话的 nɛ a tɕ'i?(你去吗?)* 于是乎,有的人就

---

① Karlgren: *The Chinese Language*, The Ronald Press Company, 1949, pp. 44—45.

* 这种语法现象是吴语苏州话的特点,原著说是上海话的,现在改了过来。还须说明,苏州话的这个 a 是带喉塞?尾的。

认为这是吴语的特殊创造,与中国的其他方言大不相同。不过,只要我们细细地研究一下,我们就知道吴语这种说法也还是古代中国话的语法流传下来的,并没有什么特殊的地方。原来 a 就是"可"。"可"中古音念为 k'ɑ,属于哿韵,与歌韵同韵母,哿歌的字现在北京话多半都念成了 ə 或 uo,苏州话多半都念成了 əu。但是,如果还保存古音的话,它就还可以说成 ɑ 或 a。例如"他"、"阿"。"可"的声母是 k',《广韵》"枯我切"。丢掉 k'-是语音变化的通则,中国语音的变化亦有其痕迹。所以,k'ɑ 之变为 ɑ 或 a 是很可能的。古文里有"君可来?"、"君可知之?"之类的询问句,苏州话的 nɛ a tɕ'i? 必是这一类的语法结构的遗留,并不是苏州话的特殊创造。刘淇《助字辨略》云:"又李义山诗:'可要昭陵石马来?'又云:'此情可待成追忆?'又云:'可在青鹦鹉。'方雄飞诗:'栖身可在深?'此'可'字,何辞也。"①刘淇所谓的"何辞"就是我们所谓的询问词。这使我们更加明了"可"和 a 的关系。说不定"可"本来就是"何"的另一种说法呢。福州话要说"你难道不知道吗?"就说成了 ny nɔ-nɔ ŋ peik mʌ-rai? 一般人也认为这是福州话的特点,福州人的创造,其实 mʌ-rai 是"吗呢"的方音。"吗"是询问词,"呢"是感叹词。在同一句话里,既用询问的口吻,又用表情的语气,于是就说成了 mʌ-rai。《孟子·公孙丑》有"如此则动心否乎"句,又有"则去之否乎"句,也是兼用询问词和感叹词的例子。"否"是询问词,就是后世的"吗"或"么"、"乎"是感叹词,与福州话的 rai 同其作用。所以,福州话 mʌ-rai 的结构其实是"由来久矣",并不是福州话所专有的特点。就是福州话的 nɔ-nɔ 和北方方言的"难道"

---

① 刘淇《助字辨略》卷三第 38 页上。

也不是什么特殊的创造,这两者其实都是古代"宁渠"之类的反诘词的遗留。① 语法是语言结构的本质,不容易起变化。中国语各方言既都是古代中国语的支派,各方言的语法结构也就不会有很大的差异,其中一部分的差异其实也只是表面上的不同,追根究底,还是同样的来源。

十 "是"

我在《汉语语法论》里把汉语的句子分为两种:名词句和动词句;又把名词句分为两式:对注式和规定式。② 后来看到王力先生的《中国文法理论》③,觉得他把汉语的句子分为三种更为合理,因此觉得有把名词句的对注式和规定式分开的必要。于是,汉语的句子就可以分为三种:名句、形容句和动句。名句即我从前所称的名词句的对注式,形容句即我从前所称的名词句的规定式。前者的宾词是名词,后者的宾词是形容词(或称约词)。原来名句和形容句(attributive sentence)所表达的思想并不一致。前者所要表达的是回答"什么"的问题,例如"我是中国人",后者所要表达的是回答"什么样子"的问题,例如"他坏"。这两种句子不但在思想的表达上有不同,就是语法形式的结构也不一样。名句必须加系词"是",形容句就不加系词。比方说,我们必须说"我是中国人",而不能只说"我中国人"(除了平常的谈话以外)。然而形容句却不然了。我们必须说"他坏",而不能说"他是坏",除非把"坏"当作名

---

① 参阅《汉语语法论》第三编第三章第 609—610 页。
② 同上,第一编第一章。
③ 王力《中国语法理论》上册第 79—111 页,商务印书馆,1945。

词,说明"他是坏这个东西"以外。正因为这个道理,"是"的用法是有一定的规律的。名句必须用"是";句子里有"是"的也多半是名句。譬如,我们说"这是红的",这一类的句子本来是名句,因为"的"之后有个被省略的名词:"红的东西"。"红"不过是这"东西"的规定者罢了。

现代的人往往不知道怎么样的应用"是"字。其实依据上面的说法,我们就懂得凡遇着宾词是名词,或有一个被省略的名词时,"是"就必须加上。例如,"他是一个撒谎的人","他是一个骗子","他是一个卖报的"。从另一方面来说,凡是句子尾巴上有"的"的(除非这"的"是句终词而不是规定词以外),主词之后就必得加个"是"。我们不能够把"他卖报的"一定看成一个句子,这里"卖报的"可能只是一个对注者(apposition),句子还没有说完。如果要把"他卖报的"说成一个句子,我们就得说"他是卖报的"。如果句子尾巴上是个形容词的话,这句子就不能加"是",如果要加"是"的话,我们就得在句子后面加上一个"的",把它化成一个名句,如把"他是愁眉苦脸"说成"他是愁眉苦脸的","他是愁眉苦脸"是个不合语法的句子,"他愁眉苦脸的"也是一个不合语法的句子。当然有的时候,整个词群可以当作一个名词用,于是有系词"是"的句子就不必在尾巴上有个"的"。例如:"他是一筹莫展。"这里"一筹莫展"是一桩事情,我们是把他当作一个东西来看待的,换言之,我们认为"他"简直就是"一筹莫展"这个东西。这种说法都是着重的说法。因此,着重说法的形容句有的时候也可以用"是"。比方说,"他真是坏"。要知道这一类的句子其实是用名句的形式来着重的表达形容句所要表达的意义的。因为有了这种着重的说法,所以影响所及,现在的情形,我们要表达形容句所要表达的意义时,往往就用名句的形式。我们说"他是大的",这是名句的形式,然而却等于形容句"他大"的意义。

这是一般的规律。不过,有的时候,在平常的谈话里,我们也可以在名句里不用"是"。例如:

问:你哪儿人?
答:我北京人。
问:你几时来的?
答:我昨儿来的。
问:你干什么的?
答:我教书的。

不过,如果我们要说得更清楚一点儿,我们就可以把这些句子说成:我是北京人;我是昨儿来的;我是教书的。这却是形容句所不允许的,我们不能够把形容句的"他大"说成"他是大",除了是着重的说法而加上"真"类的语词之外("他是真大")。为什么可以不用"是"呢?因为系词的应用是后起的事。印欧各语言的历史给我们指明原始印欧语的名句都是不用系词的,系词是后来的发展。汉语的历史也是同样的情形。古人根本就不用系词。无论是名句也好,形容句也好,他们都只把宾词和主词排在一起,中间不加系词。例如《周书·康诰》的"孟侯朕其弟",《老子》的"其政闷闷,其民淳淳",《庄子》的"天地一指也,万物一马也"。王力先生曾在他的《中国文法学初探》里详细地讨论过中国语的系词的发展历史①,我们也在《汉语语法论》里谈过这问题②,这里不必多说。总

---

① 参阅王力《中国文法学初探》所附《中国文法中的系词》一文。
② 《汉语语法论》第一编第一章第91—98页。

之,因为系词是后起的,到如今,我们虽然已经觉得有一个规律,即名句必须用系词"是",但是在平常的说话里,我们却仍然不自觉地保留古代的遗风。现代的形容句已经因为着重式的说法而用了名句的形式,加上了"是",说不定不久的将来,汉语也将与印欧各语言一样,无论是在名句或是在形容句方面都要用系词。

十一 "儿"

一般人都认为"儿"是细小格。当然从历史的观点来说,"儿"曾经是个细小格,但是现在北方话里的"儿"字已经用得非常地广泛,我们可以说"南边儿"、"哪儿"、"地方儿"、"十字路口儿"、"一点儿"、"一块儿"、"被单儿"、"小玩意儿"、"给小孩们玩儿的模型"、"一个镜头儿"、"一所儿顶大的房子"、"多摁两下儿"、"电铃儿"、"门房儿"、"房顶儿"、"后院儿"、"搬走的时候儿"、"杂货铺儿"、"老河沿儿"、"收条儿"、"一头儿在那儿提倡破除迷信,一头儿还怕鬼"、"慢慢儿地走"、"一本儿书"等。这里都已经没有细小格的意味。有的时候,我们还可以说"小鸭儿",这里的细小格是由"小"字来表示的。我们甚至于还可以把大的东西说成了"大个儿"、"大脸盆儿"。

有的人认为"儿"是名词、形容词、动词、副词等的语尾,这实在是等于白说,因为语尾本来都应当加在实词之后,而实词也只有这四种(姑承认副词与形容有别),一个语尾既可以用在一切实词之后,那么,它的作用就等于零,我们也只要说它是一个语尾就够了。然而语法的问题不仅仅乎是要知道它是一个语尾,还要知道这语尾有什么作用。

在我看来,"儿"的作用有两种。第一,它是语词的一个音素,与语法无关,比方说,"这儿"、"那儿"、"哪儿"和"这个"、"那个"、"哪一个"或"这"、"那"、"哪"意义上有明显的不同。"老妈"和"老妈儿"的意义也不一样,这是拿一个音素"儿"加在语词之后去表示意义的不同的,其作用也只在于此。至于意义上要怎么样的不同,则无一定的规律,完全视习惯如何而定。"儿"并没有"小"的意思。第二,它是表示感情作用的一个语法成分。"儿"本有细小之意,因为我们对细小的东西都有爱抚或鄙视的心情,所以就把"儿"字来表示亲热或鄙视。亲热和鄙视都是感情的问题,因此"儿"并不代表逻辑上的任何范畴,"一本书"和"一本儿书"并没有逻辑上的不同,"这边"和"这边儿"也没有思想上的差别。前者是平铺直叙的说法,后者带有感情的成分,如此而已。逻辑上既没有不同,用"儿"不用"儿"就不是因为有什么观念上的差别,只是因为我们说话时的态度的变迁。平常在家里或在街头的时候,我们的说话态度是轻松的,不是严肃的,于是,我们就尽量地说"儿",但是在会场上或在宣读学术性论文时,我们的态度是严肃的,"儿"字也就不多见,甚至于完全没有了。原来亲热和鄙视都可以使我们的态度轻松,虽然轻松的态度不一定都是亲热或鄙视。最初为着亲热而说"我的猫儿","我的爱人儿",为着鄙视而说"那个傻瓜儿"(鄙视的时候多半的情形是说"子",如"那个小子"、"那个叫花子"),后来就不必非是亲热或鄙视不可,只要说话时不那么样地严肃就可以用"儿"。事实上,表情的语法和逻辑的语法是两个可以互相重叠的界域,任何一个逻辑的观念都可以用轻松的态度来说它,结果差不多任何的语词都可以加上一个"儿"。这"儿"的去取并不影响逻辑的观念。正因为这个道理,多说几个"儿"和少说几个"儿"都并不影响我们的思想表达（除了一部分为着分别意义而用的"儿"以外）。事实上,我们也并没有非在什么地方拿一个"儿"来表达某种逻辑的语法范畴不可的感觉。

有的人以为多说几个"儿"就像北京话,不说"儿"就不是北京话。这其实也是看错了的。北京话里固然有这一类的"儿",但是也得看是用什么态度去说它。我亲耳听见一个北京的女工在台上演讲的时候,并没有用多少的"儿",因为台上是严肃的场合,"儿"自然就上不了口。赵元任先生在他的《国语入门》里说:"一个人用正经的态度去说话（being very formal）,或觉得有说其他方言的听众在座时,他就用更接近于书语的说法而取消了极大多数的卷舌音语尾。"[①]按:卷舌音语尾就是"儿"。赵先生的解释和我们的说法可以说是大同小异。所以,多用几个"儿"或少用几个"儿"并不是规定北京话或大众语的标准,同是北京话或大众语,它之是否需要用"儿"要看我们是用什么态度去说它而定。在政府所公布的法令里,或在我们郑重其事而发的宣言里,如果多加上一些"儿",就失去了这法令和宣言的严肃性;少用几个"儿"并不会使它违反大众语,因为"儿"的去取并不是规定大众语的标准,只是用那一种态度去说大众语的问题。

十二　时间和空间的表达

国语的动句,如果要用表示时间或空间的语词来作为动词的规定者的话,表示时间的语词和表示空间的语词,它们在句子里的

[①] *Mandarin Primer*, Harvard Univeristy Press, 1948, p. 31.

地位就得讲究。

一般地说,表示时间的语词要放在表示空间的语词之前。例如:"我昨天在城里碰见他。"(我们不能说:"我在城里昨天碰见他。")表示时间的语词可以放在主词之前,也可以放在主词之后,例如:"今天我要骂他一顿","我今天要骂他一顿"。然而表示空间的语词却只能够放在主词之后,我们必须说"我在城里碰见他",绝不能说"在城里,我碰见他"。另外还有一个情形,就是表示时间的语词必须放在动词的前面,而表示空间的语词则可前可后,视情形如何而定。我们必须说"我昨天碰见他"或"昨天我碰见他",而不能说"我碰见他昨天",除非"昨天"是事后的补充以外。(如果是事后的补充,那么在"我碰见他"之后就需要一个停顿:"我碰见他,昨天。")但是应用表示空间的语词时,情形就不一样了。我们可以说"我在床上睡",也可以说"我睡在床上",甚至于"我床上睡着"。不过这种情形也有一个限制。一般地说,复音缀的动词,它的表示空间的语词必须放在后面,我们不能说"我睡觉在床上"而必须说:"我在床上睡觉"。就是单音缀的动词,也不是都可以随便放在前面或后面的。如果平常说话的时候,这单音缀的动词后面可以加上一个目的词而成为一个词组的话(如"吃"而可以说成"吃饭","走"而可以说成"走路"),这一类的动词就必须放在表示空间的语词之后。我们必须说"我在家里吃"或"我在家里吃饭",而不能说"我吃在家里"或"我吃饭在家里"。

还有一个情形,就是我们在动句里有时还拿表示时间或空间以外的仂语来做动词的规定者。例如:"我替他写一封信。"在这种情形之下,"替他"必须放在动词之前,我们不能说"我写一封信替他"。至于"我写一封信给他"则是另外的结构,因为这里的"给他"

是另外一个单位。如果表示时间、表示空间和表示其他事物的语词仿语都用在同一的句子里,一般的规律是表示时间的语词或仿语在前,表示空间的语词(或仿语)或表示其他事物的语词(或仿语)次之,这后两者的地位而且可以随意更换。我们可以说"我昨天在城里替他买一本书",也可以说"我昨天替他在城里买一本书",但是我们却不能够说"我在城里昨天替他买一本书"。当然,依据上面所说的,"昨天"也可以放在"我"之前:"昨天我替他在城里买一本书。"

这里所说的都是依照逻辑的语法而言,如果说话时带有感情的表达或需要临时加上补充注解的话,语词的次序就可以颠倒。不过,这是另外的问题,我们也不必在此多说。

十三 "的"的去取

现在汉语的结构,遇有一个语词或词群规定另外一个语词或词群时,这两者之间往往可以加上一个"的"。如"我的父亲"、"慢慢的走"、"红的花"、"打钟的人"等。因为规定关系可以传递,(如"我的父亲的代笔的人",)每一关系都加上一个"的",结果就连篇累牍的只见是"的",于是,有的时候,我们就把其中的一部分"的"取消。不过,这去取也有个标准,不是可以随便的。我们可以把去取"的"的规律归纳为下面几条:

1. 只有一个规定关系的时候,如果规定者和受定者都是单音词的话,其中的"的"可去可留,没有一定的规矩,说"红花"或说"红的花"都无所谓,如果规定者是复音词的话,那么,"的"就去不了。例如"高高的山"、"绿绿的水",不能说成"高高山"、"绿绿水"。受定者是复音词的时候，也是一样的情形。例如"洁白的皮肤"、"兴奋的心情"。

2.除了是"规定者—受定者"式的复合词之外，在一连串同一性质的规定者之中，只有最后一个规定者之后的"的"是去不掉的。例如"福建省闽侯县螺江村南面的溪流"。这里的"溪流"是个"规定者—受定者"式的复合语词，因为"溪"本来是规定"流"的，不过在这里已成为一个复合语词罢了。所谓同一性质就是说同是名词，同是形容词等。比方说"洁白、干净、轻松的被窝"，或"慢慢儿、轻轻儿、静静儿的走来"。

3.如果一大串的规定者并不是同一性质的，那么，关系比较更密切的语词之间的"的"可以去掉，而关系比较不密切的语词之间的"的"就去不掉。例如"著名学者的奇怪脾气"。这句话本来是"著名的学者的奇怪的脾气"，因为"著名"和"学者"关系密切，"奇怪"和"脾气"关系也密切，所以其中的"的"就去掉了，但是"著名学者"和"奇怪脾气"之间的"的"却去不掉。

4.拿语句形式的语群来当规定者的时候，这句子后面的"的"是去不掉的。例如"昨天来看我的人"，"买花的孩子"，因为如果不加上"的"，句子有被误解的危险，"昨天来看我人"可能被认为"昨天来看我们"，"买花孩子"可能被认为买一种名叫"花孩子"的东西。当然有的时候，因为成了格套的缘故，我们也可以说"解铃人"或"系铃人"。但是这是古文所给我们留下的包袱，如果我们不知道它是成套的话，我们就会上当，以为是解一个叫做"铃人"的怪物。

5.受定的名词被省略的时候，"的"是不能去掉的。例如"他买的"，"我要一个红的"，"他是一个不要脸的"。这些句子的后面都有一个被省略的名词,"东西"或"人"等。

6. 受定的动词被省略的时候,"的"不能去掉。例如"哪能随随便便的","他就这样又急又快的"。这里当然是省略了动词"做"或"来"等。有的时候,我们也说"哪能随随便便",那么,它就没有被省略的动词,也就不受这一条规律的限制了。

7. 辅名词独用时(即数目字加辅名词时),"的"不能用。我们不能说"一杯的水"而必须说"一杯水"。当然有的时候我们也说"一杯的水"或"一地的水",不过,这样的话,它就不是辅名词,而是另一种结构,"洒了一地的水",这"一地"是"满地"的意思,"倒了一杯的水"也是倒了一"满杯"的意思。不过,古文倒可以用"一杯之水"、"一顷之田"之类。特别要注意的是这辅名词上面如有数目字以外的规定者时,"的"就可以加上去。例如"一小杯的水"、"一大碗的汤"、"一长片的白云"。

8. 代名词之后如有指示词时,这指示词之前就不能加"的"。例如"我这一管笔"、"他这个孩子"。许多报纸上的文章都有这个毛病,就是要在代名词和指示词之间加上一个"的"而说成"我的这篇文章"。这实在是不妥当的。

9. 一般的情形,名词之后指示词之前也不能加"的"。我们不说"斯大林的这句话",只说"这句斯大林的话"或"斯大林这句话"。

十四 "而"

汉语的语法成分多半是用假借的"字"写出来的,这常常使我们上了"文字"的当,不知道真正的语词是什么?"而"字就是一个好例子。按:"而"《广韵》"如之切",日母之韵的字,高本汉标为 nzi 音。中古时代和"而"完全同音的字有"耳",与"而"同声母的字有"若"(nžiak)、"如"(nžĭʷo)、"尔"(nžiě)、"然"(nžiɛn)等。依据《说文》形声字和《广韵》反切的研究,日母与泥、娘二母的通转率很高,所以,日母字的"而"和泥母字的"乃"(nai)、"能"(nəŋ)在古代也必是同类的语词。"仍"字以"乃"得声,而念为中古音的 nziəŋ,"你"字以"尔"得声而念为中古音的 ni("尔"即"爾",唐朝的《筠州洞山悟本禅师语录》还把"你"字写作"儞"字呢。① 例如:"儞每日瞳个甚么?")都足以证明 nz- 和 n- 有相同的地方。因为语法成分是虚词,它的韵母都是模糊不清的,所以,尽管韵母有点不一样,"而"字却可以作为这些字的假借。例如《礼记·檀弓》:"泰山妇人哭于墓而哀,夫子使子路问之,曰:'子之哭壹似重有忧者',而曰:'然'。"郑注云:"'而'犹'乃'也。"这是借"而"为"乃"之例。又如《论语》:"偏其反而。"颜师古认为这"而"是"句绝之辞",其实就是"耳"的假借。顾炎武《日知录》云:"《孟子》:'望道而未之见。'"《集注》云:"'而'读为'如',古字通用。"这是以"而"为"如"之例。又如《左传·襄公十年》:"乃焚书于仓门之外,众而后定。""而后"就是"然后"。这是以"而"代"然"之例。又如《周礼·地官》:"旅帝掌聚野之锄粟,屋粟,间粟,而用之以质剂民……"注云:"'而'读为'若',声之误也。"陆德明《音义》云:"'而'音'若'。"其实"如"和"若"义通,"而"既可借为"如",也就可以借为"若",这显然是以"而"为"若"的例。《国语·晋语》云:"曩而言戏乎?"韦注云:"'而',汝

---

① 参阅拙著《唐代禅家语录所见的语法成分》,见《燕京学报》第 34 期第 68—69 页。

也。"可知这是以"而"代"爾"的例子。最奇怪的就是"而"可以假借为"能"。《墨子·尚同》云:"故古者圣王唯而审以尚闻以为正长,是故上下情通。"又云:"天下之所以治者何也?唯而以尚同一义为政故也。"《非命》云:"不而矫其耳目之欲"。《战国策·齐策》云:"管燕谓其左右曰:'子孰而与我赴诸侯乎?'"《荀子·哀公》云:"君以此思哀,则哀将焉而不至矣!"《楚辞·九歌》云:"不逢汤武与桓缪兮,世孰云而知之?"这些"而"字训诂学家说是"能"之意,但是没有人指出为什么有"能"之意。其实这也是一种声音的假借。"能"中古音为nəŋ,"而"中古音为nʑi,n-和nʑ通转,"而"其实就是"能"的另一种写法,同一个语词。同一的"而"字而能借来代替这些语词,如果我们不是从语言的观点来看,我们就容易上文字的当,摸不着头脑。

十五　否定句与"不"

我的女孩子高苏常常说"不你进城吗?""不妈妈回来""不你要给我一管笔吗?"之类的句子。这其实是把否定的语词放在句子前面来说否定句的实例。

我曾在《汉语语法论》里强调说明否定是整个命题的否定的说法,并不是其中某个语词的否定的表达。① 我的立论是拿逻辑的分析和语法的结构来支持的。我们不必在这里再来重复我所已经说过的逻辑分析,但是我们却无妨在语法的结构方面补充几句话。一般人把否定词看做是副词完全是一种错误的认识。我们已经说

---

① 《汉语语法论》第三编第一章第519—520页。

过句子的结构不外三种方式:名句、形容句和动句。名句用系词,所以否定的说法就把否定词放在系词的旁边,这就使一般人以为否定词是否定了系词,又因为印欧诸语的系词是 verb to be,因此一般人又以为这否定了 verb to be 的语词一定是副词。其实系词并不是动词,名句也可以不用系词,否定词所否定的绝不是系词,更不是动词,它所否定的是整个的句子;不过,因为后来的语句发展出一个系词来,而这系词又是名词所特有的,因此通常的情形就把否定词放在系词旁边罢了。动句没有系词,它的主要成分是动词,因此我们也就为着方便起见把否定词放在动词旁边。形容句的情形略有不同,留待后面再谈。

因为否定是句型的问题,所以尽管现在中国语的否定词是加在句子的中间,系词或动词的旁边,古代的中国语却并不如此。我们已经在《汉语语法论》里说过闻一多先生曾谓《诗经》里有把否定词放在句首的现象,我们也曾经说过甲骨文字里也有拿否定词放在句首的情形。我的女孩子所以老把否定词放在句首的缘故也就是因为她的直觉使她认为这是整个句子的否定的说法。陈舒永君告诉我汉藏语系的嘉戎语总是把否定词放在句子的尾巴上,这也是一个事实,可以证明人类的语言本来是把否定看做整个句子否定的说法的。

现在我们可以谈到形容句的否定式了,因为形容句的问题又牵涉到"不"之类的语词的另一种用法。我们知道平常的情形,形容句是不用系词的,只有近代的发展,用名句的形式来表示形容句的意义时才有用系词的。我们平常只说:"他胖,我瘦。"现在还有"他是胖的,我是瘦的"的说法。这一样的句子,如果要拿否定的口吻来说的话,就是"他不胖,我不瘦","他不是胖的,我不是瘦的"。

问题是,如果我们把后一个形式说成了"他是不胖的,我是不瘦的",这在意义上有没有什么不同?这里的"不"字是不是仍然是否定词?我们知道这种句子本来是名句的形式,所以用系词,既然用了系词,那么,否定的说法就须把否定词放在系词之前,表示我们否认了不加否定词时这句子所包含的判断。然而这里的"不"字却放在系词之后,形容词之前。如果我们用甲去代表这句子的主词,用乙去代表这句子的形容词的话,那么,"他不是胖的"和"他是不胖的"就要成为了两个极不相同的方式:甲不是乙;甲是非乙。这两句话在意义上有极大的分别。前者是否认"甲是乙"这个判断的,后者则是肯定"甲是非乙"这个判断的,换言之,后者仍然是一个肯定的命题。从语法的观点来说,"他不是胖的"的"不"字是否定词,然而"他是不胖的"的"不"字只是一种表示相反意义的前加成分,前一个"不"字相当于英语的 not,后一个"不"字只相当于英语的前加成分 im-, in-, un- 等。因为所表示的是相反的意义,所以"不胖"即等于"瘦","他是不胖的"就等于"他是瘦的",两者都是肯定的说法。如果形容句不是用名句的形式而没有系词的话,那么,"不"就可能是两种不同的语法成分,"他不胖"的"不"也许是否定命题的否定词,和"他不是胖的"的"不"同其价值,也许只是一个表示相反意义的前加成分,在后一个情形之下,"不胖"是一个语词,它的意义就等于"瘦"。

总之,同是一个"不"字,却有两个不同的语法价值。第一,它是一个否定词,用以表示命题的否定的说法,这是名句、形容句和动句的整个命题的否定。第二,它是表示语干的相反意义的附加成分,如"不好"、"不高"、"不德"、"不行"等。除了用在否定式的三种句子以外,其他一切的"不"字都是属于后一类的。应词的"不"

(如问答中的"不":"你去吗?""不!")其实是否定命题的省略式,并不会引起解释上的困难。

十六 "们"

我曾在《汉语语法论》里提出一个意见①,认为现在国语里拿来表示多数格的"们"是从古代带有"人"的意义的一个语词虚化而来的,因为许多方言语法的比较研究让我们看到作为多数格用的语言成分都和带有"人"的意义的语词发音相近,而多数格的"们"也能够用在带有"人"的意义的名代词之后,我们可以说"夫妻们"、"我们"、"先生们"、"学生们"、"工友们"、"儿子们",然而却不能够说"桌子们"、"笔们"、"书们"等。赵元任先生在他的《国语入门》里也认为第三身代词如果所指的不是人的话,我们就不能够说"它们",而只能够说"它",虽然所指的是多数。②

近来找到其他的材料,更使我相信"们"必是古代"民"之类的语词的后身。"民"本是集合名词,本来就有多数的义蕴。古人有"吾民"和"我民"的说法,后世的公文也有拿"民"来代替"我"的实例。如"民于某日路过某处……"等。在表示恭敬或谦虚的情况之下,拿多数的格套来表示单数本来是语法演变的通例。现在北京的大众多半都说 m mən(我们),而不说"我"。所以拿来代替"我"的"民"本来就有多数人的意思。一位山西籍的同学告诉我山西和云南四川一些方言里还有拿"们"来代替"我"的。这些地方的大众

---

① 《汉语语法论》第二编第二章第 310—317 页。
② Mandarin Primer, p. 47.

不说"我",而说"们"。例如"们不来"(意即"我不来"),"们去过"(意即"我去过")等。如果"们"不是带有"人"的意义的语词,它就很难拿来代替人称代名词。福州语还有拿"伙"(即"人")来代替"我"的说法。"伙共汝讲"即"我跟你说";"伙毛钱"即"我没有钱"。

这样说起来,"们"是古代"民"类的语词虚化而来的,可以说是没有疑问的了。

十七 "野"与"雅"

福州语的极级比词说成 tɕeiŋ 或 ja,例如:tɕeiŋ keiŋ,tɕeiŋ tuɑi;ja keiŋ,ja tuɑi。tɕeiŋ 就是"尽",古文"尽美尽善"的"尽"本来就有极级比词的作用。然而 ja 是什么呢?

马克莱和鲍尔德文在他们所著的《福州方言字典》里认为福州语极级比词的 ja 就是"野"①。当然,从音韵的观点来说,福州语"野"字念为 ja,而从语义的观点来说,"野"本有"旷野"、"旷大"的意思,拿这种意义的语词来作为极级比词用也是可能的,但是这种用法的"野"并不是古代中国语所有的现象,这使我们怀疑马、鲍二氏的解释是不是有根据。

翻开古书一看,我们发现古代中国语有拿"雅"字作为极级比词用的情形。例如《世说新语》:"刘尹先推谢镇西,谢后雅重刘。"刘淇在他的《助字辨略》里解释说:"此'雅'字犹云'极'也。"②《史记·高帝本纪》:"雍齿雅不欲属沛公。"服虔云:"雅,故也。"其实这

---

① Maclay and Baldwin: Alphabetic Dictionary of the Chinese Language in the Foochow Dialect, Methodist Episcopal Mission press, Foochow, 1870. p.990.

② 刘淇:《助字辨略》卷三第 45 页下。

个"雅"字不必训作"故",把它解释为现代语的"很"也无不可。无论如何,"雅"在古代有"很"、"甚"的意义则是不可否认的事实。"雅"中古音念为 ŋa,《中原音韵》时代北方方言已把它念成了 ja,正好是福州话的极级比词 ja 的语音。使我们感觉困难的是:"雅"在福州方言里念为 ŋa,并不念为 ja。不过,福州方言往往有一字数音的现象,念书一个音,说话又是一个音,而汕头话的"雅"就有 ŋa 和 ja 的两种读法,福州话的极级比词 ja 大约就是古代用作极级比词的"雅"在福州口语里的说法。

不过,因为"雅"字在福州话里念为 ŋa,我们也不能够有所确定。这里也不过是提出这个问题,让大家来解决罢了。

十八 "若"与"那"

巴黎国家图书馆所藏的敦煌唐写本《神会语录》里发现有一种特殊应用"若"字的语法。先举几个例:

问:若为别?[1]

问:若为得解? 答:但得无念即是解。问:若为生是无念? 答:不作意即是无念。[2]

苗侍郎问:若为修道得解脱?[3]

侍郎云:太好,若为无住?[4]

---

[1] 《神会和尚遗集》卷一第 99 页。
[2] 同上,第 101 页。
[3] 同上,第 123 页。
[4] 同上,第 124 页。

> 侍郎问:无住若为知见无住?①
>
> 又问:若为说通,若为说是宗通?②

这里的"若"都是询问词,而且和"为"合用。"为"即后来的"么",是"物"或"勿"的另一种写法,这里所引的"若为生"就是"若勿生","x勿生"是《神会语录》的通例。"若为"既是一种询问词,那么,它的意思是什么呢?

依据《神会语录》的行文,"若为"显然是"怎么"的意思。为什么"怎么"会说成"若为"呢? 原来"怎么"有"如何"之意,也就是"哪一个样子?"的意思。我们知道"若"的中古音是 nzǐak,它是一个日母的字。和"若"同声母的有个"爾"字(nzǐě)。古文里的"若"和"爾"都有"你"和"彼"的意义。以"若"与"爾"为第二身人称代词,这是大家所知道清楚的,用不着说明。以"若"与"爾"为远指指示词似乎还要我们的解说。《魏志·高堂隆传》:"今无若时之急,而使公卿大夫,并与厮徒共供事役,闻之四夷,非嘉声也。"刘淇云:"'若时'犹云'向时'、'彼时'也。"③这里以"若"对"今","若时"显然是"彼时"的意思。有的训诂学家把"若"字解释为"此"。例如《论语》:"君子哉若人",包注云:"若人者,此人也。"其实这里的"若"也是远指指示词,因为"此"与"彼"都是指示词,容易把"彼"看成了"此"。"若"必是远指指示词,因为"君子哉若人"的"若"虽然没有明确的解释,说它是"此"好,说它是"彼"也无不可,但是与"今"对立的"若时"却非解释为"彼时"不可,何况中国现存的方言大半都没有用从日母或与日母相通转的泥娘的字来做近指指示词

---

① 《神会和尚遗集》卷一,第 124 页。
② 同上,第 147 页。
③ 刘淇:《助字辨略》卷五第 28 页下。

的例呢。古书里还有以"爾"作为远指指示词用的例。《世说新语》云:"谢仁祖年八岁,谢豫章将送客,爾时已神悟,自参上流。"又云:"许掾尝诣简文,爾夜风恬月朗。"这两个"爾"字刘淇都说是"此"之意。① 其实,这些都是叙述从前的事情,"爾时"和"爾夜"无宁解释为"彼时"和"彼夜"。再以"爾"和"若"在音韵上的相通,在人称代词的意义上的相同,"爾"必是远指指示词。当然,因为语义的替换作用,"若"和"爾"也可能变为近指指示词,但是这两个字的本来面目则是远指指示词。"若"之作为远指指示词用,我们还可以在《神会语录》里找到证据:

问:心定俱无,若为是道?
答:只没道,亦无若为道。
问:既无若为道,何处得只没道?
答:今言"只没道",为有"若为道"。若言无"若为","只没"亦不存。②

这里拿"若为"与"只没"对立,"只没"就是"这么",那么,"若为"就是"那么"了。换言之,"只没"是近指指示词,"若为"是远指指示词。

"若"既可作为询问词用,又可以作为远指指示词用,这使我们想到中国语的询问词"那"就是从远指指示词的"那"演化而来的。我们现在问"什么样子"时可以说"那一个样子",问"什么人"时可以说"那一个人",问"什么地方"时可以说"那一个地方"。我们现在要表示"彼"的时候也可以说"那":"那个人","那个东西","那

---

① 刘淇:《助字辨略》,卷三第5页下至6页上。
② 《神会和尚遗集》卷一第111—112页。

儿"。虽然有的北方方言已经把这两个"那"字读成不同的声调(一个去声,一个上声),甚至于不同的元音(一个 nɛ,一个 na),写起字来甚至于要把其中的一个写成"哪",但是这都是后来的事情,是语言变化的结果。最初的情形,询问词的"那"必是从指示词的"那"演化出来的。我们知道询问词之出自指代词是语言演变的通则,原始印欧语的语根 gw,演出了英语的 what,who,which 之类的语词,然而 who 和 which 既可作为询问词,又可作为关系代词用,而 what 的关系代词又就是远指指示词 that。所以,中国语的询问词"那"和远指指示词"那"必是同一的来源。这个"那"而且就是古代的"若":nziak—na,因为古代的"若"本来是个远指指示词("若"之为第二身人称代词亦与远指指示词的"若"有关),而《神会语录》里所有的"若"也是兼用为远指指示词和询问词的。这个"若"和"爾"而且是同一个语词,"若"与"爾"都是日母字。

拿"若为"当作询问词用的固不只是《神会语录》所有的现象,六朝时代即有此用法。《宋书·王景文传》:"居贵要,但问心若为耳"。《通鉴》引此,胡注云:"如何也。"唐人诗中也有其例。如王维的诗:"明到衡山与洞庭,若为秋月听猿声?"杜甫的诗:"幸不折来伤岁暮,若为看去乱乡愁?"这里的"若为"都有"那能"、"那堪"、"如何"的意思。

"若为"既有"如何"的意思,而"如"也是日母的字,我们是不是可以说"若为"就是"如何"呢?不,我们不能认它就是"如何",因为"如何"的"如"虽与"若"同母,可是它的"何"不能与"为"通转;反之,"若为"的"若"和"为"却可以和"那么"的"那"和"么"同通转。

唐代禅家语录里还有"恁"的用法。马伯乐认为是"怎"的意思,其实依照马伯乐自己所举的许多例句看来,"恁"都只有"这么"

的意思。① "恁"中古音为 nzǐəm，这-m 收尾显然是"么"的声母和前一个音缀连在一起，因为同化作用而生的结果：nzǐě mɒ＞nzǐəm mɒ。"爾"中古音为 nzǐě，"爾"与"若"本是同一个语词，都可以作为远指指示词用。这其实就是"那么"，因为语义的替换，而有"这么"的意思。我们看后来的"恁"或"恁么"除了有"这么"的意义之外，有时也有马伯乐所说的"怎么"的意义，就知道指示词往往可以变为询问词。"若"或"那"之既可以作为指示词用又可以作为询问词用，也正是同样的情形。

"那"的来源一向没有人弄明白，看了《神会语录》关于"若为"的用法，我们也就知道它的历史了。

(原载《燕京学报》第 40 期，1951 年)

---

① 马伯乐(Maspero)的说法我已于《唐代禅家语录所见的语法成分》里批评过，但是我在该文中作的解说也不正确，现特加以修正。参阅该文第 65—66 页。

论汉语语法的历史继承性

一

斯大林在他的《马克思主义与语言学问题》里说:"语言学的主要任务是在于研究语言发展的内部规律。"[1]契科巴瓦教授在他的一篇论文里说:"历史主义在语言学中的意义是受过双重方法的考验的:积极方面的——历史观点的应用提供了创立语言的科学的可能;消极方面的——离开了历史主义,语言的科学研究基础就被破坏了。没有历史的见解,就决不可能理解语言的事实。丧失历史的基础时,语言的研究就不可避免地要成为任意捏造和乘兴作说明的场所。"[2]历史主义的观点是马克思列宁主义语言学的一个重要的因素。不研究语言历史发展的规律就不可能对语言现象有科学的认识。我国语言学界在德·索绪尔的反历史主义的系统语言学的学说影响之下,对汉语的研究表现出脱离历史主义的倾向:我们不从汉语历史发展的规律来研究现代汉语的事实,而强调研究汉语不能拿历史的事实来解释,结果就把汉语的研究变成了"任

---

[1] 斯大林《马克思主义与语言学问题》第28—29页,人民出版社,1953。
[2] 《就斯大林著作的观点来论语言学中的历史主义问题》,见高名凯译《语言学中的历史主义问题》第74页,五十年代出版社,1954。

意捏造和乘兴作说明的场所",年来五花八门的新汉语语法著作的出现正是反映这种反历史主义倾向的一面镜子。为着扭转这种局面,历史主义的观点有强调提出的必要。

斯大林的语言学理论明确地指示我们,各语言都有其特点的本质;都有其特殊的基本词汇和语法构造。语言是全民的交际工具,它是全体人民经过数百代的努力而创造出来的产物,"语言的结构,以及它的文法构造和基本词汇,是许多时代的产物"[①]。汉语是汉族人民经过悠久的历史时代所创造出来的,它具有民族的形式,这种民族形式就形成了汉语的特点,就使汉语具有其不同于其他语言的基本词汇和语法构造。现代汉语的基本词汇和语法构造并不是突然间产生出来的,它是悠久的历史发展的产物,因此,要了解现代汉语就必须研究汉语的历史。

语法和其他一切的事物一样,它也在历史的过程中演变着。但是语法的演变是缓慢的。斯大林说:"语言的文法构造比语言的基本词汇变化得更慢。它当然逐渐发生变化,它逐渐改进着,改良和改正自己的规则,用新的规则充实起来。但是文法构造的基础在很长的时期中都保留着,因为历史证明了,这些基础能够在许多时代中都替社会服务得很好。"[②]这语法构造的基础就是各族语言的一种特点的基本要素,也就是各语言的一种民族形式的基本要素。拿汉语来说,汉语的形成为时数千年,但是它的民族形式的基本特点就一直保留到现在。虽然汉语在各不同时代里也曾经发生过一些语法上的演变,但是汉语语法的基础却没有发生过基本的

---

① 斯大林《马克思主义与语言学问题》,第24页,人民出版社,1953。
② 同上,第23页。

变动,而一直继承了下来。我们可以从古今语法和各方言语法的异同两方面来解释汉语语法的历史继承性。

二

先说古今语法的异同。

汉语的语法是用词序、虚词和句终词来表现造句规则、语法范畴和句型变化的。这个基本的精神是古今的语法所共有的。尽管高本汉(B. Karlgren)在他的新著《汉语》里还坚持认为古代汉语是屈折语①,批评家们却一致拒绝相信他的话。我们并不是说汉语绝对没有屈折的成分,但是这显然只是偶然的现象,不是汉语语法特点的本质。汉语的句法最注重词序。汉语的句子可以分为三种:名句、形容句和动句。名句说明"什么东西",形容句说明"什么样子",动句说明"什么事情"。印欧各语言不必分名句和形容句,因为这两种句子的结构有一个共同点,就是,古代的印欧各语言,无论谓语是带名词性的词语或带形容词性的词语,句子中间多半都不用系词,用也都可以。汉语的造句法就不同了。名句可以用系词,也可以不用系词:如"我,康叔也"(《史记·卫世家》),"吾翁即若翁"(《史记·项羽本纪》)。但是形容句却多半不能用系词:我们只说"首赤,身长",不说"首即赤,身即长"。这种情形也是现代汉语所共有的。我们可以说"你是北京人",也可以说"你北京人";但可不说"你是高,我是低",而要把"高"和"低"看做具有形容词的功能时,就得说"你高,我低",只有在加重肯定的时候才说"你是

---

① Karlgren: *The Chinese Language*, pp. 72—76.

高,我是低"。但在这样情形之下,"是"已不是系词,而是加重语气的语气词了。

印欧各语言的句法,在特殊的情况下,名句的主语可以放在谓语之后,动句的主语也可以放在动词之后;汉语的主语则必须放在前面,谓语(具有名词、形容词或动词功能的词)必须放在后面,除了说话时忘记了主语,要在后面补充以外。这当然都是指一般的语法规则而言,表示感情或着重的时候,则任何语言都可以移动主语或谓语的次序。

至于词和词之间的关系,即构成任何主语或谓语的词群的结合,也有一定的规则,和印欧各语言不同。汉语,无论古代的或现代的,大体说来,规定关系①之中的规定者必须放在前面,受定者必须放在后面,如"青山绿水",次序换了,关系也就改变了;"桃红"和"红桃"并不是同一的意义。引导关系之中的引导者必须放在后面,受导者必须放在前面,如"攻城略地","打倒帝国主义","领导人民",不能改换地位,改换了,意义就大不相同。这些情形在古今的汉语里都是一致的,然而却和印欧语的语法不同。

汉语的语法又往往用虚词来表示语法范畴。这在古今语也是一致的。我们的古今语都没有冠词,而有印欧语所不认识的范词,如"一张、一领、一本、一尾、一头"等。我们的古代语和现代语都没有"阴阳性"的语法形式,连代词也没有这分别。现代人之划分"他、她、它",只有文字上的意义,没有语言上的价值;因为说话的时候,这三个字都说成了同一个[t'a]。我们的古今语都没有分别

---

① 本文所引用的技术名词,我在《汉语语法论》(开明书店,1948)里都有解释,这里就不多说了。只是《汉语语法论》中的"态",这里改为"体",请注意一下。

"格";主格、领格、目的格等是印欧语所有的必要的分别,然而在古今的汉语里却都没有。我们的古今语也都没有"时"的语法形式,只有"体"的语法价值。我们所说的"春秋鼎盛","鼎"并不表示"现在时",而表示"进行体"。我们说:"我念了书再去",这"了"并不是什么"过去时"的表示,而是说明"念"的一个"体":完成体。汉语中具有动词功能的词并没有施动和受动的语法形式的分别。我们的古今语都是拿另外一个不变形式的词加在上面,拐弯地说明受动的意义的,例如:"盆成括见杀"(《孟子》),"老王挨了打"。我们的古今语都没有纯粹的介词,印欧各语言用介词的地方,我们就拿弱化了的实词去表示。古文里所用的所谓介词,如"至"、"自"、"因"、"以"等没有一个不带有实词的意味,现代语里所用的"在"、"对"、"相"、"朝"、"给"等等也没有不带有实词的意义的。我们的古今语都没有纯粹的连词,古文的"与"、"并"、"共"、"同"等,现代语的"跟"、"和"、"共"、"同"等也都是弱化了的实词,还带有实词的意味。赵元任甚至于在他的近著《国语入门》(*Mandarin Primer*)里主张把"跟"译成英语的"following"。[①] 至于句型的结构更是汉语古今语法的历史继承性的表现。我们不容易在印欧各语里找到像汉语所用的"也"、"乎"、"哉"、"矣"、"呀"、"吗"、"呢"、"啊"、"罢"之类的句终词,然而汉语的古今语法却同样广泛的应用句终词来表现词型的变化。自周秦到现在,中国有三千多年的历史,然而汉语的基本语法结构却并没有什么变动。

这当然并不是说古今汉语的语法构造没有丝毫的变动,不过这种变动都只是一种"改进",而且也是极其缓慢的、少数的情形。

---

① *Mandarin Primer*, p. 49.

譬如,古文里可以用"主孟啖我"(《国语》)、"吾来里克"(《国语》)、"走白羊楼烦王"(《史记·卫青传》)之类的句子来表示使动的意义。现代的口语这样说法就不常用,除了说"来一瓶酒"、"去一个人"之类的少数句子之外。我们必须说"主孟请我吃"、"我叫里克来"、"叫白羊楼烦王走"之类的句子。这显然是一种改进,因为古文的用法很可能引起误会,以为是"主孟吃我",那还了得?但是这并不是说基本的语法结构有古今的不同,因为"主孟令我啖之"、"吾命里克来"也是古文的语法常例,何况"啖我"的结构是引导关系,"啖"在前,"我"在后,也不违反一般的规则。可知,这种改进也是根据汉语所特有的语法规律,原有的基础发展出来的。

古文对于空间的位置往往没有明确的指示,例如"八佾舞于庭"(《论语》),到底是舞于庭内,或是庭外,或是庭左,或是庭右,或是庭前,或是庭后呢?没有说个明白。现代的口语则多半要说明这位置。我们说"我在舞台上说话","船在海上航行","鱼在池里跳跃"。这当然也是一种改进,但是这并不是说在语法的基本结构上有什么不同,因为"八佾舞于庭中"也是古文所允许的说法,而且"庭中"是规定关系,规定者的"庭"在前,受定者的"中"在后,也没有违反一般的规律。

又如文言文里可以看到把代词放在动词之前的特殊的规律:"吾不之知","莫我知也夫","吾不汝留","维汝予同","匈奴不我击"等。可是,现代的口语就不能这样说了,我们都说"我知道你","我不留你",而不说"我你知道"或"我你不留"。这也是一种改进,但是语法的基本构造并没有发生变化。古文所以把代词放在前面,显然是表示着重而用惯了的结果。本来嘛,表示着重的时候,我们多半可以把词序颠倒过来,古人所谓的"倒装句"多半是这个情形。这一类句子也是因为"倒装",后来成为习惯的。现在为着要和一般的规律一致,就不说这一类的句子。

又如现代的复音词要比古代的复音词多。这也是一种改进,因为古代的元、辅音种类多,守温的三十六个字母事实上不只代表三十六个声母,《广韵》的二百零六韵也证明了古代的元音分别多。有这么多不同的音缀,自然就足够分别单音词的意义。然而自从声母和韵母简化了之后,许多从前念音不同的词都变成了同样的念法,因此为着区别起见,就自然而然的增加了一些复音词。这也是一种改进,然而却并不违反古今汉语的一般规律。古代语并不是没有复音词,只是数目上比较地少一些罢了。当然汉语复音词的增多并不完全起于声母和韵母的简化,但这种简化对复音词的增多的确起着重大的作用。而在复音词的构成当中,复合词的构造,无论古今,都是采取同样的原则,规定结构之中,规定者在前,受定者在后,如"大学"、"中学"、"小学"等;引导结构之中,受导者在前,引导者在后,如"抗战"、"打针"、"说教"等,并列结构之中,两者并提,如"战争"、"图画"、"社会"等。这和古汉语的结构法没有什么不同。

另外还有一种情形,就是有些现代语的语法结构,看上去与古代语的语法结构不同,其实只是写法不同,语音变化,或词汇变化的结果。譬如,古文用"之",现代口语用"的",看上去极不相同,其实"的"就是"之"。古音"之"念为[tjəg],后来变为[tiei],因为念起书来顺着音变的一般趋势,经过颚化作用,把"之"念为[tɕi],而在口语里还保留[tiei]的说法,就用当时念为[tiei]的"底"字去代表它。唐、宋的白话文多半用"底"。后来又因为这词变成了[ti],而《切韵》时代念为[tiek]的"的"字也于宋末元初变成了[ti],因此又有人把它写成了"的"。所以"的"就是"之"。①

又如"这个、那个"的"那",看上去好像是后期的创造,其实就是古代的"若"。《魏志·高堂隆传》:"今无若时之急,而使公卿大夫并与厮徒共供事役,闻之四夷,非嘉声也。""若时"就是"那时候"的意思。"若"是日母字,日母字变为现在的泥母字,是汉语音变的常例。同样的日母字"爾"(唐代禅家语录里还有写作"儞"的)②可以说成了现在的泥母字"你","若"当然也可以说成现在的"那"了。又如现代口语的疑惑词"罢"或"吧",看上去也好像是后来的创造,其实"罢"就是古代的"夫"。《庄子·齐物论》:"女闻地籁而未闻天籁夫?"("女"即"汝")这"夫"显然是疑惑词。"夫"中古音［pjiu］,"吧"中古音［pa］,都是双唇音的声母。

又如现代口语的"这",在唐、宋、元的俗文学里有时就写作"遮",或"者",或"只"。这其实都是古代齿音的指示词的音变,和古代的"之"是同一个词。古代的"之"可以当作指示词用,如"之人也"、"之德也"(《庄子·逍遥游》)。元曲里往往有"兀的"的说法,这"兀的"也就是没有颚化的齿音的指示词的后身。据元朝杨瑀《山居新语》的记载③,当时北方方言还有说"阿的"的,"阿的"就是"兀的"或"兀底",杨瑀和宋朝的马永卿④都认为它就是《晋书·王衍传》里所记载的"阿堵"。"的"、"底"、"堵",都是齿音声母的字,它的意思既指的是"此",当然就是古代"之"的同一个词了。不过

---

① 参阅拙著《汉语规定词"的"》。文载《汉学》第一辑,中法汉学研究所,1944。古音音值暂从高本汉,以下同。
② 参阅拙著《唐代禅家语录所见的语法成分》,见《燕京学报》第34期。
③ 杨瑀《山居新语》(钱塘丁氏重刊影元写本)第40页下。
④ 马永卿《嬾真子录》(涵芬楼据劳平甫校本排印)卷三第6页上。

由"之"所演化出的"遮"、"这"、"者"、"只"等发生了颚化作用,而"阿堵"、"阿底"、"兀的"等没有发生语音的颚化作用罢了。像这一类的例子多得不可胜数,我们也就不必多说了。

至于因虚词更换而起的语法上的不同,更是简单的问题。现代的口语往往应用一些和古文不同的虚词。不过虚词尽管不同,语法的作用仍是一样,甚至于虚词的应用原则也还没有改变。换言之,这只是虚词更换的问题,不是语法的基本结构发生变化的问题。这种新用的虚词,其实都是旧有虚词的同义词。譬如说,现代口语说"朝东走",古文却说"向东行",虽然改了样子,可是"朝"和"向"是同义词,而且都是把带有动词性质的词当作所谓"介词"用的。又如现代口语说"挨骂",古文却说"遭骂",表面上看来已经改了样,实际上,"挨"是"遭"的同义词,而且都是用不变形式的词来做虚词,以表示受动的意思的。又如现代口语的"在泰山举行旅祭",古文就说成了"旅于泰山","在"和"于"虽是不同的虚词,然而却是同义词,《广韵》认为都有"居也"的意义。又如古文说"方生",现代的口语就说"刚生","方"是"方才","刚"是"刚才",都是表示起动体的,两者是同义词。古代的一套,如"向"、"遭"、"于"等而且还在现代口语中并存。这些同义词的替换并不影响语法的基本结构。

三

方言语法的比较研究更使我们确信汉语的基本语法结构的历史继承性。高本汉在他的新著《汉语》里说现存的汉语方言,除了沿海一带的汕头、厦门等地以外,都是唐代汉普通话的流衍。① 我们看到唐朝的白话文,虽然作者是各地方的人,然而语言上却并没有表现出多少地方色彩,也就可以相信唐朝的确有过一种普通话了。② 这普通话显然就是后来许多汉语方言的滥觞。当然我们并不是说一切现存的汉语方言都是这种普通话的直接支派,但是这些方言和古代汉语有语族的关系,都是从一个原始的汉语演变出来的,则是无疑的。既是"同根生",彼此之间的语法结构就必定存在着历史继承性,而且也和古代汉语的语法结构没有基本上的差别。

甲、句法

我们无妨先看一看各方言的句法。一切汉语方言都把句子分为名句、形容句和动句三种。名句都可以加系词,形容句都不可以加系词。比方说,北京话可以说"你是哪儿来的同志?"也可以说"你哪儿来的同志?"但却不能够说:"你是长,我是短。"同样的情形,上海话可以说[noŋ zι sa niŋ?](侬是啥人?),③也可以说[noŋ sa niŋ?](侬啥人?)但却不能够说[i tsy-koʔ tsu-ke pʻie-tsι zι fi-zaŋ tsι tu](伊主角做个片子是非常之多)。福州话可以说[ny ɕei tieŋ nø nøyŋ?](你是什么地方的人?)也可以说[ny tɕieŋ nø nøyŋ?](你什么地方的人?)然而却不能够说[tɕuɪ ɕei ʨeiŋ ɕæ](这是很多)。广州话可以说[kɔ ti hɐi mat jɛ ne?](个啲系乜嘢呢?)也可以说[kɔ ti mat jɛ ne?]但却不能够说[kɔ ti jɐn hɐi ɔk!](个啲人系

---

① Karlgren: *The Chinese Language*, pp. 44—45.
② 参阅拙著《唐代禅家语录所见的语法成分》。
③ 因为印刷的困难,我没有标出声调的符号,好在这里所讨论的没有涉及声调和语法的关系,省一些事也无妨。

恶!)动句的结构也是同样的。这些方言除了平常的动句之外,都有一种绝对的动句,根本没有主词的动句:(一)"有"类的绝对动句,例如:北京话的"有一个人来了",上海话的[jɤiʔ kʻu du-zɿ pəʔ-la le taŋ-tɔ](有一棵大树拨拉雷打倒),广州话的[jɐu hɔ ɐʃ kɔ](有好多个),福州话的[ou uøyŋ li](有人来)。(二)说明天时的绝对动句,例如北京话的"下雨",上海话的[loʔ y](落雨),广州话的[lɔk y](落雨),福州话的[touŋ y](堕雨)。(三)说明风俗习惯的绝对动句,例如北京话的"正月十五吃元宵",上海话的[saŋ-biŋ dziɤ zəŋ](生病求神),广州话的[jat jat tʃʻœŋ ni-sat](日日唱弥撒),福州话的[tyŋ tɕʻiu ɕiek ŋuok piaŋ](中秋食月饼)。这些动句都不能够有主语,并不是省略了主语。动句而没有主语是现代一般欧洲各语言所不允许的,然而汉语各方言和古代汉语却都有这种绝对动句的用法。至于各词之间的关系,各方言也都是一样的规律:规定关系之中的规定者在前,受定者在后,引导关系之中的引导者在后,受导者在前。虽然有的时候,个别的情形有彼此不相符合的现象,但是词序的安排还是同样的原则。譬如,北京话说"公鸡"和"母鸡",广州话却说[kɐi koŋ tsɐi](鸡公仔)或[kɐi koŋ],[kɐi na](鸡母),福州话却说[kiə køyk],[kie mɔ];这样看来好像是把规定关系的词序颠倒了,其实不然。在这种情形之下,广州话和福州话是把"鸡"看做规定者,把"公"看做受定者的。

乙、虚词

应用虚词来表示语法范畴的时候,各方言的情形也是一样的。这些方言都没有冠词,都没有阴阳性的分别,都没有"格"的划分,都有范词"一棵"、"一把"、"一粒"之类的应用,都没有"时",都只有"体",都没有施受动的词形差别,在单音词方面都可以拿重叠来表示多数,有的时候都用一个多数格的虚词加在后面来表示多数等等,这些情形而且和上面所述的古代汉语没有丝毫的不同。

当然个别的情形是有不同的,但这不同的原因也逃不出四个原则:

(一)同一个词的语音变化使我们以为其中有差别

平常所谓的虚词的更换并不指纯粹语音的变化。如果因为变了音就认为是换了词,那么,一切古代的词就都不存在了,语言的历史也就没有法子叙述了。不过,语音的变化有不同的趋势,在甲方言变了这个样子的,在乙方言可以变成那个样子。于是,我们就以为语法改变了。这其实是一个错觉。比方说,北京话的"男子",广州话就说成了男仔([nam tsɐi]不成年的),其实[tsɐi]就是[tsɿ]的一个广州方音。又如北京话的"没"[mei],上海话就说成了[m-məʔ],这其实只是一个"没"的上海方音而在前面多化出了一个音缀的结果,纯粹是语音的变化。又如北京话的"怎样"([tsen jaŋ])福州话就说成了[ɕiɛn jɔŋ],这其实也只是"怎样"的一个福州话的方音。又如北京话的"不去",南浔话就说成了[fʌʔ tɕ'i],[fʌʔ]就是"不"的一个南浔方音,虽然有的人把它写作"弗"("弗"和"不"根本上就是同一个词)。又如北京话的"什么",福州话就说成了[ɕiɛ nɔ],[ɕiɛ nɔ]其实就是"什么"的一个福州话的方音。

(二)继承古代的两个不同形式而生的结果

一般语言学的原理告诉我们同一个语法功能可能由不同的语法形式来表示。我们可以说"谁",也可以说"什么人",然而语法的功能却没有什么不同。古代汉语也存在有许多不同的语法形式而表示同一个语法功能的情形。比方说,古代的近指指示词就有齿音和喉牙音的两个不同的形式。"之"、"此"、"兹"、"斯"等是齿音的一套,原来的念音必是一个[t]类的声母,"其"、"厥"、"渠"、"伊"等又是一套,喉牙音,原来的念音必是一个[k]类的声母。现在各方言的不同说法显然是这两套的不同继承。北京话说"这个"([tʂə kə]),上海话说[diʔ-gəʔ],江南还有许多方言说[di-kə]之类的,福州话说[tɕi-ɕiə](只隻)或[tɕia-nɔ](者物)或[tɕui],这些都是古代齿音声母的近指指示词的遗留([tʂ-,tɕ-]都是颚化的结果)。宁波话说[keʔ-go],江南还有许多方言说[keʔ-ko]之类的,这些都是古代喉牙音声母的近指指示词的遗留。近指指示词的情形是这样的,由近指指示词所化出的规定词也是同样的。古代汉语有两套规定词,一是"之"类齿音的,一是"其"类喉牙音的,"棠棣之花"的"之"是前者的代表,"孟侯朕其弟"的"其"是后者的代表。现在的情形是北方的方言说"的",即"之"类([tjəg])的后身,而上海等吴语方言、福州方言、广东方言等说"嘅"、"其"之类。上海话说[kø-kø kəʔ fen](乾乾格粉),广州话说[tsɔk jat lei kɛ jɐn tu tɐu liu](昨日来嘅人都到了),福州话说[ŋuai ki mɔ pɛik](我其毛笔)。再以远指指示词来说,古代汉语可以说有三套,一是从近指指示词的"其"类因语义变化而用作远指指示词的,一是日母的"爾"、"若"等,一是双唇音的"夫"、"彼"等。现在各方言的说法是北京话和大多数北方方言继承了日母的一套,"那"([na])无疑的就是"若"([nʑiak])的演变,宁波话的[keʔ go]和大部分吴语方言的说法继承喉牙音的一套,广州话的[kɔ-kɔ]也是同样的情形,福州话的[xui、xy、xia、xia-xui]显然是继承了古代双唇音的一套("夫"在福州话就念为[xu])。由此,我们也知道广州话的一个所谓奇怪的语法结构。广州话说[mo kɐm tai](没有这么大),[t'ɔŋ kɐm kou](同这样高),一般广东人把这[kɐm]写成一个怪字"咁"。这其实就是喉牙音的指示词和"么"连在一起,经过语丛音变(sandhi)的结果,而和"么"([mɔ])的声母结成一团,丢掉了"么"的韵母的现象:[kɔ cm>kɐm],意思就是"这么",[mou kɐm tai]——没有这么大,[tʻɔŋ kɐm kou]——同这高。又如各方言的询问词都有不同的说法,其实也是继承了古代的不同形式,并没有变更语法的基本结构,而且语义变化的过程也取的是同样的路径。一般的情形,汉语的询问词都是从指示词演化出来的。北京话"那一个?""那儿?""那里?"等的"那"(现在有的人写作"哪")显然就是远指指示词的"那"演化出来的。上面已经说过古代汉语有以"若"为远指指示词用的例子,这"若"和"那"音韵相通,六朝时代的"那堪"、"那得"等其实就是这"若"化出来的询问词,《宋书》尚有以"若为"作为"如何"的用法的。"若为"和"如何"都是"那一个样子"的意思。唐朝的《神会和尚语录》也有用"若为"作为"如何"用的例子,《神会和尚语录》同时也把"若为"和"只没"对立起来,"只没"就是"这么",那么"若为"就是"那么"了。"若为"既可以用作远指指示词,又可以用作询问词,这和后来的"那"既可以用为远指指示词又可以用作询问词,是同样的情形。① 最可注意的就是各方言的询问词多半都和指示词有关。福州话把"那一个"说成了[ti tɕiek]、"那一个人"说成了[tiɛ nøŋ],常州话也有同样的情形。这[ti]或[tiɛ]显然就是"底",中世纪的"底"既可以用作近指指示词,又可以用作询问词。《北齐书·徐之才传》:"个人讳底?"这"底"就是询问词,而元微之诗"那知下药还沾底"的"底"就是近指指示词。广州话"怎么

---

① 关于"若"和"那"的关系,我在《语法杂识》里有详细的讨论,文载《燕京学报》第40期。

做"可以说成[tim tsou]，[tim]即"底么"的合音[ti mo＞tim]，然而却用作询问词。广州语的[pin]表面上看去是个奇怪的现象，其实也是由指示词演化出来的询问词。广州话"谁"说成了[pin kɔ jəŋ]，"哪一个"说成了[pin ko]，其实[pin]就是古代远指指示词"彼"([pi])的演变。上海话的询问词"啥"就是《说文》里所说的"佘"(即"余")。我疑心这"啥"就是近指指示词"是"演化出来的，《神会和尚语录》的"是物"(甚么)，其中的"是"不是"甚"的标音，而是"甚"的本字，"甚"就是从指示词"是"变来的。上海话还有"那哼"[na haŋ]或"那能"[na nəŋ]的说法，据说是由别的方言借过来的，意思是"怎么样"，也是一种询问词。"那哼"显然就是《晋书·王衍传》里所说的"宁馨"。"宁馨"是指示词，一般人都已承认。但大家都把它误认作近指指示词，其实"宁馨"既和"阿堵"同时出现在《王衍传》里，"阿堵"既是近指指示词，"宁馨"就很难也是近指指示词，我猜想是远指指示词，从音韵的观点来看，大约就是"那样"。然而这远指指示词却以询问词的姿态出现在现代的上海话里。这些也都是各方言的不同的说法，然而归根到底都是继承了古代汉语的某一个形式，在语法的基本结构上并没有什么变动，并且其中存在有历史的继承性。

(三)因为虚词的替换而生的结果

我们知道大部分汉语的虚词是从实词虚化而来的，有的甚至于还没有虚化透，像一般人所谓的"介词"，如"朝"、"望"、"对"、"在"等，其实都还带有一半实词的意味。如果句子里没有其他的主要的有动词功能的词，它就和纯粹具有动词功能的词没有两样。"我在家里"的"在"是纯粹具有动词功能的词，"我在家里读书"的"在"才是所谓"介词"。然而前后两个"在"却并没有意义上的不同,只有重要性的差别。因为是这一类的词,所以替换起来也就容易,人家可以拿意义相同的其他同类的词来替换它,结果各方言就有各方言的说法,但是从语义和语法的立场来说,事实上却并没有什么不同。我们无妨举几个例来说明这一点。汉语的所谓受动式的句子往往是用一个"施动性"的词加在具有动词功能的词之上而由拐弯的说法来表达的。北京话说"我给他骗了"。这是用"给"这个半虚词来说明是我给予人家一个机会来骗我,结果我就是骗的动作的受动者,然而"给"却是我的施动动作,这种说法是其他各方言所共有的。福州话把"给"说成了[k'øyk](乞),"我给你一本书"说为[ŋuɑi k'øyk ny ɕiok puoŋ tɕey],而表示受动意义时也用[k'øyk],例如[ŋuɑi køyk i p'ieŋ k'ɔ](我乞伊骗去)。上海话把"给"说为[pɤʔ];例如[ŋu pɤʔ noŋ iʔ ŋe-ŋe](我拨侬一眼眼——我给你一点儿),而表示受动的意义时也用[pɤʔ];例如[ŋu pɤʔ i loŋ kɔ](我拨伊弄觉——我被他弄醒)。广州话也是同样的情形,"给我一架机器"说成为[pei ŋɔ jat ka kei hei],"他给贼打了"也说成为[k'øy pei tsak ta lo]。尽管北京话说的是"给",福州话说的是"乞",上海话说的是"拨",广州话说的是"俾",这些都是同义词,在语法的基本结构上并没有什么不同。又如汉语的连词都是由实词化来的。古文有"同"、"共"、"及"、"与"等。现在各方言有各方言的用法。北京话说"跟",有的时候还说[tə],赵元任在《北京、苏州、常州语助词的研究》里就提到北京话有用"得"([tə])为连词的[①],这"得"其实就是古代的"及",因为古文"及"和"逮"是同一个字,"逮"现在还念为[ti]。福州话说[køyŋ](共),广州话说[t'oŋ](同),上海话

---

① 见《清华学报》第 3 卷第 2 期,第 877 页。

说[doŋ]（同）。虽然"跟"是其他方言或古代语所没有的,但是在意义上显然和"共"、"同"、"及"等相同,所以是同义词的替换。又如汉语的范词,各方言颇有不同说法。北京话说"一条船",广州话就说"一张船";北京话"一朵花",福州话就说[ɵiɵk puɔ xuɑ],广东北海话也说"一㕫([p'o])花";北京话说"一棵树",福州话和广东北海话就说"一箁([tɐu])树";北京话和广州话都说"一朵白云",福州话就说"一块白云";北京话说"一道墙",广州话就说"一幅墙",上海话就说"一堵墙",福州话就说"一块墙";北京话和福州话说"一撮须",广州话就说"一匹须";北京话说"一所房子",上海话就说"一宅房子",福州话就说"一落厝";北京话说"一块地皮",上海话就说"一方地皮";北京话说"一股气",广州话就说"一条气"。这些都是不同的说法,然而都是根据事物的特性或形状而造成的范词。又如福州话有的时候把"什么"说成了[miɛ nɔ miaŋ]或[miɛ nɔ],广东北海话也说成了"乜嘢名"[mat jɛ miŋ]或"乜嘢",这就和北京话的"什么名堂"相似;然而福州话的[miɛ nɔ]和北海话的[mat jɛ]到底是什么呢？原来北京话的"什么"本来就是中古时代的"甚物"或"是物",《神会和尚语录》有"唤作是物?"句,"是物"就是"什么",当初的意思是"何物",以"甚"代"何"。原来福州话的[nɔ]和北海话的[jɛ]都是"物"的意思。"甚物"或"是物"连用之后,"物"就失去了它的意义,于是只知其音,不知其来源,因此就拿和"物"音相近的"么"字去代替,而"甚么"或后来的"什么"也只留下一个"何"的意义。而后来,我们又拿"吗"去代替"么",甚至于可以代替"什么",于是,"吗东西"就有"什么东西"的意义。[①] 福州话

---

① 关于"什么"的来源,我也在《语法杂识》里有详细的讨论,这里不再多加叙述。文载《燕京学报》第40期。

的[miɛ]和北海话的[mat]显然就是由"甚物"变来的"吗"类的虚词,福州话可以说[miɛ nøyŋ](何人),北海话也可以说[mat jɐn],即其明证,("物"本入声字,[mat]也是入声字,极可注意)。北京话既可以说双料的"甚么(物)东西",福州话和北海话也就可以说[miɛ nɔ]和[mat jɛ],而北京话的"什么名堂"也就说成了福州话的[miɛ nɔ miaŋ]和北海话的[mat je miŋ]了。[nɔ]和[je]都是"物"的意思,虽然换了词,语法的基本结构还没有丝毫的更动。又如北京话和福州话说"我读了就去"的时候,广州话就说[ŋɔ tuk tsɔ tʃiŋ høy],[tʃiŋ]写作"正",这虽与"就"不同(广州话也可以用"就"),但却是"就"的同义词。"就"有"就近"的意思,"就去"的"就"显然是从"就近"的意义引申出来的,就到最近之点就是"正"。又如北京话说"我还没有去"的时候,福州话就说[ŋuai mui k'ɔ],广州话就说[ŋɔ mei ts'aŋ høy];[mui]即"未"的一种福州方音,[mei ts'aŋ]即"未曾";当然北京话的"没"也是"未"的方音,但是北京话的"没有"却只等于"无",而福州话和广州话的"无"却非说成[mɔ][mou]不可。北京话的"没有去"等于福州话的[mɔ k'ɔ],广州话的[m høy],而北京话的"还没有去"却等于福州话的[mui k'ɔ],广州话的[mei ts'aŋ høy],三种方言的说法各不相同,但是这些不同都是同义词的替换。又如北京话说"凶得像老虎一样"的时候,上海话就说[ɕioŋ lɛ ziaŋ lɔ xu iʔ jaŋ],福州话就说[ɕyŋ kau tɐ'ioŋ la xu ɕiok jɔŋ]。上海话的[lɛ]就是"来",福州话的[kau]就是"到"的一种方音,各方言的说法不同,但是[tɐ、lai、kau]都是同义词。赵元任把这种"得"([tə])看做和"好看得衣裳"的"得"一样[①],显然是错误。

[①] 见《清华学报》第3卷第2期第872页。

[tə]其实就是"到"（[tau]）的音变,古文从"至"的字有的念[t],有的念[k]音,北京话的[tə]是前者的遗留,福州话的[kau]是后者的遗留,这些都有"到来"的意思,所以和上海的"来"是同义词。上海话还有一个特殊的说法:[si lɛ zu doŋ dɤ faʔ neŋ]（细来如同头发能）,"能"显然是中古的"恁"（[nziəm]）,意即"这么",这种情形北京话就说"细得跟头发一样",福州话同此例。"这么"和"一样"语义可以相通,因此就拿它来替换,然而语法的基本结构却并没有什么改变。上海话又说[laŋ dɤ zia tɕ'i du]（浪头邪气大——浪头很大）,其实[zia tɕ'i]并不是什么"邪气",它是"甚其",是一个极级比词。北京话的极级比词说成"很",福州话的极级比词说成"尽"。这些都是不同的虚词,但却都是同义词。又如广州话说[sou pa hɐi pin ts'y]（扫把嚟边处——扫帚在那儿）,其实[hɐi]并不是"嚟",而是"系",这里是"系于何处"的意思。这种情形,福州话就说,[tiɔk],[tiɔk]即"着","着于何处"的意思,北京话就说"在"。"系"、"着"、"在"都是不同的虚词,但却是同义词。

(四)特殊的来源

当然各方言也还有一些特殊的语法结构。它的来源可能是自己的创造,可能是外借,可能是远古形式的遗留,我们也无从查考。譬如北京话说"我只有一个朋友",广州话说"我独有一个朋友",或"我单有一个朋友",福州话却说[ŋuai na ou ɕiɔk tɕiek pɛiŋ ju];[na]是什么来源呢? 我们不清楚。又如广州话表示全体的时候可以用[ham paŋ laŋ],例如[ham paŋ tu loi],就是北京话"都来"的意思,这[xam paŋ laŋ]到底哪儿来的呢? 我们也不清楚。又如上海话把"一点"说成了[iʔ ŋe 或 iʔ ŋe-ŋe],这[ŋe]就是"眼",把"一点"说成了"一眼"当然是个创造,因为这是其他方言和古代汉语所没有的。又如福州话把"还不来"的"还"说成了[ku]([ku mui li]),这[ku]是哪儿来的呢?当然这些形式的来源可能有所本,不过不为我们所知道罢了。但是原则上我们也得承认其中总有一部分是各方言的创造;方言本来可以有其自己的基本词汇和语法构造的,只是必然继承古代语法的基础罢了。不过,就是创造,也须依照汉语的一般语法规律。比方说,福州话把"要是……"说成了[puɔk],这当然是福州话的特殊形式,但是这也没有违反汉语的一般语法规律。北京话所以说"要是……"是把条件式看做我们的意欲;本无其事,只是我要其如此。福州话的[puɔk]和北京话的"要"一样,也可以当作表示意欲的词用。"我要一本书",福州话就说[ŋɑi puɔk tik ɕiɔk puɔŋ tɕy]。所以尽管是特殊的形式,所依据的原则多半还是汉语的基本语法结构的规律。

丙、句型

再就句型的结构来说,印欧语的句型变化多半是拿词序颠倒来表示的。汉语在表示感情的作用方面也是如此,但是其他的句型结构就跟印欧语不同了。譬如说,我们不能够用"能你来?"来翻译英语的"Can you come?"我们必须说"你能来吗?"或"你能不能来呢?"之类的方法来表达询问型的句子。"吗"和"呢"都是句终词。用句终词来表示句型的变更是汉语的特殊语法结构。我们虽然也可以拿词序的颠倒来表示感情作用,词调的变化来表示感情、命令、疑惑、询问的口气,感叹词的应用来表示感叹的色彩,但是我们还可以在这些句子的尾巴上加上句终词。这种用法不但是古今语所共有的,而且是各方言所共有的。先以询问句终词为例。汉语各方言多半都用两种句终词来表达询问:句子里没有其他询问方式(除了语气之外)时就用"吗"类,句子里已经有了其他询问方式时用"呢"类。比方说,北京话说"你是谁呢?""这是不是你的呢?""你去吗?""你叫王志三吗?""谁"是一个特殊询问词,已经指明这是一个询问句,于是我们就用"呢"。"是不是"是用肯定否定的抽选式来表示询问,询问的意义已经表达出来了,于是,我们也就用"呢"。可是,"你去"和"你叫王志三"都没有表示询问的作用,因此就得用"吗",加上"吗",这句子就变成询问句。各方言的情形也是如此。广州话说[kɔ ti hai mat je ne?](个啲系乜嘢呢?——那个是什么?)[nei høy m̩ høy ne?](你去不去呢?),然而却:[nei jɐu mou?](你有冇?——你有没有?)。上海话说[diʔ kəʔ sa joŋ dɤ ni](底个啥用头呢?——这有什么用呢?),然而却:[noŋ p'e ts 'in la me?](侬攀亲啦吗?——你定亲了吗?)。福州话说:[ny k'ɔ ŋ̍ k'ɔ ni?](你去不去呢?)[tɕui ou ɕie-nɔ sai øyŋ ni?](这有什么使用呢?),然而却:[ny ŋ̍ ɕiɛk mʌ?](你不食吗?)。各方言询问句终词的研究而且可以叫我们确信"吗"的来源是一个否定词?古代汉语和现代各方言都有一种结构询问句的简单办法,即用肯定否定的抽选式,例如北京话的"去不去?"、上海话的[tɕ'i ʋəʔ tɕ'i?]、福州话的[k'ɔ ŋ̍ k'ɔ?]、广州话的[høy m̩ høy?]。如果要省略,我们就可以把第二个实词去掉,而说"你去不?""你知道他不?"。古文里因此就有一种询问句的结构,就是把否定词放在句终:"君知之否?""得阿娇好不?""能饮一杯无?""吴君来未?"。现在北方话的"吗"其实就是这种否定词变来的。原来"吗"和"无"、"未"等在音韵上是相通的。这种放在句尾上的否定词就失去了原来的身份,而变成了一个虚词,只代表询问。《水浒传》里的"注子里有酒没?"的"没"就是这种变化的桥梁。变成了虚词之后,最初拿"么"字去代替"无"或"没"之类,后来又拿"吗"去代替它,因为"么"和

"吗"音相同。各方言的情形使我们更相信这变化的过程,因为上海、福州、广州等方言都还在"注子里有酒没"的阶段,可以叫我们明白其中的经过。上海话的询问句有两种询问句终词,一是[va],一是[məʔ];[noŋ hɔ va?](侬好吗?),[noŋ tsɿ-i diŋ-taŋ la məʔ?](侬主意定当啦吗? ——你拿定主意了吗?)。[va]显然是"否",[məʔ]显然是"没";这两种用法在意义上是不同的,前一个相当于北京话的"你好不?",后一个相当于北京话的"你主意定了没有?"。所以[va]和[məʔ]都带有一部分的否定词的意义,不只是询问词,福州话也是同样的情形。[ny ou tɕ'ieŋ mʌʔ](你有钱吗?)的[mʌ]有的时候就说成了[mɔ];这就是一种肯定否定的抽选式。因为福州话的"没有"说为[mɔ],"没有书"说为[mɔ tɕy],[mɔ]是明显的否定词,所以遇着"有无"之外的其他抽选式时,福州话就不能够用[mɔ]。[ny ɕiɛk mui?]的意思是"你吃了没有?"或古文的"君食未?";这也是一种抽选式,但是意义却和[ny ou tɕ'ieŋ mɔ?]的[mɔ]不同,可知福州话的询问句终词还带有否定词的意蕴。广州话也是一样的。"你来吗?"广州话说成为[nei lei mou?],这[mou]既是询问句终词,又是纯粹的否定词,"我没有饭"也说成[ŋɔ mou fan]。如果是完成体意义的问句,[mou]就不能用,必须用[mei ts'aŋ](未曾)或[mei]或[mei ts'aŋ]的合音[maŋ],例如[nei lei mei ts'aŋ]或[ni lei mei](你来未)。[mou]和[mei]有不同的意义,不只是询问句终词的作用,换言之,它还没有完全变成一个纯粹的询问句终词。这种情形而且可以让我们明白"呢"的来源。各方言都用"呢",而且都只能用在询问的意义已经有明白表示的句子后面,可知"呢"本来并不是一个询问句终词。那么,"呢"到底是什么呢?"呢"的最初作用在于表情。现在的北方口语还可以说"你来不来呀?","呀"是感叹词,而加在询问句的尾巴上的。就是没有"呀",这句子也已经是询问句。说话带有表情的成分时,我们就说"你来不来呀?",甚至于"你吃了没有呀?""呢"既然是加在已经明白表示询问意义的句子之后,它的作用就应当是表情。不过,因为常常和询问句连在一起,后来就染上了询问的意义。各方言的说法可以给我们证明这一点,因为用了"吗"类的询问句终词还可以再加上一个"呢"。福州话可以说[ny ɔu tɕieŋ mɔ ni?],广东北海话也可以说[nei sik mou ne?],上海话和福州话还有一个特殊的说法,上海话可以说"呢啥"([ni sa]),福州话可以说"吗呢"。"呢"是感叹词,"啥"是询问词,"吗"是询问词,"呢"是感叹词,上海话和福州话的不同只在于次序的前后。上海话说[noŋ zo-t'i vəʔ lɛ, ne-dɔ noŋ saŋ-biŋ ni sa](侬昨天勿来,难道侬生病呢啥?——你昨天没来,难道你生病了吗?),福州话说[ny nɔ-nɔŋ peik mʌ-lai](或因语丛音变而说[mʌ-ɕrai]——你难道不知道吗?)。"呢"是感叹词,"啥"是询问词;"吗"是询问词,"呢"是感叹词。这种用法而且是"由来久矣"。《孟子·离娄》云:"尽归乎来?""乎"是询问词,"来"是感叹词。古文的"来"系感叹词,前人已有所说明。福州话[mʌ-lai]的[lai]显然就是"来",因为音韵的变迁,后来才变为"呢"([ni]),我们还可以找到其中的过程,因为我们还有一个"哩"([li]),用法与"呢"差不多,而福州话的"来"也在口语里说成了([li])。现在的北京话还可以说"你觉得好不呢?"。如果我们知道"吗"就是"不"、"无"之类的否定词的化身,我们就可以明白"吗呢"是可能的说法。不过,"呢"染上了询问的意义,"吗"在北方方言变成了纯粹的询问句终词之后,北京话就不能说"吗呢",虽然还可以说"不呢"。福州、上海、广州等方言的[mɔ](或[mʌ])、[sa]、[mou]等还没有变

265

成纯粹的询问句终词,所以这些方言还可以说[mʌ-lai]、[ni sa]、[mou-ne]。各方言还用句终词去表示命令,北京话说"去罢!",上海话说[noŋ kɔŋ ba!](侬讲罢!),福州话说[t'øyk pʌ!](读罢!)。说疑惑型的句子时,各方言也都用句终词"罢",加上疑惑的口气,北京话说"你不知道罢?",上海话说[noŋ vəʔ lɛ baʔ](侬未来罢?),福州话说[ny ŋ kiaŋ pʌʔ](你不怕罢?),广州话说[kɐm m tak paʔ](这么样不成罢?)。其他表示感情的句子,各方言也都用"啊"、"呀"、"哟"之类的感叹句终词,我们也不必在此多说了。

四

依据上面的讨论,我们可以下一个总结说:汉语语法的基本结构有其历史继承性,各方言的语法结构也逃不出这原则。当然,在表面上,我们看见不少古今语法和方言语法的具体形式的个别不同,但是这些不同大部分都是音变或应用同义词的结果,很少一部分才是新起的创造,而在应用同义词或新起的创造方面也是依照汉语语法的基础、汉语语法的基本规律来进行的。这些规律就是汉语语法的基础或基本结构,历时数千年还没有什么变动,构成了汉语语法的特点,和印欧各语言的语法大异其趣。所以,汉语语法的研究必得联系实际,依据汉语语法的特点和汉语语法的基本结构来进行,汉语语法的规范化问题也必须依照汉语语法的历史继承性来寻找根据。

(原载《北京大学学报》(人文科学)1955年第1期)

从语法与逻辑的关系说到主语宾语

《语文学习》发表了许多讨论主语和宾语的文章。这些文章给我许多启发,使我对主语和宾语的问题有了更进一步的了解。我愿意在这里就我的体会提出一些意见,作为大家的参考。

一

要解决主语和宾语的问题,必须明确语法和逻辑的一般关系。语法是语言的规律,逻辑是思维的规律,两者是两回事,不能混为一谈,但这不等于说语法可以脱离逻辑。因为语言是抽象思维的担负者,是思维的物质外壳,是表达思维的工具。因此,无论语法的形式如何不同,它总是表达思维的一种方式。认为语法和逻辑没有什么关系的理论,正是法国语言学家西露斯的严重错误。然而把语法和逻辑混为一谈,也是不可以的,"波尔瓦耶尔学派"的理性主义语法的错误就在于此。问题在于语言的规律到底拿什么形式去表达思维的规律,思维的规律不一定是拿语法规律来表达的(它也可以拿其他的语言手段来表达)。在拿语法的规律来表达逻辑规律的时候,自然也有语法形式和逻辑不完全一致的情形,但这毕竟是偶然的,不是本质的。尽管这样,我们却不能够说语法可以脱离逻辑。过分强调语法形式而忽略语法形式所表达的意义,就是轻视语法的逻辑基础。

语言是以表达思维的方式来作为交际工具用的。不表达思维的"语言形式"不是真正的语法形式。我们说到语言的物质基础时,往往只注意到语言的声音部分,认为没有声音的物质材料就不可能有语言。其实,语言的物质基础还表现在另一方面,那就是语言形式所表达的意义的客观性。语言形式表达意义,而意义是客观事物的反映,它受客观存在的决定。因此,我们的语言不能脱离反映客观规律的思维规律。忽略了这一点,语法就成为没有物质基础的东西。我们研究语法,既须注意语法形式,又须注意语法形式所表达的意义即反映客观规律的逻辑规律。

人类的语言既然包含意义,而意义又是客观事物的反映,那么,我们所说的话就不可能脱离反映客观规律的逻辑规律。但在表达逻辑规律当中,语法却有其特殊的规律,虽然这些特殊的规律是和逻辑的规律基本上相符合的。

每一个句子都代表一个完整的意义,它都是和逻辑上的判断相符合的。不过由于语言还表达人们在认识客观事物时所有的主观态度,同一个逻辑判断可以用各种句型来说明。这就是询问句、疑惑句、命令句、祈使句的来源。然而把这些表示主观态度的语言成分除去之后,所剩下的就是逻辑的判断了。例如,"你是老王吗?"的"吗"去掉之后,所剩下的"你是老王"就是逻辑的判断了。同样的逻辑判断又可以用不同的句式来表达,例如在逻辑上只有"主语—系词—谓语"的判断公式,在语法上却由于谓语的不同性质而分为说明句、描写句和叙述句。是不是说明句、描写句和叙述句是和"主语—系词—谓语"的逻辑公式不符合呢? 不是的。在逻辑的习题里,我们要把各种句式改为单一的公式:主语—系词—谓语(甚至于没有系词的地方也要拿一种符号来代表系词)。这就说明了不同的句式是同一个逻辑判断的不同表现。我们批判理性主义的语法,因为它否认语法形式的作用,把语法形式和逻辑公式混为一谈,可是这种批判并不说明不同的句式没有同一的逻辑基础。研究语法的时候,当然不要忽略语法的形式,忽略了就不成其为语法的研究,但是我们并不能因此忽视语法的逻辑基础。

二

语法上的主语和宾语当然是语法问题,不是逻辑问题,但我们也不能因此而把任何句首的成分都认为是主语,我们还要看它有没有逻辑的基础。一般人对主语所下的定义是这样的:"主语是表述的对象,谓语是对主语的表述。"这个定义应当说是没有错误的。一部分同意这个定义的人反对把主语看做是"动作的主体"。这个问题发生在什么地方呢?上面已经说过,逻辑上的同一个判断,在语法里可以有几种句式,而这几种句式其实是同一个逻辑判断的不同表现。既是不同的表现,自然各句式就有其特殊性。但这些特殊性并不妨碍它们有共同的特点。换句话说,"主语是表述的对象"这一个定义并不和"主语是动作的主体"这句话相矛盾,因为前者是指一般句子里的主语,后者只指叙述句(即动句)的主语。谓语都是对主语的表述,但各种不同句式的谓语却各有表述主语的不同方式。如果没有不同的表述方式,当然没有什么说明句、描写句和叙述句的分别了。叙述句的谓语必须有个在句子里表示动作的词,叙述这个动作正是为了表述主语,如果这动作不是由主语所指的事物发出的话，这主语和表示动作的词之间就没有叙述句的主谓关系。主语和谓语是句法的问题，句法关系存在于词与词之间，单独一个词不容易成句（除了独词句之外），因此，词与词之间的意义关系是主谓关系的一个必要条件。叙述句的主谓关系存在于表示动作的词和表示发出动作的主体的词之间的表述关系：以叙述主体的动作来表述主体。正因为如此，在逻辑的习题里，我们可以把运用动词或具有动词功能的词作谓语（或谓语的主要成分）的句子改写成"主语—系词—谓语"的公式。这就说明了这一类句子的谓语，它的主要成分，即动词或具有动词功能的词，就是表述主语的。当然改了公式之后，句子的性质和结构就不同了，但逻辑上的关系却并没有因此而有所改变。这事实说明：（一）在语法上，我们不能随意更改这些句式；（二）这些句式在逻辑上都有共同的基础；（三）在语法上，叙述句仍然是叙述句，它的特点在于拿指明发出动作的主体的词为主语，而拿叙述这主体的动作的词来叙述这主体；（四）发出动作的主体其实就是叙述句（动句）中被叙述的对象。问题在于不指明动作主体的词在叙述句里是否可以被视为主语。关于这个问题，我的回答是否定的，因为我们无论如何也不可能在把"今天进城"这句话写成逻辑判断公式的时候，把"今天"作为主语。"今天进城"的"今天"是叙述句中的一个成分，然而它却不能看做主语，因为它只指明动作发生的时间，不是动作的主体，"进城"也不是对"今天"的表述。在这一个句子里，主语显然是被省略了。如果我们说："今天冷得很"，情形就不同了。在这个句子里，"冷得很"是描写"今天"的，它是对"今天"的表述。因此，"今天"是主语。但它只是描写句的主语，不是叙述句的主语，因为它不是以叙述主体的动作来叙述主体的。

在这种情形之下,我们很难同意凡是放在具有动词功能的词前面的就是主语的说法。汉语的规律,一般的情形,主语的确是放在具有动词功能的词前面的,但放在具有动词功能的词前面的却不一定都是主语。难道我们可以把"从前我是北京大学的学生"、"我昨天看见一个人"之类句子里的"从前"和"昨天"看成主语吗?难道我们可以把"今天进城"、"昨天上课"、"十二点钟吃饭"之类句子里的"今天"、"昨天"和"十二点钟"看成主语吗?放在具有动词功能的词前面的,只有在它指明发出动作或历程的主体时,才可能是主语。

主语问题所以产生,显然是由叙述句的复杂性而引起的。在说明句(即名句)和描写句(即形容句)里,大约不至于怀疑哪一个词或词组是主语。叙述句的主语所以难定,因为叙述句往往要叙述发生动作或历程的时间或地位,而指明时间或地位的词,它们本身也指明事物(时间和地位都是客观存在的事物),也可以是叙述的对象,可以在句子里用作主语。在形态变化复杂的主语里,问题比较简单,它们可以拿词的形态变化来表示它是不是主语。汉语是种缺少形态变化的语言,把句首的时间词、地位词当作主语或作为具有动词功能的词的修饰语,往往发生问题。比方说,"今天"是个时间词,我们可以把它用在下面各种句子里:"今天星期一"、"今天又过去了"、"今天很热"、"今天我进城"、"我今天进城"、"今天我来了"。在这些句子里,"今天星期一"的"今天"无疑是主语,因为它是被表述的对象。"今天很热"的"今天"也是同样的情形,不过这两者之中,前者是说明句,后者是描写句。说明句和描写句有一定的结构原则:前一句"今天"和"星期一"指的都是事物;后一句"今天"指的是事物,"很热"指的是性质。然而在叙述句里,情形就复杂了。我们可以把"我今天进城"的"今天"解释为修饰"进城"的词,不至于引起怀疑,但是把"今天我进城"的"今天"解释为"进城"的修饰语却可能引起争论,因为有的人可以说在这个句子里,"我进城"是句子形式而用作谓语的,这句子的主语是"今天"。"今天我来了"也是同样的情形。有的人就可能认为"我来了"之类是句子形式而用作谓语的,"今天"才是主语,因为"我来了"是用来描写"今天"或说明"今天"的。这种说法很难成立。正如有人所批评的,这种说法是过分强调形式所生的结果。"今天"是时间词,时间词当然也可以当作事物来理解,时间词当然也可以当作主语用,但我们不能否认动作或历程要受时间词的修饰,要确定这些句子里的"今天"是否主语,要看它在句子里和其他的词发生什么意义上的关系。"今天我进城"和"今天我来了"里的"今天"显然是修饰"进城"和"来了"的,它说明"进城"的时间和"来了"的时间。如果有人主张"今天"是主语,他当然不会把"今天"看做是"进城"和"来了"的主体,因此他只好说"今天"是说明句或描写句的主语:"我来了"说明"今天"是什么日子,"我进城"描写"今天"是怎么样的日子。这种说法,一来是勉强的,二来也不合于汉语语法的一般规律,把叙述句和说明句、描写句相混淆了。"我进城"既不能说明"今天",也不能描写"今天"。如果我们把"今天我进城"改为"今天是我进城的日子",那么,这"今天"就是主语了。然而在这种情形之下,它是另外一个句子,不是原来的句子。过分强调形式往往是忽视形式的另一种表现。

地位词(或称"空间词"或称"方位词")也是同样的情形。地位或空间既可以修饰动作,又可以指明发出动作的主体(因为它也是一种事物)。于是,像"墙上有张画"、"家里来了一个人"、"门外有个石狮子"、"主席台上坐着五个人"之类的句子就有不同的说法。有人认为这些句子里的"墙上、家里、门外、主席台上"等都是主语。我不同意这种说法。要知道任何的语言成分都是形式和意义的结合，而同一个形式却可以表示不同的意义。如英语的"s"既可以表示"多数"，又可以表示"第三身"；汉语的"的"既可以表示"规定关系"（如"红的花"、"慢慢的走"），又可以表示"程度"（如"我累的都走不动了"）。所以，只以"门外有个石狮子"和"船头动了一下"的形式上的相同，就认为"门外"和"船头"必须是主语，理由并不充足，因为"船头动了一下"的"动"是"船头"所发出的动作，"门外有个石狮子"的"有"却不是"门外"所发出的动作，它只是发生在门外的一种历程罢了。我们绝不能把这个句子改写成这样的逻辑公式："门外是有个石狮子的"（有的时候，可以这样说，但那只是着重语气，与逻辑公式无关）。所以，地位词能否作主语要看指明发生动作或历程的主体是不是指明发生历程或动作的地点而定。我们只能够把"门外有个石狮子"这一类的句子解释为没有主语的句子。如果把这些没有主语的句子里所有的放在指明动作的词之前的地位词都看成主语，就会使得人们以为我国的语言是难以理解的。有人认为"有个石狮子"或"坐着五个人"是拿来形容"门外"和"主席台上"的词组，因此，应当把"门外"和"主席台上"看成主语。这意见值得重视，但不能解决问题。如果把"有个石狮子"和"坐着五个人"看做描写性的词组的话，那么，我们就必须承认这种句子是描写句。当然，从逻辑的角度来看问题，一切的谓语都说明"属性"，都是主语的"描写"，这种句子也不能例外。但是，从语法的角度来看问题，叙述句和描写句仍然有所不同。如果我们把"主席台上坐着五个人"的"坐着五个人"看做是描写性的词组，那么，我们也就得同样地把"昨天我坐着看书"、"从前我到过上海"的"坐着、到过"都看做描写性的结构,我们也就得同样地把"火车到了"、"他坐了一会儿就走了"都看做描写性的结构,换言之,我们就得把一切叙述句都看做是描写句。这是不可能的,也是不合理的。然而,我们也不要忽视提出这种主张的人的贡献。要知道,由于汉语缺少形态,我们往往把一些描写句解释为叙述句。例如,我们可以把"饭熟了"之类的句子解释为叙述句,其实这些都是描写句,因为"饭"的确是被描写的对象,而不指明发出动作的主体。

三

那么,宾语是什么呢?上面说过语言是表达思维的工具,所以宾语也有它逻辑的基础,我们不能认为任何放在具有动词功能的词后面的都是宾语,虽然在形式上,一般的情形,宾语要放在具有动词功能的词后面。从意义方面来说,宾语一定要指明动作的目的物,它是动作所向的对象,它是和具有动词功能的词发生支配关系的具有名词功能的词,在汉语语法里,一般的情形,宾语要放在具有动词功能的词后面。

和宾语问题有关的就是倒装问题。因为汉语缺少形态,许多人都强调说,确定宾语要看词序。他们认为词序是汉语语法的特点,汉语的词序是严格的,因此否认有倒装句,即否认有宾语不放在具有动词功能的词后面的情形。这意见也是值得重视的,它纠正了许多滥用"倒装"来解决问题的办法,但是过分强调词序,结果却反而否认了汉语词序的重要作用。

"家里来了一个人"、"车上坐了五个人"之类的句子,把"家里"

和"车上"看做主语已经有了争论,就是在承认"家里"和"车上"不是主语的人当中,"一个人、五个人"是不是宾语也没有得到一致的意见。喜欢讲"倒装"的人认为这是"倒装":主语放在具有动词功能的词后面。这一类句子是否可以说是倒装呢?我认为不可以。这不但因为汉语的语法规律,一般的情形,宾语要放在具有动词功能的词后面,而且因为这种句法是合乎汉语语法的历史规律的。

古代汉语有"吾来里克"(《国语》)、"走白羊楼烦王"(《史记·卫青传》)、"主孟啖我"(《国语》)之类的句法。这种句法显然不是倒装。因为这种句子(除了"走白羊楼烦王"外)都有明显的主语("吾"和"主孟"),"里克"和"我"绝不可能是主语的倒装,而是十足的宾语。"里克"和"我"都放在具有动词功能的词后面,都是动作的目的物或朝向的对象,它们都是支配关系之中的被支配者,但是这些具有动词功能的词也显然有个特殊的意义,即"使动"的意义,"来里克"的意思是"使里克来","啖我"的意思是"使我吃东西","走白羊楼烦王"的意思是"使白羊楼烦王走"。现在我们说"明天来一个人好么"、"去一个人跟他说",还是有使动的意思。至于"家里来了一个人"、"车上坐了五个人"之类,与"使动"的性质虽然不无区别,结构则跟上述的一样,"一个人、五个人"还是受具有动词功能的词所支配的。所以这类宾语虽然跟一般的宾语不同,但还是宾语的一种。

上面说过,我们应当把"饭熟了"之类句子里的"饭"看做主语。但是,我们是不是可以说"饭吃了"是"吃了饭"的倒装呢?这情形比较复杂,有的时候,我们要对"饭"加以描写,例如人家问"饭怎么啦?",我们回答说"饭吃了",这是描写句,对"饭"加以描写性的表述,"饭"是主语。有的时候,人家问我们"吃了饭吗?",我们为了加重语气,可以把"饭"提前来说"饭吃了",这是叙述句的宾语提前,也就是倒装。所以,我们应当从上下文、语言环境、语调和词义的配合来确定语法的规则。

  过分强调词序而否认倒装句的存在是违反语言学原则的。任何语言都有运用倒装来表示着重的情形。要知道语言是一个复杂的现象,它虽然是抽象思维的担负者,但由于人类的第一信号系统和第二信号系统经常地交织在一起,第二信号系统的语言也可以表达感情和形象。如果语言不表达感情和形象,文学作品就不可能产生。为了表达各种感情作用,语言里往往有一些特殊的语言手段,特殊的语法规则,倒装就是其中的一个。各种民族虽然都只有一种共同的语言,这语言也都有其一般的文学语言的规范,但由于条件不同,运用语言目的的多样化,我们也可以有各种不同的语言风格,这些不同的语言风格往往也有其特殊的语言手段,倒装就是一种风格手段,表情就是语言风格的一种。总之,语言手段是相当复杂的。我们不能拿一般文学语言的规范来限制它,因为它也有它自己的特殊的风格规范。在这种情形之下,我们就不可能否认倒装的存在。事实上,我们有许多句法,除了倒装之外,就没有什么解释的方法。例如,古文里的"快哉此风"、"善哉人也"之类的句子,无论从什么角度来说,都不可能把"快"和"善"说是主语。现代汉语里也有很多倒装句,例如"真笨,这家伙"、"太坏了,这个反革命分子"。问题只在于叙述句有没有倒装。像"车他骑走了"、"文章他写得了"之类的句子到底是不是倒装句呢?我认为要决定它们是不是倒装句,要看在语言的环境里如何了解这个句子的意义。如果在上下文或语言环境里拿这一类句子来描写主语,那它们就不是倒装句:"车、文章"是主语,"他骑走了"、"他写得了"是拿来描写这些主语的句子形式。如果在上下文或语言环境里拿它们来叙述动作或历程,那它们就是倒装句,"车、文章"都是倒装的宾语,"他"才是主语。语言形式是多样化的,如何区别这两类句子,不能从单纯的词序来解决,还要看其他的语言形式,包括上下文和词义的配合在内。然而这也并不是说词序不起作用。如果是叙述句而有倒装的情形的话,这倒装不但不足以否认汉语词序的严格性,而且反而足以证明词序是汉语语法的一个重要的工具,因为倒装句有意义色彩上的变化、风格色彩上的不同,这些变化和不同正是由词序的改变来表示的。

因为主语和宾语是句法中的问题,而句法又是用词造句的规律问题,即词与词发生关系的规律问题,我们就不能用处理词法的同样办法来处理它,而忽略了词义之间的配合规则。我们发现汉语有许多句子可能在结构上完全一样,而主谓之间的关系却不相同。如:

饭吃了。　　糖吃了。　　橘子吃了。
猫吃了。　　狗吃了。　　耗子吃了。

这两类句子的结构完全相同,然而主谓的关系却是两样的。如果把"饭、糖、橘子"和"猫、狗、耗子"都看成主语的话,那么,这两类主语和谓语"吃了"之间的主谓关系就不相同了。在第一类句子里,"吃了"不可能是"饭、糖、橘子"所发出的动作,如果"饭、糖、橘子"是主语的话,这一类句子也只能是描写句,不是叙述句:"吃了"描写"饭、糖、橘子"是怎么样的。但是在第二类句子里,"吃了"却是"猫、狗、耗子"的动作,这一类句子是叙述句,不是描写句。另一方面,"饭、糖、橘子"可能是着重式的宾语的倒装,然而"猫、狗、耗子"却不大可能被理解为宾语的倒装。这显然是词与词之间的意义配合所生的结果。除了在特殊的语言环境或上下文里指明把"猫、狗、耗子"等吃下之外,"猫、狗、耗子"很难被理解为动作的目的物,而"猫、狗、耗子"之能发出"吃"的动作则是任何人能理解的。古代汉语的情形更是明显。"主孟啖我"之类的句子,在结构上,是和"主孟啖肉"一样的,然而因为词义之间的配合,第一个"啖"可以理解为具有"使动"意义的词,第二个"啖"却不能加以这样的解释。我们不能说"主孟使肉吃",因为这是不可理解的。从这些例子里,可以看出一种情形:主语和宾语的问题还涉及词义的配合问题,不能仅靠词序来解决,虽然词序是一种重要的句法工具。

总之,主语和宾语是句法的问题,而句法是以逻辑的判断为基础的,主语和宾语虽然可以和逻辑判断的公式不一致,但却不能脱离词与词之间的逻辑关系来讲主语和宾语。这种逻辑关系当然要用形式来表达,但是形式却不限于在前或在后,还要看语言的环境、上下文、语调、词义的配合等。单纯拿词序来确定主语和宾语的看法,是不能解决问题的。

(原载《语文学习》1956年1月号)

汉语里的单部句

语言是交际工具,又是表达思想的工具,因此,说一句话就应当让听话的人听懂说话的人所要表达的意思。一个句子就是可以让听话的人听得懂的一个语言运用的单位。一个句子可以表达一个完整的意思,不能表达完整的意思的就不成句,也"不成话"。如果你忽然对一个人说"鲁迅",他就会瞪着眼睛,不知道你到底要表达什么意思,平常的情形,他一定会反问你"鲁迅怎末样?"这就证明他并没有听懂你的话,因为你并没有表达一个完整的意思。鲁迅怎末样?你没有说个明白。只有当你说:"鲁迅写过著名的《阿Q正传》"的时候,他才会明白你说的意思。从说话的人方面来讲,一句话必须"有所谓"。有所谓的最小的语言运用的单位,就是一个句子。

我们的抽象思维是对客观现象或规律的反映,因此表达思维的语言也就间接地反映了客观现象或规律。思维进行的基本形式是判断,它总是要对客观世界的某一事物加以表述的。语言运用的基本单位是句子,它也总要把思维上的判断表达出来,对作为判断所要表述的事物的标志用的主语加以表述。因此,句子里,一般的情形,总要有个主语和谓语:主语是表述的对象,谓语是对主语的表述。一个最小的完整的思想单位就是一个判断,因此,一个最小的语言运用的单位也就是句子。判断必须由主语、系词和谓语三部分组织而成,谓语通过系词的联系作用而被运用来对主语加以表述。句子的情形稍为不同,系词可以不用,而谓语也有各种不同的性质,但无论如何,句子总是判断的语言标志,不过句子可以把同样的判断加以不同的表现,来表示其不同的意思色彩罢了。

然而,语言毕竟只是思维的表达工具,并不等于思维,因此,尽管所表达的是判断,但拿什么形式去表达这个判断,却有语言自己的特殊规律。一个判断必须有主语、系词和谓语,句子却不一定都要有这三种成分。我们要拿哪一种语言形式去表达一个判断,并不受判断所反映的客观事物的性质所决定,而是依赖于社会的创造或"约定俗成"。因此,同样的判断,在语言里可以有不同的形式去表达它。尽管我们说,一般的情形,一个句子总要有个主语和谓语,但在一定的上下文或语言环境的影响之下,主语或谓语往往可以省略。比方说,忽然对人说"鲁迅",人家会莫名其妙,但是如果人家问你"《阿Q正传》是谁写的呀?"而你就简单地回答"鲁迅",人家也就明白你的意思了。这当然并不是说只有"鲁迅"这一个概念就可以成为一个完整的意思或一个判断,这只是说如果有了语言环境,而能够把没有说出来的概念很明白地显示出来的时候,我们就可以省略去句子的某些部分。用"鲁迅"去回答"《阿Q正传》是谁写的呀?"这个问题,在思维里,我们的判断显然是"《阿Q正传》是鲁迅写的"。只是由于语言环境,由于"不言而喻"而把句子的其他部分省略去罢了。不过,它既然能让人听得懂,它就有所谓,它就已经是"《阿Q正传》是鲁迅写的"这个判断的语言标志,它就已经是一个句子了。

一般的情形,句子必须有主语和谓语两部分。但是有的时候,主语部分或谓语部分可以省略。不但如此,有的语言甚至于有单部句的存在。汉语就是其中之一,不过汉语的单部句也有其特殊的规律,不和别的语言的单部句完全一样罢了。语言有民族性,各语言都有其不同于其他语言的特殊的语法规律,在单部句问题上,也是如此。

单部句就是由谓语一部分或者不能断定是主语还是谓语的一部分构成的句子。单部句和省略句不同:省略句必须有语言环境或上下文作其省略的条件,单部句则不需要这种条件,就可以只由谓语一部分或者不能断定是主语或是谓语的一部分来构成句子,换言之,单部句不需要语言环境或上下文就能够表达完整的意思。

单部句可以分为两类:

一、无主句 只有谓语部分,没有主语部分的句子叫做无主句。①

在名句、形容句和动句*当中,只有动句可能是无主句,无主句不存在于名句和形容句。名句和形容句都只可能在语言环境或上下文的影响下省略主语或谓语,而不能根本上没有主语或不需要主语。名句说明"什么东西",必须把被说明的主体说个明白。形容句描写"什么样子",这"什么样子"必须是某一事物的样子,因此必须把被描写的主体说个明白。当然,有的时候我们可以把名句或形容句中被表述的主体省略掉,但这不等于说这句子里没有明确的主语,只是在语言环境或上下文里由于"不言而喻"而把它省略去罢了。动句的情形就不同了。动句叙述"发生什么事情",

---

① 无主句又称为绝对句,意思就是说在这种句子里并没有主谓的相对关系的存在,只有谓语的绝对存在。

* 《语法和语法教学》编者按:名句就是一般所谓名词谓语句,形容句主要是用形容词作谓语的句子,动句是用动词作谓语的句子。

叙述动作或过程。说话的目的只在于叙述这过程或动作,而这过程或动作又正是客观世界的一个现象,顺着自然的规律而发生了出来,有的时候它的主体是明显的,有的时候它的主体并不是一个固定的东西,有的时候它的主体就没有被叙述的必要。因此,动句可以根本上没有主语或不需要主语。印欧诸语言往往拿一个无定代词来当作这一类词子的主语用,去符合一个句子必须有主语的它们的语法规律。汉语的语法规律和印欧语不一样,可以根本不用主语,使这种动句成为无主句。

常见的无主句有下面这些种:

甲、叙述天气等自然现象的。例如:

下雨了。	下雪了。	刮西北风。
出太阳了。	起浪了。	射出光来了。
涌出水来了。	长出苗来了。	
露出一个山头。	开了满园子的花。	

这些现象都是顺着自然的规律而产生出来的。当然这些现象的产生也都有其原因,但是这里我们的目的并不在于说明什么主体使这些现象产生,我们只叙述有这些现象产生,因此,就不需要用主语。当然在逻辑里,没有主语是不能成为判断的,这些现象的产生也自有其主体,但主体也有各种不同的性质,在叙述一个事物发出一个动作而使另一个事物发生动作或变动的时候,我们就需要说出这个主体是什么,但在着重叙述事件发生的时候,这事件本身就是主体,因此就不需要说出主语。如果我们要叙述另外的什么主体使这事情发生,或这动作是从什么主体发生出来的话,我们就不能不用主语了。比方说,"射出光来了"只叙述射出光来这桩事,光自己可以射出来,但是如果我们要叙述这光是什么主体射出

来的或什么主体使光射出来,我们就必须说"太阳射出光来"或"电力使灯泡射出光来"。然而这种说法和无主句是两种不同的句子结构,它们所表达的意义也不相同。

乙、叙述生活的情况的。例如:

失火了。　　开饭了。　　开会了。　　演戏了。
上课了。　　下课了。　　放假了。

这些都是叙述生活的情况的,这些生活情形就是叙述的对象,因此,不必有主语。当然在逻辑上,没有主语是不成其为判断的,这些情况的产生也得有其主体,但主体也有各种不同的性质,在着重叙述这些情况发生的时候,这些事件本身就是主体,因此就不需要说出另外的主体。如果我们要叙述另外的什么主体使这些事件发生或这些动作是从什么主体发出的话,我们就不能不用主语了。例如"下课了"只叙述下课这桩事情,下课是生活中的一桩事情,但是如果我们要叙述什么主体进行下课这个动作的话,我们就说"我下课了"。然而这种说法是和无主句不相同的,它们所表达的意义也不相同。

丙、表示一般的命令或者禁止的。例如:

前进!　　　走进来!　　　随手关门!
不许抽烟!　不许吐痰!　　不许动手!

这一类动句不必用主语,因为命令或禁止都有一定的对象,用不着说出来。当然在逻辑上,没有主语就不能成为判断,但是命令或禁止本来就是特殊的判断,而这种句法也只说明在语法上它是无主句,并不说明它并没有逻辑判断的主语作为它的基础,只是因为语言的本质就是在于作为人与人之间的交际工具用,而命令或禁止的对象之为"不言而喻"的也就成为当然的了。

丁、表示存在什么或者出现什么的。例如:

有许多人。　　　　　有一个人在说话。

来了一个客人。　　　去了一个朋友。

种着各种各样的花。　坐着五个人。

站着一个石狮子。　　走露了一个消息。

这些句子的目的只在于叙述存在着或出现着什么事情,因此没有主语。依照上面所说的,这并不是说在逻辑的判断上可以不必有主语,只是说在语言的表达上,因为是以叙述这些事情的发生来表述这些事情,所以就不必说出主语。当然,有的时候,我们也可以在别的场合下,加上主语而说"我有许多朋友","他走露了消息","花园的技工正在种着各种各样的花呢",这就是另外一种句子结构,它所表达的意思也就有所不同了。

戊、表示风俗习惯的。例如:

八月十五过中秋。　　正月十五吃元宵。

过年吃年糕。　　　　重九登高。

端午节斗龙舟。　　　中秋吃月饼。

清明上坟。

风俗习惯是一般人都这样做的事,并不是哪一个人的事情,因此,主语是大家知道得很清楚的,不说出,听了也明白,用不着上下文或语言环境来表示。当然有的时候,在这一类句子里也可以用主语"我们"或"大家"等,但不说出"我们"或"大家"也不会听不懂,因此,这一类句子也是无主句。有的时候,如果我们不是叙述风俗习惯,而是叙述某一个人的行为,那么,我们就必须用主语了。例如"我正月十五吃元宵","老王重九登高"。在这种情形之下,句子的作用不同了,它也不再是无主句了。

己、格言或者格言式的话。例如：

要想生活，就得劳动。

激烈的运动以后，要散步一会儿再休息。

走路要注意路上的车辆。

要领导群众，就得走群众路线。

必须克服困难，才能完成任务。

因为格言要大家注意，所以这一类句子的主语指的就是大家，不是哪一个人，因而也就不必说出了。和表示风俗习惯的说法一样，这一类句子要加上"我们"或"大家"作为主语也是可以的，但不加，也听得懂，并且不需要上下文和语言环境，就可以听得懂。正因其如此，不必有主语，也可以成为句子，所以也是无主句。

无主句除了没有主语的以外，其他的情形就和普通的动句没有什么不同，普通的动句所能有的其他情形，无主句也都可以有。比方说，动句往往要表明动作或历程发生的时间或地点，无主句也可以表明这些情形。例如：

门外有一个石狮子。　　天上有几块白云。

家里来了一个客人。　　学校里上课了。

水里起了波浪。

"门外"、"天上"、"家里"、"学校里"、"水里"等都只是表明动作或历程发生的地点的，并不是主语，因为学校并不能发出上课的动作，只是上课这桩事情发生在学校里罢了。又如：

昨天来了一个客人。　　　　前天刮大风

上午下大雨，下午下小雨。　今天起雾。

十二点钟开饭。　　　　　　晚上演话剧

这里，"昨天"、"前天"、"上午"、"下午"等都只表明动作或历程

发生的时间,并不是主语。有的时候,既表示地点又表示时间。例如:

  昨天家里来了一个人。 下午天上飞起了白云。
  今天会场里不许抽烟。

表示地点和时间的词无论哪一个在前哪一个在后都可以,次序的更动只表示着重点的不同,不表示逻辑意义上的变动。例如"今天会场里不许抽烟"和"会场里今天不许抽烟"。

正如其他普通的动句似的,无主句中也可以加状语、补语,无主句也可以是复句,这些就不多说了。

二、独词句 独词句就是只有一个词或者只有一个词组构成的句子(一个词组构成的,词组里有一个中心词,它是构成这个句子的主体,所以仍不失为独词句)。有的时候,在语言环境或者上下文的影响之下,我们可以只说出一个词或者一个词组,就把完整的意思表达出来了。例如,人家问:"你几时动身呀?"我们只回答一声:"明天"或"考完了之后"。但这只是省略句,不是单部句,因为我们清楚地知道被省略的是句子里的什么成分。有的时候,在一定的语言环境里,我们可以单用一个词或词组来表达完整的意思,但是不知道是不是有什么成分被省略了或者被省略的到底是什么成分,这种句子就叫做独词句。它是单部句的一种。这种独词句可以分为几类。

甲、用叹词表示感叹而成句的。例如:

  啊! 嗨! 唉! 呀! 噢!

乙、发抒感情时所用的独词句。例如:

  风! 太阳! 月亮! 伟大的祖国!
  飞机! 原子能! 世界和平! 海岛!

丙、呼语单独成句的。例如：

老黄！　　哥哥！　　叔叔！　　李老师！　　同志！
同学们！　主席！　　大夫！　　部长！

丁、剧本里的说明或类似的话。例如：

一九五六年春天。　　林部长的办公室。
秋天的一个夜里。　　河北平原的一个农业合作社。
合作社主任。　　　　靠窗的写字台。
轻轻的敲门声。

戊、表示一个要求的。例如：

一斤鱼！　　布！　　　一瓶葡萄酒！
方块糖！　　大衣！　　入场券！

独词句一定是名句。这理由不难明白。有的时候，我们也可以只说出一个具有形容词作用的词或词组的句子（例如："漂亮！"），但是这种词或词组大都是形容句的谓语，因此，这种句子就是省略主语的形容句，既不是无主句，也不是独词句。形容句都是对事物（主语）加以描写的，它不能没有主语，只是主语可以由于语言环境或上下文的作用而被省略罢了。只有当我们只说出一个具有名词作用的词或词组的时候，这种句子才是独词句，因为具有名词作用的词或词组既可以作为名句的主语用，又可以作为名句的谓语用；当我们只说出一个具有名词作用的词或词组的时候，我们就很难断定它到底是主语或是谓语，如果它不是在上下文或语言环境的影响下而被省略的话（如果是省略句的话，我们就知道被省略的是什么，因而也就知道它是主语还是谓语了）。因此我们不能说它是省略主语或是省略谓语，因而不能说它是省略句。它既是具有名词作用的词或词组，它就自然不能成为动句的谓语，因此也不可能成为动句所特有的无主句。所以,独词句一定是名句,它不可能是形容句或动句。

(原载《语法和语法教学》,1956年)

关于汉语的词类分别

汉语有没有词类的分别,这是一个老问题,而竟没有得到解决,可知道问题是相当复杂的。

问题在于什么是词类,词类应如何地分别。斯大林说:"文法是人类思维长期抽象化工作的成果,是人类思维所获得的巨大成功的指标。"[1]加尔基那·非多卢克在批评马尔学说的一篇文章里解释斯大林这个原理说:人类的思维把人类所认识的现象加以抽象化,加以综合,加以归类。同是一个事物,从实体的角度来看是一个东西,从其动作的角度来看,就是动作,从其具有的性质来看,就是一种特性。再把各不同现象的实体综合起来,就有"实体"的概念,也就有了名词;把各不同现象的动作综合起来,就有"动作"的概念,也就有了动词,把各不同现象的特性综合起来,就有"性质"的概念,也就有了形容词。名词、动词和形容词等等是思维抽象化的结果,但不是任何语言都有词类的分别,也不是某种语言在任何时代都有词类的分别。词类的分别各语言也并不相同,如果这些语言有词类的分别的话。[2] 自从马建忠介绍语法学到中国来之后,一般人都希望能够给汉语的词加以词类的分别,仿佛不这么

---

[1] 《马克思主义与语言学问题》第 22 页,人民出版社,1953。
[2] 《马尔词类分别与句子要素学说的批判》,文载《反对语言学中对马克思主义的庸俗化与歪曲化》第二集俄文版第 380—381 页,苏联科学院出版,1952。

做就没有语法学,因为西洋的语法学一开头就讲词类,而且许多语法问题,如各种语法范畴,都与词类有关。这种做法有一个理论在背后,即认为各种语言的语法应当是相同的。马建忠在法兰西学习语法学,他多少受了波尔瓦耶尔(Port-Royal)理性主义语法学的影响,而一般人也无形之中受了马建忠的影响,拿西洋的语法格局给强套在汉语上。事实上,汉语是否有词类的分别,要看汉语自身的内部发展规律。黎锦熙先生虽然拿《纳氏文法》的格局来解释汉语语法,但在词类的问题上却有见地,他认为汉语词无定类*,然而很多人却因为这种说法与西洋的语法书不相符合,而不同意。王力先生采取了叶斯柏森(O. Jespersen)的理论,把词类的问题和词品(rank)的问题分开,认为词类是字典上的问题,依词的意义而定,词品是词在句子中的功能,依词在句子里的地位而定。① 这种说法是不正确的。不过黎锦熙先生和王力先生却给我们一种启发,即:汉语的词类未必可以跟印欧诸语言一样地分类。很多人都在黎、王二氏之后提出意见,认为汉语没有词类的分别。自从去年《中国语文》发表了苏联康拉德《论汉语》②一文之后,一般人在思想上又起了一个变化,认为汉语有词类的分别。

斯大林说:"完全没有语言的材料和完全没有语言的'自然物质'的赤裸裸的思想,是不存在的……只有唯心主义者才能谈到与语言底'自然物质'不相联系的思维,才能谈到没有语言的思

---

* 《中国语文》编者按:黎先生已经修正他的意见,见《中国语文》1953年9月号10—11页。

① 王力的学说见其所著《中国语法理论》,叶斯柏森的理论见其所著《语法哲学》。

② 译文见《中国语文》1952年9月号、10月号、11月号。

维。"①拿这句话来衡量叶斯柏森和王力的理论,就可以知道以为依照意义可以规定词类分别的说法是完全错误的。当然,形式是和意义结合着的,只看形式不看意义是不对的,但如果认为没有任何形式而有赤裸裸的意义,那就是错误的了。许多人认为汉语的"山"、"水"、"鱼"、"人"等是名词,因为这些词的意义指的是"东西";"发展"、"活动"等是动词,因为这些词的意义指的是"动作"。我们已经说过加尔基那·非多卢克指明词类是我们的思维把许多现象归纳在一类之中的一个概括过程。加尔基那·非多卢克还依据斯大林的理论而明确地说:"在它们上面出现有固定形状的时候才可以谈到词类。"②我们实在找不到在"山"、"水"、"鱼"、"人"等词里到底哪一部分的语音形式告诉我们它们是属于名词之类的。这里并没有一种指明名词意义的特殊形式。"山"、"水"、"鱼"、"人"当然都有意义,但这些意义也只限于说明它们是"山"、是"水"、是"鱼"、是"人",并没有说明它们是名词。要知道,认为这些词是名词,还需在"山"、"水"等的意义上加上一个"名词"的意义,而要指明它们是"名词"就需要特别指明这意义(名词)的形式。然而,这形式却不存在于汉语。如果是名词,就应当有名词的形式,正如英语的名词有-ment,-ship,-tion 等似的,当然像英语这样的语言,因为丢了一部分形态,有的词,如 fire,book,love 等既可作为名词用,亦可作为动词用,语言学家就认为这些词(个别的)没有词类的分别。但因为这在英语不是普遍的情形,我们并不因此而否认英语有词类的分别,正如我们并不因为英语有一些单音缀的

---

① 《马克思主义与语言学问题》第38—39页。
② 《马尔词类分别与句子要素学说的批判》第373页。

词而认英语为单音语似的。这是不是说说汉语的中国人就没有名词的概念呢？不是，汉语有"名"、"物"、"名词"等词，这就说明了说汉语的人有这概念，问题在于这概念不是用语法的形式表现出来，只是用词汇表现出来的。叶斯柏森、王力学说之不可取，显而易见。于是，现在一般人就随着康拉德走上形式的道路，要从形式上面来解决汉语词类分别的问题。这一部分人认为汉语虽然没有名词词尾（如英语的-ment, -ship, -tion 之类），但是汉语的词有形态的变化，汉语有声调来分别词类。形态的变化，狭义地说，就是指各种词用不同的形式去表示各种语法范畴的情形，而这些语法范畴（狭义地说）正好是属于各词类的（如名词的"性"、"数"、"格"等，动词的"身"、"式"、"态"等）。如果有某一特定词类所能有的特殊形态变化，就有这词类的存在，因为这变化就是形式。英语的名词、动词等，有的时候，没有名词或动词的词尾，然而却有多数单数等语法范畴的形态变化，因此英语有词类的分别。如果我们能够找出汉语的词有形态的变化，那么，汉语就有词类的分别了。问题在于到底这些形态变化是否存在于汉语，到底汉语的声调是否表示词类的分别？形态学的范围比较的大，词的构造也有用形态的，英语的 construct 是动词，如果加上 re-（reconstruct），词的意义不同了，re-是形态，但两者仍旧都是动词，没有影响到词类的分别。汉语当然也有形态，"白面"的后面加上"儿"，成为"白面儿"（海洛英），"儿"是形态，但没有使这词起词类的分别。要使形态的变化影响到词类的分别就需要找到使语法范畴（狭义）起变化的形态。于是，有些人就认为在"我"之后有个"们"，在"同志"之前有个"女"，在"走"之后有个"着"，在"父亲"之后有个"的"，这就说明了有形态变化。这种说法其实是把问题看得太简单了。"形态学"，本来是个一般的术语,我们有"自然形态学"、"社会形态学"、"心理形态学"、"思维形态学"等,它指明我们所说的东西是什么样子,形态与本物是离不开的,因为它就是这东西的样子。印欧语的词有形态,因为语法形式是和词根离不开的,成为它的一种形态。比较原始的印欧语,如梵语、拉丁语、希腊语等,甚至于就不容易找到独立存在的词根,形态有其特殊的形式,但这形式却离不开词根,而词根也离不开形态。拉丁语的 lego(我现在读书),legis(你现在读书),legit(他现在读书),都是词根和形态结合在一起的,我们绝不能够找到独立存在的词根 leg-。现代的印欧语起了变化,有的形态丢掉了。例如拉丁语的名词有"格"的形态,而从拉丁语发展出来的法语就没有。拉丁语的主格 liber,它的属格是 libri,然而法语就用前置词 de(du livre＝de le livre)来表示领属关系。《苏联大百科全书》的《语法》条告诉我们,语法的 de 不是"格"的形态,法语并没有名词的"格"。为什么呢? 因为 de 不是和 livre 离不开的,它只是表示语法作用的语法工具或补助词。汉语的"着"、"们"、"的"等也是这一类的语言成分。汉语的"词根"可以独立存在,表示语法作用的这些成分,"着"、"们"、"的"等等并不是非与词根结合在一起不可,不用它也可以,换一个成分,换一种说法(如把"人们"说成"许多人")也可以。所以,契科巴瓦就在最近的著作《语言学引论》里把汉语列为词根语(即一般人所谓的孤立语)的一种,而说:"汉语接近于词根语的类型。它的词既没有名词的格位变化,也没有动词的变化。然而它却有具备补助词和构词的附加成分的功能的小词。词序在句子里的安排起着决定性的作用。"[①]

---

① А.С. Чикобава: *Введение в языкознание*,1952,Москва,стр. 183.

那么,声调的变化是不是可以说明汉语有词类的分别呢? 主张声调变化代表词类变化的是瑞典汉学家高本汉(B. Karlgren)。我曾经在《汉语语法论》里对高本汉的理论加以严厉的批评。① 但是,现在还有不少人相信高本汉的说法,认为汉语有以声调的不同表示词类分别的情形,以声调的不同来表示语法的不同作用本来就是形态学的一个问题,因此,主张这种理论的人也就认为汉语有形态学,有词类的分别。我们并不否认声调的变化,如把"好"(上声)念为"好"(去声),有不同的作用,但这种作用不是词类分别的作用,只是分别不同意义的作用。"好"(上声)是"好坏"的"好","好"(去声)是"喜爱"的"好",意义并不相同。英语的 to develop 和 development,同是"发展"的意思,一个是动词,一个是名词(这也可以证明词类的分别不能拿意义做标准),如果汉语的声调变了之后,意思还是一样,而词类改变了,我们就可以说这声调的作用在于分别词类。然而事实上,汉语的声调变化都使词的意思起变化,如"用夹子夹一夹","背在背上","用钉子钉住",前后的"夹"、"背"、"钉"意义不同,声调也有变动。这种不同意义的不同声调而且可以在不同的所谓"词类"里保持其一致的声调,如"他好书","好"是所谓"动词"的用法,读为去声,而"夺人之好"的"好"是所谓"名词"的用法,却仍然读为去声。有的时候,不同的声调所指的意义却可以归纳在同一个类里,例如"螽"和"虫"(以古音论),声调和意义都不相同,但却都是所谓的"名词"。意义的引申是普通的现象,从"好坏"的"好"引申出"好恶"的"好",就和从"太阳"的"日"引申出"日子"的"日"似的,从"海水"的"海"引申出"海碗"的"海"似

---

① 高名凯:《汉语语法论》第 45—48 页。

的,然而没有人认为两个不同的"日",两个不同的"海"是不同的词类,为什么就把有声调变化的两个"好"看做两个不同的词类呢?原来把声调的变化看做语法形态变化的人仍然是从意义出发。"好坏"的"好"多半拿来形容某个事物,因此认它是形容词,"好恶"的"好"多半拿来叙述一桩事情,因此认它是动词,结果就认为声调的变化表示词类的分别。其实,加尔基那·非多卢克已经告诉过我们:同一个事物可以从不同的角度去看它,而从这特点上把它归纳起来,成为一个概念,成为一个词类。都是"走"这一回事,我们可以从叙述某一个人在"走"的角度来看它,认它是动词,也可以从"走"这一桩事情是什么,把它看成一个事物来说明它,于是就认它是名词。英语的 speak 以其词汇的意义说是"说",叙述一个人说话的时候,是动词,说成 he speaks;说明"说话"是什么的时候,就是名词,必须换上名词的形式,说成 his speech is over,to speak is not to lie,speaking is easier than hearing,词汇的意义并没有不同,词类的形式却不相同。汉语的"好"(上声)和"好"(去声),本来就是两个不同意义的词,只因为这不同的意义是引申的,还有关联,一般人就忽略了它们在语义上的差别,只从这不同的意义可以归纳为哪一类上去看问题,无形中受了叶斯柏森、王力学说的影响,拿意义来断定这不同是词类的不同。他们先假定有意义上所属的不同词类,然后再把分别这词类的作用分配给声调的不同。其实这种分别是意义上的不同,不用声调也可以,平常有引申作用的一个词的演变都有这现象。"树"有"树林"的意思,也有"树立"的意思,我们并不因此而说前一个"树"是名词,后一个"树"是动词,因为在"树林"意义上的"树"也可以作为形容词或动词用(如"树荫","标准的树立")。有的时候,一个词的意义本身只可能归纳成某个词类,如"蚂蚁"不能引申出动作的意义,但这并不说明"蚂蚁"是名词,因为"文法的特点就在于它给以词的变化的规则,不是指具体的词,而是指没有任何具体性的一般的词;它给以造句的规则,不是指某种具体的句子,例如具体的主词、具体的宾词等等,而是指一般的句子,是与某个句子的具体形式无关的"[①]。和"蚂蚁"相同的,还有很多的词,如"乌鸦"、"乒乓"、"海豹"等,我们不能够在它们之中找到一个一般的语法形式,表示它们是名词。词类既称为类,它就必须是同一类的东西而有一个一般的形式,这一般的形式却不存在于汉语。当然,这一般的形式并不一定只有一种,英语的-ment 是名词词尾,-ship 也是名词词尾。有的时候甚至于可以只有消极的形式,如英语的 book 没有任何积极的形式,但因为与它对立的多数是 books,就显出它是单数。问题在于:像"蚂蚁"和"乒乓"等词都是独一无二的形式,我们不能在这些词之中找出任何程度的任何方式的任何的一般形式。有的人可以说:"来"只能加"了"、"着"等,"饭"只能加"一顿"等,所以,"来"是动词,"饭"是名词。其实,"来"之类的词也可以加所谓与动词有关的以外的虚词:"来一来","派一个来人","老来也不是办法";"饭"也可以加所谓与名词有关的以外的虚词:"饭罢"。就是有不能加某种虚词的情形,那也只是意义学的问题。比方说,"牛"不能和"雷"凑在一起,成为"牛雷";"喝"不能和"饭"凑在一起成为"喝饭";这不是什么词类的问题,而是词义配合的问题。"来"和"了"合在一起并不说明"来"就是动词,因为在"来了的不要走"句里,"来了"已经不是动词了。"来"之所以可以加"了",因为彼此在意

[①] 《马克思主义与语言学问题》第 22 页,人民出版社,1953 年。

义上可以配合。契科巴瓦在上述的《语言学引论》里说:"在不同的结合里,同一个语音总体如何被了解,可以在汉语的词'好'这个例子上看出:'好人','修好','旧好','好贵'……"

"所以在不同的情况下,用不同的声调,'好'可以有这些意义:好坏的好、非常、善、友谊、喜欢,就是说,它在功用上担任了形容词、副词、名词、动词的作用,在形态学上当然就不是这些词类(以通常对词类的了解来说)的任何一种。"① 契科巴瓦这一段话有几个重要的含意:(1)汉语的词并没有词类的形态(即没有词类的分别),(2)声调可以使词有不同的意义(即声调的作用在于分别意义),(3)不同的意义在不同的句法结构里担任了各种词类的功用,但却没有词类的形态。换言之,以个别的词来说,汉语的词并没有词类的分别,声调的作用在于分别意义;以词在句子里的地位来说,汉语的词也只担任了各种词类的功能,而没有词类的形态,即根本没有真正的词类分别。

当然,所谓词类只指"实词"而言,实词和虚词(或小词,或补助词)的分别则是无可否认的。斯大林说:"文法规定词的变化规则及用词造句的规则……"② 词类只指语言的建筑材料——词——的分类而言。在语言里,除了这些实词之外,还有作为语法工具用的小词,或虚词,或补助词。这些小词,或虚词,或补助词和一般的实词有本质上的不同,实词是语言的建筑材料,是语义学的研究对象,小词,或虚词,或补助词是语法工具,是语法学的研究对象。这些语言成分所以称为小词,或虚词,或补助词,正因为它们并不是

---

① A. C. Чикобава: *Введение в языкознание*, Москва, стр. 183, 1952.
② 《马克思主义与语言学问题》第 21 页,人民出版社,1953 年。

词的形态，并不和词根紧密地结合在一起，然而也不是实词，只是帮助语法作用的表达罢了。这些小词，或虚词，或补助词，当然也存在于句子里，用的时候，不是放在实词之前，就是放在实词之后，有的人因此也就误会它们是形态。要知道，如果把放在实词前后的语言成分都看成形态，那么，一切的语法成分都是形态，也就用不着分别什么孤立语、黏着语和屈折语了。所以，我们说汉语的词没有词类的分别，并不是说汉语没有实词和虚词的分别，只是说汉语的实词没有名、动、形、副等词类的分别罢了。

总而言之，一般人认为汉语有词类的分别，不外是四种原因。

第一，他们以为不这样说就使人以为汉语是低级发展阶段的语言。这动机是可爱的，可敬的，但与事实不符。何况这种说法事实上反而承认了语言有高低分别的带有种族主义色彩的理论呢。有没有词类分别并不足以断定语言的高低，汉语尽管没有词类分别，说汉语的人却有"名"、"动"、"形容"等概念，不过这些概念是拿词汇的方式表达出来，不是拿语法的形式表达出来罢了。就是拿语言的发展来说，印欧语的原始屈折，到了现代各印欧语言里多半都简化了，拉丁语有名词的"格"，法语却只用补助词 de 等去表示"格"，这并不说明法语比拉丁语退化。契科巴瓦说："古汉语并不缺乏附加成分（它是黏着语），如果现代汉语没有附加成分（词的变化）的话，那么，这就是长久发展的结果，绝对不是发展的开始。"[①]语言形态分别（孤立语、黏着语、屈折语）的学说始于十九世纪初年德国语言学家 F. 施来格尔（F. Schlegel）。他的错误不在于他把语言分别为这些类型，而在于他拿这分类去说明语言的发展阶段，马

[①] А. С. Чикобава: *Введение в языкознание*, Москва, 189, 1952.

尔袭取了施来格尔的学说，改头换面地提出他的语言阶段论，一般研究汉语的人也受到这学说的影响，只怕把汉语说成没有形态、没有词类分别，就把汉语看低了。其实，普通语言学已经证明了语言的不同类型只是语言特点的所在，不是分别高低的标准。汉语没有词类分别，这正是汉语的特点，这特点使汉语的词能够灵活运用，造成中国文学语言的特殊风格。我们既没有理由，也没有必要非把汉语说成有词类分别的语言不可。

第二，一般人说汉语有词类的分别，因为他们要从意义出发。他们没有理会到没有语言"自然物质"的形式就没有赤裸裸的意义。汉语既没有分别词类的特殊形式，汉语的词就没有词类的分别。

第三，一般人说汉语有词类的分别，因为他们认为汉语有形态。他们没有弄清楚什么是形态，以为凡是随在词根后面的，或冒在词根前面的语言成分都是形态。其实，汉语的"着"、"的"、"了"等等只是语法工具，只是虚词，不是形态，与形态有本质上的不同。

第四，一般人认为汉语有词类的分别，因为汉语有声调的变化。他们忽略了这声调的变化代表的是意义的不同，而他们所以认为声调变化之后有词类的分别，仍然是从意义出发，仍然堕进了唯心论的漩涡。

经过上面的讨论之后，我们可以肯定地说，汉语的词并没有词类的分别，因此研究汉语语法，就不应当仿效西洋的语法，以词类为出发点。研究汉语语法必须根据斯大林的语言学原理，依照汉语的特点，走上独立的创造的道路。

（原载《中国语文》1953年10月号）

再论汉语的词类分别
——答 Б.Г.穆德洛夫同志

一

穆德洛夫同志在《中国语文》第二十四期上发表一篇文章，对我在《中国语文》第十六期上所发表的《关于汉语的词类分别》一文提出一些意见。他既然这样认真地和我讨论这个问题，我也愿意认真地提出我的见解。

我在那一篇文章里的立论主要在于说明汉语只有实词和虚词的分别，没有实词的词类区分。我说到一般人把实词分为名、动、形容等词类，不外乎四种原因：第一，他们以为不这样就使人以为汉语是低级发展阶段的语言；第二，他们要从意义出发；第三，他们以为汉语有足以分别词类的形态；第四，他们以为汉语的声调变化可以分别词类。谢谢穆德洛夫同志指出我所提出的第一个原因是不正确的。这意见我应当接受，因为固然有不少人拿汉语有形态、有词类的分别来说明汉语不是低级发展阶段的语言，但是，在马尔主义被粉碎后，这毕竟不是一般的情况。好在这不是问题的关键，主要的论点应当是汉语到底有没有词类的分别。

穆德洛夫同志同意我所提出的第二和第四个原因，他也认为词类的分别不能从意义出发,以声调变化来分别词类和以意义出发来分别词类,本质上是一样的。所以,穆德洛夫同志和我之间的意见分歧只在于我们彼此对"形态"的不同认识上,同时,更基本地,在于我们对词类分别的标准的不同看法上。

二

究竟应当拿什么来做词类分别的标准呢?穆德洛夫同志认为"词跟其他的词的结合性可以作为把词归入某一词类的标准之一",例如俄语的词 пальто(外套)是名词,虽然根据形式跟副词 рано 相符合。为什么是名词呢?因为 пальто 前面可以加上用形容词来表达的修饰词,而 рано 不能。我则认为划分词类的标准必须是从词的形式或词的形态变化这个"物质的外壳"着眼,不能依照词和其他的词在句子里的结合来定。和穆德洛夫同志意见相似的,还有曹伯韩同志。曹伯韩同志说:"我们觉得分词类的标准,必须根据词在句子中的功能,同时结合词的意义来看;功能是要由形态表现出来的,但形态可以包括词和词的关系(词在句子中或短语中所占的地位),不能单单凭词的本身形态来分别。"[1]文炼、胡附两同志也有类似的见解[2]。问题就在于到底是不是可以拿词和词的结合性或词在句子中的功能(或地位)来作为分别词类的标准。我在旧著《汉语语法论》里也曾主张过汉语的词可以根据它在句子中的地位来规定它的词类,现在我认为必须修改这种理论;因为离

---

[1] 《对汉语语法研究的几点意见(下)》,《中国语文》第17期,第6页。
[2] 《谈词的分类》,第18页,《中国语文》第20期。

开"物质的外壳"来谈词的分类是很危险的。所以,我这一篇文章,除了回答穆德洛夫同志以外,同时也是自我的批评。

首先,我必须说明一点,词类不是别的,而是词的归类。库兹涅错夫同志在《苏联大百科全书》的《语法》条里说:"词类应了解为词的分类,各种词类的特征是具有一定的形态学的标志,即每一种类的词(词类)所特有的而不同于其他种类的词(词类)的一定的语法范畴,而这些语法范畴是由词的变化表现出来的。"①我认为库兹涅错夫同志的解释是正确的。因为既然是词的类别,自然就必须从词的内部规律、词的结构本身的特征来看,不能从词和其他的词的关系中来规定。斯大林教导我们说:"社会现象,除了这个共同东西之外,还有着自己专门的特点,这些专门的特点使社会现象互相区别,而且这些专门特点对于科学最为重要。"②词法和句法当然有共同之点,它们都是语法的部门,但词法自有其特点,句法也有其特点,如果要到句法里(词在句子中的地位,词与词的关系)去找词类的分别,那就意味着取消了词类的词法特点。要知道词法和句法是两个不同的范围。斯大林教导我们说:"文法(词形变化法,造句法)是词的变化规则及用词造句的规则的综合。"③他明明把词形变化法和造句法分为两种,这不是很明白地告诉我们,词法是词法,句法是句法? 这不是很明白地告诉我们,词法就是词形变化法(形态学),句法才是用词造句的规则吗? 如果词类不是到词形变化法里去寻找分类的标准,它还能成为词法的问题吗? 词类的分别当然要看它们之间有什么不同,但是,正如库兹涅错夫

---

① 《语法·语言的语法构造》,第11页,人民出版社。着重点是我加上的。
② 《马克思主义与语言学问题》第35页,人民出版社,1953。
③ 同上,第21—22页。

同志所说的,这不同应当看每一类的词所有而不同于其他种类的词的形态。所以,词类只能根据词形的变化来规定,不能根据词在句子里的地位来划分。

词只是语言的建筑材料,它不但可以存在于句子里,也可以存在于词典里,正如建造房屋的砖头既可以存在于房墙里,也可以存在于砖厂里似的。那么,它的特点还能够不从它本身的特征上去寻找,而要到它在句子里的地位去寻找吗?要知道有形态变化的词也不是不能存在于句子,它带着它的形态加入句子。因此,有形态的词和没有形态的词是有分别的。如果只就词在句子中的地位来分别词类,那就意味着否认这形态的语法作用。其实所谓词类就是指这作为语言的建筑材料的每一个词的分类而言,不是指词在句子中的地位或功能。"词类"和"词在句子中的功能"是两个不同的概念。从前建筑房屋拿木头来做柱梁,现在建筑房屋就拿钢骨来做柱梁,在这种情形下,钢骨有了木头所有的功能,但却不是木头。如果在汉语里,用词造句的结果,某一个词具有某一其他语言的名词所具有的同样的功能,这也不等于说这个词是名词,正如在房屋的建造里,具有木头所有的同样功能的钢骨并不等于木头似的。只根据功能来定词类并且是不可能的。英语作为主语用的可能是名词,也可能是动词的现在分词,也可能是无定式动词,也可能是由动词加语尾而构成的名词,也可能是形容词。有同样功能而没有词形变化的汉语的词到底是什么呢?何况其他的语言在同样的情形之下就可能运用另一种词类呢。词在句子里的同一功能在不同的语言里可能由不同的词类来表示,如果没有词所具有的特殊形态的标志,我们就不可能正确地看出具有这功能的词是哪一类的词。有的人于是就认为我们可以根据词在句子中所表示的意义,把它归成类。例如在"我走"这一句话里,"走"叙述动作,因此它是动词,在"走不是办法"这一句话里,"走"说明一桩事情,因此它是名词。要知道这种分类只是逻辑的分类,不是词的分类,它只从意义出发,没有注意到词类的特殊的"物质外壳"。穆德洛夫同志于是就转了一个方向,认为词在句子里只能和某些词结合在一起,这就可以规定它是哪一类词。要知道许多语言的事实都证明和某些特定的词能在句子中结合在一起的不见得只是某一个特定的词类。和冠词结合在一起的,该是名词罢,然而在英语里和冠词结合在一起的可能是名词,可能是形容词(the fifth),可能是动词形式的词(the speaking)。和英语的名词结合在一起而作为名词的修饰语用的词,该是形容词罢,然而英语可以说 the translation work,translation 是名词,不是形容词,语言学家最多只能承认它是"作为形容词用的名词"。"作为形容词用的名词"这一句话就意味着词类和词在句子中所具有的功能是两个不同的概念。以词类来说,它是名词;以词在句子中所具有的功能来说,它具有了别的情况下形容词在这地位上所有的功能。汉语的情形更是复杂。据说能和数词、指示词等结合在一起的就是名词,然而"一演","再演"的"演"是所谓"动词",却和数词结合在一起。"这一瞧","瞧"是所谓"动词",却和指示词结合在一起。据说能和"不"结合在一起的就是动词,然而"我才不管他布不布呢"里的"布"和"不"结合在一起,却是所谓"名词"。"这朵花不红"的"红"和"不"结合在一起,却是所谓"形容词"。正因为这个道理,我同意契科巴瓦教授的意见:"所以,在不同的情况下,用不同的声调,'好'可以有这些意义:好坏的好,非常,善,友谊,喜欢,就是说,它在功用上起了形容词、副词、名词、动词的作用,在形态学上当然就不是这些词类（以通常对词类的了解来说）的任何一种。"①

总之，划分词类必须根据词的变化规则来进行，不能根据词在句子里的功能来规定，因为词不一定要存在于句子，它只是语言的建筑材料，只应当按其作为语言的建筑材料的资格来加以分类，虽然在造句的时候，词与词可以发生句法上的关系。

三

那么，汉语的情形如何呢？要说明这个问题就需要先了解什么是形态。在这个问题上，穆德洛夫同志和曹伯韩同志的意见和我的意见不同。我必须承认曹伯韩同志认为形态可以包括词与词的关系的意见，在某种意义上说，是正确的。问题在于这种说法无助于汉语词类问题的解决。形态学本有广狭二义，我在那一篇论文里也曾提到这一点。但是，如果就广义来说形态，那么，形态学的范围就等于语法学的范围。在这种情形之下，讨论汉语有没有形态就是没有意义的举动。难道我们还在辩论汉语有没有语法（广义的形态）吗？我们所辩论的显然是狭义的形态问题，然而曹伯韩同志却拿广义的形态现象来回答狭义的形态问题。这是不能令人满意的。穆德洛夫同志对这问题的看法也不能令人满意。他说："高名凯教授认为只有词形变化的成分才是词的形态，因而，就站在了屈折形态学的观点上。"试问词的形态，除了词形变化之外，还有什么呢？说形态不只有词形变化，这是可以的。但是，说词的

---

① A. C. Чикобава: *Введение в языкознание*, 1952, Москва, стр. 183。着重点是我加上的。这里应当是说某种其他语言的形容词、副词、名词、动词的作用。

形态不只有词形变化,那就是我所不能理解的。库兹涅错夫同志说:"形态学……是研究词的变化,即研究个别的词的构造的科学。"①他又说:"形态学的范畴有特殊的意义,它应当了解为上面说过的,由个别词的变化表达出来的意义。"②这不是说得很明白,狭义的形态学只指个别的即一个一个的词的词形变化吗?

词形变化法表现在两方面:第一,作为构词法中的新词的组成部分的语法成分用的词形变化;第二,作为词类分别的词类特殊标志或词类所有各范畴的表达方式用的词形变化。例如俄语的 дом(房子),加上了词尾,就变成了 домик(小屋),构成了一个新词。库兹涅错夫同志说:"因为这里所指的是不同的词的构成,所以这一部门的研究是和词汇学相关联的。但是因为构造新词也应用表示语法范畴的那些附加成分的增添……音的替换……之类,所以构词法也属于语法学,即属于形态学。"③因为这种变化是从一个词构造成不同的词,所以,它虽然也属于形态学,也运用同样的词形变化,我们却可以说它和一般的词形变化不同,因为后者是同一个词的各种不同的变化。不过,无论从哪一个角度来看问题,形态(无论是一般的词形变化或构词法中的词形变化)都有其特殊的意义,它是个别的词的"形状",如果我们能够运用这个字眼的话。形态既然是个别的词的"状态"或"形状",它就必须是这个词的组成部分,是这个词的不可缺少的部分。为什么像 домик 的 -ик 是形态呢?因为它是 домик 这整个的词的组成部分,离开了它,这个词就不是 домик,也没有"小屋"的意义,它只是 дом,只有"房子"

---

① 《语法·语言的语法构造》第1页,人民出版社。
② 同上,第5页。
③ 同上,第18页。

的意义,换言之,домик 这个词就不存在了。在这一点上,汉语是有形态的。我在那一篇论文里也说到汉语并不是没有形态,只是没有足以分别词类的形态罢了。汉语在构词法上是有形态的。把"者"加在"工作"之后,成为"工作者",这是形态,因为"者"是"工作者"这个词的不可缺少的部分,它是词尾。离开了"者",就没有"工作者"这个词,"工作"和"工作者"是两个不同的词。但这只是构词法的问题,不是分别词类的问题。同样,像"子"、"性"、"儿"、"头"等这一类词尾也只是构词法的问题,与词类分别没有关系。与词类分别有关系的是表示词形变化的词头、词尾,它们都是词本身的一个组成部分,正如鱼头、鱼尾是鱼的一部分似的。契科巴瓦教授说:"词根和附加成分是相对的概念,而一般地说,没有附加成分的地方,也就不可能有词根(以通常的意义来说)。"①这不是明白地说词根和附加成分(词头词尾等)是彼此相依为命的词的不可缺少的组成成分吗? 所以,可以离开别的语言成分而独立存在的就不是词根,而接在它前面或后面的也就不是词头词尾。前置词和后置词都是接在词前或词后的,它们就不是什么词头或词尾。没有人把俄语接在名词前面的前置词 с,в 等认为是词头。库兹涅错夫同志说:"但是许多语言却缺乏格位的形态学的范畴;例如法兰西语言就没有格位,因为在俄罗斯语言里用不同的格位表示的那些关系,在法兰西语言里就一部分由特殊的不独立的词(辅助词)——前置词——表示出来,另一部分由词在句子里的次序表示出来。"②为什么法兰西语言里,接在名词前面的 de 就不是格位的

---

① А. С. Чикобава: *Введение в языкознание*,1952,Москва,стр. 183.

② 《语法・语言的语法构造》第 6 页,人民出版社。

形态呢？我在前文里说,因为它不是词的一个组成部分。这是正确的了解。然而穆德洛夫同志却说:"如果我们现在看看《苏联大百科全书》《语法》条的引文,那么它的说法也是反对高名凯教授的。事实上,法语的 de(du)不是格位的形态,可是被它具体化了的正是名词,而不是其他的词类。"穆德洛夫同志误会了。《语法》条明明告诉我们词类的分别应当有形态来表示,而形态应当是个别的词的词形变化。这里库兹涅错夫同志举法兰西语的例,为的正是在于说明 de 不是形态,而是辅助词,因之,法语没有格位这个语法范畴。他没有也不可能说 de 是把名词具体化或标明名词的语言成分。要知道 de 之后的词不一定就是名词(如 de dire)。如果是名词的话,依照库兹涅错夫同志的说法,应当是因为这个词有名词的其他形态变化:法语虽然没有格位,却有"性"、"数"等形态,正如俄语的 пальто（外套）和 рано（早）虽有同样的词尾形式,然而 пальто 有其他的词形变化,рано 就没有,因此,前者是名词,后者是副词一样(穆德洛夫同志以为 пальто 之为名词乃是它和不同的词发生关系的结果。这种说法恐怕有问题)。如果法语名词的其他形态都像格位的情形似的丢掉的话,依照库兹涅错夫同志的说法,它就不成其为名词。所以,de 之类的辅助词不但不能把名词具体化,相反地,它可以使名词渐渐地失去它的词类特征。和这个问题有关的,穆德洛夫同志又说:"为什么'山、水、鱼、人'可以直接(或者借助于量词'座、条、个')跟'这'联合而不能跟'不'直接联合,而'走、想、看'可以跟'不'联合而不能跟'这'联合？这不就是'山、水、鱼、人'在语法上区别于'走、想、看'的标志因而也就是词的语法的归类即词类吗？在我看来,是的。"这一段话不但与事实不符,而且违反原则。事实上,"山、水、鱼、人"可以跟"不"联合(例如,"他简直画得山不山,水不水,鱼不鱼,人不人"),"走、想、看"事实上可以和"这"联合(例如,"这一走,这一想,这一看")。英语里和前置词联合的有名词,也有动词的现在分词,也有形容词(例如:of speaking, from theoretical to practical),法语里和前置词 à 联合的有名词,也有动词(例如:à imaginer)。我们认识它们是名词或动词并不依靠它们和某一个前置词联合,而是依靠它们的形态。汉语的情形更为复杂,"此"可以和"红"、"去"、"日"等联合,"去"也可以和"此"、"缓"、"一"等联合,我们如何能够单凭词与词的联合来规定汉语的某一个词是动词或是名词呢?我们只能说,在词与词的联合中,汉语的某一个词有其他某一语言的某一种词的功能,而不能说有所谓一切语言都有的普遍的名词或普遍的动词的功能(这种普遍的名词和普遍的动词只存在于逻辑里)。契科巴瓦教授说:"许多语言的历史证明,名词和动词原先是不分的,它们的分化是发展的结果。"[①]我们不能想象应用这些语言的人原先不能说明一个"东西"或叙述一个"动作"(因为语言是抽象思维的担负者,人类一有语言就有逻辑的思维),这些语言当时之所以没有名词和动词的分别,除了因为没有形态的分别之外,还能找出什么解释呢?

那么,像"了"、"们"之类到底是不是形态呢?不是。正如上面所说的,词根和词头词尾是相对的概念,如果"了"、"们"是词尾的话,和它们可能在句子里联合的语言成分就不能离开它们而独立存在了。汉语这一类语言成分不是永远必要的,有的时候,甚至是加不上的,例如"三个工人"、"五个农民",就决不能说成"三个工人们"、"五个农民们"。像俄语、法语、英语这样的语言能够因为前面

---

① А. С. Чикобава: *Введение в языкознание*, 1952, Москва, стр. 183.

有表示多数的数词，就把名词的"多数"的形态取消去吗？相反地，俄语和英语的语法却强制我们应用这些形态。为什么汉语可以取消呢？这不就是说明汉语的词可以脱离这些语言成分（"了"、"们"等）而独立存在，不是非得和它们结合在一起不可的吗？当然有的时候，我们可以加上"们"、"了"，但这不等于说它们就是形态，因为它们是在词以外的辅助成分，词不依靠它们而存在，正如在英语里，有的时候可以在 gone 之前加上 already，这并不等于说 already 是词头。这些语言成分所表示的当然是"多"、"完成"等语法关系，但并不能因此而认它们是形态。库兹涅错夫同志说："在一种语言里，如果不用形态学的形式即个别的词的变化来表示某些关系，那么表示这些关系的工具就是辅助词（……）——前置词，后置词（……），连词，小品词，词的次序和声调。"[①]所以，有的语言可以不用形态学即个别的词的变化来表示这些关系。有的时候，像"了"、"被"之类可以放在离开所谓"词根"很远的地方。例如："他到北京了"，"他被我昨天碰见的那个人拉了去"。"了"还能是"到"的词尾吗？"被"还能是"拉"的词头吗？俄语或英语里的词头词尾可以这样的远离它的词根吗？（我还要附带声明，我并不是根据文字分析，而是根据语言分析，看我所举的例子就可以知道。）

汉语既没有足以分别词类的词形变化，我们就不能够说汉语有词类的分别。

当然，正如我们在上面所说的，这只是就汉语的实词来说。至于汉语的虚词，那就是另外的问题了。实词是表示词汇意义的词，虚词是表示语法意义的词，两者性质不同。实词是词汇的单位，要

---

① 《语法·语言的语法构造》第10—11页，人民出版社。

它有词类的分别,就必须在标明词汇意义的语言形式之外,加上标明词类的标志;要不然,它就缺乏词类的"物质外壳"。虚词所要表示的意义本来就是语法意义,它的语言形式就是这语法作用的标志或"物质外壳"。两者之间的分别是明显的。

总之,根据一般语言学家的了解,词类的分别指的是个别的词的类别,因此我们必须依照个别的词的形态这个"物质的外壳"去规定词类的分别,然而汉语的实词却没有这种足以分别名、动等词类的形态,所以,汉语没有实词的词类分别。

这是我就我对词类问题的了解所提出的一些意见。我不知道这种看法是不是正确的,希望穆德洛夫同志和苏联以及中国的语言学家们给我指教。

四

另外,我还需要回答穆德洛夫同志所提的一些零星问题。

谢谢穆德洛夫同志告诉我契科巴瓦教授著作中有关汉语的部分受到了苏联汉学家们的剧烈反驳。但是我还不明白为什么契科巴瓦教授在他的《语言学引论》的修订本里,依照各方面所提的意见修改了很多地方,而不修改有关汉语这一部分的论点。穆德洛夫同志认为他不懂汉语,他所根据的材料是 Finck 的著作,而 Finck 的著作不是新的东西。我不能想象契科巴瓦教授没有足够的根据而能写下有关汉语部分的论点。问题只在于他的说法是否正确。我认为 Finck 的著作是否新的也无关紧要,问题也只在于他的说法是否正确。以词在句子中的地位或所有的功能来规定汉语词类的学说难道不是德国汉学家 Gabelentz 早就在他的《Chinesische Grammatik》里提过的主张吗？为什么穆德洛夫同志就同意类似的见解呢？

我也应当感谢穆德洛夫同志告诉我加尔基那－非多卢克教授发表过另外一篇文章，说到："我们的思维之区分词类，与其说是根据它们的外部形态，不如说是根据它们与现实世界的诸范畴、诸对象的相互关系，根据某词跟其他词类和跟其他词的形态之间建立的那些关系。"但是我相信我没有误解她的意见。她所说的"在它们上面出现有固定形状的时候，才可以谈到词类"，明明说的是词的形态，因为这里说的是"在它们上面"，不是在它们外面，何况她在全文里有很多地方都是这样的说法呢。我现在无妨再举她的一句话为证："同样的一个现实的现象能够在我们的思维里产生不同的概括，在词里产生不同的形式，就是不同的词类。"至于穆德洛夫同志所举的她的一段话，也没有说明词类可以不靠词的形态而能彼此区分，她所说的只是从思维之区分词类着眼，认为"与其……不如……"罢了。语言的功能在于通过思维的表达而成为交际的工具，它当然要注意现实世界的诸范畴，词与词之间的关系。问题在于这些关系是由哪一种语法形式表达出来，是用词类的词形变化表达出来呢，还是别的？穆德洛夫同志的误会就在于他没有分别在语法学上有极大意义的词法和句法的分别，同时也在于他没有注意思维的范畴和语法的范畴之间的区分。穆德洛夫同志又指出我在引用加尔基那－非多卢克教授的著作时多说了"不是所有的语言都有词类"一句话。这批评是正确的。我不是直接引用她的话，只是依照我的了解间接的引用罢了。不过"不是一切语言都有词类的分别"是一般语言学所公认的事实。契科巴瓦教授认为汉语没有词类就是一个明证。契科巴瓦教授甚至于说乌戈尔－芬兰语的特点就是名词和动词没有明显的分别[1],他又说许多语言的历史证明名词和动词原先是不分的(名、动的分别是最基本的词类分别)。语言学家们把世界的语言分为屈折语、黏着语和孤立语;如果一切语言都有词类的词形变化,孤立语还能存在吗?

穆德洛夫同志又说我自己的体系中有矛盾,因为我在《汉语语法论》里说实词可以变成虚词。我还不能够了解他所指的矛盾是什么意思,因为这一段文字不大清楚。看来它仿佛指的是:承认实词变成虚词的历史过程和承认实词与虚词有分别,是矛盾的。如果这样的话,那就理由不充分了。人是从猿发展出来的,难道人和猿就没有分别吗?然而,这一段又仿佛指的是我曾经主张过所谓"介词"是从动词发展出来的,那就是承认有词类。如果是这样的话,穆德洛夫同志就说对了。我在《汉语语法论》里也主张汉语的词可以依据词在句子中的地位规定它的词类,因此,承认有词类。这说法和我现在的主张当然有矛盾。这矛盾而且正是促使我写这两篇文章的动力。

穆德洛夫同志最后说到我的说法里隐藏有巨大的危险,我的结论跟马尔的著名门徒墨山宁诺夫院士的"概念的范畴"没有区别。他说:"他(高名凯)肯定说,汉人虽然明明意识到他所说的是物件,行为还是品质,可是这些概念在语言中不是在语法上拿词类的形式表达出来,而停留为概念,即是思维的范畴。"我要声明一句,这不是我说的话,穆德洛夫同志的误会未免太大了。我所说的话和穆德洛夫同志的转述之间有本质上的不同(请参阅我的原文)。我从来也没有说过这些概念只停留为概念,即思维的范畴。

---

[1] А. С. Чикобава: *Введение в языкознание*, 1952, Москва, стр. 217.

我只说这些概念不是拿语法的形式表达出来,而是拿词汇的形式表达出来的。穆德洛夫同志难道认为词汇不是思维的"物质外壳",思维的"材料基础"吗?我再引库兹涅错夫同志的一段话:"时间的范畴为许多语言所有……但是,有的语言就没有这一范畴;例如瓦伊语(西非洲)里……这里并没有时间的语法范畴。这并不等于说,讲瓦伊语的人没有什么时间观念。如果需要准确地说明什么时候发生这动作的话,他们也可以做到,不过不是求助于语法工具,而是求助于词汇工具,即应用指明时间的不同的状语。"①我的说法正和库兹涅错夫同志的说法相同。难道穆德洛夫同志也认为库兹涅错夫同志是墨山宁诺夫主义者吗?有的人认为既然承认说汉语的人有"名词"的概念,就得承认汉语有"名词"这个词类。这是没有分别逻辑概念和语法上的词类的结果。我们可以把词汇所代表的意义依照逻辑的分类分为无数的类,然而没有任何一个语言把这一切逻辑的分类都拿语法形式表达出来。古斯拉夫语有"双数"的语法形态,现代俄语就没有,这并不说明说现代俄语的人忽然失去了表达双数概念的能力,因为他们可以拿 два 这个词去表示双数的概念。认为有"名词"的概念就必须有名词这个词类,是没有了解逻辑和语法的分别,语法和词汇的分别,总之,没有了解思维和语言的关系的结果。

末了,我应当感谢穆德洛夫同志给我提出这些意见,因为他的意见启发了我更进一步地研究这个问题。

(原载《中国语文》1954 年 8 月号)

---

① 《语法·语言的语法构造》第 7 页,人民出版社。着重点是我加上的。

三论汉语的词类分别

第 27 期和第 28 期的《中国语文》发表了几篇讨论汉语词类的文章。这些文章有几个共同的论点:(一)都主张汉语的实词可以分词类,(二)都认为可以拿词和词的配合或配合性来作为分别词类的标准,(三)都认为汉语有重叠式这种词形变化。

因为这些文章之中,以曹伯韩同志的文章写得最为明确[1],同时也因为曹伯韩同志的文章引用了一些苏联的语言学材料,我愿意把它当作这些文章的代表,加以回答。

曹伯韩同志认为我所说的"物质的外壳"和斯大林所说的"物质的外壳"没有关系,然而却又认为我"采用'物质的外壳'这个用语的意图如果只是强调要拿真实的凭据来分别词类,那是非常正确的"[2],这就说明了我所说的"物质的外壳"和斯大林所说的"物质的外壳"有密切的关系,只是曹伯韩同志认为词和词的结合就是词类的"物质的外壳",而我则认为必须是词的本身形态才是词类的"物质的外壳"罢了。当然,在词类这个问题上,什么才是它的真正的"物质的外壳",也须有个正确的认识,只有正确的认识才符合于斯大林的原理。

决定汉语的实词是否有词类的分别,首先当然要问到底划分

---

[1] 曹伯韩《汉语的词类分别的问题》,《中国语文》,第 28 期,第 23—27 页。
[2] 同上。

词类的标准是什么。曹伯韩同志一再地说,广义的形态或词和词的结合(词在句子中的地位)就是划分词类的"物质的外壳",就是划分词类的一个标准。在没有回答曹伯韩同志的主张之前,让我先引用雅尔契瓦在批判马尔语言学说的时候所说的一句话:"比方说,语法范畴的词类所固有的特殊的形式标志并不使马尔感觉兴趣,他完全是从语义功能和句法制约性这方面去处理词类的。"①曹伯韩同志的主张是否和马尔的学说有共同之点呢?至少,我有这种怀疑。

我在前次的论文里已经说过词类不能只拿词在句子中的地位,词和词的结合来做分类的标准,因为词类是词的分类,个别的词的分类,我们只能看词的本身是否有特殊的形式标志(特殊的"物质的外壳"),不能只拿词和词发生关系时所产生的功能来分类,因为同样的功能可以发生在不同类的词之间,而词的本身的特殊的形式标志则是某一种词所固有的,何况词是语言的建筑材料,不一定要在句子中和别的词发生结合,就是发生了结合,也有各种不同结合的方式。我还引用了库兹涅错夫同志的话为证:"……各种词类的特征是具有一定的形态学的标志,即每一种类的词(词类)所固有而不同于其他种类的词(词类)的一定的语法范畴,而这些语法范畴是由词的变化表现出来的。"②库兹涅错夫同志这一段话说得很清楚,他认为表示一定的语法范畴的词的变化才是词类的特征。曹伯韩同志也引用了这一段话,然而他却跟着又引用了库兹涅错夫同志的另外一段话,说是库兹涅错夫同志也认为词的

---

① 雅尔契瓦《马尔"理论"中关于词汇和语法相混合的学说的批判》,见高名凯译:《语言学中的历史主义问题》第125页,五十年代出版社,1954。
② 《语法·语言的语法构造》第11页,人民出版社。

结合（或组合）可以分别词类。然而库兹涅错夫同志这一段话到底说的是些什么呢？库兹涅错夫同志说：

"句子的不同要素的组合，构成句子的一个要素、词的组合，和不但构成句子的一个要素而且构成形态学上统一的形式的词的组合——这三者之间的界限必须严格划分。当经常互相组合在一起的诸词中的一个获得补助词的性质，并且只用来表示跟它组合的词的一定的语法范畴的时候，就形成了上述的第三种组合……这些统一的，然而却是由几个词组合成的形式通常称为'分析形式'。"①

这里，库兹涅错夫同志说的是词的组合，由几个词统一起来所构成的形式，他并且把这种形式叫做"分析形式"，并没有把它说成分别词类的词的变化，更没有说它是词类的特征，只说这几个词在形态学上统一起来。词类是个别的词的分类问题，作为这个组合成员的每一个个别的词到底属于哪一类，显然是另外一个问题。我们看库兹涅错夫同志的全文，在他讨论词类的时候，他明确地指出词类具有特殊的词的变化，而这一段话则是在他讨论句法的时候提出来的，他认为词的组合是句法的问题，不过在词的组合里有这种由几个词在形态学上统一起来的形式罢了。

语法形式和词的变化是两个不同的概念。词序也是一种语法形式，但没有人认为词序是词的变化。库兹涅错夫说："但是许多语言却缺乏格位的形态学的范畴；例如法兰西语言就没有格位，因为在俄罗斯语言里用不同的格位表示的那些关系，在法兰西语里就一部分由特殊的不独立的词（补助词）——前置词——表示出来，另一部分由词在句子里的次序表示出来。"②所以，用格位的词

---

① 《语法·语言的语法构造》第14页，人民出版社，着重点是我加的。
② 《语法·语言的语法构造》第6页，人民出版社。

的变化来表示的和用补助词或词序来表示的,是不同的语法形式,我们不能拿补助词或词序来作为词类的标志,因为词类具有特殊的词的变化,而词序或补助词并不是词的变化。

另一方面,词的变化也不一定都是词类的标志,虽然词类的标志是词的变化。构词法上所用的词的变化就可以与词类无关。英语的 construction 和 reconstruction 之间有了词的变化,但两者却都是名词。

在这种情形之下,库兹涅错夫同志所说的"统一的形式"是什么呢?他所说的"在形态学上统一的形式"是什么呢?第一,这形式并不是词的变化,其中一个词是以获得补助词的性质而在经常的组合当中和另外一个词统一起来的。补助词和其他的词的经常的组合是不是这后一个词的词的变化呢?如果是这后一个词的词的变化的话,库兹涅错夫同志就不可能认为法兰西语言里表示同样格位意义而和名词经常组合在一起的前置词并不是词的变化。前置词是纯粹的补助词,而库兹涅错夫同志所说的"统一的形式"之中的一个词只不过是获得补助词的性质而已。如果前置词不能算做词的变化,这种组合中获得补助词性质的词更不能算做词的变化。所以,库兹涅错夫同志所说的"在形态学上统一的形式"不可能指的是词的变化。第二,这形式并不是词类的标志。印欧各语言的"分析形式"(这里并没有说"分析的词形变化")之中的动词,如库兹涅错夫同志所举的例,俄罗斯语言的 Буду писать,它本身就有词的变化,其中获得补助词性质的词也有其本身的词的变化,各有各的词类,动词之为动词并不依靠这获得补助词性质的词来跟它组合在一起,不组合在一起,也已经是动词,何况这组合虽是经常的,却不是必要的。当然这种组合有它的语法作用,它指出了一个语法范畴,但是语法范畴不一定要由词的变化来表示。汉语"他父亲告诉我","他"和"父亲"之间有"领属关系",在印欧各语言里,这种关系通常是由词的变化或补助词来表示的,但汉语却用词序;这词序所表示的是同样的语法意义,但词序并不是词的变化。在我看来,"分析形式"之中的获得补助词性质的词是语法形式,和其他的补助词一样,都表示语法意义,都作为语法范畴的标志,但却不是词的变化。库兹涅错夫同志所说的"在形态学上统一的形式"有两种可能的解释:第一,两个组合在一起的词都有它们的词的变化(狭义的形态学),现在把它们统一起来;第二,表示语法范畴的获得补助词性质的词虽然不是词的变化,但有词的变化的功能,因为它也指明可能由词的变化来指明的语法范畴,无妨也称它为形态学。这种形态学和通常的形态学不同,但也有其存在的权利。雅尔契瓦也有一段话说:"作为形成语法形式的工具用的技术方法也可能在不同的语言或同一语言的不同历史时代有所不同;就这方面来说,'非屈折的形态学'的思想(依据喀茨涅里桑的说法),例如'补助词形态学'(我们可以说,在基本上用补助词的形态学),也和屈折形态学一样,有其存在的权利……在作为表示一定语法意义的语法形式的标志用的补助词方面,也必须具有词尾变化所具有的条件:能够和词的一定范畴相配合,缺乏局部的词汇内容,表达一般的语法概念。"①这里,雅尔契瓦说的也是语法形式,不是词的变化,他说的是语法意义或语法概念,不是狭义的语法范畴。狭义的语法范畴只指各词类所有的范畴,广义的语法范

---

① 雅尔契瓦《马尔"理论"中关于词汇和语法相混合的学说的批判》,见高名凯译:《语言学中的历史主义问题》第130—131页,五十年代出版社,1954。"形态学"原译为"词形学",下同。

畴可以指明一切的语法意义或语法概念。并且雅尔契瓦所说的是补助词,不只是获得补助词性质的词。换句话说,一切的补助词都表示一种语法意义或语法概念,因此,"补助词形态学"有其存在的权利,但这种形态学和词的变化的形态学显然不是一回事。和补助词组合在一起的词很多,前置词和名词的组合也是一种经常的组合,然而库兹涅错夫同志却明确地指出这种补助词不是词的变化,他却明确地指出词类具有特殊的词的变化。所以,这里所说的"在形态学上统一的形式"在任何情况之下都与词类无关,何况库兹涅错夫同志并没有说它是词的变化,也没有说它是词类的特殊标志呢。

另一方面,库兹涅错夫同志却明确地指出这种"分析形式"是词的组合,他并且把它列为句法的一种。所以,它是句法问题,不是与词类有血肉关系的词法问题,句法当然与词法有联系,句法当然可以表示词法所代表的同样的语法意义,正如汉语的词序可以表示俄语以词的变化所表示的同样的"领属关系"。但句法毕竟是句法,它与词法不同。雅尔契瓦批评马尔学派的喀茨涅里桑说:"他同意马尔认为'形态学是句法的技术'的论题,而把形态学保留在非常广泛的理解里,这里包括有(用他的术语来说)变词尾的形态学和造句的形态学,或换一种说法,词的组合的形态学。在这种情形之下,形态学本身,依据喀茨涅里桑的解释,就完全淹没在词汇之中,而被溶解了。在我看来,这种情形的发生是由于研究家不认为需要分别词汇和语法现象和把语义学放在注意力的中心时因而轻视语法形式的缘故。"[①]他又说:"句法被他们决定为'语法在

---

① 《马尔"理论"中关于词汇和语法相混合的学说的批判》,见高名凯译:《语言学中的历史主义问题》第126—127页,五十年代出版社,1954。

它和思想范畴的复杂而对立的联系之中的意义的研究'的范围,而形态学却应当包括词的形式和词和词的组合形式,在形态学里包括了词类和句子成分的研究;结果,不但语法部门的分类是不正确的,而且使'纯粹的内容'(句法)离形式而孤立,与形式脱离。"①

曹伯韩同志也知道这是词的组合问题,因此,他认为补助词或获得补助词性质的词和其他的词相组合既可以作为词类的特殊标志(?),平常的词的组合也就可以作为词类的分别标准。这推论是必然的结果。看了雅尔契瓦这两段话,把词的组合看成形态学(狭义的),拿词和词的组合去处理词类问题之为马尔学派的错误学说,已毫无疑义。只是词的组合是否包括"分析形式"则是问题,因为他没有说明这一点。但是,依据他的理论加以推理,我们可以得出结论:"分析形式"既是词的组合的一种,既是句法的一个问题,它就不可能是通常的形态学(词的变化),它就不可能是由词的变化来表示的词类的特殊标志。曹伯韩同志又引用库兹涅错夫同志的话"相同的一些词类可以由不同的标志表征出来"②,而认为词和词的组合正是表征不同词类的不同标志。然而库兹涅错夫同志这句话说的是些什么呢？库兹涅错夫同志接着就说:"比方说,在俄罗斯语言里,名词是由'性'、'数'和'格位'的范畴表征出来的,在法兰西语言里,名词只是由'性'和'数'的范畴表征出来的。"③他所说的不同标志分明指的是这些与词的变化有关的语法范畴的不同,并不是词的变化和词的组合之间的不同。值得注意的,库兹

---

① 《马尔"理论"中关于词汇和语法相混合的学说的批判》,见高名凯译:《语言学中的历史主义问题》,第134页。
② 《语法·语言的语法构造》第12页,人民出版社。
③ 同上,第12—13页。

涅错夫同志举的正是"格位"的例。他在前面说到法兰西语言的"格位"不是用词的变化表征出来，而是用补助词表示出来的，这就说明了补助词和词的组合不能看做是狭义的形态（词的变化）或狭义的语法范畴（由词的变化表示出来的语法范畴），而词类的不同标志正是不同的词的变化，不是词的变化和词的组合之间的不同。法兰西语言和俄罗斯语言在名词方面的不同就在于法兰西语言缺乏"格位"这一词的变化，并不在于俄罗斯语言用词的变化，法兰西语言用补助词和词的组合。他并且明白说出，法兰西语言的名词只是由"性"和"数"的范畴表征出来，不是由"格位"表征出来。可知，库兹涅错夫同志并没有说词的组合也是表征词类的一种标志。

语法范畴必须有表示的形式，但这形式却可能不是词的变化。谢勒赫同志说："谈到语言的基本词汇，除了表示原始实际概念的原始名称之外，还可以列入一些表示语法范畴的词：共同斯拉夫语的代词——人称代词和其他的代词……所有共同斯拉夫语的数词……和东斯拉夫语的数词……所有的补助词（前置词，连词，小品词）。"[①]可知，表示语法范畴的形式很多，不只是词的变化，和词的变化相应的只是狭义的语法范畴。补助词或获得补助词性质的词当然也指出语法范畴，但这语法范畴却不是由词的变化指示出来的。这语法范畴也可能是属于某一类词的，但这只是说表示这语法范畴的补助词或获得补助词性质的词能够使和它组合在一起的词具有某种词类的功能，不是说和它组合在一起的词就是某种词类：我们不能因为词序指明"格位"，就认为前后两个词一定有词

---

① 《斯大林关于基本词汇的学说》，见《在斯大林著作指引下的语言学问题》俄文版，第138页。莫斯科大学，1951。着重点是我加的。

类的分别,同样地,也不能够因为有补助词或获得补助词性质的词指明某种语法范畴,就认为和它相组合的词一定有词类的分别,因为这后一个词是否有词类的分别还要看它本身是否有表示词类的特殊的标志。如果一个词没有由特殊的"物质外壳"把词类的意义巩固在词的本身上面,它就没有词类。"功能"是一个重要的概念。契科巴瓦教授提出"功能"这个说法是值得注意的,因为它分别了具有词的变化的词和没有具备词的变化的词之间的不同。语言和思维是紧密地联系着的,但语言不等于思维。各语言之间的不同就在于彼此能够拿不同的语言形式来作为同样意义的标志,这在词汇方面是如此,在语法方面也是如此。如果不注意不同的形式,结果就是从意义出发,取消了语法的特点,割裂了语言和思维的紧密联系,因为从意义出发只能引向一个错误的结论:语言就是思维,思维就是语言。它的必然的推论就是:一切语言都是一样的,并无所谓各民族语言的特点,并无所谓语言发展的内部规律,一切的语法都可能是相同的。问题就在于各不同的语言采用哪一种特殊的语法形式来表示各语言之间所表示的可能的同样的语法意义;表示意义的功能可能是一样的,但是由于词的变化而巩固在词本身上面的形式和只由词和词的组合而表示出同样意义的形式却正好是各语言之间的一种可能的不同的语法特点。如果认为词和词的组合可以判定一个词的种类,那么,有词的变化的语言就和没有词的变化的语言没有什么语法上(至少是词法上)的不同了。汉语尽管没有形动词,但从词和词的组合来说,它显然也可以把俄语用形动词所表示出来的意义表示出来,然而我们却从来也没有因此而认为汉语有形动词,我们只说汉语的某一个词在某种词的组合里具有俄语形动词的功能。有词形变化的词和没有词形变化的词可能具有同样的功能，可能表示同样的意义，但两者却是两种不同的语法构造，忽视了这一点就是忽视语言和思维的正确关系，就是忽视语法的特点，就是把语言和思维混为一谈。当然，在某种情况之下，例如和别的词组合的时候，没有词形变化的词也能够表示具有词形变化的词所表示的同样的语法意义，但在这种情况之下，我们就只能说这个没有词形变化的词可能具有某种词类的功能，不能说它就是某种词类。这其间的分别虽很细微，却具有极大的重要性。因为不这样就不能正确地了解各语言的语法特点，就不能分析各语言的不同语法构造的特殊性，就会误认一切语言都有词类，一切语言的词类都是一样的，甚至于误认一切语言的语法都是一样的，否认语言发展的内部规律。库兹涅错夫同志说："在各种具有词类的语言里，词类可能依据不同程度的准确性加以区别。"①这句话就意味着不见得一切语言都有词类。他又说："不同的语言可能有不同的词类。"②不依据词的变化来讲词类就会使我们误认一切语言都有词类，一切语言的词类都是相同的。英、德诸语言的"分析形式"牵涉不到词类的问题，因为作为组合成员的每一个词都有它的词形变化，本来就有词类的分别，只是拿获得补助词性质的词来表示某种范畴罢了。像汉语这样的语言，它的个别的词没有词的变化，加上了吕叔湘先生所说的"鉴定字"③到底起了什么作用呢？这些"鉴定字"指出某一种范畴，但不是这个词的词类标志，它只指明和这范畴相配合的缺乏形态变化的词在这特殊的场合下具有某种词类的功能，并不说明这个词就是某种词类

---

① 《语法·语言的语法构造》第14页，人民出版社。
② 同上，第12页。
③ 《关于汉语词类的一些原则性问题（上）》，《中国语文》，第27期，第11页。

的词。由于特殊的"物质外壳"而把词类的意义在词的本身上面巩固下来的词显然是和由"鉴定字"的帮助而指出它的功能的词是两种极不相同的语法构造。像这样的不同都不加以区别,我们还能谈到什么各语言都有各语言的语法特点吗?

有的人说,这些"鉴定字"就是词的外部形态。这种见解显然不容易成立。如果说印欧语的分析形式是词的外部形态,还可以说得过去,但说汉语的"鉴定字"是外部形态就不行了。因为汉语运用这一种"鉴定字"的情形是特殊的。一般地说,印欧各语言的个别的词都具有一种特殊的词类标志,都属于一定的词类,因此,表示时间范畴的 буду 一般要和 писать 之类的动词组合在一起,不大可能和没有动词形态的词组合在一起。因此,某类补助词或获得补助词性质的词要经常地和具有某类形态变化的词结合在一起。然而汉语呢?汉语的任何一个词都可以和不同类的几种"鉴定字"结合在一起,因此只有在某一类"鉴定字"和某一个词在某一特殊的句法里结合在一起的时候,这个词才具有某一种词的功能。例如,只有在"了"、"着"等加在"喝"、"打"之后的时候,"喝"、"打"才具有动词的功能,因为"喝"、"打"还可以和"一"结合在一起,甚至不和任何一个"鉴定字"结合在一起,如"吃喝"、"挨打"等。什么词可以放在"了"、"着"之前呢?没有一定的标准。"红"、"亮"、"钳"、"剪"、"扇"都可以加上一个"了"或着(例如"红了"、"红着"、"亮了"、"亮着"、"钳了"、"钳着"、"剪了"、"剪着"、"扇了"、"扇着")。"钳"、"剪"、"扇"既可以和"把"组合在一起而具有名词的功能,也可以和"了"、"着"组合在一起而具有动词的功能,在不同的情形之下,发挥了不同的词类功能。其所以能够发挥不同的词类功能,正因为它本身并不属于某一固定的词类。有的人看到汉语中某些词不能和某一"鉴定字"(例如"了"、"着")组合在一起,就认为它必定是另一个词类,其实是看错了的。许多语言的事实都证明同一词类的词或具有同一词类功能的词不见得都能和同一的"鉴定字"组合在一起,汉语的所谓"动词"就有这情形:"花"就不能和"着"组合在一起(我们不能说"我眼睛花着"),而能和"了"组合在一起("我眼睛花了")。英语的 universe 不能和 on 组合在一起,而能和 in 组合在一起。正因为汉语的词在不同的组合里可以具有不同的词类功能,想把汉语的词固定为某一个词类就不可能。吕叔湘先生举出许多彼此互相矛盾的划分词类的办法之后,终于宣称"说实在的,现在还拿不出整整齐齐的一套。在这个问题上,我到现在为止还是个寻路的人"[①],这正是汉语的词没有固定的词类而引起的困难的反映。汉语之中绝大多数的词都可能在不同的情况之下,由于和不同的词或"鉴定字"相组合而具有不同的词类功能。这种情形的广泛存在,甚至于都使我觉得没有举例的必要。汉语的所谓"名词"可以具有动词的功能(例如"剪"、"钳"、"夹"、"锄"、"轮"等)。即使有个别所谓"名词"不能用作动词,它们至少也都可以用作形容词(例如"主人翁态度"、"太阳放射能"、"国家机构"、"地方政权"、"阶级意识")。即使有的所谓"名词"只能具有名词的作用(事实上这种情形是不存在的),这也不等于说它们就是名词,因为具有特殊的词类标志的语法上的名词和不具有词类标志而只具有名词功能的词有本质上的不同。其他种类的所谓某词类的词也是同样的情形,我也就用不着多说了。总之,词当然可以在句子里和其他的词发生组合而发挥其一定的功能,词甚至于可

---

① 《关于汉语词类的一些原则性问题(下)》,《中国语文》,第 28 期,第 22 页。

以只具有一种功能,但这并不等于说这个词就是某一词类的词,因为词类是词法上的问题,它必须具备一个条件:有某种表示概括性的范畴的特殊的词形变化来把这范畴巩固在词本身上面的时候,这个词才有词类。如果不根据这种条件而随便把词分为语法上的词类,我们就要陷进马尔的泥坑,只从意义出发,取消了语法的语言特点,只"从语义功能和句法制约性这方面去处理词类"了①。

曹伯韩同志还附带地谈到汉语有词的变化,这词的变化就表现在重叠式里。我们无妨看一看汉语的重叠式是怎么一回事。重叠有各种不同的情形,句子、短语、词,都可以重叠,但却与词的变化毫无关系。只有词根的重叠才和词的变化有关。所谓汉语的重叠式到底是哪一种重叠呢?是词的重叠呢,还是词根的重叠呢?这至少还是个待决的问题。即使认为它是词根的重叠,它是一种词的变化,难道词的变化就一定是词类的问题吗?上面已经说过,词类必须具有词的变化,但词的变化不一定就是词类的标志,构词法也应用词的变化,但却可以不与词类的标志发生关系。如果汉语的重叠式是词的变化,我们还要问一问这词的变化到底是作为词类的标志,还是作为其他的用途。如果是词类的标志,它就一定是某一类词所特有而不同于其他种类的词的形式。然而,所谓汉语的重叠式是些什么呢?"人人"、"日日"、"夜夜"、"轻轻"、"慢慢"、"快快"、"红红"、"绿绿"、"飞飞"、"偏偏"、"正正"……这重叠是哪一类词所特有而不同于其他种类的词的形式呢?有人说重叠有声调的不同,可以分别词类,然而前人不是已经说过汉语的声调

---

① 见上引雅尔契瓦文,见高名凯译:《语言学中的历史主义问题》第125页,五十年代出版社,1954。

可以由于两个音缀的组合而起变化吗？这种变化是语音或语义的问题，与词类没有关系。何况到底汉语里有多少词可以这样的重叠呢？到底有多少重叠的词可以发生声调的变化呢？到底声调的变化有多大的规律性呢？拿偶然现象来和规律相混，正是这种理论的特点。

不难看出，评论家们所以坚决主张汉语有词类是有原因的。他们认为不说汉语有词类就不方便，不说汉语有词类就没有方法讲语法，因此在主观上先认定汉语必须有词类，然后再找理由来证明它，找不到理由，就说这是汉语的特点，不能拿印欧语的标准来衡量汉语，甚至于宁可走上"从语义功能或句法制约性这方面去处理词类"的马尔的道路。要知道汉语有没有词类应当看客观的事实怎样，而客观的事实也绝不是所谓一说到某词就觉得它是某类的"想当然"的主观感觉。我们不能勉强客观的事实来迁就我们的方便，何况掌握了客观的规律后而能对我们有更大的方便呢。勉强把汉语的词规定成一定的词类，在我看来，正是汉语语法研究碰到困难的一个原因。教学的实践告诉我们：无论是先生或是学生，对词类问题都感到头痛，无法处理。像"解放"这样一个词到底是名词，还是动词，或是形容词，就是再争论上二十年，我看也得不到结果，因为没有凭据，哪能得出定论。不讲词类就不能讲语法是倒果为因的说法，因为这是结论，不是前提；必须证明一切语言的语法都以词类为中心，才能得出这结论。语言学家告诉我们，词类只是语法当中的词法的一个部门，不是一切的语言都有词类，各语言的词类在整个语法系统里也有其不同程度的重要性，这就说明了不讲词类就不能讲语法的感觉只是一个错觉。当然，如果认识汉语没有词类，我们就应当共同努力来就汉语的特点为祖国的人民寻找一套讲语法的办法,但这绝不是一个人的能力所能成功的,我们大家无妨研究研究(我愿意在最近期间提出我对这问题的意见,以供参考)。至于说拿词的变化来作分别词类的标准只能用于印欧语,更是违反原则。先进的语言学家们从来也没有在理论上或实践上做过只把这个标准应用在印欧语,而不应用在非印欧语上的事情。库兹涅错夫同志不是一再地谈到非洲的语言,突厥诸语言、芬兰－乌戈尔诸语言吗？这样的因为要迁就自己的愿望而抛弃语言学的普遍原理,甚至走上以平常的词的组合来分别词类的道路,又是主观主义的另一种表现,结果只有陷进马尔的悲惨的泥坑。

最后,我要声明一点:汉语没有词类是苏联语言学家契科巴瓦教授在接受苏联政府的委托,和苏联科学院语言研究所的所长维诺格拉陀夫、乌克兰科学院语言研究所所长布拉霍夫斯基共同负责为全苏联的高等学校编著语言学课本时,在他书里所提出的主张,并不是我的发明。尽管苏联一部分汉学家反对这种说法,契科巴瓦教授在修订他的著作的时候,依照许多人所提出意见修改了一些地方,却不修改这一主张。契科巴瓦的书经过苏联政府的批准,我国高等教育出版社正将出版该书的译本。契科巴瓦教授的主张是否正确,当然可以讨论,但我希望评论家们无妨先虚心地研究一下契科巴瓦教授提出这个主张的理由,然后再提出自己的意见。

(原载《中国语文》1955年1月号)

关于汉语实词分类问题[*]

王力先生1955年的论文和这次的论文给我很多启发,我很感兴趣,这篇论文跟以前的那篇文章基本上并无多大区别。看了王先生1955年的论文以后,我的看法有些改变,在《语法范畴》一文和《普通语言学》的修订本里都有反映。我后来的看法可惜在王先生这篇论文中没有涉及,所以还想提出来讨论。

我以前认为词类应该根据形态分,但不等于形态论,我说的是作为语法意义的标志的形态。经过讨论之后,我认为我当时所说的太窄了些,形态只是形式的一种,但形式是不能放弃的。语言是意义和形式的结合。我们可以从形式的角度或意义的角度去研究语言现象,要看我们所要研究的问题是什么,语音学的研究和语义学的研究显然具有不同的目的和对象,虽然不能割裂地研究它们。在语法的研究中也是同样的情形,我们既可以研究语法形式,又可以研究语法意义,词类的问题本质上是语法意义的问题,词类是形式所表达的某些语法意义的归类,说某词是名词,并不仅仅由于它具有形式,还要看这形式到底是什么语法意义的标志,如英语的-s

---

[*] 这是在北京大学1959年"五四"科学讨论会上的发言,题目是新加的。发言中提到的"王力先生1955年的论文"指《关于汉语有无词类的问题》(载《北京大学学报》(人文科学)1955年第2期),"这次的论文"指《汉语实词的分类》(载《北京大学学报》(人文科学)1959年第2期和《语言学论丛》第4辑)。

是名词的词尾,又是动词的词尾,它们表示的语法意义不同,我们说 he speaks 的-s 是动词词尾,又说 students 的-s 是名词词尾,这不是因为它有-s 这个形态,而是因为前者的-s 是第三者动作的语法意义的标志,后者的-s 是复数事物的语法意义的标志,要看形式所表达的意义是什么,只看形式是不能解决问题的,反之,只要语法意义被表达出来,不管是什么形式,就可以确定它是什么词类的词。功能论把词类问题看成词在言语结构中的用法,他们不谈作为语言成分的词汇成员的词本身有什么语法特点,而谈词在言语单位的句子中的用法,是把词类问题看错了。我跟王先生一样也反对这种见解,因为语法是语言问题,不是言语问题。语法中的词类问题自然也不是言语问题,我们所说的词类,指的是作为语言建筑材料的词汇的单位的词所具有的某种语法特点,不是指的词在具体言语结构中所起的语法作用,虽然两者是有联系的。但功能的概念不能取消,因为语法规律本来就是属于语言的功能规律的范围的,问题在于语言中必须有语法形式作为发挥语法功能的手段。形式与功能同时存在,形式的存在是为了表示意义,亦即发挥表达意义的功能。音的变化不一定都是形态,其中表示语法意义的变化的才是形态。语法意义总要有个语法形式作为它的体现工具;既然这样,从形式下手来研究词类也是一样的,不过,有时会发现其中有矛盾的情形,这是句法与词法的不同特点所生的结果。词法加于词以特殊的形式,词法跟句法是相互联系的。在言语结构中,个人或部分人不一定都守规则,有时用错了,一部分用错了的可能由于某种原因而被沿用下来,成了习惯,这样就出现了矛盾。例如英语 liberation 是名词,但它在 liberation army 中则充作形容词。这种情况不多,否则就会引起语法的演变。我从前强调形态，现在感到不对，应该反过来强调意义。王先生也强调意义，但王先生所强调的意义跟我所说的意义不是一个东西，我指的是语法意义，它必须跟词汇意义严格地区别开来。人们对事物往往作不同的抽象，例如逻辑学家说，"动作"的概念是不动的，我们可以把动作看做动作，也可以看做不动的事物、性质。在词汇意义上指的是动作，在语法意义上就不一定指动作。例如英语中的 develop 和 development，前者在语法上指动作，后者在语法上指事物，前者是动词，后者是名词，但从词汇意义上看，前者和后者却都指的是动作。我们可以说语法意义建立在词汇意义的基础上，和这后者有联系，但不能说语法意义以词汇意义为准。如果两者不冲突，那最好，但两者在任何语言里都不可能是完全一致的，因为人类的思维就会有这种不同的抽象，否则人类的思维就是僵死的东西了。在这种情形之下，我们要根据什么来确定词类呢？只能根据词的语法意义，不能根据词的词汇意义。总之，我认为意义是基本问题，但必须是语法意义，不是词汇意义；把词类看成形式问题是不妥当的，但语法意义总要通过形式来表达，所以要辨识词类却仍然要看语法形式，包括形态。从阿里斯多德起直到现在，语言学家们都说主语必得是带名词性的词语。为什么呢？因为主语是被表述的对象，而被表述的对象就是宇宙中的形形色色的事物，主语总是表示事物的词语，而表示事物的词语也正是名词或带名词性的词语。事实上，世界上的任何一种有明显的词类区别的语言，在句法结构中，都是拿名词或带名词性的词语来作为主语用的。如果有其他来路的词被用为主语，它也就变成了名词性的词，例如：英语动词的不定式可以用作主语，于是，它也就变成了动名词，即从动词来的名词，"To speak is to act"这句话直译，就是"说话这件事就是行动"。汉语的任何一个实词都可以用作主语,这就说明了汉语的任何一个实词都具有名词的性质,不论它是否还具有其他词类的性质,这一点就证明了汉语的实词没有固定的不同于别的实词的特有的词类性质。形态也好,词的结合能力(包括句法上的结合能力,即句法功能)也好,都是以某种形式来表达语法意义的,形式必须是表示意义的形式,不表示意义的形式甚至于都不是语言成分,更谈不到什么语法问题了。关于汉语的词类问题,从前我只把形态看成表示词类意义的形式,那种说法太窄了,现在我认为应该说词的形态变化,词的结合能力或词的句法功能等都是词的词类意义的外部标志。问题在于汉语的实词无论从哪一方面来看,都表现其具有多种的词类意义,因之,没有固定的词类特点。我同意大家的说法,一词多类就等于没有词类,问题在于汉语的实词是否一词多类。

王先生在报告里花了很大的力气来解决一词多类的问题,他努力说明"中国人"中的"中国"一定是名词,"飞鸟"中的"飞"一定是动词,从而达到词有定类的结论。为什么要花这样大的力气来说明这个问题呢?因为王先生已经看出汉语实词一词多类的情形很多,如果不把"中国人"之中的"中国"说成一定是名词,不把"飞鸟"之中的"飞"说成一定是动词,结论就必然的是汉语的实词都是一词多类的,汉语的实词没有固定的词类特点。问题在于王先生并没有能够证明他的理论。王先生以西洋语言中有名词限定名词的情形认为汉语中的"中国的解放"之类的结构一定是名词限定名词。西洋语言里确有用名词限定名词和用形容词限定名词的情形,但西洋语言用名词或用形容词来限定名词,是有一定的规则的,如英语中的"King's palace"和"royal palace"一为特指,一为泛指,并不一样。汉语中"牛尾巴"和"牛脾气"在我看来就不一样,前者是领属格的意思,后者是形容词限定名词的作用。这样的情况可以有两种不同的处理:(1)在两种情形下,"牛"起的都是名词的作用;(2)不同情况的"牛"具有不同的词类作用,因之,作为词汇单位的"牛"并没有固定的词类。既然如此,除非有足够的理由,不能说只能把它理解为名词限定名词。要知道限定作用正是形容词在句法功能上的本质特点,我们只可能说限定名词的名词其实是在这里起着形容词的作用,而不可能说限定名词的形容词起的是名词的作用。Palmer 等人就认为英语里"名词+of+名词"中的"of+名词"等于形容词。"按照桌子的样子来画它"中的"桌子"显然起的是形容词的作用。如果说这是名词限定名词,我们就要问,你怎么知道它是名词呢?英语 liberation army 之类的结构还可以说是名词限定名词,因为 liberation 的形态说明它是名词,现在拿它来限定名词,尽管它所起的句法作用已经是形容词的作用,但它本身却是一个名词,正因为这个缘故,语言学家们认为这种情形是把名词当作形容词用。但是,汉语的情形怎样呢?汉语的实词缺乏形态,我们不能像认清英语的 liberation 是名词那样地认清汉语的哪些实词是名词。那么怎么办呢?王先生告诉我们要看词和词的结合性或句法功能。好,根据这一原则,这种情况就只能是形容词限定名词,因为它的句法功能正好是形容词本质特点所体现的限定作用。王先生既认为汉语的词类可以用词和词的结合性或词的句法功能来加以规定,不一定要拿形态来作标准,这里,他却把他自己所定的原则扔在一边,而把没有形态标志的词硬说是名词,这显然是因为王先生心里有主观的愿望,一定要把汉语的实词说成有词类的,到了说不过去的地方,只好抛弃自己的原则而硬说它是名词限定名词罢了。

如果这一点打破了,汉语就没有一个实词不是多类的了。王先生也知道这一点是关键性的问题,所以费了很大的力气来说明它,可惜他的论证还不能令我信服。

词是有派生的,但这只指构词法上的派生而言。如果说用法上也有派生,那么就无法知道什么用法是基本的,什么用法是派生的;因为先用什么,是由言语环境来决定的。汉语本来一个词可以同时用作名词、形容词、动词,只要你需要,无需通过构词法的变化来派生。哪种用法是最基本的,没法说清,历史上各种用法都出现过。解决这个问题可能有两种办法:(1)根据词汇意义——这跟语法是没有关系的,词汇意义不能决定词类,所谓名词是事物的名称,动词指动作……也是指语法意义而言,不是词汇意义;事实上任何人在具体分词类的时候都没有完全根据词汇意义来决定词类的。(2)常用与否——这取决于言语的环境,而这是漫无边际的。所以计算常用率也只能解决词的某种用法的常用的程度,而不能解决词的词类性质问题。有人说,汉语的词可以根据词的各种形态、词的语法功能的总的趋势来加以规定,可惜的是,他们的"总"并不是从词的个别用法概括而来的,而是除去了与他们的说法有矛盾的用法,只选上与他们的说法相适应的用法来加以总括的。他们又说主语、宾语……等不是语法功能,把句法功能中最重要的因素踢出语法功能的范围之外,但却主张词的语法功能是规定汉语词类的主要标准,这些论调都是躲避问题,不能解决问题。

总之,我认为汉语有词类范畴,问题在于汉语的词是否有固定的类可分。我认为汉语的实词是多类的,没有一个实词是只属于一类的。跨类现象在别的语言里也有,但不多。英语中 exercise

和 use 等词从书写上看仿佛一样,但名词读[s],动词读[z],读音有区别。汉语的词的跨类情形就比英语多。人们说汉语的语法学了没有用,为何没有用?这是值得研究的问题。

(原载《语言学论丛》第 4 辑,1960 年)

汉语语法研究中的词类问题[*]

一 导言

(一)汉语语法研究历史简述

汉语语法的研究,开始得较晚。古人虽然也曾进行过这方面的讨论、研究,而且也有论著,如刘淇的《助字辨略》、王引之的《经传释词》等,但是,他们不是把汉语语法作为整个科学系统来加以研究的。把汉语作为一个系统来进行研究的始于马建忠。马建忠采取当时西欧极为盛行的波耳-瓦耶尔学派的语法理论,即以逻辑为语法研究的出发点的理论来研究汉语语法,最后写成了《马氏文通》。不过,他也没有能够在研究的过程中始终贯彻这个立场。事实上,波耳-瓦耶尔学派的语法学家们也不得不注意到一些语言事实,语言的民族特色及其他方面的一些实际问题。但是,他们总是想尽办法在研究中贯彻其理论。这一学派的理论在语法学中的影响是很大的。

不言而喻,逻辑和语法是有着极为密切的联系的,不考虑语法

---

[*] 这是1962年11月应邀在安徽大学讲学的讲课纪录。孙洪德同志整理。

所表现的一些逻辑的关系就不可能理解语法,而马建忠也并非完全照搬西洋的一套语法来套汉语。但是他没有把不同于拉丁语的汉语的基本特点表现出来,则是他的一个严重的缺点。之后,黎锦熙先生开始重视汉语的语法特点,提出汉语词无定类的主张。再后,王力、吕叔湘和我,开始以普通语言学的理论为指导来研究汉语语法,但是我们的工作也仍然摆脱不掉旧的影响。

新中国成立以来,党和国家特别重视语言科学的研究工作,广大人民群众也迫切需要知道一些语法常识。于是,《人民日报》于一九五一年连载了吕叔湘、朱德熙的《语法修辞讲话》。由于党的领导,语言科学家的不断努力,近几年来我国语言学的研究工作取得了不小的成就。但也不可否认,我们的汉语语法的科学研究还存在着不少严重的缺点。举出一个事实就可以说明这种情形。1959年北京大学举行过一次关于汉语词类问题的科学讨论会,当时特邀了张志公先生到会发表意见。张先生谈到中学汉语教材时,认为问题很多,因为他曾经收到很多信,里面谈到很多问题,大部分是涉及词类问题的,都是他所无法回答的。

(二)目前存在的情况

是的,汉语语法的主要问题是词类问题。如果这一问题能够得到比较妥当的解决,其他问题就可以更容易地解决了。例如汉语语法里要讲主语,然而,因为人们既把汉语的实词看成有固定词类作用的词,这就逼着他们认为汉语的主语可以由名词、动词、形容词等来充当。结果,就发生了极大的问题:主语究竟是什么?语法学家们对主语本来有明确的定义,认为主语是陈述的对象。但在这样处理汉语语法的实践中却遇到了种种困难,因为动词或形容词所表明的显然不是陈述的对象。于是,面对着这个事实,有的人就只好提出主语即"主题"的说法,至于主题又是什么,则又众说纷纭,莫衷一是。其实,在所有词类已经分得出来的语言里,它们的主语没有一个不是由名词或其等价物来充当的。正如法国语言学家麦叶所说的,按其本质说,主语一定是名词或其等价物。但是由于我们对汉语的词类问题没有加以正当地解决,人们为了要把汉语的实词说成具有固定词类的词,这样,就不得不说汉语的主语可以是名词、动词、形容词等,因而只好把主语说成主题之类的东西,结果,不但词类问题成了一笔糊涂账,就连主语问题也成了一笔糊涂账了。又如在分析"我喜欢看"这个结构格式时,有人就认为"喜欢看"是动宾结构,宾语是由动词"看"来充当的。这又发生了一个问题:宾语既然是由动词来充当的,那么这种结构岂不成了动—动结构了吗?其实,任何语言的事实都证明宾语只能是名词或其等价物,只因为要把这里的"看"说成有固定词类作用的动词,就只得说这种结构是动词作宾语的结构,这又使宾语和动宾结构成了一笔糊涂账了。他们又说"飞鸟"的"鸟"是名词,"飞"是动词,"飞鸟"又成了动宾结构。这就叫我们对动宾结构到底是什么,越发地糊涂起来了。

正是这个缘故,汉语的词类问题便成为汉语语法研究中争论的焦点了。

二 汉语词类问题的争论

(一)"意义观点"与"形式观点"之间的争论

描写汉语的语法不能照搬西洋的一套,这是肯定的。因此,以西方语言中有词类区别的词所包含的意义情况来硬套汉语是不对头的。以往的语法学家只从意义出发来研究汉语的词类,不注意词类的形式标志问题,这是一个极大的缺点。所以争论开始的时候就形成了"意义观点"与"形式观点"之间的争论。当时,我就是批评"意义观点"的人,我认为汉语的实词没有作为词类标志的内部形态的变化,因此,汉语的实词不能加以分类,而汉语的语法系统也不能建立在词类上,我们必须根据汉语的语法特点来建立汉语的语法系统。不过,我当时所批评的"意义观点"事实上指的是以词汇意义为标准的划分词类的观点,我所说的形式指的是足以作为词类标志的形式。我的主张是:批评波耳—瓦耶尔学派的理论,反对从词的词汇意义出发来划分汉语的词类,认为词类是词在语法意义上的分类,世界上以"走"、"红"为词汇意义的词不乏其例(如英语的 action,redness),在语法上都是名词,但从词汇意义上说都是动作和性质,这就证明词类并非是词的词汇意义的分类。英语的 ability 是"能干"的意思,从词汇意义上说是性质,但却是名词。汉语的"三十六计,走为上计"的"走",显然指的是一种策略,怎么能说它是动词呢? 不过,词的词类意义要有物质标志——形态。但是,决不能说有没有形态就决定了有没有词类。问题在于这种形态是否作为词类标志的形态。认为汉语的"子"、"儿"、"头"等等是形态,就证明汉语有词类,这种看法是值得商榷的。高本汉认为"好"由上声变为去声,这是形态。其实这两个"好"是两个不同的词,因此,这种形态只是构词法上的形态,与词类问题无关。从语法作用上看,读去声的"好",并没有使其语法作用固定下来成为动词。我们可以说"三好(三种嗜好)",这里的"好"和"三人"中的"人"在语法作用上是一样的。我们又可以说"三好"(三种完善的品质),这里的"好"也在语法上指明事物——名词。所以,这种形态变化只使词义(即词的词汇意义)起变化。因为我当时着重指出形态在划分词类中所起的作用,所以争论的焦点就集中在汉语的词是否有形态这一问题上。

(二)"狭义形态观点"与"广义形态观点"的争论

在讨论的过程中,大家同意汉语没有足够的标示词类的词的内部形态,于是就出现了所谓"狭义形态"与"广义形态"之争了。有人认为汉语的词虽然缺乏词内的形态变化,但是从词在句子中的地位来看,它是有形态的,这种形态也就是词与词在句中的结合功能。有人认为汉语毕竟也有一些所谓"狭义的形态",即词的内部形态,例如"了"、"着"等只能跟一部分词组合在一起表示一定的语法意义,因此它们就是一种"狭义的形态"。但也有人认为这仅仅是一种标签似的东西,表示和它连在一起的词的词类,并非"狭义的形态"。我认为,词在句子中的地位可以作为词类的标志,但这只是所谓的"广义的形态"。一般理解的形态是词的内部形态,即词本身的各种变化,这就是所谓"狭义的形态"。词的语法特点可以由词的形态来表示,而词的外部形态则是某些虚词及其他存在于词外的标示词的词类意义的成分,这也属于"广义形态"的范围。我认为"了"、"着"等只是词的外部形态,但这问题到现在为止,还争论不下。

形态可以这样地分为"广义"和"狭义"的。词在句子里的结合功能也可以作为确定词类的一种标志。不过内部形态,即"狭义的形态"的作用是明确的,而句法功能的作用则是不很明确的。现在大家都同意这种"狭义的形态"和"广义的形态"的作用。问题在于根据这种"广义的形态"是否就能给汉语的词分出词类来？我认为仍然不能，因为汉语的词在句法结合能力上也是多样性的。我们可以说"红了"，但也可以说"一点红"、"红墨水"。"红"作主语大概是没人否认的吧！那么"红"究竟属于哪类词呢？句法功能无法解决汉语的这些具体的词类问题。于是，就产生了三种标准的理论：意义、形态和句法功能的兼收并用，企图以此来解决汉语的词类问题。

(三)"三个标准问题"的争论

主张三个标准的学者们认为，意义、形态和句法功能都可以作为划分词类的标准。他们所说的意义事实上就是词汇意义，他们所说的形态就是词的内部形态，他们所说的句法功能就是词在句中的地位或词跟其他的词的结合能力。比方说，他们认为像"走"这样一个词，一看它的词汇意义就知道它代表一种动作，当然是动词了；其他的词可以根据其形态或句法功能来划分词类。其实，这种主张是各种学说的杂凑。主张这种理论的人认为，我们可以拿其中的一个标准运用在某一些词的分类上，又拿其中的另一个标准运用在另外一些词上，最后再拿第三个标准运用在第三批词上。结果，据他们说，这样地归类之后，汉语里就只剩下少数的词是一词多类的了。目前很多人认为这种学说是可行的。其实，这种分类的方法根本上就是不合逻辑原则的，因为逻辑规则只允许用一个单一的标准去对一堆事物进行一次分类。这种分类法既在实践上行不通，又在理论上存在着种种问题。因此，我曾在《语法理论》里针对着这种理论提出评论，并明确地论述我对词类问题的看法。我认为，词类属于语法范畴问题。对语法的研究必须看我们所要解决的是什么问题。词类是词的一种语法上的分类,属于语法范畴的问题,而语法范畴则是语法意义的高度概括。词类是词在语法意义上的最基本的分类,并不是可以归成一类的词都叫做词类。划分词类的标准其实只有一条,即词的语法意义的最根本的概括。因此,词跟其他词的结合能力只能是划分词类的一种辅助的凭借,只有在这种结合功能能够表示这个词具有某类词的词类意义时,这种结合功能方可以作为划分词类的一个标志。语言中有一种消极的语法形式:零形式。如英语的 book 并没有在任何地方出现指明它是单数的积极的词法形式,但它却是单数。因为多数必须说成 books,两相对比,自然就显出 book 是单数来了。这种消极形式,语言学家称之为零形式。所以称为零形式,因为它一方面和单数的语法意义相结合,一方面自己又成为一种形式,虽然这种形式是消极的。离开了它所表示的"单数"的意义,它就是零,而不是零形式。

可见,形式离不开内容。关键在于所要研究的是形式的问题,还是内容的问题？形式是一回事,内容又是一回事。决不能拿形式的特点来说明内容的特点。形式的特点只能帮助说明内容的特点,它对内容的特点的规定不起决定性的作用,它只是规定内容特点的一种凭借。既然如此,汉语的词类问题,或一般语言的词类问题到底是属于形式方面的问题,还是属于内容方面的问题呢？它是属于内容方面的问题,即语法意义方面的问题。所以它是属于语法范畴方面的问题。这就是说,一个词类之所以成为单独存在的一个单位,不决定于它到底有没有形态,它有什么样的形态——内部形态也好,外部形态也好,词的结合功能也好,都可以。问题在于,这些形态到底是否表现了这个词的某一特定的词类意义,并且只表现这一种特定的词类意义。尽管汉语的词有某种句法结合功能,这种结合功能是否就体现出这个词一定只具有某一特定的词类的语法意义呢？问题就在这儿。我们可以举出很多事实来说明这一问题。翻一翻有词类分别的语言的词典,就会发现,同样是名词,它们的形态却可以是千变万化的,它们的形态的花样多极了。可是它们都统一在一个问题上,那就是,尽管形态不同,其所表明的语法意义却都是"事物",只要它表示的语法意义是"事物",就是没有形态(狭义),它们也仍然是名词。形式上如何,当然是要看到的,没有形式是不行的。这就是我最反对"意义观点"的原因。但是仅仅形式上的不同并不决定其为动词或名词,因为词类问题本质上不是语法形式的问题,而是语法意义的问题。我们所要讨论的问题,是它有没有这样一个语法意义上的特点,不是它有没有某种纯粹的形式特点。当然意义脱离不开形式,我们甚至于还要从形式下手去研究它,因为形式是它的物质标志。但是,既然认为它只是标志,要断定这标志所标示的语法意义是什么情况就仍然要看语法意义本身的情况。我们当然要参考形态和句法功能,但是参考也只是参考而已,有没有语法意义上的某种特点还要决定于它有没有这个意义。如果没有这个意义,不管它形式上如何不同,都不能解决这个问题。我在《语法理论》一书中同时提出一个问题,即认为汉语的任何一个词都可以用作主语,仅仅这一个事实就足以说明汉语的实词不能依照其某一固定的词类意义来加以划分,汉语的任何一个实词都可以用作主语,这就说明了汉语的任何一个实词都在名词的作用上彼此相同,分别不开,何况汉语的任何一个实词在不同的言语环境中都不只发挥一种词类作用呢。

汉语的词类问题一直没有解决,尽管许多人反对汉语实词不能分类的理论,但到现在为止并没有任何一个人把汉语的实词分好词类。科学院编的《现代汉语词典》就不注明词类。事实上,近二三年来,关于汉语词类问题的讨论还在进行着。这主要表现在名物化观点和句法功能观点的争论上。

(四)"句法功能观点"与"名物化观点"之间的争论

"名物化观点"所要解决的问题,就是我在《语法理论》里所提到的问题,那就是,汉语的任何一个词都可以作主语。这一事实说明了汉语的实词不能分词类。有人说,我们汉语的特点决定了汉语的动词和形容词也可以用作主语。这种说法是违反原则的。因为既然有词类的语言都证明了作主语的是名词或其等价的东西,人们既然要拿句法功能来看词的词类性质,那么,我们就只能说,尚不清楚其词类性质的汉语的实词,由于它们都能充作主语,都具有名词的作用,因而无法在词类上彼此分别清楚。就马克思主义观点而言,特殊的情形是一般之内的特殊,不能借汉语的特点而拿超过一般原则的所谓标准来解释汉语的词类。

"名物化"论者认识到这样解释是违反原则的,但又知道不对这个问题作出回答是不能确定汉语的实词有词类的分别的,因此就提出主张,认为动词、形容词在具体的句法地位上,即在主语和宾语的地位上,就起了变化,成了名词,而这名词是和原来的动词、形容词不相同的。他们认为动词、形容词处在主语、宾语的地位时,它们的语法特点与名词相同,所以就变成为名词。我认为,动词、形容词与名词的语法特点是有区别的。这些词既然在处于主语、宾语(即居名词地位)的地位上时,就会具有名词的语法特点,这就说明了它们在词类作用方面的语法特点是多样性的,它们既然各类词的特点都有，我们也就没法把它们确定下来，说它们是某一确定的词类。"名物化观点"则认为它们已经变成名词了。这种说法，事实上违反了一个原则：把语言跟言语混淆起来。我们有必要把语言跟言语的区别弄清楚。我认为一个词是作为词汇单位而存在的，既然是词汇单位，它在不同的言语单位里就可以体现出不同的变体。它既可以有语音上的变体，也可以有语义上的变体和语法上的变化。多义词是一个词，但在不同的言语环境里却可以出现不同的意义，并且在具体的言语里，也只能有一个意义出现。但这不等于说，它已经变成了不同的词，而是说它以这个词的某一个意义变体的身份出现在这一特定的言语里。词的语法特点也是这样的。例如英语的同一个词可以有单数和复数的语法特点，但在具体的言语环境中它却只能有其中的一个语法特点——单数或者复数。我们不能因此而认为出现单数的是一个词，出现复数的又是一个词，而认为它们都是同一个词的语法变体。所以，我认为所谓动词、形容词居主语、宾语的地位（具体言语里）时，假若有名词的特点，那也只体现出它们的一个语法变体，而不能说它们已经变成名词了，它们在语言中还是原来的那些词，并没有变成别的词，只是在不同的言语里体现不同的变体罢了。这种理论上的矛盾，仍然不能解决汉语的词类问题。可是尽管理论上讲不通，这种主张却告诉了我们一件事，即所谓动词、形容词居主语、宾语的位置上时就具备名词的一些特点。而这一点却恰好证明了汉语的实词不能分词类。于是"句法功能"论者就出来想用另一种办法来解决这一问题，认为汉语的实词仍然可以分成词类。

"句法功能"论者根据结构主义的分析方法，分析汉语的一个词或语言单位在各种不同环境中的出现情况，看它能在句子中的哪一个地位上出现,再把能够出现在同类环境中的汉语的词加以归类。他们认为运用这种方法,可以把汉语的词划分成词类。下面逐点讨论一下他们的论点。

三 对"句法功能观点"的评论

(一)"句法功能观点"的主要论点

一九六一年《北京大学学报》(人文科学)第四期上发表了朱德熙、卢甲文、马真三人合写的文章:《关于动词、形容词"名物化"的问题》。这篇文章表面看来是针对"名物化观点"的理论进行了批评,实际上是设法证明汉语的实词可以分成词类。它的主要论点有五个:

(1)广义的"事物范畴"并非作为名词这个词类的语法意义的"事物范畴"。他们认为,的确像"名物化观点"的理论所说的那样,动词、形容词居主语、宾语的地位时有事物的意义。但是他们认为这是广义的"事物",广义的"事物"不是名词这个词类所有的"事物范畴"。

(2)词类的特征是某一类词在句法结合性上所具有的不同于其他任何一类词的语法"个性",根据原则来区别两个不同的东西,不能只看它们是否有一点相同的特点而要看它们是否有各自彼此不相同而为各自所专有的特点,所以应把语法性质跟语法特点区分开来。前者是一般的语法性质,后者是语法特征,语法特征是某一词类所专有而不同于其他词类的词的那些语法性质。这是确定词类的原则。正如事物有一般特点和本质特点一样,一般特点可能和别的事物共有,而本质特点则只为这一事物所专有,因此,他们认为要规定汉语词的词类就要看它是否有不同于其他类的词的语法特点,即语法特征,也就是说要看它是否在语法特征上和别类的词有对立的情形。他们认为汉语的词在句法功能上有这种对立的情形,所以可以分成词类。他们认为,如果某种句法功能和别类的词相同,这种句法功能就不能拿来作为划分词类的标准,因为这不是某一类词所专有而不同于任何其他类的词的语法特征,不与其他类的词的语法特点相对立。他们认为名物化论者所说的主语、宾语位置上的动词、形容词所具有的出现在主语、宾语位置上的语法特点只是动词、形容词和名词的共性,不是其中任何一种词类的语法特征,也就是说,不是名词所专有的语法特征,因此,动词、形容词在主语、宾语的位置上并没有变成了名词。

(3)名词与谓词在语法特征上的对立。他们认为,根据汉语的情形,可以把动词、形容词并为谓词。谓词和名词在语法特征上是对立的。至于在什么地方对立,文章里没有交代清楚,只是举例说谓词可以作谓语,可以加"了"、"着",名词则不能。他们认为这就是谓词所具有的不同于名词所有的语法特征;既然谓词与名词在这些语法特征上相对立,谓词与名词就是不同的词类了。

(4)他们认为,把动词、形容词并为谓词,其道理跟小类并大类一样,没有什么值得奇怪的。

(5)他们认为"个体词"跟"概括词"不能混为一谈,因此以个体词的身份而且有与名词共同的语法性质的动词、形容词并未名物化。所谓个体词和概括词,事实上就是一般语法学家所说的词位和词的词汇形式。作为词汇单位的词位就是概括的词,词在语言中的变体或词的词汇形式就叫做个体词。他们认为词类应以概括词的语法特征为划分的标准,名物化论者所说在主语、宾语位置上的动词、形容词具有名词的特点只是就个体词而言,不足以说明它们在这种情况下已经失去了动词、形容词的语法特征而变成了名词,它们仍然是动词、形容词,没有变成名词。

(二)对上述论点的评论

(1)关于广义与狭义的"事物范畴"

句法功能论者认为,处在主语、宾语位置上的动词、形容词的确具有"事物"的意义,但这只是广义的"事物范畴",不是狭义的"事物范畴"。那么什么是狭义的"事物范畴"呢？他们没有说明,只是举例说,在汉语里,我们可以发现两个东西的对立,一是"什么",一是"怎么样",根据它们可以代替的东西,就可以看出汉语的词在另一个层次或另一个平面上所表示的"事物",这个"事物"就不是广义的"事物",而是狭义的"事物",至于这狭义的"事物"到底是什么,他们就没有交代。可是在方法上却有这样一些情况,看来他们是用这种代替的办法来解决狭义的"事物"这一问题的。比方说,"怎么样",问:"你怎么样？",可以回答:"我很好",也可以回答:"我来了"。"来"是动词,"好"是形容词。这两个词都是谓词。如果问:"你怎么样？",回答说:"我"就不行——没有这么说的。但是用"什么"就可以代替这一类的说法。如:"这是什么？"——"这是人。"也可以说:"你喜欢什么？"——"我喜欢黄、绿。"还可以问:"这是什么？"——"这是红"或"红颜色"。还可以问:"你的办法是什么？"——"走。"这里的"什么"可以拿名词、动词、形容词去代替。按照他们的结论,能代替"什么"的该是名词,但是这里代替上去的却还有动词、形容词。能代替"怎么样"的就只有动词、形容词。然而他们却说在汉语里"什么"和"怎么样"的对立体现出在另一个平面上的事物范畴。我们实在不知道这另一个平面上的事物范畴到底是什么。这里产生了一个严重的问题：如果能代替"什么"的就是名词，那么，我们就不能拿动词和形容词来代替"什么"，然而他们却正好拿动词和形容词来代替；如果认为只有在代替"怎么样"的情况下，我们不能拿名词去代替，只能拿动词或形容词去代替，而在代替"什么"的情况下，我们却可以拿名词、动词、形容词等去代替，因此看出其中有对立的情形，而这对立的情形就体现出狭义的事物范畴，那么，这对立就不是"什么"和"怎么样"之间的对立，这被拿来代替"什么"的词就不能被称为动词、形容词或动词性、形容词性的词，而这对立为什么被称为狭义的事物范畴也仍然没有下文。所以我们认为这种方法本身就是矛盾。问题在于：到底语法上的事物范畴是什么东西。他们在以后谈到这一问题时，曾用逻辑跟语法的不同来解释，认为在逻辑判断里可以把动作、行为、性状搁在事物的平面上作为主语来进行判断，他们所指的的确是事物，而语法上所说的事物就不同了。逻辑跟语法当然不是一回事，但是这种解释法却是不恰当的，因为这样就产生了一个问题：逻辑跟语法是否就没有什么联系。语法当然不同于逻辑，但不能说语法和逻辑没有联系。事实上，语言科学在其发展的过程中也常常出现正反合的趋势。波耳—瓦耶尔学派用逻辑讲语法，寻求全世界各语言的共同语法。自从历史比较语言学出现以后，波耳—瓦耶尔学派的理论大受批判，至今还在受批判。可是，最近机器翻译的出现又给大家提出一个问题。因为机器翻译要通过一种媒介语去进行，而这种媒介语就相当于共同语法之类的东西。当然这种共同语法是不存在的，它是人造的。但是人们也不是可以随意加以拟制的,而是从各种不同结构的语言里找出其共同之点,再依靠符号逻辑的公式把它建立起来的。因此,语言学界现在又有这样一种趋势,即对波耳—瓦耶尔理论的合理的内核部分加以提取,吸收。当然,语法是有民族特点的,它与逻辑不相等,可是语法跟逻辑的关系却是相当密切的。马克思说,语言是思维的直接现实。在逻辑里我们有许多独立的概念就是属于句子里的主语所指明的事物范畴的;同时逻辑里还可以把表明性质、行为的概念再概括成更高一层的概念,把性质和行为看做一种抽象的事物。这正是语法书中所说到表性质的名词,表行为的名词的逻辑根据。英语就非常明显地体现了这一点。但是,无论是思想或是言语,一般都不是只运用单独的概念或词。单独的概念不成其为思想。思想的最小单位是判断,下判断时不能随意用概念,要受逻辑规则的制约。判断的对象一定是事物,这事物也可以是把性质或动作等加以再概括而成的概念,换言之,就是广义的事物。运用语言也是这样的。个别的词可以只代表逻辑上的狭义的事物、行为、性质等,但是作为句中的主语的词却必得是表示广义的事物意义的,因为句子是逻辑判断的表达形式,它的主语一定是代表逻辑上的广义的事物的概念的,而语法上的名词本来也就是指明广义的事物的,决不像句法功能论者所说的仅是狭义的事物范畴。所有的语言事实都证明了这一点。世界上的任何一种语言,它的主语所表示的都是广义的事物,也只有表示广义事物的词才可以充当主语,不是表示广义事物的词决不可能放在主语、宾语的位置上。正因其如此,在所有有词类分别的语言里,它们的名词,所表示的没有不是广义的事物的,无一例外。所以名词所表示的本质上就是广义的"事物",不是什么狭义的事物。这事实是客观地存在着的,不是依人们的主观意志而转移的。因此,说在主语位置上的谓词所指明的事物不是名词所指明的事物,是毫无根据的。汉语也是这样的,并不例外。这样地强调汉语的特点,未免有些言过其实。汉语的"走为上计"的"走",明明指的是广义的事物,即任何有词类分别的语言所一致指明的广义的事物。任何人都不会仍然把它看成与广义的事物相对立的动作来对待,语法与逻辑可能产生表面上看来有些矛盾的情形,但在根本上语法不能违反逻辑。假若我们说的话都不合乎逻辑,那么谁还能够懂得我们所说的话呢?因此,我们认为,句法功能论者的这一论点是站不住脚的。所有的语言事实都证明名词的特点就在于它在语法上指明广义的事物。句法功能论者没有能够对狭义的事物作出解释,只用矛盾的对比法来对付一下,也许正是他们所找不出语言事实来证明他们的论点的缘故。

(2)关于词类的语法特征

句法功能论者认为,某种词类的特征是某类词所专有而不同于其他任何词类的语法性质,并且认为只有在语法特征上有对立才能区分不同的词类。关于这个一般的原则,我们当然是同意的。归类当然要考虑特征。问题在于什么样的特征。我们对某一堆事物进行分类,首先必须考虑好两个问题,一是分什么类,二是用什么标准来分类。我们不能只考虑特征,也不能只考虑是否有对立。我们要进一步地追问:对我们所要分的类来说,什么特征起作用?什么对立起作用?因为仅仅有某一性质上的对立,并不能作为任何事物的分类标准。如:猫吃肉,兔子吃草,这二者在肉食与否的性质上完全对立。但是,是否可以拿这一对立来作为划分猫和兔子的标准而说凡是吃肉的都是猫,凡是吃草的都是兔子呢?当然不能这样说。为什么呢？道理很简单。我们没有弄清楚我们所要分的是什么类，我们所要依据的对立是在哪一种性质上的对立。如果我们所分的是肉食动物与草食动物的类，我们就可以拿肉食与否之间的对立来作分类的标准，如果在一批动物里分出猫和兔子，这对立就不太起作用了。语法特点的对立，这种说法非常含糊。从语法形式上看有许多对立，如英语的 book，没有词尾形态；books 有词尾形态，两相对立，是否可以因为有此语法性质的对立就硬说前者是动词，后者是形容词呢？当然不能。单纯词和复合词也在语法性质上对立，但谁也不会拿它来作为划分词类的标准。句子成分当然也彼此相对立，主语决不是谓语。但是这种对立是否就可以区分词类呢？所有有词类区别的语言都有这样的事实：谓语既可以是名词，也可以是动词和形容词，和名词相结合既可以是另一个名词，也可以是形容词，没有人能够只根据这种对立来划分词类。只有作为分类标准的特征上的对立才能对分类起作用，而规定分类的标准又要看所分的是什么类。这种对立并且要在同一个平面上的分类中才能起作用，每一次分类只能用一个标准，因此，改变了分类的平面时，就不能再用原来的某种性质上的对立来进行分类。

从词类问题上说，有形态也好，没有形态也好；复合词也好，单纯词也好；不论词在这些语法性质上是否对立，只有词所具有的语法意义有语法上的事物、行为、性质之间的对立，这对立才可以作为划分词类的标准，因为我们所要分的类是词在语法范畴上的类，不是别的类，而语法范畴上的语法特征的对立正是这些意义之间的对立。当然，在划分词类时，句法功能不是不可以参考的，它是体现词类的语法意义的一个标志，但是由于它只是一个标志，它和词类的语法意义并不是"一对一的等符",我们只能以它为凭借,不能以它为根据。因此,不能笼统地讲在语法上有任何一种对立的就是不同的词类。这样的立论原则上既讲不通,方法上也存在着问题。句法功能论者拿谓词来和名词相对比,他们的目的就是要让它们对立起来,以为这样对立起来就可以划分名词和动词、形容词。但这与事实并不相符,也违反了原则。他们认为动词、形容词都可以作谓词,名词则不能,因此两者在这一点上对立起来。其实,这一点用不着我来批评,他们在别的文章里所举的许多例子就自己证明了这是不符合语言事实的。如"今天星期几","我北京人","他傻瓜"……的谓词都是名词,并没有跟名词对立起来。他们又说谓词后面可以加"了"、"着",而名词不能。然而"官僚主义"、"火"、"花"等是所谓名词,都可以在后面加"了"、"着",如"官僚主义了"、"火了"、"花了"……为了自圆其说,他们就提出类似"官僚主义"和"官僚主义了"之类的"一把锁"跟"锁了"的"锁"是两个不同的词的主张,认为作为动词的"锁"可以加"了",作为名词的"锁"就不能加"了",企图这样地证明名词和谓词在语法特征上相对立,并列表加以说明:

锁$_1$	有锁	一把锁	很多锁	旧锁	—	—	—
锁$_2$	—	—	—	—	锁门	锁着	不锁

这样看起来仿佛有名词和谓词的对立了。这也算是个办法吧。但是,这样一来,到底什么叫一个词就发生问题了。他们也注意到这一个问题。他们认为别人说"黑是一种颜色"里的"黑"是名词,"脸黑了"的"黑"是形容词,这是破坏了词的同一性,其实它们仍然是同一个词。既然如此,把"锁"分为两个不同的词,就自相矛盾了。

其实,问题还不止于此,就说是可以把它分为两个不同的词,又能怎么样呢?我们可以在锁₁和锁₂项下再加上一些和它们能否相结合的环境,看看情形如何:

  锁₁ 的质量 锁是一种工具
  锁₂ 的方法 锁是一个办法

加的越多,两者所具备的相同的特点也就越多。事实上,如果我们认清作为主语用的词都具有名词性,那么,只要看一看锁₁和锁₂都可以用作主语,我们也就可以断言,就是把锁₁和锁₂说成两个不同的词,我们也无法把它们划成动词和名词。所以,这种办法也并没有能够帮助我们去鉴别名词和谓词。至于无法像锁₁锁₂那样勉强分为两个词的"官僚主义"之后之能加"了"更是与他们的立论相矛盾的事实。

(3)关于名词跟谓词的对立

"谓词"这一术语本身就表现出他们所说的对立不是根据一个标准来着眼的。对分类起作用的对立是作为分类标准的特征上的对立。然而谓词和名词的对立是怎样的呢?"谓词"是说明句法特点的一个术语,"名词"是说明词类特点的一个术语,两者是不同的分类,要有不同的分类标准。与谓词相对立的应该是主词和宾词,而不是名词。名词怎么能与谓词对立呢?所以"谓词"这一术语本身就成了问题。动词、形容词当然可以合并起来,但合并之后,就必须放在另外的一个与名词不相同的平面上,因之,也不能拿它来和名词相对立。比方说,根据他们的意见,名词是狭义的事物范畴,那么,动词和形容词合并为谓词之后,它和名词是在什么范畴上相对立呢?谁也讲不出其所以然来。

词类范畴是词的语法意义的最基本和最高度的概括,因此,动词、形容词合并之后就没法给它起个范畴上的名称,也说不出这个合并起来的一类词指明的是什么具体的单一的意义。这也许正是句法功能论者只好就其句法的某一作用来给它起个名称,叫它做"谓词",而不给它就范畴上的特点来起名称的缘故。所以,这种合并本身就是不合理的。现在让我们看一看他们所说的对立到底怎样。他们说一个词类有不同于其他词类而为它所专有的语法特征,而这语法特征也就是句法功能上与其他任何词类的句法功能之间的对立。然而汉语的事实怎样呢?如果我们拿数目有限的一堆汉语的词尽可能比较其所有的句法结合能力,我们就发现,这些词中具有不同于其他词的语法特征,即句法结合能力的词就很多,根据这样的比较,汉语的词类就多得无可计算,何止是动词、名词和形容词;例如"官僚主义"可以和"了"相结合,"汽车"就不能和"了"相结合,因此,"官僚主义"就应当是属于不同于"汽车"之类的一个词类的词,"星期五"、"中秋"、"国庆"之类的词可以加在"今天"、"明天"、"后天"之类的词后面,"人"、"刀"、"手"、"足"、"山"、"水"、"虫"、"鱼"之类的词就不能,因此,这又是两个不同的词类。如果我们尽可能地一起比较汉语所有的词,我们就会发现另一结果,即汉语中就没有任何一个词在任何一个句法结合上有不同于任何其他的词的情形,因此汉语的词类是不存在的。事实上,根据他们的理论,这后一种对比法才是正当的对比法,因为他们所要寻找的是一类词所专有而不同于任何其他类词的语法特征。然而这个方法所给我们的结果,却是汉语的实词分不出词类。

(4)关于小类与大类

句法功能论者又认为汉语的词可以从大类再分小类,如动词可以再分为及物动词和不及物动词。这又和他们的原则相违反了。

我们根据语言学家们对词类的一般理解,逻辑学家们对分类的一般规则的规定,承认汉语言中的词类可以从大类里再分为小类,如把名词再分为抽象名词、具体名词等,因为在从大类再分为小类的过程中,我们已经改变了分类的标准,适合于下一层次的分类的新的标准。但是句法功能论者却用同样的一条标准(句法功能)再把大类分为小类,这就不对了。

同一个标准分出来的应当是平等的类,不可能是大类和小类。就是在所谓大类里,他们对汉语的词所作出的词类划分也只证明了汉语的词不像他们自己所说的那样可以分成词类。他们把汉语的词分为名词、动词、形容词三类之外,又认为汉语的词还有"名—动词"、"名—形词"、"动—形词"三类。据他们说,"名—动词"是既具有名词特征又具有动词特征的词,"名—形词"是既具有名词特征又具有形容词特征的词,"动—形词"是既具有动词特征又具有形容词特征的词。既然这样,汉语里还有什么词类可以具备不同于任何其他词类的、它们专有的语法特征呢?名词的特征为"名—动词"、"名—形词"所共有,"名—动词"和"名—形词"的特征也为名和形容词所共有,动词和形容词的特征又为"名—动词"、"动—形词"和"名—形词"所共有,结果就没有任何一个具有不同于任何其他类而为其所专有的语法特征,因之,根据他们自己的理论,汉语里也就只能被证明没有任何一个词类的存在。

(5)关于"个体词"与"概括词"的问题

"个体词"和"概括词"的分别是正确的。"个体词"即现代语言学中所说的词汇形式,"概括词"就是现代语言学中所说的"词位"。"词位"是研究语言词汇以及整个语言系统的一个不可缺少的概念。语言系统的每一个成分或每一个要素单位都是概括性的。现代语言学中所提出的"词位"的概念和其他所有的"位"的概念(如音位)一样,也是极其重要的。平常人们对"词"这一概念是非常含糊的。人们常常把言语中的一个片段叫做词。其实,言语中的一个片段只可能是词的变体。词的词汇部分的语音结构和语义结构,词的语法部分的语音结构和语义结构都可以在言语中有所变异,但这些变异都只是词的一种变体,词的语音变体,词的语义变体或词的语法变体。从语言的角度来讲,我们所说的词不是指词在言语中的变体,而是指这些变体的统一体,即以词汇单位的身份而存在的词位。同一个词位在言语中可以起语法上的变化,但这种变化只是同一个词的语法变体,决不能因为词在言语中有不同的语法作用就认为它们是不同的词。词是语言单位,不是言语单位,它是从言语中的词的变体概括出来的。句法功能论者以此来批判名物化论者是正确的。名物化论者的确没有区分所谓"个体词"与"概括词",因此,以为用在主语、宾语位置上的动词、形容词已经变成了名词。其实,只要词的词汇部分是同一个词,词在不同的言语环境中之用作动词或名词,就只能说明这些都是同一个词的变体,即词的语法部分的变体。问题在于:到底怎样才是同一个词或一个词位。关于这一方面,句法功能论者就没有能够贯彻自己的主张了。如果按照他们所说的动词、形容词处在主语位置上时所起的不同的作用,并没有使它们失去其同一性,那就应该把它们在这位置上所起的名词作用的特点也算作它们的特点之一,也就是说,应该把它们的这种特点看成它们本身的特点之一。这样一来,就没有什么动词、形容词跟名词在词类作用上的对立,而只有同一个词在不同言语环境里的不同的语法变体了。当然,他们可以说，在主宾位置上出现并不是名词的语法特征，因此，动词、形容词还是和名词相对立的，但是我们已经说过，根据他们自己的理论和分类的实践，他们已经否认了汉语各类词的语法特征的存在，所以，就是根据他们自己的理论和实践，也谈不到有什么动词、形容词和名词的语法特征的对立，甚至于谈不到有什么动词、形容词和名词的存在，更谈不到什么主宾位置上的动词、形容词没有失去其语法特征了。这是个矛盾。但是个体词和概括词的分别则是大家都同意的，不可否认的原则。我认为，一个词之所以成为一个词，这是因为它是一个词汇单位。因此，是不是同一个词决定于词的词汇部分，不决定于词的语法部分。一个词的语法变体可以是无限的，甚至可以是绝对的。俄语同一个动词的语法变体可以是第一人称、第二人称或第三人称，而第一人称、第二人称与第三人称则是彼此相对立的。尽管词的语法部分彼此相对立，这都不影响其为同一个词。从来也没有人否认其为同一个词。究竟是不是同一个词，要看它们的词干是否具有同一性，因为词干是词的词汇部分，词的代表，词干具有同一性，就是同一个词，尽管词干的语音结构和语法结构也可以有变体。词干的意义也可能在不同的言语中不完全相同，但只要这些不同的意义之间有直接的联系而没有失去其语音的同一性，它们就仍然是同一个词干的语义变体，也就是词干所代表的同一个词的语义变体，不能因此而说它们就是不同的词干或不同的词。这就是语言中占绝大多数的多义词的情形。从来也没有人否认一个多义词是同一个词。如果真正地贯彻"个体词"和"概括词"的分别，汉语词类问题的真相是可以看得出来的。可惜句法功能论者没有实事求是地对待这一问题。

四 汉语词类问题的实际情况

(一)汉语有词类语法范畴而无实词词类

词类属于语法范畴的问题,一个词到底有哪些语法范畴,各种语言的情况并不相同。俄语有"性"的语法范畴,可是"性"这一语法范畴在俄语的名词和形容词两方面却是很不一样的。俄语名词的"性"是作为词的一部分而存在的,属于词的词干部分,如студент——студентка,二者不是同一个词的语法变体,而是两个不同的词。于是,在俄语的名词里,"性"的语法范畴就被两个不同的词(阴性名词、阳性名词)所分有了。俄语的形容词就不然。俄语的同一个形容词可以在不同的场合起阴、阳、中三性的变化,而没有失去其词干的同一性。于是,在俄语的形容词里,尽管也有"性"的区别,然而这些不同而对立的阴、阳、中性却是同一个词的不同的语法变体。结果,俄语的名词分为阴、阳、中三类,而俄语的形容词则不能这样分。可见,词类的语法范畴和词类是两回事,俄语的名词和形容词都具有"性"的语法范畴,但是俄语的名词可以分为阴性名词、阳性名词、中性名词三类,而俄语的形容词就不能这样分,因为词类范畴是语法意义学的问题,只要有这意义的存在,不论其出现于什么地方,都要承认其存在,词之划分为词类,不是按照词所具有的词类意义而把词加以归类,而是要看词所具有的词类意义的实况来进行的。当然在不同的语言里,情形是不相同的。正因为如此,我们要看某一语言里的同一个词干在语法变体上到底有哪些词类意义的体现,去确定这一语言中的一个一个的词可以在词类范畴上归成几类或能不能归成词类,而不是看这一语言里是否有词类范畴的存在。

汉语的情形是:一个词的词干就是一个词位,它在词类的语法范畴上可以在言语里体现为不同的变体,这就是说,汉语的同一个词干或词可以在不同的场合具有不同的词类意义,因此,汉语具有词类范畴,但正因为这些不同的词类意义可以是汉语的同一个词干所有的不同变体,所以汉语的实词不能依照其所具有的词类意义的情形而被分成名、动、形等词,正如俄语的形容词不能依照其所具有的"性"的语法意义的情况而被分为阴性形容词、阳性形容词、中性形容词。我们甚至于可以不必像从前那样地争论汉语的实词是否有构形形态就可以断言汉语的实词没有词类的分别,因为对一个词的鉴定是以词的词干,即词的词汇部分为根据的,同一个词干所具有的语法变体,无论是以内部形态或外部形态来充作语法形式,它们都仍然只是同一词的语法变体,尽管这变体可以是各种各样的。

(二)汉语词位的特点

语法问题没有不具备对立性的。语法以格式类聚为特点。和有词类分别的语言不同,汉语的每一个词位都在词类的语法意义上具有多义性,也就是某些人所说的"一词多类",汉语的任何一个词位都具有两个以上的词类意义,即具有名词和形容词的词类意义或更多的词类意义。有人以为可以把具有不同词类意义的汉语的词分为几个词,因为这些词类意义是彼此对立的,应当加以划界,这样就可以把汉语的词加以分类了。这种主张是没有根据的。其实,没有过去式就没有现在式,没有第一人称就谈不到第二人称,二者彼此对立才能成为语法事实,成为一套语法规则。只有一个"性"就无所谓"性"的语法格式。任何的语法格式都是彼此相对立的。既然是同一个词干就得承认这同一个词干所具备的对立的语法意义仍然是同一个词的不同变体。如果可以因为同一个词干具有名词和动词的语法意义就可以把它分成名词和动词,那么,我们也就可以把同一个词干所具有的第一人称、第二人称、第三人称的语法意义把同一个动词分成第一人称动词、第二人称动词、第三人称动词。然而谁也没有这样做。从个别的词位来说,这情形也并不是汉语所特有的,英语就有许多词是这样的情形。霍克特(Hockett)在他最近一部著作里,认为词类是词干的分类,并把英语的词列为 N(名),V(动),A(形),NA(名形),AV(形动),NV(名动),NAV(名形动)和 particles(虚词)八类[①],其中除 N、V、A 和虚词是固定的词类之外,其他的都是一词多类的。汉语不过是没有英语中前几种情形罢了。事实既然如此,我们就不能拿传统的以拉丁语法为蓝本的语法系统,即以词类为基础的语法系统来套汉语的语法。

汉语实词词位的这种特点是铁一般的事实,只要我们了解语法学上所说的词类是什么东西,词是什么东西,再看一看汉语的事实,我们就会无从否认这一事实。这事实并且只说明汉语词位的丰富多彩,不能随便拿它来作为说明汉语是低级语言的借口。正是这铁一般的事实使得坚决主张汉语的实词必须加以分类的人们一直到现在为止,既不能在理论上证明他们的论点,也不能在实践中把汉语的实词分好词类。陆志韦先生研究汉语语法历有年数,

---

[①] Charles、F. Hockett:*A course in modern linguistics*,p. 227,New York,1958.

最近他在科学院语言研究所的科学讨论会上说,他搞了这么久的研究工作,却分不出汉语的词类来;认为汉语的词不能分类。他的经验体会可以作为参考。

五 汉语语法研究的前途

(一)汉语词位的语法变体的研究

词是词汇单位,又是语法结构的材料,因此,要研究语法,就不能不研究词的语法特点,要建立汉语的语法系统,就不能不研究汉语的词位的语法特点。汉语词位具有多样的语法变体,这个特点是研究汉语语法时首先要加以注意的。但分析汉语的词位并不是要给汉语的词硬套上词类,追求什么"词有定类,类有定词"。而是按照具体的事实把汉语的词所具有的各种不同的词类作用,更次一层的语法意义,以及它们的表达形式加以全面地分析。换言之,要分析汉语词位的各种可能的语法变体。因为语法是个系统,各语法成分之间有一定的联系,汉语的各个词位所可能具备的语法变体也一定有其结构特点,例如同是具有名词的语法意义这一个语法变体的词位,可以因为其所具备的名词的语法意义又有不同的变体,一是具体名词的意义,一是抽象名词的意义,其所可能具备的更次一层的语法意义就不相同,前者可以和一类单位词相结合,后者只可以和另一类单位词相结合。这样地,根据词位及其语法变体的不同结构可以把汉语的实词分成几个类型,不过,这样归类的结果,已经不是词类,因为它不是以词之是否在词类范畴上相对立为原则而分出来的类,而是按照词位之能具备哪些同类的语法变体而分成的类,这种分类无妨称之为词型。

(二)以句法分析为基础的汉语语法分析的原则

但是,由于汉语的词缺乏形态,词位的语法特点是以它在句法中的可能出现的情况来体现的,因此,汉语的语法分析要以句法分析为基础,而要分析汉语的句法就要分析句法结构中各种可能的句法意义的结合。这是否走回头路呢?不是的。我们反对单纯研究词的词汇意义的语法分析法,我们决不能从词的词汇意义出发去研究汉语的语法系统。但这不等于说,我们否认研究汉语语法意义结构的重要性。从整个语言来讲,声音只是语言的物质外壳,意义才是它的内容。有人认为声音是语言中最重要的东西,这是错误的。任何东西都是以其内容为主要的。不过,内容不能脱离物质外壳,没有声音也不行,因此,语法的声音形式也要研究。不过更重要的是研究声音形式所表达的语法意义。最近美国的描写语言学派也有人改了口气。他们从前只注意形式的研究而排斥意义的探讨,现在则认为不能不顾及意义了。语法中最基本的东西就是把有意义的词或形位(即一般人所说的词素)来进行有意义的安排。离开意义就不可能进行任何语言成分的研究,虽然这种研究要考虑到和意义相结合的声音形式。声音形式对意义有制约的作用,声音形式不同而意义相近的,是不同的语言成分。同一成分也要相同的声音形式作为外壳。同义语法成分的声音形式不同,尽管意义相同,仍然是不同的语法成分。可是在声音形式制约的情况下,各成分的语法作用则决定于内容。词在句中和其他的词相结合不是由于声音形式的原因,而是由于意义上的配合,为什么这个词跟那个词结合在一个句子里,另一个词就不能结合在一个句子里,不是因为它有某种声音形式,而是因为它有某种可以和那个词的意义相结合的缘故。一个词所以在句子里和其他的词相结合,都受某种语法意义关系所决定。我们可以同意结构主义者的说法,认为语言结构的分析是科学研究语言的重要任务,但是我们认为语义结构的分析才是科学地研究语言的基本任务。语言符号系统是以意义为内容的符号系统。不研究意义的关系和意义结构就不可能有效地进行语法分析,所以我们必须研究句法中的意义结构。丹麦学派的结构主义者叶尔姆斯列夫在第八届国际语言学者会议上,强调指出研究意义结构的重要性,认为不这样就不能完成分析语言结构的任务。可见,就连结构主义者中也有重视意义结构的研究的,一些崇拜美国的描写语言学派结构主义的人们说什么可以不研究意义而能分析语法,恐怕是把问题看得太简单了。总之,汉语语法的分析要以句法分析为基础,而句法分析又要以句法的语义结构的分析为中心。我们要把汉语的各种句子,参考其语音形式上的特征,根据其意义结构的类型分析出各种不同的句型,再分析每种句型的各个句子成分之间的细致的语义结构的模式,然后分析充作句子的每一个词位到底能在各种句子里担负语法意义结构中的什么角色,把所有的词位归成词型。

(三)汉语语法意义结构类型的研究

由上所述,汉语语法研究的基本问题就是研究以语音形式为物质外壳的各种语法意义的类型。无论是研究汉语词位的各种语法变体也好,或是研究句子的语义结构的类型也好,其中心环节都在于分析各种语法意义的结构类型,这种语法意义的结构类型,事实上也就是各种语法关系的规则。

我认为传统语言学的错误不在于他们注意了意义的研究,而在于他们只是从词汇意义或逻辑关系着眼去处理语法意义问题,事实上他们的缺点正在于对语法意义的研究不够细致,做得还很差。当然,细致地研究语法意义是一件十分困难的事,但我们不能因噎废食,像美国的描写语言学家那样,在困难面前退缩了,说什么意义是无从捉摸的,可以不研究意义而能研究语言。因为语言根本上就是包含有意义的符号系统,它是表达思想的工具,它这一本质特点就决定了意义是其核心的东西,不研究意义就等于不研究语言,不了解意义的各种情况就无法运用语言去进行交际。科学事业本身就是征服自然或研究对象的过程,我们只能努力克服困难对结构复杂的研究对象一步一步地进行分析,不能在困难面前放下武器,不能主观地把客观对象看成简单的东西,以分析其表面的特点为满足。

以上只是一些原则,至于如何具体地分析汉语的语法尚有待于进一步地考虑。科学的问题需要大家共同努力来解决。认识到汉语词类问题的真相之后,我们就可以走上另一条路去考虑问题,针对汉语的具体情况想出办法,去建立汉语的语法系统。

(原载《安徽大学学报》1963年第1期)

论语言与言语

方光焘、施文涛两位先生在他们的《言语有阶级性吗?》[①]一篇论文里提出一个论点,认为语言和言语都没有阶级性。他们并且在这篇论文里对我发表在《中国语文》1958年5月号的《文风笔谈》和1958年10月号的《批判我在语言学工作中的资产阶级学术思想》中提到的语言没有阶级性、言语有阶级性的论点提出批评,认为我的论点"已经在我国语言学界的某些人思想上引起了混乱"(24页)。他们既然认为我的论点竟有这样的扰乱思想的作用,这个问题的严重性也就可想而知了。因此,我认为有必要在这里和方、施两先生讨论这个问题,并就正于读者。

一

方、施两先生在他们的论文里首先叙述德·索绪尔区分语言与言语的论点,并对它加以批判,然后就根据(?)苏联语言学家 A. И. 斯米尔尼茨基在《语言存在的客观性》一文中所提出的论点,断言语言和言语都没有阶级性,再据此来批判我,认为我"陷入了自

[①] 见《南京大学论坛》,1959年第4期,第24—26页,又第45页。以下只在引文后注出页次。

己批评过的索绪尔的唯心主义泥坑中去了"(26页)。这里,我们暂且不谈方、施两先生对德·索绪尔的论点是如何论述的,我们无妨先看一看方、施两先生所根据的斯米尔尼茨基对语言和言语的看法究竟如何。

详细地研究了斯米尔尼茨基的论文[①]之后,使我惊异的是方、施两先生竟至于误解了斯米尔尼茨基的论点,并且在某些地方似乎是有意地隐去了斯米尔尼茨基的主要论据。方、施两先生说:

> 斯米尔尼茨基认为索绪尔所理解的那种"言语"(parole)是不存在的,实际上存在的是索绪尔的"言语活动"(langage)。[②] 他也区分"言语",但是他所指的"言语"不等于索绪尔的"言语"(parole),他所指的"言语"是与索绪尔的言语活动(langage)相当的,在斯米尔尼茨基所说的言语这一概念中包括着语言和"超语言的剩余部分",这种"超语言的剩余部分"可以是属于个人的(个人发音的错误,嗓音特点,用词不当……等),也可以是属于社会的(如社会公认的诗歌韵律……等)。言语既然包括了语言和"超语言的剩余部分",我们知道语言是没有阶级性的,那么,"超语言的剩余部分"是不是有阶级性的呢? 我们认为"超语言的剩余部分"中的社会因素的诗歌韵律等是不可能有阶级性的,斯米尔尼茨基对"超语言的剩余部分"个人因素的说明也都是有关语言的表达方式,与个人的思想和世界观无关的,所以也不能有阶级性……我们认为斯米尔尼茨基所指的"言语"(相当于索绪尔的言语活动)是不

---

① 斯米尔尼茨基:《语言存在的客观性》,见《语言学论文选译》,第五辑,第113—140页,中华书局,1958。

② 德·索绪尔所说的 langage 应当译为"语言机能",不是"言语活动"。

同于一般人所说的"说话",因为一般人所说的"说话",是把思想内容也包括在里面的。像那种运用语言所产生的具体产物,斯米尔尼茨基把它叫做"言语作品"(25页,着重点是原文所有的)。

不错,斯米尔尼茨基所说的言语相当于德·索绪尔的 langage,它包括德·索绪尔所说的 langue 和 parole。但是,斯米尔尼茨基是如何解释他自己所了解的"言语"的呢? 斯米尔尼茨基说:

> 说话的过程以及无数次说话中所谈到的,所说出的和所听到的内容,也就是语言学家的直接研究材料。这大致相当于德·索绪尔所谓的 langage,它直接产生于日常生活中,亟需有一个专门名称——言语(речь,langage,Rede,speech)。①

这里,斯米尔尼茨基明明指出他所说的言语是说话过程以及说出的和听到的内容,然而方、施两先生说斯米尔尼茨基所说的言语并不指"说话",甚至于斯米尔尼茨基对言语中的个人因素的说明也只涉及表达方式,并不涉及内容。对斯米尔尼茨基的论点的这种误解是令人惊异的。

方、施两先生所以歪曲斯米尔尼茨基的论点,因为他们在斯米尔尼茨基的著作里找到"言语作品"这个术语,他们就借着这个术语来做文章,认为"言语作品"和"言语"是两个不同的概念。因此,尽管斯米尔尼茨基所说的"言语作品"包含有说话人的思想内容,有阶级性,但是言语并不包括说话人的思想内容,没有阶级性。然而斯米尔尼茨基如何解释"言语作品"呢? 斯米尔尼茨基说:

---

① 见《语言学论文选译》,第五辑,第120页。着重点是我加的。

> 从语言和言语作品(就是本文中所规定的那种意义下的言语)①之间的这些关系,应该认为整个的具体句子(由一定的词所组成,而又具有一定结构方式的句子)是言语单位,而不是语言单位,因为这些句子都是在某种程度上完整而又独立的言语作品。②

这里,斯米尔尼茨基拿加括弧的方式对他所说的"言语作品"作出注解,说它就是上面所述的言语,并且把作为言语作品单位的具体句子就叫做言语单位。这证明了斯米尔尼茨基所说的"言语作品"是包括在他所说的"言语"之内的,因之,有时就等于他所说的"言语"。斯米尔尼茨基并且认为这作为言语单位的具体句子是有阶级性的。他在《语言存在的客观性》里说:

> 但是"言语作品"(此地指具体的句子)却是有所为而发,表达一定的思想内容,它们对不同阶级往往并不是一视同仁的。③

他又在他的另外一部著作里说:

> 应当非常强调地指出,由一定的词所组成,而又具有一定的语法形式的具体的句子(即句子)已经是言语作品,就是说,不是语言的组成部分或单位,而是某些人在某种条件下,为了达到某种目的,对语言的运用所产生的产物;它们并不属于语言(虽然是从语言变来的),而是属于在每一个具体的场合中运用语言的人的活动范围,因之,在阶级社会里,它们就常常

---

① 即上述斯米尔尼茨基对"言语"所下定义:"说话的过程以及无数次说话中所谈到的,所说出的和所听到的内容。"
② 见《语言学论文选译》,第五辑,第125页。着重点是原文所有的。
③ 同上,第五辑,第126页。

有一定的阶级倾向。①

可见,方、施两先生以斯米尔尼茨基所说的"言语作品"是被排斥于"言语"之外的为理由来证明(?)言语并不包括说话的内容,因之,没有阶级性的论点,是对斯米尔尼茨基的理论的误解。

不但如此,方、施两先生也注意到斯米尔尼茨基所说的"超语言的剩余部分",并且以这种"超语言的剩余部分"不具有阶级性为理由来证明言语没有阶级性,但是他们却似乎是有意地不把言语作品列在斯米尔尼茨基所说的"超语言的剩余部分"之内。他们只以"个人发音错误、嗓音特点、用词不当……等"和"社会公认的诗歌韵律……等"来转达斯米尔尼茨基所说的"超语言的剩余部分"所包含的内容。方、施两先生所用的"……等"这个省略号是耐人寻味的,因为被他们拿"……等"这个符号来代替或抹杀的却正好有斯米尔尼茨基所说的"言语作品"。斯米尔尼茨基非常明确地说:

> 在言语中除开作为交际工具的语言以外还有某种"超语言的剩余部分",这种"超语言的剩余部分"本身又是多种多样的,而且也不是语言学的研究对象。"剩余部分"基本上包括下面几种内容:(甲)每个人在使用语言时的特点……(乙)某些不直接属于语言基本职能范围内的语言要素……(丙)某些言语作品,它们通过语言而形成,但已经整个超出于语言范围之外,因为它们专门表达某一生活领域中的思想,而语言则为人类活动的各个领域活动服务,无分彼此。②

---

① А. И. Смирницкий: Лексическое и грамматическое в слове,见 *Вопросы грамматического строя АН СССР*,1955,стр. 12.

② 见《语言学论文选译》,第五辑,第 136—137 页。

这里，斯米尔尼茨基虽然说"某些言语作品"，没有说出多少言语作品，但是他却明确地指出，包含有思想内容的言语作品之中有的就被包含在"超语言的剩余部分"之内。斯米尔尼茨基所以只说"某些言语作品"，不说"全部的言语作品"，因为在他看来，有的言语作品可以反复出现，成为语言要素。它们虽然是言语作品，但已转入语言，成为语言的成分，因之，不是"超语言的剩余部分"。斯米尔尼茨基说：

> 在个别场合下，具有句子形式的言语单位也能加入语言体系之中。这是因为某些具有句子形式的言语作品（句子）为人们反复使用后，丧失了"引证"的性质，而我们使用它们早已不是故意重复这些句子，而是使用这些句子来表达自己的思想。①

换言之，除了类似的一部分言语作品之外，其他的言语作品就是属于"超语言的剩余部分"的。然而方、施两先生却以"……等"这个方法把它们全部踢出"超语言的剩余部分"之外，而断言说："斯米尔尼茨基对'超语言的剩余部分'个人因素的说明也都是有关语言的表达方式，与个人的世界观无关的，所以，也不可能有阶级性。"更令人不解的是，方、施两先生并不是没有看到斯米尔尼茨基的这一段话，他们甚至于引证了这一段话的一部分，他们说：

> 因为一般人所说的"说话"，是把思想内容也包括在里面的。像那种运用语言所产生的具体产物，斯米尔尼茨基叫做"言语作品"……这种言语作品，"它们通过语言而形成，但已经超出语言范围之外，因为它们专门表达某一生活领域中的

---

① 见《语言学论文选译》，第五辑，第129页。

思想。"(25页,引号里的语句就是他们引证斯米尔尼茨基的话的)

但是他们似乎是有意地不提这一段话正是在斯米尔尼茨基说明某些言语作品属于"超语言的剩余部分"的范围之内时所说的。

我们知道德·索绪尔所说的 langage 是包括 langue(语言)和 parole(德·索绪尔所说的"言语")两方面的。他在《普通语言学教程》里曾经画出一个图解来说明他所说的 langage,langue 和 parole 的关系。下面就是这个图解:①

$$\text{langage} \begin{cases} \text{langue} \begin{cases} \text{synchronie(横序系统)} \\ \text{diachronie(纵序演变)} \end{cases} \\ \text{parole} \end{cases}$$

斯米尔尼茨基所说的"言语"既相当于德·索绪尔的 langage,既包括 langue 和 parole 两者,那么,我们就可以看看德·索绪尔所说的 parole 究竟包含不包含说话的内容在内。他说:

> 它(按:即言语)是人们所说的话的总和。② 里面包括:(甲)依赖于说话者的意志的个人的组合(按:不是组合的形式)。(乙)实现这些组合所必需的同样是与意志有关的发音动作。(38页)

可见德·索绪尔所说的 parole 也包括有言语作品(即方、施两先生所说的"说话")在内,而斯米尔尼茨基所说的相当于德·索绪尔

---

① F. de Saussure: *cours de linguistique générale*, 1931, Paris, p. 139。以后所引德·索绪尔的话不另注明出处的都指这本书,只在引文后注明原书页码。

② 原文是 elle est la somme de ce que les gens disent,方、施两先生把它译作:"人的说话的总和","说话"云云,意义不明确,它既可以只指说话的行为,又可以兼指说话的行为和说话的内容,然而,德·索绪尔的原文 ce que les gens disent 却明明指的是人们所说的东西,即所说的话。这段的着重点是我加的。

的 langage 的"言语"之包括"言语作品"在内,也就是无可置疑的了,因为他所说的"言语"包括德·索绪尔的 langue 和 parole(即包含有"言语作品"的 parole)两部分。当然斯米尔尼茨基只说他的"言语"相当于德·索绪尔的 langage,但他却明显地说,在他所说的"言语"和德·索绪尔所说的 langage 的近似之处当中,有一个共同的特点,即包含有被德·索绪尔列在属于 langage 之下的 parole 里面的人们所说的有内容的"话",也就是他所说的"言语作品"。可见,斯米尔尼茨基所说的"言语"是包括有人们所说的"话",亦即他所说的言语作品。不过,因为他把言语解释为"说话的过程(按:即言语行为)以及在无数次说话中所谈到的、所说出来的和所听到的内容(按:即言语作品)",既指"言语行为",又指"言语作品",所以,在某种场合下,他有必要拿"言语作品"这个术语来同"言语"区别开来,但这并不意味着他所说的"言语"并不包括"言语作品"在内。

二

不难看出,方、施两先生所以要歪曲斯米尔尼茨基的论点,是有原因的。除了他们要借此来否认言语有阶级性之外,他们还害怕,把言语说成包括言语作品在内就会使语言学研究的对象模糊起来。他们说:"事实上我们如果把言语作品的具体思想内容也包括在言语里的话,那么我们就会把语言科学扩大到一切科学、文学、艺术研究的领域中去,因为不论是文学著作、科学著作、哲学著作都是通过作者的言语表达出来的。"(26页)

其实,这是不必要的忧虑。为什么把言语作品的具体思想内容也包括在言语里,就会把语言科学扩大到一切科学、文学、艺术研究的领域中去呢?这其间有什么必然的联系呢?语言科学研究的对象应当如何地规定是一回事,言语是否包括言语作品,言语作品是否包括言语作品的具体思想内容是另一回事。如果我们说文学包含有形式一面和内容一面,文学的形式是语言,文学的内容是思想意识,我们难道就因此而认为文学的研究对象必须扩大到语言学的研究和哲学的研究领域中去吗?如果在文学的研究过程中,人们谈到文学中所包含的思想意识,或文学的语言艺术,这就算是干涉哲学或语言学的"内政"吗?

客观的事物有千丝万缕的联系,一个具体的事物往往可以包含各种不同类型的组成要素,科学的分工正是从这复杂错综的现象中找出同类的现象来加以综合和抽象的研究的。一个科学部门的研究对象并且是随着科学的发展而有所变动的。几何的图形存在于宇宙间各个具体事物里,宇宙间的各个具体事物也不只具有几何图形这一特点,然而我们却可以把几何图形从各个不同的具体事物中抽象出来,加以综合地研究,建立了几何学。难道承认雪花里具有某种特定的几何图形,这就把地球物理学的研究扩大到几何学的范围而使其失去独立的存在吗?阿里斯多德时代的物理学和今天的物理学显然有不同的内容。难道声音和光线都不是物理现象吗?为什么我们就分出声学和光学?难道承认声音和光线是物理现象,这就使得我们把物理学的研究扩大到声学和光学的领域中去,而使声学和光学失去其为独立的科学的存在吗?"独立"并不等于"孤立"。根据辩证唯物论的观点,我们尽管要使一门科学具有独立的特点,但是同时要把各门科学之间的联系建立起来,要把某一科学的研究对象和其他科学的研究对象之间的联系说个明白。方、施两先生不是也说：

> 我们认为语言学所要研究的只是言语作品的表达形式……我们所理解的言语(言语作品的表达形式)不仅是包括了语言的物质外壳——语音、词与词的组合的规律和造句的格式，而且也包括了词汇的客观意义，因为这些都是属于语言的。(26页，着重点是我加的)

方、施两先生既认为语言学所要研究的只是言语作品的表达形式，并且是"属于语言"的言语作品的表达形式，那么，为什么他们又承认言语中有不属于语言的"超语言的剩余部分"呢？为什么这"超语言的剩余部分"就不必成为语言学的研究对象呢？而承认言语中有不属于语言的说话者的思想内容，这说话者的思想内容就必得成为语言学的研究对象，因之就必得把语言学的研究扩大到所有科学的领域中去吗？

可见，就连方、施两先生也承认规定语言学的研究范围并不阻止人们去分析语言和言语的不同，去论述言语中的不属于语言的"剩余部分"；那么，在分析言语的时候，把言语所包含的思想内容归入言语中的"超语言的剩余部分"，正如斯米尔尼茨基所做的，就不能被认为是把语言的研究扩大到一切科学的领域中去了。问题在于：给某种科学规定它的研究对象和研究范围是一回事，说明这种对象和别的对象的差别及其彼此之间的不同特点是另一回事，两者之间有联系，但不彼此排斥。

三

当然，方、施两先生对斯米尔尼茨基的理论的歪曲，只能说明他们的"言语没有阶级性"的理论是缺乏论据的,并不能证明言语有阶级性。因此,我们还要进一步从正面的角度来阐明语言没有阶级性,言语有阶级性的道理。

语言学家们很早就注意到语言和言语的区别。德国的语言学家方·洪堡尔特(von Humboldt)早就在十九世纪初年提出过有区分语言和言语的必要,他认为语言是活动,是形成思想和表达思想的创造性的机关,并且说:

> 从严格的而且最相近的意义上来说,这个定义适合于日常应用语言中的活的言语的每一个动作,可是,从本质上和从真正的意义上来说,也可以把语言只理解为一切所讲的话的总合。然而通常所说的语言在词典和语法书所提供的一大堆里只包含有活的言语所产生的个别的元素,却往往在数量上不完全,并且往往需要新的劳动去认清从言语里产生出来的特性,去形成对活的言语所有的可靠的观念……活的言语是首要的和真正的语言财产:如果我们要走进活的语言本质里边来的话,在研究语言的情况之下,我们就无论如何也不应该忘记这一点。词和规则的零散存在是科学分析的机械工作的僵死的产物,而不是语言的天然财产。①

这里,方·洪堡尔特明确地指出语言是一切所讲的话的总合,而言语则是日常应用语言的每一个活的动作。尽管方·洪堡尔特对语言和言语的区别还没有精确的分析,但是他已经注意到这两者之间的区别。

---

① В. В. Виноградов:《Итоги обсуждения вопросов стилистики》一文中所引的;见 *Вопросы языкознания*,1955 年第 1 期,第 76 页。着重点是我加的。

在近代语言学的历史里,第一个给语言和言语的区别作出有系统的理论的解释的,是德·索绪尔。他在分析语言学的研究对象时,认为人类的语言机能(langage)可以分为两个对立的部分,一是语言(langue),一是言语(parole),语言是社会现象,而言语则是个人现象。他说:

> (语言)是某一社会集团全体成员通过言语实践而获得的一种宝库,是可能存在于每一个人脑子里,或说得更正确些,是存在于一群人的许多脑子里的一个语法系统;因为在任何一个个人的脑子里,语言总是不完整的,它只在群众中才是完整的。

又说:

> 在把语言从言语里分别开来的时候,人们同时就1)把什么是社会的从什么是个人的当中区别开来;2)把什么是主要的从什么是次要的,多少是偶然的东西当中区别开来。语言不是说话者的一种机能,而是个人被动记录下来的产物,它从来不假定预先的思考,而思考的活动也只有在我们将于第170页以及以下各页①所要讨论的分类的活动中才参预其中。相反地,言语是个人的意志和智慧的一种活动,其中可以分为:1)说话者应用语言法则去表达个人思想时所做出的组合;2)允许个人把这些组合表面化的心理—物理的机制。(30页)

这里,德·索绪尔一方面把语言看做是社会的产物,社会的现象,把言语看做是个人的产物,个人的现象,一方面把他所说的"语言"

---

① 指原书页数。

具体地看成群众脑中存在的一个语法系统,把他所说的"言语"具体地看成个人为了表达思想所做出的组合,以及使这组合表面化的心理—物理的机制。这种组合是什么呢?德·索绪尔在另外的地方说:

> 语言以贮藏于每一个个人脑子里的印迹的总和的形式存在于集体中,有点像一部相同的词典,分派给每一个人使用……语言的这种存在形式可以拿下面的公式来加以表明:
>
> $$1+1+1+1……=1(集体的样本)①$$
>
> 言语是以什么样的方式出现在这个集合体里呢?它是人们所说的话的总和,里面包括:1)依赖于说话者的意志的个人的组合;2)实现这些组合所以必需的同样是与意志有关的发音动作。(38页)

这里,他明确地说出他所说的言语指的是人们所说的话的总和,包括个人所组成的言语组合和发音。

德·索绪尔的理论具有严重的唯心主义的错误,这错误主要表现在:1)在社会性的问题上把语言和言语对立起来;2)在物质性的问题上把语言的物质外壳(发音)排斥于语言之外,而把它看成个人的言语。

正如谢尔巴所说的,"语言系统和语言材料——这只是在试验中的某种言语活动的唯一的不同的方面……"②,"一切不发源于

---

① 这个公式的意思就是说:贮存于每一个人脑子里的语言系统加在一起,仍然等于这同样的语言系统,不过这后者是集体的语言系统,而贮存于每一个个人脑子里的语言系统只是这集体的语言系统的复本罢了。

② Л. В. Щерба:《О трояком аспекте языковых явлений и об эксперименте в языкознании》,见 *Известия АН СССР*,1931,отделение общественных наук,№ 1,стр. 115.

语言系统的,不是在语言系统中潜在地奠定起来的真正个人的东西,在不能为自己找到反应,甚至于不能得到了解的情况下,要永远的灭亡"①,"那些常常被认为是个人的差别的东西,其实是集体的差别,即同样受到社会制约的东西"。② 德·索绪尔把语言和言语在社会性的问题上对立起来,是对语言和言语的严重的误解。斯米尔尼茨基也同样地批评德·索绪尔说:"语言乃是言语的一个组成部分,并且是最重要的组成部分……"③"言语中的'超语言剩余部分'既包括个人的因素,也包括社会的因素,这一点就不同于德·索绪尔的完全是一种个人现象的言语。"④为什么我们不能把语言和言语这样地对立起来呢? 这是因为,语言是人们的交际工具。语言既是交际工具,我们就不能把它理解为交际行为或由交际行为所组成的言语组合。就是从实践的角度来看,每一个运用语言的人都意识到他所学习得来的语言并不是他所有的,而是其他的人所共有的,而是以存在于全民社会中一切个人嘴里所说出的,具有声音的物质外壳的言语之中的方式存在于社会之中的,在交际的场合中,他是运用语言这个工具去组成他所要说的话的。具体地说,在人们进行交际的时候,人们是要运用全民社会公有的一套词汇系统(包括单词、复合词、在句子里起词的作用的词组、熟语、成语、句子成分等)和语法系统(包括作为词汇系统和语法系统的物质外壳的语音系统)去组成自己所要说的话的,而在学习语言

---

① Л. В. Щерба:《О трояком аспекте языковых явлений и об эксперименте в языкознании》,见 *Известия АН СССР*, 1931, отделение общественных наук, № 1, стр. 118.
② 同上,第124页。
③ 见《语言学论文选译》,第五辑,第121页。
④ 同上,第122页。

的过程中,人们也正是学习全民社会公有的这一套词汇系统和语法系统的。从这一个角度来看,德·索绪尔把语言具体地看成"群众脑中存在的一个语法系统"是部分正确的,因为德·索绪尔所说的语法系统事实上就是语言系统。① 某一全民社会全体组成员所有的词汇系统和语法系统就是作为这一社会的交际工具的语言。鲁宾斯坦在他的《论语言、言语和思维的问题》中说:

> 语言,按它的性质来说是民族的;是该民族的人民社会性地加工过的词汇和表现为用词造句的一定的规则(规律性)的语法构造。②

事实上,当我们说"汉语"或"俄语"的时候,我们所指的就是汉语或俄语的词汇系统和语法系统(包括作为词汇系统和语法系统的物质材料的语音系统),没有人会把由汉语的词汇成员和语法成分组织而成的某一个人所说的话或所写的文章、书籍等理解为汉语,而只把它理解为他用汉语所说出或所写出的东西。《三国演义》第四十五回中有一段记载:

> 周瑜梦中做忽觉之状,故问那人曰:"床上睡着何人?"答曰:"都督请子翼同寝,何故忘却?"瑜懊悔曰:"吾平日未尝饮酒;昨日醉后失事,不知曾说甚言语?"

这里周瑜所说的"不知曾说甚言语",没有人会把它理解为"说什么语言? 说的是汉语,还是俄语?",而是指的用某种词汇成员和语法

---

① 德·索绪尔曾经反对传统语言学分别词汇和语法的办法,而认为语言系统就是语法。参阅他的 *Cours de linguistique générale*, pp. 186—187。这里我们不必讨论他的这种看法是否合理。

② C. Л. 鲁宾斯坦:《论语言、言语和思维的问题》,见《语言学译丛》1959年第1期,第44页。

成分所组成的具体的话。虽然我们今天不大把"言语"这个词用在这个意义上,但是我们今天也不会把"我简直不懂得你说的是什么话"理解为"我不知道你说的是汉语还是俄语",这里所说的"话"就指的是"言语"。可见,语言和言语的区别是事实上存在的,是人们所意识到的客观事实。语言和言语的区别还可以在理论上使我们了解语言是交际工具这一原理。人们的说话行为绝不能被理解为交际工具,因为行为并不等于工具。我们可以运用笔作为书写工具来写字,但是谁也不会把写字看成笔,也不会把写成的字看成书写工具。我们说语言是交际工具,这句话就意味着我们并不把它看成交际行为或这行为所组成的每一句话。所以把语言和言语区别开来,不但是可能的,并且是理论上必要的。问题在于:我们是否可以因此而认为语言是社会的,言语是个人的。在这个问题上,德·索绪尔的理论显然是错误的。正如斯米尔尼茨基所说的,言语是人们运用语言工具所组成的,它包含有语言的成分,因为言语就是用语言的词汇成员,依照语言的某些语法规则组织起来的东西,这些词汇成员和语法成分就存在于言语之中,作为它的一个组成部分,言语因之也就包含着具有全民性的词汇成员和语法成分。① 不但如此,言语既然是人们在交际场合中对语言这一交际工具的运用,言语本身也就是一种社会现象,因为交际本来就是一种社会活动的现象,而人们在这活动中所组成的言语组合也正是为的让其他的人理解,并且能够为其他的人所理解的。所以,德·索绪尔把言语看成完全属于个人的现象,是错误的。当然,从另外

---

① 参阅斯米尔尼茨基《语言存在的客观性》,见《语言学论文选译》,第五辑,第121—122页。

一个角度来看问题,我们也可以说言语中也包含有个人的成分,但这里所指的个人成分是就另外一种含义来理解的。它指的是在组成言语组合时个人所运用的非语言的成分,即不是语言词汇系统或语言语法构造中所具有的词汇成员和语法成分,以及语言所具有的发音状态等,例如个人所具有的特殊的词语或特殊的语法成分,以及特殊的发音等。不过,这只是言语所具有的部分的现象。不能因此而说言语是完全同作为社会现象的语言相对立的个人现象。

德·索绪尔把发音看成个人的言语现象,这又是他的一个严重的错误。他尽管把语言说成社会现象,但是他却忽视了这一社会现象所以能够存在的物质基础。他认为语言是由一堆符号组成的系统,但是这些符号却是心理的;他认为符号(signe)是能指(signifiant)和所指(signifié)的结合体,由能指和所指联系起来,语言符号的能指是听觉印象,它的所指是概念,这两个被联系在一起的东西都是心理现象(98—100页)。他说:

> 语言符号不是联系一个事物或一个名称,而是联系一个概念和一个听觉印象(image accoustique),这后者并不是物质的声音,纯粹物理的东西,而是这声音的心理印迹,我们的感觉给我们提供证据的表象。它是属于感觉的,如果我们终于把它叫做"物质的东西",这只是在这个意义上这样称呼它的,并且是和联系的另外一端,一般的说更为抽象的概念相对而言的……所以,语言符号是具有两个对立面的心理事素。(98—99页)

德·索绪尔既认为语言是符号系统,又把这符号系统看成心理现象,尽管他说这心理现象是社会集体的心理现象,他却不能不陷入唯心主义的泥坑。应当指出，德·索绪尔注意到语言的存在与人类大脑的结构和大脑的生理活动有关，这是唯物论的见解。但是，正如斯米尔尼茨基所说的，他把"语言从言语，从语言的物质音响中完全割裂开来，并且把语言看做仅仅是一种心理现象（虽然语言和任何心理现象一样，只是作为大脑功能而存在），所以他成了唯心主义者"。[①] 要知道，正是语言的物质音响使语言成为人们在社会中可能由听觉来接受而被理解的交际工具，也正是这语言的物质音响使语言具有物质性，具有客观的存在，因此，不能把发音活动仅仅看成个人的言语行为，把语言符号看成心理现象。德·索绪尔说：

> 当我们观察我们自己的语言机能的时候，我们的听觉印象的心理特点就很清楚地呈现出来。我们不必转动我们的嘴唇和舌头就能够对我们自己说话或默诵一首诗。因为对我们来说，语言中的词都是听觉印象，我们必须避免谈论它们所由组成的"音位"。这个术语（按即"音位"）指明一种发音动作，它只适合于说明说出口来的词，只适合于说明内部印迹在谈话中的现实化。说到一个词的声音和音节的时候，只要我们记住它指的是听觉印象，我们就可以避免这个误会。

（98页）

他的论证缺乏科学的根据。现代心理学的研究证明，人们的语言机能是由言语动觉神经来执行的，不是由听觉神经来执行的，就是在所谓内部言语（即德·索绪尔所说的"对我们自己说话或默诵一首诗"）里，言语的动觉神经也在活动。苏联心理学家波罗夫斯基

---

① 见《语言学论文选译》，第五辑，第118页。

（Боровский）的言语器官电生理学的研究证明了这一点。① 当然听觉在人类的语言机能中也起作用，那是在学习语言或听别人说话的时候起作用的；决定语言的客观存在的并不是它，而是言语动觉活动。这里，正如斯米尔尼茨基所说的，德·索绪尔把语言和人们对语言的知识混为一谈了。② 我们必须把语言的存在和语言在说话者的意识中的反映区别开来。没有语言的客观存在就不可能有对语言的反映，因之，也不可能有对语言的知识，而这语言的客观存在则有赖于语言的音响，虽然在学会语言之后，我们也可以在某种场合中不把话"说出口来"，进行内部的言语活动。

所以，尽管德·索绪尔正确地提出划分语言和言语的必要性，他对语言和言语的理解却包含有许多不正确的看法。

在德·索绪尔之后，德·索绪尔的信徒们曾经企图进一步地解释德·索绪尔的语言和言语的理论，但是他们的更进一步的发挥并没有使这论点更加明确。布拉格学派领袖杜鲁伯茨可伊（N. S. Trubetzkoy）在发挥德·索绪尔的理论时认为，具有功能特点的要素是语言的要素，不具有功能特点的要素是言语的要素。在批评齐维尔纳（E. Zwirner）企图以不同发音的变体所做的统计分析来确定语音规范时，杜鲁伯茨可伊曾经说：

> 这里，齐维尔纳陷入了错误。从他的语音格律分析法里所能得到的，丝毫也不是说话者在发出或听到一个特定的声音时所要参考的规范。这的确是些"规范"，但这是另外一种含义的规范：进行发音的规范，实现发音的规范，总之一句话，

---

① 参阅 В. И. 马希尼科《巴甫洛夫关于两种信号系统的学说》，第 16—18 页，科学出版社，1956。

② 见《语言学论文选译》，第五辑，第 130 页。

> 言语的规范,而不是语言的规范。不消说,这种规范只能有平均数的价值,我们不能够把它和语言的价值混为一谈。①

这里,杜鲁伯茨可伊的意思就是说,具有社会交际功能的要素是语言的要素,不具有交际功能的要素,虽然也出诸人们的口,却不是语言的要素,只是言语的要素;语言的规范是以具有交际功能的要素为准的,不是以个人口里说出的话的平均的情况为准的。当然,齐维尔纳以统计的数字为根据来规定语言规范的论点是错误的,语言的规范并不能拿个人言语中所具有的特点的平均数来加以确定,但是杜鲁伯茨可伊显然也把语言和言语对立起来,看不到语言是以存在于全民社会全体组成员口里说出的,具有声音的物质外壳的言语之中的方式存在于社会之中的,语言是言语的重要组成部分,因而,言语中也存在有具有交际功能的要素。

日内瓦学派语言学家薛施蔼(A. Sechehage)在发挥德·索绪尔的论点时认为有必要区别"言语本身"(parole proprement dit)和"经过组织的言语"(parole organisée),认为"言语本身"是人类的一般的表达本能,而"经过组织的言语"则是通过语言中介而形成的表达,"言语本身"是第一性的,语言和"经过组织的言语"都是第二性的。② 这里,薛施蔼把问题弄得更加模糊起来。人类有表达的本能,这是不容置疑的,但是只有表达的本能并不能创造出语言系统,也不能产生"经过组织的言语",语言的系统是人们社会的产物,离开了社会,人们纵使有表达的本能,也不能产生语言系统,因之也就不能产生运用语言的言语,何况既说是"言语本身",它就

---

① N. S. Trubetzkoy: *Principes de phonologie*, Paris, 1949, p. 8.
② 参阅《Les trois linguistiques saussuriennes》, *vox romanica*, V, 3 页以下。

似乎可以直接产生"经过组织的言语",为何这后者反而要通过语言而形成,而人们却没有形成语言的语言本身或组织本能?

哥本哈根学派的叶姆斯列夫(Ch. L. Hjelmslev)也发挥了德·索绪尔的理论,认为语言可以从三个角度来加以理解:1)不依其在社会中的实现化和物质的表现而被规定的纯粹的形式;2)依其在某一社会中的实现化,然而却不依其表现的细节而被规定的物质的形式;3)某一特定的社会所形成的习惯的简单的总和,由被观察到的表现来加以规定。① 叶姆斯列夫把第一种情形称为"作为公式的语言"(langue comme schéma),把第二种情形称为"作为规范的语言"(langue comme norme),把第三种情形称为"作为习惯的语言"(langue comme usage)。② 显然,他的理论是从德·索绪尔的理论发展出来的,他所说的"作为公式的语言"相当于德·索绪尔的"语言",他所说的"作为习惯的语言"相当于德·索绪尔的"言语",他所说的"作为规范的语言"则是介乎两者之间的东西;但是,他的理论却是有更多的唯心主义的色彩。叶姆斯列夫认为一种语言在发展过程中无论有什么变化,只要它的系统中的各成分之间的对立关系没有变化,它总还是同一个语言。这种不变的关系的公式就是"作为纯粹公式的语言",这并且是真正的语言。这种语言在不同的情况下可以用声音符号、书写符号或旗语符号等来加以表达;从"作为规范的语言"的观点来看,这些不同的表达方法是不同的语言,各有各的规范。在人们的说话习惯中,有不同的发音、不同的用词等特点;从"作为习惯的语言"的观点来看,这

---

① Ch. L. Hjelmslev:《Langue et parole》, *Cahiers Ferdinand de Saussure*, ii, p. 32.

② 同上,p. 33。

些不同的发音习惯、用词习惯等就是不同的语言。这里,叶姆斯列夫坚决把语言从具体的表达里抽象出来,甚至于把语言从具体的社会生活中,从具体的物质形式(语音)中抽象出来,使其成为一个纯粹的公式,他的理论是荒谬的,因为这种纯粹的公式显然不能是全民的交际工具,不能是抽象思维的承担者,并且从来也没有作为一个具体的存在物而存在过。①

由于上面的论述,我们可以得到初步的结论:语言和言语的区别是客观存在的,作为全民交际工具的语言不可能是个人所特有的,它是全民社会所有组成员的共同财产,是人们可以随时随地加以运用,进行交际的客观存在的工具;然而言语则是人们对语言的②运用及人们运用语言所产生的结果。一个全民社会只有一种语言,例如汉民族只有一种汉语,但是万千的个人和某些个人的结合体却有难以数计的言语。不过,尽管如此,语言和言语并不是完全对立的,两者之间有密切的联系,而语言也不是心理现象,它是以其物质外壳(语音)所起的作用客观地存在于社会之中的。

四

现在让我们更进一步地来讨论语言和言语的各种特点。

语言是以音义结合物的一套符号系统供全民社会全体组成员作交际工具用的。看来这是无可怀疑的,但是资产阶级的某些语言学家却无视这个客观存在的事实而怀疑这种论点。斯宾斯

---

① 这里不是专门讨论这些语言学家的学说的地方,因此,不对他们的学说作详细的论述和批判。

② 这里暂且不谈地方方言、"社会方言"等。

(Spence)就在他的《难于沟通的长流:语言与言语的问题》里,在评论德·索绪尔的论点时,表现出了怀疑的态度,认为社会全体组成员所公有的语言系统并不存在,他说:"对语言(la langue)的研究(到处被人解说为语言学的真正的研究对象)并且在实践上是不可能的:人们不能希望掌握'贮藏于一切个人脑子里的语言印迹的总和'。"①他以受过教育和没有受过教育的英国人的不同的说法,巴黎的法国人和沙芜瓦的法国人(不是说方言的)的不同的说法来说明全民的语言系统并不存在,并下结论说:"语言被肯定为可能存在于语言社会所有组成员的脑子中的表达工具的系统;但是,即使我们能够探讨'贮藏于一切个人脑子里的语言印迹的总和',这些印迹也不能构成一个调和的表达工具的系统,而只能构成像罗格尔(Rogger)所说的那种 ein rein additives Gebilde(一张纯粹的附加图像)。"②这种怀疑作为全民共同财富的语言系统存在的论点正是没有了解语言和言语的区别的结果。当然不同的个人所说的话包含有不同的成分,但这正是他们的不同的言语所造成的结果,而他们也总要运用他们所学来的语言系统去参加构成他们的言语组合。诚然,由于个人的言语有所不同,语言的词汇系统和语法系统(及其语音的物质外壳)一般又是被表现在各个个人的言语里的,所以社会公有的语言系统到底是什么样子,不容易加以确定,但这不等于说全民共同语的系统并不存在。每一个个人都感觉到他是依照他向社会学来的语言系统来说话的,尽管他也可能偶尔

---

① N. O. W. Spence:《A Hardy Perennial: The problem of la langue and la parole》,见 *Archivum Linguisticum*(Glascow),1957,T. 9 No 1,pp. 6—7. 引文中"贮藏于一切个人脑子里的语言印迹的总和"这句话是德·索绪尔说的。

② 同上,第20页。

创造出个别新的词语或语法成分去构成他自己的言语组合,或者在运用语言词汇和组词成句的规则方面犯过错误。一个人所运用的语言词汇成分和语法成分并不见得是全民共同语的全部系统,各人之间对语言的运用也有差别;但是细心的语言学家却可以研究出全民共同语的整个系统,甚至于设法依照语言发展的内部规律去规定全民共同语的规范。所以全民共同语的客观存在是无可怀疑的。

语言的客观存在是没有问题的了,那么,语言和言语的关系究竟是怎样的呢?斯米尔尼茨基在论述言语的时候,指出言语是由语言和"超语言的剩余部分"组合而成的,"并且很显然,语言作为一种客观决定的社会现象而存在于言语中"[①]。斯米尔尼茨基的话给了我们许多启发。言语是人们在具体的交际场合中,由于言语的行为而对语言所加的运用,运用的结果所构成的言语组合正是运用语言的词汇成员依照语言的语法规则而形成的;因此,任何一个言语组合都不能不包含语言的成分(即语言的词汇成员和语言的语法成分)。从这个角度来看,我们可以说,语言和言语并不是绝对孤立的,语言存在于言语之中,但这句话并不意味着整个的语言系统存在于每一个言语组合里;事实上,只有程度不同的部分的语言成分存在于每一个言语组合里,并且,即使人们的言语组合所用的都是语言要素,这言语的组合也已经不是语言,因为它已经是语言要素的化合物,而不是语言的化合物了。

那么,言语到底包含有哪些东西呢?除了部分的语言成分之外,一个言语组合还可以包含斯米尔尼茨基所说的"超语言的剩余

---

① 见《语言学论文选译》,第五辑,第 121 页。

部分"。从一个角度来看,由语言要素所组成的言语组合已经是超语言的东西;从另外一个角度来看,"超语言的剩余部分"指的是言语组合中的非语言的要素。这种"超语言的剩余部分"是由种种不同性质的东西所组成的。在言语里,我们除了有个人或某些人在词汇、语法或语音方面的错误的(对语言来说是错误的)用法,以及个人或某些人在言语内容方面的差别之外,还可能有个人或某些人的不同于语言系统的固定的言语表达形式的系统,虽然不见得每一个人或每一群人都有这种系统。尽管在构造言语组合的过程中,人们是在运用语言中存在的要素;但是人们却可以对语言中存在的要素加以选择,再加上个人或几个人自己创造出来而未被社会公认的要素来构成自己的言语组合,这就可能促使个人或某些人的固定的表达形式系统的形成。这种系统是个人或某些人所特有的,并且是个人或某些人所经常反复运用的。罗格尔在他的《对德·索绪尔的 cours générale 的批判的研究》中提出一种意见,认为有区别集体语言(Kollektivsprache)和个人语言(Individualsprache)的必要。他把集体的语言系统称为"集体语言",把个人的表达形式的系统称为"个人语言"。① 应当指出,"个人语言"这个术语是不妥当的,因为语言是全民的交际工具,个人所具备的表达形式的系统不能称作语言。但是罗格尔却提出了一个问题,即个人可以有自己的表达形式的系统,这种系统并且是不同于全民共同语的系统的。当然,罗格尔也犯了严重的错误,因为在规定语言的单位时,他竟认为个人的表达形式的系统(即他所说的"个人

---

① K. Rogger: *Kritischer Vensuch über de Saussure's Cours Générale*, ZRPH, lxi, pp.161—217.

语言")是语言的基本单位。① 他所用的术语"个人语言"是很容易引起误会的,我们宁可采用发表同样见解的霍尔(R. A. Hall)的术语"个人方言"(idiolect)。② "个人方言"这个概念使我们更加明确地理解言语的一种特点。正如地方方言是语言在地理上的变体一样,个人方言是语言在个人言语中的变体;同地方方言一样,个人方言也具有全民共同语的语言成分同个人所特有的表达形式的成分共同组成的一个固定的表达形式的系统。这种系统正是构成个人言语风格的手段,它本身也就成了个人交际工具的一种。斯米尔尼茨基说:"因为言语不但是交际工具,而且又是这种工具的应用过程。"③语言既是全民的交际工具,那么,这种交际工具就是任何人在任何场合为任何目的都能加以运用的。语言只以它的词汇成员所包含的意义同思维中的概念发生关系,只以它的语法成分所包含的意义同思维的规则(即逻辑规则)发生关系,它并不同以概念为材料基础、依照逻辑规则进行思维活动所组成的思想发生关系;因此,它并不反映人们进行具体思维时所形成的具体思想,语言只是人们表达思想的工具。然而对语言的具体运用,则必须是在某一具体的交际场合中,为着某一具体的交际目的,由某一具体的个人或某些具体的个人来执行的;而在执行的过程中,也总要造成具体的言语组合,可能构成特殊的表达形式的系统。正是这个缘故,我们认为语言是全民的交际工具,而言语则是个人或某些

---

① K. Rogger: *Kritischer Vensuch über de Saussure's Cours Générale*, ZRPH, lxi, pp. 161—217.

② R. A. Hall:《Idiolect and Linguistic Super-ego》, *Studia Linguistica*, V, pp. 21—27.

③ 见《语言学论文选译》,第五辑,第 120 页。

人对语言的具体运用和通过这种运用所产生的"言语作品"(即人们所说的话)和可能产生的特殊的表达形式的系统。换一句话说,任何由于具体的交际行为而形成的对语言的运用及其所形成的"言语作品"和可能形成的特殊的表达形式的系统都是属于言语问题范围之内的。言语既是对语言的具体的运用及其成果,它所构成的作品也就包含有思想内容;因为在交际的场合中,人们正是运用语言这个工具或特殊的表达形式的系统去把思想表达出来,从而构成言语作品的。正因为这个缘故,言语的最小单位是句子;句子正是包含有思想内容的最小单位(判断)的言语组合。正因为这个缘故,尽管作为全民交际工具的语言并不包含说话者的思想内容;但是运用这个工具或特殊的表达形式的系统去进行交际,去表达思想的言语行为却组成了包含思想内容在内的言语作品。这是语言没有阶级性,言语有阶级性的主要原因之一。

我们把言语理解为人们对语言的具体运用以及通过运用所形成的"言语作品"和可能形成的特殊的表达形式的系统,我们对言语的理解同德·索绪尔、罗格尔和霍尔等人是不同的。我们不只把言语看成个人的言语行为及其所形成的言语作品和可能形成的特殊的表达形式的系统,同时也把它看成某些人(即某些人的结合体)的共同的言语行为及其所形成的言语作品或可能形成的特殊的表达形式的系统。换一句话说,任何由于具体的交际场合、具体的交际目的、具体的交际执行人(不论是个人或某些人的集合体)对语言的具体运用及其所产生的言语作品和可能产生的特殊的表达形式的系统,都是属于言语的范围之内的。斯米尔尼茨基曾经说过:"言语中的'超语言的剩余部分'既包括个人因素,也包括社会因素。"①他所说的包括社会因素的"超语言的剩余部分"包括有"社会公认的诗韵音律"。② 诗韵音律正是人们具体运用语言时由于交际的特殊目的和特殊场合而参与语言变体之一的言语风格所构成的；它不是语言在个人言语中的变体，而是社会公认的言语变体。正因为这个缘故，苏联的语言学家们把风格看成是语言的言语变体，称它为言语风格。维诺格拉多夫说："'语言风格'这个术语和把风格规定为语言变体，规定为语言的'一般的'系统之内的'部分的'系统的定义迫着我们按照式样和相似之点来提供它们的语言系统……容易看出，这里所说到的原来是关于言语风格，即关于'符合于一定的言语活动类型的表达手段的系统'。语言的风格（语言风格）这一术语却着重指出，这些言语风格是'语言的方面'，即在语言系统要素的范围内，只就这些要素的性质和运用的观点来加以理解和研究的。"③这里，维诺格拉多夫指出一般人所说的"语言风格"其实是一种语言变体，事实上也就是言语风格。只因为这种言语风格是由特殊性质的语言要素和特殊用途的语言要素所组成的语言系统之内的"部分的系统"；从这个角度来说，它是属于"语言方面"的，所以才把它说成"语言风格"。可见，这种在语言系统范围之内的特殊的表达形式的系统也是属于言语问题范围之内的，虽然它同语言是有关系的。我们不妨创造一个术语来说明言语中的这种特殊的表达形式的系统，管它叫做"言语方言"（discurslect——"方言"的意思本来指的就是"语言变体"），包括个人

---

① 见《语言学论文选译》，第五辑，第 122 页。

② 同上。

③ В. В. Виноградов：《Итоги обсуждения вопросов стилистики》，见 *Вопросы языкознания*，1955，№ 1，стр. 71.

的言语表达形式的系统(即霍尔所说的"个人方言")和社会公认的言语风格的表达形式的系统。

所以,语言同言语的区分主要不是决定于所谓社会同个人的差别,而是决定于全民社会所公有的任何人在任何环境下都能运用的表达形式的系统和交际工具,以及进行交际的具体行为和它所产生的结果之间的不同(不论进行交际的行为以及由这种行为所形成的言语作品和可能形成的特殊的表达形式的系统是属于个人的、某些人的,或是属于社会全体组成员在某种特殊的交际场合中所运用的)。也正因为这个缘故,苏联的语言学家们把文艺作品称为文艺言语,因为它也是具体运用语言所形成的言语作品和特殊的表达形式的系统或"言语方言"。从这个角度来看,甚至于只把"言语"理解为不包括言语作品在内的言语表达形式的系统,也不可能不在某种场合下具有阶级性。尽管各个人对语言的运用不见得都具有阶级性;但是某一阶级或以阶级一分子的身份进行交际的个人往往为了适合阶级的交际目的,对语言的具体运用所产生的"言语方言"或风格的表达形式的系统却显然是可能具有阶级性的。这也正是维诺格拉多夫院士在他的《风格学问题讨论的总结》里认为"列入风格学之内的还有关于'意识形态的'和表情的言语功能的词汇的同义关系的学说……"①的缘故。我们所以说可能具有阶级性,是因为受某种特殊的交际场合、特殊的交际目的所制约着的言语风格的表达形式的系统(或"言语方言")有可能没有阶级性,例如我国古代的公文尺牍的表达形式的系统是所有写公

---

① В. В. Виноградов:《Итоги обсуждения вопросов стилистики》,见 *Вопросы языкознания*,1955,№ 1,стр. 64.

文尺牍的人都要运用的。社会中的各个阶级在具体运用语言的时候,可能形成表达阶级意识形态的一套言语风格的手段;这一套表达形式的系统显然具有阶级性(虽然它的组成要素不见得都有阶级性),因为它是某一阶级所选择和运用的表达形式的系统,它是为另一阶级所排斥的,而以阶级一分子的身份进行言语行动的个人也要在某种场合里(例如在斗争会上进行斗争的时候)运用这种表达形式的系统或"言语方言"。也正是因为这个道理,我们认为无产阶级的文风,或毛主席所说马克思列宁主义的文风①中的言语风格是有阶级性的。

"言语方言"或言语的表达形式的系统既不同于语言,也不同于言语表达形式。作为全民交际工具的语言是任何全民社会、任何时代都有的,自从人类社会存在的一天起,语言就存在;但是特定的"言语方言"却是某一全民社会在其历史发展的一定时期内才能产生的。例如原始时代,由于社会环境比较单纯,全民社会内没有足够的复杂的不同类型的交际场合,也没有足够的复杂的不同类型的交际目的,所以语言并没有分化为"言语方言"。因此,"言语方言"在当时并不存在,但语言则早就存在了。就是在今天的社会里,人们也不是随时随地都在运用"言语方言"的。比方说,没有构成个人所特有的风格系统的个人和没有在特殊的交际场合下为了达到特殊的交际目的而进行交际的人们,就并不运用"言语方言";但是人们却要随时随地运用语言(或语言的地方变体——地方方言)。"言语方言"也不等于"言语的表达形式",因为它不仅是言语的表达形式,而且是一个固定的特殊的言语表达形式的系统,

---

① 《毛泽东选集》,第三卷,第862页。

它不是个别的言语组合所专有的。在社会发展的过程中,人们可以没有这种言语表达形式的系统,但是在他们进行任何一种交际时,无论在什么情况下,他们的言语却不能没有表达的形式,因为没有言语的表达形式,言语就不可能存在,也就不可能产生人们随时随地对语言的运用及其所产生的言语作品。"言语方言"也是一种交际工具,这种交际工具主要就是由作为全民公有财产的语言这一交际工具的要素所构成的。运用"言语方言"这一交际工具的时候,事实上是同时运用语言这一交际工具的;但是言语的表达形式却不是一种交际工具,它只是人们对语言或言语方言这个交际工具的某些要素的运用;它是言语作品的形式部分,是同具体的言语作品的具体内容①结合在一起的。当然,这种言语的表达形式就是"言语方言"的要素,或者就是语言的要素(在"言语方言"不存在的情形下)具体存在于言语作品里的;但是存在于言语作品中的却在任何情况之下都只是语言要素,或"言语方言"的要素,而不是作为交际工具的整个的语言系统或"言语方言"的系统,而这些要素也已经成了言语作品的形式部分。方、施两先生只看到言语的表达形式,而没有看到言语表达形式同言语表达形式的系统(即"言语方言")之间的区别,这正是他们看不出属于言语范围内的言语表达形式系统(即"言语方言")有不同于语言系统的特点(即可能具有阶级性的特点)的原因之一。

---

① 言语的具体内容虽然只是说话人的思想之被表现在言语里的音义结合物,但这音义结合物正是这种思想的反映,因此为了方便,我们在本文里的某些地方就简单地说它是言语所包含的思想内容。

五

方、施两先生主张言语没有阶级性的唯一的论证就是言语本身同言语作品是两回事,不能混为一谈。他们说:"我们不能因为言语作品的思想内容有阶级性,因此就得出言语本身有阶级性的结论。一个人所写的文章的思想内容有阶级性,但作为表达工具和表达手段的语言文字并没有阶级性。"(25页)这里,方、施两先生显然想在概念上做文章来证明他们所主张的言语没有阶级性的论点。然而,他们能够这样证明言语没有阶级性吗?

上面已经说过,就是从言语的表达形式系统来看,言语也可能具有阶级性,再说,我们是否可以因为"言语"同"言语作品"是不同的概念就证明了言语作品有阶级性而言语本身就没有阶级性呢?

不错,"言语"和"言语作品"是不同的概念,但是不同的概念是否就是对立的或矛盾的概念呢?那倒不见得。大家知道,不同的概念之间往往有各种不同的关系。在矛盾的概念中,它们所反映的不同的事物的特点是互相排斥的,"黑"就不能是"非黑","白"也不能是"非白";然而非矛盾性的不同的概念之间的关系就不见得是这样的。例如"人"和"男人"也是不同的概念,但是我们却不能因此就说男人有阶级性,人就一定没有阶级性。"言语"和"言语作品"这两个不同的概念难道是矛盾性的概念吗?固然"言语"是个比较广泛的概念,同"言语"有关的还有"言语行为"、"言语作品"、"言语内容"、"言语形式"、"言语风格"等概念,但是这些概念并不是同"言语"处在矛盾地位的关系之中的。换一句话说,这些概念都属于"言语"这个概念范围之内的,它们事实上都是说明"言语"

的某个方面的。方、施两先生既认为"言语作品"不等于"言语",那么,按照逻辑的推理,"言语行为"和"言语表达形式"等也不能等于"言语"了。然而为什么方、施两先生却拿"言语表达形式"没有阶级性来证明"言语"没有阶级性,而拒绝拿"言语作品"有阶级性去证明"言语"有阶级性呢？这显然是不合理的。再说,难道言语作品就只有思想内容而没有表达形式吗？如果言语的表达形式没有阶级性就可以证明"言语"没有阶级性,那么,依照逻辑的推理,言语作品的表达形式没有阶级性也就可以证明言语作品没有阶级性了,为什么方、施两先生又认为言语作品有阶级性呢？方、施两先生所说的"言语"到底是什么呢？不错,作为表达工具和表达手段的语言文字是没有阶级性;但是,方、施两先生不是认为语言和言语有区别吗？他们不是承认言语中有"超语言的剩余部分"吗？那么,他们能够拿语言文字没有阶级性来证明言语没有阶级性吗？问题非常明显,方、施两先生对这些概念彼此之间的关系并没有弄清楚。

"言语"这个术语既可以指"言语行为",又可以指"言语作品"、"言语方言"。《三国演义》第四十六回说:"且说黄盖卧于帐中,诸将皆来动问,盖不言语,但长吁而已。"这里所说的"言语"即指言语行为。我们今天也说:"他不言语了",这"言语"也正是指言语行为而言的。当然,"言语行为"这个概念并不等于"言语",但是因为这种行为正是构成言语组合的行为,它是属于言语范围内的,所以,到目前为止,语言学家们所说的"言语"可能指的就是言语行为。不过"言语行为"并不等于"言语作品"或"言语方言",则是明显的;正如建筑行为并不等于建筑物(或简称建筑),也不等于进行建筑时所用的砖头一样。

方、施两先生所说的"言语"是否指的"言语行为"呢?① 如果指的是言语行为,那么,被理解为言语行为的"言语"能够没有阶级性吗?作为阶级一分子的个人或阶级集团的言语行为难道都是不为本阶级的利益服务而受阶级所决定的行为吗?为什么在运用全民共同语所提供的词汇系统和语法系统的时候,每一个人或某些人要对它进行选择来构成某种言语作品呢?选择的行为难道都没有留下阶级的烙印吗?要知道,语言机能是全人类所公有的,但是言语行为却必得是具体的人或某些人在具体的交际场合中的行为,作为阶级成员的个人或某些人在这种行为中不能都没有留下阶级的烙印。认为言语行为没有阶级性的人显然是把"语言机能"同"言语行为"混为一谈了。

方、施两先生在论述言语没有阶级性的时候,认为人们所说的"言语"指的是言语的表达形式。这种表达形式是不是言语行为呢?显然不是的。正如我们不能把写字的行为同字的写法等同起来一样,我们也不能把言语行为同言语表达形式等同起来。那么,什么是言语的表达形式呢?言语的表达形式,正如上面所说的,就是言语作品的表达形式,它既不是语言,也不是"言语方言",而只是它或它们的成分被表现在言语作品之中。言语作品事实上就是作为言语形式部分的言语表达形式和作为言语内容部分的被表达的意义(也就是被表现在言语里的思想)的结合物的总称。如果我们认为"言语"指的是言语的表达形式,像方、施两先生所说的那样,那么,这也指的是言语作品的表达形式,因为这种表达形式在

---

① 他们在口头上说他们说的"言语"等于"言语活动",看来指的是"言语行为",但是他们对"言语活动"的解释却是没有任何行为含义的"言语作品的表达形式",所以,我们也弄不清他们所说的"言语"到底是否指"言语行为"而言。

言语作品里正是同它所表达的内容结合在一起的。同时,如果我们有权利称言语作品的表达形式为"言语",那么,我们也就有同等的权利称言语作品的内容为"言语"。同样的理由,如果我们否认言语作品的内容为言语,那么,我们也就有同等的权利否认言语作品的表达形式为"言语"。方、施两先生既可以把不同于"言语"这个概念的言语表达形式称为言语,为什么他们就拒绝把言语作品的内容,甚至于言语作品本身称为言语呢?根据我们的理解,"言语"当然不等于"言语作品",因为"言语"还可以兼指"言语行为"、"言语方言"等,不过我们也不能因此就说言语作品不是"言语"所指的。事实上,除了言语行为和与言语行为有关的东西、"言语方言"和与"言语方言"有关的东西之外,"言语"这个术语所指的正是言语作品和言语作品有关的东西,而言语表达形式和言语内容就正是与言语作品有关的东西。何况"言语的表达形式"这个概念本身在逻辑上就包含有它只是言语的某一方面,而不等于言语的全部情况的含义,正如"人的躯壳"这个概念本身就包含有它只是人的某一方面,而不等于人的全部情况的含义一样。因此,"言语"既可以指言语的表达形式,也可以指言语的内容,只不过它既不等于言语的表达形式,也不等于"言语的内容"等罢了。

问题在于:这种表达形式到底是不是言语作品的表达形式?方、施两先生可能说,他们所说的表达形式是指语言的表达形式被运用在言语里的,比如他们说:"我们不能因为言语作品的思想内容有阶级性,因此就得出言语本身有阶级性的结论。一个人所写的文章的思想内容有阶级性,但作为表达工具和表达手段的语言文字并没有阶级性。"(25页)言语的表达形式如何可以说成语言文字?不过,事实上,方、施两先生在另外的地方也指出他们所说的言语的表达形式就是言语作品的表达形式,他们说:"我们可以从言语作品的表达形式里提炼出语言要素来。"(26页)可见,就连方、施两先生也承认言语的表达形式指的就是言语作品的表达形式。当然,言语的表达形式大部分是语言要素或"言语方言"的要素被表现在言语作品之中;但是这些语言要素或"言语方言"的要素是在其成为言语作品的表达形式的情况下出现在言语作品之中的,何况言语的表达形式可能是个别不成系统的"超语言的剩余部分",同语言或"言语方言"无关呢?这种言语的表达形式,正如方、施两先生所理解的,可以在言语作品里找到,但是不能在言语行为里找到。我们不能发现没有这种表达形式存在其中的任何一个言语作品。所以"言语的表达形式"事实上指的就是言语作品的表达形式,言语所包含的思想内容,事实上指的就是言语作品的内容。

天地间的所有事物都有形式和内容的对立面,没有形式和内容的事物是不存在的;任何一个事物事实上也就是它的形式部分同内容部分的结合物,离开了其中的任何一面就不能存在。作为言语作品理解的言语,事实上也就是它的内容同它的形式的结合体,离开了它的内容或它的形式,也就没有它的存在,离开了言语所包含的思想内容或言语的表达形式,空空洞洞的"言语本身"是并不存在的。事物的本质特点主要是取决于它的内容的特点。如果我们说文学作品(文学作品难道不就是文学吗?)是有阶级性的,这也并不是因为文学作品的形式部分有阶级性,而是因为它所包含的思想内容有阶级性。言语作品的表达形式就是言语作品的形式部分,言语作品所包含的思想内容就是言语作品的内容部分,因为在言语作品里,这种思想内容正是以这种表达形式为形式而同这后者结合在一起的。有人认为言语的表达形式也有形式和内容,这种内容并不是说话者的思想内容,因此,言语可以不包含说话者的内容而存在。这种说法是一种误解,因为这种形式和内容都只是言语形式的的形式,不是言语的形式,都只是言语形式的内容,不是言语的内容。言语的存在是言语的形式部分同言语的内容部分的结合,不是言语的形式的形式部分同言语的形式的内容部分的结合。言语作品的内容既有阶级性,作为言语作品理解的"言语"可以是没有阶级性的吗？我们能够说,文学的内容有阶级性,文学本身没有阶级性吗？当然,我们说文学的内容有阶级性,我们是就文学内容的一般情况来说的,并不是就文学作品的每一个文句的内容来说的;同样地,我们说言语的内容有阶级性,我们也是就言语内容的一般情况来说的,并不是就言语作品的个别单位即每一个句子的内容来说的。语言也有它的内容和形式,语言也是形式和内容的结合体,离开了它的形式或内容,语言也不能存在;但是以词汇系统和语法系统（及其物质外壳的语音系统）的身份存在的语言,它的内容和形式却是全民的,并没有阶级性。因为词汇系统是同没有阶级性的概念相联系,而不是同有阶级性的、由概念所组成的具体的思想单位（判断）相联系的;语法系统也只是同没有阶级性的逻辑相联系的。然而被理解为言语作品的"言语"却不是这样的,它的内容（即与具体的思想相联系的句子或一整段话的意义）一般地说是有阶级性的,它的形式也可能在某种情况下有阶级性,如果这形式是以具有阶级性的"言语方言"作为主要的组成部分的话。可见,只要方、施两先生承认言语作品的表达形式就是言语的表达形式,甚至于就是言语本身（事实上他们就是这样解释的）,那么,他们就不能不承认言语作品的内容也就是言语的内容,并承认言语作品就是言语本身。只要他们承认这种表达形式是属于言语的,他们就不能不承认这种内容也是属于言语的;只要他们承认言语作品的内容,甚至于言语作品有阶级性,他们就不能不承认这种言语作品的内容就是言语的内容,并且由于言语是否有阶级性主要取决于言语的内容是否有阶级性,而不能不承认言语有阶级性。然而他们在承认言语作品的表达形式是言语本身的时候,却否认言语作品的内容是言语本身;在他们承认这种表达形式属于言语的时候,他们却否认这种内容也是属于言语的;在他们承认言语作品的内容,甚至于言语作品有阶级性的时候,他们却否认言语有阶级性。这样论证怎么能令人信服。

至于在把言语理解为"言语方言"的情形下,言语是否有阶级性的问题,我们已经在上文里面一再说过,这里就不必多说了。

六

方、施两先生又说,在我的思想上存在着难以解决的矛盾。他们说:"高先生曾经在他的著作《普通语言学》一书中对索绪尔的区分'语言'和'言语'提出了严正的批评。他反对两者之间的绝对的对立,他也不承认那一切都属于个人的'言语'。现在高先生却又主张'言语'有阶级性了。他是不是承认有同语言相对立的'言语'了呢?这显然是自相矛盾的。"(26页)又说:"其实高先生对于'言语'这个概念的理解也是不明确的。他一会儿把言语看成是包括说话人的思想感情在里面的,把言语和言语作品混为一谈;一会儿他又承认言语只是一种表达方式。他在'文风笔谈'的欧化言语问题中说,这种所谓欧化言语是'表现在模仿欧洲各语言的言语表达方式上。我们因为阅读或翻译欧洲语言所写的著作,往往在言语表达方式上受到影响'。"(26页)我对德·索绪尔的批评,正如方、施两先生所说的,是就德·索绪尔在社会性的问题上把语言同言语对立起来,并且是绝对地对立起来,认为语言是社会现象,言语是个人现象这一论点加以批判的。这同我认为语言没有阶级性,言语有阶级性又有什么相干呢？如果我说不能把文学同语言绝对地对立起来,认为文学是社会科学的研究对象,语言是自然科学的研究对象,我就不能说文学有阶级性,语言没有阶级性吗？

我说所谓欧化言语表现在模仿欧洲各语言的言语表达方式上,这就意味着我只把言语看成是言语的表达方式吗？这其间有什么逻辑的联系呢？如果我说某人的思想改造表现在他的言论的改变中,这就意味着我只把言论的改变看成是表现思想改造的唯一内容吗？方、施两先生的这种论证,正如他们一方面承认言语有内容,一方面又认为只有言语的表达形式才是言语似的,都是不能令人信服的。

七

总之,语言和言语虽然是密切联系在一起的,但是它们却是不同的现象,应当加以区别。语言指的是作为全民社会全体组成员的交际工具的一套词汇系统和语法系统(及其语音物质外壳)。这系统不但是全民社会的全体组成员随时随地可以运用的,而且是并不包含具体的思想,只是作为表达思想或体现思想的工具的方式而成为全民社会的交际工具的。言语指的是个人或某些人在具体的交际场合中,为了达到某一具体的交际目的,运用语言和超语言的要素(即非全民共同语所具备的词汇要素或语法要素等等)来进行交际时所具有的行为和这行为所组成的超语言的言语组合（即言语作品）以及可能形成的"言语方言"（即特殊的表达形式的系统）。言语组合与语言不同，它包含有说话者的具体的思想内容，并且以说话者的具体的思想内容的反映作为它的内容，以言语的表达形式作为它的形式。所以语言没有阶级性，而言语却有阶级性。言语的阶级性不但表现在它的内容是说话者的思想意识的反映这一点上，同时还表现在某些为阶级的利益而进行的交际行为，以及适合于某一阶级的某些特殊的交际场合或交际目的而可能形成的言语表达形式的系统（即"言语方言"）上，甚至于表现在以具有阶级性的"言语方言"的成分作为言语作品的主要的表达形式的情况上。

　　语言学的真正的研究对象自然是语言，并不是言语，但是我们也不能对这句话加以机械地理解。由于语言同言语之间的错综复杂的关系，语言学家们绝不可以不重视对言语的某种研究，要研究语言非要从大量的言语材料的研究中提炼出语言的要素来不可。当然，由于我们对言语的研究目的在于寻求语言的要素，所以语言学家们在研究语言素材的时候，无需专门研究言语中所包含的说话者的思想内容的反映，而只着重于言语中的表达形式的探讨，因为这些表达形式大部分就是语言的要素被运用在言语里的。又因为言语中可能存在有"言语方言"或特殊的表达形式的系统，而这"言语方言"正是语言的词汇要素和语言的语法要素，再加上个人或某些人为着适应特殊的具体的交际场合、特殊的具体的交际目的而形成的特殊的表达形式的要素所组合而成的语言在言语中的变体，它既是"言语"，又是一种"方言"（语言的变体），语言学家们也要以这些特殊的表达形式的系统或"言语方言"作为他们的真正的研究对象。

　　语言学家们除了研究全民共同语之外,还要研究"言语方言",正如他们除了研究全民共同语之外还要研究地方方言、"社会方言"一样。地方方言、"社会方言"和"言语方言"虽然是不同种类的语言变体,但是它们却有一个共同的特点,即都是语言的一种变体。地方方言是全地区的社会组成员所共用的一套表达形式的系统,并且是各阶级的人所共同运用的,它并不包括说话者的具体思想的反映,在没有阶级性这一点上,它与语言是相同的。"社会方言"也是一套表达形式的系统,但是因为这表达形式的系统本身可能是某一阶级所专有的(例如其中的"阶级方言"),所以它可能具有阶级性。"言语方言"也是一套表达形式的系统,某些"言语方言"并且是某一阶级在某一具体的交际场合为了达到某一具体的交际目的的条件下所形成的,所以有的"言语方言"有阶级性,但不是所有的"言语方言"都有阶级性。尽管地方方言、"社会方言"和"言语方言"可能有不同的特点;但是,它们都是一种"方言"("方言"的意思本来就指的是语言的变体),即语言系统的一种变体。地方方言、"社会方言"和"言语方言"都不直接涉及说话者的具体的思想内容,因为用地方方言、"社会方言"或"言语方言"的要素所构成的、包含有说话者的具体的思想的反映的,正如用语言的要素所构成的、包含有说话者的思想的反映的具体的组合一样,已经是言语组合或言语作品了;而只有这种言语组合或言语作品中的表达形式(不是表达形式的系统)才是属于地方方言、"社会方言"或"言语方言"的系统之中的要素。"言语方言"尽管不直接涉及说话者的具体思想的反映,不过它却是某一阶级或阶级一分子的个人在特殊的交际场合,为了达到特殊的交际目的所形成和所运用的,它可能具有阶级性,虽然这种阶级性不是从这些"言语方言"的要素和说话者的具体思想的反映所结合而成的言语作品的阶级性上着眼来说的。"言语方言"一方面是作为全民社会的交际工具的语言的变体,一方面又是个人或某些人的交际工具;与语言不同,这种交际工具本身可能具有阶级性。作为语言变体的"言语方言",也是语言学的真正的研究对象,因为尽管它一方面是属于言语的,但它同时又是语言的变体,因为它也是一种交际工具,并且,正像斯米尔尼茨基所说的,它所特有的要素可以通过反复地出现而过渡为语言要素,使语言"得到滋养和补充"[①]。

与"言语方言"不同,言语的表达形式不是语言学的真正的研究对象,因为它既不是语言的变体,也不是交际工具,而是语言系统或"言语方言"系统中的要素被运用在言语作品之中。不过,尽管具体的言语作品的表达形式不是语言学的真正的研究对象,可是,由于语言要素或"言语方言"的要素分别存在于无数具体的言语作品之中,由于言语作品的个别特殊的表达形式的要素(不论它是否同时是"言语方言"的要素)可以通过反复地出现而过渡为语言或"言语方言"的要素,所以语言学家们在从大量的言语作品的材料中寻求语言要素的时候,作为他们的注意对象的首先应当是这些具体的言语作品的表达形式,而不是它们所包含的说话者的具体思想的反映。当然,我们不能割裂语言与思维、言语的表达形式同说话者的思想内容之间的相互关系和相互作用。

(原载《中国语文》1960年1月号、2月号)

[①] 见《语言学论文选译》,第五辑,第129页。

再论语言与言语

《中国语文》1960年1月号、2月号发表了我的《论语言与言语》一文之后,接着朱星先生和施文涛先生就在《中国语文》1960年3月号、4月号中对我所提出的论点进行讨论,而最近的《学术月刊》和《中国语文》又发表了几位先生的有关论文。这种百家争鸣的气氛令人兴奋,特别是语言与言语问题在语言学的理论中具有重要的现实意义,而对这问题的正确理解则要通过百家争鸣,共同讨论,才能得出比较可靠的结论。因此,我愿意在这里就各位先生所涉及的一些看法分歧的问题提出意见。

一

语言与言语到底有什么区别?它们之间到底有什么关系?这是问题的中心。然而大家对这问题却没有共同的看法。李振麟、董达武在叙述这个问题时,有这样一段话:

> 有人说:语言是各种结构成分的总和和由这些成分构成的体系;也有人这样说:语言是一套词汇系统和文法系统(包含语音系统),换言之,即语言只是一套规则体系。这两种说法本质是一样的。它们的共同点是:一方面虽然承认语言是供人使用的交际工具;另一方面却又认为语言如果一经人们

使用,就不再是语言,而是"言语"了。从此出发,他们又不可避免地引出了另外一个结论:语言并不体现人们具体的思想,也就是说,语言与思想无关。

照这种理论说来,语言只是作为一种"体系"而凌空、孤立地"存在",既不同人们的社会交际活动发生直接的不可分割的联系,也不同人们的思想发生直接的不可分割的联系。

问题很明显,认为语言不同人们的社会活动不可分割地联系着,认为语言一经人们使用就变成了"言语",这是不对的。①

李、董两先生就是根据他们所说的"不可分割地联系"这一论点来说明语言和言语的关系的,认为语言和言语没有本质上的区别,而得出结论说:"总之,把语言和'语言的使用'、'语言与思想的联系'、'语言的基本单位句子'从语言中排斥出去,说什么这些都是'言语'里面的东西,实质上是否认了语言的社会交际功能,和语言与思维的直接联系,而把语言归结为一种结构体系。"②

这里首先可以看出,李、董两先生对别人的论点的叙述在许多地方都是不符合事实的。"也有人这样说:语言是一套词汇系统和文法系统(包含语音系统)"不能被理解为"换言之,即语言只是一套规则体系"。系统是由许多单位组织而成的,规则只是把这些单位组织起来的方式,系统当然包含有组织系统的规则,但这些规则并不是系统的全部内容。李、董两先生这一个"换言之",把别人的意见曲解了。把语言和言语区别开,认为语言是交际工具,言语是

---

① 李振麟、董达武:《关于语言和"言语"的若干问题》,见《学术月刊》,1961年第1期,第49页。

② 同上,第51页。

人们对语言的使用,这并不意味着"语言如果一经人们使用,就不再是语言,而是'言语'了"。别人的意思只是说语言是交际工具,言语是对这工具的使用及其成果,两者是两回事,并没有说语言一经使用就变成言语。别人说与语言直接联系的是与词汇意义或语法意义相适应的概念和逻辑关系,不是思想内容。这句话丝毫也没有否认语言体现思想的功能、语言和思想的联系,而只是说作为语言成分的内容部分的意义是和概念或逻辑关系相适应的,这些和概念或逻辑关系相适应的语言成分在构成言语的过程中当然可以体现思想,它当然要和思想发生联系,但这是另外一个问题。

问题的关键就在于如何理解"不可分割的联系"上。辩证唯物论的确强调某些事物之间的不可分割的联系,事实也证明语言和思维,交际工具和交际,创造工具的人和工具之间的不可分割的联系,但这是不是等于说不可分割地联系在一起的两个事物就没有质的区别呢?先从日常生活中找出几个例子来说明这个问题。收音机是人们所创造出来的,创造收音机的人和收音机有不可分割的联系,收音机的存在并且是依赖于创造它的人的,我们可以因此而说人和收音机没有质的不同吗?个人和社会是互相依赖的,没有个人也就没有社会,两者是不可分割地联系着的,我们可以因此而说个人和社会没有质的区别吗?所以,李、董两先生企图拿"不可分割的联系","语言的存在和创造就是由于作为人们的交际工具"[①],"人类按照交际原则来使用语言,而语言只能在人类使用语言的交际活动或语言活动中存在和发展"[②]之类的论据来证明"把

---

① 李振麟、董达武:《关于语言和"言语"的若干问题》,见《学术月刊》,1961年第1期,第49页。

② 同上,第50页。

语言活动叫做'言语活动',同时认为它与语言是本质不同的两种社会现象,显然是不妥当的"①!他们的理论根据是对辩证唯物论的误解。语言正如人类文化中的亿万的事物一样是由人类社会创造出来的。也正如人类文化中的万千的事物一样离开了人类社会就不再存在。语言当然是和交际行为密切联系着的,正如所谓手势语也和交际行为密切联系着一样。它是思维的体现者。语言和人们的思想有密切的联系,正如人脑也和人的思想有密切的联系一样。这些都是当然的。然而,这种不可分割的联系并不说明语言没有它的独自的特点,也并不说明语言和人类社会的创造行为,和它所体现的思维,和交际行为,和人们的思想没有质的区别,正如说人类社会所创造的亿万事物之与人类社会的创造行为,手势语之与人的交际行为,人的思想之与人脑等相互之间没有质的区别一样。语言是一种客观存在的东西,它是社会中的任何一个组成员都能使用来进行交际的工具,但是我们却不能把它理解为与交际行为是相等的东西,或没有质的区别的东西。语言只是"人类最重要的交际工具"(列宁语),除了语言之外,人们还有其他的交际工具,例如手势、旗语等。如果只因为交际和交际工具是不可分割地联系在一起的,就证明了交际和交际工具没有质的差别,那么,不但表达思想的交际行为和旗语没有质的区别,就连旗语和语言也没有质的区别了。显然,作为交际工具的语言虽然是和思维,甚至于思想有密切的联系,但是李、董两先生所承认的语言的全民性和思想的阶级性不能被认为是没有质的区别的。语言本身只是

---

① 李振麟、董达武:《关于语言和"言语"的若干问题》,见《学术月刊》,1961年第1期,第50页。

思想的体现者,而不是和思想直接相适应的。谁能够告诉我们汉语是和什么思想相适应的呢?汉语可以体现任何使用汉语的人的任何一种思想,却不与任何使用汉语的一个具体的个人,并不和任何一种具体的思想直接相适应。谁也不能规定汉语的思想内容是什么。可见,李、董两先生想拿语言和使用语言的不可分割性来论证语言和言语没有质的区别,并没有得到成功。

二

不同的东西当然也可能没有质的区别,但那只是同类的一般事物与同类的个别事物之间的不同。这种不同正是所谓一般与特殊的区别。语言与言语的不同是否一般与特殊的区别呢?李振麟和董达武两先生正确地反驳了把语言和言语的区别看成纯粹的一般与纯粹的特殊的区别的论点,但是他们的论证和由此而引申出来的结论却是不妥当的。施文涛先生强调语言和言语的区别是一般与特殊的区别,他想拿这一论证去得出结论,认为言语只是"言语的表达形式"①。他的论点是对辩证唯物论中的一般和特殊的区别的误用。列宁曾经教导我们说:"个别一定与一般相联而存在。一般只能在个别中存在,只能通过个别而存在。任何个别(不论怎样)都是一般。任何一般都是个别的(一部分,或一方面,或本质)。任何一般只是大致地包括一切个别事物,任何个别都不能完全地列入一般之中等等。"②所以,把一般和特殊割裂开来,认为作

---

① 施文涛:《论语言、言语和言语作品》,见《中国语文》,1960年4月号,第183页。

② 列宁:《哲学笔记》第363页,人民出版社,1956年。

为交际工具的全民性的语言是一般的,作为交际行为或成果的具有阶级性的言语是特殊的,这种观点是错误的。语言和言语如果没有质的区别,那么,它们就可能被理解为一般与特殊的关系。一般的铁铣既存在于个别的铁铣之中,同时也就是所有个别的铁铣在质上的共同点。如果一个个别的生产工具在质上和铁铣不同,它就不可能是铁铣,而是其他的东西。在这个问题上,施文涛先生的论点显然是对这一原理的误用和自相矛盾的。他既认为语言和言语有所不相同,又认为语言和言语是一般与特殊的关系。在他看来,言语只是"言语中的表达形式"①,或"言语作品的表达形式",这种表达形式就是语言在言语作品中的体现,所以,言语只是特殊的语言,语言是这些特殊的事实的总和,它是一般的。语言和言语作品之中的表达形式是否处在一般和特殊的关系之中呢?当然是这样的。但是,如果承认语言和言语作品之中的表达形式是一般与特殊的关系,那就不能提出所谓语言和言语(即施文涛先生所说的"言语的表达形式")有区别,是不同性质的东西的理论。然而施文涛先生却既强调语言和言语(即"言语的表达形式")是不同性质的东西,又认为它们彼此之间是一般与特殊的关系。

李、董两先生的论证也是不够妥当的。他们尽管指出语言和言语不是纯粹的一般和纯粹的特殊之间的区别,但是他们却认为语言和言语不能割裂开,拿这种不可割裂性来证明语言和言语没有区别,又认为:"'言语'作品的总和是社会文化的重要组成部分,是属于文化范畴的,因此,把'言语'作品看做'言语'的一个组成部

---

① 施文涛:《论语言、言语和言语作品》,见《中国语文》,1960年4月号,第184页。

分,既包括它的思想内容,也包括它的形式(语言),并且把它认作是规定'言语'本质特征的一个重要根据,这在本质上是把文化当作了'言语',把文化的特点当作了'言语'的特征。"①要知道,语言和言语有没有区别,并不能因为"言语作品"的总和是社会文化的重要组成部分,因之,把"言语作品"踢出言语的范围之外就可以解决问题的。社会文化并不都是言语作品,只有一部分社会文化才是言语作品,这些言语作品"已经被明确地规定为某一具体学科研究的对象"②,不能证明它们就不属于言语。同样一个对象往往由不同的科学从不同的角度来加以研究。言语作品可以由不同的科学从不同的角度来加以研究,而所谓社会文化各科学对言语作品的研究一般也只涉及它的思想内容。我们从来没有看见过政治学家在研究作为言语作品的政论文章的时候,要以政治学家的身份来阐述这些言语作品的表达形式。我们不能因为政治学家研究了言语作品所包含的政治思想或有关政治的论述,就否认言语作品的存在。语言和言语的关系主要在于语言存在于言语作品之中,但言语作品并不因此而等于语言;言语作品和语言有质的区别。李、董两先生和施文涛先生在这个问题上存在着同样的毛病。他们以为语言既然存在于言语之中,那么,除了言语中的语言要素或尚未成为语言事实的表达形式(即个人发音错误之类的所谓"超语言的剩余部分")之外,就不能是言语或言语作品。这种理解是违反常识的。我们可以在日常生活中找到无数的例子说明存在于其他事物之中的事物不一定要排斥这后一事物的独特性。纤维存在

---

① 李振麟、董达武:《关于语言和"言语"的若干问题》,见《学术月刊》,1961年第1期,第52页。

② 同上。

于各种树木之中,然而树木却不等于纤维,我们不能因为纤维存在于树木之中,就否认树木的存在,尽管树木是植物学或园艺学的研究对象,纤维是纤维学的研究对象。语言和言语的关系并不是一般和特殊的关系,正如纤维和树木并不是一般与特殊的关系一样,只有一般的纤维和存在于各种树木之中的纤维之间才存在着一般和特殊的关系,因之,也只有一般的语言和存在于言语之中的语言要素是一般和特殊的关系。李、董两先生看出了一般和特殊的辩证关系,但是他们不能运用这一原则去解释语言和言语的关系,因为他们不是根据语言和言语的事实上存在的区别去辩证地理解它,而是从空洞的公式出发,以为一般和特殊的关系既不能被误解为存在于两个本质不同的东西之间,因此,语言和言语就不可能有质的区别。他们先断言语言和言语没有质的区别,然后再拿一般和特殊的关系去阐明它,他们事实上不是拿一般与特殊去论证语言和言语的关系,而是从语言和言语的所谓没有质的区别的先入为主的断言出发,演绎出语言和言语之间的一般与特殊的关系的。他们没有理解到语言是以表达形式的组成成分之一的资格存在于言语之中的,言语不能单用语言要素来组织,因为事实上,任何一个人所说的任何一句话都既有语言要素存在其中,又要有思想内容,没有思想内容的话并不存在。因此,只有一般的语言和存在于各个言语之中的语言要素之间是一般与特殊的关系,不是语言与言语是一般与特殊的关系。施文涛先生也在同样的推理下,认为言语只能是"言语的表达形式",因为他先断定语言和言语是一般与特殊的关系,然后才根据这一前提断言言语只能是言语的表达形式。我们暂不讨论施文涛先生的自相矛盾(因为他又认为"言语"可以兼指"言语活动",既可以指"言语活动",言语就不只是"言语的表达形式"),就是就施文涛先生的这种提法来论,他的论证也使人感到惊异。施文涛先生在证明他的言语没有阶级性的论点时,为了把语言和言语说成都是没有阶级性的,他就被迫去提出语言和言语是一般与特殊的关系的理论,而在证明语言和言语是一般与特殊的关系时,他又被迫去提出"言语是言语的表达形式"的理论。其实这个理论是不可理解的,它和"人是人的面貌"之类的定义似的,都是违反逻辑的判断的。只要我们看一看下面的类似的判断或定义,就可以看出施文涛先生这种理论的不正确性:

言语是言语的表达形式。

树木是树木的纤维。

文学是文学的表现形式。

图画是图画的线条。

音乐是音乐的音符。①

施文涛先生并且没有说出任何具体的论证来说明他所说的"言语是言语的表达形式"。他的唯一的论证就是这是"我们所说的"②。他曾经给言语做出一个"我们所说的"(即他所说的)数学公式:"语言要素+我们所说的'超语言的剩余部分'=言语。"③

他所说的"超语言的剩余部分"就是个人发音的错误和韵律之类的东西,不涉及思想内容。他没有考虑到"我们所说的"是主观愿望的表现,不是从客观的事实出发,"言语是言语的表达形式"是不合逻辑的定义,"语言要素+我们所说的超语言的剩余部分"不能等于不同于语言的言语,只能是具有某些特殊特点的个别的语

---

① 这后两个定义,并且还是施文涛先生在他的论文里自己提示的。

② 《中国语文》,1960年4月号,第183页。

③ 同上。

言表现。

至于在讨论上述问题中涉及斯米尔尼茨基的一些论点,因为施文涛先生一再误解了原文的含义,这里就没有必要逐一争论了。

三

语言和言语既有质的区别,那么,这种区别主要表现在什么地方呢?具体地说,这种区别在于语言是人们最重要的交际工具,而言语则是交际行为对语言的使用以及这种使用所产生的结果。关于这一点,我在《论语言与言语》中与本文开头已经说过,而戚雨村、吴在扬、田茹等先生也在他们的论文里说得很清楚,这里无需再说。但是这里还有一个问题需要加以讨论的,因为这种区别所引申出来的言语有阶级性的论点是李、董两先生和施文涛先生所反对的。我们有必要来看一看他们的反对是否有充足的理由。

语言是全民的,这一论点是大家所同意的,但是言语怎样呢?由于言语是人们对语言这一交际工具的具体使用以及这种使用所产生的结果,也就是言语作品,言语显然具有阶级性,因为无论天地间的事物是如何地各不相同,在阶级社会里,具有阶级性的人对这些事物的使用就具有阶级性。自然现象是最典型的没有阶级性的事物,但是在阶级社会里人们对自然现象的使用则具有明显的阶级性。我们平常说自然科学本身没有阶级性,这并不意味着对自然科学的使用(例如帝国主义之使用原子物理学)没有阶级性。枪炮也是没有阶级性的武器,但是,谁能承认在解放军和蒋介石反动集团进行肉搏战的时候,双方对枪炮的使用没有阶级性呢?因此,只要我们承认言语是具有阶级性的人们对语言的具体使用,我们就必得承认语言和言语是两种不同的现象,我们就必得承认言语有阶级性。

李、董两先生说:"人类按照交际原则来使用语言,而语言只能在人类使用语言的交际活动或语言活动中存在和发展,因此语言和语言活动密不可分地交织在一起。"①看来,他们一方面不否认有使用语言的活动,尽管他们不愿意把这活动叫做言语活动,但他们却承认它是与语言交织在一起的语言活动,换言之,是不同于语言的语言活动,不过两者是密不可分地交织在一起罢了;另一方面则认为这种使用语言的活动与语言没有质的区别。根据他们的见解,语言既没有阶级性,语言活动(即一般人所说的言语活动)也就不可能有阶级性,换言之,对语言的使用就不可能有阶级性。这种否认人们对事物的使用的阶级性的观点显然是违反马克思主义的观点的。然而,李、董两先生也有自相矛盾的地方,因为他们又在后面说"有一种观点认为,语言没有阶级性,但是'言语'却有阶级性。同时,他们又认为,语言和'言语'的关系,是一般和个别的关系,语言是一般的,'言语'是个别的"②之后,又说了这么一段话:"又有一种说法,即所谓'使用语言的阶级性'。这是'言语'有阶级性的另一种提法。人们要问:所谓'使用语言'有阶级性,是指使用语言的人的立场和观点的阶级性呢?还是指语言被使用之后就变成为有阶级性了呢?如果是前者,那是没有问题的……如果是后者,那就有问题了。"③论点尽管自相矛盾,设法证明"言语"没有阶级性则是十分明显的。李、董两先生想在批评别人的论点中去证

---

① 见《学术月刊》,1961年第1期,第50页。
② 同上,第55页。
③ 同上,第56页。

明他们的"言语"没有阶级性的论点。可惜他们的批评没有中的，因为他们完全误解了别人的论点。"有一种观点认为，语言没有阶级性，但是'言语'却有阶级性。同时，他们又认为，语言和'言语'的关系，是一般和个别的关系"①，这一叙述就不符合事实。我是"他们"之中的一个，但是，我从来就认为语言与言语不是一般与个别的关系，所以也可能是有质的区别的两种不同的现象。李、董两先生的第一个批评，"因为一切'言语'都毫无例外地有阶级性，因此这种阶级性既是'言语'的特殊属性，而又正是可以进入一般之中的共同的普遍的属性。这样，结论只能是：语言也有阶级性"②，根本上就落了空。"语言被使用之后就变成有阶级性了"这一叙述也是无的放矢，因为至少我没有认为语言被利用之后就变成有阶级性的。问题在于对"言语"的两种含义（即"对语言的使用"——亦即"言语行为"或"言语活动"和这种活动所制造的"言语作品"）来说，不同于语言的言语都具有阶级性，然而这种言语并不就是语言，也不是语言变来的。因此，语言被利用之后并没有变成有阶级性的，也没有变成言语，言语不过是对语言的使用或用语言要素所构造的作品，被使用的语言要素不过是作为言语作品的形式部分存在于言语之中罢了。李、董两先生又提出他们的第三个批评，他们说："还有一种观点认为，语言是言语内部的一个组成部分，从范围来说，'言语'要比'语言'大。因此，照这种理论说来，语言和'言语'的关系是整体和局部的关系。按照一般的逻辑推理说来，结论应当同样是语言有阶级性。因为整体有阶级性，局部却没有阶级

---

① 见《学术月刊》，1961年第1期，第55页。
② 同上，第56页。

性,这是不可能的。"①然而这批评又落了空。说语言存在于言语之中,这就意味着言语是整体,语言是局部吗?矿物存在于山中,矿物就是局部,山就是整体吗?语言存在于言语指的是语言存在于各个言语的总和里,不是指的语言存在于个别的言语里,只有某些语言要素才存在于个别的言语里,两者之间谈不上什么整体与局部的关系。假使我们承认(?)语言和言语是局部和整体的关系,"按照一般的逻辑推理",这就必然得出结论,认为言语有阶级性,语言也必得有阶级性吗?肠子是人的一个组成部分,如果说肠子是整体的人的一个局部部分,我们就必然得出结论,认为人有阶级性,肠子也必得有阶级性吗?可见,李、董两先生并没有批评倒言语有阶级性的理论。李、董两先生又企图用所谓"言语作品""这一'客观'社会现象的基本内容和'本质'特征,实际上一部分属于语言内部所固有的东西,还有一部分属于社会文化('言语作品')的领域"②来否认言语的客观存在,因而否认言语的阶级性特点。这种论证是同宇宙间的亿万事物的具体事实相矛盾的。构成收音机的一部分是玻璃管,一部分是木材,还没有说到其他的。玻璃管属于矿物,木材属于植物。我们能够因此而说收音机并不存在吗?我们能够因此而说收音机和矿物没有质的区别吗?言语是语言要素和思想内容的结合物,其中的语言要素(即其表达形式)属于语言,思想内容属于社会文化,这都是当然的。但是我们不能够因此而说言语不存在,言语同语言,甚至于同社会文化没有质的区别。言语包含有作为社会文化的思想内容也是当然的,但是言语并不

---

① 见《学术月刊》,1961年第1期,第56页。
② 同上。

等于社会文化。言语作品的存在是有目共睹的事实,谁也不会看不见摆在我们面前的一篇篇用汉语写成的表述某种思想的论文,这些论文正是以语言要素和思想内容的结合物的姿态存在于客观世界之中的,正如宇宙间千千万万的事物(除了极少数的单要素的存在物之外)都是由分属于不同领域的成分组合而成,而没有失去存在一样,言语作品也不会由于是从分属于语言和社会文化的要素所组成的就失去了它的存在,就被排斥于言语之外。这个以语言要素和思想内容相结合的姿态存在于客观世界之中的言语作品,显然是以阶级性为其主要特点之一的。它的阶级性不但表现在它所包含的思想内容上,同时也可能表现在它的表达形式上。尽管言语作品的表达形式是语言要素,但是各个个别的言语作品却不一定要把全部的语言要素都用上。人们在使用语言时对语言要素所进行的选择可以具有阶级的烙印。当然,由于某些特殊的交际场合,为了彼此的互相理解,不同的阶级也可以选择同样的表达形式,但是在另一些特殊的场合下,不同的阶级却可以选择不同的表达形式去构成各自的言语作品。在这种情形之下,对语言要素的不同的选择就具有阶级性。此外,为了某一阶级的利益,在历史发展的某一阶段上,这一阶级可以在使用语言的过程中创造出某些言语方言,即表现在某些交际场合之中的某种语言的变体,也就是某种言语风格的表达形式的系统,例如八股文的表达形式的系统。这种言语方言尽管是由语言中某些要素所组成的,却具有阶级性,因为它是某一阶级所欢迎和使用的。我们能够说八股文的表达形式的系统不具备阶级性吗?言语方言虽然是语言的变体,却不等于语言,正如阶级方言虽然是语言的变体,却不等于语言一样。谁能否认阶级方言的阶级性呢?言语方言的组成要素当然多半是具有全民性的语言要素,但这些要素已经化合成一个特殊的系统,它可以具备不同于语言的特点,正如水当然是由氢气和氧气组成的,但却具有不同于这两者的特点一样。我们说言语方言是语言的变体,这不等于说言语是语言变来的,也不等于说语言变成了言语方言,只是说语言中的某些成分在和某些非语言成分相结合的情况下,形成了言语方言。可见,李、董两先生和施文涛先生以为言语中的语言要素属于语言,因之,不承认言语的表达形式具有任何阶级性的可能,是把语言要素的全民性和语言要素所组成的可能不同于语言系统的言语方言的系统混为一谈的结果。令人奇怪的是,反对言语有阶级性的李、董两先生和施文涛先生都对我所提出的言语方言有阶级性的问题只字未提。正因为对语言的使用具有阶级性,对语言的使用所产生的言语风格及其表达形式的系统具有或可能具有阶级性,语言和言语的区别具有重大的现实意义;而语言学家的任务之一就是要研究言语作品中的这种主要由语言要素来充当或组织的表达形式或表达形式的系统如何为阶级服务,及其和思想内容之间的相互关系,虽然思想内容不是语言学直接的研究对象。

至于施文涛先生否认言语有阶级性的论证,就无需多加评论了。施文涛先生否认言语有阶级性的唯一理由在于他认为言语只是言语的表达形式,而这种表达形式就是全民性的语言要素,加上一些也没有阶级性的、尚未成为语言要素的、他所理解的"超语言的剩余部分"的总和。上面已经说过,他对言语的这种理解是如何地不合理,阶级对语言要素的使用以及由这使用所形成的言语方言(或言语表达形式的系统)是怎样地可能具有阶级性,言语中的思想内容是如何地具有明显的阶级性,这些论证已经足够说明施文涛先生的理论是如何地缺乏根据了。

至于朱星先生所说的言语只是基本上具有阶级性的论点则是对阶级性的误解。关于这一点,田茹先生已经说得很清楚①,我就不在这里多说了。

四

施文涛先生的矛盾又表现在他既认为"言语"指的是"言语活动",又认为言语只是"言语的表达形式"或"言语作品的表达形式"。问题倒不在于他是否自相矛盾,而是在于"言语"到底是否可以兼指"言语活动"(或"言语行为")。田茹先生在同意我的许多见解的同时,提出一个问题说:

> 高名凯先生认为:"言语则是个人或某些人对语言的具体运用和通过这种运用所产生的'言语作品'(即人们所说的话)和可能产生的特殊的表达形式的系统。"可是,在同一篇文章中他又说:"'言语'当然不等于'言语作品',因为'言语'还可以兼指'言语行为'、'言语方言'等。"……可见,"言语"并不是由"言语行为"、"言语作品"、"言语方言"等组合成的。可是,"言语"又不可能作为使用语言的过程和使用语言的产物的上位概念的名称而存在,因为"言语行为"、"言语作品"、"言语方言"等上位概念是不相同的,正如"写"、"字"和"字体"等上位概念的不同一样。尽管高先生反复强调了"言语"同"言语行

---

① 田茹:《有关语言和言语的几个问题》,见《中国语文》,1961年2月号,第11页。

为"、"言语作品"、"言语方言"等的联系和区别,但由于概念上的混乱和自相矛盾,却没有能解决"言语"的定义问题。①

他并且认为"言语只能作为人们使用语言的产物而存在,而不能兼指人们使用语言的过程"②。这里,我并不想对田茹先生的评论进行辩论,因为这只是属于术语概念的含义问题。我的意思只是说,"言语行为"既然冠以"言语",这术语所包含的概念尽管与"言语"不同,但却是有联系的,它并且是语言学中常常拿来指明"言语行为"的,因之,在对"言语"下定义时,要把这一含义包含在内。当然,和"言语"有关的术语很多,但归起类来,却只有两类,一是与"言语行为"有关的,一是与"言语作品"有关的,因此,我对"言语"所下的定义就从这两方面着眼,但认为对语言学家来说,他所关心的言语主要是"言语作品"。事实上,离开了"言语行为"和"言语作品",也就没有"言语"可言。术语所包含的概念的范围本来是可大可小的。不过,大到什么程度,小到什么程度,也要有个道理。"言语"兼指"言语行为"和"言语作品"是一般的理解,是否有道理,可以讨论讨论。斯米尔尼茨基在后来的著作里对"言语"和"言语作品"有新的见解。③ 他所说的"言语"的内容是很广泛的,只要是言语器官发出的一定的声音与一定的意义的有规律的结合,就是言语,换言之,无论是成为"言语行为"或不成为"言语行为"的言语片段,一个句子或几个句子所组成的言语片段,都称之为言语。应

---

① 田茹:《有关语言和言语的几个问题》,见《中国语文》,1961 年 2 月号,第 10 页。
② 同上。
③ 请参看斯米尔尼茨基:《语言和言语》,见《语言学译丛》,1960 年第 2 期,第 18—19 页。

当指出,"言语行为"的俄语原文是 акт речи,把它译成"言语行为"是有问题的。俄语的 акт 虽然有"行为"的意思,也还有这行为所形成的产物的意思,"俄英词典"把 акт 的这个意义解释为 statement。我们无妨把它译成"叙述",因为斯米尔尼茨基这里所说的不但是发出声音的动作,而且是这动作所形成的"完备的整体"的"言语片段"。这正是斯米尔尼茨基从前所说的"言语作品",现在为了标明不同时间、不同条件、不同人所说的同样的"完备的整体"的言语片段和某个具体的活动所说出的"完备的整体"的言语片段之间的区别起见,他拿"叙述"这个术语替代他从前所说的"言语作品",拿"言语作品"去说明具有同样组成和结构的"完备的整体"的言语片段。虽然改了术语,但他把"言语"理解为说话的过程及其所组成的产物则是一样的,不过在说话的过程所组成的产物之中再分为"叙述"和"言语作品"罢了。斯米尔尼茨基说到"说出和理解言语作品的过程本身",又说到"每一个言语行为的特征,则不仅取决于它是什么样的言语作品,而且还决定于说出和理解言语作品的具体过程本身",可见,他所说的"言语行为"(应当是"叙述")和"言语作品"都包含说话的行为(即我们所说的"言语行为")和这行为的产物(即我们所说的"言语作品")两方面。斯米尔尼茨基这样的解释问题,一方面说明了说话的过程(或我们所说的"言语行为"本身)和它所产生的产物(或我们所说的"言语作品")是言语所兼指的两回事,一方面也说明了这两者是不可分离地结合在一起的。正因为其不可分离地结合在一起,而又不相同,我认为在严格区别"言语行为"和"言语作品"的同时,要把它们理解为"言语"的两个方面。这是我处理这个术语的出发点。事实上,《苏联大百科全书》对"言语"的解释也是这样的:"言语是社会(部落、部族、民族)成员的一种活动,这种活动表现为在交际和思维过程中的语言运用(包括口头形式和书面形式),这就是言语活动(即我们所说的'言语行为');同时,言语又是这一活动的产物的总和,即由言语单位(句子)所组成的语言材料。"①

当然,在细密分析各现象之间的区别中,人们可以只把一个术语用在说明单一的现象上,有的语言学家,例如法国的德拉克拉瓦(H. Delacroix)和苏联的高尔农(Б. В. Горнунг)就曾建议把一般人所理解的"言语"加以限制,不兼指言语行为和言语作品,只指言语行为。他们的意见和田茹先生的意见正相反。德拉克拉瓦远在三十年代就认为应当区别"语言机能"(langage)、"语言"(langue)、"言辞"(parler)和"言语"(parole),其中的"言辞"就是一般人所说的"言语作品",它是人们运用语言所组成的具有思想内容的语句辞章;其中的"言语"只指说话人运用语言、组织言辞的行为,也就是一般人所说的"言语行为"②,高尔农认为:"'言辞'(текст)这个概念和'言语'这个概念没有任何共同之处……'言语'是心理-生理的过程,我们的'第二信号系统'的活动的表现,是心理学和生理学的研究对象……'言辞'是单个的言语过程或许多连贯的言语过程的结果。"③德拉克拉瓦和高尔农把"言语"和"言辞"区别开,认为"言语"只指说话时的心理活动或心理-生理活动,"言辞"则指的是这种活动或过程所产生的结果,也就是一般

---

① 见《语言学译丛》,1960年第2期,第17页。这里所说的语言材料即语言素材之意。

② H. Delacroix, *Le Langage et la pensée*, 1930, Paris, pp. 1—4.

③ Б. В. Горнунг:《论语言结构的特点》,见《语言学译丛》,1960年第1期,第22页。

人所说的"言语作品"。尽管他们用了不同的术语,但是他们却清清楚楚地指出"言语行为"本身和这行为所产生的结果的区别,而又指出其间的关系,后者正是前者的产物,他们仍然指出"言辞"是"言语过程的产物",没有把两者割裂开来。这两者既有区别,用两个不同的术语去表明它们,原是很好的;田茹先生的建议无疑地具有良好的动机。但是,我认为我们既然都同意言语行为和言语作品是两种不同的现象,术语的运用问题就只是次要的,并且要看具体的情形及其在理论上的副作用来决定。"言语"兼指"言语行为"和"言语作品"是许多语言的常用语所共有的现象:汉语的"言语",正如我在《论语言与言语》里所说的,就兼指"言语行为"和"言语作品";俄语的 речь 也既可以指明说话的活动,又可以指明人们所说的话;德语的 Rede 也既可以指明"言语行为",又可以指明"言语作品";法语的 parole 和英语的 speech 也是如此。现代汉语中最近流行的"讲话"也有同样的情形。何况,言语行为正是构成言语作品的行为,言语作品正是言语行为的产物,两者既然这样地密切联系在一起,用言语来兼指是更合适的,更何况这已经成为一般语言学家所共同理解的,虽然也有人提出异议,更何况根据汉语的习惯,现代汉语中还说"他不言语了",而不再说"他有什么言语",还把"言语"理解为活动,而不再把它理解为"话"呢。当然,为了表明两者的不同,我们可以采用两个不同的术语。但是既然要采用两个不同的术语,这两个术语就最好不要采取"言语—言语行为"的对立的方式,因为这样会模糊两者之间的关系。从这个角度来说,高尔农所提的"言语—言辞"的对立是合理的,只是我认为没有这种必要罢了。从汉语的角度来看,如果把这过程及其产物的统一体称为"说话",把这过程称为"说",把这产物称为"话",要好些。

但是,因为这种命名缺乏术语的风格,我想还是不用它们要好些。好在这只是术语的问题,如果大家觉得有用两个不同的术语的必要,只要能够创造出不违反科学的传统,同时又能够更好地说明问题的术语,我是十分乐意接受的。

(原载《中国语文》1961年3月号)

语言与言语问题的争论

一 导言

把"语言"颠倒过来成为"言语",这不是语言学家们耍把戏,而是语言学家们要借此来阐明语言学中的一个重要的理论问题,即语言学本身的对象问题。自从德·索绪尔论述这个问题之后,语言学界曾经对这问题进行过热烈的讨论。这种讨论事实上就是现代语言学明确其自身的研究对象的历史过程,对语言学的发展起着重大的作用。

我国语言学界对这问题的讨论,是1958年开始的。我在论及文风和自我批判的短文中,曾经提到尽管语言没有阶级性,言语却有阶级性的见解。方光焘先生和施文涛先生表示不同意。他们认为言语也没有阶级性,并在《南京大学论坛》上发表了《言语有阶级性吗?》,对我的论点提出批评。以后,我又在《中国语文》上发表了《论语言和言语》的论文,比较详细地说明我的观点,并对方光焘先生、施文涛先生的批评加以回答。接着就有许多人发表文章。有的同意我的看法,有的不同意我的看法,讨论就这样地开始了。

方、施两先生的意见是:1.语言和言语有区别;2.言语不是言语作品,它只是言语作品的表达形式;3.言语没有阶级性;4.区别语言和言语可以明确语言学的研究对象;5.语言和言语是一般与特殊的关系。

我的意见是:1.语言和言语有区别;2.言语包含言语活动和言语作品;3.言语有阶级性;4.语言和言语不是一般和特殊的关系;5.对言语的这种理解不但不影响语言学研究对象的确立,而且更可以明确语言学的研究对象。

李振麟、董达武两先生提出了第三种意见:1.语言和言语是不可分割地联系着的,语言离开使用就不存在,所以不能认为它们是不同的现象;2.使用语言的人有阶级性,使用语言没有阶级性,如果认为"言语"有阶级性,那就会得出语言也有阶级性的结论;3.言语作品分属于各个不同的文化部门,没有自己特殊的内容,无须另立名目。他们的结论是:语言和言语是一回事,没有区分的必要。

最近方光焘先生在《江海学刊》上又发表了一篇《漫谈语言和言语》的文章,他谈了以下几个问题:1.重申应该把语言和言语区别开来;2.言语活动没有阶级性,言语作品的阶级性也大可怀疑;3.思想不等于言语,语言和思维虽然有密切的联系,但不是一个东西;4.语言和言语的单位是相同的,只是从不同的方面去看罢了。

二 从语言的职能看语言和言语的区别

语言是以音义结合物的符号系统为存在物的人们最重要的交际工具和体现思维的工具。从其社会职能来说,它具有两个主要的职能:交际职能和体现思维的职能。从其作为存在物的内部结构来说,它是一个音义结合物的符号系统。因此,我们一方面要从语言的职能来看语言和言语的区别,一方面要从语言的内部结构特点来看语言和言语的区别。

从交际工具与交际活动的区别看语言和言语的区别。语言和言语是语言机能所产生出来的两种不同的现象,需要区别开来。从交际的角度来看,语言是语言机能所创造出来的交际工具,言语是对语言机能的具体使用,也就是具体的交际活动。工具是供人使用的,使用工具是人的某种活动,不能把工具和使用工具混为一谈。从创造语言来说,语言是言语的产物,但它仍然是对语言机能的使用所产生的结果。语言是个系统,不可能一下子就形成。创造语言需要经过言语的阶段。有了言语,不一定就有语言。对语言机能的运用就是交际行为。交际行为在语言之前就已存在。它最初可能只创造出一个"词",一个独词句的句子。然而个别的词还不是语言,因为它还不能构成系统。它只是语言的萌芽。人们是从大量的言语中抽象出语言成分来的。人们把语言成分从言语中抽象出来,构成语言系统后,这个语言系统就成了一个交际工具,而在这一工具已经存在的情况下,一般的情形,使用语言机能的言语行为就是对语言的使用。并且,无论在任何情况之下(或是在创造语言的情况下,或是在使用语言的情况下),对语言机能的使用(或言语)都是具体的交际行为。所以,语言和言语的区别就在于一个是交际工具,一个是创造和使用这个交际工具的交际行为,换言之,就是交际工具和交际行为之间的区别。

从语言的体现思维的职能看语言与言语的区别。一般的理解,人们把思维理解为人脑的一种机能及其活动的规律和直接的产物,并把概念和逻辑规则列入思维的范围;人们把思想理解为思维活动的一种产物,而把判断、推理之类的东西列入思想。但是更精确的理解应该把思想理解为思想活动及其直接的产物,不把思想看成思维活动的直接产物，因为既把判断、推理之类列入思想，就应当把组成判断、推理之类的直接活动称为思想活动。总之，从产物的角度来看问题，思维的直接产物指的是概念和逻辑规则，思想的直接产物是判断、推理之类的东西，因此思维是思想的组成材料或组成工具，而思想则是对这材料或工具的具体使用及其产物，或对思维机能的使用，包括创造概念和逻辑规则在内。思维是全人类性的，思想有阶级性。在已有概念和逻辑规则存在的情况下，人们使用它们来组成思想。思维的单位是概念或一条逻辑规则，思想的单位则是判断或推理之类，其中以判断为最小的单位。判断有阶级性，因此思想有阶级性。我们可以说"资产阶级的思想"，但却没有人说"资产阶级的思维"。所以，思维和思想是不同的两个现象。思维和思想的区别极为重要，它不但说明了思维和思想的不同性质，同时也反映了语言和言语的区别。

语言和思维、思想的关系怎样呢？语言是思维的直接表达形式，是思想的间接表达形式，因为它必须通过其他的中介，即它所直接表达的概念和逻辑规则，才能表达思想。语言和思维的关系不同于语言和思想的关系。如果不区别直接和间接的话，我们就可以说语言是思维的表达形式，不是思想的表达形式，而只是思想的表达手段，因为思想单位的判断要利用表达概念和逻辑规则的语言成分组织起来、表达出来。语言和思维是个统一体，语言是"语言—思维"这个统一体之中的形式部分，思维是"语言—思维"这个统一体的内容部分。这里是就表达形式和被表达的内容来理解形式和内容的。而这样理解的语言本身的形式是语音，它的内容则是语义。

思维是思想的组织工具或手段，思想把思维单位（概念）按照思维规律组织起来。作为思想的组织手段或工具的思维依靠语言的物质外壳而存在。这样,语言就成了思想的表达手段之一,而不直接成为思想的表达形式。思想的直接表达形式就是言语,它是用语言成分和某些超语言成分的表达手段组织起来,并用这组织表达了人们的思想的。所以,在"语言—思维"统一体的旁边,还有"言语—思想"的统一体。在这统一体里,言语是表达形式,思想是被表达的内容。尽管统一在一起,但表达者与被表达者之间显然是不同的东西。方先生认为言语不等于思想。这观点是正确的。思想不是言语。思想只是"言语—思想"这个统一体的内容部分,不是言语的内容。单是语言成分(词、语法规则)还不能成为思想的表达形式,它必须把语法与词组合起来构成句子之类的东西才表达了思想,而这句子之类的东西却正好是言语的单位。

言语的形式与内容又是什么呢?我们不能说言语的形式就是语言,也不能说言语的形式就是语言的形式。语言成分只是言语的表达手段,而不是言语的形式。作为言语的形式部分的是音流,但这音流却不是语言成分的音流,而是语言成分和一些超语言成分的表达手段所组成的整个言语单位的音流。语言里也有声音形式,但是,语言的声音形式和言语的声音形式不同。语言里的语音是个系统,不是直接由言语的音流特点所组成的。从人类语言机能发展上看,形成中的人已有言语,但没有语言。当时以基本词汇和语法结构系统为特点的本质的语言尚未完全形成,但他们却已经在交际中说出不完整的、个别的言语,这言语的声音部分则还很简单。没有语言当然就无所谓语音。所以从这一方面来看,也不能说言语的音流就是语音。现在的情形,言语的音流主要以语言成分中的声音形式,即词和语法成分的声音形式作为它的基本组织手段,而存在于言语中的语言成分的声音形式至多也只是语言成分的声音形式的某个变体。

言语的内容既不是思想,也不是语言。思想是具体运用思维的一种活动及其产物,语言只是表达思想的手段。语言中的意义是词的客观意义和语法成分的客观意义,不就是言语的意义部分。言语的意义部分是言语的内容,我叫它做"意义复合物"。它是语言成分的意义和某些超语言的表达手段的意义所组成的复合体。我们把每一个词、每一语法成分的意义都弄明白的时候,不见得就会了解整个一句话的意义。意义复合物也不等于思想,它是思想之被体现和巩固在言语中的形式。有人说,既认为整个言语是思想的表达形式,又认为体现在言语里的思想是言语的内容,这就把形式和内容相混了。这种评论其实是一种误会。"形式"这个术语只是一般的概念。我们要弄清楚我们所说的形式是哪一方面的形式。表达形式是一种形式,结构形式也是一种形式,体现形式又是一种形式,各不相同。整个言语是"言语—思想"统一体的形式部分指的是它做了思想的表达形式,而这里所说的则是思想在言语中的体现形式,何况我们所说的意义复合物只是作为思想的表达形式的言语的一部分(即其内容部分)呢。思想的体现形式并不就是思想,也不就是言语的形式部分。思想的最小单位是判断,但判断却不就是言语中的意义复合物,因为同样的判断可以由不同的意义复合物来体现,例如俄语的"она студентка"和汉语的"她是一个女大学生",体现了同样的判断,但其意义复合物的组织方式却不相同,何况意义复合物还有超抽象思维的成分。

总之,言语既有形式部分,又有内容部分,所以,它能独立存在。如果按照方先生的区分,实际上就取消了言语作品的存在。

方先生把言语看成言语作品的表达形式,而这言语作品的表达形式又主要是包含有词的客观意义之类的语言成分的特殊方面,它的声音形式和它的意义内容也主要是语言成分的声音形式和意义内容的特殊方面,因此言语作品本身的形式部分及其内容部分就没有着落了。其实方先生所说的言语是言语作品的表达形式这一论点不但是难于理解的,而且是不存在的东西。如果我们可以说言语是言语作品的表达形式,我们也就可以说文学是文学作品的表达形式。然而谁也不会理解对文学所下的这个定义。如果我们说言语是言语作品的表达形式,那么,我们就要说言语作品是言语作品的表达形式的作品。然而这句话谁能理解呢?从上面的论述,我们知道整个言语(或言语作品)就是思想的表达形式。表达形式是对被表达的东西而言的。思想是看不见的内心活动,它要有言语把它表达出来。言语中的意义复合物也要有声音部分把它表达出来。然而我们还要什么东西来把已经说出口来的言语作品表达出来呢?所以言语作品的表达形式根本上不存在。这里,方先生显然是把言语的表达手段误作言语的表达形式。言语的表达手段的确存在,因为言语(或言语作品)中的意义复合物需要拿具有词汇意义之类的语言成分作为组织手段,需要具有声音形式的语言成分作为工具来把它表达出来。然而言语(或言语作品)的表达手段不是别的,它们事实上就是语言成分或超语言的表达手段。如果把言语作品的表达形式理解为言语作品的意义内容的表达形式,这只能是上面所述的言语作品的音流。

三　从语言的内部结构看语言与言语的差别

既没有内容部分又没有形式部分的言语作品既不存在,事实上存在的就只有语言和把语言成分及某些超语言成分的表达手段加以组织的行为及其产物,这行为就是言语行为,这产物就是言语作品。所以,言语只能指言语行为和言语作品以及与此二者有关的东西。因为言语行为是组织言语作品的行为,言语作品是言语行为的产物,两者是结合在一起,同时存在的,我们无妨拿言语作品来代表言语。

作为一个存在物,言语行为或言语作品都是一个系统,因为它们都是由许多组成成分有机地联系起来所形成的统一体;言语行为由一个个活动组织而成,言语作品由一个个表达手段组织而成。语言也是一个系统,它是由许多组成分有机地组织起来所形成的统一体。但是这两个系统却在许多结构特点上都不相同。

从结构原则上看,语言的结构原则是结构的类聚性,以言语作品为代表的言语的结构原则则是结构的线条性。语言中没有一个结构成分可以没有类聚性的特点的。单独一个声音不成其为语音,单独一个词不成其为词汇成员,单独一个语法规则也不成其为语法成分,它们都是以某种特点的类聚而结合成套的。语法中的词序虽然也有线条性的特点,但这个特点不是词序所以成为语法成分的起决定作用的结构特点。单独一些词按一定的次序排列起来并不就是语法。一种词序至少要有另外一种别的词序和它相对立才能成为语法成分。任何一个语言成分至少要和零形式结成类聚。然而言语系统的结构原则却是线条性,即在同一个时间内不可能出现两个或两个以上音义结合物及其复杂的内部结构,每一个音义结合物及其内部的复杂结构都是前后相续地构成一条线的。不同时间所说出的所谓同一句话就有所不同。当然,言语中也可能有类聚的特点出现,例如表达同类判断的句子可以结成类聚,但这不是言语所以成为言语的必要条件,任何一个句子的形成,不管这句子是否某一句子类聚的组成员,都体现出言语的存在。

从各自的形式上看,语言的形式是以词和语法成分的语音形式为单位的各种类聚的总和,而言语的形式则是整句话或一段话的音流。只有在独词句的情况下,两者才互相交叉。然而就是在独词句里,二者也仍然有所不同。独词句必须有句法的语音特点,如停顿、语调等和词的语音形式相结合。

从各自的内容上看,语言的内容是各个词汇意义和语法意义所组成的各种类聚的总和,而言语的内容则是一句话或一段话所包含的意义复合物。

从组织系统的单位上看,语言系统的单位及其要素的单位是词汇单位(词位)、语法单位(法位)、语音单位(音位)、意义单位(义位)。这些单位都体现了类聚性。它们都是由许多变体组成的统一体:由音位变体组成音位,由词位变体组成词位等。然而言语单位则是某些表达手段的单位的线条性组合的片段,不是表达手段本身的单位,而必得是某些表达手段的组合物。词位和法位是语言成分的基本单位,形位是语言成分的次单位。言语的基本单位是句子,词组是言语的次单位。

从各自与上下文的关系上看,对语言系统来说,不存在特殊的上下文问题。上下文对语言成分来说只是抽象的一般的东西,只有语言成分的变体才与具体的上下文有关系。然而言语则离不开具体的上下文。

从结构的个人因素和社会因素上看,语言是全民性的社会现象,它的任何一个结构要素或结构单位都不具备个人因素,所谓个人特点并不存在于语言。个人的错误的发音不是语音系统中的某种音位的变体。任何一种变体都仍然是全民性的,社会公认的。言语也是社会现象,但它却容许有个人因素的存在。

从表达手段的组成员上看,语言本身就是表达手段的系统,它的组成员都是一种表达手段。这种表达手段或其要素本身也形成一种系统,即各种"位",如词位、法位、音位、义位等。语言并不需要表达它的什么手段。所谓语言表达手段指的是语言这一表达手段,并不是指的语言之外的什么可以拿来表达语言的手段。然而言语却需要表达它的手段。

从结构规则上看,语言的结构规则是语法。语法只讲到句法为止。然而句子只是言语的基本单位。言语单位可以是很大的。因此,言语结构的规则主要是辞章的结构。

仅仅以上几点的比较,就可以让我们看出语言和言语在内部结构方面是怎样地不同。从语言的交际职能和体现思维的职能来看已经证明了语言和言语的差别,从语言的内部结构来看,又证明了语言和言语的差别,语言和言语是两种不同的现象已是不用争辩的事实了。正是这个缘故,我们不能同意李、董两位先生认为语言与言语没有必要区别的观点。

四 语言和言语的关系

语言和言语尽管是两个不同的现象,但却密切地联系在一起。

没有言语，语言就不能存在；没有语言，今天用以交换思想，达到互相了解的言语(交际)也不可能。语言和言语到底有什么关系呢？语言和言语的关系就表现在被创造的东西与创造的活动的关系之中，被使用的工具与使用工具的行为及其成果的关系之中，被组织的材料或手段与把这些材料或手段组织起来的活动和成果的关系之中。语言是由许许多多语言成分组织起来的一个符号系统，其中的任何一个语言成分都是通过言语而被创造的。从语言和言语的结构方面来说，已经存在的语言是充当言语结构的组织材料或组织手段的宝库，言语是对这宝库所贮藏的各个语言成分加以选择使用，以之组织自己的结构的活动及其成果。正是这个缘故，我们可以说，语言存在于言语之中，因为任何一个语言成分都在言语的过程中被创造，又以组织材料或组织手段的身份存在于某一个言语作品中。不过，这种情况并不说明语言与言语之间存在着一般与特殊的关系或部分与全体的关系。

方光焘先生在强调语言和言语必须加以区别的同时，认为语言和言语之间存在着一般与特殊的关系。李、董两先生则坚持语言和言语没有区别的必要，正因为语言与言语是一般与特殊的关系。双方的结论尽管完全相反，但都认为语言与言语之间存在着一般与特殊的关系。我们认为语言与言语必须加以区别，正因为语言与言语并不是一般与特殊的关系。任何东西都有一般的方面和特殊的方面。语言既有一般的方面，又有特殊的方面；言语也既有一般的方面，又有特殊的方面。一般的语言是普通语言学中所谈论的语言，特殊的语言是个别语言学中所研究的汉语、俄语、英语等语言。一般的言语是我们这里所说的言语，特殊的言语是每一个特殊的言语系统，如每一句话，每一篇演讲等。一般与特殊的关系是一般寓于特殊之中，它是同类的各个特殊的东西之间所共有的本质部分，而特殊则是这一般的东西的特殊的体现。因此，只有一群事物之间所具有的共同的本质部分与这些事物之间才有一般与特殊的关系，如普通语言学中所谈的各语言之间所共有的本质部分的一般的语言与该各语言之间的关系是一般与特殊的关系。然而语言与言语之间却并没有这种关系。各语言之间的本质部分是它们都具有一个基本词汇的系统和语法结构的系统，它们都是一种人们最重要的交际工具，体现思维的工具。然而这却不存在于任何一个言语单位里，而各个言语单位之间所共有的本质部分，例如思想的表达形式、交际行为等，也都不是任何一种语言所有的。当然，方光焘先生可以说，他所理解的言语是言语作品的表达形式，这些言语作品的表达形式则与语言处于一般与特殊的关系之中。然而这样理解的言语也并不与语言处在特殊与一般的关系之中，因为言语作品中的这种所谓的"言语"只是某一语言成分的变体而不是语言的变体，只是某一语言成分的特殊方面，而不是语言的特殊方面。语言的变体是地方方言之类的东西，不是言语作品中的词位变体、语法变体之类的东西。语言也不等于语言成分。语言成分只是组织语言（本质上是一个系统）的组成员，不就是语言。因此，只有言语作品中的某一语言成分的变体和其相应的某一语言成分（词位、法位）之间有特殊与一般的关系。言语作品中的某一语言成分的变体并不与语言处在特殊与一般的关系之中，因为语言从来也没有以整个系统的本质部分进入任何一个言语单位中。何况言语作品中还有许多超语言的表达手段，根本上不和任何语言成分处在特殊与一般的关系之中。我们说语言存在于言语之中，这意思只是说语言系统之中的任何一个部分都要存在于所有言语作品之中的某一地方,正如我们说人类存在于世界上,这意思只是说人类中的任何一个人总存在于世界上的某一地方一样。我们不能因此而说人类与世界有一般与特殊的关系,因之,也不能说语言与言语有一般与特殊的关系。

方光焘先生在《江海学刊》上又提出概括的问题。他认为语言是从言语中概括出来的,所以,语言与言语有一般与特殊的关系。这种提法其实是不能解决问题的。的确人们曾经说,语言是从言语中概括出来的。但这里所说的概括并不是把特殊概括成一般的概括。在语言形成的过程中,人们不是把言语直接概括成语言的,从特殊的言语中直接概括出来的东西只能是一般的言语。事实是:人们从言语中抽象出其组成部分,把存在于各个言语单位中的某一同类的组成成分概括成一个一般的东西,这个一般的东西只是一个语言成分。在概括成一个个语言成分的过程中,人们再一步步地把它们组织起来,总括成一个语言系统。

方光焘先生又认为词是表达形式,它既是语言的要素,又是言语的要素,可以证明语言与言语有一般与特殊的关系。这里方先生是把"手段"误为"表达形式"。作为语言成分之一的词当然是一个手段,从语言的角度看,它是语言成分之一,从言语的角度看,它是以组织材料或表达手段之一的身份成为言语系统的一个组成员的。同一个东西可以成为不同系统的组成员,但不因此而证明这不同系统之间就有一般与特殊的关系。汉语里有一些外来词,它是汉语词汇系统的一个组成员,但是它也可以成为某一种外语的词汇组成员。我们从来也没有因此而说汉语和某一外语是一般与特殊的关系。所以,语言系统中的某个成分(词)之既是语言的要素又是言语的要素这一事实,并不能证明语言与言语之间有一般与特殊的关系。

语言和言语是否部分和全体的关系呢？有人认为把语言说成是存在于言语之中，这就意味着语言是部分，言语是全体，因此，这种说法就迫使人们承认一个不正确的结论：言语有阶级性，语言也必然地有阶级性。姑不论部分与全体的关系和一般与特殊的关系不同，部分的本质特点不一定要必然地和全体的本质特点相同，就是把语言和言语看成部分与全体的关系也是没有根据的。事实证明任何一个言语单位，不论是一句话或是整部著作，都从来也没有把整个语言系统包含在内，作为它的组成成分的，只有个别的语言成分才是言语单位的一部分，成为它的组成成分。所以不能把语言和言语看成部分和全体的关系。人们说语言存在于言语之中，这句话也不能拿来解释语言与言语有部分与全体的关系。事实是：从内部结构的角度来看，语言和言语是两种极不相同的系统，不过语言成分既是语言系统的组成员，又是言语系统的组成员罢了。

五 关于言语的阶级性问题

言语有没有阶级性呢？这问题的回答取决于对言语的理解。如果像方光焘先生所说的，言语是言语作品的表达形式，而这表达形式事实上指的是表达手段，那么，言语当然就没有阶级性了。因为表达手段事实上就是语言成分在言语中的变体或其他超语言的表达手段，而这些手段则是任何阶级都能使用的工具。问题在于是否可以把言语理解为言语作品的表达形式。上面已经说过，言语作品的表达形式是不存在的东西，而言语作品的表达手段中与语言成分有一般与特殊的关系。事实上就是语言成分的变体,它们就是语言成分的具体的存在形式。这样的理解言语既无必要,也不合理。所以,我们只能把言语理解为不同于语言的本质特点的客观存在着的人们对语言机能的使用,即言语行为或言语活动和言语作品,统称为言语。这样理解的言语当然就有阶级性了。因为言语行为是具有阶级性的人的交际行为,要受人的阶级立场所左右,而言语作品的内容也正是具有阶级性的人的思想在言语中的体现形式,要受阶级思想的决定。这看来是大家所共同承认的道理,然而有些同志却认为言语行为本身并没有阶级性,而言语作品也不见得就有阶级性,它只可能有阶级性。

言语行为是社会活动之一的人的交际行为,因此不能把言语行为理解为单纯的生理—心理的活动。人们所有的社会活动都不能没有生理—心理的基础,即就政治活动的游行示威而言,它也需要人的脚走上大街,它也需要人的嘴喊出口号,它也需要人的手写出标语。其中喊出口号和写出标语并且就是言语行为。有时人们可以不上街,只喊口号,我们也不能因此而否认其为政治活动。然而我们难道可以把游行示威或单纯的喊口号理解为单纯的生理—心理的活动,而否认其有阶级性吗?言语行为(包括喊口号、写标语的政治活动的组成部分在内)尽管有生理—心理的活动作为基础,我们能够因此而把它看成单纯的生理—心理的活动吗?方光焘先生又说,只有指挥人的言语行为的目的或思想意识有阶级性,而这却不是言语行为本身,因此,言语行为本身没有阶级性。如果这个论点能够成立的话,我们还能找出人的什么行为是有阶级性的呢?行为的目的或指导行为的思想意识显然不是人的任何行为本身,那么人的行为本身就不可能有阶级性了。

至于言语作品是否有阶级性？有些人说，言语作品的基本单位是句子，人们所说的话，其中很大一部分的句子都看不出有阶级性，所以我们只能说言语作品可能有阶级性，不能说言语作品有阶级性。这种辩论其实是无关紧要的，因为我们所说的某物具有某性者，指的本来就是某物所具备的性能，它本身就包含有所谓"可能"的含义在内。我们说语言成分是全民性的，这也指的是每一个语言成分具有被全民所理解、所运用的性能，不是指的它在任何情况之下都已经被全体人民所掌握。离开了具体的条件，任何一个事物的任何一个性质都只是潜在的或所谓"可能的"，但这不足以说明它不具备这种本性。在不具备这种条件而没有暴露出这种性能的情况下，看不出有这种性质既不能证明也不能反证它是否具备这种性质，只有在出现有适当条件的情况下有没有暴露这种性质才能证明它是否具有这种性质。当然，我们所说的话，其中有很多句子看不出有什么阶级性，例如"二加二等于四"之类的句子。但这既不能证明，也不能否认句子是否具有阶级性。要证明句子是否有阶级性要看在必要的条件下，即让它表达不同阶级的思想感情时，它是否一定会暴露出阶级上的对立，受到阶级的决定。非常明显，在阶级一分子的任何一个人要表达某种阶级思想感情的时候，他所说的一句话就不可避免地要包含这种思想感情在言语作品中的体现形式，即意义复合物。这情形就证明了作为言语的基本单位的句子具有阶级性。至于到底多少句子能够让人看出有阶级性的暴露则是毫不相干的。有的人又有一种说法，认为把所有的言语作品总括起来，就成了一般的言语作品。这一般的言语作品既是由所有的言语作品加起来的，其中有的是资产阶级的言语作品，有的是无产阶级的言语作品，因此我们就不能说这一般的言语作品到底是哪一个阶级的,我们只能说这一般的言语作品是没有阶级性的。这种说法是不妥当的,一来因为一般的言语作品不能被理解为各个言语作品的总括,把所有的言语作品加在一起只构成所有的言语作品的总和,并不构成一般的言语作品。二来这种说法会导致许多极不合理的推论,例如把所有的人总括起来成为一般的人,其中有资产阶级,又有无产阶级,因此我们就不能说一般的人属于哪一个阶级,我们只能说一般的人是没有阶级性的。所以,对言语作品有阶级性的论断抱怀疑的态度,是没有根据的。

六 语言和言语的区别与语言学研究对象的确定

语言和言语的区别正可以使我们更加明确地规定语言学的研究对象。语言学的研究对象当然就是语言,不是言语,所以语言学的研究对象事实上就是作为人们最重要的交际工具,体现思维的工具的语言系统,研究这一系统的各个组成成分及其组成要素的单位和这些单位之间的种种关系及其如何组成语言系统的规律。但是,由于语言和言语尽管有所区别,却有密切的联系,我们就不能割断这些联系来孤立地研究语言,我们要联系创造语言的人的使用语言机能的情况,使用已经存在的语言的人的语言行为的情况,语言之如何被用来作言语的组织材料或组织手段的情况,各个具体的语言成分之如何存在于言语之中的情况,语言成分在言语中所表现的各种变体的情况来研究语言。正是由于语言和言语的区别在理论上得到了证明,现代语言学对语言的分析日益精密化,因为只有理解到语言系统和言语系统在各个结构特点上的不同,才能集中力量来就语言系统的结构特点去对语言进行分析，也只有在理解这两个现象彼此之间的关系，才能充分地分析语言成分在言语中的各种变体的具体情况，才能充分地联系言语来分析语言。对语言学的研究对象的确定同时也就让人们明确言语科学存在的必要。言语既然是不同于语言的现象，语言学既是以语言为研究对象的科学，除非否认言语的存在，或把言语看成是特殊的语言或语言（甚至于语言成分）的变体，我们就有必要对言语进行研究。正是这个缘故，我们同意张世禄先生所提出的建立言语科学的主张，不同意李、董两先生所说的言语作品所包含的内容已分属于其他科学的研究范围，因此，言语不再成为某一科学的研究对象的主张。事实上，言语科学早就存在，现在也还在不断地发展着。古人所开创的语文学事实上就是一种言语学，不过古人只对书面的言语进行研究，因此语文学还不是言语学的全部内容。没有疑问，近代语言学是从古代的语文学分化出来的，而古代语文学的某些内容也已被其他的科学所分出，但这并不足以说明言语学甚至于语文学已无存在的可能和必要。

古代的语文学最初是包括在哲学之内的，后来才分化出来。它不但研究书面言语的语言成分，同时还研究书面言语所反映的文化、思想、社会制度，甚至于鸟、兽、虫、鱼、山、川、沙、石等自然现象。没有疑问，随着科学的发展，对言语中的语言成分以及某些文化成分的研究已从语文学中分出，成为语言学和其他某些科学。但是，正如哲学分出各种科学之后并没有消失一样，语文学也并没有因此而消失。今天，我们也还有对言语的各个方面加以综合研究的必要。语言和言语既是密切联系在一起的两个不同的现象，我们就不能不在两者交叉的地方建立起言语语言学的研究。言语语言学既不全面研究语言,也不全面研究言语,它要研究语言成分之如何组成各种言语,它要研究言语中超语言而与语言具有同类作用的表达手段及其如何与语言成分共同组织言语的规律。传统的修辞学和翻译学,就是言语语言学的两个部门。现代新兴的一些科学,如风格学、机器翻译学、言语分析法等也属于言语语言学的范围。风格学既要研究语言中的风格表达手段,又要研究各个不同的言语风格系统所需要的各种超语言的风格表达手段及其如何与前者共同组成各该语言风格的规律。机器翻译学虽然还涉及计算机科学,但也还是言语语言学之一,因为它所研究的不是对译的两种或更多的语言的语言系统,而是研究如何把以甲语言为主要手段所组成的言语通过机器译成以乙语言或丙语言为主要手段所组成的言语。言语分析法研究如何分析言语的语言表达手段及超语言的表达手段的组织方式。不过,这些科学的存在都并不能排斥作为独立科学的语言学和语文学的存在,而语言和言语的区别也正是这些学科得以存在的理论根据。

(原载 1963 年 10 月 26 日《光明日报》)

语言与言语问题争论的意见分歧的根源[*]

此文脱稿甫及一周,惊闻方光焘先生不幸去世,至为哀悼。方先生是我所敬仰的老前辈,特别在语言与言语问题的讨论中给我许多教益。为了辨明真理与纪念方先生,现将此文按照原来的口吻发表于此,或有助于方先生生前所关心的一个重大理论问题的探讨。

一 引言

1964年3月份出版的《南京大学学报》(人文科学)第八卷第一期发表了《语言和言语问题讨论专辑》,共收论文十篇,针对我在1963年10月26日《光明日报》上发表的《语言与言语问题的争论》一文中提出的论点进行讨论。方光焘先生在这个专辑里发表了《分歧的根源究竟在哪里?》,作为总结,并且说,这篇论文是结合大家的发言(即《专辑》中另外九篇论文)而作出的总结。因为十篇论文的篇幅很长,我不能够一一加以回答,现在就以方光焘先生的

---

[*] 本文写作于1964年,原投《北京大学学报》(人文科学),因《学报》一度停刊,未及发表。

这篇总结为代表,提出我的一些意见,来和方光焘等先生进行讨论,并就教于读者。

二 方光焘先生的遗憾

方光焘先生在这篇论文里首先提出了他的三个遗憾。我不想就这些遗憾一一进行辩解,但是,其中一个遗憾涉及对言语的理解问题,我就不能不说几句话了。

方光焘先生说:"高先生喜欢摘出别人的片言只语,用自己的术语来加以曲解或改动,务使别人所提出的命题或论点,会在读者面前显得很可笑。其实高先生这样做,并不能解决问题,至多也只能显示出高先生的辩才无碍罢了。"①他并且举例说,我说方先生所说的"言语是言语作品的表达形式"这一基本的论点不但是难以理解的,而且是不存在的东西,是我用自己所规定的术语为根据的,认为我忽略了斯米尔尼茨基所说的"……各种言语作品中的言语是研究语言的原始材料",所以显得可笑的不是方先生,而是我。② 事实上,斯米尔尼茨基这句话被误解了。斯米尔尼茨基的意思并不是说有个被理解为言语作品的表达形式的言语,而是说体现在言语作品之中的言语是研究语言的原始材料。关于这一点,石安石先生在他的《语言、言语与阶级》一文中有详细的论述③,我就不再多说了。就是按照字面的价值来说,如果斯米尔尼

---

① 方光焘:《分歧的根据究竟在哪里?》,见《南京大学学报》(人文科学),第八卷第一期,第198页。以下简称《分歧》。
② 同上。
③ 石安石:《语言、言语与阶级》,见《北京大学学报》(人文科学),1963年第6期。

茨基真的说的是有个存在于言语作品之中,充作言语作品中的一个部分的"言语",这也不能证明斯米尔尼茨基所说的这个"言语"就是"言语作品的表达形式",因为如果这样,这也只能证明这个所谓的"言语"不是言语作品,这个所谓的"言语"是存在于言语作品之中的某一东西,而存在于言语作品中的东西却多得很,不能认为只能是言语作品的表达形式,何况斯米尔尼茨基所说的言语作品就不见得是方先生所说的"言语作品"呢。方先生既然不承认有语音结合物和意义复合物的结合体存在,又认为这种言语作品的表达形式是语言的个别方面,那么,真正在特点上有所不同于语言的,具有自己的不同于语言的存在形式和内容的言语作品的表达形式就不存在了。这里是讨论学术问题的地方,并不存在谁可笑谁不可笑的问题。我说,说"言语是言语作品的表达形式"就像说"文学是文学作品的表达形式"一样,都是难以理解的,这也为的是拿人们所熟悉的文学问题使人们更容易看出方先生这一定义之难于理解,并不是为的使方先生的论点显得可笑。方先生给我指示说,如果说"散文是散文作品的表达形式",或"韵文是韵文作品的表达形式",就并不显得可笑。① 可是,一位专门研究文学的专家看了方先生这段话之后告诉我,他不懂得"散文是散文作品的表达形式"或"韵文是韵文作品的表达形式"这句话的意思。

方先生又说,如果我读了他的《答客问》里的补充阐述,我就会看出方先生的"言语是言语作品的表达形式"和我所说的"言语是言语·思想统一体的表达形式"之间没有存在什么大差别。的确方先生曾在《答客问》里说过:"言语作品有内容和形式两个方面;

---

① 方光焘:《分歧》第198页。

思想内容……是作品的内容的一面;而意义内容则是作品的形式的构成部分。"①"语言要素只是构成言语作品的材料而不是言语作品的形式。只有语言要素的组合才是言语作品的表达形式。"②这些话有的的确看来像是我所说的话。比如,方先生认为"只有语言要素的组合才是言语作品的表达形式",言语作品一方面有思想作为它的内容,一方面有语言要素的组合作为它的形式,仿佛我说言语作品是"言语·思想统一体"的形式部分,思想是这个统一体的内容部分,言语作品是语言成分和可能出现的超语言的表达手段所组成的整体一样,仿佛我们之间只是在术语的运用上有些不同,我把这个统一体之中的表达形式的部分说成是"言语作品",而方先生则把它叫做"言语作品的表达形式"。但是这种表面上的相似不能说明方先生的"言语作品"就是我的"言语·思想统一体",而我在《争论》③中所详细阐述的言语、语言、思想与思维四者之间的区别和关系的观点事实上已经对方先生的这个论点加以讨论了。关于这一点,下面将有比较详细的论述,这里不多说了。

三 分歧的根源究竟在哪里?

方光焘先生指责我"没有指出分歧的根源"。④ 我接受方先生这个批评。以往,我主观地认为提到分歧的根源会使学术问题的讨论受到不必要的干扰,因此,没有说到分歧的根源。看来,我这

---

① 方光焘:《语言和言语问题答客问》,见《语言与言语问题讨论集》第330页。
② 同上,第321—322页。
③ 即《语言与言语问题的争论》的简称,以下同此。
④ 方光焘:《分歧》第198页。

种考虑是错误的。方先生既然指出我的这个错误,现在就让我来谈谈我对我们分歧的根源究竟在哪里这个问题的看法。

方先生在《分歧的根源究竟在哪里?》这个题目下,叙述了我们之间的三种分歧。在他看来,这些分歧就是:

(1)语言与言语是同一现象的不同方面呢,还是两个截然不同的现象呢?

(2)语言与言语的关系是不是一般和个别的关系?

(3)对术语的理解和对术语体系的理解上的根本分歧。①

但是,在我看来,我们固然在这三个问题上有分歧,然而这些分歧只是论证上的分歧,只是分歧的现象本身,不是分歧的根源。分歧的根源在于我们对一个重大的理论问题有不同的看法:

我认为言语有阶级性,方先生认为言语没有阶级性。

回顾一下这一次讨论的发展过程,就可以让大家明白我们之间的分歧根源到底是什么。1958年5月,我在《中国语文》中的《文风笔谈》里提到语言和言语的区别,认为语言没有阶级性,言语有阶级性。1958年8月,我又在《中国语文》上发表了一篇自我检讨的论文,其中简单地批评自己忽略了言语与语言的区别,只看到语言没有阶级性,没有注意到言语有阶级性。1959年的《南京大学论坛》第4期发表了方光焘、施文涛两位先生的论文,对我这句话提出批评,认为语言没有阶级性,言语也没有阶级性,指责我的论点是唯心主义的。这篇论文的题目并且就叫做《言语有阶级性吗?》。很明显,这个问题的根源就在于争论言语有没有阶级性,其他论点上的分歧都是由此而产生的。方光焘和施文涛两位先生在

---

① 方光焘:《分歧》第198—199页。

这篇论文里所提出的论证就是上面所说的斯米尔尼茨基在《语言存在的客观性》①一文中所说的一些话,认为应当把言语理解为言语作品的表达形式,认为言语既然是言语作品的表达形式,言语就没有阶级性。接着,我于1960年第2期的《中国语文》上发表了《论语言与言语》,指出方光焘和施文涛先生对斯米尔尼茨基的上述论文的某些误解,指出斯米尔尼茨基本人对言语所下的定义就是把言语理解为言语行为和言语作品,而言语行为和言语作品都有阶级性,因此断言言语有阶级性,而朱星先生也于1960年3月号的《中国语文》上发表了《论言语的阶级性》一文,同意我的言语有阶级性的论点,并指出个别的言语,如"二加二等于四"之类的句子可以没有阶级性。事后施文涛先生于1960年第4期的《中国语文》上发表了《论语言、言语与言语作品》,除了承认他们对斯米尔尼茨基的原著的确有所误解之外,又在斯米尔尼茨基的上述著作中找出了另外一句话,即上面所说的被误解了的"各种言语作品中的言语是研究语言的原始材料",以此为根据,坚持必须把言语理解为言语作品的表达形式,并给言语拟出一个公式,认为"语言要素+我们所说的'超语言的剩余部分'=言语",批评言语有阶级性的理论,仍然坚持言语没有阶级性的主张。接着,许多同志就在各种刊物上发表了许多论文,都是就言语有没有阶级性这个问题进行讨论的,而我也于1961年第3期的《中国语文》上发表了我的《再论语言与言语》,指出各语言学家对言语所下的定义多半都是把言语理解为言语行为和言语作品的,又指出"言语是言语作品的

---

① 斯米尔尼茨基:《论语言存在的客观性》,见《语言论文选译》第五辑,中华书局,1958。

表达形式"这个定义是违反逻辑的定义,不能以这样一个违反逻辑的定义为根据去证明言语没有阶级性。1961年7月号的《江海学刊》上,发表了方光焘先生的《语言与言语问题讨论的现阶段》一文。方先生在这篇论文里总结了讨论中的三种不同意见,认为:

"第一种意见主张区分语言和言语,但不承认言语有阶级性。(由方光焘、施文涛提出)

第二种意见主张区分语言和言语并断定言语有阶级性。(由高名凯、戚雨村、吴在扬、田茹等提出)

第三种意见反对区分语言和言语,也不承认言语有阶级性。(由李振麟、董达武提出)"[①]

非常明显,连方先生自己也认为三种不同的意见都是对言语的阶级性问题的不同看法。方先生并且在这篇论文及其后来发表的《漫谈语言和言语问题》一文中进而对言语有没有阶级性的问题更详细地提出了他的看法,认为就是把语言说成包括言语行为在内,或者包括言语作品在内,也不能同意言语有阶级性,因为在他看来,这言语行为也没有阶级性,这言语作品的阶级性也值得怀疑。他还竭力把言语(至少是狭义的言语)说成是言语作品的表达形式,因之,言语更没有阶级性了。这一切的一切都说明了方先生在历次的争论中所提出的论点都是为他所提出的言语没有阶级性的基本理论服务的,一个论证成为过去之后,就寻找其他的论证,一直坚持言语没有阶级性的主张。正是由于方先生这些论证的提出,我才在南京大学讲学时做出回答,并阐明我自己的看法。我在

---

① 方光焘:《语言和言语问题讨论的现阶段》,见《语言和言语问题讨论集》第151页。

会上除了赞扬方先生贯彻党的百家争鸣的政策,让我讲述这个问题之外,为了辨明真理,还提出了我的一些意见。后来,在方先生的主持下,南京大学开了一个座谈会,对我的讲述进行了讨论。方先生在这个座谈会中仍然坚持言语没有阶级性,并且提出一些新的论证。就是为了回答方先生在座谈会上提出的一些新的论证和其他的人所提出的新的论证,又由于企图进一步地把我对言语的看法加以系统化,我就在《光明日报》上发表了我的《争论》。我在文中讨论到的方先生和其他人的一些新的论点是:言语行为没有阶级性,言语作品的阶级性值得怀疑,一般的言语是特殊的言语加在一起的结果,把资产阶级的言语和无产阶级的言语加在一起所形成的一般的言语没有阶级性(因为,根据评论者的意见,我们既不能说它是资产阶级的言语,也不能说它是无产阶级的言语),言语是和语言一样没有阶级性的语言现象,等等。我认为言语是交际活动,它和政治活动一样都是社会活动,所有的社会活动,包括政治活动在内,都要有生理活动作为基础,但绝不能把这些社会活动看成是单纯的生理活动,因此不能以有生理活动作为基础为理由来证明言语行为没有阶级性。我认为言语作品的阶级性是指言语作品所包含的性能而言,在条件出现的情况下,它必然会暴露出它的阶级性,不能因为在条件不出现的情况下不暴露言语作品的阶级性,就怀疑言语作品的阶级性。我认为,把个别东西加在一起只是总和不是一般,把无产阶级的言语和资产阶级的言语加在一起不但不能证明一般的言语没有阶级性,并且按照这样推理的方法,可以引申出许多不正确的论断,例如一般的人是无产阶级和资产阶级加在一起的,一般的人没有阶级性,因为我们既不能说他是资产阶级,也不能说他是无产阶级。我又认为言语是语言现象这句话不等于说言语与语言就有特殊和一般的关系,也不等于说言语就是语言,正如我们说语言是社会现象,这不等于说语言就是社会一样。这些辩论实际上都是为了说明言语有没有阶级性的。方先生这次所做出的总结发言也正是针对我在论文中在言语有没有阶级性这个问题上的不同看法的。方光焘等先生的论文,在具体的论题上各不相同,但却都牵涉到言语有没有阶级性的问题,这不很明显地说明我们分歧的根源是言语有没有阶级性这个重大的理论问题吗?

四　由此根源而生的论证上的分歧

为了证明言语是否有阶级性,方先生和我之间就在论证上有不同的见解。方先生在文中就上述的三个方面对我的言语理论提出了批评。现在让我就这三方面来和方先生进行讨论。

A. 语言和言语是否截然不同的社会现象?

方先生和我都认为语言和言语有区别,问题在于这种区别是什么性质的区别。要了解这种不同的性质,首先就要了解言语到底是什么。方先生最初认为言语只能被了解为言语作品(即人们所说的话)的表达形式,而这言语作品的表达形式只是语言要素(即一个一个的词或语法成分)+"超语言的剩余部分"(即个人发音错误之类的东西),后来则认为言语有广狭二义,广义的言语是言语行为和言语作品,狭义的言语是言语作品的表达形式,而这言语作品的表达形式则是语言要素在句子中的组合,它是言语作品的内容(即思想)的表达形式;由于言语行为是生理—心理活动,没有阶级性,言语作品的阶级性值得怀疑,而语言要素在句子中的组合仍然是一种没有阶级性的表达形式,所以言语没有阶级性。我的论点则认为把语言与言语区别开来是人们在日常生活中所意识到的事实,"语言"英语叫做 language,法语叫做 langue,德语叫做 sprache,俄语叫做 язык,"言语"英语叫做 speech,法语叫做 parole,德语叫做 rede,俄语叫做 речь。speech,parole,rede,речь 只能被理解为对语言机能的运用过程及其所形成的作品。"言语"就是我们日常生活中所说的"说话"(或"写作"),包括"说"(或"写")和"话"(或"写出来的作品"),用学术的术语来说,前者是"言语行为",后者即"言语作品",言语行为事实上就是运用语言机能的交际行为,它是人们的社会行为之一,因此有阶级性;言语作品是人们思想的表达形式,它本身虽然不就是思想,但它自己内部的意义内容就是思想在言语中的体现形式,这个意义内容就是语言要素和可能出现的超语言的表达手段(包括尚未为社会所公认的个人新创的词汇成分或语法成分和非词汇成分或非语法成分的修辞、风格要素等)所包含的意义组合而成的意义复合物,有阶级性,所以,言语作品也有阶级性。"意义复合物"这一概念的提出是十分重要的,因为它说明了既不同于思想又不同于词义的一种客观存在的现象。我们平常说人们所说的话包含有思想内容就是指的包含有思想的这种体现形式。方先生尽管也说思想不等于语言要素所组成的"言语"所包含的意义内容,但却否认这种意义复合物的存在,而把这含有词义内容之类的语言要素的组合看成是与语言要素一样的没有阶级性的形式,认为一个词的意义是没有阶级性的表达形式的意义内容,许多词的意义的组合也仍然是没有阶级性的表达形式的意义内容,不构成有阶级性的意义复合物,这就否认了极其重要的一个客观存在的事实。至于言语作品的表达形式则是言语作品中与意义复合物相对立的声音复合物,既不是包含有意义的语言要素在句子中的一盘散沙式的组合,也不是语言要素的声音部分的孤立的存在。事实上,在我们日常的生活中,看得见或听得见的说话行为和所说的话是和许多因素联系在一起的。我们所说的话一方面是我们的思想的表达,它要和思想联系在一起,构成一个"言语·思想统一体",而成为这个统一体的表达形式的部分,与这个统一体内的被表达的内容部分(即思想)相对立,一方面要和语言相联系,采取语言要素作为它的组成材料的主要部分,另一方面还要和思维发生联系,因为思想是以思维中的概念作为它的组成材料并以思维中的逻辑规则作为它的组织形式的。正是这个缘故,为了解决许多理论上的问题,我建议把这些因素区别为四种不同而有联系的现象:思想、思维、言语、语言。语言和思维构成"语言·思维统一体",言语和思想构成"言语·思想统一体",而这两个统一体又往往结合在一起。语言是思维的表达形式,言语是思想的表达形式。从其同是某种表达形式来说,语言和言语是同类的东西,但是,就其在其他方面的性质来说,语言和言语就有区别。从其同是理性认识的成分来说,思维和思想是同类的东西,但是就其在其他方面的性质来说,思维和思想也有区别。这种区别一方面是事实所证明了的,一方面则有重大的理论意义。事实上谁也没有把具有全民性的汉民族共同语看成就是某一个汉人用汉语的某些词和语法成分甚至于个别的外语的词或外语的语法成分所组成的一两句话,谁也没有把一个逻辑规则看成就是有血有肉的一个思想片段。把语言和言语混为一谈就会误解作为交际工具的语言和人们运用语言的交际行为及其作品的性质,或者把交际工具和交际行为及其作品都看成是没有阶级性的,或者把这两者都看成是有阶级性的。把思维和思想混为一谈就会把作为思维规则的逻辑或作为思想的组成材料的概念和作为人们的思想活动及由概念所组成的思想片段混为一谈,误解其不同的性质,或者把思维和思想都看成有阶级性,或者把这两者都看成没有阶级性。① 这些问题,我在《语言论》和《争论》中有过比较详细的论述,这里不再多赘了。

方先生说,我误解了他的论点,我没有看到他的"言语作品"和我的"言语·思想统一体"是相同的概念。看了上面所述的一段话,人们就可以看出方先生的"言语作品"和我的"言语·思想统一体"其实是不同的概念,因为(1)方先生所说的作为言语作品的内容的思想就和我所说的思想不一致。他把概念、判断、推理都列入了"思想"这个概念的范围之内,我则把思想与思维区别开,不把概念列入"思想"这个概念的范围之内。(2)方先生所说的作为言语作品的表达形式的"言语"是语言的个别方面,而我所说的"言语·思想统一体"中的表达形式的部分(即我所说的"言语作品")这个概念却不把语言包括在内;我把语言和作为"言语·思想统一体"的表达形式部分的言语作品区别开来。(3)我在"言语·思想统一体"的旁边还列出"语言·思维统一体"一项,尽管"语言·思维统一体"和"言语·思想统一体"往往联系在一起,但是由于它们在具有某种共同的特点(都是语言机能和思维机能及其产物的结合)的情况下,却还有其不同的特点:一个没有阶级性,一个有阶级性;一个是组织材料,一个是这些材料之类所组成的起了质变的整体

---

① 个别的概念是否有阶级性或阶级色彩的问题并不影响一般人所下的"概念没有阶级性"的一般的断言,因为这问题牵涉较广,这里暂不讨论。

……而我也因此把这两者区别开来。然而方先生则不加区别地把它们混在一起。(4)方先生最初说言语作品的表达形式是具有客观词义的词之类的语言要素之类的东西,后来又说言语作品的表达形式(即他所说的"言语")是由语言要素组织起来的不起质变的东西,我则认为言语作品是由语言要素和可能出现的超语言的表达手段组织起来的(我的"超语言的表达手段"不等于方先生的"超语言的剩余部分",后者只是个人的发音错误之类的东西,前者是语言成分——即具有全民性的语言中的词汇成分和语法成分——以外的表达手段)起了质变的整体。(5)方先生的"言语作品的表达形式"即具有意义内容的语言要素的组合,不具备阶级性,我的"言语作品",也就是这同样的具有意义内容的语言成分(和可能出现的超语言的表达手段)的组合,则具有阶级性。在我看来,尽管单独的词所包含的意义没有阶级性,但是由词组成的整句话所包含的意义复合物则有阶级性。例如,"吃饭"、"第一"、"人生"、"的"、"目的"、"是"等词的词义都没有阶级性,但是把它们组合起来,组成"吃饭是人生的第一目的"这个句子时,这整个句子的意义,即由各个词义组合而成的意义复合物,就有阶级性,无产阶级反对这句话。事实上,术语上的不同就反映了我们之间的观点上的差别。方先生既然认为由语言要素组合而成的言语作品的表达形式与语言要素都是没有什么不同的形式,他就自然而然地看不到既有所不同于思想,又有所不同于语言要素及其所构成的一盘散沙式的同质的(都是形式)组合的存在物的存在,因此,他就拒绝给这种存在物规定一个名称(这个存在物就是众所周知的人们所说的话,也就是语言学家们所叫做"言语作品"的),而把语言学家们所说的"言语作品"用在我所说的"言语·思想统一体"上。其实,"言语作品"这个术语是不足以说明这后者的。

然而,方先生却对我的上述论点提出批评,认为把这些联系在一起的现象区别开来就是分割它们之间的联系,把它们截然地对立起来;如果不把它们分割开来或截然地对立起来,就可以证明言语没有阶级性。

方先生首先提出我所说的史前时期曾经有过没有语言的言语阶段的问题,认为这是我把两者截然对立起来的最好的说明。方先生在指责我受德·索绪尔的影响后,要我参考德·索绪尔的话,认为应当像德·索绪尔似的把语言和言语看成不是各个独立了无关系存在着的。我不是强调过语言和言语之间有种种的关系吗?我没有否认过"言语是语言成立的原因,而语言却是使言语发挥作用的工具"。这种见解并且就是我的见解。我不是说过,言语是创造语言的活动,而语言是言语所运用的工具,因此语言和言语是有联系而在某种性质上有所不同的两个社会现象吗?为什么语言成立的原因和使言语发挥作用的工具居然会是彼此没有质的区别的现象呢?人类在没有语言之前有一个言语阶段,这是许多语言学家根据许多考古学和儿童心理学的事实而得出的结论,不是我的发明。语言是全民的交际工具,全民的表达手段的系统。它具有两个必不可少的特点:一、全民性;二、系统性。我们怎样地推论语言创造的过程呢?卢梭曾经提出语言创造的社会公约的理论,认为人们在开会约定的过程中创造了语言。这种学说曾经受到批评,因为在没有语言之前,人们显然是不能开会、讨论创造语言的方案的。由许许多多语言成分组成的语言显然不可能是由大家于同一个刹那中不约而同地创造出来的,而是首先由某些人在他们的言语中一个成分一个成分地"提出方案",经过社会于重复模仿的过程中加以公认而累积成一个系统的。斯大林不是也说过语言是人们在长期的过程中创造出来的吗？在没有被社会所公认的时候，这些成分还不成为真正的语言成分，它们至多只是语言成分的雏形，在没有成为系统之前，就是经过社会公认的个别语言成分也还只是语言成分而已，还没有构成语言系统。除了认为语言是上帝的赐与，语言不是人所创造的，而是天上掉下来的之外，谁能想象人类在其形成的过程中，一开始就在一刹那的时间里，创造出全民所公认的，由许多语言成分所组成的表达手段的系统呢？儿童在没有完全学会语言之前，可以用哒哒的声音去指明某一个事物，例如父亲，他已经有了表达手段，他已经有了言语行为，我们可以说他已经掌握了语言吗？某些语言现象的演变，不就是从类似的非语言的表达手段经过社会的公认而产生的吗？就是在今天的社会里，我们不是由于个别人为了适应社会的要求，先在他的言语中运用了某一个新的表达手段，经过社会对这新的表达手段的重复模仿而创造出新的语言成分吗？儿童和成年人所开始运用的这些非语言的表达手段最多只是语言成分的雏形，有的就昙花一现地永远不成其为语言成分。为什么在没有语言之前人们就不能有言语阶段呢？我说语言是通过言语创造出来的，它的存在依赖于言语，而言语是对语言工具的运用或为创造这一工具而活动的。语言存在于言语之中，但这不等于说言语也存在于语言之中；语言和言语虽然都是一种表达形式，但却有各自的特点，这样说并没有把语言和言语绝对化地截然对立起来。

方先生又指责我把思维活动和思想活动对立起来，不同意我把概念和逻辑规则列入思维范围，而把判断、推理之类的东西列入思想的范围的说法。他指示我去参考周钟灵先生的评论。周钟灵先生说，我把概念、判断、推理分割成思维和思想两种现象的说法违反了毛主席在《实践论》中所提出的论点，我违反了最起码的分类原则，因为毛主席把概念、判断和推理都看做是理性认识而我却把概念看做一种现象，而把判断、推理看做另一种现象，我把同类事物分成不同的类。① 毛主席把概念、判断、推理看成是理性认识，这就说明毛主席认为这三者之间没有区别吗？谁否认过这三者都是理性认识呢？同属于理性认识阶段的东西就彼此之间不能有区别吗？就不能再加以分类吗？"最起码的分类原则"就不允许我们对同属于一个阶段的事物加以分类吗？所有的人都是人，都是生物发展的某一阶段的产物，"最起码的分类原则"就不允许我们把人分为无产阶级和资产阶级吗？问题在于概念、判断、推理虽然都是理性认识，但却在共同具有理性认识的特点之外，还具有其各自的特点。我们可以根据其各自的特点再把它加以精细的分析，把它分为更精细的类。如果像周先生那样认为它们是同属于同一阶段的东西，它们不可能有性质上的区别，它们不可能是不同的现象，那么，他就要不可避免地陷入下面两个错误中的一个：或者是把判断和推理看成都和概念一样没有阶级性，或者是把概念看成和判断、推理一样，都有阶级性。传统的逻辑学对概念、判断和推理所下的定义是模糊的，它都把这三者说成是思维的形式，它实际上是就这三者之充作逻辑关系的形式来下定义的，因为它只研究思维的逻辑关系的形式。可是传统逻辑学也并没有在理论上或事实上否认作为具体存在的概念、判断和推理本身与作为逻辑

---

① 周钟灵：《评高名凯先生对于思维和思想的规定及其对于形式和内容一对范畴的运用》，见《南京大学学报》（人文科学），第八卷第一期，第106—107页。

关系形式的所谓"概念"、"判断"、"推理"(事实上,即概念、判断、推理的逻辑关系的形式)之间的区别。正是为了更明确地说明问题,我把概念、判断、推理这些术语限定于指明具体存在的一个个概念、判断和推理本身,而把传统逻辑学中所说的"概念"、"判断"、"推理"说成是逻辑规则之一。尽管概念、判断和推理在其和感性认识有所区别的特点上是同类的东西,同属于理性认识,但是就其在组织思想中所起的作用来说,概念和判断、推理就是两类不同的现象,一个充作思想的组织材料,一个充作这些材料所组合的起了质变的整体;前者没有阶级性,后者有阶级性。另一方面,就其作为逻辑规则,即作为概念、判断和推理的逻辑关系的形式来说,概念的逻辑形式和判断、推理的逻辑形式则又是同类的,都是逻辑关系的形式,都没有阶级性,因为同一批事物本来就可以按照其所具备的不同特点分为不同的类。我还可以建议逻辑学的著作把"概念"、"判断"、"推理"改为"概念的逻辑形式"、"判断的逻辑形式"、"推理的逻辑形式",因为逻辑学中所讲的正是这些东西的逻辑形式,不是这些东西本身。这样的处理问题不但不会像周先生所说的那样,"搞糟了逻辑学"①,而且会为逻辑学澄清一个问题。事实非常明显,具体的判断和具体的推理本身就是思想的单位,具有阶级性,而概念却不具备阶级性而具备全人类性,这种性质上的区别是重要的。把这两者混淆起来就会产生上述的重大错误。方先生说:"实际上这(指句子和构成句子的规则)乃是一个整体,'构成句子的规则'不是独立的,它是句子的一个方面,而具体的句子也必

---

① 周钟灵:《评高名凯先生对于思维和思想的规定及其对于形式和内容的一对范畴的运用》,见《南京大学学报》(人文科学),第八卷第一期,第110页。

然包含着构成句子的规则,它又是句子这一单位的另一方面。我们怎么能把它们割裂开来看做两种不同的单位呢?"①我从来也没有说过句子和构成句子的规则不能结合在一起,可是两个结合在一起的东西就是同一个东西,就是不能具备不同的特点,各自的单位的东西吗?砖头和木料结合起来,构成了房屋,这就证明了砖头和木料是同一个东西,没有不同的性质吗?方先生的这种不可分割的统一体的理论,不能证明思维和思想不是两种具有不同性质的现象,因之,也不能证明作为思维的表达形式的语言和作为思想的表达形式的言语不是两个具有不同性质的现象。

方先生又说我把形式分割成三种:表达形式、结构形式和体现形式,这就是我掩盖了形式即内容的主张。② 非常明显,"形式"这个术语在不同的场合下指的是不同类型的形式;尽管它们都是一种形式,但却必须加以区别。不加区别地笼统地把不同类型的形式都说成是同一种"形式",甚至于以此为根据,指责我"巧立名目,无非是为了把言语和思想混为一谈罢了",这能解决什么问题呢?姑不论方先生这一句话和他在上面所说的话就互相矛盾了(他在这一句话里不再强调彼此有密切联系的语言和思想之间不能有性质上的区别,反而认为要把它们在性质上区别开来),他把各种类型的形式混为一谈,就是没有根据的。"表达形式"、"结构形式"和"体现形式"等等,"除了字面上的不同",就没有"实质上的差别"③吗?方先生时常提到叶尔姆斯列夫。叶尔姆斯列夫在他的《语言理论概述》里把语言成分分为两个部分:语音部分与语义部分;前

---

① 方光焘:《分歧》第 199 页。
② 同上,第 200 页。
③ 同上。

者叫做"表达",后者叫做"内容";又把"表达"和"内容"都各自再分为"实体"和"形式"。① 他所说的与"内容"相对立的"表达",就是一般语言学家所说的以语音为材料的、与意义内容相对立的表达形式,即把意义表达出来的语音构造的实际情况,虽然叶尔姆斯列夫并不这样说。然而这"表达"和与之相对立的"内容"却各有一种"形式"。这种"形式"是与"实体"相对立的。这种"实体"实际上就是具体存在的语音和意义,而这种"形式"则实际上就是"表达"(语音)的结构形式和被表达的"内容"(语义)的结构形式,我们绝不能把叶尔姆斯列夫所说的"形式"误解为人们所说的表达形式,因为人们所说的表达形式指的是把意义表达出来的语音构造的实际情况。我们也绝不能把叶尔姆斯列夫所说的"形式"仅仅理解为叶尔姆斯列夫所说的表达的形式,因为叶尔姆斯列夫所说的"形式"既可以是"表达"的形式,又可以是"内容"的形式,它事实上指的是结构形式。正因为叶尔姆斯列夫所说的"表达"(语音)和"内容"(语义)都有其结构形式,又正因为他所说的"形式"指的是结构形式,他所说的"形式"才既可以是"表达"(语音)的形式,又可以是"内容"(语义)的形式。方先生也说思想是言语作品的内容,又说意义内容是言语作品的形式的构成部分。② 如果说思想是"言语·思想统一体"的内容部分,"言语·思想统一体"的表达形式部分是言语作品,而言语作品的意义复合物则是思想的体现形式,这就混淆了形式与内容,那么,混淆形式和内容的首先恐怕就是方先生,因为它既把思想说成内容,又把形式的构成部分的意义说成内容。

---

① L. Hjelmslev: *Prolegomena to a Theory of Language*, 1953, Baltimore, pp. 28—38.
② 方光焘:《语言与言语问题答客问》,见《语言和言语问题讨论集》,第 330 页。

"表达形式"和"体现形式"显然也是两个不同的概念。表达形式是就必须被表达出来的事物所具有的一种形式而言的,不需要被表达出来的东西根本上就不存在表达形式的问题,然而它却可以有一种体现形式。我们怎么可以把表达形式和体现形式混为一谈呢?我说言语作品就是思想的表达形式,又说意义复合物是思想在言语作品中的体现形式,用了这两个不同的术语,正是为的区别开这里所说的两种不同类型的形式。言语作品有意义复合物作为它的内容,这种意义复合物不就等于思想,因为同样一个思想在不同的言语中或在同一个人对同一个语言的不同的运用中,可以体现为不同的意义复合物。这正是用德语写成的马克思的一句话所表达的思想可以在汉语译文中,或在不同的人的汉语译文中,甚至于在同一个人的前后不同时期的汉语译文中,体现为不同于德语原文所具有的意义复合物的情况,因为到底用多少个含有各自的意义的和用哪些个含有各自的意义的词组合成句子,来把这同一个思想表达出来,就各不相同,何况,意义复合物还包含有非思想的表情色彩、形象色彩、风格色彩、修辞色彩呢。例如,以汉语为表达手段而说出的"女大学生要到农村去"和以法语为表达手段而说出的"L'étudiante doit aller à la campagne."表达了同样的思想,但却具有不同的意义复合物,因为这两句话的意义复合物的组织情况和结构方式并不一样。前者用表示阴性意义的词汇成分"女"所含的词汇意义,表示名物意义的词汇成分"大学生"所包含的词汇意义,表示应然意义的虚词"要"所包含的词汇—语法意义,表示行为意义的词汇成分"到"所包含的词汇意义,表示名物意义的词汇成分"农村"所包含的词汇意义,表示方向意义的虚词"去"所包含的词汇—语法意义等六个语义单位来组成意义复合物。后者则用表示泛指意义的虚词 la 所包含的词汇—语法意义,表示阴性名物意义的词汇—语法成分的语法变体 étudiante 所包含的词汇意义和语法意义,表示应然意义和第三人称意义的词汇成分的语法变体 doit 所包含的词汇意义和语法意义,表示行为意义和无人称意义的词汇成分的语法变体 aller 所包含的词汇意义和语法意义,表示方向意义的虚词 à 所包含的词汇—语法意义,表示阴性意义的虚词 la 所包含的词汇—语法意义,表示名物意义和泛指意义的词汇成分的语法变体 campagne 所包含的词汇意义和语法意义等十一个意义单位来组成意义复合物。由于意义复合物的组织和结构方式有所不同,除了体现同样的思想之外,就有言语色彩上的差别。然而思想却不能脱离言语而存在,它就体现在言语作品的意义复合物里,正如物质的声音不就是音位,却在语言中体现为音位的变体,而音位的变体也就是物理声音在语言中的体现形式一样。思想的表达形式指的是整个言语作品,包含有声音复合物和意义复合物两部分的言语作品,它和思想在言语作品中的体现形式是两回事,正如叶尔姆斯列夫所说的"表达"(即一般人所说的"表达形式")还可以有结构形式(不同于表达形式的另一种形式)一样。方先生说:"这样一来,所谓表达形式的言语也就等于思想了,也就有了阶级性了!"[1]这句话就和方先生自己的话有矛盾。方先生不是说过我"也同意言语不等于思想"[2]吗?然而这里却又说我说言语就是思想。事实上,我所以要用"体现形式"和"表达形式"这两个术语正为的是说明言语不等于思想,然而言语却与思想有联系,

---

[1] 方光焘:《分歧》第 200 页。
[2] 同上,第 198 页。

它就是通过意义复合物而和思想发生直接的联系的。语言是社会现象,然而我们却说语言具有物质性,这正是因为语言中的音位变体就是物质的声音在语言中的体现形式。为什么我们就不能够以言语作品中的意义复合物是思想在言语中的体现形式去说明言语的阶级性呢?方先生所以反对不同类的形式的提法为的正是要证明言语没有阶级性。在他看来,所有的形式都是同质的东西,都是没有阶级性的,因此,只要证明了言语是言语作品的表达形式,证明了言语是一种形式,这就证明了言语没有阶级性。其实,这不但混淆了各种不同类型的形式,而且也忽略了形式与内容的相对性。形式必定是某个事物的形式,在不同的场合中,作为甲物的形式的可以成为乙物的内容。方说,语法成分是语言成分相组合的组织形式,这是就其对被组合的语言成分来说的。如果就语法成分所组成的语法系统来说,语法成分就不是这个系统的组织形式,这个系统的组织形式就将是各语法成分之间的组织关系的类型了。所以我们不能空空洞洞地说什么东西是形式,而要说什么东西是什么东西的什么形式。正是这个缘故,不是所有的形式都是在各种性质上相同的,不是所有的形式都没有阶级性,要看它是什么东西的什么形式。例如,文学作品的诗体形式具有民族性,然而思维的逻辑形式则不具备民族性,而具备全人类性,政权的组织形式则具有浓厚的阶级性。仅仅证明言语作品的表达形式是一种形式并不能证明它没有阶级性。

方先生又说我把不能分割的音义结合物也分割为音流(形式)和意义复合物(内容)了。他认为,我们虽然能把语言记号(符号)分开,可是离开声音的意义或离开意义的声音仅仅是一种抽象。抽象的音流怎么能充当言语·思想统一体的表现形式呢?又怎能充当作为表达形式的言语的形式部分呢?① 我从来也没有分割音流和意义复合物,而且到处强调音流和意义复合物是结合在一起的。可是结合在一起的东西就不能加以区别吗？把结合在一起的事物加以分别,这就使它成为一个仅仅是抽象的东西吗？所以这不但是把各种"形式"混为一谈,而且把"区别"和"分割"不加区别地混淆了。

方先生怀疑言语语言学建立的可能性。当然,否认有不同于语言的特点的言语的存在的方先生,不可能同意言语语言学的建立的可能性。我曾经指出包含有声音复合物(音流)和意义复合物的言语作品是客观存在着的,是人们随时随地都可以接触到的客观存在,这事实上就是人们用某种语言所具有的语言成分和可能产生的非语言的表达手段所说出的话或所写出的文章。如果说方先生为着证明他的言语没有阶级性的理论而拒绝把这些东西看成是言语,方先生也无法否认这些东西是客观存在着的,而且是以不同于语言的存在物而存在于客观世界的,因为谁也没有把这些话或文章说成就是作为表达手段系统的汉语、俄语、英语等。既然有它的客观存在,有它的不同于语言的特点的客观存在,它就有资格成为某一特殊科学的研究对象。事实上,古代不同于语言学的语文学就是以这种存在物作为它的研究对象的。由于口头言语被学者所重视,随着科学的发展,仅仅研究书面言语的语文学自然就会发展成为兼研究口头言语的言语学。只要承认这些现象的存在,又承认这些现象与语言有不可分割的联系,言语语言学的存在和建立就是不可避免的。正如学者们研究化学现象与物理现象之间

---

① 方光焘:《分歧》第 200 页。

的联系，而建立化学物理或物理化学一样，言语语言学的建立也是势所必然的。事实上现代言语风格学的成立也已经是众所周知的事情了。言语风格学就是言语语言学的一个部门。如果方先生一定不把这些东西叫做言语，他至多也只能够把研究这些现象的科学称为××语言学。

上述的方先生的就语言和言语是否截然不同的社会现象这个问题所提出的评论可以让我们看出，方先生的目的在于批评言语有阶级性的理论，在于证明言语没有阶级性。方先生以"不能对立起来"为理由反对史前时期的形成中的人在没有语言之前有一个言语阶段的理论，为的是借此来反对把语言和言语分割开来，以为只要证明了语言和言语是相互依存的现象，这就证明了语言和言语不是截然对立的不同的现象，因之，言语不可能有不同于没有阶级性的语言的性质。方先生又以"不能对立起来"为理由反对把思维和思想区分开来，以为证明了思维与思想没有质的区别，这就证明了思维和思想的表达形式（语言和言语）也没有质的区别，因之，语言和言语都没有阶级性。方先生又以"不能对立起来"为理由反对把各种类型的形式区别开来，以为证明了表达形式和体现形式没有区别，这就推翻了作为思想的体现形式的意义复合物的存在，因之，也就证明了由含有意义内容的语言要素的一盘散沙式的组合所构成的"言语作品的表达形式"只能是一种没有阶级性的形式，而被理解为"言语作品的表达形式"的言语也就不能有不同于语言的性质，即不能有阶级性。方先生又以"不能对立起来"为理由反对声音复合物和意义复合物的理论，以为只要证明了音义结合物是不可分割的，这就证明了声音复合物和意义复合物只是一个抽象的东西，没有具体存在的东西，因之，证明了没有具体存在的意义复合物的言语作品的表达形式(即言语)没有阶级性。方先生又以"不能对立起来"为理由反对言语语言学的建立,以为否认了言语语言学的建立的可能,这就证明了言语语言学的研究对象的一个方面(即言语)没有独立于语言之外的存在,因此,也没有独立于语言所具有的性质以外的性质,即阶级性。然而这种"不能对立起来"的论证并没有得到效果,因为把语言和言语区别开来,认为它们各有各自的特点,并不等于把这两者看成是同一个统一体内的绝对化了的截然对立的东西,正如把剧本和演员区别开并不等于把它们看成是同一个统一体内的绝对化了的截然对立的东西一样。把语言和言语在某些性质上区别开来不但不会割断两者之间的联系,而且是承认两者之间有联系的必要的前提;只有在承认有某种区别的两种事物存在的前提下,才谈得到这两种事物彼此之间的联系。而在某一点上同质的东西却可以在别的性质上彼此相区别,尽管语言和言语是彼此联系在一起的两个现象,但是仅仅这种联系不能证明它们必得是同样的没有阶级性的现象。就是证明了语言和言语是互相依存的东西,也不能证明它们之间没有某种性质上的区别,"善"和"恶"是互相依存的一对现象,但是谁也不会认为它们是同质的,没有质的区别的现象。

B. 语言和言语的关系是否一般和个别的关系?

方先生坚持语言和言语的关系是一般和个别(或特殊)的关系。他说:"一般和个别(特殊)是成对的范畴。尽管语言有语言的一般和个别,言语有言语的一般和个别,但这并不能证明语言和言语之间就不存在着一般和个别的关系。假如单独地说,汉人有汉人的一般,汉人也有汉人的个别,这是没有什么不可以的。可是我们倘把汉人与人看成是成对的概念,那么人就是一般而汉人却是个别。假如我们又把汉人与张三看做是成对的概念,那么张三是个别而汉人却是一般。我们不能因为人有人的一般和个别,就否认人与汉人之间存在着一般和个别的关系。我们也不能因为汉人有汉人的一般和个别,就抹杀了汉人与张三的一般和个别的关系。"[①]不错,一般和个别是成对的范畴。但是这就说明了语言和言语是一般和个别的关系吗? 一般和个别的关系可以体现为种与属的关系。对人来说,汉人是人这个种中的一个属,对汉人来说,张三是汉人这个种中的一个属,因此,对人来说,汉人是个别,人是一般,对张三来说,汉人是一般,张三是个别。这种种属关系可以用下面的图解来表示:

	←(个别—属)藏人(一般—种)→	……
人(一般—种)	←(个别—属)汉人(一般—种)→	张三(个别—属)
		李四(个别—属)
		王五……(个别—属)
	←(个别—属)蒙人 满人……(一般—种)→	……

我们可以怎样地运用同类的图解去表明语言和言语之间的所谓一般和个别的关系呢? 请看下面的图解:

	←(个别—属)俄语(一般—种)→	……
语言(一般—种)	←(个别—属)汉语(一般—种)→	张三的汉语变体(个别—属)
		李四的汉语变体(个别—属)
		王五……的汉语变体(个别—属)
	←(个别—属)蒙语,满语 英语……(一般—种)→	……
?	←(个别—属)言语的一般(一般—种)→	言语的个别(个别—属)

---

① 方光焘:《分歧》第202页。

474

这个图解和上面的图解不一样。我们不能说言语的一般是语言的一个属。如果我们要人家告诉我们语言之中的一个属是什么,人家会回答我们说,语言中的一个属就是言语的一般吗?一个种中的属很多,我们可以告诉人家说语言包含有言语的一般甲,言语的一般乙,言语的一般丙……正如我们说人包含有汉人、藏人、满人……一样吗?就一般的语言来说,它的属显然是汉语、俄语、英语等,而就汉语、俄语或英语来说,它的属显然是个别的人所掌握的汉语、俄语或英语的变体。① 同一个汉语在不同的场合下既可以是一般,又可以是个别,然而言语甚至于一般的言语却不能被认为是语言的一个属(一般的言语可以是对任何语言的运用,不一定是对汉语的运用,一般的言语可以是任何人的言语行为及其作品,不一定是汉人的言语行为及其作品)。就是根据方先生对言语的理解,也无法把语言和"言语"看成是一般和个别的关系。下面的图解可以说明这个问题:

| 语言
(一般一种) | ←(个别一属) | 一般的言语作
品的表达形式 | (一般一种)→ | 个别的言语作
品的表达形式 | (个别一属) |

这个图解是不可理解的。一般的言语作品的表达形式如何可以被理解为语言这个种的一个属?个别的言语作品的表达形式到

---

① 黄景欣在《再论语言和言语的区分问题》中说:"当人们说言语作品的表达形式是语言的变体时,那指的则是语言的个人变体。这仍然是指个人的全部语言(言语作品的表达形式)而言的。"(见《南京大学学报》(人文科学),第八卷第1期,第145页)他所说的这种语言的个人变体看来就是我这里所说的个人所掌握的某一语言的变体,但是这种东西如何是言语作品的表达形式,却没有说明。事实上这种东西是语言学家们曾经说过的 idiolect 之类的东西,不是言语(parole, speech...),一定要把这种东西说成言语,事实上也就是要抹杀众所周知的言语(parole, speech)的存在,从而反对以具有阶级性的言语的各种表达手段为研究对象的言语语言学的建立。

底是什么东西呢？张三是个别的汉人，由于种属关系的传递性，张三同时也是人这个种的一个属。个别的言语作品的表达形式能够被理解为语言的一个属吗？一般的语言的一个属，为什么既是汉语、俄语等，又是任何的言语作品的表达形式（包括用世界上所有的语言所组成的言语作品的表达形式）？我们能够在汉语和一般的言语作品的表达形式之间加上等号吗？在人、汉人和张三的关系中，我们可以说："人，汉人这种人，张三这个人。"我们可以同样地说："语言，一般的言语作品的表达形式这种语言，个别的言语作品的表达形式这个语言"吗？

方先生由于我说"语言从来也没有以整个系统的本质部分进入任何一个言语单位中"，而责问我："作为系统（体系）的语言究竟存在在哪里呢？"他又由于我说"在概括成一个个语言成分的过程中，人们在一步步地把它们组织起来，总括成一个语言系统"，而责问我说，我把语言系统看成是静止地存在于人们意识之中的第二性的东西。① 我不是明显地指出语言是以各个成分分处于各个言语单位之中的方式存在于客观世界之中吗？系统的存在可以是以其组成成分分处于各个事物之中的方式存在于客观世界之中的。分色层的系统，也就是赤、橙、黄、绿、青、蓝、紫所组成的颜色系统，难道不是以分处于各个事物之中的方式存在于客观世界之中吗？没有必要认为这整个的系统存在于一个单独的事物里才证明了这个系统的存在。事物存在于客观世界，但是人们的认识也可以把它反映出来。问题在于这种反映是否符合于客观存在的实况。语言的系统存在于客观世界之中，关于这一点我曾经在批判德·索

---

① 方光焘：《分歧》第 203 页。

绪尔的语言符号的心理本质时,加以长篇地论述。我没有否认过语言的客观存在。语言的系统存在于客观世界,但人们也可以对这系统加以反映,构成人们所理解的语言系统。平常我们所说的"语言系统"实际上有两种不同的含义:一,存在于客观世界之中的语言系统;二,人们所反映的语言系统,如我们说"这是马建忠的语法系统"。如何地反映,反映得是否正确,都是我们要加以考虑的问题。我说,人们怎样把语言系统概括起来,事实上是回答方先生所提出的概括论的。方先生无数次地以语言是从言语中概括出来的为理由,强调语言与言语之间有一般与个别的关系,都没有阶级性。例如,他说:"从个别的言语的共性中,抽象概括出一般的语言"[1],又说:"所谓人类的语言,所谓'语言的一般'实在就是从这些具体的、个别的语言中抽象概括出来的一个概念"[2],又说:"我们不应该忘记,'语言'是从作为原材料的'言语'中概括、抽象出来的。"[3]……如果说,一说到抽象概括就否认了语言的客观存在,那么,否认语言的客观存在的首先恐怕就是方先生。但是我不打算这样说,因为方先生显然是从人们对客观存在的语言系统的反映来论述问题的,我说的这些话同样地是从这个角度来回答方先生的。语言是否静止地存在于人们意识中的第二性的东西与人们如何地把客观存在的语言系统概括起来,是两个不同的问题,不能把它们混淆起来。

方先生怀疑我们说的言语系统,认为应当在我们所说的"系统

---

[1] 方光焘:《语言和言语问题讨论的现阶段》,见《语言和言语问题讨论集》第161页。
[2] 同上,第168页。
[3] 方光焘:《漫谈语言和言语问题》,见《语言和言语问题讨论集》第210页。

指的是由一系列处在相互关系之中的单位组织而成的一个统一体;在这统一体里组成单位并不是孤立存在,而是彼此休戚相关的"这句话后再添一句"高先生所谓的单位或组成单位应该是同类的,同性质的要素而不是不同类的,异质的东西"。① 他并且说根据我自己所下的定义来衡量言语系统,那就有问题,因为我所说的言语系统的组成成员是不同质的东西,既有语言成分,又有不同于语言成分的超语言的表达手段。应该指出,方先生并没有按我自己的定义来评论我的言语系统的学说。我并没有说过组成系统的要素必须是同质的和同类的,而方先生的评论也缺乏根据。同类或同质不是可以加以绝对化的。事物的性质很多,同一批事物可以根据其不同的性质分成各种不同的类别。同一批人可以根据其性别分为男人和女人,所有具备男性的人在这一点上都是同类的,同质的。但是这同一批的人又可以根据其社会关系的性质分为无产阶级和资产阶级,所有具备资产阶级特点的人在这一点上都是同类的,同质的。作为一个系统的组成员,在其充作这一特殊系统的组成员的特点上都是同质的和同类的,因为它们都具备充作这个系统的组成员的特点,都是充作这个系统的组成员的一类东西。但是,它们却可以在别的方面不是同类的,不是同质的。就以语言系统来说,充作语言系统组成员的词汇成分和语法成分,在其充作语言成分这一特点上是同类的,同质的,但在别的特点方面,它们却不是同类的和同质的,因为词汇成分是语言词汇系统的组成员,而语法成分则不属于这一类,而是语言中的不同于词汇的另一类东西。言语系统的组成成分也是这样的,就共同充作言语作品单

---

① 方光焘:《分歧》第203—204页。

位的组成员来说,言语作品中的语言成分和超语言的表达手段就是同类的,同质的东西;就其充作表达手段来说,它们也是同类的,同质的。但是,就其是否属于语言系统范围内的成分来说,它们就是不同类的,不同质的。

方先生又说我所以把语言和言语的关系表现在被创造的东西与创造的活动的关系之中,被使用的东西与使用工具的行为及其成果的关系之中,被组织的材料或手段与把这些材料或手段组织起来的成果或活动之中,这是因为,我潜藏着一种不可明言的深意,因为我不说人创造语言,人使用工具和人把材料或手段组织起来,我怕一提到"人","别人就会诘问","原来高先生所说的言语的阶级性应当是创造语言的人,使用工具的人和把材料或手段组织起来的人的阶级性。"[①]事物的阶级性是与人的阶级性密切相关的,我们说政治、法律、道德等有阶级性,正是因为它们是人所创造、使用的政治,人所创造、使用的法律,人所创造、使用的道德,它们要受人的阶级性的决定而具备有它们自己的阶级性。当然不是说所有与人有关的东西都有阶级性,然而所有有阶级性的东西都首先是受人的阶级性所决定的。问题在于,这些东西本身是否具有为人的阶级性所左右的特点。言语之所以有阶级性,因为人们的言语行为和言语作品要受到人的阶级性所决定而有其阶级的分野,某些言语只能为某一阶级所组成,某些言语也只能为某一阶级服务。这些道理是无可怀疑的,我又何须怕人家诘问我,认为我说创造、使用语言有阶级性,其实是创造、使用语言的人有阶级性,而不是创造、使用语言有阶级性呢?如果认为创造、使用事物或被创

---

① 方光焘:《分歧》第204页。

造或被使用的事物的阶级性与人的阶级性无关,那么,政治、法律、宗教等就没有阶级性了,因为照这样的意见来说,只有创造和运用政治、法律、道德的人才有阶级性。方先生说:"有人可能要问:'作为表达形式的言语既然不等于思想,为什么又会有阶级性呢?'高先生的理论的逻辑结构可能是这样的。作为表达形式的言语的形式部分是音流,当然不会有阶级性;可是作为表达形式的言语的内容部分——意义复合物,经高先生的魔杖一指,就变为体现思想的形式了。据说这种脱离语音形式而存在的意义复合物一旦变成了体现形式之后,就是思想的代表,就是被表现在言语里的思想,那还能没有阶级性吗?"①为什么不等于思想的东西就不能有阶级性?难道人类社会中只有思想有阶级性吗?作为言语作品的内容部分的意义复合物,正如上面所说的,是客观存在着的现象,它既不等于思想,又是思想的体现形式,这种论断为什么不对呢?意义复合物要受阶级思想的决定,言语作品的阶级性不仅仅是因为它是思想的体现形式,还因为它受思想的阶级性的决定:要表达什么样的思想就要依照各表达手段的特点把它们组成包含有特定的意义复合物的言语作品,不这样是不可以的。何况一定的言语作品只能为某一阶级所发出,也只能为某一阶级而服务。只要说到人民大众所说的"什么藤结什么瓜,什么人说什么话",也就可以说明这个道理了。方先生又因为我说"某物具有某性者,指的本来就是某物所具备的性能,它本身就包含有'可能'的含义在内"这句话,而指责我说:"巧妙得很!人的阶级性一变而为言语的阶级性,再变而为某物所具备的性能,最后却终于变成为一种'潜在的'、'可

---

① 方光焘:《分歧》第204页。

能的'性质了。我不禁想问一问:在阶级社会里人的阶级本性难道仅仅是一种'潜在的'、'可能的'性质吗?高先生真跑得太远了!我们实在有点跟不上!可是,说来说去,高先生毕竟还不能自圆其说。高先生的手法虽然很巧妙,但也掩盖不了他的自相矛盾。在脱离语音形式的意义复合物里,在无形的'体现形式'里却潜藏着高先生不可明言的秘密。"①一个事物所具备的性质既有其实存的一面,又有其潜存的一面,实存和潜存之间有辩证的关系。我所以说"某物具有某性者,指的本来就是某物所具备的性能,它本身就包含有'可能的'含义在内",就是其有潜存的一面说的。化学家如何地规定一个事物的性质呢?要用实验。而实验就是要在受控制的条件下,看看事物是否出现某种性质,例如要在运用试纸的条件下,证明事物是否含有碱性或酸性,并且只需要在实验室里对同类事物的几个个体加以实验就可以得出结论,认为这一类事物具有某种性质,虽然这一类事物之中的许多个体在没有受控制的条件出现下不出现这种性质,甚至于永远由于同样的原因而不出现这样的性质。燃烧是木材的一种性质,但在热度不达到一定程度时它却不燃烧,在这种情况下,燃烧是以潜存的状态作为木材的一种性质。在某些情况下,具有某种性质的某类事物之中的个体,甚至于可以永远不暴露这种性质,而使这种性质在它身上永远成为潜存的性质。问题在于要使某物的某种性质成为实存的就要有一定的条件。在条件都随时出现的情况下,这种性质随时都成为实存的。在条件不出现的情况下,它就以潜存的状态而存在着。我不是说"二加二等于四"之类的言语作品在特定的情况下却仍然表

---

① 方光焘:《分歧》第205页。

现出一定的阶级性来。我们讲的是一类事物所具有的性质,一类事物所具备的性质是就一类事物的本质而言的,不是就一类事物的现象而言的,表现出来的情形可以看不出阶级性,但不能因此就得出结论说,这类事物没有这种性质。个别事物所处的环境条件是个别的,如果这个别的条件不是让它暴露其某一性质的条件,这类事物所具有的这种性质就以潜存的方式存在于这个个别的事物之中。如果个别的事物在其整个的生命过程中都没有遇到让它暴露这种性质的条件,这种性质就永远不在这个个体的身上暴露出来。言语作品具有特殊性,同一个人在不同的时间内所说的"你来!"就是不同的言语作品,至少在口气和表情色彩上有所不同。言语作品并且是一发即逝的,文字只是它的记录,它的生命过程非常短暂,它只能有一个环境条件,如果这种环境条件是让它表达某种与人的阶级性有关的思想,它就暴露出它的阶级性,如果这个环境不是这样的,它就永远也不会暴露出它的阶级性,因为它已一去不复返了。但是这种情况并不能作为否认言语作品有阶级性的理由。有人说,更多的言语作品的单位,即更多的句子看不出阶级性,因此不能说言语作品有阶级性,只能说言语作品可能有阶级性,这是就量的多寡来说明事物所具有的性质,不是就质的观点去说明事物所具有的性质的。何况言语作品并不一定就是一个个的句子,句子只是言语作品的最小单位。谁也不会否认老虎有吃人的本性,但是在所有的老虎中,到底有几只老虎吃过人呢?有限得很。恐怕连万分之一都不到。然而这种情况并不能阻止我们说老虎有吃人的本性。谁得出只有个别的老虎有吃人的本性的结论,谁就要上当。方先生说我把人的阶级性一变而为言语的阶级性,再变为某物所具备的性能,最后却终于变为潜在的、可能的性质了。这是一种误解,我从来也没有说过人的阶级性是言语的阶级性,我只说言语的阶级性与人的阶级性有密切的关系,它来自人的阶级性。我并没有说,人的阶级性变成了某物所具备的性能,最后变为一种潜在的、可能的性质。我说的是事物的性质包含有"可能的"含义,我并且在"可能"上加上引号,我的意思就是说,它还有潜存的一面,同类事物之中的某些个体之是否显露这种性质,不足以说明这类事物不具备这种性质。

从上述方先生就语言和言语是否一般与个别的关系的问题所提出的评论来看,方先生的目的显然也在于论证言语没有阶级性,反对言语有阶级性的理论。方先生以一般与个别是成对的范畴为理由,坚持语言和言语的关系是一般与个别的关系,认为证明了语言与言语之间存在着一般与个别的关系,这就证明了语言和言语是同质的现象,语言没有阶级性,言语也自然就没有阶级性了。方先生又以责难我所说的"语言从来也没有以整个系统的本质部分进入任何一个言语单位中",反问语言究竟存在于哪里,以责难我所说的不能从言语作品中直接概括出语言系统的论点的方式坚持语言与言语之间有一般与个别的关系的主张,认为只要证明了语言系统的本质部分只能存在于每一个言语作品中,语言是从言语作品中直接概括出来的,这就证明了语言和言语之间存在着一般与个别的关系,因而证明了语言与言语是同质的现象,都没有阶级性。方先生又以系统是同质要素所组成的同质的统一体为理由去证明由语言要素所组成的作为言语作品的表达形式的"言语",与语言是同质的、同类的东西,以为这样一来,他就证明了语言与言语之间存在着具有同样的本质特点的一般与个别的关系,因而证明了言语没有阶级性。方先生甚至于以批评我所说的言语作品的阶级性要受人的阶级性的决定,言语作品的阶级性有其潜存的一面的见解的方式,坚持认为只能说只有个别的言语作品有阶级性,因之,整个地说,言语没有阶级性,因为在他看来,广义的言语所包括的言语行为和言语作品之中只有个别的言语有阶级性,这种阶级性并且只是个别言语作品的思想内容的阶级性,而狭义的言语(即言语作品的表达形式)也没有阶级性,这就只能得出言语没有阶级性的结论。然而方先生并没有在上述的各个论证中,在事实上证明语言与言语之间有一般与个别的关系。方先生也忽视了潜存与实存之间的辩证关系,因此,他不能证明语言与言语都没有阶级性,并不能证明言语作品的阶级性值得怀疑。

C.对一些术语的理解上的分歧

方先生说,他和我之间在对某些术语的理解上存在着根本的分歧。事情正是这样的。我按照许多语言学家的意见把"言语"理解为言语行为和言语作品的总称,而方先生则把"言语"理解为言语作品的表达形式,就是明证。这个在方先生之前没有人说过的"言语"的含义,正是方先生的整个理论的核心,然而却不是我所理解的。方先生说:"'言语'一词既是 parole 的译语,同时又是 langage 的译语。至于高先生的'言语',那更具有种种不同的含义:言语活动,言语行为,言语作品和语言机能(或言语机能)等等。"①"言语"一词怎么会既是 parole 的译语,又是 langage 的译语呢?把两个不同的术语都译成"言语",恐怕是不合理的。事实上,langage 是包含 langue 和 parole 两者的,如何可以把 langage 和 parole 都译成"言语"? 有人仿效日本人的译法把 langage 译为"言

---

① 方光焘:《分歧》第201页。

语行为"或"言语活动",然而日本人所说的"言语"就是"语言",日本人把"语言学"说成"言语学",日本人把 parole 译成"言",以求有别。事实上,日本人所说的"言语活动"就是"语言活动"。由于 langage 包含有非活动的语言,把它译成"活动"是不合适的,因此我把它译成"语言机能",意思就是说,由于这一机能既可以产生创造和运用语言的行为及其产物(言语),又可以产生组织语言系统,学习语言系统的活动及其成果。为什么我用了"言语活动"、"言语行为"、"言语作品"和"语言机能"就会使得我的"言语"具有种种不同的含义呢?方先生不是也用过"言语"、"言语活动"、"言语作品"、"言语作品的表达形式"等术语吗?如果我们说"瓷碗"、"瓷杯"、"瓷碟"等等,这就证明了我们所说的"瓷"具有种种不同的含义吗?

方先生又提出我把德拉古拉瓦的《Le langage et la pensée》译成《语言机能与思维》是不恰当的,因为德拉古拉瓦曾经发表过一篇名为《L'analyse psychologique de la fonction linguistique》一文(他建议把这篇论文的题目译为《语言机能的心理学的分析》),我把 langage 和 La fonction linguistique 看成是同义词。[①] 我从来也没有把这两者看成是同义词,"机能"的法文原词是 faculté,不是 fonction,fonction 是"功能"或"职能"。方先生又说,我一面把德·索绪尔的 langage 译成"语言机能",一面却采取斯米尔尼茨基的说法又用"言语"来译 langage。[②] 我从来也没有把 langage 译成"言语"过,虽然我曾考虑过到底要把 langage 译成"语言机能",还是译

---

① 方光焘:《分歧》第205页。
② 同上,第206页。

成"言语机能",还是译成"言语活动",最后确定了前一种译法。①

方先生又说到"记号"(或符号)的问题,认为我主张记号是由表现和内容的结合而产生的实体,但我又说"如果根据一般的了解,把符号的能指部分看成符号的话,我们就可以说,语言符号的存在和其他符号的存在一样,有赖于它和所指的结合",看来我是"在两种说法之间摇摆着"②。我从来也没有摇摆过。因为德·索绪尔曾指出流行的习惯把记号(或符号)说成是能指部分,为了使一般人理解记号(或符号)的理论③,我有必要在这里就一般人的习惯来解说,我只是以假设的形式提出这个问题的,意思就是说,假使照一般人的习惯所理解的那样把记号(或符号)说成是能指部分,我们也要在理论上理解到这个能指部分只有在它和所指部分相结合的情况下才能存在。

方先生引了叶尔姆斯列夫所说的"系统"和"过程",认为叶尔姆斯列夫所说的系统是"语言系统",叶尔姆斯列夫所说的"过程"是"语言过程",并且认为我把叶尔姆斯列夫所说的"'过程'可以称为'言辞',系统可以称为'语言'"之中的"言辞"加上"即言语"的解说是有意曲解的,因为叶尔姆斯列夫虽然说过过程可以称为"言辞",却没有说过"言辞即言语"。方先生又说我把叶尔姆斯列夫的

---

① 我曾沿用一般人的译法把 langage 译为"言语活动",但是考虑到这个译法包含有矛盾性,包含在"言语活动"(langage)之内的"言语"不能再包括"言语活动"(我一般说成"言语行为")和"言语作品"。所以,我就把它改译为"语言机能"。《语言论》中还有一些地方用的是"言语活动",已决定于重版时改为"语言机能"。这种说法是否完全合理,大家可以讨论,如果有人提出更合理的说法,我一定接受。又:我也曾经随着别人把语言要素之类的现象称为"表达形式",其实应当是"表达手段",《语言论》中已经加以改正。

② 方光焘:《分歧》第 206 页。

③ F. de Saussure: *Cours de linguistique génerale*, Paris, 1931, p. 99.

text(言辞)理解为"言语"是和叶尔姆斯列夫的原意不同的。叶尔姆斯列夫的确没有说过"言辞即言语",所以,我才有必要加以注解。"言语"(parole,speech)这个术语并且不在叶尔姆斯列夫的语言学理论系统中占有地位,叶尔姆斯列夫在他的《语言学理论概述》所附的"定义表"里不提"言语",然而这是不是就足以说明叶尔姆斯列夫所说的 text 不是我们所理解的"言语"呢?叶尔姆斯列夫对 text 所下的定义就是"结构段的整个连锁,如果加以无限制地伸张,就可以被所有的语节所表现出来"①。方先生不是在论到"言语系统"的时候,以我所说的言语之能够无限制地伸张为理由去驳斥言语系统的学说吗?② 言语既然具有这种无限制伸张的特点,text 为什么就不是言语呢?方先生不是也把叶尔姆斯列夫的 text 译成"文句"吗?③ 难道"文句"不是言语吗?尽管叶尔姆斯列夫用过 linguistic proccess 和 linguistic system,但是 linguistic 这个词原先是由兼指语言和言语的 langage(语言机能)变来的形容词,不一定指的是现在所理解的语言。尽管由于传统的习惯,人们一般把它译成"语言的",这里也无妨把以上两个术语译成"语言过程"和"语言系统",但却不能因此而认为"言辞"就是语言的个别方面,因为叶尔姆斯列夫在这里把 text 和语言(language——不是 linguistic)对立起来,说是"过程可以称为 text,系统可以称为语言"。和语言相对立的,可以无限制伸张的"文句"题外就是言语。当然,如果把"言语"像方先生那样理解为仅仅是语言要素的一盘

---

① L. Hjelmslev: *Prolegomena to a Theory of language*, p. 86.
② 方光焘:《语言和言语问题讨论的现阶段》,见《语言和言语问题讨论集》第 162 页。
③ 方光焘:《分歧》第 207 页。

散沙式的组合的"言语作品的表达形式",那么,"言辞"(text)就不会是言语,并且也不会是方先生所说的"文句"了,可是这种"言语是言语作品的表达形式"的主张并不是叶尔姆斯列夫的理论。叶尔姆斯列夫如何对待语言与言语的关系是一回事,叶尔姆斯列夫所说的"言辞"(text)显然就是许多语言学家所理解的"言语"。

方先生又说我把叶尔姆斯列夫的 langue comme usage 理解为相当于德·索绪尔的言语,是我单凭自己的主观臆测去理解语言学家所用的术语实例。① 应当指出,我对叶尔姆斯列夫的作为公式的语言,作为规范的语言和作为习惯的语言的理论有过详细的介绍,并在介绍的同时详细地论述了德·索绪尔的语言与言语的理论。② 这里我只说 langue comme usage 相当于德·索绪尔的"言语",并没有说它就等于德·索绪尔的"言语"。尽管叶尔姆斯列夫把作为公式的语言说成是语言中的常数,即作为纯粹的形式的语言,把 langue comme usage 看成是随时有变化的社会中人们惯用的语言和德·索绪尔所说的语言是社会所公认的系统,言语是个人运用语言的过程及其组合,两者的意思并不一样,但是就其一个是稳定的非实体的形式,一个是人们时常运用的随人而异的不稳定的习惯而言,它们之间有相类似的地方,则是明显的。方先生又以言语这个术语为例,认为德·索绪尔为了建立一种不同于语文学的语言学,才区分出语言和言语,而我们现在却把言语这个术语划归语文学了,又说:"高先生在《争论》中说:'古人所开创的语文学事实上就是一种言语学,不过古人只对书面的言语进行研

---

① 方光焘:《分歧》第207页。
② 高名凯:《论语言与言语》,见《语言和言语问题讨论集》。

究,因此语文学还不是言语学的全部内容。'看了高先生的这段话,我才明白,原来'言语'这个术语早就是古人所开创的语文学的研究对象了。"①正如我在许多论著中所说的,区别语言和言语为的正是明确语言学的研究对象,难道要把与语言之间不存在个别和一般的关系的言语划归语言的范围就使语言学不同于语文学吗?相反地,不把这言语划归语文学,而把这言语划归语言学,才混淆了语文学和语言学的范围。当然,方先生是根据他所理解的"言语"来提出这个意见的。如果像方先生那样,把言语理解为仅仅是语言要素的一盘散沙式的组合的言语作品的表达形式,而这言语作品的表达形式又是语言的个别方面,那么,就必须把言语划归语言学了。然而方先生的这种理解是方先生的首创,语言学中的"言语"这个术语,除了方先生等人之外,从来也没有被理解为这种"言语作品的表达形式"的,而方先生也并没有能证明这种言语是语言的个别。

从上述的方先生就我们对一些术语的理解上的分歧这个方面所提出的评论来看,方先生的目的显然在于求助于他对术语的特殊的理解来证明言语没有阶级性。方先生以 langage 一词的所谓误解为凭借,使人相信言语就是 langage,因为作为言语理解的 parole 和 langage 都被译成"言语",这样一来,"言语"就成了也被他理解为一种生理活动的"言语行为"的 langage,因此这就说明了言语没有阶级性。方先生又以叶尔姆斯列夫的 text 之类的术语的翻译问题为桥梁使人相信作为言语理解的 text 仍然是属于语言的,它只是语言系统的一个方面,个别的方面。因此,实际上等于言语的 text 就是没有阶级性的了。然而这些术语事实上都不是

---

① 方光焘:《分歧》第208页。

方先生所理解的那样，拿他对这些术语的理解去证明言语没有阶级性就没有力量，何况问题的实质在于方先生所最后承认的由包含有意义内容的语言成分之类的东西所组成的结合体到底有没有阶级性，不论我们把这个结合体叫做什么，也不论其他语言学家把它叫做什么，对"言语"这一术语的任何的理解都无从否认这个结合体的阶级性和研究这个具有阶级性的结合体的各个方面的重要性。然而方先生却恰好否认这个结合体的阶级性和建立研究它的学科的必要性。

五 小结

综上所言，方光焘先生和我在语言和言语问题的争论上所发生的意见分歧的根源在于我们对"言语"这个术语所指的事物有没有阶级性这个重大理论问题的不同看法。无论从发动争论的历史起因来说，或是从争论的发展过程，一直到方光焘等十位先生这一次所发动的争论来说，我们分歧的根源之在于对言语的阶级性这个问题的不同看法，都是非常明显的。当然，对于这个重大问题的看法要通过具体的论点来加以论证，因此，我们之间自然也有由此根源而生的论证上的分歧。这一次，方光焘先生就语言与言语是否截然不同的社会现象，语言与言语是否一般与个别的关系，对术语的一些分歧的理解三方面来反驳我以往所提出的一些论点，借此证明言语没有阶级性，推翻言语有阶级性的理论。但是，尽管他持之有故，他的反驳却缺乏说服力。他既没有能够证明他所理解的（不但是我所理解的）言语没有阶级性，也没有能够摧毁他所理解的（不但是我所理解的）言语有阶级性的观点，因为他甚至于都不能证明他所理解的言语(即由含有意义内容的语言成分所组成的具有意义内容的所谓言语作品的表达形式)没有阶级性,也不能证明这种言语作品的表达形式是没有阶级性的语言的个别方面。

方先生在"余论"中说:"区分语言与言语和明确规定语言学的研究对象不仅仅是理论问题,而且在实践上也有重大的意义。"① 我完全同意这个意见。我的论著正是为的区分语言与言语和明确规定语言学的研究对象和倡议以具有阶级性的言语为研究对象的言语语言学的建立而写的。但是,方先生认为语言与言语只是一般与个别的关系,言语是没有阶级性的言语作品的表达形式等,反对语言和言语是不同的社会现象的论点,事实上并无助于明确语言学的研究对象,因为任何科学都要研究其对象的一般方面和个别方面,如果言语只是语言的个别方面,无须多说,语言学家们自然就会研究它。方先生在结论上说:"必须指出,在继承和发展我国语文学的同时,我们应该在马克思列宁主义哲学和毛泽东思想的指导下,来共同努力建设我们自己的现代语言学。"② 我也拥护方先生的这个见解,我所说的许多有关语言与言语的意见也都是在这种愿望的促使下而得出的。当然,我的马克思列宁主义毛泽东思想的修养很差,我的语言学知识有限,我不能说我的见解就是正确的,我正希望大家给我提意见,也希望方先生给我指教。但是,要对言语有没有阶级性的问题作出怎样的结论才可以在马克思主义哲学和毛泽东思想的指导下来建立我们自己的现代语言学,这就要请方先生和读者们进一步地加以指教了。

---

① 方光焘:《分歧》第 209 页。
② 同上。

有关汉语规范化的一些问题

一

在我国目前各方面发展的形势之下,现代汉语的规范化是个刻不容缓的重大问题。我国社会正在突飞猛进地朝着社会主义过渡,全国人民在共同努力为祖国的社会主义建设而奋斗的时候,通过规范化了的民族共同语使彼此之间能更进一步地交换思想、交流经验、互相了解,更进一步地紧密团结,是十分必要的。语言规范化是有关改善全国六亿左右人口日常生活中所要随时随地运用的交际工具的问题,要使全国人民的语言都能合乎规范,这工作是繁重而艰巨的。

现代汉语规范问题学术会议已经胜利地闭幕了。通过这次会议,中国的语言工作者们都已同意要为推行以北方方言为基础、以北京语音为标准音的普通话而努力,要为现代汉语的规范化而奋斗。这是我们的重大收获。在讨论的过程中,虽然在总的方针和任务方面,已经取得了一致的意见,而在某些问题上却还有待充分地讨论和解决。这些问题之如何解决,对我们之应如何从事汉语规范化运动,有极大的关系。因此,我愿意在这里就某些问题提出自己的意见,作为大家的参考。

二

　　语言是社会现象,它以交际工具的资格来为社会服务。语言永远是全民的,它为社会的全体成员服务,作为社会各成员之间交换思想、交流经验、达到互相了解的武器。语言一方面随着社会的发展而发展,另一方面也反过来促进社会的发展。社会要求统一的时候,语言随着统一起来,而统一了的语言又可以反过来使社会的统一更加巩固,更加紧密。汉族人民由于社会发展的自然趋势,要求统一,现代汉语也就随着发展起来。到了今天,我们的社会和我们的语言都统一起来了。然而,我们也不能否认我们的社会由于汉民族朝着社会主义类型的民族方面急速地发展,我们需要更加巩固、更加团结的统一。我们的语言的发展还没有跟上突飞猛进的社会发展。统一的民族共同语,即普通话,虽然已经基本上形成,但是这语言的书面形式还不是许多不识字的人民所能了解的,这语言的口头形式也还不是绝大多数的汉族人民所能说的,就是能说的人,也有一大部分说的是"南腔北调"的普通话。这种情形就使得我国的语言对我国的社会发展不能起更大的推动作用,从某种意义来说,甚至于阻碍了我国社会的迅速发展。在这种情形之下,要使现代汉语的书面形式为全体汉族人民所了解,首先就必须实行文字改革;要使"南腔北调"的口头形式的普通话成为全体汉族人民的日常的交际工具,就必须推行以北方方言为基础、以北京语音为标准音的普通话,而在实行文字改革和推行普通话的时候,必须同时确定现代汉语的规范。

　　语言是每一个人随时随地都要运用的交际工具和斗争武器。

语言不统一或语言不彻底统一对社会生活的发展有极大的妨碍。许多人都曾经有过由于语言的隔膜而遭受困苦的经验。一位极有修养的中国学者曾经因为普通话说得不好,不能使学生们了解他的讲授内容而抱憾终身。北京某一高等学校因为一个传话人在电话里没有把普通话说好,结果他所说的"三十一个人"就被人听做"杀死一个人",引起了一场风波。广播电台上也曾经在报道某工厂的工人同志们"全部完成任务"的时候,由于语言上的混淆,被人听做"全不完成任务",引起了一场纠纷。假定每一个人每月都由于语言的隔膜而受到一次苦难或损失,我国六亿左右的汉族人民每年所遭受的就将是七十二亿次的苦难或损失。这数目是惊人的。政府号召我们节约增产,可是我们这个和人的社会生活行为有直接联系的语言上的一个小误会,就可能使我们遭受很大的损失。只从这个角度来看,现代汉语的规范化问题也就有极大的政治意义。

汉族人民在共产党的领导之下,不但完成了民族的统一,而且正在形成社会主义类型的民族。在这新型的民族里,我国的社会也将由于制度的优越性而突飞猛进地发展着,要使我国社会的突飞猛进的发展能够更加顺利,就需要全体人民更加紧密地团结在党的周围,更加频繁地彼此联系,交换思想,交流经验,以提高文化和业务水平。这种形势要求我们的语言更加彻底地统一起来,更进一步地规范化起来,因为只有更加彻底地统一的语言,更进一步地规范化的语言,才能适应现实的要求,才能为社会主义类型的汉民族服务得更好。当然,汉语已经是世界上最丰富的语言之一,现代汉语也已经很好地在为汉族人民服务。但是由于口头形式的普通话还没有在全国范围内通行,由于现代汉语还没有彻底地规范化,我们的教育工作,我们的广播事业,我们的戏剧,我们的文学作品、翻译工作,甚至于一般的宣传工作、社会活动,都受到影响,不能跟上社会的突飞猛进而发挥其更大的推动作用。当然,我国社会的发展并不是只依靠语言来推动的,更重要的是依靠党的政策和领导,人民的社会主义觉悟和辛勤的劳动。但是,如果我们的语言能够发挥其更大的交际功能,我国社会的发展就将更加迅速和顺利。

然而,什么是语言的规范化呢?语言有其内部发展规律。这规律是客观存在着的。任何语言,除死去了的语言之外,都会按照自己的内部发展规律发展下去。但是,正如其他一切现象一样,语言在其发展的过程中可能产生一些不合规律的偶然现象或分歧现象,这些偶然现象或分歧现象使语言不纯洁,不健康,在相当的程度上,足以妨害语言的功能。规范化工作是人们的主观措施,但这主观措施却必须以客观的规律为根据。资产阶级的自然主义者认为语言的发展是自然的现象,在发展的过程中所产生的任何现象都是合理的,都有其存在的理由,因此,我们也只有听其自然,无须乎也不能加以更改。这种理论显然是错误的。不错,语言的发展有其客观的规律,但是人们对客观存在的事物并不是丝毫无能为力的。人类有主观能动性,他能改造世界,改造自然。人类的全部文化史就是人类改造世界、改造自然的历史。当然,人类改造世界、改造自然,必须掌握客观世界的规律,拿它来作为改造世界、改造自然的根据。但这不等于说人类对客观的事物是无能为力的。语言是存在于客观世界的社会现象,语言的发展有其客观的规律,这规律并不是人们所能创造的,人们也不能更改规律,但是人们可以发挥主观能动性,掌握语言发展的客观规律,按照这客观的规律来对不合规律的语言现象加以淘汰和调整,使语言的发展能够走上更加纯洁健康的道路,使语言能够更好地为社会服务。

规范就是"合轨"或"合乎规格"的意思。规范有其客观性,它是依照语言发展的客观规律而被确定下来的。但是规范化的工作却是人们的主观努力。人们可以依照语言发展的规律确定出语言的"合乎规格"的规则或规范,让运用语言的人彼此依照这些规范来写作或说话,使得彼此能够更容易、更明白地互相了解,加强联系。我们甚至于能够运用行政的力量或社会的力量来推动语言的规范化工作。有的人曾经由于土耳其没有能够运用政治力量消灭希腊语,而怀疑中国人民是否能以主观的努力来促进现代汉语的规范化。这显然是没有了解客观规律和主观能动性之间的辩证关系。违反语言的发展规律而要主观地强制消灭语言或语言之中的任何现象,那是行不通的;土耳其政府之未能消灭希腊语就是一个实例。但是,掌握了规律,根据语言发展的内部规律来把语言加以规范化,则是人们所能做到的。这种做法是对人民有利的。希腊人的规范语法虽然有不少严重的缺点,但对希腊人民曾经有过好处,则是无疑的。

由此可见,语言的规范化工作就是人们根据语言的客观规律而把语言发展过程中所产生的不合规律的偶然现象或分歧现象加以适当调整的工作。现代汉语在其发展的过程中,由于地大人多,社会的突飞猛进的发展,产生了许多不合规律或分歧的现象,这些现象的存在使现代汉语的发展不纯洁,不健康,使现代汉语不能更好地为汉族人民服务。因此,我们必须尽我们的主观努力,根据汉语的客观规律,来给现代汉语确定其"合乎规格"的规则或规范,淘汰其不合于发展规律的偶然现象或分歧现象,使得现代汉语能够适应社会的要求,能够更好地为社会服务,能够更加纯洁健康地发展下去。这就是我所了解的现代汉语规范化问题的真谛。

根据这样的了解,就可以明白:假如有人以为现代汉语的规范化问题就是请几个语言学家来主观地创造一套规则,要求人民大众来遵守,那就是错误的看法。规范化的工作当然是主观的努力,没有语言学家来确定规范,规范化的工作也不会成功。但这不等于说,可以由语言学家凭空创造一套规则来要求人们遵守。主观的能动性有一定的限制。我们不能违反汉语的客观规律来为汉语确定规范。从这一个角度来看,汉语规律的研究就是现代汉语规范化的先决条件。我们应当尊重中国语言学家们在研究汉语方面所有的功绩,但是我们也不能否认,在某些方面,汉语规律的研究还不能令人满意。在这种情形之下,正因为汉语的规范化问题与我国的社会主义建设有密切的关系,我们应当对汉语的规律进行更有科学性的研究,因为只有在掌握了汉语规律之后,我们才能正确地确定汉语的规范。

然而这并不是说:我们必须等到汉语的一切规律都正确地掌握了之后,才能给汉语确定规范。我国社会的突飞猛进不允许我们拖延现代汉语的规范化工作,而正确地掌握规律不但不是一朝一夕的事情,而且掌握了之后还可能有新的规律出现。真理是客观存在着的,也是我们所能知道的,但是我们却只能够逐步地接近真理。人类在征服世界的历史中,并不是等到完全掌握了世界规律之后才去改造世界的,而是边掌握,边改造,在改造世界的实践中去掌握世界的规律,又在掌握世界规律中更进一步地改造世界。所以,我们应当根据以往语言学家们的研究成果,能够肯定的加以肯定,确定规范;不能够肯定的可以定出暂行的规则,在实践的过程中再进行更进一步的研究,根据新的研究成果来随时修改。问题只在于勉强把不肯定的东西硬说是肯定了的,那就会产生不良的后果，妨碍进步。

规范化的工作是复杂而长期的。只靠几个语言学家的研究和确定，不能解决问题。这是牵涉到改善每一个社会成员随时随地都要运用的交际工具的事情，不由群众来推动是行不通的，因此，在推行规范化的工作中，必须使这工作成为一种群众运动，同时必须由社会各界人士来支持和推动。因为语言是发展的，语言的规律也是发展的，语言的规范也不可能是一成不变的，因此，规范并不等于一成不变的标准，我们应当随着语言的不断发展而随时进行语言的规范化工作。

三

现代汉语的规范化工作包括哪些内容呢？首先，我们要注意：语音的规范化工作是现代汉语规范化的首要问题。普通话的书面形式虽已通行全国，但各地人民念起音来却不一致，而普通话的口头形式也表现出"南腔北调"的现象。由此我们可以明白语音的分歧是现代汉语不彻底统一的主要因素，所以，要使现代汉语规范化，首先就要注意语音的规范化。再从语言的特点来说，人类的语言是有声语言，语音是语言的物质材料，如果语音不统一，语言的统一就不会得到彻底的实现，何况语音的统一可以在现代社会的文化生活上起重大的作用呢。但是，这规范应当根据什么来确定呢？我们不能凭空定出规范，要求人民大众来遵守，语音的规范必须根据客观存在着的语音规律来确定。汉民族共同语既是以北方方言为基础发展出来的普通话，语音的规范就应当根据北方方言的语音系统来确定。然而北方方言也在其小地区上有语音上的分歧,因此,我们就必须在北方方言中找到一个小方言的语音系统来做语音的规范根据。一个原则应当记清楚:语言是一个完整的体系,语言有其内部的规律,语言成分的融合不应当破坏语言体系的完整性和语言内部规律的系统性。语言的组成部分是词汇和语法,但词汇和语法都必须和语音相结合,而语音的体系也有其独特性。如果我们要选择北方方言之中的一个小方言来做现代汉语的语音规范的根据,我们就必须全盘地接受这个小方言的语音系统,不是接受其所谓"优点"而和别的小方言的语音系统来"截长补短"。

在北方方言之中,哪一个小方言有条件被选为现代汉语的语音规范的根据呢?这个小方言显然就是北京方言。要知道,北京方言原来就是北方方言的骨干。依照世界上各重要语言的发展历史,语音的规范往往是以国内最发达的社会政治和文化的中心地点的语音为标准音的,因为这个中心地点在整个民族的生活中,尤其是在民族文化的形成、巩固和发展中,曾经起过并且还在起着重大的历史作用。俄罗斯民族语言的发展历史告诉我们:现代俄罗斯共同语的基础是库尔斯克—奥勒尔方言,即俄罗斯中部方言,这方言分布的地区相当广阔,但是现代俄罗斯语言的标准音却是建立在其中的一个比较小的地区的语音系统的基础上,即建立在莫斯科方言的基础上。北京若干年来就是我国最发达的社会政治和文化的中心,它的语音系统应当是现代汉语标准音的基础,何况我国现代的先进的科学家、文学家、话剧演员、广播员,只要说的是普通话,他们所运用的就是北京语音(尽管有的地方还说得不够准确),更何况除了北京语音之外,我们就找不到其他任何为人民大众所公认、所欢迎的语音系统呢。北京语音之成为现代汉语语音规范的标准音,是必然的,无可怀疑的。

在某些小问题上意见也还分歧。其中主要的争论,集中在要不要分别尖团音和要不要分别"儿化"韵的问题上。我们不能因为方言之中有分别尖团音的现象,就要在标准音里分别尖团,而应当看北京音系里是不是有尖团的分别。在目前的情况下,某些个别的北京人的确还把尖团音区别开,但所牵涉的词是极其少数的,而北京语音顺着它自己的内部发展规律,尖团音的区别已经逐渐地消失了,一般北京人已经不分别尖团音了。因此,我们不必违反北京语音的发展趋势,而勉强把这已经走上消灭道路的尖团音区别确定为标准音的规范。

"儿化"韵问题与语音系统无关,它是语法形式或构词法的问题。没有人否认北京音系里有"儿"韵的存在,而大家所争论的则是普通话的某些词是否要"儿化"的问题。在北京话里,甚至在其他北方方言里,的确有"儿化"词的存在,"儿化"有几种不同的作用。有的时候,"儿化"为的是分别不同的词,它是构词法的一个语言手段,例如,"信"和"信儿"是两个不同的词。在这种情形之下,"儿化"显然是必要的。有的时候,"儿化"只是为的表示"细小",带有"细小"意义的词可以加上"儿",例如,"小狗儿","小猫儿";但不见得加"儿"的都表示"细小"。有的时候,"儿"只是为了表达一种风格,在日常轻松的场合下,可以大量地用"儿",而在严肃的场合下,就不可以多用"儿"。有的时候,"儿"只是为了调协声音;有的词在任何情况下都不能加"儿",例如"地"、"山"、"水"。"儿化"既不是语音系统的问题,它的去取就要看构词法和语法的规则如何而定,就要看个别词的具体情形如何而定,就要看言语的风格如何而定,不能一般地取消"儿化"或一般地都在词后加个"儿"。

个别词的发音,就是在北京话里也出现有分歧的现象。这种情形显然需要加以规范化。规范化的主要原则有三个:(1)通行原则。如果一种念音已经通行了,这就说明这种念法有其必然的趋势,是大众所已公认了的,我们就不能随便加以更改。例如"滑稽"的"滑"原先念 gǔ,现在念 huá 的情形已经通行了,就不必更改。(2)语法原则。如果不同的念音可以表示不同的意义,这就说明它有构词法的作用,即语法作用,我们就不能只留下一个所谓"标准音"。(3)历史原则。如果两种念音既不表示意义的区别,其中也没有哪一个是通行了的,我们就要依照语音发展的历史,确定其合乎传统规则的一个为规范,而抛弃其不合传统规则的另一个。在这个原则之下,方言语音的研究有很大的参考价值,因为只有依照方言发音的状态才能使我们更加清楚地了解语音发展的历史。

词汇的规范化问题最为复杂。民族共同语在其发展过程中,由于反映社会的文化发展,不但会产生许多新词,并且会吸收许多反映各地区人民文化的方言的词,作为自己的词。另一方面,在运用共同语的时候,可能由各地人民把本地方言的词加在共同语上,或由于其他原因而运用不恰当的词。这些情形都需要加以规范化。规范化的原则就是:不必要而不合乎共同语发展规律的词应当加以淘汰。不过,这原则应用起来,却不容易。从方言里吸收进来的与共同语里已有的词完全同义的词比较容易加以淘汰,但是许多同义词,无论它是什么来源,都有其特殊的风格色彩,就不是随便可以淘汰的。人们运用语言的时候,往往由于交际条件、社会状况、语言活动范围等情形的不同,而构成许多"言语",例如时评言语、科学论著的言语、舞台言语、艺术文言语、公文言语、法令言语等。这些言语由于语言任务和目的的不同,都需要特殊的表达方法或语言手段来表现其不同的风格,其中最重要的风格资料就是不同的同义词。各不同的言语风格都有其不同于其他风格的规范，除了在同样风格范围内有不同的同义词来表达不同的意义色彩之外，有的同义词虽然于甲风格里是不合规范的，而于乙风格里却非用它不可。这种情形就使得词汇的规范化成为一种非常复杂而艰巨的工作。彻底的解决方法应当是对各种风格加以研究，而给各风格的词汇手段确定规范。但这种工作不是一时所能完成的。目前首要的工作，应当是对日常生活的一般的文学语言（不是文艺作品的艺术文言语）确定规范。文学语言是全民共同语的加工形式，它的规范是任何言语风格都要顾及的，不过各言语风格也有其特殊的规范罢了。可知，在确定现代汉语的规范时，如果我们目前所确定的只是一般文学语言的规范，我们就必须指明这规范只限于一般文学语言的范围，它并不禁止各不同风格的言语去运用一般文学语言的规范以外的合乎各该风格规范的词汇。如果不把这一点明确地指出来，就会使得应用不同风格的人（例如小说家）感到无所适从。我国社会由于社会制度的优越性，一日千里地发展着，在这高度发展了的社会里，我国的社会生活是丰富的，多样化的，因此，也就决定了言语风格的丰富性和多样性。

语法的规范化工作，主要在于如何解决"欧化"语法的问题。语法是语言特点的本质，它是语言之中的稳固部分，一般的情形，不会起什么变化，不会吸收什么外来的成分。但是，在思维复杂化的时候，语法也会起些变化来适应新的环境（不过这变化是微末的罢了），因此，也有吸收一些方言的语法或外国语的语法，或自己内部起变化的情形。然而，被吸收的或被创造的语法形式必须是必要的、合乎语言发展的内部规律的。不合乎这种条件的就是不合规范的，应当加以淘汰。不过在语法的规范化工作方面，也同样地应当注意各言语风格的特殊规范。特殊的语法形式也是言语风格的语言手段之一。因此,我们就不能随便只从并行的语法形式中留下其中的一个,把其余的取消了去,而随便说这些语法形式不合规范;我们只能说,在并行的语法形式中,可能有不合一般文学语言的语法规范的,我们不能说它一定不合任何言语风格的规范。要全面地解决这个问题,也同样地需要研究不同言语风格的语法手段。

许多所谓不合规范的词汇问题,例如词的配合,其实也和语法问题有关,因为词的配合就是词组结构的问题。这也是汉语规范化工作的重要问题之一,许多不合规范的语言表达都是词组结构不合规范的结果。

四

普通话是什么呢?关于这个问题,曾经有过许多不同的意见,就是在现代汉语规范问题学术会议闭幕之后,也还有人说,普通话是个不可捉摸的东西。其实,普通话就是共同语,从前的人把共同语叫做普通话,这名称已经"约定俗成",现在也就称共同语为普通话了。语言是社会的交际工具,它随着社会的发展而发展,随着社会的分化而分化,随着社会的统一而统一。社会分化的时候,语言就会分化为许多地方方言;社会统一的时候,许多地方方言就会统一起来,形成统一的语言,即共同语。我国社会由于生产的发展,曾经在历史的具体条件下发生过分化与统一,我国的语言也曾经随着社会的分化与统一而发生过分化与统一。汉族人民在汉朝时候曾经统一成强大的部族,汉部族共同语也就随着而形成,虽然各地也还有方言的存在。南北朝时候，由于社会的分裂或分化，汉语又随着而分化成许多新的方言。唐代统一中国的时候，以长安方言为基础的共同语又随着渐渐地形成起来。后来，由于五代十国和南北宋的变乱局面，我国社会又发生了分化，而中古汉语也就随着分化为目前存在于各地区的方言。我国各地方言，大多数都是中古汉语所分化出来的。嗣后，由于社会要求统一，汉语又渐渐地走上统一的道路，终于形成了现代汉民族的共同语，即现代汉语。

现代汉语是汉族人民由于民族统一的要求，随着社会的发展，从北方方言的基础上发展出来的。在这些北方方言之中，北京方言是其骨干。北京方言，由于北京及其附近地区的政治、文化、经济等社会地位的特殊因素，渐渐地成为各地人民的交际工具。在北京方言发展为共同语的过程中，它吸收了许多地方方言的成分，然而却顺着它自己的内部发展规律，保留其语法构造的基础和基本词汇的中心，而发展成普通话。首先被吸收的方言成分是北方的方言，北方方言的某些成分既被吸收在北京方言里，这种被各地人民所运用而吸收有各地方言成分的北京话，就不再是北京方言，而是普通话，虽然在北京还有只为北京人所说的北京方言的存在。这种普通话在词汇方面已大大地超出了北京方言的范围，就是在语法构造和基本词汇方面，也已超出狭窄的北京方言的范围，它已经发展成共同语了。这种以北方方言为基础的共同语或普通话，在元、明、清三个朝代里，就已渐渐地朝着统一的语言发展，这统一的语言也就是明、清时代的"官话"。在清朝末年，各地已有训练"官话"的教育机关，在行政机关里服务的人也都学会了它。又因为我国近世的优秀作家们，多半都拿这种语言来写作，这种语言的势力又由于文学作品的广泛流传而渐渐地扩大起来。五四时代，由于伟大的作家鲁迅、瞿秋白等先辈运用这种语言来写作,由于提倡"白话文",这种普通话的书面形式就渐渐地成为了全汉族人民的唯一的文学语言,而现代汉语的文学语言也就由于鲁迅、瞿秋白等先辈的努力而奠定了基础。今天,在全国范围内所运用的汉族共同语的文学语言,就是这种书面形式的现代汉语,它在语法构造和基本词汇方面都有了相当固定的格局,只是各地区的人民念起音来不一致罢了。

因为各地人民对这唯一的文学语言念起音来并不一致,又因为普通话的口头形式并不是各地大部分人民所懂得的,有的人就认为普通话并不存在,普通话不可捉摸,甚至认为汉族人民并没有统一的语言。这种说法,在我看来,是不正确的。今天各地人民对这唯一的文学语言念起音来并不一致,普通话的口头形式并不是各地大部分人民所懂得的,这些都是事实。然而是否可以因此而否认汉民族共同语或普通话的存在呢?显然不可以。要知道,语言是社会的交际工具,在全社会的范围内,只要有任何一种统一的语言形式作为全社会的交际工具,统一的语言就有其存在。汉民族共同语的书面形式或汉民族共同语的文学语言,好久以来就已成为全汉族人民的唯一的书面语言,就已在全汉族范围内发挥其交际工具的功能,我们怎能说统一的语言不存在呢?要知道,这统一的文学语言是以口语为基础的,文学语言的产生在其形成的阶段里,都是在口头形式的基础上发展出来的。当然,这种口头形式可能只是方言,换言之,文学语言可能是从某一方言的基础上发展出来的。但是,超出北京方言或北方方言范围内的汉民族共同语的口头形式早就有其存在,这就证明了现代汉语的文学语言是有一种共同语的口头形式为基础的,只是这种口头形式还没有像书面形式似的在全汉族范围内发挥其作用罢了。因为这种口头形式的语言已经不是北京方言或任何一种北方方言，它已经从北京方言或北方方言的基础上发展了出来，而超出了北京方言或北方方言的范围，我们就不能把这种语言称为方言，何况这种语言事实上是口操不同方言的人们在一起的时候所能运用的唯一的交际工具呢。自然，有的时候，我们也曾遇到口操不同方言的人们彼此不能运用共同语言进行交际的情形，但是，如果口操不同方言的人们要彼此交际的话，除非不能运用共同的语言，如果能运用的话，他们所运用的就是普通话。这种情形就明白地告诉我们口头形式的普通话也已经有其存在，只是还没有全面通行罢了。事实上，我们今天无论在全国的任何大都市里，都可以遇到运用普通话来彼此交际的情形。没有通行，并不等于不存在。

否认普通话存在的人又以所谓"南腔北调"或"蓝青官话"为理由来支持他们的论点。认为各地的人说普通话都各有各的"腔调"，都把自己的方言成分（包括语音和词汇）加在普通话身上，因此，什么是普通话就捉摸不着，也找不到什么纯粹的普通话，总之，普通话并不存在。我们应当承认，各地人民说普通话的时候，的确有把自己的方言成分加在普通话身上的情形，甚至只把普通话的某些语音和词汇加在自己的方言身上，自以为就是说普通话的情形。但是，根据这种情形就能否认普通话的存在吗？根据语言的发展规律，所谓"蓝青官话"或"南腔北调的普通话"也并不是没有基础的，因为语言或方言的融合，并不意味着真正的杂凑。如果这基础是上海话或广州话，那么，它仍然是上海话或广州话，不过是融合有普通话成分的上海方言和广州方言罢了。把某些普通话的成分加在自己方言身上的人，他所说的仍然是自己的方言，不是什么普通话。如果说话的人把自己的方言成分加在普通话身上,那么,无论这种语言融合有什么方言的成分(例如上海方言或广州方言的成分),它总还是以北方方言为基础的普通话。语言特点的本质在于它的语法构造和基本词汇。只要说话的人运用普通话的语法构造和基本词汇(当然语法构造和基本词汇是和语音结合着的),不论他所说的话融合有什么方言的成分,他所说的就仍然是普通话。可见,所谓"南腔北调"只反映一个事实:说话的人并没有依照方言或普通话的规范来说。如果他是在普通话的基础之上来说话,那么,他所说的就只是不合规范的普通话。这并不能证明他所说的并不是普通话。共同语在发展的过程中,自然会吸收其他方言的成分,有其他的方言成分融合在内,并不能作为否认普通话存在的理由。问题在于这种融合有方言成分的普通话必须加以规范化。毫无疑问,在目前的情况之下,由于统一了的汉民族迅速地朝着社会主义类型的民族发展下去,我们的民族共同语也随着迅速地发展起来。在这种情形之下,汉民族共同语的规范也起了变动,而在这变动中就不免发生一些分歧和不合发展规律的现象,这就特别突出地表现在各地人民说普通话的时候往往把自己的方言成分加在普通话身上,尤其是在语音方面。正因为这个缘故,现代汉语的规范化就成为了汉语的一个具有重大意义的现实问题。要知道,现代汉语规范化问题的提出,它本身就意味着现代汉语(即普通话)已经有其存在,如果普通话不存在,还能谈得到普通话或现代汉语的规范化问题吗?

斯大林在《马克思主义和民族问题》一文中曾教导我们说:"民族是人们在历史上形成的一个有共同语言、共同地域、共同经济生活以及表现于共同文化上的共同心理素质的稳定的共同体。"斯大林并且说:"必须着重指出,把上述任何一个特征单独拿来作为民族的定义都是不够的。不仅如此,这些特征只要缺少一个,民族就不成其为民族。"可见汉民族共同语是汉民族形成的必要条件。尽管我们在汉民族什么时候形成的问题上有过争论,但是汉民族已经形成却是无可怀疑的。认为普通话或汉民族共同语并不存在,只有北京方言存在的人,在民族形成的问题上,必然要否认汉民族的存在,这种论调是我们所不能同意的。要知道,这种论调至少是反历史主义的,因为它在民族形成的问题上否认了中国民族革命的成果,在语言的问题上否认了汉语随着中国社会的发展已经从北京方言的基础上发展成普通话的历史事实。没有一个在北京说普通话的人不会感觉到普通话和北京方言或北京土话之间的差别,这就证明了普通话已是超出北京方言或北京土话范围之外的发展了的语言。然而,认为普通话不存在的人却抹杀了这个历史事实。这种看法只能得出一个结论:我们必须抛弃现代汉语中经过社会的发展而由人民大众所创造出来的一切反映人民大众建设成果的语言成分,我们必须回到没有发展成共同语之前的北方方言或北京方言的状态上面来。这是不可能的,也是不合理的。

另一方面,则有一些人忽视语言发展的规律,而主张汉民族共同语或普通话是一种杂凑的语言。这种看法也不是我们所能同意的。他们认为普通话是各地方言"截长补短"的结果。这种说法显然是和马尔的语言融合的学说同出一辙的。他们承认有普通话的存在,这是正确的。但是却认为普通话不是从一种方言的基础上发展出来的,而是各方言的凑合,认为普通话的规范无论在语法、词汇或语音上都应当"截长补短"。要知道,语言和语言之间或方言与方言之间,本来就没有什么长短的分别,只是各有各的特点罢了。任何一种语言或方言,在其能为社会服务的时候,都能一样地完成其交际工具的任务,并没有什么高级和低级的区别。普通话之所以从北方方言的基础上发展出来,并不是因为北方方言比别的方言"高明",只是因为社会历史的条件促其发展为共同语或普通话而已。当然,在共同语的发展过程中,它可以吸收许多方言的成分,作为自己的成分,来丰富自己,但这只是为了适应需要,而不是"截长补短"。在吸收方言成分的时候,共同语仍然要按照自己的内部规律发展着,它仍然是基础方言的继续发展,并不是许多方言的杂凑。尽管现代汉语在发展的过程中吸收了许多其他方言的成分,它却仍然是以北方方言为基础的普通话,不是由于各方言的"截长补短"或杂凑而形成的怪物。

五

现代汉语规范化问题是我国目前一项具有重大政治意义的社会运动。它要求全国人民的积极支持和推动。现代汉语规范化问题所牵涉的范围很广,我们不能够在这篇短文里把一切问题都加以说明,这里只是就一般的原则问题发表一些个人的意见。我希望在这具有重大政治意义的社会运动中,中国的语言工作者能够尽量地发挥祖国所要求于我们的应有的作用,以对人民负责的态度来对现代汉语的规范化问题积极进行研究,展开自由讨论,使得我们在推行这个运动中能够取得原则上和具体问题上的一致意见。

(原载《新建设》1955年12月号)

语音规范化和汉字正音问题[*]

一

在汉语规范化的运动当中,确定以北方方言为基础、以北京语音为标准音的普通话的语音规范,已成为语言工作者目前的首要任务。在拼音化的新文字方案尚未确定之前,甚至在新文字还没有普遍通行之前,方块汉字在相当长的一段时期内仍将为广大人民群众所使用。在这种情形之下,方块汉字的正音问题本身就是推动语音规范化的一种有效的力量,何况方块汉字正音问题的研究又是拼音化汉字的语音规范化工作的一个先决条件呢。因此,我们愿意在这里说一说确定方块汉字正确读音的一些原则,作为语音规范化工作的参考。

我们认为要想解决方块汉字的正音问题,必须考虑到下面三项原则:

(1)通行原则。

普通话语音的规范,要以北京语音为根据(不包括北京土音)。

---

[*] 本文是与刘正埮合写的。原用注音字母标音,现在一律改用汉语拼音方案。原排印中的标音错误已据《新建设》1956年4月号上的订正改过。

关于这一点,大家的意见已渐趋一致。但所谓以北京语音为标准音的意思,指的是按照北京音系和北京话的语音规则来读音而言,不是说,个别方块字的读音,北京话怎么念就要怎么念。北京话里也有把个别方块字的音念得不合规范的地方,也有读音分歧的现象,也有应当把个别方块字的不同读音中的不合规范的读音淘汰掉的情形,因此,就是根据北京音系和语音规则来念,一个个别的方块字应当怎样念才合乎规范,也仍然是有问题的。比方说,北京音系里有 dì 音和 tì 音,但却没有有声的闭塞音[d,d'],如果把"弟"字的声母念成[d]或[d'],这就不合乎北京话的音系,然而就是根据北京音系来念,到底要把"弟"念成北京音系里的 dì 还是 tì 却仍然要加以规范。北京话的目前读音,"弟"既可以念为 dì,又可以念为 tì,因为念 tì 的已有另外一个字"悌",我们就可以考虑只把"弟"念做 dì。

在这种情形之下,要确定个别方块字的正确读音,首先,就要看一看不同读法之中哪一种读法是合乎语音的发展规律的,即合乎北京音中的一般业已通行的读法。要知道,语言是交际工具,一般业已通行的读法,就是现实语言中"约定俗成"了的语音,就是目前最能发挥交际功能的现实的语音,也就是语音发展的必然趋势。因此,不能因为从前不是这样读法,就取消了它的合法地位。例如:"细菌"的"菌",字典中都标作 jùn,可是在北京语音中有 jūn 这样一种业已通行的读法,去声一读几乎已听不到,我们就要承认 jūn 的合法地位,而废去 jùn 一读。又如:"拚命"的"拚",旧音读作 pàn,今音读作 pīn,有人还主张读 pàn,理由是广播电台说唱员在说评书《水浒》时,仍把"拚命三郎石秀"中的"拚"读成 pàn。我们认为这是极个别的现象,不能据此而否定了在北京音中几乎是百分之百通用了的 pīn 一读,更何况说唱员的这一读音也还值得斟酌呢。

(2)语法原则。

有人把"规范化"的意思误解了,以为既然说要规范化,就不应当使同一个方块字有任何不同的读音存在,就应当把所有方块字的读音都规定得死死的,一个方块字只准有一种读法。这种看法是不正确的。我们固然要把没有用处的读音加以淘汰,但不是一切的不同读音都是没有用处的。语言的功能在于通过表达思维作为交际工具之用,如果同一个方块字的不同读音可以表达不同的意义,这不同的读音就代表不同的词。在这种情形之下,取消其中的一种读法,就等于取消语言中一个作为交际工具用的词,这是违反语言学的基本原则的。当然语言中也可能有一些同音词,同样的读音也未尝不可以代表不同的意义,但同音词并不是语言的理想状态(如:"权利"、"权力",同音同调,如用拼音文字拼写时,很难加以区别),现代汉语中既有不同的音来区别不同的词,我们就没有理由不加以区别,反而要使它们成为同音词的道理,除了久已变成同音词而不易更改的少数例子之外。因此我们认为,表示不同词义的不同语音有语法上的作用(即用来表示构词法上的不同的),所以应当把它们保存下来。例如:"中国"的"中"读 zhōng,"中风"的"中"读 zhòng,"率领"的"率"读 shuài,"效率"的"率"读 lǜ,这些都必须加以区别。

(3)历史原则。

语音顺着它的发展的内部规律演变着,旧的语音随着时代的递嬗逐渐衰亡,而代之以新的语音。这样,我们就不能墨守旧的语音而排除新的语音。过去有些读书人过于泥古,主张无一音于古无征。这显然是错误的。但是另一方面,也有一些人有些矫枉过正,认为一切新的语音都是值得欢迎的。这样轻易地、无区别地肯定新的语音,也不恰当,因为新产生的现象不见得都是合乎发展规律的。在语音演变的过程当中,可能产生不合规律的偶然现象,这些偶然现象正是语音规范化工作中应加以淘汰的。过于泥古就会违反语音发展的必然趋势;无原则地肯定新的现象也同样地会违反语音发展的内部规律,使汉语语音不纯洁、不健康。语音的演变和发展是在原有的基础上进行的,既没有悬空的演变,也没有与历史脱节的发展。我们主张在正视发展的前提下尊重历史传统,在尊重历史传统的基础上正视新生的现象;二者相辅相成,不可有所偏废,更何况个别的读音可能只是历史发展中的偶然现象,而不是合乎发展规律的现象呢。因此我们要根据历史原则来处理一些读音问题,即在现行的读音里,如果几种读法都还没有通行,都还没有"约定俗成",那么,我们就要参考其曾经"约定俗成"的传统读音来确定其规范了。例如:"身毒"是一个不常见的词,在一般人口中很少谈到它,读过古书的人都知道"身"应读 juān,但也有个别的人把它读成 shēn,在这种情况下,我们主张采用 juān 这一读音,而不采用 shēn 一读。同理,"曹大家"中的"家",我们也主张采用 gū 一读,而不采用 jiā 一读。在历史原则方面,我们可以照顾到方言的读音,因为方言的读音是历史发展的结果,如果北京语音里同一个方块字有不同的读法,而其中任何一种读音都还没有十分通行,我们就可以参考历史的传统来确定一个接近于大多数方言而又符合于北京音系的读音为规范。例如:"厦门"的"厦",在北京语音里,有 shà、xià 两读,而且势均力敌,不相上下,我们究竟采用哪一种读法呢?这就要根据历史原则来决定了。根据各种韵书,

"厦"均音"夏",并没有 shà 一读,同时厦门当地的人也读作 xià,我们就有充分的理由采用 xià 一读了。

以上所说都是就原则而论,语言现象是相当复杂的,我们应当根据具体现象的不同情况,选择一些常见的例子,分别加以详细讨论。

二

我们知道汉语各方言之间的差别,主要在于语音方面。这些差别严重地妨碍了各方言区人民之间的互相交际,互相了解。但"解放以来,政治经济的迅速发展,推动着汉语的变化,也提高了语言的社会交际效能。口语方面,能说普通话的人日见其多,普通话在语音方面要求接近北京语音的愿望也越来越强"[①]。因此,推行普通话是完全符合客观需要的。关于这一点,鲁迅先生早就在《门外文谈》一文中作了科学的预见,他说:"……将来如果真有一种到处通行的大众语,那主力也恐怕还是北京话罢。"目前,普通话的应用范围还不够广,我们必须更进一步地增强民族共同语的统一性;而要促进汉语的全面规范化,就必须先把语音加以规范化。

斯大林教导我们说:"语言的存在与语言的创造也就是为了作为人们交际的工具而替全社会服务,就是为了使语言成为对社会所有组成员是共同的东西,对社会是统一的东西。"[②]语音也是如此。当一个方块字的某一读音已经终止其为人们在社会中的交际

[①] 见 1955 年 10 月 26 日《人民日报》社论:《为促进汉字改革、推广普通话、实现汉语规范化而努力》。

[②] 斯大林:《马克思主义与语言学问题》第 5 页,人民出版社,1953。

工具时,亦即在人们口中已不存在或只存在于少数人的口中时,那么,它就会失去它的交际功能而成为历史上的陈迹。在这种情形之下,我们主张根据通行原则,任其消失,毫不姑息,而采用目前业已通行的新的读法。兹根据不同的情况分别叙述如下:

(1)一个方块字原有旧读、今读两种读法,现在旧读已不存在于一般人的口中,事实上在语言中也没有再加以区别的必要,因此,我们主张根据通行原则,把旧读取消,保留今读。例如:"忘",今读 wàng,旧读 wáng,如"其三人则予忘之矣",见《孟子》;"家祭毋忘告乃翁",见陆放翁诗。既然 wáng 一读已不存在于一般人的口中,我们觉得就可以把它废掉。也许有人会反对,觉得这样一来,读旧诗时势必会弄得平仄不调,但是如果我们权衡一下轻重,这也就不成什么问题了,更何况朗读旧诗也大可不必强调从旧读,事实上旧诗中押入声韵脚的用北京语音读起来早就不是叶韵了。有的时候,在从前有两种读音的方块字有意义上的区别,按理应当再加以区别,但也因为既然已经在实际语言中不再区别,已经"约定俗成"了,我们也主张根据通行原则采取今读。例如"使"今读 shǐ,旧读于"出使"、"大使"、"公使"、"使馆"中读 shì。现在已无人读 shì,我们主张就一律读作 shǐ。属于这一类的可以分为三方面来谈:

(A)同音异调　旧读和今读,音同而调子不同,现在应一律从今读。如:

泥　今读 ní,旧读于"泥古"、"拘泥"中读 nì。

胜　今读 shèng,旧读于"胜任愉快"、"不可胜数"、"高处不胜寒"(见苏轼词)中读 shēng。

署　今读 shǔ,旧读于"署理"、"署名"中读 shù。

思　今读 sī,旧读于"情思"、"文思"中读 sì。

雨　今读 yǔ,旧读于作下雨解时读 yù,如"雨我公田",见《诗经》。

(B)异音同调　旧读和今读,音不同而调子相同,现在应一律从今读。如:

贼　今读 zéi,旧读 zé。

肉　今读 ròu,旧读于"肉好"中读 rù。

蟀　今读 shuài,旧读 shuò。

帅　今读 shuài,旧读 shuò。

(C)异音异调　旧读和今读,音既不同,调子也不同,现在应一律从今读。如:

射　今读 shè,旧读于"射箭"、"注射"、"喷射"中读 shí。

窄　今读 zhǎi,旧读 zé。

携　今读 xié,旧读 xí。

嘲　今读 cháo,旧读 zhāo。

蹲　今读 dūn,旧读 cún。

(2)有的方块字在历史上曾经有过规范的读音,后来新的语音逐渐形成,并为广大的群众所公认。在这种情况下,我们主张应当根据通行原则,承认辞书尚未收录的读音,废除极少数人认为不可变易的旧读。例如:"忠告而善道之"(见《论语》)中的"告",一般的辞书都特别标明读作 gù,如果我们真照读起来,必致使人茫然不解,这样就失去作为交际工具的功能了。因此,我们坚决反对这种复古主义的倾向,而主张废除旧读。属于这一类的,例如:

(A)读音不同　旧的读音和新的语音,在读音上有所不同,现在应一律从今读。如:

逮捕　"捕"旧读作bǔ,今多读作pǔ。
本埠　"埠"旧读作bù,今多读作fǔ。
滑稽　"滑"旧读作gǔ,今多读作huá。
歼灭　"歼"旧读作jiān,今多读作qiān。
倔强　"强"旧读作jiàng,今多读作qiáng。
暴露　"暴"旧读作pù,今多读作bào。
牛虻　"虻"旧读作méng,今多读作máng。
缫丝　"缫"旧读作sāo,今多读作chāo。
垂涎　"涎"旧读作xián,今多读作yán。

(B)声调不同　旧的读音和新的语音,在声调上有所不同,现在应一律从今读。如：

号召　"召"旧读作zhào,今多读作zhāo。
讽刺　"讽"旧读作fèng(或fēng),今多读作fěng。
悄悄　"悄"旧读作qiāo,今多读作qiāo。
可惜　"惜"旧读作xí,今多读作xī。
突击　"突击"旧读作tújí,今多读作tūjī。
倾向　"倾"旧读作qīng(或qíng),今多读作qǐng。

(3)有些方块字,一字有两种读法,辞书上往往于一种读法上标以"又读"的字样。看起来好像是两种读法都有并存的必要,事实上却不然。例如："诲人不倦"中的"诲",辞书上标huì,又在huǐ一读上标以"又读"字样,我们做了一个初步的调查,十个人都百分之百地读huǐ,那么,huǐ一读,不但不应加以歧视,相反地,倒应该承认为唯一的读法。辞书上所以要那样做,可能是编纂辞书的人过于考究古音和照顾方言的读音所致。这种兼收并蓄的做法,不但会影响北京语音的纯洁,也是不符合简化、统一的要求的。因

此,我们主张根据通行原则就两种读音中,明确规定一种。属于这一类的,例如:

(A)同音异调　辞书上标有两读,本读和又读,音同而调子不同。如:

岗　读 gāng,又读 gǎng,我们主张采用 gǎng 一读。

诊　读 zhěn,又读 zhēn,我们主张采用 zhěn 一读。

挠　读 náo,又读 nāo,我们主张采用 náo 一读。

较　读 jiǎo,又读 jiào,我们主张采用 jiǎo 一读。

剖　读 pǒu,又读 pōu,我们主张采用 pōu 一读。

辱　读 rù,又读 rǔ,我们主张采用 rǔ 一读。

(B)异音同调　辞书上标有两读,本读和又读,音不同而调子相同。如:

械　读 xiè,又读 jiè,我们主张采用 jiè 一读。

脉　读 mò,又读 mài,我们主张采用 mài 一读。

秘　读 mì,又读 bì,我们主张采用 mì 一读。

波　读 bō,又读 pō,我们主张采用 pō 一读。

粽　读 zòng,又读 zhòng,我们主张采用 zòng 一读。

(C)异音异调　辞书上标有两读,本读和又读,音既不同,调子也不同。如:

蠕　读 ruǎn,又读 rú,我们主张采用 rú 一读。

峥　读 zhēng,又读 chéng,我们主张采用 zhēng 一读。

剿　读 jiǎo,又读 chāo,我们主张采用 jiǎo 一读。

觉　读 jué,又读 jiào,我们主张采用 jué 一读。

(4)有些方块字,一字有两种读法,辞书上往往于其中一种读音上标以"读音",于另一种读音上标以"语音"。我们觉得这种处理问题的办法也不妥当。因为这样一来,容易使人误会成"读音"是专为诵读诗书时用的,而"语音"则是专为说话时用的。事实上,今天很少有人把"白居易"的"白"读成 bó,偶然听到有人这样读,也觉得文绉绉地有些刺耳。因此我们主张根据通行原则,就两种读音中明确规定一种。这里我们所以不说完全采用"语音"是因为有的"语音"采用起来并不见得合适。比方说,"血压"的"血",如根据"语音"就应该读成 xiě,可是读 xuěyā 的比读 xiěyā 的要多得多。又如:"尾巴"的"尾",根据"语音"就应该读成 yǐ。属于这一类的,可以分为三方面来谈:

(A) 同音异调　读音和语音,音同而调子不同。如:

导　"读音"为 dào,"语音"为 dǎo,我们主张采用 dǎo 一读。

夭　"读音"为 yǎo,"语音"为 yāo,我们主张采用 yāo 一读。

捞　"读音"为 láo,"语音"为 lāo,我们主张采用 lāo 一读。

究　"读音"为 jiù,语音为 jiū,我们主张采用 jiū 一读。

(B) 异音同调　读音和语音,音不同而调子相同。如:

他　"读音"为 tuō,"语音"为 tā,我们主张采用 tā 一读。

药　"读音"为 yuè,"语音"为 yào,我们主张采用 yào 一读。

熟　"读音"为 shú,"语音"为 shóu,我们主张采用 shóu 一读。

遍　"读音"为 biàn,"语音"为 piàn,我们主张采用 biàn 一读。

谁　"读音"为 shuí,"语音"为 shéi,我们主张采用 shéi 一读。

(C) 异音异调　读音和语音,音既不同,调子也不同,如:

北　"读音"为 bò,"语音"为 běi,我们主张采用 běi 一读。

百　"读音"为 bó,"语音"为 bǎi,我们主张采用 bǎi 一读。

黑　"读音"为 hè,"语音"为 hēi,我们主张采用 hēi 一读。

硕　"读音"为 shí,"语音"为 shuò,我们主张采用 shuò 一读。

脚　"读音"为 jué,"语音"为 jiǎo,我们主张采用 jiǎo 一读。

角　"读音"为 jué,"语音"为 jiǎo,我们主张采用 jiǎo 一读。

(5)正如苏联汉学家鄂山荫教授所说:"我们觉得到现在为止,中国还没有一部记录现代文学语言规范的词典……中国的规范性词典,只有在词典里每个词都有正确注音时,才能成为真正规范性的词典。有了这样的注音才能正确地决定一个词的读音,指出它的标准发音。"① 现有的辞书标音很分歧,甚至几部在群众中比较有威信的辞书,对个别方块字的标音也各不相同。这样就使查辞书的人,无所适从。例如:"辇",新辞书都标 niǎn,而《辞源》、《辞海》等旧辞书则标"里演切,连,上声,铣韵",读为 liǎn。在人民大众口中都念 niǎn,liǎn 一读根本听不到,因此我们主张根据通行原则在编纂规范性词典时,这一读就可以不再考虑了。属于这一类的也可以分为两方面来谈:

(A)新辞书和旧辞书标音不一致的。例如:

屿　新辞书都标 yǔ,而《辞源》等旧辞书则标"徐语切,音序,语韵",读为下 xǔ;我们主张不再考虑 xǔ 一读。

竣　新辞书都标 jùn,而《辞源》等旧辞书除 jùn 一读外,又有"趋宣切,音铨,先韵"(quān)一读。我们主张不再考虑 quān 一读。

爻　新辞书都标 yáo,而《辞源》等旧辞书则标"奚巢切,音肴,肴韵",读如 xiáo,我们主张不再考虑 xiáo 一读。

---

① 鄂山荫:《关于文学语言规范化的几个问题》,见《中国语文》1955 年 11 月号,第 29 页。

(B)旧辞书和新辞书标音不一致的。例如：

覃　姓，《增订注解国音常用字汇》标 tán,《国语辞典》标 xún,《新华字典》标 qín。据广西覃姓自读为 xún,因此我们主张以从 xún 为是。

葉县　"葉",《增订注解国音常用字汇》、《国语辞典》都标 shè,《新华字典》标 yè。今日一般人也多读 yè,我们主张不再考虑 shè 一读。

垃圾　《增订注解国音常用字汇》、《国语辞典》都标 lèsè,《新华字典》标 lājī,《同音字典》、《简明字典》标 lājí。今日一般人多读作 lājī,因此,我们主张以从 lājī 为是。

(6)我们都知道以北京语音为普通话的标准音是历史发展的必然趋势,关于这一点,大家的意见已渐趋一致。不过北京语音内部也有土音的分歧,东城和西城的读音就可能不一样。有一位同志,他们夫妇二人都是老北京。可是"毂轳"一词,他们的读音就不一致,一位读 gūlu,一位读 gúlu。后来我们调查了一下,还是读 gūlu 的多一些。我们主张根据通行原则,先把北京语音内部的异读统一起来。例如：

觉得　"觉",在北京语音里,或读 jué,或读 juě,读 jué 的较多,我们主张只采用 jué 一读。

教室　"室",在北京语音里,或读 shì,或读 shǐ,读 shì 的较多,我们主张只采用 shì 一读。

小组　"组",在北京语音里,或读 zǔ,或读 zū,读 zǔ 的较多,我们主张只采用 zǔ 一读。

理发　"发",在北京语音里,或读 fà,或读 fǎ,读 fǎ 的较多,我们主张只采用 fǎ 一读。

森林 "森",在北京语音里,或读 sēn,或读 shēn,读 sēn 的较多,我们主张只采用 sēn 一读。

三

有人希望一个方块字最好只有一种读音,以免混淆不清。这种理想,依照语言的原则,是不可能实现的。一个方块字在古汉语里可能只有一种读音,但是发展到后来,为了适应客观的需要,为了易于辨别不同的意义,就有"读破"的办法出现。比方说,"乐"字,在"乐府"、"乐毅"中都读 yuè,在"快乐"中读 lè,在"敬业乐群"中读 yào,在"乐陵"、"乐亭"中读 lào。既然有了几种不同的读音以表达不同的意义,那么,它们就是不同的语言成分,而不能随便去掉其中的一种。在这种情况之下,字形虽然相同,我们也应该把它们视为不同的成分,否则,文字即将失去其作为语言符号的作用了。因此,我们认为表示不同意义的不同语音,还应当根据语法原则把它们保存下来,反之,就应当予以取消。当然,我们不能机械地运用语法原则。有的时候,一字从前有两读用以表示不同的意义,按理说现在也应当加以区别,但在这种情形之下,我们还要看一看这区别是否久已消失,如果是这样的话,我们就应当根据通行原则承认其合法地位,把它们当作同音词看待,不在这一原则下加以处理。根据语法原则来处理的也有几种不同的情形,兹分别叙述于下:

(1)一个方块字在一般人口中有两种(或两种以上的)读音,不管是声音不同,还是声调不同,只要它们代表不同的意义,就应该根据语法原则,加以区别,不可人为地把它们并作一读。例如:

"朝",在"朝代"中读 cháo,在"朝夕"中读 zhāo,我们应该看做是两个不同的词,不能因为两词中的"朝"的字形一样,就把它们合而为一。属于这一类的,可以分为两方面来谈:

(A)读音不同　两种(或两种以上的)读音,各不相同。例如:

传　于"传达"中读 chuán,于"传记"中读 zhuàn。

校　于"学校"中读 xiào,于"校对"中读 jiào。

降　于"降落"中读 jiàng,于"投降"中读 xiáng。

弹　于"弹琴"中读 tán,于"枪弹"中读 dàn。

调　于"声调"中读 diào,于"调停"中读 tiáo。

畜　于"家畜"中读 chù,于"牧畜"中读 xù。

贾　于"贾谊"中读 jiǎ,于"商贾"中读 gǔ。

省　于"省市"中读 shěng,于"反省"中读 xǐng。

度　于"程度"中读 dù,于"揣度"中读 duò。

参　于"参加"中读 cān,于"参差"中读 cēn。

差　于"差遣"中读 chāi,于"参差"中读 cī。

奇　于"奇怪"中读 qí,于"奇偶"中读 jī。

尺　于"市尺"中读 chǐ,于"工尺"中读 chě。

(B)声调不同　两种(或两种以上的)读音的声调,各不相同。例如:

冠　于"衣冠"中读 guān,于"冠军"中读 guàn。

更　于"三更半夜"中读 gēng,于"更好"中读 gèng。

当　于"当然"中读 dāng,于"上当"中读 dàng。

丧　于"丧事"中读 sāng,于"丧失"中读 sàng。

曲　于"歌曲"中读 qǔ,于"曲直"中读 qū。

种　于"种类"中读 zhǒng,于"种树"中读 zhòng。

片　于"相片"中读 piān,于"片面"中读 piàn。

处　于"处理"中读 chǔ,于"处所"中读 chù。

锯　于"锯碗"中读 jū,于"拉锯"中读 jù。

铺　于"铺盖"中读 pū,于"药铺"中读 pù。

横　于"横竖"中读 héng,于"蛮横"中读 hèng。

解　于"解放"中读 jiě,于"押解"中读 jiè。

观　于"观看"中读 guān,于"庵观寺院"中读 guàn。

(2)有些方块字,在古代汉语里因通假的关系而有两种读法,其一现已另有新字代替,这类字既然已经完全发展成了两个字,根据语法原则,就应该废去其已有新字代替的一读。例如:"见",(一)读 jiàn,(二)读 xiàn;现已另有"现"字,那么,在"见"字下就不应该再标 xiàn 一读。不过,读古书时还要把它们区别开。属于这一类的可以分为几方面来谈:

(A)同音异调　两种读法,音同而调子不同。例如:

卷　(一)读 juàn,(二)读 juǎn。现已另有"捲"字,可废 juǎn 一读。

舍　(一)读 shè,(二)读 shě。现已另有"捨"字,可废 shě 一读。

风　(一)读 fēng,(二)读 fèng。现已另有"讽"字,可废 fèng 一读。

号　(一)读 hào,(二)读 háo。现已另有"嚎"字,可废 háo 一读。

(B)异音同调　两种读法,音不同而调子相同。例如:

莫　(一)读 mò,(二)读 mù。现已另有"暮"字,可废 mù 一读。

识　（一）读 shì,（二）zhì。现已另有"志"字,可废 zhì 一读。

疋　（一）读 pǐ,（二）读 yǎ。现已另有"雅"字,可废 yǎ 一读。

(C)异音异调　两种读法,音既不同,调子也不同。例如：

说　（一）读 shuō,（二）读 yuè,现已另有"悦"字,可废 yuè 一读。

伯　（一）读 bó,（二）读 bà。现已另有"霸"字,可废 bà 一读。

均　（一）读 jūn,（二）读 yùn。现已另有"韵"字,可废 yùn 一读。

卒　（一）读 zú,（二）读 cù。现已另有"猝"字,可废 cù 一读。

帑　（一）读 tǎng,（二）读 nú。现已另有"孥"字,可废 nú 一读。

(3)由于两个方块字形体相似,因而常被一般人所误读,这种指鹿为马的情形,是必须加以纠正的。例如：有许多人把"京津卫戍司令部"的"戍"(shù),读成 xù,因为"戍"和"戌"两字形体相似,常常混淆起来。这就必须根据语法原则,加以正音。例如：

蜕化　"蜕"应读作 shuì,因其与"脱"字形体相似,常被误读作 tuì。

堕落　"堕"应读作 duò,因其与"坠"字形体相似,常被误读作 zhuì。

唾弃　"唾"应读作 tuò,因其与"锤"字形体相似,常被误读作 chuì。

膏肓　"肓"应读作 huāng,因其与"盲"字形体相似,常被误读作 máng。

蜃楼　"蜃"应读作 shèn,因其与"唇"字形体相似,常被误读作 chún。

分娩 "娩"应读作miǎn,因其与"挽"字形体相似,常被误读作wǎn。

赡养 "赡"应读作shàn,因其与"瞻"字形体相似,常被误读作zhān。

破绽 "绽"应读作zhàn,因其与"锭"字形体相似,常被误读作dìng。

撑竿跳 "撑"应读作chēng,因其与"掌"字形体相似,常被误读作zhǎng。

草菅人命 "菅"应读作jiān,因其与"管"字形体相似,常被误读作guǎn。

四

历史原则并不等于历史主义观点。世界上的任何事物都在发展,都在演变,语音也不能例外。因此,处理方块汉字的正音问题必须采取历史主义观点。以上所说的通行原则和语法原则其实也是历史主义观点的表现:新的语音现象已经产生了,而且已经因为其合乎发展规律而被人民大众所肯定,我们就必须承认其合法的地位;由于思维的发展和新的意义的产生而有不同的读音来作为构词法的语言手段,我们就必须承认不同读音的合法地位。历史原则只是历史主义观点之下的一个原则,和通行原则及语法原则相辅而行。上面已经说过,在语音发展的过程当中,可能产生一些不合发展规律的偶然现象或分歧现象,这些现象正是语音规范化工作的对象。然而如何区别必然现象和偶然现象,如何确定分歧现象之中的一个现象为正当的现象呢?这就必须以语音发展的内部规律为根据。没有被大家所肯定的读音是不合发展规律的读音,或尚未实现的可能合法的读音。在这种情形之下,要确定其规范就必须参考历史上曾经"约定俗成"的读法来处理问题。旧辞书中所标的"反切"或"读若",一般的情形,能够反映历史发展的合乎规律的传统,因此,我们就主张在这种情形之下,采取旧辞书的"反切"或"读若"来作为确定读音规范的参考。例如:"耀"在北京话里有两种读法:(一)yào,(二)yuè。两种都相当通行,很难说哪一种占绝对优势,在这种情况之下,就需要参照一下历史原则了。翻开旧辞书都标"姚,去声",读如 yào,因此我们就主张采用 yào 一读了。

寻　(一)读 xún,(二)读 xín(乞求之意),(三)读 xué(目环视有所寻之意)。旧辞书都标"徐林切,音浔",因此,我们主张只采用 xún 一读。

刽　(一)读 kuài,(二)读 guì。旧辞书都"音脍",同时口语中有人读 guǐ,也没有 guì 一读,因此,我们主张只采用 kuài 一读。

臂　(一)读 bì,(二)读 bèi。旧辞书都标"笔义切,置韵",读如 bì,因此,我们主张只采用 bì 一读。

淋　(一)读 lín,(二)读 lùn。旧辞书都"音林",因此,我们主张只采用 lín 一读。

怯　(一)读 qiè,(二)读 què。旧辞书都标"乞叶切,洽韵",读如 qiè,因此,我们主张只采用 qiè 一读。

色　(一)读 sè,(二)读 shǎi。旧辞书都音"啬",因此,我们主张只采用 sè 一读。

午　(一)读 wǔ,(二)读 huō。旧辞书都"音五",同时,"晌午"

的"午"虽有 huō 一读,究竟使用范围太窄,因此,我们主张只采用 wǔ 一读。

怔 （一）读 zhēng,（二）读 lèng。旧辞书都音"征",同时,lèng 一读又另有"愣"字,因此,我们主张只采用 zhēng 一读。

某些人名、地名、译名有特殊的读法,后人往往由于不知来源而随意加以推测,以致把它们读错。这种情形显然是不合理的,因此,我们也应当根据历史原则来加以纠正。下面是我们处理人名、地名、译名的读音的具体意见：

(A)人名：

库钩 "库"应读 shè,不应读 kù。

仇英 "仇"应读 qiú,不应读 chóu。

角里先生 "角"应读 lù,不应读 jiǎo。

郦食其 "食其"应读 yìjī,不应读 shíqí。

赵衰 "衰"应读 cuī,不应读 shuāi。

万俟卨 "万俟"应读 mòqí,不应读 wànsì。

(B)地名：

洪洞 "洞"应读 tóng,不应读 dòng。

番禺 "番"应读 pān,不应读 fān。

台州 "台"应读 tāi,不应读 tái。

荥阳 "荥"应读 xíng,不应读 yíng。

华不注 "不"应读 fū,不应读 bù。

(C)译名：

冒顿 应读 mòdú,不应读 màodùn。

休屠 "屠"应读 chú,不应读 tú。

先零　"零"应读 lián,不应读 líng。

月氏　应读 rùzhī(据《金壶字考》),不应读 yuèshì。

五

　　方块汉字的正音问题是个相当复杂的问题。除了单个方块汉字的读音之外,还有儿化和轻声等问题,都应加以规范化。不过,本文的写作目的只在于提出我们对单个方块汉字正音问题的意见,因此,我们不能在这里对这些问题加以详细地讨论,我们只想在这里表示一下我们的简单意见。我们同意陆志韦先生所说的意见:"显而易见,北京话里词汇的儿化并不发生一律平等的作用。有些儿化词是有区别意义的作用的,有些是没有这种作用的。"[①]因此,我们认为不起区别意义作用的,就不儿化。例如:"乒乓球(儿)"、"做活(儿)"、"馂风(儿)"等。不过,这是指一般的情形来说,有的时候,为着标明风格色彩,就是不表示逻辑概念的区别时,也可以儿化。此外,为着便利方言区人民学习普通话起见,我们主张在不妨碍北京音系的完整性的前提下,把北京话里加"儿"加"子"都行的词一律加"子"。例如,"碟儿"和"碟子"意义相同,我们主张采用"碟子";"车垫儿"和"车垫子"意义相同,我们主张采用"车垫子"。轻音问题也是同样的情形。有的轻音有区别意义的作用,有的轻音没有区别意义的作用。例如:"买卖"轻读作 mǎimai 时,指的是"生意",重读作 mǎimài 时,指的是"买和卖";"本事"轻读作 běnshi 时,指的是"本领",重读作 běnshì 时,指的是"故事"。

---

① 见《现代汉语规范问题学术会议纪要》,《中国语文》1955 年 11 月号,第 39 页。

这些都有区别意义的作用,当然要严格地加以划分,不能混淆。如果轻读和重读不起区别意义作用的话,就不轻读;如"权利"、"寒毛"、"忌讳"等。

毫无疑问,方块汉字的读音问题是语音规范化工作中的一个重要的环节。我国语言学家们应当共同努力来使这个问题得到圆满的解决,因为,这一工作绝不是少数人所能胜任的。我们在这里提出这些意见,只是为了引起讨论,使问题渐渐地明朗起来。希望语言学家们不吝指教,更希望语言学家们能够通力合作来把这一问题作个彻底的解决,来为语音规范化工作的开展铺平道路。

(原载《新建设》1956年3月号)

关于《语音规范化和汉字正音问题》的补充说明[*]

——答赵瑞生先生

在《语音规范化和汉字正音问题》一文中,我们曾明确地表示过:"方块汉字的正音问题是语音规范化工作中的一个重要的环节。我国语言学家们应当共同努力来使这个问题得到圆满的解决,因为,这一工作绝不是少数人所能胜任的。我们在这里提出这些意见,只是为了引起讨论,使问题渐渐地明朗起来。希望语言学家们不吝指教,更希望语言学家们能够通力合作来把这一问题作个彻底的解决,来为语音规范化工作的开展铺平道路。"[①]我们确实感到我们的学识有限,见闻不广,提出的看法不一定正确,引用的例子也难免挂一漏万,但为了引起讨论,我们愿意把我们的见解说出来,就正于专家和读者,来作为编纂《普通话正音词典》时的参考。现在赵瑞生先生对于某些问题提出了不同的看法[②],我们认为这种热心

---

[*] 本文是与刘正埮合写的。原用注音字母标音,现在一律改用汉语拼音方案。
[①] 见《新建设》1956年3月号,第32页最后一段。
[②] 见《中国语文》1956年9月号,赵瑞生:《关于汉字正音的几点意见》,下引赵先生文时,不再另注。

汉语规范化事业的精神是值得欢迎和钦佩的,因此,我们愿意在这里和赵先生再作进一步的商榷,并对我们曾经谈过的一些问题加以必要的补充说明。

在进入讨论之前,我们要作两点声明:(1)《语音规范化和汉字正音问题》一文中,有些排印上的错误,该文发表后我们即函请更正,《新建设》杂志社已于1956年4月号第65页上做了订正,请同志们参考。(2)我们在该文第三大段第二节中曾经主张过:"有些方块字,在古代汉语里因通假的关系而有两种读法,其一现已另有新字代替,这类字既然已经完全发展成了两个字,根据语法原则,就应该废去其已有新字代替的一读。"[①]在这下面的(A)项下,我们所举的例子中有"卷"和"舍"两个字,这两个例子今天看起来是不恰当的,是和《汉字简化方案》有矛盾的,特此声明取消。在我们撰稿的时候,国务院还没有公布此一方案。

现在我们按照赵瑞生先生所提的意见,逐一加以讨论:
(一)关于旧读今读问题
(1)"泥"原有平、去两读,过去在"泥古"、"拘泥"中读 nì,我们主张并作阳平一读,即在"泥古"、"拘泥"中也读 ní。赵先生不同意这一意见。我们仔细地考虑了这个问题之后,觉得还有保留我们的意见的必要。首先,我们认为赵先生的见解有不能自圆其说的地方。赵先生说:"泥,读阳平的是名词,读去声的是动词。例如

[①] 见《新建设》1956年3月号,第30页右栏第29—32行。

'和泥泥墙'中,第一个'泥'字是名词,读 ní,第二个'泥'字是动词,读 nì。又如,装玻璃抹缝子用'泥子'的'泥',虽然是名词,也读去声,不读阳平。"如果作"名词"也能读去声,那么,"读阳平的是'名词',读去声的是'动词'",这一说法就不能成立了,最少是前后自相矛盾的。同时我们认为"泥子"(我们主张写做"腻子",理由详下文)既然是一个词,"泥"只不过是其中的一个音节罢了,如何能说它是一个词呢?其次,赵先生说:"《辞源》于'泥'字下注解说:'涂饰也。晋王恺以赤石脂泥壁,见《世说》。'又说:'俗以柔言要求曰泥,谚取谓软缠也。元稹诗:泥他沽酒拔金钗。'这两个'泥'字和我们今天所说的'泥墙'、'那孩子真泥人,成天起泥',三个'泥'字是完全一致的。不过今天一般字典里多用'油腻'的'腻'代替了它罢了——那不是更证明古今一致把这个'泥'字读作'去声'吗?"不错,《辞源》上确实有赵先生引用的两个注解,不过前者是"溺倪切,齐韵"项下的第五条注解,后者是"溺诣切,霁韵"项下的第七条注解。如果我们细心研究一下,我们就不难看出它们并不是都读去声,而是前者读平声,后者读去声。随便翻开一种旧韵书,在"上平声八齐"中都可以找到读"齐韵"的"泥",在"去声八霁"中都可以找到读"霁韵"的"泥",怎么能把这两者混为一谈,反而说"古今一致"这个"泥"字都读去声呢?我们不妨把几种常用的字典对照起来看一下。"泥"作"装饰"解时,《辞海》把它列在"[甲]溺倪切,齐韵"项下的第(三)条,除了也引用《世说》一例外,还增引了《花蕊夫人诗》(按《康熙字典》作《花蕊夫人宫词》,以从《康熙字典》为是):"红锦泥窗绕四廊",按蜀人谓糊窗曰泥窗一例。"泥"作"以软媚之态强有所求"解时,《辞海》把它列在[丙]"溺倪切,霁韵"项下的第(二)条,引用的例子也如《辞源》。《国语辞典》把作"涂饰"解的"泥"也放在"（一）ní"项下的第（3）条，把作"留滞"解的"泥"（附例："翠环仍泥着不肯走"，见《老残游记》）也放在"（二）nì"项下的第（2）条。《增订注解国音常用字汇》也复如是。《学文化字典》、《同音字典》的"泥"项下，不论读 ní 或读 nì 都没有列出这两种解释，只有《新华字典》在（二）ní 的第（1）条下，有"涂抹：～墙，～炉子"一注，恐怕这就是赵先生的论据了。"泥墙"的"泥"读"nì"，于古既然无证，于今又只有一个孤证，同时，即或是《新华字典》也主张把"腻烦，玩腻了，听腻了，腻得慌"的 nì 写作"腻"，赵先生是不是还有其他的根据这样说呢？我们所以要把 ní、nì 两读并作一读（ní）的理由是：我们认为"拘泥"和"泥古"中的"泥"读作 nì，确已不存在于一般人的口中，在语言上也没有再加以区别的必要，因此，我们主张根据我们拟定的"通行原则"把这一读取消，只采用 ní 一读。那么，我们是否考虑过赵先生所说的"泥墙"、"泥子"、"泥人"中的"泥"的读音问题呢？是的，我们考虑过。我们认为取消 nì 一读并不影响这几个词的存废。《增订注解国音常用字汇》在"腻"下的第（4）、（5）条下分别这样说："厌，缠人招厌亦曰腻"；"涂物缝隙曰腻，其所涂之油灰等曰腻子"。《同音字典》在"腻"下第（4）、（5）、（6）条下分别这样说："把油、灰等物涂在东西的缝上。[例]腻腻缝子。同一件事，重复次数太多，感到讨厌。[例]这本书都看腻了；这样东西吃腻了。心里烦闷。[例]腻得慌。[语汇]腻抹、腻烦、腻子、腻畏"。《学文化字典》在"腻"下第（2）、（3）、（4）条下的解释和《同音字典》略同，可以不一一列举。这几部字典已经把我们的问题解决了，所以我们才敢大胆地提出取消"泥"的 nì 一读。另外，"腻墙"在普通话里有许多人说成"抹墙"，这问题就更简单了。我们曾经这样主张过："历史原则并不等于历史主义观点。世界上的任何事物都在发展,都在演变,语音也不能例外。"①把"天明"读成"汀茫"②固属不可,把"Shakespeare"拼成"Shacksper"③也是不行,把"砚"写成"研"、把"搞"写成"搅"也见不到了,何况我们讨论汉字正音问题只是从如何有利于语音规范化工作,从而为改革文字铺平道路着眼,而不是从考订古音、古字着眼呢。"泥"在这里只不过是一个标音符号,如果汉字拼音化了,"腻人"也好,"泥人"也好,都是一样的(如依《汉语拼音方案(草案)》的拼写方法来拼,都作 nì rén);"腻子"也好,"泥子"也好,也都是一样的(nìz),而且也一定要和"泥土"(nítǔ)的"泥"(ní)区别开。我们不同意赵先生所说今天字典里一般只是用"油腻"的"腻"去代替"泥",因而必须存古的说法。我们认为这是汉字发展的必然趋势;"泥"和"腻"在意义上已有分化,因此要分写,既然分写了,就成为两个不同的词了,我们不能因为古时候是用同一个字,就否认了词义的发展结果,就认为这两个已经分化了的词还必须用同一个字来表示。同音词固然不是很好的现象,但在标示不同意义的时候,我们还要把它们区别开,认为是两个不同的词。就是在拼音化了的时候,它们也仍然是两个不同的词,虽然是同样的拼法,不过在没有拼音化之前,这两个词既有不同的写法,我们就得承认在方块汉字的写法上,"泥"和"腻"是各有不同读音的两个字。至于"拘泥"中的"泥",我们说今读作ní,而赵先生说"和口语不合",这是事实问题,必须由事实来证明。根据我们所知道的,一般人都读成 ní,但是我们不敢相信我们的调查是全面的,因此也只好等待普通话审音委员会做全面的调查

---

① 见《新建设》1956 年 3 月号,第 31 页左栏第 25—26 行。
② 见《两般秋雨庵随笔》卷一"灯茫"条。
③ 见 William. J. Long, *English Literature*, 140 页。

而后加以肯定了。

(2)"厦门"的"厦",我们主张读xià,赵先生也同意。至于"高楼大厦"的"厦",如读成xià,不但于古有征,于今也大有人在。虽然,"厦子"没有人读成xià·zi,可是据我们的了解,在北京话里差不多都把"厦子"说成"廊檐"(lángyan),因此,"厦子"一词的存废也还值得研究。我们觉得如果还要保留"厦子"这一个词的话,那就要依照赵先生的说法,仍保留这一个词中的"厦"字的特殊读法(shà);如果要废除这一个词,那么,就不必再保留这个特殊的读法了。

(3)"寻",我们主张只采用xún一读,而废去xín、xué两读,一方面是从"历史原则"出发,另一方面也考虑到后两读都是北京话中的土语,使用范围不广,因此,我们认为是不宜纳入以北方方言为基础、以北京语音为标准音的普通话之中的。赵先生不也说"xué见于北京土话'寻磨',在普通话里不大通行"吗?至于"寻媳妇"的"寻"读xín,只有一些老太太们嘴里还会说一说,青年人开玩笑时也许有人讲一讲,这一土话即使在北京也不流行了。我们在解放后只听到人们说:"找对象"、"搞对象"、"交朋友"、"谈恋爱",几年来几乎没有听到有人说"寻媳妇"的了,这和解放后说"爱人"不说"太太"还不同,因为它原来就没有像"太太"那样流行过。对于这一类的读音即或不是土音,我们也不主张任其泛滥。要知道词汇的规范化问题是和语音的规范化问题有所区别的,语音是以北京音为标准的,但词汇却是以北方方言为基础的,北京土话的词不一定都要被列入词的规范之内。老舍先生曾经说过:"假如'油条'比'油炸鬼'更普通一些,我就用'油条'。同样地,假如'墙角'比'嘎栏儿'更普通,我就用'墙角'。地方色彩并不仗着几个方言中的词汇支持着。不深入一个地方的生活,而只用几个地方上的特殊字眼儿,如'油炸鬼'和'嘎栏儿'之类去支持,是得不到什么好处的。它们适足以增加语言的混乱与纷歧。"①我们非常同意和拥护老舍先生的意见,因为这样做对语言规范化是有好处的。赵先生说他"不是主张这个'寻'字一定要读作 xín,只是它本身含有这些问题,是应该弄清楚的"。不知道我们的看法是不是可以解决这个问题。同理,我们主张"乱"只读 luàn,而不读 làn(如:乱子,乱葬岗子);"隔壁"只读 gébì,而不读 jièbǐer;"舀水"的"舀",只读 yǎo,而不读 wǎi 或 kuǎi;"啃"只读 kěn,而不读 kèn;"陷下去了"的"陷",只读 xiàn,而不读 xuàn;"现趸现卖"的"现",只读 xiàn,而不读 xuàn;"脓"只读 nóng,而不读 néng,"避雨"的"避",只读 bì,而不读 bèi。

(4)我们不主张把"倔强"的"强"读作 jiàng,而应读作 qiáng。我们所以这样主张,是因为我们考虑到这一读音业已通行,只要调查一下,就可以知道了。至于"他的脾气很强"一句中的 jiàng,现已另有一个通行的汉字"犟"来代替,这一问题自然迎刃而解了。至于"强"有 qiǎng 一读,这是人所共知的,同时,现在也还是这样用着的,我们自然不主张把它废掉。我们之所以没有提到它,只是因为我们以为这和我们所谈的问题无关,同理,我们也没有按照一般字典里的标音,把"拚"的几种读法[(一)pàn,拚命,拚弃;(二)pān,(一)之又读;(三)fèn,见拚箕;(四)fān,同翻]都标出来,只标了见于字典的"pàn"一读和不见于一些旧的字典的 pīn 一读。因为我们以为如一一标出,于事无补,徒占篇幅,现在赵先生既然

---

① 老舍:《大力推广普通话》,见 1955 年 10 月 31 日《人民日报》。

提出了这个问题,这就说明了我们当时的想法是不够全面的。

(5)我们主张"牛虻"的"虻"只采 máng 一读,废去 méng 一读,正如赵先生所说:"《国音常用字汇》和《新华字典》都标音 méng,《学文化字典》和《同音字典》都标着 máng。"我们所以主张采用 máng 一读是从两方面着眼的,一方面"虻"读作 máng 业已通行(赵先生说:"只是在一部分读书人口里是相当流行的,但在人民大众口语里,并不把'牛虻'这个害虫叫做'牛虻'",可是据我们的调查,几乎都这样读),同时是从"历史原则"出发的。《学文化字典》和《同音字典》所以只标 máng 一读,恐怕也是为了这个原因。

(二)关于读音、语音和又读问题

(1)关于"细菌"的"菌",我们主张读 jūn,而不读 jùn,赵先生也表示赞成,但赵先生主张 jùn 一读仍不能废。赵先生说:"'菌子'的'菌'没有读阴平的。北京把'菌子'叫做'蘑菇',但'香菌'和'羊肚菌'这两个词是有的,这两个'菌'字都读去声,读阴平是错误的。"在讨论这个问题之前,因为我们没有听人说过"菌子"这个词,请教了十几位老北京,他们也没有听人说过。为了做好调查研究工作,我们还特意跑到几家油盐店、食品店和海味店去打听,我们说我们要买"jùn zi",售货员都不懂得我们说的是什么,其中有一青年售货员为了帮助我们解决问题,还把一位熟悉业务的年老同志请出来,但他也对我们摇了摇头,不知道"jùn zi"为何物,这样我们就可以证明"菌子"只是某种方言的说法,不包括在普通话之内,可以不去谈它了。至于赵先生所说的"香菌",一般字典里都把它写作"香蕈"(《辞源》、《辞海》都是如此),尽管有些字典标着"蕈"与"菌"同,但在"香蕈"中是不可用"菌"来代替"蕈"的。按"蕈",《国语辞典》、《增订注解国音常用字汇》、《同音字典》和《学文化字典》

均标作"(一)xùn,(二)xìn"。只有《新华字典》标"xùn,jùn(又)"。"蕈"还有一种不见于这些字典的读法qín。我们主张把"香蕈"中的"蕈"读作xìn,因为北京人也有把"蘑菇"说成xiāng xìn 的,而没有说成xiāng jùn 的。这和"细菌"的"菌"读jūn,是丝毫也不抵触的。至于"羊肚菌"的"菌",我们也调查了一下,大家也还是读jūn,因此,我们认为还应当读jūn。

(2)"觉"有三种读法:(一)jué;(二)jiǎo,(一)之又读;(三)jiào;这是人所共知的。我们所以没有把jiào 一读也写出来,并不是我们主张废掉此一读,而是我们以为作"睡眠"解的"睡觉"(shuì jiào)和这里谈的无关,是属于我们所说的"语法原则"之内的,因此没有把它列出来。我们的原意是jiǎo 既是jué 的又读,但在北京语音中又很少听到这一读法,是个赘疣,不如把它除去。赵先生既然也同意这一点,应该说是没有什么问题了。但这里我们还想顺便谈一谈"睡觉"这个词的读音问题。当"睡觉"一词作"睡眠"解时,自然应该读成shuì jiào 了,但"睡觉"一词作"睡醒"解时,却非把"觉"读成jué 不可,如"云鬓半偏新睡觉,花冠不整下堂来"(见白居易:《长恨歌》),这里的"觉"作"睡醒"解,应读jué。按"睡觉"的"觉"分别见于"入声三觉"和"去声十九效",读去声的即作"睡眠"解的,读入声(现变读阳平)的即作"睡醒"解的。作"睡醒"解的"睡觉"例子很多,查一查《佩文韵府》入声三觉的"觉"项下的"睡觉"条下就知道了。

(3)"淋",一般字典都有三种标音,如《国语辞典》是这样标的:"(一)lín,(1)以水沃之,(2)一种生殖器病……;(二)lìn,(1)滤,(2)(一)(2)之又读;(三)lún,谓雨水浇湿。"尽管字典标明"淋病"的"淋"可以读作lín,但是我们也考虑到一般口语说lìn 的人很多,同时"淋"(lìn)还有作过滤解的用法,因此,我们仍主张保存,但因为考虑到 lín、lìn 的不同读法是属于"语法原则"之下的,所以我们就没有谈到 lìn。问题只在于(1)作"以水沃之"解的 lín 和作"雨水浇湿"的 lún,是否要有不同的读音。我们考虑到读 lín 的多,读 lún 的少,lún 又带有土语的性质,同时旧字典又都音"林",因此,我们就在这一种情况之下,决定只采用 lín 一读了。

(4)"尾"古今都读作"wěi"(旧韵书把"尾"收在"上声五尾"中),在北京话里,也只有在"尾巴"、"马尾"、"后尾"等有数的几个词中有 yǐ 一读。这种极个别的现象,应算在北京土话的范围内,我们是不主张考虑采用的,因为,如果我们把这几个词中的"尾"读成"wěi",是没有人不理解的。即使是北京人,比方说,北京的小学教师教小学生时,也不会把"狐狸尾巴"中的"尾"读成 yǐ;北京幼儿园的老师们教孩子们唱歌时,也把"尾巴"读成 wěiba,如:"小燕燕,小燕燕,尾巴像把剪。"

(5)关于我们主张统一北京语音内部的异读时所提出的"觉得"、"教室"、"小组"、"理发"、"森林"这五个例子,并不像赵先生所说:"关于这五个字的读音,过去的《国音常用字汇》和《国语辞典》,解放后出版的《新华字典》、《学文化字典》和《同音字典》都和高、刘二先生的主张一样……"事实上,这五个例子中的"觉得"的"觉"读作"juě",和"小组"的"组"读作"zū",是上举五种字典任何一种都没有标过的,也许我们看到的跟赵先生看到的在版本上有差别。至于赵先生谈到应该尊重语言学家们的辛勤劳动等语,这倒是值得注意的。不过我们从来也没有否定过自制订注音字母以来的语言学家们的辛勤劳动,相反地,我们肯定了他们的成绩,尊重了他们的贡献。正因为如此,我们在许多问题中都参考了这些语言学家的著作,从而酝酿出我们自己的见解。不过,这些著作是在汉语规范化运动之前出版的,目前科学院语言研究所正在计划出版一部新的《普通话正音词典》,而这部词典的编纂是需要大家共同努力的,因此,我们也愿意提出我们的某些见解,哪怕是错误的,供编纂词典同志的参考,同时我们更希望通过讨论,集思广益,来明确一些问题。这不但不会增加紊乱现象,相反地,倒可以促进问题的解决。当然,意见只不过是意见而已,采纳与否,要看全面的、具体的情况而定。我们并没有、同时也不敢强调我们的看法就是正确的,在《普通话正音词典》编好以前,我们更没有勉强别人来按照我们的意见去读音的意图,相反地,我们倒希望大家来共同讨论,使得《普通话正音词典》编出之后,都能为大家所欢迎和接受。

总之,赵先生对我们的文章提出的一些意见,不但对我们有很大的帮助,就是对读者们和其他关心汉字正音问题的人,也是有很大的帮助的。我们就是在赵先生的启发之下,才能对我们已谈过的问题,又加上了以上这些补充说明。我们诚恳地期待着赵先生和其他读者和专家能够给我们更大的帮助。

(原载《中国语文》1956 年 11 月号)

关于文字改革*

文字改革是我国目前的重要社会运动之一,它的影响是每一个中国人都要感受到的,因此,它是每一个中国人所关心的。我对这问题也很感兴趣,所以,愿意就我所理解的发表一些意见,作为大家的参考。

在上一次的座谈会上,我听到了许多宝贵的意见,这些意见给我很多的启发,使我想到许多问题。毫无问题,上一次的座谈会表现出大家对文字改革问题有许多极不相同的看法,意见极其分歧,就是在有没有改革文字的必要上,也有不同的看法。这一方面说明了大家对文字改革问题,无论是站在哪一个方面,都很关心,一方面也说明了对文字改革的基本问题还没有取得一致的意见。

归纳起来,大家所发表的意见,不外属于三个问题:(1)文字改革是不是必要的,(2)文字改革是不是可能的,(3)文字改革要如何的改革法。当然这里所说的文字改革指的是汉字改革,与其他语言的文字改革无关。

因为大家对这些基本的问题都有不同的看法,我觉得我们有必要把这些问题弄清楚。不过在这种座谈会上,要把这些问题加

---

* 这是在1957年5月27日中国文字改革委员会召开的座谈会上的书面发言,题目是新加的。

以详细地论证，显然是不可能的。所以，我只打算依照大家所提到的一些比较重大的问题，发表我个人的意见，请大家指教和批评。

文字改革，更正确地说，汉字改革，是不是必要的呢？我认为是必要的。这可以从两方面来说明，从文字发展的内部规律方面来说，从文字与社会文化发展的关系方面来说。文字之由象形阶段发展为表意阶段，再发展为标音阶段，是自然的趋势。文字之所以要这样地发展，是受文字的本质特点所决定的。文字固然不等于语言，但文字却不能不是记录语言的，不能不是语言的代表。文字当然是视觉的对象，但文字所写出来的东西却仍然是一种语言，它是写的语言，所以尽管文字和口说的语言（简称为语言）有所不同，但它却不能不把语言记录下来，不能不代表语言。人类创造文字是个长期的历史过程。因为文字不等于语言，所以在创造文字的某一阶段上，文字可能不能完善地记录语言，不能完善地代表语言，然而文字总要努力朝着完善地记录语言或完善地代表语言这一目标发展，文字总要解决它和语言之间的矛盾。从象形文字到表意文字，从表意文字到标音文字之间的发展过程，就是为着完善地实现文字这一本质特点的具体表现。世界上各文字的发展历史，包括汉字在内，都体现了文字发展的这一个内部规律。有的人认为汉字和别的文字不同，仿佛汉字是天生的表意文字，别的文字是天生的标音文字似的；两者系统不同，不必走同样的发展道路。当然汉字有汉字的特点，汉字有汉字的特殊发展规律，但汉字和其他的文字，在总的发展趋势方面来说，也是同样的情形。我们总觉得拉丁字母有些特别，它与汉字的发展趋势不同。其实拉丁字母也是由表意字母发展出来的。拉丁字母是希腊的却尔西字母演化而来的，而希腊字母则是腓尼基字母的改造。腓尼基字母的每一个字母当初都是某种闪美特文的表意文字，甚至于象形文字。因为表意文字总代表语言中的某一个成分，总必得发出某种音，后来就只留下这声音，而去掉它的意义，于是就成为了标音文字。汉字也是这样的情形。尽管汉字还没有完全脱离表意文字的阶段，但汉字的发展历史也同样地表明汉字是向标音文字方向发展的。甲骨文里就已经有一些假借字，同音假借是一切标音文字的发展方式。腓尼基字母正是由于同音假借而发展成标音文字的。汉字到了汉朝以后，增加了许多形声字，这也正是古埃及文字中的民书的发展情形。近世汉字，特别是民间的"俗字"，大量地采取同音假借或形声字的办法，也就充分地说明了汉字在其发展的过程中，也是朝着标音的道路发展的。问题只在于汉字的发展还没有到达完全的标音地步，而汉字的标音成分也还没有系统化。所以，依照一般文字发展的内部规律和汉字发展的趋势来说，汉字之要发展成标音文字是不可避免的。文字改革运动不过是依照汉字发展的自然趋势，加上人力的推动，使其更早更好地实现而已。

和语言一样，文字也是社会现象之一，它不能不受社会的制约而朝着发展的道路前进。任何文字在历史的发展过程中都曾为社会服务，并且都服务得很好，但是社会发展了之后，文字就必须随着发展来适应新的环境。汉字之所以脱离原始的象形文字，而发展成甲骨文、钟鼎文、篆字、隶字、楷字等正是这个缘故。就是欧洲的标音文字也仍然不能不发展，不随时加以改革。现代的英文和法文都是标音的文字，然而它们却和中世纪的英文和法文（也都是标音文字）不同。英文和法文一开头就是标音文字，然而却在历史发展的过程中不断地改变，而英国和法国的语言学家们也在不断地提倡文字改革，认为英文或法文不能完善地记录英语和法语是英国和法国的一种"国难",而英国人和法国人事实上也在不断地改革文字。即以俄文来说,俄文一开头也就是标音文字,然而十月革命之后,俄文也曾经进行过局部的改革。为什么要这样呢?因为随着社会的发展,语言也发展了起来,旧的文字如果不能适应新的环境,它就必须进行改革。我国社会随着革命的成功,已经在一日千里地发展,这是不可否认的事实。在新的局面之下,方块汉字之不能适应新环境,这是不可否认的事实。有人说,方块汉字不见得难认,拼音汉字不见得容易认。的确,我们还没有做过充分的科学实验,方块汉字到底是否难认也很难有明确的结论。但这不是重要的问题。重要的问题在于方块汉字不能适应科学技术发达的新社会的要求,方块汉字的排印技术,方块汉字的打字机,方块汉字的自动翻译机器的发明都要受到字体繁杂、结构多样化的方块汉字的影响,而这些科学技术的改进和发明对我国未来的文化发展,毫无疑问地,将起着重大的作用。我们可以断定,如果方块汉字不加以改革,我国未来的文化发展必将受严重的障碍,更不用说方块汉字就是在代表语言方面,也不能随着语言的发展而立刻跟着发展上去,我们现在就有许多新词不知道用什么方块汉字去代表或去记录它。

当然,方块汉字是有它的优点的,它也曾为我国过去的社会很好地服务过。表意的文字也有其长处。正如有的同志所说的,看了方块汉字,广东人和北京人就可以交际起来,看了标音文字反而不懂了。在目前的情况下,这的确是事实。表意文字在语言不统一的社会或多方言的社会里,确有它的好处,大家尽管说不同的话,用不同的发音来念同一个方块字,但却可以从字形里猜想意义。正因为这个道理,方块汉字在过去的一段历史里,不但受汉族各地区社会的欢迎,甚至于连越南人、朝鲜人等也都用了方块汉字作为他们的交际工具。但这种优点却不适用于语言统一的社会里,或需要语言统一的社会里。何况"从字形猜想意义"的优点本身也还含有其内在的缺点呢。在语言统一的社会里,由于大家都说一种共同了解的语言,大家就更迫切地要求文字能够完善的代表语言,而能够代表语言的文字也将是促进语言更进一步地统一的一种动力。我国社会已经顺着社会的发展规律而走上了统一的道路,汉族的语言也已经走上了统一的道路,虽然这种统一还没有彻底地实现。在这种情况之下,能够完善地代表语言的标音文字是适合社会要求的。方块汉字的确可以使人"望文生义",有的时候甚至于可以不必学它,就会认得。但是这"望文生义"本身就包含着一个重大的缺点,它可以使人猜错了。表意文字从来也没有把语言的意义准确地由它的意符来加以表达过。"田"和"力"加在一起成为"男",这是表意文字,然而"力田的"为什么就是男人,而不是笨牛呢?我们每一个人都有猜错字义的经验。我国古书之所以有各家的不同注解,未始不是方块汉字所生的副作用。在社会生活没有那么繁杂的时代里,在科学还没有高度发达的时代里,在人类的思维还没有精密起来的时代里,不细别意符所代表的意义的细致地方,没有很大的关系(当然还是有关系的),然而在社会生活日益复杂的今日我国社会里,在科学即将繁荣的今日我国社会里,在思维日益精密的现代社会里,这种可能引起意义上的误解的表意文字却不但不能发挥其"望文生义"的优点,而且只会给我们带来许多"望文生义"的缺点。所以,从我国社会的发展趋势来看,方块汉字之不能适应时代的要求,是必然的。我认为即使方块汉字学起来不至于不如标音文字那样地快速,方块汉字也有加以改革的必要。

然而这种改革是不是可能的呢?许多人不同意改革汉字,他们的理由不是认为汉字没有改革的必要,而是认为汉字改革是不可能的。为什么说不可能呢?他们的主要论证有两点:第一,方块汉字在悠久的历史中已经成为了我国文化的贮藏室,我国的优良文化都被保留在汉字里,如果把方块汉字改成为标音文字,这些文化遗产就不能传授给下一代,因此要蒙受到极大的损失。第二,汉语的特点使标音文字"英雄无用武之地",换言之,标音文字不能把汉语很好地表达出来,尤其是汉语是单音节的语言,标起音来就不容易认出。这两点都有一部分道理,但仍然不能因此而下结论说方块汉字没有改革成标音汉字的可能。的确,我国有悠久的文化传统,有优秀的文化遗产,这些文化遗产多半都是由方块汉字保留起来的。但我们是否可以因此而否认汉字改革的可能性呢?汉字固然是我国文化的贮藏室,但保留文化的却不一定都是汉字,姑不论许多非文字的文化遗物,如器具、建筑物等,即以汉语来说,它也已经把许多我国的文化遗产保留了起来。当然我们不能否认有一部分优秀的文化,废除了方块汉字之后,将不为后人所接受,因而将使我国文化的发展蒙受损失。但是情形并不是人们所想象的那样地严重。任何民族的文化都有一部分是由语言文字保留下来的,但不见得都会因此而不改革文字。自从拉丁文不能代表欧洲各民族的语言之后,欧洲各民族都为本族的语言创造了新文字,然而这并不妨害现代欧洲各民族去接受古代的欧洲文化,更不妨害欧洲的现代文化比我国文化的某些方面要进步些。我们要从两方面来理解这个问题。首先,文化的发展固然要依靠文化遗产的发扬光大,更重要的还要依靠新文化的创造,我国固然有几千年的文化历史，但我国的前途却是无可限量的，如果有了更适当的新文字来作为我国人民发展新文化的优良工具，就说是一部分的传统文化，由于改革文字而不能流传下去，我国人民所要创造的新文化，由于新文字的优点，也将是保守有缺点而能便利接受这些文化遗产的旧文字所能做到的多得多；以往的历史总是有限的，将来的前途却是无穷的，何况把方块汉字改革掉并不会使文化遗产的流传成为不可能。欧洲各民族的文化，溯其源流，不外是希腊文化、罗马文化和希伯来文化。今天的欧洲文化也还在不断地吸收这些文化的遗产，然而希腊文、拉丁文、希伯来文却不是现代欧洲各民族的文字；它们早已变成了"死"的文字。为什么他们可以不断地吸收文化遗产呢？这并不是因为他们可以不必学习就能阅读古代的文献，而是用别的办法来解决这问题。不必说什么拉丁文，就是中世纪的法文也是一般法国人所不认识的，法国高等学校里有"古文字学"这一门功课，学的就是中世纪的法文。后代的人不理解上代的文字是一般的现象，并不是因为文字是否标音的。我们别以为保留了方块汉字就能够理解我国古代的文献，我们现在还在运用方块汉字，请问究竟有多少人能够懂得甲骨文、钟鼎文，甚至于就是用现代的方块汉字所写出的文言文？接受古代文化遗产，必须通过一些专家，欧洲各国如此，我国并莫不然，与文字改革不改革没有极大的关系（当然是有关系的）。就是不改革汉字，没有专家，也不能接受文化遗产。所以，要解决文化遗产问题，应当从培养研究方块汉字，研究古代文化的专家入手，责成这些专家把他们所研究的成果告诉给一般人，责成这些专家们把古代文献译成新文字。就是在通用新文字的时候，我们也绝不能废除汉字，我们甚至于要在相当的时期内要求高等学校的学生一律学习方块汉字，正如欧洲各国的学生要学习拉丁文似的。这当然要花费一些力量,但在过渡的时期里,是不可避免的。我国的文化遗产的确丰富,但我国的人口也的确不少,在相当的时期内,训练出比较多的专门研究汉字、研究古代文化遗产的人也没有很大的困难。为着我国未来文化的高度而快速地发展,这代价是值得付出的。等到古代文献都相当满意地译成新文字之后,一般高等学校的学生就可以不必学习旧文字,而让一些专家去研究它。我相信,就是通用了新文字,方块汉字也将和欧洲的古希腊文和拉丁文似的,永远成为专家们的研究对象。当然,就是这样地把古代文献都译成新文字,文化遗产的接受也还会受到一些损失,然而问题在于要权其轻重,为着爱惜这些损失而牺牲将来的大利益,是不合算的算盘。

再谈汉语的特点对文字改革所生的障碍问题。汉语基本上是单音节的语言,这是不可否认的事实。就是极力主张汉语不是单音节语言的林汉达先生也曾亲口告诉我:"以汉语的规律说,无疑地,汉语是单音节的语言,只是因为人民需要复音节的语言,所以就得说汉语是复音节的语言。"我认为要解决汉字改革问题,就要实事求是地承认汉语基本上是单音节的语言,然后再看看汉语的这一个特点是否可以妨害我们改革汉字。汉语的确基本上是单音节的语言,汉语的这一个特点的确使汉字改革发生一些困难。因为是单音节的语言,同音词就比较地多,用方块汉字写起来可以用字形来区别的同音词,用拼音文字写起来,就不容易区别开来。于是,许多人就认为把汉字改为拼音文字或标音文字是不可能的。这种忧虑应当值得重视。关于这个问题,我认为我们既应当加以正视,设法来加以解决,又应当正确地估计这困难的程度,看看是否可以因此而放弃改革汉字。方块汉字的确有这种优点,它可以用字形来区别同音词。但是,如果没有方块汉字,汉语是不是因为它是单音节的语言就成为了不可理解的语言呢?显然不是的。我国极大数目的人都还不识字,然而他们却能够彼此进行交际,单音节语言的汉语特点并没有剥夺了他们的交际权利。语言本身也要适应环境,也要随着社会的发展而发展,如果单音节的语言不能适应社会的要求,它也将会起变化。语言的特点是多方面的,是否单音节只是其中的一个特点,汉语之所以有声调正是为着配合它的单音节性而使汉语能够为社会服务的。所以,尽管汉语是单音节的语言,我们却并不因此而不能进行交际,而不能彼此说起话来不相理解。我们的数学家讲解深奥的数学问题时,也说的是汉语,听的人也并不因此而听不懂,如果听不懂的话,主要的原因是他的数学修养不足,而不是汉语的毛病。另一方面,如果汉语真的不能适合于社会的要求,它也自然而然会发展起来,来解决这个矛盾,语言学家们也正可以设法推动它的发展。但是,无论如何,只要人们还能运用一种语言来彼此交际,能够代表语言的文字也就不至于使人看不懂。问题在于我们所创造的新文字是否可以完善地代表语言,不依照语言的规律而随便创造出来的文字自然是看不懂的,但这不等于说能够代表语言的拼音文字可以由于语言的特点而失去效用。今天我们还只制定了一套字母,离用整个新文字的创造还远得很。一些热心文字改革的人的尝试还只是尝试,他们所创造的新文字还不是完全依照汉语的特点来规定的,因为汉语的特点和汉语的规律还没有经过充分的科学分析。最值得注意的,就是尝试运用新文字的同志们,他们用新文字所写出的东西,还是依照方块汉字的写法来写的。语言和文字固然有密切的关系,但语言毕竟不就等于文字,在相当的程度内,文字也可以影响语言,而写的语言(书面语言)更会受到文字状态的影响。方块汉字的特点可以使写的汉语与说的汉语有相当大的距离。因为文字里有形体来区别同音词,用方块汉字来写文章,就会忽略了口语中区别同音词的其他方法。在方块文字里可以用字形来区别的,在口语里就需要用声调和适当的上下文来区别。然而这些热心于文字改革的人并没有注意到这种情形,他们只把平常用方块汉字来写文章的办法来把它"直译"成新文字,有的竟把用方块汉字所写的文学作品,简单地、机械地"直译"成新文字,这样一来,看的人自然就不懂了。当然写的语言和说的语言,在任何时代,在任何国度里,都有区别。但是这种区别也要随着字体的不同而有所不同。用拼音文字写出来的东西就和用方块汉字写出来的东西不同,因为方块汉字可以用字形来区别某些同音词的地方,拼音文字就不能;不过,口语和书面语之间的不同也有个限制罢了。一直到现在为止,我们还没有把汉语的语言规律研究好,我们所尝试的新文字还不能完善地代表语言,再拿方块汉字的写文章的办法来写新文字的文章,自然就发生问题了。但这不等于说汉语拼音是不可能的,因为拼音文字最能代表语言,如果我们的确能够依照汉语的规律来制定拼音文字,它绝不可能看来反而不懂得。今天的毛病在于新文字还没有很好地创造出来,不在于拼音文字不可能代表汉语。

另一方面,就是在语言里有不能区别同音词的情形,拼音文字也不是不能解决这问题的。我们可以制定一些不代表声音而只作为区别字形的符号来解决这问题,例如:法文就曾用这方法来解决这问题,法文一开头就把[vɛ̃]写成 vingt,在法文发展的整个历史里,vingt 中的 g 从来就没有发过音,然而却可以由于这个字形而和 vin,vint 等区别开来。

所以，汉语的特点并不能妨害我们改革汉字，汉语特点所引起的困难应当用技术的方法来加以解决。

第三个问题就是如何改革的问题。这问题首先就涉及民族形式和"拉丁化"之间的选择问题。唐兰先生同意汉字改革，但他主张要用民族形式，不用"拉丁化"。关于这个问题，我的看法是这样的：只要我们肯定方块汉字有改革的必要和可能，到底应当走民族形式的道路，或"拉丁化"的道路，就只是技术问题，不是什么原则性的问题。不过，无论如何，我们也总得有个选择。主张民族形式的人有两个主要的理由：（1）民族形式可以承继方块汉字的历史传统，（2）民族形式是我们所喜爱的。这些理由都有其一定的道理，但归根到底，都不是重要的问题。汉字的改革既然要走上拼音化的道路，那么，就是用了国语注音字母之类的民族形式的新文字，除了在字形上可以"承继"汉字的传统之外，并不能因为这样的承继了传统就能够使认识新文字的人认识方块汉字。当然顺着文字的自然发展，总有一天，方块汉字会变成几个字母，但这样的顺其自然，显然不容易适应目前的迫切要求。如果我们要早日改革文字，使汉字能早日为新的社会服务得更好，我们就需要早日制定字母，而无论是顺其自然或是早日制定字母，只要汉字变成拼音文字，那时候，无论是民族形式或是"拉丁化"，都不能使认识新文字的人不必学习方块汉字而能承继文化遗产。喜爱不喜爱当然也是一个值得注意的问题，但只是为着喜爱而牺牲文字在推动文化事业上的重大作用，也是值不得的。我们今天如果需要改革文字，这目的显然不是为的喜爱，而是为的文化的发展。如果民族形式的新文字能够很好地推动新文化的发展，能够和"拉丁化"的新文字有同样推动新文化发展的作用，那么，喜爱的问题就可以起决定性的作用。如果民族形式的新文字在推动文化发展方面没有"拉丁化"新文字那样地方便,那么,我们就可以宁可放弃"喜爱",而采用"拉丁化"新文字。喜爱是一种社会风气,只要我们用了几年"拉丁化"新文字,我们也会渐渐地喜爱它了。我们今天所以要采用"拉丁化"新文字,因为在未来的社会发展中,"拉丁化"新文字在科学技术的发展方面能够更好地适应社会的要求,我国未来的文化发展必然要和国际的文化合流,"拉丁化"新文字可以在国际文化场中和一些国际的科学技术衔接起来,例如国际上有自动翻译机器的发明,用了"拉丁化"新文字是比较容易的被我们所采用。另一方面,"拉丁化"新文字已有基础,民族形式到底是什么样子,我们也还不知道。注音字母有重大的缺点,别的字母,因为没有基础,讨论起来,意见难于一致。如果这是原则性的问题,我们当然就非采用民族形式的新文字不可,但这些只是技术问题,我们就无妨就技术的观点把已有基础的"拉丁化"新文字加以改进,不必追究其是否"民族形式"。一般人注意民族形式,他们的用意是很好的,并且民族形式也的确是个问题,但文字改革的目的既不是在于追求民族形式,能够兼而有之固然最好,不能兼而有之,就不必斤斤计较其是否民族形式。文化本来没有一定的民族界限,能为我们所用的外来文化未始不可以搬来运用,何况在运用的过程中自然会渐渐地形成民族形式呢。我国在历史上曾经搬用过许多外族的文化,然而经过我们的运用之后,它就渐渐地变成了民族形式。问题在于外来文化是否对我们有用。我们也还要注意:从另外一个角度来看问题,外来的文化经过我们的运用之后,事实上也都是经过我们的改造的,也可以说已经是民族形式了。我们现在所吃的西餐事实上已经是民族形式的西餐,虽然它的来源是外国的。文字也是同样的情形。我们现在所说的拉丁字母其实已经不是拉丁字母了。拉丁字母并没有二十六个，k就不存在于拉丁文。它是经过后代欧洲人的改造而成为后代欧洲某些语言的字母的，这二十六个字母的念音而且在各不同的欧洲语言里已与拉丁字母的念音有所不同。就是所谓的"拉丁化新文字"也已经不是拉丁文，甚至于不是拉丁字母，因为尽管它的间接来源是拉丁字母，它却要依照汉语的念音去念它，它的配合方式和数目都不见得要和拉丁文一样。我们平常把它叫做"拉丁化新文字"，这提法本身也引起了许多不必要的情绪。其实汉语拼音字母并不是"拉丁化"字母，而是拉丁字母的汉语化。因为一般人把它叫做"拉丁化"，这就使得许多人心里不舒服，认为汉字居然被拉丁文字所化了，这还了得？！其实并不是汉字被拉丁所化，倒是拉丁字母被汉语所化，而被改造成汉语的新文字。既然是汉语的新文字，它就已经具有民族形式，不过没有国语注音字母那样地具有更多的民族形式的成分罢了。

那么，我们要如何地进行汉字改革呢？直到今天，我们还有很多人不同意汉字改革，我们在改革汉字的一些基本问题上都还没有取得一致的意见，这事情本身就说明了我们的工作和我们的做法是有缺点的。我认为我们的主要缺点在于没有对汉字改革的基本问题展开充分地讨论，我们"争鸣"得不够。我们当然也在《中国语文》上谈论过汉字改革问题，但我们的讨论是不正常的，因为我们是在教条主义和主观主义的态度下来进行讨论的。陶坤先生说，他没有看出主张汉字改革的人所提的论点有任何理由。这句话虽然说得过分，但不是没有道理的，因为我们的论点的确缺乏说服力，我们的讨论方式也不正常。《中国语文》对唐兰先生的"围剿",就不是正常的讨论方式。林汉达先生极力主张汉语是复音节的语言,为的是使人相信汉语的特点不会妨害汉字改革,然而他自己却在私地里认为汉语的规律是单音节的语言,可知林汉达先生的论证甚至于都不能说服他自己,如何能说服别人?所以,要使得大家在汉字改革的基本问题上取得一致的意见,就必须认真地展开"百家争鸣",如果"百家争鸣"的结果,证明了汉字是无需改革或不能改革的,那也只好不改革了。文改委员会在某些问题上曾经有了热烈的争论,但却没有把这些争论的记录发表出来,这是一个损失,因为如果发表了出来,有些问题也许就早已得到人们的同意了。

我们在做法上还存在着一种缺点,就是企图以行政的方法来解决汉字改革问题。我们曾经公布过简字方案,要求人们遵守,甚至于要求出版部门撤换繁体字,这就造成了许多混乱。事实上,简字是否可以解决汉字改革问题,简字到底有多少用处等问题,都还没有经过认真地讨论,而我们就要运用行政的方法来加以贯彻。结果如何呢?没有问题,有些简字是有用处的,有些简字却不但不解决问题,反而引起了混乱。我认为简字虽然可以给人一些方便,但同时也给人带来麻烦,因为至少每一个人都得学习两套文字。所以,从已有的简字中选择其合用的,加以整理是可以的,随意的创造则没有必要。到底是不是合式的也还需要实践的考验。我们应当先公布简字方案,让人家去试用,不要勉强人家必得遵守,等到试用之后,再把实践所证明的可以运用的肯定下来,这样就不会造成混乱。简字的运用既只在于简便,它也就应当有个限制,在某些场合可以用简字,在某些场合就不可以用简字,例如新闻纸当然可以用简字,但教科书和学术论著的刊行,以及古书的重印等就不可以用简字。现在我们的印刷厂几乎都把繁体字取消了,这是一个极大的损失。在目前的情形下,我们大可以告一段落,不要再公布简字了。

不但在简字问题上,就是在拼音方案的公布上也有同样的毛病。汉字固然要改革,但汉字改革所要遭遇的困难也是不可否认的事实。我们还有许多先决条件都没有准备好,例如有了字母之后,要如何地拼写汉字呢?这就成了大问题,我们还要把汉语的规律研究好,才能很好地拼写汉字,我们还有许多问题都需要先作科学的研究。就是字母应如何地制定也还是不容易解决的问题,我们既没有充分地发挥"百家争鸣"的作用,也没有做过实验,缺乏实践的考验,然而却希望做出定案,公布出来,要人们遵守。这种做法只能使汉字改革难于成功。文字改革原是社会运动之一,行政的力量自然可以推进这种运动,但不能用"政令"的方式来施行。任何专家关在房间里所设计的方案都不可能处处合式,这些方案必须经过社会的实践,证明其可行,才能被社会所接受。今天我们一方面迟迟不公布方案,一方面公布的时候又想用公布"政令"的方式来对待它。这就不合式。不早公布方案,使社会上没有实践的工具,永远也不知道到底汉字是否可以改革,到底怎样地改革可以行得通。用公布"政令"的方式来公布它,就会使得人们感觉到是不得已的接受,因之产生反感,同时可能造成极大的损失,如果这没有经过考验的方案是不合式的话。所以,我认为一方面我们要早日公布方案,不必在办公室里作不必要的细节的争论,而要让大家来好好地争鸣,来认真地实验,一方面却要在公布的时候交代清楚这不是政令,只是为着大家的实验和讨论作基础而已。这样一来,有了实验的科学根据,有了事实的证明,我们也就可以和大家共同来回答汉字改革是否必要,有否可能,如何改法等问题了,我们也就可以根据这些问题的科学回答来决定我们的行动了。

(原载《拼音》1957年7月号)

文风中的风格问题

近日来,各报章杂志发表了许多谈论文风问题的论文,针对着目前我国的文风问题提出了批评和建设性的意见。作为语言科学的工作人员和高等学校的语言学教师,我也愿意在这里提出我的意见,作为参考。

因为许多先生对语法修辞的问题有了充分的讨论,这里我只想谈一谈表现在我国目前文风中的风格问题。

自从现代汉语规范化问题学术会议闭幕以来,现代汉语的规范化问题已经成为了我国社会运动的主要项目之一。我国人民在党的领导下已经努力在为现代汉语的纯洁化和健康的发展而做出了许多成绩;以北方方言为基础,以北京语音为标准音,以典范的现代白话文著作为语法规范的普通话的推行也已经收到了相当的成效,虽然我们还要继续努力求得这一运动的全面的胜利。今天,在各报刊上所发表的文稿中,虽然还存在着一些语法上的混乱情形和修辞上的缺点,但是,在人们注意语法修辞问题的情形下,看来不久这些现象就要逐渐地消除。所以,在我看来,我们今天所要及时提出讨论的,除了语法和修辞的问题之外,更重要的应当是风格问题。

随着我国社会的发展,为着适应新的环境而快速发展的现代汉语曾经在发展的过程中产生出一些语法上和修辞上的混乱现象。这虽是发展过程中所带来的偶然的现象,但对我国文化教育事业的发展却产生了一些不良的影响。经过了我国语文工作者和全体人民在党的领导下所进行的努力,现代汉语的语法的规范和修辞的规则已被一般人所重视,而收到了相当的功效。然而,由于一部分人对语法修辞的作用的过高估计,由于一部分人对语言规范化的含义的误解,语法和修辞的规则虽然被遵守,却也产生了一种副作用,以为语法修辞可以解决一切问题,甚至于把规范看成了公式,结果就造成了语言风格的一般化和公式化的现象。一般误解规范化的含义的人们以为只要能够遵守语法和修辞的规则,不犯语法和修辞上的错误,就可以把文章写好。他们并且以为遵守规范就是遵守公式,于是,就以为能够把文章写得方方正正,按照一定的公式去写,就会像遵守语法的规则似的起着规范的作用。其实,遵守语法修辞的规则是一回事,创造语言风格又是一回事,两者并不矛盾:我们并不因为要在语法修辞上求规范,就得在风格上求公式化。当然风格公式化的原因还有许多社会的、思想作风上的因素,不完全是误解语言规范化的含义产生的结果,但这后者是前者的原因之一,则是无疑的。这种误解所以能够产生,从语言学的角度来看,我以为,就是没有理解"语言"和"言语"的区别所产生的结果。

大家都知道语言是全民的交际工具,全民社会中的一切组织成员都要通过这一工具来彼此交换意见,传授知识,达到互相了解。正是语言所具备的这个全民性要求我们随时对我们的语言加以规范化,因为只有规范化了的语言才能在全民的社会中发挥更大的交际功能;如果语法的规则各不相同,彼此所说的话,彼此就不容易了解,彼此所写的文章,彼此也不能看懂。然而语言的规范化并不等于言语的公式化。语言是全民的交际工具,这是不可动摇的马克思主义的语言学原理之一。但是这一原理并不排斥"言语"的存在。语言是全民所共有的财产,但运用语言的时候,却是某一个个别的人或某些个别的人,依照语言的一般规则,选择语言中的词汇成员,组成言语,来表达这一个个别的人或这些个别的人所要表达的思想感情。这种由某个个别的人或某些个别的人所说或所写的具体的话,称为"言语"。"语言"和"言语"是两个不同的概念,虽然两者之间是有密切的联系的。先举一个例。《思想跃进是科学大跃进的前提》,这是 1958 年 3 月 11 日《光明日报》社论的题目。这一句话的结构方式(主语在前,谓语在后,中间有个系词"是",谓语是名词性的词群等)及其词汇成员(我们可以在词典里找到的"思想"、"跃进"、"科学"、"大"、"前提"、"是"、"的"等)是属于语言的问题的,因为其中无论是语法规则,或是词汇成员,都是汉民族共同语所有的语言成分,即具有全民性的成分。但是这句话本身却并不属于语言问题,而属于言语问题,因为它所表达的是《光明日报》社的思想感情,尽管这种思想感情也可能是别的人或别的团体所有的。换言之,我们所运用的语言固然是汉民族所共有的。但我们所说的具体的话则是说话的人的言语。因为有了这种区别,在运用语言的时候,我们就不能只满足于语法规则的运用,词汇成员的运用,而还要在此基础之上来构成各种不同的言语风格。当然言语风格所以能够形成也有赖于语言所具有的各种风格手段的存在,从这一个角度来看问题,言语风格也可以称为语言风格,因为它是语言所具有的风格手段在具体环境之中的具体运用。什么是语言风格呢?我在我的《普通语言学》(增订本)里曾经对语言风格有一段解释说:"在应用语言的时候,由于环境的不同,我们就要选择一些适合于这环境的特殊的语言手段,来使我们的语言具备某种特殊的气氛或格调。这些特殊的语言气氛或格调就是语言的风格现象,而被用来表现这种气氛或格调的语言材料或语言手段则是语言的风格手段。"(320页)这一段话可以作为参考。因为说话的个别的人或个别的团体都有其特殊的性格,因为听话的个别的人或个别的团体也有其特殊的性格。总而言之,因为具体运用全民所共有的语言的时候,社会环境有所不同,我们不能不随着客观环境的改变,而使我们的言语具有各种不同的风格。不这样,我们的言语就要变成毫无生气的,不为读者或听者所注意,不能很好地发挥语言的交际作用。我们平时阅读科学论著的时候,我们就觉得其中的语言气氛和阅读文艺作品时所感到的语言气氛不同。科学论文具有特殊的精确性和逻辑性,文艺作品则具有特殊的形象性和艺术性。这就是两种不同的语言风格,因为语言环境有所不同,我们有必要在不同的环境里形成不同的语言气氛和格调。如果在科学论著里,我们不恰当地运用文艺作品的手法来写作,例如,说到氧气和氢气结合成水的时候而用文艺作品中所常用的成语"这两种元素如胶似漆地配合起来了",读者们看了,不但不会觉得生动,而且会觉得难受,甚至于失笑。这情形就说明了我们在写作的过程中必须注意各种不同的语言环境所需要的各种不同的语言风格。

个别的人或个别团体的言语既然与语言有所不同,任何一句具体的话既然都是某一个具体的说话人或某一个具体的说话团体的言语,一方面,我们在说话的时候就要自己去构造自己的语句,另一方面,我们就要按照说话的环境来构造各种不同式样的语句。如果我们只抄袭别人的现成的语句,这就不能够表现我们的个性;

如果我们用同样的格调在不同的语言环境里构成同样的语句,我们就不能圆满地达到目的。抄袭别人的现成的语句就不能真正地表现我们的思想感情。人们的思想感情虽然有许多共同的地方,但却有许许多多极其细微的区别。我们的语句所表达的意思尽管可以相差无几,但在人类的高度发展了的社会生活里,人类精神生活或文化生活的丰富性就依赖这种"无几"的"相差"来加以表现。这正是抄袭别人的语句会使听众或读者产生乏味或枯燥的感觉的原因之一。语言是思维的表达工具,又是思维得以进行的物质材料或物质基础,思维的训练要通过语言的训练。如果我们只抄袭别人的现成的语句,不去构造自己的语句,我们的思维活动就受到了限制,不能活跃,因之也就不能发展我们的思维,不能具有个人的思维特点,而使全社会的思维活动陷于贫乏枯燥的状态,不能丰富多彩。这正是不动脑筋的一种表现。说话是说给别人听的,写文章是写给别人看的。因此,要使我们所说的话或所写的文章让听众或读者产生更深的印象,我们也要随时变化我们的语句的组织,不要只用老一套,无论是抄袭别人的,或是自己所构造的语句。同样的一句话,无论它的内容如何地正确,除了已成为经典的名言,在听者或读者的心目中有特殊的威信之外,多说了几遍就会使听众或读者生厌。这也是我们要使言语多样化的一个原因。

听众或读者也有其特殊的思想感情,这种思想感情在不同的场合里是不相同的。于是,在不同的环境里,我们就要构成不同的言语风格。在进行激烈斗争的场合里,如果我们拿嘻皮笑脸的腔调来说话,我们就免不了要被听众嘘下台来;如果在联欢会上,我们板着脸孔,说出过分严肃的话,这联欢会就不会开得好。报纸社论的风格所以不同于短评的风格也是同样的原因。社论是作为高度的政治宣传来向全体人民说话的,它要严肃;但是短评就可以拿讥刺的风格来写。因为它只是作者的"随感"。专门的科学论著是写给专家们看的,既无需扯来扯去,也不必具有所谓的"艺术性",然而通俗的科学读物就要加上一些形象性的描写或笑料。写起"公约"之类的文件时,要短小扼要,但是写出辩论的文章时,就要针对着论点进行较长的逻辑的分析。这些实例都说明了语言风格的重要性。在文化高度发达的国家里,在思想感情丰富化和复杂化的情况下,风格的多样化是必然的趋势。

然而,我们目前却有公式化、一般化的文风。当然这文风并不是主要的潮流,但却也在某些人的身上表现得相当地突出。这现象必须加以纠正。记得在现代汉语规范化学术会议的时候,由于提出了语法规范化和词汇规范化的问题,不少的作家都有一种疑虑,他们害怕经过这一规范化,他们就不能在写作里运用一些方言土语或劳动人民的词汇成分。作家们的这种疑虑是应该的,而且是值得重视的。其实语法规范化和词汇规范化是另外一回事,并不排斥风格的多样化,只是我们并没有对这问题进行必要的讨论,也没有把这问题解说清楚,是工作上一个缺点。其实,正如上面所说的,语法的规范化和词汇的规范化,是语言的问题,而风格的多样化是言语的问题,两者虽然有密切的联系,却不容相混淆。语法的规范化只给我们规定下合乎语言发展规律的语法规则,而在同样的语法规则下,我们却可以构成许许多多的不同式样的语句。所以语法的规范化一方面可以使不同的风格式样能够为人们所了解(不合语法规则的语句可以引起误解),一方面却不排斥风格的多样化。我们既不能够由于提倡风格的多样化,而忽视语法的规范化,也不能够由于语法的规范化而要求人们在风格上也要像语法似的受到规则公式的束缚。何况就是语法的规范也不排斥语法的同义系列的存在。以为表达一种语法概念只能有一种语法规则的规范的,并不彻底地了解语法的规范问题。许多语言都存在着同一个语法概念而有几种不同的语法成分的情形。这些不同的语法成分所表达的中心意义是相同的,但却有不同的风格色彩。因为所表达的中心意义是相同的,我们就叫它们做语法的同义系列,正如我们把表达同一的中心意义而有不同的风格色彩的词称为同义词或词汇的同义系列一样。这些语法的同义系列既带有不同的风格色彩,其间就有一定的规范,规定某一语法同义系列之中的某一个成员表达某一个风格色彩。这些情形也是语法规范化的问题之一,只是我们还没有注意到这个问题,而机械地了解语法的规范化问题罢了。某些语法问题的争论,也是由于不注意语法的同义系列而引起的误会。我们不是说要风格的多样化,就要冲破语法的束缚,而是说要在语法的同义系列中选择其适合于某一语言环境的某一个成员来构成我们的言语风格。词汇的问题也是同样的情形。词汇的规范也并不排斥词汇同义系列的存在,只有不必要的同义词或没有用处(例如不能起风格上的区别)的同义词才是我们所要淘汰的。词汇的规范问题也应当包括各不同风格色彩的词汇的一定规范在内,即规定词汇的同义系列之中的一个成员是用来表达某种风格的。可惜我们也没有对这问题进行过必要的讨论,而机械地了解词汇的规范化问题。风格有种种不同的类型,文艺作品的风格具有特殊的性质,它可以运用所有其他的风格来恰当地组成作品的特殊的风格。科学论文有科学论文的风格,社论有社论的风格,记录有记录的风格,公文有公文的风格,一般的政治宣传有一般的政治宣传的风格……我们既不能违反一般的语法和词汇的规范,也不能忽视各不同风格之间的语法的同义系列和词汇的同义系列的各自的规范。此外,还有作家个人的风格。作家们尽管要遵守语言中所有的一般的语法规范和词汇规范,但他们却可以运用语法同义系列和词汇同义系列之中的某些恰当的成员来组成他们的文艺作品的风格或其他种类的言语风格,也可以运用语言中的所有规则来组成他自己的特殊的风格。只有这样,作家们才能在语言的艺术上有其特殊的贡献;只有这样,我们的语言才能日益丰富化,我们的社会生活的每一个角落里才能够看到欣欣向荣的气象。

当然,言语风格是和言语内容不可割裂地联系着的。我们之所以要有多样化的风格,正因为我们要在不同的环境里拿相应的风格手段来表达我们的思想感情的内容;我们的思想感情的内容也要求我们拿相应的风格色彩来在不同的环境里把它表达出来。不过,这里,我们只着重地从语言的角度来谈问题罢了。

公式化、一般化的文风也就是毛主席所说的八股化的文风。产生这种文风还有许多更重要的思想作风、政治认识的原因,这些问题毛主席已经在他的《反对党八股》的经典著作里说得很清楚,我们应当多加学习。本文只是从语言学的角度就语言和言语的区别来讨论语言规范化和言语风格问题之间的联系及其差别,而提出我国目前文风中的风格问题。

(原载《新建设》1958 年第 4 期)

语言的内部发展规律与外来词

我国语文工作者曾经对外来词问题有过不同的见解。有的人曾以保持语言的纯洁性为理由反对汉语吸收外语的词,有的人则认为外来词是丰富语言词汇的手段之一,主张大量吸收外语的词。这种争论也曾出现在我国少数民族语文工作者的队伍中。某些人认为少数民族语言吸收汉语的词,就会破坏少数民族语言的内部发展规律;另一些人则主张无条件地大量吸收汉语的词,以丰富少数民族语言的词汇。在这种争论中,我们要采取什么态度呢?我们认为要解决这个问题就要从对语言的内部发展规律和对外来词在语言内部结构中的地位的正确认识来着手。

尽管学者们对哪些具体的规律属于语言的内部发展规律之列,还没有得出明确的结论,但是有一个论点是大家所同意的,即语言的内部发展规律指的是语言内部结构发展趋向的公式,因之,不但语言有不同于其他事物,甚至于其他社会现象的发展规律,就是各个不同的语言也有其各自不同的内部发展规律。正是在这样的理解下,语言学者们认为各个语言的内部发展规律不容破坏。这种理解当然是正确的。但是在具体分析各种语言发展的现象时,学者们的见解就不同了。主张保持语言的纯洁性而反对吸收外语的词的学者们所理解的语言的内部发展规律显然有所不同于主张无条件地大量吸收外语的词的人的看法;前者有意无意地把语言的内部发展规律看成是一成不变的,不容许有任何的变动,后者则把吸收外语的词本身看成语言内部发展规律之一。我们认为这两种看法都有片面的地方,都对语言内部发展规律的细节有所误解。

语言的发展就体现在语言内部结构的演变上,没有语言内部结构的演变就谈不上语言的发展。语言的内部发展规律是受语言内部结构的状态所决定的。不同语言的不同的内部结构的状态体现为不同的内部矛盾的状态,因此使不同的语言按照不同的内部发展规律演变下去。然而语言内部的结构状态并不是一成不变的。语言的内部发展规律既然受语言内部结构状态所决定,那么,非常明显,在内部结构状态上有所不同的情况下,同一个语言在不同时期中的不同的内部结构状态,就可以使这同一个语言在不同的历史时期中具有不同的内部发展规律。正是这个缘故,谈到语言的内部发展规律时,我们不但要指出这是哪一种具体语言的内部发展规律,也要指出这是哪一种语言的内部结构在哪一个历史阶段上的发展规律。汉语双音节复合词的大量产生是中古汉语到现代汉语演变过程中的一条内部发展规律,与上古汉语无关。

那么,语言的内部结构的状态怎么会发生变化呢？这首先决定于语言的内部矛盾。语言的内部矛盾正是语言结构内各组成要素或成分之间的矛盾,包括语音形式和语义内容之间的矛盾。每一个时代,一种具体的语言都有其特定的内部结构的状态,这种状态正是语言内部结构各要素或各成分之间的对立而统一的局面。因为有统一,所以,语言能保持均衡;因为有对立,所以彼此之间有矛盾。矛盾不尖锐的时候,各要素或各成分之间可以"和平共处";矛盾尖锐了,就要使语言系统发生演变。直接决定语言的发展及其趋势的是语言内部结构的这种矛盾的局面。中古汉语到现代汉语之间所以大量产生双音复合词的现象,因为声母和韵母的单位减少了,语音形式和语义内容之间发生了尖锐的矛盾,而声母和韵母的减少则在很多的场合中受语音各要素之间的同化作用所决定。但是内因也要在外因的条件下起作用。如果没有人们在交际场合中为了彼此理解,加以运用,语言就不会产生任何演变。

可是,语言内部结构的对立而统一的状态并不是语言发展的唯一的原因,这种状态甚至于可以受到外力的打击而起改变。原子核的结构可以由于外面加入的其他中子的冲击而发生尖锐的矛盾,发生爆炸。同样地,外面某些成分强加到语言里来,语言内部结构的对立而统一的状态也可能起变化。亲属语言和地方方言的产生就说明了这一点。如果没有语言以外的不同的东西在某种外力的强制下加入语言中来,本来口操具有同样内部结构的同一个"母语"的人们就不会后来说不同的语言,本来口操同一个共同语的人们就不会后来说不同的地方方言。这显然是在不同的环境下,受不同的外力影响而使同一个语言内部结构的状态起不同的变异所生的结果。不过,外在的力量是多样化的,社会环境的变异,自然环境的变异,甚至于发音器官的变异,都可以通过社会交际对语言内部结构施以某种压力,使语言发生变动。只是这种外力必须通过语言内部结构的矛盾状态而起作用。同一个外力在不同语言中可以产生不同的结果。新的事物的产生有时甚至于不使某一种语言产生新词,而使旧词多出一个新义。因为不同的语言有不同的内部结构的状态,在内部结构状态拒绝某一新成分进入其中的时候,新的事物、新的概念甚至于可以不使语言发生任何变动。所以,在任何情况下,外因要通过内因来起作用。任何语言的发展都不能没有内因,也不能没有外因。不过,有的时候,内因所起的作用大,有的时候,外因所起的作用大。我们所以说它是内因,指的是它是发展的"根据",我们所以说它是外因,指的是它是发展的"条件",不是指的作用大小——外因有时也可以起很大的作用。

然而外因是怎样通过内因起作用呢？内部矛盾有不同的程度。由不同的要素组合而成的整体,在其保持平衡的状态时,也有内部矛盾,因为它总是一种对立的统一。但这种矛盾并不是尖锐的矛盾,不会破坏它的平衡状态,然而等到它的内部矛盾尖锐化了的时候,矛盾着的因素就要以极大的力量彼此斗争,互相抗衡。一般地说,语言的内部结构是排他性的,但是在外力的冲击下,不受欢迎的外面的东西也可以进入其中。任何一个新的成分的加入都会影响到语言内部结构的状态。但是有的新成分的加入并不会使语言内部结构发生尖锐的矛盾,因之,可以和旧有的各个成分处于"和平共处"的状态中,有的新的成分的加入则使语言内部结构发生尖锐的矛盾,不能"和平共处"。这正是在创造新词的时候,有的可以渐渐地生根,有的却被讽为"生造"的缘故。不能和旧有的成分"和平共处"的新的成分会被抗拒,除非有特殊的力量使它强行加入。"和平共处"的新的成分虽然能够被接纳,但却使语言的内部结构状态起了轻微的变动,累积起来甚至会使语言内部结构的状态渐渐地起质的变化,使语言发展成不同于原先状态的新的语言,而改变其内部的发展规律,正如同一个社会集体可以在不同的时期具有不同的发展规律一样。大量的"异己"成分的突然加入可以使语言破坏其内部的结构状态,但在历史发展的某一阶段上,由于某种外在原因的干扰,某些个别的格格不入的外语成分则只会破坏语言内部结构的个别的局面而进入语言。对语言本身来说，在内部结构矛盾状态能够忍受的状况下产生新的成分或吸收"异己"的成分而使语言渐渐地发展起来，甚至于发展成另外一种语言，改变了语言的内部发展规律，是语言发展的正常状态。在破坏语言内部某一局部的结构状态下产生新的成分或吸收"异己"的成分也不会破坏语言发展的常规，只是在适应的过程中要有一阵小风波，需要经过一段考验，才能证明其是否能与原有的语言成分终于"和平共处"。所以，语言的内部发展规律并不是一成不变的，但也不是可以随便加以破坏的。语言的内部发展规律与语言中的新的成分的产生以及外语成分的入侵并不是绝对不能相容的：新的成分的产生或外语成分的入侵如果是在语言内部结构的矛盾状态可以加以接受的情况下出现的，这就是语言发展的常态，谈不到破坏语言的内部发展规律。在缺乏足够的外在原因的情况下强使语言产生新的成分或吸收外语的成分，以及突然地一下子大量创造"不合式"的新的成分或吸收外语的成分，则不是语言内部结构的矛盾局面所能忍受的，会使语言失去其交际职能，不再成为合格的语言。

吸收外语成分是语言发展过程中由于外因起更大作用而引起的语言发展的现象，被吸收的外语成分本来是异己的，不但是本族语言原先所没有的，并且在结构方面可以和本族语言的结构特点格格不入，然而在外力的强制下，却能够被本族语言所吸收。在运用本族语言的人有必要谈及外语所有，本族所无的词所指明的事物时，如果他不能或来不及运用本族语言的原有材料，去创造合式的新词的话，他就会把外语的词吸入本族语言里来，给本族语言的词汇系统加入外来的成分。不过，对本族语言来说，这些被吸收的词却已经不再是外语的词（因为词的词位音位、词的词位义位和词的语法特点都已不同于外语的词），但也很难说就是纯粹本族语言的词；它既是本族语的，又留下外语的某些因素；它是本族语的外来词。外来词是来自外语的本族语的词，可能在词的结构上和本族语的词相同，但一般地说，还具有外语所留下的某些特点，尽管经过改造，却不能一下子就完全和本族语原有的词在结构上完全一致。因此，外来词之是否能在语言中"落户"，还要经过考验。某些在语言中根深蒂固的外来词，尽管就其来源来说，是来自外语的，但却成了本族语言的根深蒂固的词汇成员，并且可以成为本族语言的构词基础，假如汉语的"佛"原是梵语的 buddha 经过改造而进入汉语的，这个词已在汉语中根深蒂固，成为其他的词（如"佛手"、"佛山"、"佛牙"、"佛性"……）的构词基础。但不是所有的外来语都能在本族语里生根。汉语曾经在其历史的发展过程中出现过无数的外来词，但是它们并没有共同的命运。来自梵语 sādharika（音学术语，"平声"之意）、kaiśika（音学术语，"长声"之意）、ṣāsika（音学术语，"质直声"之意）、sāgikrām（音学术语，"应声"之意）、sādava（音学术语，"应和声"之意）、tūla（棉布）、gomūtra（牛尿）、acva（马）、vibhāsā（笺注）、khakhara（僧仗）、āmalaka（余甘子）的"娑陀力"、"鸡识"、"沙识"、"沙侯加"、"沙腊"、"兜罗绵"、"瞿摸怛罗"、"阿舍婆"、"毗婆娑"、"隙弃罗"、"庵摩勒"，来自古波斯语 fulūri（金币）、šabhari（黑色琥珀）、mirdāsang（黄丹）、danishmend（读书人）、bahadur（英雄）、tersa（基督徒）的"哺噜黎"、"撒巴尔"、"密陀僧"、"达实密"、"莫贺咄"、"达沙"，来自阿拉伯语 qāqulah（豆蔻）、'ambar（一种香名）、ṣūf（一种毛织品）、yāqūt（一种石名）、kadi（一种礼仪）的"葛古罗"、"俺八儿香"、"销袄"、"鸦忽"、"加的",来自突厥语 ilügäsi(国家的光荣)、yabgu(官职之名)、bägui(酒)、semmür(黑尾鼠)、böz(棉布)、ulaq(驿马)、šat(庙前之旗杆)的"颉于伽思"、"叶护"、"匐你"、"巳设"、"勃布"、"邬落"、"刹"(后世佛寺之称为"刹"乃"刺"之书误,"刺"来自梵语的 lasti),来自蒙语 sira(黄)、ordo(行宫)、tchagan(白)、kechik(皇帝之侍卫)、bitketchi(录事)、bagatur(英雄)、taisang(酋长)、batu(无敌之勇士)、anda(把兄弟)的"昔刺"、"斡耳朵"、"察罕"、"怯薛"、"必阇赤"、"霸都鲁"、"寨桑"、"拔突"、"安答",来自满语 sishe(褥子)、sisi(核桃)、singgeri(鼠)、sirin(铜)、songgiha(鼻子)、sirga(鹿)、karum(侦探)、ulme(针)、higabun(灯)的"失失黑"、"失失"、"申革"、"失里"、"双吉"、"失儿哈"、"哈剌安"、"兀鲁脉"、"非本",来自藏语 rkaṅduṅ(一种鼓名)、k'ri(国王宝座)、skye-dman(妇女)、mo-man(王后)、rṅa-moṅ(骆驼)、luṅrigs-bžer(高贵之人)、sbra(毛毡帐幕)的"干动"、"可黎"、"京面"、"末蒙"、"儿阿蒙"、"农力热"、"拂庐",来自马来语 ipar(姐夫或妹夫)、kantor(办公室)、sumur(井)、sumpah(出汗)、jěruk(一种柠檬)、kěras(强)的"移八"、"干刀"、"孙物"、"孙巴"、"日落"、"葛叻",来自意大利语 peregrimo(一种鹜鸟之名)、girofalco(一种鸟名)的"百勒基诺"、"入而发儿学",来自西班牙语 oro(金)、plata(银)、viento(风)、monte(山)、cielo(天)的"阿罗"、"巴罗礁"、"绵除"、"文池"、"西罗",来自葡萄牙语 aljofar(珠)、céo(天)、panta devbufalo(牛角)的"亚佐肥嘀"、"消吾"、"般打地天化立"等,都只昙花一现地出现在汉语中,而来自梵语 ullumpana(救出)、māra(鬼怪)、candana(香木之名)、ksana(一秒之四千五百分之一)、sphatika(晶体之一)、bimbara(果名之一)、patra(食器)、mullik(植物名)、arhat(僧徒之修行得道者)、dhātu(行脚僧)、dhyāna(思惟静虑)、samādhi(寂静)、nirvāna(死)、mandāra(天妙花)、kalpa(大时分)的"盂兰盆"、"魔"、"旃檀"、"刹那"、"玻璃"、"苹果"、"钵"、"茉莉"、"罗汉"、"头陀"、"禅那"、"三昧"、"涅槃"、"曼陀罗"、"劫",来自伊朗语或古波斯语 buksuk(植物名)、sūrnā(乐器名)、fǎrang(一种工艺品)、sěr(兽名)、chaj(舞名)、bādaga(果名)的"苜蓿"、"销楟"、"珐琅"、"狮子"、"柘枝舞"、"葡萄",来自突厥语 qorau(官象)、ghyunluk(香名)、labai(乐器)的"可汗"、"熏陆香"、"喇叭",来自阿拉伯语 babghā(鸟名)、murr(药名)、ḥulbah(药名)、zummurud(翠玉)、afyun(花名)、rukhām(云母石之类)的"八哥"、"没药"、"胡卢巴"、"祖母绿"、"阿芙蓉"、"绿甘",来自蒙语 eltšin(驿)、joo(寺庙)、gobi(沙漠)、haban(狗之一类)、horal(会议)的"站"、"昭"、"戈壁"、"哈巴狗"、"呼拉尔",来自满语 beile(爵号)、hasima(一种河鱼之名)、hochi(伴侣)、hosoo(哨兵)、kalum(关卡)的"贝勒"、"哈什蚂"、"伙计"、"哨"、"卡伦",来自藏语 mk'anpo(大寺院之方丈)、btsan p'o(国王)、lama(和尚)的"堪布"、"赞普"、"喇嘛",来自马来语 pinang(药名)、kemban(妇女用之胸巾)、kajang(草名)、bungai(鸟名)的"槟榔"、"干缦"、"茭葦"、"蒙雕",来自意大利语 fascisti(反动政党之名)、tempo(音乐进行之速度)、sonata(奏鸣曲)、oboe(高音笛)的"法西斯(蒂)"、"停波"、"梭那他"、"欧伯",来自西班牙语 cigarro(烟名)、cacao(植物之名)的"雪茄"、"可可"等,则在汉语里生了根。能够生根的比不能持久的要少得多。外来词所以能够生存要有内外的条件。从外部的条件说,要有交际中谈到外语的词所指明的新事物的要求。如果新的事物只与一部分说话人有关或只在狭小的范围内使用,这种外来词要随着这种交际环境的消失而消失。许多梵语来源的外来词所以不能在汉语中生根，就是因为这些词只是一部分佛教信徒在狭小的范围内使用的，随着这种交际场合的消失而消失。但是有了外部的条件，还不一定就能产生外来词。外来词尽管是本族语言的词汇成员，在结构上大体上要和本族语言的词的结构相适应，但还具有外语的词所遗留下来的某些结构特点，因此，尽管交际时有说明外语的词所指明的新事物的必要，人们却不见得就要吸收外语的词，加以改造成外来词，常常要用本族语言的构词成分去构造新词，借以指明外语的词所指明的事物。不过，由于交际的需要是迫切的，人们往往来不及运用本族语言的构词成分去构造新词，最初的时候，更多的情形是把外语的词搬过来，加以改造。所以，在两族人民发生接触，彼此传布文化的时候，往往有许多外来词产生。不过，由于外来词毕竟不如纯粹本族语的新词那样地容易适合本族语音的内部结构的特点，人们往往事后再用本族语的构词成分所构造的纯粹本族语的新词去代替它，使它失去存在。这是许多外来词不能在语言中生根的缘故。例如来自梵语 kalavingka 的"迦陵频伽"由于后来改用"好音鸟"而失去存在；来自梵语 karma 的"羯摩"由于后来改用"业报"而失去存在；来自梵语 niraya 的"泥犁"由于后来改用"地狱"而失去存在，来自梵语 tāna 的"檀那"由于后来改用"施主"而失去存在。由于最初搬用外语的词往往是在交际条件的迫切要求下进行的，可能由于不知道本族语言里已经有指明同样事物的词，这种外来词往往会在原有指明同样事物的词的竞争下失去存在。例如来自梵语 nāga 的"那伽"由于汉语中原有"龙"这一个词而失去存在；来自梵语 puchya 的"弗沙"由于汉语中原有"彗星"这个词而失去存在；来自梵语 surā 的"窣罗"由于汉语中原有"葡萄酒"("葡萄"本来也是外来词,但于汉语中出现"窣罗"之前,早已在汉语中生根,成了那时候汉语词汇的一个成员)而失去存在。在和语言中原有指明同样事物的词或和另有新创而指明同样事物的纯粹本族语言的词相竞争的情况下,一般的情形,外来词要受淘汰。例如,来自梵语 yava 的"耶婆"在和汉语原有的词"麦"的竞争下失去存在;来自梵语 vihāra 的"毗诃罗"在和后来新创的纯粹汉语的词"精舍"的竞争下失去存在。正是这个缘故,除非是在"急不择待"或无从创造纯粹本族语言的词(因为有的外语的词所指明的事物是本族语言原有的词或新创的词所不能确切表明的)的情况下,人们往往要尽力设法用本族语言原有的词或运用本族语言的构词成分去构造纯粹本族语言的新词。像人名、地名这样指明特殊事物的词,甚至都在某些情况下由于运用创造的纯粹本族语言的词而更容易被保留下来。例如佛教的一些"义译"的神名更容易为汉人所掌握。"观世音"甚至于是译错了的,然而却是汉人所最熟识的一个佛教神名。"观世音"梵语原文是 avalokifteçvara,其中的 avalok-意为"观",-ēçvara 意为"能者、高人",avalokifteçvara 原来的意思是"能够观察下界的神",因为译者把它看成 avalokasvara,其中的构词成分-svara 意为"音",就把它错译为"观世音"。但是,尽管是错译,却因为是义译,也就更普遍地传开了。当然有的时候,由于外来词已经在语言里生了根,再改用新创的纯粹本族语言的词已无必要,后来的人们就是想要改用,也难于成功。例如来自梵语 kalpa 的"劫"已经生了根,后来就是有人把它说成"大时分",也不能使"劫"失去存在。有的时候,外来词和改用的纯粹本族语的新词相竞争,可以由于运用的人的不同社会环境而两者并存。例如来自梵语 sāla(一种树名)的"娑罗",尽管后来有人改用"木绵",但是某些人却仍然把北京近郊潭柘寺的这种树称为"婆罗树"。有时为了适应不同的交际场合,同一个人可以忽而运用外来词,忽而运用指明同样事物的纯粹本族语的词。例如来自梵语namah的"南无",在汉语里创立纯粹本族语新词"皈依"之后,可能在某种场合中依然存在,如"南无阿弥陀佛"与"皈依"并存。现代各语言都有所谓"国际词"和本族语的词两套并存的现象,有的也是由于不同的场合而有两者并存的现象的实例。

外来词不是外语的词,而是来自外语的本族语的词。由于历史的来源可以是直接的或间接的,对语言来说,外来词应当是直接进入语言之中的外语的词而被改造者,不论这外语的词又有什么来源。例如中古汉语出现有"大石"或"泰实",它是来自辽语的taiši的,指的是"贵族",然而辽语的taiši则是来自汉语的"太师"的;中古汉语出现有"详稳",它是来自辽语的sänggun,指的是"贵家子弟",然而辽语的sänggŭn则是来自汉语的"相公"的。对辽语来说,taiši等是外来词,来自汉语的"太师"等;对汉语来说,"太石"(或"泰实")等都是外来词,来自辽语的taiši等。我们所以要这样地理解,因为语言词汇是一个系统,由于系统中所包含的某些成分的更替,系统就起变化,成为不同的系统,已经存在于某一语言的词汇系统中的词,不管其是否外来词,它就已经是语言词汇系统的组成员;不复存在于下一时期的词汇系统中的词就已经不是下一时期语言词汇系统的组成员;现实系统中所没有而向存在于别的语言的现实的词汇系统中去搬用其组成员,不论这组成员本身的来源怎样,搬用的结果所产生的本族语言的词汇成员都是外来词。而这样搬用之是否能够成功,这种外来词之是否能在语言中生根,也要看它是否能够和现实的词汇系统中的其他成分"和平共处"。

因为外来词之是否能够在语言中生根要看它之是否能在现实的语言词汇系统中和其他的语言成分"和平共处",一下子整批地创造外来词显然是难以成功的,因为词汇系统一下子接受过多的外来词会使它立刻发生难以克服的尖锐矛盾,使语言陷入混乱的状态,甚至于失去其特点的本质。不过,这不是说,语言中不会产生很多的外来词。由于外来词事后可以变成语言词汇中的稳固的组成员,逐渐地出现外来词,就是累积起来使外来词占语言词汇中的绝大多数,也不会破坏语言的正常发展,虽然到头来,语言的内部发展规律会因为外来词的大量累积而改变方向。

综上所言,我们可以说,外来词的产生有它的必然的需要,在交际环境的迫切要求下,外来词并不会因为其本族语言内部结构以外的东西而被拒绝进入语言;只要能够和现实的语言内部的结构状态"和平共处",外来词并且可能是促进语言发展的一个因素。而由于外来词的逐渐累积所引起的语言内部发展规律的变动也不会破坏语言的正常发展,因为语言的内部发展规律本来就会在正常的状态中逐渐改变其方向。基于这样的理论上的理解,如果历史上外来词的命运可以让我们吸取教训的话,一般的情形,我们应当首先考虑利用本族语言原有的词或利用其原有的构词成分在构造纯粹本族语的词去谈论外语所给我们提示的新的事物,再去考虑制造外来词。不过,我们也不能因此而裹足不前,处处要找本族原有的词或利用本族语原有的构词成分去构造新词。个别外来词之是否能生根的问题会由于外来词在使用中受到考验而自行解决,就是产生了个别格格不入的外来词也会受到自然的淘汰而无损于语言的内部发展规律。何况在交际的紧迫要求下,我们往往是在"急不择待"的情况下,不容我们先去慢吞吞地寻找本族语原有的词或去寻找原有的构词成分去创造纯粹本族语的新词呢。不过,在任何情况之下,一下子整批地大量创造外来词则要加以避免,因为用不着考验,这种情形就会破坏语言内部结构的均衡,使其失调而不再成为合格的交际工具。我们应当明白,外来词的产生之是否对语言有利或对语言起积极作用,要看具体的社会历史条件,要看具体的外来词,要看其产生的具体情况,不能把它机械地理解为绝对破坏语言内部发展规律的"孽种",或绝对丰富语言词汇的"宠儿"。

(原载1962年7月3日《光明日报》)

福州语之语丛声母同化

福州语有一个现象,就是一个语词单独说出来的时候,是一种发音法,前面加有另外一个语词而成为一个语丛(syntagme)①的时候,又是一种发音法,完全看前一语词的收尾如何而定。这种情形很像法语的 liaison,但比较起来,更为复杂,语言学家称之为 sandhi 作用,因为梵文的 sandhi 也正是语词在语丛中的同化作用(assimilation)。

这种 sandhi 作用可以译为语丛的同化作用,其实是句法语音学(phonétique syntactique)②的一个问题,一般人多半不大注意,因为一向研究语音的人都只注重语词的单独的发音,而没有注意到语词和语词联在一起结成语丛时是如何的情形。语言本是一个现实的系统,说话的时候总是几个语词组合起来,很少只说单语。语词与语词之间的接触自然会引起语音的变化,所以不但是福州语,就是北平语也有这情形,比方说"啊"(ɑ,ʌ)在收尾-u 的语词之后就变成了"哇"(uɑ),在收尾-i 的语词之后就变成了"呀"(iɑ),在

---

① 关于"语丛"(syntagme)的意思,请参阅 F. de Saussure 所著之 *Cours de linguistique générale*, IIᵉ partie, chap. II。

② 句法语音学一向是语言学家所忽略的,Grammont 对此有特别的讨论,请参阅其所著之 *Traité de phonétique*, pp. 359—377。

收尾-n的语词之后就变成"哪"(nɑ)。① 不过福州语的变化最为复杂罢了。

一向研究中国音韵学的人都只从单语语音的拟构上下工夫，我们觉得一部分的音韵变化应当是句法语音学的现象所生的结果，所以愿意将福州语的语丛声类变化作个事实的描述，让我们明瞭句法语音学在实际语言的作用上是如何地重要。

福州语的辅音共有十九个：

闭塞音	p p' t t'		k k'
鼻音	m n		ŋ
流颤音	l [r]		
摩擦音	[β] s [ʒ] [ʒ̃]		ɕ x
闭塞摩擦音		tɕ② tɕ'	

其中的 r③,β,ʒ,ʒ̃ 并不存在于单独的语词，只存在于语丛同化作用中。所以，福州语的独立辅音只有十五个。

福州语的收尾共有十种，其中八个是元音④，两个是辅音。

元音收尾：　i　u　y

　　　　　　ɑ　ɔ　œ

　　　　　　ɛ

　　　　　　e

辅音收尾：　k　　　ŋ

当这不同的收尾和不同的开头声母在语丛之中发生接触的时

---

① 参阅拙作《汉语句终词的研究》，文载《燕京学报》第三十一期，第92—95页。
② 我在此前讨论语法的著述里，为着方便起见，就标这种音为 ts, ts'，不加细别，本文系讨论语音问题的，所以就改标为此，以求精确。
③ 这 r 的颤动甚微，极近于 ɹ。
④ 这只是就收尾的元音而言，福州语还有其他的元音，不过不是收尾的元音罢了。

候,这一下语词的开头声母也就发生变化了。变化的原则是这样的:

(一)收尾元音和双唇闭塞无声辅音 p 或 p' 发生接触的话,这 p 或 p' 都变成了双唇摩擦有声辅音 ß,因为发元音时的声带振动继续蔓延到发下一语词的辅音上,使这辅音变成有声辅音,又因为元音的开口度(aperture)高(中国人所谓的"洪"),使开口度最低的闭塞音变成开口度较高的摩擦音。吐气的损失是因为有声的辅音根本上不能有吐气。① 例如:

ŋui piŋ(外宾)＞ŋui ßiŋ

k'ɔ pieŋ(靠边)＞k'ɔ ßieŋ

xua piŋ(花瓶)＞xua ßiŋ

ku piŋ(古兵)＞ku ßiŋ

y piŋ(于斌)＞y ßiŋ

tɕ'œ pɛik(初八)＞tɕ'œ ßɛik

ɛ peik(鞋拔)＞ɛ ßeik

kie pɔ(寄报)＞kie ßɔ

——以上不吐气

kɛ p'ɔ(街坡)＞kɛ ßɔ

tɕie p'eik(紫壁)＞tɕie ßeik

tuai p'ak(大拍)＞tuai ßak

ka p'eiŋ(加聘)＞ka ßeiŋ

k'ɔ p'iaŋ(去拼)＞k'ɔ ßiaŋ

---

① 有声闭塞音不能带吐气,因为吐气是打开声门,让空气出去,声带不能振动。这是 Fouché 先生的理论。福州语的变化可以给他一个证明。

tɕy pʻui(书皮)＞tɕy ßui

ou pʻie(有批)＞ou ßie

lœ pʻui(驴皮)＞lœ ßui

——以上吐气＞不吐气

(二)收尾元音和舌尖齿龈闭塞无声辅音 t 或 tʻ 发生接触的话,这 t 或 tʻ 就变成了舌尖颤音 r,因为元音的声带振动延及下一语词的闭塞辅音,元音的开口度使闭塞音变为开口度比较更高的颤音。吐气的损失同前理。例如:

xɔ tuɑi(好大)＞xɔ ruɑi

tʻu tiŋ(土亭)＞tʻu riŋ

sœ tai(梳台)＞sœ rai

ny tɛik(女德)＞ny rɛik

kɑu tɔ(九刀)＞kɑu rɔ

kɛ tiŋ("上头")①＞kɛ riŋ

kɑ tiŋ(家庭)＞kɑ riŋ

——以上不吐气

kʻu tʻouŋ(苦痛)＞kʻu rouŋ

xɔ tʻiaŋ(好听)＞xɔ riaŋ

tɕui tʻøyŋ(水桶)＞tɕui røyŋ

xuɑ tʻiaŋ(花厅)＞xuɑ riaŋ

sɛ tʻɑu(洗头)＞sɛ rɑu

mɔ tʻɑu(冒头)＞mɔ rɑu

——以上吐气＞不吐气

---

① 凡加""符号者,表示这只是翻译的意思,并不是福州语的文字读音。

(三)收尾元音和摩擦齿音 s 发生接触的话,这 s 也发成了舌尖颤音 r,因为 s 也正是舌尖齿音的一种。例如:

xɔ siek(好吃)＞xɔ riek

xua seiŋ(花生)＞xua reiŋ

tɕ'u siŋ(粗心)＞tɕ'u riŋ

y siŋ(雨神)＞y riŋ

i sɔ(伊嫂)＞i rɔ

k'œ sie("为什么")＞k'œ rie

kɛ siŋ(街心)＞kɛ riŋ

kie siŋ(寄身)＞kie riŋ

(四)收尾元音和流音 l- 发生接触的话,这 l 就变成舌尖颤音 r-。例如:

tɕiu li(就来)＞tɕiu ri

k'ui liaŋ(开头)＞k'ui riaŋ

ku liaŋ(鼓岭)＞ku riaŋ

tuai lœ(大驴)＞tuai rœ

tau lik(斗笠)＞tau rik

(五)收尾元音和舌根闭塞音 k 或 k' 接触的话,这 k 或是 k' 就损失了,因为前后元音的开口度和声带振动的继续使舌根和软颚不能闭塞。例如:

k'ui kouŋ(开缸)＞k'ui ouŋ

tɕau ki(臭棋)＞tɕau i

ny ka(女家)＞ny a

k'ɛ kouŋ("快讲")＞k'ɛ ouŋ

sie keik(施橘)＞sie eik

kɔ kaŋ(高筒)＞kɔ aŋ

lœ kieŋ(驴肩)＞lœ ieŋ

ka kouŋ(假讲)＞ka ouŋ

(六)收尾元音和摩擦后颚音 ç 接触的话,这 ç 也就损失了。例如：

ia çioŋ("真香")＞ia ioŋ

mɛ çieŋ tɕieŋ(卖现钱)＞mɛ ieŋ ʒieŋ

u çiŋ(无形)＞u iŋ

k'ɔ çi(可喜)＞k'ɔ i

ŋy çiŋ(鱼形)＞ŋy iŋ

tuai çioŋ(大响)＞tuai ioŋ

uoŋ sie çiŋ(王世兴)＞uoŋ nie iŋ

lœ çiŋ(驴形)＞lœ iŋ

(七)收尾元音和摩擦软颚音 x 接触的话,这 x 也就损失了。例如：

ia xɔ("真好")＞ia ɔ

si xouk(四幅)＞si ouk

naŋ tɕy xaŋ(男子汉)＞naŋ ʒy aŋ

ku xɔuk(古学)＞ku ɔuk

ŋou sie xouk(五世福)＞ŋou rie ouk

sɛ xɔuk(西学)＞sɛ ɔuk

k'ɔ xɔuk(考核)＞k'ɔ ɔuk

xœ xœ t'ie("濠濠哭")＞xœ œ rie

(八)收尾元音和无声闭塞摩擦舌叶中颚音 tɕ 或 tɕ' 接触的话,这 tɕ 或 tɕ' 就变成了有声舌叶前颚摩擦音 ʒ,因为前后元音的声带振动使他变成一个有声的音素,而 t 的闭塞音的性质又因为前后元音的开口度而溶化在较"洪"的摩擦音 ʒ 之中。吐气的损失也是因为有声辅音不能带吐气的缘故。例如:

  tɕɛ tɕiŋ(齐整)＞tɕɛ ʒiŋ

  tɕui tɕaŋ(水井)＞tɕui ʒaŋ

  tɔ tɕiŋ(多情)＞tɔ ʒiŋ

  ku tɕioŋ(古砖)＞ku ʒioŋ

  tɕy tɕɛ(书斋)＞tɕy ʒɛ

  mœ tɕeiŋ("糊涂症")＞mœ ʒeiŋ

  mɛ tɕiŋ(买进)＞mɛ ʒiŋ

  xuɑ tɕieŋ(花钱)＞xuɑ ʒieŋ

        ——以上不吐气

  sœ tɕ'ouk k'ɔ("混出去")＞sœ ʒouk k'ɔ

  mi tɕ'ouŋ(米仓)＞mi ʒouŋ

  xou tɕ'iŋ(父亲)＞xou ʒiŋ

  kɑ tɕ'ouŋ(架床)＞kɑ ʒouŋ

  sɛ tɕ'ouŋ(西窗)＞sɛ ʒouŋ

  u tɕ'eik(乌漆)＞u ʒeik

  mɔ tɕ'ouk seik(没出息)＞mɔ ʒouk seik

  lie tɕ'ie(荔枝)＞lie ʒie

        ——以上吐气＞不吐气

(九)收尾-ŋ 和双唇闭塞辅音 p 或 p' 接触的话,这 p 或 p' 就变成了 m-,因为-ŋ 的鼻音延续到下一语词的声母,使其变成双唇鼻音。例如:

  t'ieŋ piŋ(天兵)＞t'ieŋ miŋ

tɕ'aŋ pouŋ(青帮)＞tɕ'aŋ mouŋ

ioŋ peik(铅笔)＞ioŋ meik

touŋ piŋ(当兵)＞touŋ miŋ

kuŋ pɔ(公婆)＞kuŋ mɔ

——以上不吐气

kaŋ kiŋ p'ak(赶紧拍)＞kaŋ ŋiŋ mak

siɔk t'ioŋ p'ie("一封信")＞siɔk t'ioŋ mie

k'aŋ p'uɔ(看谱)＞k'aŋ muɔ

kuaŋ p'eik(官癖)＞kuaŋ meik

maŋ p'uɔ("夜里")＞maŋ muɔ

——以上吐气＞不吐气

（十）收尾-ŋ和无声舌尖齿音 t 或 t'接触的话，这 t 或 t'就变成了鼻化齿音 n，因为-ŋ 的鼻音成分延及 t 或 t'，而这齿音的鼻化音就是 n。例如：

miŋ tøyŋ(命中)＞miŋ nøyŋ

uoŋ tuŋ(远东)＞uoŋ nuŋ

tɕ'yŋ touŋ(冲动)＞tɕ'yŋ nouŋ

pouŋ tuk(放毒)＞pouŋ nuk

puŋ tuŋ(房东)＞puŋ nuŋ

——以上不吐气

tsouŋ t'uŋ(总统)＞tsouŋ nuŋ

t'ieŋ t'ai(天梯)＞t'ieŋ nai

pouŋ t'u(粪土)＞pouŋ nu

tɕ'iaŋ t'øyk(请读)＞tɕ'iaŋ nøyk

tɕ'iŋ t'ouŋ(清汤)＞tɕ'iŋ nouŋ

——以上吐气＞不吐气

(十一)辅音收尾-ŋ和舌尖流音l-接触的话,这l也就变成舌尖鼻音n-了。例如：

tɕ'iŋ liu(清流)＞tɕ'iŋ niu

kaŋ lɔ(监牢)＞kaŋ nɔ

ioŋ liu(杨柳)＞ioŋ niu

p'iŋ lik(拼力)＞p'iŋ nik

tɕ'ouŋ lieŋ(窗帘)＞tɕ'ouŋ nieŋ

(十二)收尾-ŋ和摩擦齿音s-接触的话,这s-也变成了鼻化齿音n-。例如：

siŋ saŋ(先生)＞siŋ naŋ

kuaŋ siŋ(关心)＞kuaŋ niŋ

tɕ'iŋ siŋ(清晨)＞tɕ'iŋ niŋ

kaŋ søy(干事)＞kaŋ nøy

piŋ siŋ(冰心)＞piŋ niŋ

(十三)收尾-ŋ和闭塞舌根音k或k'接触的话,这k或k'就变成了鼻化舌根音ŋ-。例如：

kuoŋ kiŋ(光景)＞kuoŋ ŋiŋ

k'uaŋ kiŋ(环境)＞k'uaŋ ŋiŋ

kouŋ kai(讲解)＞kouŋ ŋai

tɕ'ioŋ ki(象棋)＞tɕ'ioŋ ŋi

k'eiŋ keik(庆吉)＞k'eiŋ ŋeik

——以上不吐气

tɕ'iŋ k'ɛ(清溪)＞tɕ'iŋ ŋɛ

tɕ'iŋ k'u(清苦)＞tɕ'iŋ ŋu

nøyŋ kʻak("客人")＞nøyŋ ŋak

kioŋ kʻouŋ(健康)＞kioŋ ŋouŋ

siŋ kʻɑŋ(心坎)＞siŋ ŋɑŋ

————以上吐气＞不吐气

（十四）收尾-ŋ和摩擦后颚音ɕ-发生接触的话，这ɕ-就变成了舌根鼻音ŋ-。例如：

tɕiŋ ɕioŋ(真香)＞tɕiŋ ŋioŋ

tɕʻiaŋ ɕi tɕiu(请喜酒)＞tɕʻiaŋ ŋi ʒiu

tyŋ ɕiŋ(中兴)＞tyŋ ŋiŋ

lɛ kiŋ ɕi(黎锦熙)＞lɛ kiŋ ŋi

kyŋ ɕi(恭喜)＞kyŋ ŋi

（十五）收尾-ŋ和摩擦软颚音x发生接触的话，这x也就变成了舌根鼻音ŋ-。例如：

tɕiŋ xɔ(真好)＞tɕiŋ ŋɔ

tyŋ xɔuk(中学)＞tyŋ ŋɔuk

køyŋ xu(工夫)＞køyŋ ŋu

mieŋ xuŋ(面粉)＞mieŋ ŋuŋ

uoŋ xu(王府)＞uoŋ ŋu

（十六）收尾-ŋ和无声闭塞摩擦舌叶中颚音 tɕ 或 tɕʻ发生接触的话，这 tɕ 或 tɕʻ就变成了有声舌叶前颚摩擦鼻化音 ʒ̃-，因为前后的元音和开口度使前一闭塞成分变成摩擦成分，与后一摩擦成分相混，成为有声辅音，又因为前一语词的鼻化收尾的同化，而成为鼻化音。例如：

kaŋ tɕɔ(敢做)＞kaŋ ʒ̃ɔ

tʻieŋ tɕaŋ(天井)＞tʻieŋ ʒ̃aŋ

tɕʻuŋ tɕiŋ(春情)＞tɕʻuŋ ʒ̃iŋ

kaŋ kiŋ tɕau(赶紧走)＞kaŋ ŋiŋ ʒ̃au

teiŋ tɕyŋ(点钟)＞teiŋ ʒ̃yŋ

——以上不吐气

tɕʻaŋ tɕʻau(青草)＞tɕʻaŋ ʒ̃au

pouŋ tɕʻøyŋ(放铳)＞pouŋ ʒ̃øyŋ

suŋ tɕʻouŋ(船舱)＞suŋ ʒ̃ouŋ

tɕʻiŋ tɕʻu(清楚)＞tɕʻiŋ ʒ̃u

ŋyŋ tɕʻa(银叉)＞ŋyŋ ʒ̃a

——以上吐气＞不吐气

(十七)收尾-ŋ和元音发生接触的话,这元音的前面就多了一个辅音 ŋ-。例如:

tɕʻaŋ i(青衣)＞tɕʻaŋ ŋi

siaŋ iŋ(声音)＞siaŋ ŋiŋ

teiŋ ia(真野)＞teiŋ ŋia

piŋ aŋ(平安)＞piŋ ŋaŋ

mieŋ ɛ(棉鞋)＞mieŋ ŋɛ

sioŋ u(尚武)＞sioŋ ŋu

touŋ y(堕雨)＞touŋ ŋy

(十八)收尾-k[1]和鼻化舌齿辅音 n-发生接触的话,这 n-可以变成 t-,我们说"可以",因为这并不是常有的现象。这只见于入声语词和句终词呢(ni)接触的情形,而且只是偶然的。原来 k 是口

---

[1] 福州语的入声收尾辅音-k,一般人的发音是个不破闭塞音(implosive)之-k,但有的人则发为喉塞[ʔ],有的人甚至于没有发任何的音。关于这种情形,请阅下文。

腔辅音,n 是鼻腔辅音,接触的结果,n 就失去他的鼻腔性,而成为口腔齿音 t。例如：

  i k'ɔ ti siɔk kuɔk ni?（他去哪一国呢?）＞i k'ɔ ti-riɔk kuɔk ti?

  siek ŋ siek ni?（吃不吃呢?）＞siek ŋ ŋiek ti?

  tɕui tie-nœ sei tuɑi xɔuk ni?（这哪里是大学呢?）＞tɕui tienœ sei tuɑi-ɔuk ti?

(十九)收尾-k 和鼻化双唇辅音 m-接触的话,这 m-可以变成 p。我们说"可以"因为这并不是常有的现象,只见于入声语词和句终词 mɑ(mʌ)接触的情形,而且只是偶然的。m 失去鼻化,就是 p。例如：

  ny t'øyk mɑ?（你读吗?）＞ny t'øyk pɑ?

  i k'ɔ xuɑk kuɔk mɑ?（伊去法国吗?）＞i k'ɔ xuɑk kuɔk pɑ?

  ny ŋ siek mɑ?（你不吃吗?）＞ny ŋ ŋiek pɑ?

这里,关于入声收尾的情形,我们应当略加解释。中古时代的-p,-t,-k,现在的福州语都归成唯一的-k,但是这-k 也只是"不破闭塞音"(implosive plosive),有的人只发出一个喉塞(ʔ),甚至于连喉塞也没有,只保留有入声的声调而失去入声的收尾。如果这样的话,它的声母同化作用就依据元音收尾的原则进行。例如：

  kuɔk t'u(国土)＞kuɔ ru

  xɔuk seiŋ(学生)＞xɔu reiŋ

  siek pouŋ(吃饭)＞sie ßouŋ

  k'eik k'ei(客气)＞k'ei ei

这是特殊的情形,但是这种趋势已经相当地普遍,入声语词的收尾说不定不久就会不存在。

以上是叙述发生语丛声母同化的情形。但是,有一部分的首音却并不因为前一语词的收尾而起变化,这一类的首音只有四种:

(一)以元音为首音的,除了前一语词是-ŋ收尾之外,其他任何的收尾都对它不生影响。因为福州语的辅音收尾只有-ŋ和不破闭塞音-k两个,我们的意思就是说在-k和其他一切元音收尾之后的语词,如果它的首音是元音的话,它就没有任何的变化。例如:

  kɑ ɑŋ(加鞍)——kɑ ɑŋ

  y ɛ(雨鞋)——y ɛ

  tɕʻœ eik(初一)——tɕʻœ eik

  ku iŋ(古音)——ku iŋ

  kie ei(鸡味)——kie ei

  ɔ iŋ(河阴)——ɔ iŋ

  tɕai ak(纸匣)——tɕai ak

  mɛ i sioŋ(买衣裳)——mɛ i rioŋ

  xouk ɑŋ(福安)——xouk ɑŋ

(二)以双唇鼻音 m-为声母的语词,无论前一语词的收尾如何,都不生变化。例如:

  ŋa muoŋ(衙门)——ŋa muoŋ

  lœ meiŋ(驴面)——lœ meiŋ

  siu mak(小麦)——siu mak

  ŋy mui(鱼尾)——ŋy mui

  pi mik(秘密)——pi mik

  ɛ meiŋ(鞋面)——ɛ meiŋ

t'ie ma("啼泣")——t'ie ma

k'ɔ miaŋ(靠命)——k'ɔ miaŋ

tɕ'uŋ miŋ(聪明)——tɕ'uŋ miŋ

（三）以舌齿鼻音 n- 为声母的语词，无论前一语词的收尾如何，都不生变化。例如：

ka ny(家女)——ka ny

tɕy nioŋ("女人")——tɕy nioŋ

si nøyŋ(死人)——si nøyŋ

k'u naŋ(苦难)——k'u naŋ

sœ nøyŋ("骗人")——sœ nøyŋ

nɛ niŋ(泥泞)——nɛ niŋ

ɕie nouŋ(悬囊)——ɕie nouŋ

xɔ niek(好拿)——xɔ niek

aŋ niŋ(安宁)——aŋ niŋ

ŋui kuɔk ni(外国呢)——ŋui kuɔk ni

（四）以舌根鼻音 ŋ- 为声母的语词，无论前一语词的收尾如何，都不生变化。例如：

kiu ŋɔ(骄傲)——kiu ŋɔ

t'i ŋaŋ(堤岸)——t'i ŋaŋ

tɕ'a ŋu nyk(炒牛肉)——tɕ'a ŋu nyk

tɕy ŋiek(书额)——tɕy ŋiek

ɔ ŋaŋ(河岸)——ɔ ŋaŋ

sɛ ŋu(洗牛)——sɛ ŋu

t'ie ŋai lɔ(撕坏了)——t'ie ŋai lɔ

lœ ŋa(驴牙)——lœ ŋa

tɕʻaŋ ŋuɔk(青玉)——tɕʻaŋ ŋuɔk

siek ŋy(吃鱼)——siek ŋy

现在无妨将这发生同化和不发生同化两种情形制表于下,以求醒目:

同 化 表

	上语收尾	下语首音	下语首音之变化
元音收尾	-o①	p-,pʻ-	ß-
	-o	t-,tʻ,s-,l-	r-
	-o	k-,kʻ-,ç-,x-	-②
	-o	tɕ-,tɕʻ-	ʒ-
鼻音收尾	-ŋ	p-,pʻ-	m-
	-ŋ	t-,tʻ-,s-,l-	n-
	-ŋ	k-,kʻ-,ç-,x-	ŋ-
	-ŋ	o-	ŋ-③
	-ŋ	tɕ-,tɕʻ-	ʒ̃-
入声收尾	-k	n-	t-
	-k	m-	p-

不 变 表

上语收尾	下语首音	下语首音保持原样
-o	o-	o-
-o,-ŋ,-k	m-	m-
-o,-ŋ,-k	n-	n-
-o,-ŋ,-k	ŋ-	ŋ-

---

① 表中之 o 代表一切的元音收尾。
② 这是"损失"的意思。
③ 这是元音之前加上一个 ŋ 的意思,并不是说元音变成了 ŋ。

福州语的独立语词一共有十五个辅音,其中只有三个鼻音(m-,n-,ŋ-)不受前一语词的收尾的同化作用,元音首音只在上语收尾为元音的情形之下不生变化。其复杂的情形也就可想而知了。这种变化完全是语音的自然趋势,并非语法的要求,因为这变化并不表示任何意义上的差异。然而语法的结构对它却有影响。平常一语一词慢慢说话的时候,这些变化可以不发生,但是说得快的时候,就必然有这现象的发生,不过就是说得快的时候,也并不是都会发生,还要看语词与语词之间是不是有结合在一起成为一个语丛的情形而定,总之,组合的语词和小句之中的语词都会发生变化,但是,如果碰到偶然或是语法上的必要的停顿时,这变化就不发生了。所以这种变化实在和句法的结构有密切的关系。

(原载《燕京学报》第33期,1947年)

美国描写语言学
语言分析方法述评[*]

美国描写语言学(或简称描写语言学)创始于保爱斯(F. Boas)和布仑费尔德(L. Bloomfield)。描写语言学提倡从具体的言语材料出发来分析语言。他们把传统的语言学家们所自发运用的替换法、对比法提高到理论的水平加以阐明。他们纠正了传统语言学的某些逻辑主义的偏向,注重曾经被忽视的某些语言结构形式和语音方面的分析。他们提出例如音联、调弧、形位音位等等见解。他们企图把复杂的语言事实化为简明的公式。他们建议建立语言分析法的具体手续,等等。这些都是值得我们注意的。我们正需在接受传统语言学的优良的科学遗产的基础上,采取这些合理的内核,以马克思主义、毛泽东思想为指导思想,来建立我们的合理的语言学理论和语言分析法。但必须以批评的态度来对待描写语言学,绝不能盲目地加以歌颂,也绝不能把它生吞活剥地搬来运用。

下面就美国描写语言学对语言的基本看法、美国描写语言学语言分析法的基本特点、美国描写语言学语言分析的基本方法和美国描写语言学语言分析法的具体手续四个方面,加以介绍,并进

---

* 本文是作者据 1962 年 10—12 月在华东各地讲学的部分讲稿整理而成,1963 年秋曾提交中国科学院哲学社会科学部学部委员会第四次扩大会议。收入文集时有删节和局部调整。

行批评。

一 美国描写语言学对语言的基本看法

美国描写语言学主要是以制定一套具体的语言分析法为目的和活动的范围的,并不着重地谈论有关语言本质的理论问题,但是,这一学派也不像某些人所说的那样,只有具体的语言分析法的建立,不空谈理论。事实上,这一学派也有其对语言的一些牢不可破的看法,他们并且就是根据这些牢不可破的语言理论而去制定他们的具体的语言分析法的。正如德·索绪尔所说的,"没有这初步的手续(按,指的是对研究对象的本质特点加以解释的手续),一种科学是不可能建立起一种方法的"[1],描写语言学家们也是以其对语言的一些理论上的看法来充作其制定具体的语言分析法的根据的。描写语言学家们彼此之间对语言的看法当然也不完全相同,但是他们大体上在下面几个论点上是比较一致的:

(1)他们虽然也把语言说成是交际工具[2],但是他们所理解的交际工具却是和表达抽象思维的作用无关的。自从十九世纪初年方·洪堡尔特提出语言是表达工具的主张之后,历史比较语言学家保罗等曾经强调语言的表达职能,而把语言看成是表达个人思想感情的工具,建立起他们的个人心理主义的语言理论。其后,由于德·索绪尔等人在语言学中建立起社会心理主义的理论,人们

---

[1] F. de Saussure: *Cours de Linguistique Générale*, Paris, 1931, p. 16.
[2] 参阅 H. A. Gleason: *An Introduction to Descriptive Linguistics*, New York, 1955, p. 337; B. Bloch & G. L. Trager: *Outline of Linguistic Analysis*, Baltimore, 1942, p. 5。

就逐渐地把语言看成是社会成员间的交际工具,与前一观点相对立。不过,在社会心理主义者把这对立看成是个人观点与社会观点之间的对立时,美国的描写语言学家们则进而把这对立也看成是机械的物理—生理现象与抽象思维的体现者之间的对立。换言之,社会心理主义学派提出语言是交际工具的理论时,他们的目的在于反对把语言看成是个人心理现象,只在于把语言的表达职能附于语言的交际职能之下;然而美国的描写语言学家们则把语言的交际职能看成是红绿灯似的唤起人们某种机械的生理行为的声音信号①,而把语言和思维的关系仅仅看成是一系列单纯的物理刺激和机械的生理反应的循环②。

(2)美国的描写语言学家们把语言看成仅仅是声音符号。例如布洛哈(B. Bloch)和特拉志(G. L. Trager)说:"语言是一个人为的声音符号的系统,社会集体利用它作为合作的工具……这个系统中的符号是口里说出的声音——人们由我们所说的发音器官所产生的声音。"③德·索绪尔曾经说过,语言是符号系统,语言符号是能指和所指的结合物,其中能指是音响形象,所指是概念,缺少两者之中的任何一方,都不成其为语言符号。德·索绪尔又曾说过,一般的了解往往把语言符号只看成是两者之中的能指方面,即音响形象。美国的描写语言学家们接受了语言是符号系统的理论,但却在理论上把语言符号看成仅仅是具有物质性的声音,认为只有具有物质性的存在物才能充作符号。这样一来,他们就成了

---

① 参阅 L. Bloomfield: *Language*, p. 32。
② 这里暂照一般的理解谈论语言的表达职能,详细的情况参阅高名凯:《语言论》,第一部分第二章,科学出版社,1963。
③ B. Bloch and G. L. Trager: *Outline of Linguistic Analysis*, pp. 5—6.

机械主义者。他们虽然也说语言符号有所指的一面,但这所指的一面却只是对语言符号的刺激所生的单纯的生理反应,并且静悄悄地被他们驱出语言符号的范围之外。他们既认为语言符号有所指的一面,又把语言符号只看成是声音;这种自相矛盾的局势就特别突出地表现在他们对意义的理解和态度上。

（3）美国的描写语言学家们对意义的理解和态度是极其模棱的。他们也谈到意义,但却对意义有特殊的理解,也抱着特殊的态度。例如布仑费尔德认为意义是"说话人说话时的环境以及在听话人那儿所引起的反应",亦即与说出的或听进的声音符号相应的刺激-反应的成分[1];对语言意义的科学的说明是以说话人对世界的科学而精确的认识为前提的,因此,只有"全知的人"才能研究意义。这里,布仑费尔德把作为言语内容的意义复合物和语言中的词汇意义、语法意义混为一谈。因此,虽然他也说人们所说的某些话,按其意义说,有时可以是相同的,不注意意义就无法决定两句话到底是否相同,但这种注意并不能帮助我们对语言成分,即词汇成分或语法成分进行分析。何况他既认为意义是难于捉摸的,他就把意义的研究留在语言研究的次要的地位上,要求人们永远要从语音的形式着手研究语言。[2] 布仑费尔德对意义的这种理解和态度可以说是后来的描写语言学家们所共同接受的,只是程度上有所不同罢了。例如布仑费尔德还认为应当参考意义去分析语言,后来的描写语言学家们如布洛哈、特拉志、哈里斯等基本上认为可以完全不顾意义而进行语言分析,福利斯（C. C. Fries）、霍克

---

[1] L. Bloomfield: *Language*, p. 139.
[2] 同上书, p. 162。

特(C. F. Hockett)、葛礼桑(H. A. Gleason)等认为要参考意义去分析语言,不过也只是参考参考而已,并没有重视意义的分析,甚至于没有把意义的分析列入语言学的研究范围之内。就是其中有对意义多说几句话的人,也没有能够摆脱他们对意义的这种一般的态度。例如福利斯曾把意义分为"社会—文化意义"(social-cultural meaning)和专门的"语言学意义"(linguistic meaning),同样地把意义分成相应的词汇意义和结构意义(structural meaning)。但是,他所说的这种结构意义,事实上就是借助于形式的手段被"标示"的所谓句法关系。他并且认为"标示结构意义的成分组成一种语法"①,认为这些结构的标志乃是纯粹的形式,可以被描写在"形式的自然状态中,形式的相互关系中以及次序的排列中"②。所以,他所理解的意义事实上就是以声音符号为代表的语言成分之间的结构关系,而他的语言分析法也就是对这些"形式的自然状态"的分析,而不在事实上参考什么意义了。在这种情况下,我们可以接受卡罗尔(J. B. Carroll)的意见,认为所有美国的描写语言学家们都相信可以不顾真正的意义而对语言进行分析和研究。③

(4)巴利(Ch. Bally)曾经说过,美国的描写语言学家们只从德·索绪尔的语言理论系统中采取一句话,即"语言是形式,不是实体"④。可见描写语言学家们把语言看成是一种形式。但到底是什么形式呢? 描写语言学家们所谓的形式主要指的是结构形式。这种形式就是语言系统中构成各个单位的各个要素之间的结构关

---

① C. C. Fries: *The Structure of English*, New York, 1952, p. 56.
② 同上书, p. 58。
③ J. B. Carroll: *The Study of Language*, Cambridge, Mass, 1955, p. 31.
④ F. de Saussure: *Cours de Linguistique Générale*, p. 169.

系；以及各单位之间相结合的结构关系。描写语言学家们把语言看成是纯粹的结构形式的系统，超出这种结构形式的就不是语言，虽然他们有时也自相矛盾地认为语言还有这结构形式之外的声音部分和意义部分。例如，特拉志认为应当把语言学分为两类：1）全面研究语言的大语言学（macrolinguistics），包括以研究对语言学家有用的物理事件和生理事件为目的的前语言学（prelinguistics）和小语言学（microlinguistics），即语言学，这后者的研究目的是语言系统的分析，包括音位的分析、形位的分析等；2）形上语言学（metalinguistics），主要以意义及语言与文化中的其他系统之间的关系为研究的对象。① 这里，所谓的大语言学的研究对象只涉及声音符号及语言的结构形式，而把意义和语言与社会的关系的研究推给所谓的形上语言学，并只把大语言学中的小语言学看成是真正的语言学。不过，由于描写语言学家们事实上把意义撇开或几乎撇开，只就语言成分的声音构造来处理语言系统的单位，而把这种单位的结构形式和它们之间的结构形式作为所谓真正的语言学的唯一的研究对象，他们所说的形式有时就指的是语言成分的声音形式，亦即丹麦结构主义者叶尔姆斯列夫所说的"表达－形式"（expression-form）。② 但这种"表达－形式"是就其为语言成分的具有物质性的语音部分来理解的，不是就其为物质实体的声音来理解的。声音和意义在他们看来都不是真正的语言学的研究对象，都只是前语言学和形上语言学的研究对象，或跟霍克特似的，把它们列入语言的边缘系统，而与作为中心系统的语法系统、

---

① G. L. Trager: The Field of Linguistics, *Study in Linguistics*, Occassional Papers, № 1, 1949, pp. 2—5.

② L. Hjelmslev: *Prolegomena to a Theory of Language*, Baltimore, 1953, p. 35.

音位系统、形位音位系统相对立。[1] 所以,这一学派的语言学既是形式主义的语言学,又是结构主义的语言学。

(5)美国的描写语言学家们认为语言是个系统,作为系统组成员的各个语言成分彼此之间有相互依赖的关系,它们的价值依赖于系统中它们所处的地位,亦即它们在这系统中的分配的情况,受环境的决定。不过,事实上,他们从来也不能发现具体语言的这种关系系统。正如华特冒(J. Whatmough)所说的,"它的目的似乎是要罗列语言中所有可能有的音位及其特点来获得它的整体,可以把这一工作比作是把天上的星以及海里的沙加以归类"[2]。他们重视所谓语言单位在环境中的分配情形,把它看成是决定语言要素或语言成分的性质的根本因素,因此,又被称为分配主义。

(6)美国的描写语言学家们同意语言和言语的区别,强调语言存在于言语之中,认为人们要从言语材料中分析出语言要素或语言成分。

二 描写语言学语言分析法的基本特点

根据以上所述的描写语言学家们对语言的基本看法,描写语言学家们就制定了一套分析语言的方法。这种方法的基本特点是:

(1)从具体的言语材料中分析出语言要素或语言成分的各种单位,并加以归类。从一般的方法方面来说,描写语言学家们所采

---

[1] Ch. F. Hockett: *A Course in Modern Linguistics*, New York, 1958, pp. 137—139.

[2] J. Whatmough: Mathematical Linguistics, *Proceedings of the 8th International Congress of Linguists*, Oslo, 1958, p. 71.

用的是归纳法,不是演绎法。他们重视口语,往往得到很完整的口语资料,作为分析的出发点。例如福利斯就曾不告诉通话人而私自窃听了五至三十分钟长的电话的对话,总共听了五十次左右,记录下相当于二万五千个词的英语材料,去进行他对英语的分析。他们所要进行的事实上就是到具体的言语材料中去寻找出现于言语材料中的语言要素或语言成分的变体,把出现于不同的言语片段中的同一个语言要素或语言成分的各个变体归纳成单位,如音位、形位等,并把出现于各个言语片段中具有同样分配情况的单位归纳成各种类别。

(2)从形式下手分析语言要素或语言成分。描写语言学家们既然把语言看成是语言中各单位的结构形式和各单位之间相结合的结构形式的系统,他们的语言分析法就为的是分析这些形式,因此,他们的语言分析法是从这种形式的分析下手的。他们并不分析词与词之间所构成的词汇系统的关系。如果他们把词从言语材料中分析出来的话,他们也只是就词之为语法单位的角度来分析抽象的、一般的词的内部结构形式及各个抽象的词之间的结构关系的。正是这个缘故,描写语言学是结构主义语言学的一个派别。

(3)以语音分析为根据而去进行语言结构形式的分析。描写语言学家们有时也承认语言中有语音一面和意义一面,但是,他们既认为意义是不可捉摸的,他们就认为可以不顾意义或只需略为参考意义而去分析语言结构。他们基本上是以语言中的语音表达形式作为代表来进行分析的。事实上,语言成分与另一个语言成分所以能够在言语材料中相结合,不是因为它们具有特定的语音表达的特点,而是因为它们具有语义结构上的特点。但是,描写语言学家们却认为可以不顾意义的情况而去进行语言结构形式的分析,虽然他们所分析的却正好是语言成分之间的意义结构上的关系。这当然是一种骗局,但却的确是描写语言学的语言分析法的一个基本的特点。例如哈里斯对形位的分析是把形位当作音位的组合来进行的。

(4)就语言系统中各个单位的层次进行分析。描写语言学家们认为语言系统是由大小不同的各个单位按照不同的层次组织起来的,最小的单位是音位,音位的组合就成了形位,而形位的组合也就成了一层一层的直接组成成员所组成的句法结构。从分析的手续来说,他们之中的某些人主张从小到大的层次分析法,即以音位的分析为开端而以句子结构的分析为终结的层次分析法,某些人则主张从大到小的分析法,即从句子结构的分析开始到音位的分析为止的层次分析法。

(5)把语言结构的各种形式归为公式。描写语言学家们在现代科学精神的启示下,企图把语言分析的手续和结果用代码式的公式加以表现,以求语言分析接近于数学的演算题。例如,哈里斯(Z. S. Harris)以类似 x—y 的公式去代表语言成分的环境,"—"表示语言成分本身,x 表示在前的环境,y 表示在后的环境,哈里斯以 AN＝N 的公式表示英语中形容词性形位(A)加名代词性形位(N)的组合在句法功能上与名代词性形位(N)无异。这些公式并不是数学公式,在数学里,AN＝N(正如 xy＝y 的公式似的)是不可能成立的;但是,它们却体现了数学中以简明的公式去表示复杂的数理关系的精神。有人说描写语言学把语言学变成了数学。这是不切实际的夸张。事实上,描写语言学家们所做出的公式不是什么数学公式,他们只不过是仿效数学之把数理关系化为简明公式的做法,想把语言结构的关系化为简明的公式罢了。

三 描写语言学语言分析的基本方法

描写语言学家们尽管给语言分析法制定了相当复杂的分析手续或步骤,但是他们在各项手续或步骤中所运用的具体方法却是有限的。他们经常运用的具体方法有四个:

(1)替换法。运用替换法的时候,他们拿某一个言语片段中出现的某一个断片去替换另一个言语片段中出现的另一个断片,看看这种替换是否能成功,也就是说是否在具体言语中存在的事实。如果可以这样替换的话,这就证明了两个或更多能够这样彼此替换的断片是语言中同一个现象或单位的变体或具有同类功能的某种单位。例如,哈里斯在其所制定的语言分析法中就教导人们运用替换法去证明两个声音断片是否同一个语音现象的自由变体。比方,运用英语谈话时,如果人们听见说话人一次用[k^h]①去说 Can't do it(不能做那个)之中的 c,又一次用[kh]去说 Can't do it 的 c,[k^h]和[kh]可以彼此替换而不影响听话人的同一个反应(即听话人认为两次所说的是同一句话),[k^h]和[kh]就是同一个声音断片的自由变体。② 又如福利斯曾在其《英语结构》里用一句"无意义的话"A diggled wogged ugged a woggled 去说明英语的句法结构。* 这句话虽然看来是无意义的,但是它可以用其他的

---

① 文中引用描写语言学家们的著作中所举的实例时,标音方法仍原书之旧,我自己所举的例子的标音则用的是国际音标。

② 参阅 Z. S. Harris:*Methods in Structural Linguistics*,Chicago,1951,p. 30。

* 查 Fries:*The structure of English* p. 71 与此例相近的是:A diggled woggle ugged a woggled diggle。

言语片段中的某个或某几个断片来替换,甚至可以用其他的整个句子来替换。我们可以依照他的意思做出如下的替换:

$$\begin{cases} \text{A diggled wogged ugged a woggled.} \\ \text{A fastioned wogged ugged a woggled.} \end{cases}$$

$$\begin{cases} \text{A diggled wogged ugged a woggled.} \\ \text{A diggled wogged ugged a hurted.} \end{cases}$$

$$\begin{cases} \text{A diggled wogged ugged a woggled.} \\ \text{A fashioned manufactured pleased a hurted.} \end{cases}$$

(一件时式的制造品使受伤者喜悦)

这种替换就证明了 diggl- 和 fashion-,woggl- 和 hurt- 是同样的句法组成员的单位,A diggled wogged ugged a woggled 和 A fashioned manufactured pleased a hurted 是同类的句法结构。

(2)对比法。比较两个或两个以上的言语片段,找出其相同的部分和不相同的部分,因而确定这些部分的性质,这样的方法就叫对比法。对比法是描写语言学家们所经常运用的一种方法。例如葛礼桑在其制定的语言分析法中教导人们用对比法去鉴定形位(morpheme)。[①] 葛礼桑说,要鉴定希伯来语里的形位就要拿希伯来语所组成的各个部分相似的言语片段加以对比。比方,我们可以拿希伯来语的这些言语片段来对比:

1)zəkartíihuu 我曾回忆他

2)zəkartíihaa 我曾回忆她

3)zəkartíikaa 我曾回忆你

---

① 一般人译为"词素",有人译为"语素",这里改译为"形位",因为它指的是形态结构的单位。

对比一下1)和2),我们就看出有语音构造上的对立,即-uu和-aa之间的对立,同时有意义上的对立,即"他"和"她"之间的对立。这可以让我们假设-uu和-aa是一对形位。但是再对比一下1)、2)和3),我们就发现这个假设是错误的。现在对立的情况好像是存在于-huu(他),-haa(她)和-kaa(你)之间。因此,我们还要拿其他的言语片段来对比:

  4)zəkarnúuhuu 我们曾回忆他

  5)zəkarnúuhaa 我们曾回忆她

  6)zəkarnúukaa 我们曾回忆你

对比一下4)、5)、6)和1)、2)、3),我们就发现在-tíi-(我),-núu-(我们)之间有语音构造上和意义上的对立,但是除了对其他的部分都鉴定清楚之外,我们还不能保证这种对立就是实在的情形,这也可能是-rtíi(我)和-rnúu(我们)之间的对立。我们应当再拿下面的言语片段来对比:

  7)qəṭaltíihuu 我曾杀他

  8)qəṭalnúuhuu 我们曾杀他

对比一下7)、8)和上述各言语片段,我们可以得到鉴定zəkar-(曾回忆)和qəṭal-(曾杀)的基础。但是我们还不能保证其必得如此。我们只能根据这个对比把zəkartíihuu切成三段(zəkar-tíi-huu),但是我们还不知道其中每个断片是否都是一个单纯的形位。于是,我们还要继续对比一下:

  9)zəkaarúuhuu 他们曾回忆他

  10)zəkaaráthuu 她曾回忆他

对比一下9)、10)和上述各言语片段,我们就发现-huu(他),-úu-(他们)和át(她)的对立,但1)—6)有zəkar-,而9)和10)则有

zəkaar,两者的语音构造和意义都相似。我们可以假设它们是同一个形位的不同变体,但也可以假设其为不同的形位,我们甚至于可以假设"我"不是-tíi-,而是-a-tíi,"他们"不是-úu-,而是-aa -úu,另一个形位是 zək-r。我们还要继续对比。我们发现有这样的言语片段:

11)zəkartúunii　您曾回忆我

但我们不能从这里得出什么结论。所以我们还要再对比一下这些言语片段:

12)šəmartúuhaa　您曾守卫他

13)ləqaaxúunii　他们曾带我

我们就知道-túu-(您)和-nii-(我)是两个形位。我们又发现言语材料中有:

14)zəkaaróo　他曾回忆他

这个言语片段的分析不能根据其与上述各言语片段的对比而得到结论。我们可以认为其中的 zəkaar 是词干,与 9)、10)中的情形一样,但剩下的-óo 既不像含有两个部分(动作者的"他"和动作对象的"他"),也不像含有-huu(动作对象的"他")。于是,我们又得拿它来和下面各言语片段相对比:

15)zaakártii　我曾回忆

16)zaakárnuu　我们曾回忆

17)zaakár　他曾回忆

这三个言语片段都没有表明动作对象的语音表达形式,而第 17)个言语片段还缺乏表明动作者的语音表达形式,与具有这样语音表达形式的 15)、16)中的-tii(我)和-nuu(我们)相对立。我们可以假设有个零形式(ø)作为"他"的语音表达形式,而把 zə-kaaróo 分析为zəkaar-ø-óo,这样就鉴定了具有"他"意义的两个形式:-huu和-óo。这两个形式不像zəkar-和zəkaar-那样的相似,因此,我们不大会设想它们是同一个形位的变体。但是意义上的类似和某种分配情况的类似却使我们想象有此可能:事实上,/-huu～óo/是一个形位。上面所述的各个言语片段共含有四个词干:zəkar-(曾回忆),qəṭal-(曾杀),šəmar-(曾守卫),ləqaax-(曾带)。对比一下这四个词干,我们就发现它们有相同的元音,而有不同的辅音,ləqaax不是例外,因为它可以跟zəkaar直接相对比。这种类似不像是偶然的,因此,我们可以假设它们都是两个形位的组合,于是,我们又得拿其他的言语片段来对比:

18) šoomḗer 守卫者
19) zookḗer 回忆者
20) qooṭḗel 杀戮者

对比之后,我们就得出了这些形位:/z-k-r/(回忆),/q-ṭ-l/(杀),/š-m-r/(守卫),/l-q-x/(带),/-oo-ée-/(做某事者),/-ə-a～a-aa-～-aa-á/(曾……过),前四者是词根,后二者是某种附加成分。这样,我们就注意到zəkar-zəkaar-和zaakár不是同一个单纯的形位的不同变体,它们都是两个形位的组合。我们还可以用同类的对立证明zəkar-和zəkaar之间的不同是同一个形位组合的形位音位的变体。例如对比一下这些现象:

A	B
zəkar-tíihuu	zəkaar-úuhuu
zəkar-tíihaa	zəkaar-áthuu
zəkar-tíikaa	zəkaar-óo
zəkar-núuhuu	

   zəkar-núuhaa

   zəkar-núukaa

   zəkar-túunii

在 A 项下的各个言语片段中，zəkar-出现在辅音之前，而在 B 项下的各个言语片段中，zəkaar-则出现在元音之前。这就可以让我们相信 zəkar 和 zəkaar 是同一个形位组合由于语音条件所促成的形位音位的变体。①

  (3)以互补分配为原则的归并法。两个现象在不同的环境中出现的可能性正好相对立的时候，它们就是被分配在对立的环境中而互相补充成向一个单位的现象。例如，甲现象能在 A 环境中出现，而乙现象恰好不能在 A 环境中出现，乙现象能在 B 环境中出现，而甲现象恰好不能在 B 环境中出现，这两种现象就是互补分配的现象。语言中某一单位的变体一般具有互补分配的特点，例如汉语中的不圆唇的软颚舌根辅音[k]出现在不圆唇的元音之前，圆唇的软颚舌根辅音[k̫]出现在圆唇的元音之前，[k]和[k̫]出现的环境相对立，它们是同一个音位的不同变体。描写语言学家们就以这种互补分配的情形为原则来对语言中的某些不同的现象进行合并，把它们归结成一个单位，把它们看成是同一个单位的不同变体。例如，布洛哈和特拉志在他们的《语言分析纲要》中就是应用这个方法把美国英语 t 字母的各种发音在各不同的出现环境中的不同的变体归纳成/t/音位的。② 又如，葛礼桑认为如果两个成分有某种程度相似的意义，而处在互补分配的条件下，它们就是

---

① 参阅 H. A. Gleason: *An Introduction to Descriptive Linguistics*, pp. 67—81。
② B. Bloch & G. Trager: *Outline of Linguistic Analysis*, Baltmore, 1942, pp. 42—43。

同一个形位的不同变体,可以把它们归纳成一个形位。他就是应用互补分配的原则而把英语名词复数的形位变体/-z～-s～-ɨz/归并为形位{-z}的。他说,如果我们假设/-s/是基本的形式,我们就可以说在浊音之后它变成了浊音/-z/;在/s,z,š,ẓ,č,ǰ/之后,就插入一个元音[ɨ],并且因为这元音是浊音,它变成了/-ɨz/。① 他甚至于应用这个原则把英语名词复数 oxen(许多牛)的-en(读作/-ɨn/)也归并到/-s～-z～-ɨz/形位里面来,而认为{z}这个形位有[-s],[-z],[-ɨz],[-ɨn]四个变体。② 描写语言学家们认为这一方法是他们所特有的创造。

(4)以寻求同类环境为原则的归类法。描写语言学家们认为可以根据语言成分在同类环境中的出现而把它们归成类别。例如,霍克特认为一组可以在构造更大的形式中具有类似的出现权利的形式叫做形类(form-class),而把能够同样出现在 can(能),can go(能去),can go there(能到那里去)之前的 she(她),he(他),it(它),I(我),we(我们),they(他们),The men across the street(走过街道的人)等归成一个形类。③ 又如哈里斯就是根据这个原则教导人们怎样把希伯来语的某些形位加以归类的。他说,在希伯来语里,我们发现有这些言语片段:

  xašavti kax 我这样想过

  xašavta kax 你这样想过

  xašavnu kax 我们这样想过

---

① H. A. Gleason: *An Introduction to Descriptive Linguistics*, p. 82.
② 同上书,p. 89。
③ Ch. F. Hockett: *A Course in Modern Linguistics*, New York, 1958, pp. 162—163.

xašavtem kax 你们这样想过

xašavu kax 他们这样想过

xašava kax 她这样想过

xašav kax 他这样想过

其中的-ti-,-ta-,-nu-,-tem,-u-,-a和[♯]（零形式）都同样地出现在 xašav—kax 这同样的环境中，因此我们可以把它们归成一类，也就是指代词一类。① 这个方法也是描写语言学家们所发明的。

四　描写语言学语言分析法的具体手续

描写语言学家们所制定的分析语言的具体手续，各人并不一致，综合的介绍是不可能的，我们只能以被认为描写语言学语言分析法的经典著作的哈里斯的《结构语言学方法论》的论述为代表来加以介绍。

哈里斯从具体的言语材料出发，进行语言分析，而把分析的手续分为两个阶段、四个步骤。他先把全部的分析进程分为语音分析和形态分析两阶段，而在每一阶段里又各分为两个步骤：在第一阶段里，先分析出有区别的语音成分，即音股（phonologic segment），再分析其彼此之间的关系，归并成音位（pheneme）；在第二阶段里，先分析出有区别的形态成分，即形股（morphologic segment），再分析其彼此之间的关系，归并成形位（morpheme），并分析形位之间的关系。② 现在让我们按照这个顺序来介绍他分析语

---

① Z. S. Harris：*Methods in Structural Linguistics*，p. 247.
② Z. S. Harris：*Methods in Structural Linguistics*. p. 60.

言的具体手续。

(一)第一阶段——语音分析的具体手续

(1)第一步骤——音股的划分。这一步骤的目的在于寻找言语中的不连续的部分,亦即语音成分。运用的方法是替换法和对比法。言语片段的界限是说话时的停顿,每一言语片段都在语音上体现为一段连续的音流。要分析语音单位首先要从言语片段的音流中划分出不连续的断片,即音股。同一个音股在言语片段中可以体现为不同的变体而不失其声音上的同一性。划分音股就是寻找声音上等价的不连续的声音断片,把音股的变体归并为音股。进行这一分析的具体方法就是叫发音人重复说出同一个言语片段或不同而有类似的声音断片的言语片段,用替换法和对比法去试验其是否在声音上等价,再用对比的方法去试验对偶的不同言语片段中各声音断片是否都是等价的。例如,发音人可以重复地说Can't do it！如果重复地说几次这句话的时候,他有时把其中的 c 说成 $[k^h]$,有时把 c 说成 $[kh]$,来回地替换,这就初步地证明了 $[k^h]$ 和 $[kh]$ 是同一个音股的自由变体,在声音上等价。把这试验的结果写下之后,再找出其他也有同样或类似的声音断片的言语片段,加以对比。例如,Cameras cost too much(照相机太贵)之中的 c 也念为 $[k^h]$,我们即以 can't 之中的 $[k^h]$ 和 cameras 之中的 $[k^h]$ 相对比,尽量模仿 cameras 之中的 $[k^h]$ 去发 can't 之中的 $[k^h]$ $[kh]$,并问发音人是否接受其为同样的 can't 之中的 $[k^h]$ $[kh]$。如果接受,这就进一步证明了 $[k^h]$ 和 $[kh]$ 是同一个音股的自由变体。我们还可以对比对偶的言语片段,即其中只有一个断片听来不大相同的两个言语片段。例如,由两个发音人说 She's just fainting(她刚刚软下去)和 She's just feigning(她刚刚装假)这两个言语片段,问其中的一个发音人是否猜出另外一个人所说的。如果只有百分之五十的次数猜对了,这就证明了这两个言语片段中的唯一看来不同的声音断片(第一个言语片段中的-t-和第二个言语片段中的-n-)之间没有声音价值上的区别;如果接近百分百的次数猜对了,这就证明其间有区别,即证明其为两个不等价的音股。证明其为等价的音股之后,就用同一个符号去表示它们,不再分彼此。不等价的音股也就是不能彼此替换的语音成分。等价的言语片段即各音股都等价的言语片段。不等价的言语片段即其中至少有一个音股不等价的言语片段。为了使结论更加准确,我们还可以对比许多不同的言语片段,寻找其各个不同的不等价的音股。例如,我们可以对比:tap(吸管)——tack(尖头短钉),tip(末端)——tap,找出[p]和[k]的区别,[i]和[a]的区别。但是,这样归纳成的语音成分还不就是音位,音股只是分析音位的基础,它本身还不是音位。音股界限的划分,亦即音股长度的划分,也是用替换法来鉴定的,言语片段的音流中可以用另一个发音去替换的断片就是具有一个音股长度的断片。

(2)第二步骤——归纳音位。这一步骤的目的在于寻求各音股之间的关系,借以归纳音位。在进行归纳音位之前,要先行分析两个语音现象:寻找单位长度和寻求言语片段等长成分。音位要有一定的长度,作为它在言语片段中出现的界限。用上述替换法所求得的音股长度不够精确,它是人为的音股长度,因此我们要进一步寻求精确的音股长度,使其与音位的长度相等,使具有一定长度的音股能充作归纳音位的基础。只根据上述的替换法,我们可以把 patsy 中的 p 认为是[pʰ]一个音股,也可以把它认为是[p]和[h]两个音股,甚至于可以把它认为是闭唇、开唇和[h]三个音股。

613

到底在patsy这个音流中的具备哪一种长度的断片是一个音股呢？问题还没有解决。因此，我们要把经常共同出现于一个特殊环境中的前后相续（甚至于不连续）的音股联合起来，成为一个音股。例如，根据替换法，我们已经把 tip it（拍它），pick it（啄它），stick it（粘它）划分成[thip it]，[phik it]，[stik it]，其中[thip]里的[t]和[stik]里的[t]可以互相替换，[thip]里的[h]和[phik]里的[h]也可以互相替换。但是现在我们发现言语片段开首的[t]和[p]从来也不出现在一个元音之前，也就是说，在静默和一个元音（例如[i]）之间只能出现[th][ph]，而不能出现[t][p]。我们于是就把原来划分成处于静默和元音之间的音股的组合[th]看成为一个音股，把它写作[t']，而不要求其中的成分不能在其他的环境中单独出现，例如，[h]可以单独出现于hope（希望）中，[t]可以单独出现于stick中。结果是言语片段的音流被划分为单位长度，作为规定音位长度的基础。

我们还要寻求言语片段中的言语片段的等长成分，也就是贯串整个言语片段，与言语片段的长度相等的语音特点。所谓言语片段等长成分其实就是韵位，亦即调弧或调弧的组合，不论其是否影响到意义的变化。如果两个言语片段所有的音股都相同，而两者仍然有所区别，我们就可以认为这两个言语片段的全部长度中所有的音股或其中某些音股有某种语音特点上的不同。例如，He's coming? [hi^{1}yz kə^{2}mi^{3}ŋ^4]（他来了吗？）和 He's coming. [hiy^{0}z kə^{2}mi^{0}ŋ]（他来了）之间就有下面的不同：[i^1—i^0]，[i^3—i^0]，[ŋ^4—ŋ]。He's coming 事实上是九个无调的音股加上言语片段等长的调弧：[hiyz kəmiŋ＋1234]。如果不是对偶的言语片段，我们就要从其各自的连续的音股中抽其各自的音高等，看看其言语片段等长的调弧是怎样的情形。例如英语的情形是01123或03123或04123等,而不可能是11114,4111,14226等。这样的分析就让我们看出言语片段含有两部分:一是在言语片段上伸展的超音股的组合,代表这一特点的声调的组合就是调弧,例如上述的01123;一是余下的原来的音股的组合。一个短的言语片段可能只有一个调弧,例如I'm coming(我来了)的调弧是020,但较长的言语片段则往往有两个或更多调弧的组合,有时其中的每个调弧都可能各自以同样的结尾贯串整个言语片段,有时其中每一个调弧并没有相同的结尾。调弧的长度一般要比一个单位长度的音股长,但也可以是很短的。

哈里斯认为在归纳音位之前,除了要规定精确的音股长度外,还要把已经分析的超音股成分排除在外,不加考虑,只就音股的情况来把音股归纳为音位。归纳音位的方法就是以互补分配为原则而把单位等长的语音成分(除去超音股的语音特点)归成单位。初步的手续是说明音股能够出现其中的环境并加以总结。我们要列举每一个音股,把每一个音股都记下,并指出其各自能够出现其中的一切环境;但是由于这种手续不易完成,我们无妨先列出每一个音股在最不相同的环境中(在短片段里)出现的情形。再看看其他的环境是否和已经列举的环境中的一个环境相同,我们可以发现我们为每一个音股列举的所有环境中都有某种共同的特点,例如[r^1]总是处在重读元音之后,而在这重读元音之前则可以任意出现任何一个音股或零音股(标为♯)。我们还可以发现这情形也是我们加入环境表中的其他的环境所有的。到此,我们就停止列举新加的环境,而把已列的环境加以总结。我们按照每一个音股出现其中的环境的总和排列各个音股。环境的总和就是音股的分配或其出现的自由。现在我们可以看看不同的音股是否在分配中呈现互补的情形。我们记下每一个音股能够在其中出现的环境的总和,例如出现在♯—V(V代表任何一个元音)中的[tʰ];再记下另外一个永不出现在这个环境中的音股,例如[t̪],[t̪]只出现在[r]之前,如[t̪ri](tree"树")。于是,我们就说[t̪]和[tʰ]是互补的音股。我们再看看是否有与此两者互补的音股(即不能出现在其中任何一个音股所能出现的环境中的音股),我们可以发现只能出现在重读元音之后、次重读元音或[r,l,m]之前的[rⁱ]和这两者也是互补的,因为它不能出现在这两者能够出现的环境中。这样地进行下去,我们可以把所有处在互补情况中的音股归纳成为一个音位,再进行归纳其他的音位,即把其他同样具有互补情况的音股归纳成其他的音位。音位事实上就是彼此互补的一类音股所组成的一个语音单位。例如/k/是[K],[k],[ĸ]三个互补的音股组成的一个语音单位。我们可以把[t]和[t̪]归入同一个音位之内,因为它们是互补的:[t]出现于[s—æ]中,而不能出现于[♯—r]中,[t̪]出现于[♯—r]中,而不能出现在[s—æ]中。但是我们不能把[t]和[k]归入同一个音位之内,因为[t]和[k]都能出现在[s—æ]中。在进行归纳音位的手续中,我们要随时调整环境,即把已经归纳为音位的各个音股用同一个音位的符号去代替,把它们看成同样的语音单位,不再把它们看成为不同的音股。例如,已经把cry中的[r]音股和try中的[r̪]音股归纳成[r]音位之后,我们就要把[♯—r]和[♯—r̪]两个环境调整成单一的环境[♯—r],否则我们就会把[t̪]和[k]归成一个音位:没有把环境调整的话,我们就会认为只能出现于[♯—r̪]之中而不能出现于[♯—r]之中的[t̪]和只能出现于[♯—r]之中而不能出现于[♯—r̥]之中的[k]是互补的,因而把它们归成一个音位。调整环境之后,就不会这样了。

这只是一般的原则,运用起来还要考虑其他的情形,因为只根据这个一般的原则,可能产生不只一种归纳的情形。例如我们可以发现英语中的[tʰ],[pʰ],[kʰ]都出现于[♯—V]中,并且都与[t̪]互补,而不彼此互补。只有其中一个可以和[t̪]合并成音位。然而到底哪一个呢?要解决这个问题就得参考其他的标准。

a) 音位的数目与其在环境中出现的自由。我们要尽可能地减少音位的数目,尽可能地使音位能够在其中出现的环境越多越好。为了达到这一目的,我们要使每一个音位尽可能地在每一个环境中包含有一个音股。根据这个标准,我们应该知道该把哪些音股合并成音位。例如,我们可以详细地列举音股在其中出现的这些环境:

音股	♯—r̥	♯—r	♯—l	$\begin{smallmatrix}e\\i\end{smallmatrix}$—C	æ—C	$\begin{smallmatrix}a\\o\\u\end{smallmatrix}$—C	s—$\begin{smallmatrix}e\\i\end{smallmatrix}$—C	s—æ	s—$\begin{smallmatrix}a\\o\\u\end{smallmatrix}$	…	t—	C³—
t̪	✓											
t		✓		✓	✓	✓	✓	✓	✓			
K					✓			✓				
k		✓	✓	✓			✓					
ĸ			✓			✓						
G					✓							
g		✓	✓		✓							
ɢ			✓									
r				✓	✓							✓
r̥											✓	

617

在这些环境中，[t̪]和[t]的关系是互补的，但它和[K]等也是互补的。如果我们把它和[t]合并成音位，这音位可能在其中出现的环境就一共有八个。如果我们把它和[K]合并成音位，这音位在其中出现的环境可能就一共只有三个。因此，我们就把它和[t]合并在一起，而不把它和[K]合并在一起。这样的结果，[t]是一个音位，[K],[k],[ĸ]也可以同样地合并成一个音位，一共有两个音位。如果我们把它和[K]合并成一个音位，由于[t]和[k],[ĸ]都没有互补的关系，我们要把它看成独立的单位，而把[k]和[ĸ]合并成一个音位（因为它们之间有互补关系），结果，我们就有三个音位，同样数目的音股所归并的音位要比前一办法的结果多了一个音位。所以，根据这个标准，我们要采取前一种归并的方法。

b)声音的对称。根据声音上的某种对称来归纳音位：音股间的表现特点的同一性、音位间的音股内部关系的同一性和整个音位系统的情形。根据音股间的表现特点的同一性，我们把具有某种同一声音特点的互补的音股归成音位，例如把同是闭塞清音的[p]和[pʰ]归成音位。根据音位间的音股内部关系的同一性，我们可以把具有相应的音位变体的音股归成相应的音位。例如[p],[t],[k]出现于[s—V]中，[ph],[th],[kh]出现于[♯—V]中，如果只根据单纯的互补分配原则，我们就可能把[p]和[th]归成音位。但是根据上述的标准，我们就把[p]和[ph]归成音位/p/，又把相应的[t]和[th]、[k]和[kh]归成相应的音位/t/和/k/。根据整个音位系统的情形，我们可以按照整个音位系统中的某种局面把音股归并成音位，使音位系统的对称的安排得以体现。例如，英语音位系统中有许多无声和有声的音位相对称的情形，于是，我们就不把出现于[s—V]中和[♯—V]中的互补的[t]和[d]归成音位,而把同样出现于[s—V]中和[♯—V]中的互补的[t]和[th]归成音位,以之与[d]相对称。

c)环境的对称。因为音位包含有各自出现于特殊环境之中的音股,我们最好能使音位归纳的结果显出各个音位都有粗略相同的环境的总和。例如,[t]出现于[s—],[—C],[—♯]中,[th]出现于[♯—]中,[t']出现于[C'—V](C'=s以外的辅音),[V—'V],[—♯]中,[r¹]出现于['V—V]中;另一方面[p]出现于[s—],[—C],[—♯]中,[ph]出现于[♯—]中,[p']出现于[C'—V],[—♯],[V—V]中;于是,我们就把[r¹]归入/t/,使/t/和/p/的环境的总和相同。

根据一般的互补分配原则,参考这些对称的情形,得出互补音股的类型(即音位)之后,哈里斯又教导人们在不知道形位的情况下分析音联(juncture)。音联即音股之间的连读的情况。如果发音时音股与音股是连成一气读出来的,这就是闭音联;如果读时,中间有停顿,这就是开音联,把连读打断的意思。发音前的静默和发音后的静默也叫做音联,因为就整个言语的洪流来说,它们都体现把声音打断的情形。例如 minus(减)读起来要一气呵成,slyness(机敏)读起来,要在 sly-和-ness 之间有个开音联,即小停顿。minus 的 i 读为[ay],slyness 的 y 读成[ʌy],短音不出现在言语片段之末。[ay]和[ʌy]不能并成一组,因为其中的[a]和[ʌ]在不考虑音联的情况下,能在同一的环境中出现。但是考虑了音联,我们就可以把环境改变。例如以[-]符号表示音联,我们就可以把[ʌy]写成[ay-],于是 minus 之中的[ay]和 slyness 之中的[ʌy]就处在不同的环境中,一个出现在闭音联的环境中,一个出现在开音联的环境中,彼此互补。这就使我们有理由把[ay]和[ʌy]归成音位,而把[ay]改写成[ay-]。音联还可以让我们区别送气不送气,如英语night-rate的第一个[t]就要念成不送气的。我们也可以借助音联来区别言语片段的界限,即有开音联的地方就是言语片段的界限。为了使音位的数目减少,哈里斯又进而教导人们把一个音股切成两个的分析法。有的语言中发现有某个音位不出现在某一特殊环境中,而别的分配上相似的音位却能够出现在这个环境中的情形。这或许因为我们要加以归并的音股恰好在环境中相逢,不让我们根据这种环境加以归并。于是我们就可以看看是否可以把这音股切成两个,使其环境改变,进行不同的归并。假定 A 是音股而长度中的其余部分是其环境 B,例如英语 church(教堂)是[č](A)和环境[ərč](B),我们可以看一看到底是否可能把[č]音股切成两个音股,把其中一个看成是另一个音股的环境。我们可以把[č]切成 A^1 和 A^2($č=t+š$),于是 A^1 的环境就是 A^2B,而 A^2 的环境则是 $A^1—B$;$t=[♯—šV]$ $š=[t—V]$。这样,我们就无须建立[č]这个音位,而把它们相应地归入/t/和/š/,而/t/和/š/也就因此而有更多的分配。结果我们就知道互相依赖的音股是音位的变体,音股的组合。

归纳完所有音位之后,我们就要分析语音结构,即寻求言语片段的语音构造,也就是要说明怎样的音位的组合可以出现在言语片段里,给它们写出公式。我们对出现于任何言语片段之中的成分的组合所做出的说明,都要比有关的言语片段的具体的表册短,因为我们不分别同样成分所构成的语音组合,又因为所有出现在同一环境中的成分也被归纳。如果/p,b,t,d,k,g/之中的任何一个都出现在 a,i,u 之前,我们就用音类的符号 s 去代表这六个辅音,用 V 去代表这三个元音。

(二)第二阶段——形态分析的具体手续

(1)第一步骤(即全程的第三步骤)——形股的划分。这一步骤的目的在于寻求形态成分,即形股。言语片段中的独立的音位组合就是言语片段的形股。鉴定形股的方法是对比法和替换法。对比一下两个言语片段,如果其中一个言语片段,除了我们所要寻找的成分是被另外一个成分或零所替换之外,其余的部分都在语音上相同的话,我们就可以说这个被替换的成分是一个独立的形股。鉴定形股,首先要鉴定自由形股。每一个言语片段至少要有一个形股。在这种情况下,整个言语片段可以被另外的言语片段所替换。许多语言都有一些只包含一个形股的言语片段(不计算其调弧)。例如英语的 Yes.(是的)Now?(现在吗?)Come!(来!)等。这种形股叫做自由形股。如果在言语片段中有一个音位组合能够不和其他的部分同时出现,它就不止包含有一个形股。例如拿英语的 That's our roomer(那是我们的房东)和别的言语片段对比一下,我们就发现其中的一个音位组合[er](有某种动作的人)可以不和其余的部分同时出现而被说成 That's our room(那是我们的房子),其中的另一个音位组合[room]也可以不和其余的部分同时出现而被说成 That's our recorder(那是我们的记录员)。我们可以得出这样的公式:如果在总环境[—X]中,AB 的组合、AD 的组合、CD 的组合能出现(A,B,C,D 都是在音位上相同的部分),那么,无论 CB 出现与否,我们都可以认为 A,B,C,D 是[—X]环境中的不连续的形股。BD 的区别可以由 ABX 和 ADX 的区别中看出,AC 的区别可以由 ADX 和 CDX 的区别中看出。这是鉴定形股的必要条件,但还不是充足条件,因为它会使我们把 bag,rug,bug(Where is the——?"哪儿是——?")中的 g 看成形股。因此,我们要有进一步的标准来鉴定形股:只有在这些音位组合中的许多组合和其他可能独立的音位组合有同样的关系时,这些可能独立的音位组合才是形股。如果音位组合 A,B 和 C 都可能在音位组合 D,E 或 F 之后出现,而 D,E 和 F 正是[X—]中出现的唯一的形股(即与 G,H 相对立的一类),那么,我们就可以认为 A,B,C 是形股。例如 run(s)"跑"(A),trie(s)"试"(B),eat(s)"吃"(C),man"人"(D),dog"狗"(E),fish"鱼"(F),quickly"快"(G),loudly"大声"(H)等项之间的关系是:run(s),trie(s),eat(s)都能够出现在 man,dog,fish 的后面,而 man,dog,fish 则是唯一可以出现在[X—]的一类东西,与不能出现在[X—](big—)中的 quickly,loudly 相对立。这样,我们就可以认定 A,B,C 是形股。形股有自由形式和黏着形式二者。有时能独自构成言语片段的形式称为自由形式,黏着形式即不能独自构成言语片段的形式。例如,book(书)是自由形式,收尾-s(复数标志)是黏着形式。我们可以在 My——are old(我的——是旧的),Take the——(拿——)等环境里找到 books,myths(神话)等,同时也可以在这同样的环境里找到没有-s 的 book,myth,可见,-s 是独立于前面的自由形式 book,myth 和言语片段中任何其他部分的形式。我们还可以发现能够出现于 The——(这——),The good——(这好的——),The old——(这旧的——)中的音位组合也能够出现于 The——s,The good——s,The old——s 中。但 very(很)则不然。它出现于 The——good 和 The——old 中。所以,-s 是加上去的,它和自由形式都是隔离的成分或形股。它是黏着形式,因为它不能自成言语片段。英语 conceive(想出)——receive(接受),concur(聚合)——recur(复现)中的 con-,re-,-ceive,-cur 都是形股,并且都是黏着形式,因为它们都不能独自成为言语片段。形股的界限不是由言语片段内部的情况来决定的,而是由言语片段和其他言语片段的对比中得来的。但对比要有条件,只有其中一定的部分和原先的言语片段有不同的情形时,才能对比。形股的语音构造有种种情形,有的是音位的连续出现,如英语的 room-和-er,有的则是音位的不连续的组合,如插入的音位(阿拉伯语 kataba"他写"之中插入的 k-t-b"写"),被打破的音位组合(法语的 ne...pas"不"),音位组合的重复(拉丁语 filius bonus"好男孩"和 filia bona"好女孩"之中的-us 和-a 的重复出现),部分相互依赖的不连续的音位组合(英语 He thinks"他想",I think"我想",He will think"他将想",I will think"我将想"之中的 he...s)。形股的语音构造还可以表现于音位间的移动,例如个别音位间的移动(英语 take"拿",took"拿过",由于 ey>u 的移动,有了过去时的意义,take 是一个形股,take+ey>u 又是一个形股),一类音位间的移动(英语 house"房屋"——to house"居住",belief"信仰"——to believe"相信",都有清音类和浊音类之间的移动),音位与零之间的移动(法语 chatte——šat 和 chat——ša 之间的移动)。形股还可以是由超音股成分来表现其语音构造的,例如音位的组成成分(f 的浊音成分的清化:believe+含有清化组成成分的形股=belief),调弧的变化(英语的 cónvict"罪人"——to convíct"定罪"),形位长度调弧(Tell him to go"叫他去"——Tell him to go"叫他去"),言语片段等长的调弧(He is going. He is going?)。此外,还有以上各点综合起来的形股的语音构造,例如法语的 On donne 和 Donnet-on?之间的区别在于后者用了调弧、音序和-t-等综合组成一个前者所没有的形股。为了明确形股的界限,哈里斯教导人们参考停顿和

623

音联的情形。停顿可能存在于形位之后,不可能存在于形位之中。音联可以用来调整形股的界限。例如英语不能在一个形股中出现长辅音,但是越出形股的界限,就可以出现,如 penknife(削笔刀)之中的[nn]。

(2)第二步骤(即全程的第四步骤)——归纳形位及分析形位之间的关系。这一步骤的目的在于把形股归纳成形态单位,即形位,再分开形位与形位之间的各种关系。动用的是替换法、对比法、以互补分配为原则的归并法和以寻求同类环境为原则的归类法。这一步骤还可以分为五个小段落来进行。

a)归纳形位。形股只是出现于言语片段中的形态成分或形位变体,还不是形态单位,正如音股只是出现于言语片段中的语音成分或音位变体,还不是语音单位一样。要分析形位还要把形股加以归并。归并的手续首先在于归并自由变体,运用替换法把形位的自由变体归成形位。形位的自由变体是能够出现于同一环境之中的语音上不同的音位组合。例如英语的/ˌekəˈnamiks/和/ˌiykəˈnamiks/(economics"经济学")有语音上的差别,是两个不同的音位组合,但是,由于它们可以在言语片段的同一环境中出现,彼此互相替换,我们就可以把它们看成是同一个形位的自由变体,把它们归并成一个形位。从原则上说,音位组合相同的形股就是一个形位,但是也有同是一种音位组合而是不同形位的情形,例如同是[tuw]而是 two, to, too 三个不同形位的区别。我们要用对比法来加以分析。具体的手续是拿它来和其他的形位相对比,尽量找出其相同环境的总和,看看是否可以把这语音上相同的[tuw]分成三个与其他形位的环境总和相同的形位。我们发现有的[tuw]出现的环境就是 three(三), six(六), forty(四十)等出现的环境,有的[tuw]出现的环境就是 from(从),for(为)等出现的环境;有的[tuw]出现的环境就是 also(也)出现的环境。于是,我们就认为[tuw]是三个形位:two,to,too。形位变体往往有语音上的差别,而这差别又要有其一定的条件。这就是形位的一种条件变体。把形位的条件变体归并成形位,主要是以互补分配为原则的,但也要运用对比法。例如对比一下 knife(刀)——knive(s)(许多刀)和 rug(毡)——rug(s)(许多毡),我们就知道两者出现的环境的总和是相同的,knife 与 rug 相对应,knive(s)与 rug(s)相对应,既然 rug~rug(s)是一个形位,knife~knive(s)也应当是一个形位。于是,我们就可以根据互补分配原则来把 knife 和 knive(s)归并成一个形位:其中的一个变体只出现在没有[s]跟在后面的环境中,另一个变体只出现在有[s]跟在后面的环境中,彼此互相补充。但是,同一个形股可能不只和另一个形股互补,而和好几个其他的形股互补,例如,和 knife 互补的不只是 knive(s),还有 wive(s)(许多妻子),live(s)(许多生命)等;knife 能出现的地方,wive(s),live(s)不能出现,wive(s),live(s)能出现的地方,knife 也不能出现。所以我们要选择互补的形股,不能把所有互补的形股都归并成同一个形位。选择的标准是看分配的总和。例如 knive(s)可以出现在 I'll sharpen my——s on the whetstone(我将于磨石上磨我的许多——)中,而 wive(s)和 live(s)都不能,因此,不能把 knive(s)和 wive(s),live(s)看成同一个形位的变体。这样分析之后,我们就知道同一个形位内部所包含的各个形股之间有种种不同的关系。它们可以由于语音环境的不同而有所不同,例如希腊语中表示完成体的前缀 me 只能出现在以 m-为开端的另一形位之前,le 只能出现于以 l-为开端的另一形位之前:me' menek"我已留下"~

leluka"我已轻松过"……,这些是同一个形位的不同变体。它们也可以由于形态环境的不同而有所不同,例如 his wife's job(他的妻子的职业)之中的 f 虽然也出现于 s 之前,但却不念成[v],而表示复数的同样出现于 s 之前的 Their wives are coming(他们的妻子们来了)之中的 v 则念成[v]。同一个形位所包含的形股语音上可以是略有差别的(如 wife 和 wive(s)只有清浊的差别),也可以是部分相同的(如希腊语的 me 和 le),也可以是毫不相同的(如 good"好"～bet(ter)"更好")。英语的 am(我是),are(您是),is(他是),was(我曾经是),were(您曾经是)等,也是同一个形位的不同变体。由于语音环境的差别而表现出来的形位在语音上的变体是形位音位学的分析对象。这里从略了。

b)归纳形类。这一小段落的目的在于寻求更少的形态上有区别的成分,即把形态上有相同作用的形位并成类,称之为形类。所谓具有相同的形态作用的形位即在言语片段中能在许多环境或所有环境中同样出现的形位,所以,运用的主要是以寻求同类环境为原则的归类法,辅以替换法和对比法。要把不同的形位归成形类,要看它们是否具有相同的分配的总和,即可能在其中出现的环境的总和。但是,由于一般不容易找出完全相同的分配的总和,只要找到接近的分配的总和就可以进行分类。例如,hear(听)和tear(撕)并没有完全相同的分配的总和,我们固然可以在许多环境中让它们彼此替换,但是在某些环境中,它们却不能彼此替换,如我们可以说 I'll hear the bell(我要听钟声),而不能说 I'll tear the bell(我要撕钟声),我们可以说 I'll tear the paper(我要撕纸),而不能说 I'll hear the paper(我要听纸)。在这种情况下,我们就只满足于寻求接近的分配的总和,即把环境看成是某一类的成分,而不把它看成是个别的成分,例如以类号 N 去替代 I'll——the bell,I'll——the paper 之中的 bell 和 paper,那么,我们就可以说 hear 和 tear 都可以出现在 I'll——the N 和 I'll——the N 的环境中。所以,这种归类法事实上就是以其他类的出现来规定本类出现的归类法。具体的手续有两种:一种是先把许多言语片段中在同类环境中出现的最常见的数目不多的形位归成形类,再以此为环境,把其余部分中能彼此替换的形位归成类。例如在现代希伯来语里,[ti]最常见,在/xašavti kax/(我曾这样想)里只有[ti]常被[ta](/xašavta kax/"你曾这样想"),[nu],[tem],[u],[a],[♯]等所替换,于是我们就可以先把它们归成一类,无妨称之为 A 类(即指代词类)。然后,我们就以 A 类为环境,看看其余的部分有什么地方可以被别的成分所替换。我们发现其中的[-a-a-]可以被[-i-a],[hi—a-]所替换,如 xišavti kax(我这样描绘),hlxšavti oto(我认为他重要),把[-a-a-],[-i-a-],[hia—a-]归成一类,称之为 B 类。再以 A,B 为环境,看看其余的部分如何。我们发现[x-š-v]能和[k-t-v](写),[g-d-l](成长)等相替换,于是我们就把它们归成 C 类。另一种更有效的方法是列出形位—环境表,看看哪些形位可以出现在哪些环境中。我们可以选择言语片段中的一个形位(例如英语的 see"看见")及其环境(如 Did you see the stuff?"您看见过这材料吗?"),依照 x—y 的公式,再一边加上能够出现于同一环境中的其他形位(如 Did you tie the stuff?"您捆过这材料吗?"),一边加上新旧两形位(如 see 和 tie)都能出现其中的新的环境(如 He will——it later"他以后将要——它"),这样地一直加下去。如果有的形位只能出现于环境表里的某些环境中,或新加的环境只能适应已有的形位表中的一部分形位,我们就另制一表。每一表代表一类。例如：

第 一 类

Did you	see	the stuff?
He'll	tie	it later.
	find	them for me, please.
	burn	
I didn't		the book.
	lift	
		ing pictures is a bit out of my line.
	take	
They will	cut	
	list	

但是 Let's——where it was 这个形位—环境表不能满足这一类，我们就开始另立一表：

第 二 类

Let's	see	where it was.
	find	
The magistrate		s it's O.K.
	guess	
I'll	say	whether he'll run or not.
They will		

再这样地下去，我们还可以得出下面这些类：

第 三 类

I'll	stay	whether he'll run or not.
Let's		here.
May Fred	bunk	with me?
You just	go	where you find a place.
They will	sit	
	die	

第 四 类

You just	stay	where you find a place.
I used to	bunk	here very often.
	go	
	sit	

第 五 类

Do you	see	the idea?
I	get	the point.
It's easy to	catch	what's involved.
	fathom	
	guess	

第 六 类

I'll	see	you in hell first.
	meet	
	have	

第 七 类

| They will | 上面所有的形位 | 上面所有的环境 |

第 八 类

That's my	hotel	
The	house	is on fire.
	wood	

根据上面的形位—环境表，我们可以把分配相同的形位归成类。有大部分环境相同的形位可以归成形类，例如上面的第一类至第六类的各自的各个形位都在许多相同的环境中出现。我们还可以把这些归成大类。根据较少的相同的环境而归成的类就是大类或一般的类，例如只根据其是否能出现在 They will——（他们将要——）这个环境里，我们就可以把上述的一至六类归成大类，即

629

第七类。对形态的分析来说,大类是更重要的。有些小类所包含的形位并不多,但却出现于很多环境中,这种小类对形态分析来说往往也是非常重要的。大类所包含的形位只能在部分相同的环境中出现。如果我们说大类的形位(即上述第七类的形位)能够出现在其他大类之后(如上述的第八类),我们的意思只是说它(第七类)所包含的每一个形位能够出现在另外一类(如第八类)所包含的形位之中的某一个形位之后。这样分析的结果就使我们得出形位地位类。得出之后,我们就要给每一类一个符号,例如给第七类一个符号 V(动词性形位),给第八类一个符号 N(名词性形位)。

　　c)归纳句法形类。形位和形位可以相继出现,组成形位组合,或形类组合。形位或形类的各种组合可能具备同样的句法功能。因此,我们要进一步把具有同样句法功能,即于言语片段中出现在相同环境里的形类组合归成句法形类,目的在于归成更少和更一般的类别。运用的方法也是以寻求同类环境为原则的归类法,辅以替换法和对比法。许多类可以在分配上,即在环境中出现的自由上等价,我们可以从形位组合的句法作用上看出其等价的分配。例如 D 类(D 类包含 quite"十分")以外的形位不能和 D 类的形位有同样的分配,但是由 A 类之中的一个形位(如 large"大")和形位 ly 所组成的形位组合(A+ly——largely"大大地"),就可以和 D 类的形位有同样的分配:They're quite new(它们是十分新的);They're largely new。寻求等价的形类或形类组合的方法就是看彼此之间是否能在同样的句法环境中相替换。A+ly 可以和 D 相替换,所以,A+ly=D,即两者是在句法上等价的。这个方法的公式是:如果形类组合 X 出现在言语片段中的环境 M 里,而我们又发现 Y,Z 形类或形类组合也出现在 M 里,我们就可以得出结论:

Y=X,Z=X。例如,如果 AN(good boy"好男孩子")能够出现在 M(Don't be a——"别成一个——")里,那么,N 就等于 AN 或 AN 就等于 N;fool(傻子)＝good boy 或 good boy＝fool。有些形类组合只能在特殊的环境里和某一形类相替换。这样,我们就遇到了一种不可叠代的替换。例如,用 N 来表示形位 boy(男孩子),king(国王),用 Nn 来表示形位-hood(名词后缀),-dom(名词后缀);我们可以得出 N Nn＝N 这个公式,即 boyhood＝life。N Nn(boyhood)可以和 life 在 His——is obsessed with many fears(他的——被许多恐惧所搅扰)中相替换。因为 N Nn＝N,我们可能以为我们可以拿 N Nn 去代替第一个 N,使这公式成为 N NnNn＝N(第一个 N＝N Nn,所以[N＋Nn]＝[N Nn＋Nn],而[N Nn＝N]＝[N Nn Nn＝N])。如果这样,这就是可以叠代的替换。但事实上并不如此,boyhood(N Nn)＝fool 不能用这方法而变成 boyhood-hood(N Nn Nn)＝fool。所以,事实上,这是不可叠代的替换,不过,在别的情形下,我们却可以发现可以叠代的替换。例如 AN＝N 就是可以叠代的替换,我们可以由此而引申出 AAN＝N 的公式,例如 old man 和 man 是等价的,而 old lonely man(年老的孤独的人)和 man 也是等价的。可以叠代和不可叠代的替换之间的区别可以用数字来表示。例如,$N^1 Nn＝N^2$,这个上面加数字的公式就指明 N Nn 只等于 N^2,不等于 N^1,它不能代替 N Nn 本身的 N,因此,不能引申出 N Nn Nn＝N 的公式。上述 AN＝N 的情形就不同,它事实上是 $AN^1＝N^1$,因此,可以拿 AN^1 去代替 N^1。因为形类和形类的组合是多样化的,而其可能叠代的情形也是多样化的,我们要用递进的数字来加以表示:如第一次出现在公式中的 N 写作 N,在新的公式中,我们要看看其中的 N 的等价物

是否可以和上面的 N^1 相替换。如果可以相替换,这个 N 仍然标为 N^1,否则标为 N^2。再有新的公式时,就再看一看其中的 N 是否能与上面所有的 N^1 或 N^2 相替换。如果只能与 N^2 相替换,就仍然标之以 N^2,如果既不能与 N^1 相替换,也不能与 N^2 相替换,就把它标为 N^3,如此类推。例如 N^2-s＝N^3 的意思就是说 boys 或 boyhoods 可以在 Such is the story of their——(这就是他们的——的故事)中代替 boy。这个公式不能写作 N^2-s＝N^2,因为我们不能允许 boys 和 N^2 相等而拿它去代替-s 之前的 boy,使之成为 boys＋-s。这种方法事实上就是某些描写语言学家所说的转换法。哈里斯认为,这样分析的形类组合之间的替换是形态分析的工具,可以解决许多问题。例如可以分析一些受到严格限制的形位。英语中的 wh-(when"何时",why"为什么",where"何处")出现时总是和-en,-ere 相连,而-en,-ere(then"然后",there"那里")也只和少数其他的成分 th-相连出现。根据上述的方法,我们就可以把 wh-分析出,把它看成一个形位,把 why 看成是 wh-和-y 的形类组合,其功能与单一的形位相等。又如英语中的 this(此)和 that(彼)也可以分析为形类的组合,其中的 th-＝T_a,其中的-is 或-at＝A_a;$T_a A_a$＝TA,而 TA 又等于 A。这样分析的结果,就得出了可以替换的形类组合的类别。例如,These hopeful people want freedom(这些有希望的民族渴望自由)这个句子可以归结为 NV 这个公式,因为其中的 These＝TA,hopeful＝N N_a,people＝N,而 TA＝A,N N_a＝A,N＝N,结果 These hopeful people＝AAN,而 AAN＝N;其中的 want＝V,freedom＝N,结果 want freedom＝VN,而 VN＝V;把标明 These hopeful people 的 N 和标明 want freedom 的 V 连在一起,就成了 NV 这个公式。这样用递进的数字来表明的形类组合的分析法是和别的描写语言学家所倡议的直接组成成分分析法的进程相反的。直接组成成分分析法是由大到小的分析法,而这里所用的方法则是由小到大的分析法。但两者的精神是一样的。只要换了一下分析进程的方向,就是直接组成成分分析法。如果我们先就全言语片段内部所包含的形类组合写出公式,再就其所包含的形类组合的组成成分写出公式,一步一步地分析下去,这事实上就是直接组成成分分析法。例如 my most recent plays closed down(我最近的戏剧结束了)这个言语片段可以先写成 $N^4 V^4$。然后,我们可以就 N^4 和 V^4 两个组成成分进行分析,问问其中每一个最简单的组合是什么?结果得出的公式就是:$TN^3 = N^4$(T 表明指代词之类的 my)和 $V^2 V_v = V^4$(V_v 表明 -ed)。我们可以再这样地分析下去,一直等到言语片段所包含的单纯的单个形位为止。例如,V^2(close down)可以分析为 $V^1 p_b = V^2$,而 N^3(most recent plays)可以分析为 N^2-s $= N^3$,再分析为 $AN^2 = N^2$,最后 A(most recent)又可以分析为 DA=A。分析的进程可以总结如下:

第一步　N^4 和 V^4

第二步　T 和 N^3；V^2 和 V_v

第三步　T,N^2 和 -s；V_v,V^1 和 P_b

第四步　T,A 和 N^2,-s；V_v,V^1 和 P_b

第五步　T,D,A 和 N^2,-s；V_v,V^1 和 P_b

不过,哈里斯认为由小到大的分析法更合适,因为这样可以不把更大的断片(例如词)看成是现成的,而把它们看成是形位的组合(例如 A+ly——new+ly),可以把 filius bonus 之类的前后两个词的收尾(即两个 u 或 us...us)看成是一个形位来进行分析。

形类之间有不同的关系,我们又要加以分析,即分析同一类形类之间的关系。进行分析的手续是不管言语片段中的其他部分,只看共同出现的两个形类之间是否有共同之点。例如:A 类和 B 类同时出现(ox-en),而 A 和 C 不同时出现(ox 不和-ed 同时出现)。A 的出现对 B 来说是受限制的(-en 只能在有限的一些形位之后出现)。A 和 B 有某些共同之点(都与名词有关),而 A 和 C 则没有这种共同之点(ox 是名词词根,-ed 是动词变位)。共同出现的形位有一个共同的组成成分。这是一个较长的形位组成成分,因为它是贯串在同时出现的两个形位之间的。不但如此,能够同样出现在某一环境之中的不同形位之间也有某种关系。例如,A 和 D 之中的 A 或 D 都出现在——B 中:re-或 con-都可以出现在——-ceive 之中(receive"接受",conceive"想出")或都出现在——-cur 之中(recur"重现",concur"会合")。-ceive 和-cur 是一类,我们无妨称之为 S 类,re-、con-又是一类,我们无妨称之为 E 类。这两类要相伴出现,没有不带 S 的 E,也没有不带 E 的 S。这样,我们就知道有一个共同的较长的组成成分贯串在 S 和 E 之间,这个成分就是动词性成分,我们无妨称之为 V。S 和 E 是动词范围内的差别,V 与一般的 V 是同类的。相伴出现的还有大类之中的小类的组成成分。这些组成成分相伴出现,但不与同一个大类之中的其他小类的组成成分相伴出现。例如,英语的大类 N(名代词)有这些词:book(书),artist(艺术家),another(其他的),cow(母牛),bull(公牛),king(国王),queen(王后),...he,she,I,you 等。我们可以说 She's a cow(她是一只母牛),She will remain as queen(她将继续为王后),而不能说 He's a cow,He'll remain as queen. 我们可以说 He's a fine bull(他是一只好公牛),He'll remain as king(他将继续为国王),而不能说 She's a fine bull, She will remain as king. She 和 cow, queen 等相伴出现。He 和 bull, king 等相伴出现。She, cow, queen 是 N 大类中的小类, He, king, bull 是 N 类中的另一小类。前者无妨标为 N_f(阴性名代词),后者无妨标为 N_m(阳性名代词)。两小类各自的组成成分相伴出现,各自有个较长的成分 F, M 贯串于相伴出现的成分之间,每一个 N_f 与每一个 N_m 互补。语法中的所谓名词变格、动词变位之类的现象是这种较长的组成成分。例如名词变格的每一个形式都要和词根相伴出现,有个较长的成分贯串其间,但这变格不与动词词根相伴出现。这种较长的成分是形态的基本成分,不但能指出同一个环境中互相替换的形位之间的关系,也能指出这些形位和环境特点的差别之间的关系,换言之,能指出形位出现的类型。

d)分析构造。在句法功能上互相替换的形类组合要结成构造。分析构造的目的在于说明在一个地位上的形类和在其他地位上的形类之间的安排。分析的方法主要是替换法,在短环境里寻找能彼此替换的形类。我们把所有在被说明的某些特点上相同的形类组合归成一个构造,如一个词或一个词组。例如,希伯来语的形类组合 R+v+C(如 katávti "我写过")和 R+n+K(如 baxurim "人们")之中都有 R,它们各自的 v 和 n 是互补的,并且都各自和 R 相伴出现;对 v 和 n 来说,C 和 K 也是互补的。这两个形类组合对言语片段来说,是完全不同的状态,因为 RvC=V,而 RnK=N。但是用另外一个公式来表明,就可以看出它们之间的相同了。R+p+H 这个公式表明 p 是包含有 v 和 n 的一类元音形位,H 包含 C 和 K。这样固定下来的形类组合就是一种构造,也就是说,它是希伯来语的一个词,而希伯来语的词是由辅音词根(R),表示语法作用的某种元音形位(p),表示某种语法作用的词尾(H)组成的构造。H 从来不单独出现,它一定要在 Rp 的相伴下出现(katávti"我写过",baxurim"人们")。Rp 可能单独出现(katav"他写过",baxur"人")。前者是黏着形式,后者是自由形式。词的这种构造可以称之为"自由形式—黏着形式"的构造,即 FB,虽然黏着形式的成员可能不出现。有时这种构造不止是一个 FB 的构造,而是由两个或更多的 FB 组成的构造,例如,FB FB。这种构造所以不同于一个单纯的词的构造,在于它的两个组成部分在别的场合下可以出现为词。这种构造可以称为复合词的构造。构造具有下面这些特点:形类、形类组合或其所包含的组成成分的类型;它们之间的安排次序;重音和语调;何者为自由形式,何者为黏着形式;可以构成构造的最小的、最大的,或平常数目的形类;哪一类随时出现,哪一类偶然出现;随时出现的调弧和音联的特点。可以继续被包括在一起的构造有自由形式或黏着形式的构造、单位长度即词的构造、更高一层的复合词的构造、词组的构造。高一层的构造包含低一层的构造。

e)归纳句型。我们还要进一步分析言语片段的类型。分析的手续在于就形类或构造在言语片段中的组合情形来把言语片段的结构归成类型。例如英语中出现有 NVX(X＝调弧)的言语片段的结构。适合这个公式的有许许多多的言语片段,虽然它们不见得要包含 N 或 V 类的每一个形位或构造。我们可以拿 TN 去替换 N,或 AN 去替换 N,再拿 DA 去替换 A,但其结构类型则是一样的。要分析言语片段的类型,就要画出两条线:一条横线,一条直线。前者代表形类或构造在时间上的延续和相接,后者代表这些成分彼此之间互相替换的情形。于是,我们就不说 NVX,而说

NV n̄X,意思就是说,在 NV 之后可以有零与 N 的替换,有时没有宾语,有时有宾语,VN 和 V 相替换。如果要表明各种替换的情形,直线就是非常重要的。例如,我们可以拿下面的图解去表明英语 NV 的各种替换的情形:

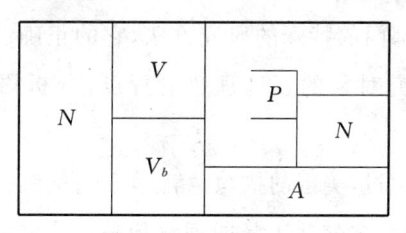

这种图解表明英语这种言语片段可能有这些情形出现:

  NT(例如,Our best books have disappeared."我们最好的书失踪了。")

  NVP(例如,The Martian came in."马提安人进来。")

  NVPN(例如,They finally went on strike."他们终于罢工了。")

  NVN (例如,We'll take it."我们要拿它。")

  NV_b(例如,He is."他是。")

  NV_bP(例如,I can't look up."我不能显得进步。")

  NV_bPN(例如,The mechanic looked at my engine."技师视察我的机器。")

  NV_bN(例如,He's a fool."他是个傻子。")

  NV_bA(例如,He's slightly liberal."他有点开明。")

这样,我们可以把言语片段分成类型。凡是能够满足这些公式的言语片段就叫做句子。适合不同公式的句子类型叫做句型。

五 就描写语言学的语言理论 评描写语言学的语言分析法

任何科学部门的特殊的研究方法,它的正确性都要依赖于科学家们对其研究对象的正确理解的程度,分析语言的方法也不例外。

上面已经说过,美国的描写语言学家们虽然也说语言是交际工具,但是他们对这交际工具的理解却是错误的。他们只把交际看成是低级的生理行为,而把交际工具看成是单纯的声音符号。这一学派的创始人布仑费尔德曾经举例说明这一论点。他说,当基尔和杰克两个人沿着大路上走的时候,如果基尔肚子饿而看见路旁树上有苹果,她也许会爬上树去摘下苹果,也许会说出一句话,表达了她的要求,而杰克也就爬上树去摘苹果。在前一种情况下,发生的只是简单的刺激—反应的过程,在后一种情况下,实际的 S⟶R(刺激⟶反应)的过程被说话的行为打断了,说话对外界的实际刺激发生反应,而这反应又作为刺激引起实际的反应。这种过程可以用下面的公式来加以表示:

S⟶r……s⟶R

即在实际的刺激(S)之后,说话人发生了"语言替代的反应"(r),而这反应就以"语言替代的刺激"(s)对听话人发生作用,使听话人产生实际的反应(R)。[1] 在他看来,语言学的研究对象就是上述公式之中的"r……s"。这样一来,他一方面把语言只看成是听—说(即

---

[1] L. Bloomfield: *Language*, pp. 22—27.

r……s)的声音成分组成的符号,一方面就把语言所包含的意义看成是与声音成分相应的不与语言替代的 r……s 相等的刺激和反应(S——R),把它排斥于语言之外。结果是:他既误解了语言,也误解了意义。语言符号并不就是声音成分,而是一种音义结合物。科学的实验已经证明了这一点。① 意义也不就是与声音成分相应的刺激和反应的单纯的生理行为,而是在社会习惯的促使下被特定的声音外壳所固定下来的抽象思维及其附带的各种色彩。对同一句话的单纯的生理行为的反应可以不同,但对这句话的意义的理解却可以是相同的。比方,当基尔说一声"请你给我摘苹果"的时候,杰克不见得就会爬上树去摘苹果,他也许会拿出自己口袋里的面包让基尔去充饥,或是会拿手杖把苹果打下,等等,但是他却理解基尔所说的话的意义,并且只对这一句话有一种理解。何况整句话的意义是言语的意义,不是语言的意义。语言意义是词汇意义和语法意义,需要更精细的分析,不能把意义简单地理解为与声音成分相应的 S——→R,也不能把语言理解为单纯的 r……s 的声音成分所构成的符号。

正是在对语言的这种理解下,描写语言学家们所制定的语言分析法只就语言的声音表达形式着眼来对语言进行分析。哈里斯对音位的分析不考虑音位的区别意义的作用,他对形位的分析只考虑其为音位的组合,正是这一观点所促成的必然结果。布洛哈和特拉志虽然说到音位的区别意义的作用,但是他们却仍然只以互补分配为原则来对音位进行分析,也是这一观点的必然结果。尽管哈里斯也在其所拟的分析法中说到发音人的反应,追问发音

---

① 参阅高名凯:《语言论》,第一部分第四章,第 73 页。

人是否认为所听到的是相同的言语片段①,看来他也不是完全不顾意义的;但是,既然只把意义看成是反应的机械行为,这行为就不见得能够提供有价值的参考。霍伊杰尔(H. Hoijer)曾经说过,哈里斯这种追问发音人的反应的试验显然是以追问发音人听来某些言语片段是否在声音上有所异同的标准为基础的,但是这些言语片段对发音人来说也显然是包含有意的;不过,根据哈里斯的方法,我们就无从获悉发音人的反应的来源:也许他只就声音上的异同来回答听到的言语片段是否相同,也许只就意义上的异同来回答,也许是就音义结合物的角度来回答。② 这就说明了这种把意义看成是反应的观点如何地影响了描写语言学家们在拟制语言分析法时对待意义的态度。哈里斯把形股或形位看成只是音位的组合③,显然也是这种以声音成分为语言学的研究对象的观点的必然结果。当然这种观点所促成的方法并不能让哈里斯很好地分析形股或形位。如果依照他的说法,出现于另一类形位之前或之后的某一种音位组合就是一个形股或形位的话,那么,英语中的音位组合 gl-和 bl-也将是一类形股或形位了,因为它们都可以和另一类音位组合-ow,-aze 相结合:glow(放光),blow(吹),glaze(镶玻璃),blaze(火焰)。但是,它却不妨碍哈里斯硬着头皮,只以音位组合的分配情况来充作分析形股或形位的原则。语言之所以是交际工具,正因为人们借它来表达抽象思维;人们之所以要表达抽象思维,也正是为的要进行交际,而以语言为工具的交际活动,事

---

① Z. S. Harris:*Methods in Structural Linguistics*,pp. 32—33.

② H. Hoijer:Native Reaction as a Criterion in Linguistic Analysis,*Proceedings of the 8th International Congress of Linguists*,p. 577.

③ Z. S. Harris:*Methods in Structural Linguistics*,p. 157.

实上也就是人们把抽象思维所组成的思想及其附加的感情等色彩表达出来,达到彼此理解的社会行为。[①] 描写语言学家们既然把意义抛弃在语言的范围之外,既然只把语言看成是声音成分,他们事实上就否认了语言的交际职能,或误解了这种交际,而在这种误解之下,他们所制定的语言分析法就不可能把语言分析好。

美国的描写语言学家们又把语言学的研究对象看成是对语言结构形式的研究,因此,他们所制定的语言分析法就只是语言结构单位的构成形式及各单位之间的关系形式的分析法,而不是名副其实的语言分析法。

任何事物都有结构,语言当然也有结构。但是,正如任何事物的结构并不就等于这事物一样,语言结构也不就等于语言。把语言和语言结构等同起来,是不合逻辑的论断。然而,一般地说,描写语言学家们就是这样做的。他们既认为语言学的研究对象是语言,又把语言学的研究对象看成是语言结构。正是这个缘故,他们只分析语言各单位的结构形式和各单位之间的结构形式,即关系形式,而不分析整个语言系统的各种现象。例如,他们只分析形位的结构形式,而不分析形位本身之如何充作交际工具的组成成分。再加上他们只把语言看成是声音符号,他们所制定的语言分析法基本上就只依据语音单位(即音位)的结构形式、语音单位的组合形式,以及音位组合彼此之间的组合形式及其在言语片段中的相互关系。他们把形位看成音位组合,把更大的结构的形式看成是这种形位的组合形式,这就决定了他们对语言分析的方法所采取

---

① 参阅高名凯:《语言论》,第一部分第二章。

的形式主义的立场。①

事实上,语言结构还只是语言这个存在物的结构,而语言这个存在物也不可能只是一个空空洞洞的结构而已。结构并且不能脱离存在物而存在,关系不能脱离关系项而存在,描写语言学家们所理解的单位之间的关系形式的所谓结构,也不能脱离关系项而存在。对语言结构的分析不能替代对整个语言系统的分析。当然,对事物的结构的分析是现代科学的一种趋势,对语言结构的分析也是二十世纪语言学的主要活动,也是我们所要进行的一种工作;但是,这并不意味着对语言结构的分析就是分析语言的全部工程。何况离开了语言结构关系的关系项本身的全面分析,就不可能全面而正确地分析语言的结构。作为结构主义语言学的一个流派的美国描写语言学的错误,并不在它企图研究语言的结构,而在于它把语言的结构看成是语言学的唯一的研究对象。美国的描写语言学所以成为结构主义语言学的一个流派,正因为它把语言结构的研究看成是语言学的唯一的任务。也正是这个缘故,我们不能把研究语言结构的任何语言学派别看成是结构主义语言学的一个流派。

描写语言学家们的这种语言分析法,又因为他们对语言符号的机械主义的理解(即把语言看成是声音的机械组合的看法)而走入歧途。他们所分析的形位与形位的组合关系事实上是一种意义的组合关系,而不是声音的组合关系,虽然这意义是由语音来充作

---

① 就是主张要参考意义来鉴定形位的葛礼桑也不能摆脱这个错误。他对形位所下的定义首先是:"形位一般是短短的音位组合。这些组合能够重复出现,但不是所有能够重复出现的组合都是形位。"见其所著 *Introduction to Descriptive Linguistics*, pp. 51—52。

物质外壳的。任何一个形位之所以能在某种场合中和另外一个形位组合起来,都是由于它所具备的某一意义特点能在这一场合中和另一形位所具备的某一意义特点之间有组合的可能,或有一定的意义上的关系,而不是由于它所具备的语音外壳和另一形位的语音外壳有某种结构关系。例如汉语的[tʂʅ](吃)所以能够和[fan](饭)结合在一起,不是由于[tʂʅ]的声音要和[fan]的声音组合在一起,而是由于"吃"的意义能够和"饭"的意义结合在一起。我们甚至于可以拿别的语言中同样具有"吃"的意义的、声音外壳完全不同的词,来在言语中代替汉语的"吃"而说"eat 饭"。这正是洋泾浜英语所呈现的现象。但是,我们却不能以任何一个具有同样声音而意义不同的本族语的词或外语的词来这样地代替。描写语言学家们所分析的既然事实上就是这样意义上的结构,他们就应当从意义结构的角度来分析。然而他们却反对意义的分析或忽视意义的分析,而把语音组合的结构情况来偷换意义结构的情况。正是这个缘故,他们不能正确地分析语言。福利斯虽然也谈到结构意义,但是他所说的结构意义事实上就是以音位及音位组合彼此之间的结合方式为根据的结构形式,不涉及各意义要素之间的结构关系。福利斯所以把 a diggled wogged ugged a woggled 看成英语结构的典型公式,就是这种语言分析的必然结局的典型实例。这种句子事实上并不存在于英语。它之所以不可能存在于英语,因为-ed 这个形位的意义特点不允许它出现在一个没有词汇意义的声音组合(diggl-,wogg-,ugg-和 woggl-都是不包含词汇意义的声音组合)的后面;作为词尾的-ed 所包含的意义是一种关系意义,而关系意义是不可能脱离关系项的意义而单独存在的,虽然我们可以把它从意义的结构中抽象出来。事实上,语言结构是多方面的,语言中既有语音的结构,又有语义的结构,既有词汇的结构,又有语法的结构,只有语音的结构可以根据声音组合的特点来加以分析,语义的结构、词汇的结构和语法的结构都不能仅仅以语音组合的特点来充作分析的根据。所以作为结构主义语言学的一个学派的美国描写语言学,却恰恰是最不能分析语言的结构的,或最不能全面地分析语言的结构的。它的成效远远地落在传统语言学对语言所进行的分析之后。

有人强调描写语言学对现代科学技术的作用,说什么描写语言学对机器翻译和通讯控制系统的研究起极大的作用。这是没有根据的夸张。从事于机器翻译和数理语言学的研究的美国哈佛大学语言学系主任华特冒在第八届国际语言学者会议上,对以哈里斯为代表的美国描写语言学的讥讽式的批评就可以说明这个问题。[①] 没有疑问,机器翻译和通讯控制系统的设计要借助于人们对语言结构的分析及其表现的公式,描写语言学家们所拟制的一些语言结构的公式对这种设计来说是有一些用处的。但是,我们必须指出,对语言结构进行分析不是描写语言学的特权,甚至于不是所有各结构主义学派语言学的特权;古来的语言学家们都进行过这种工作。用代码的公式来表现语言中的结构关系也不是描写语言学,甚至于所有各结构主义学派语言学的特权;现代其他各派语言学家们(例如叶斯柏森)也用这种公式。所以,不能把这功绩算在描写语言学的账上。何况这种用处并不依赖于是否对语言结构进行了分析,是否把分析的结果用公式表现出来,而依赖于是否

---

① 见 *Proceedings of the 8th International Congress of Linguists*, Oslo, 1958. p. 75。

对语言结构加以精确而详尽的分析,公式所代表的是否真实的情况。片面的分析和错误的分析对机器翻译等的设计不能起良好的作用,而错误的公式更无助于机器翻译等的设计。

描写语言学家们虽然正确地认识到语言和言语的区别,虽然正确地认识到要从具体的言语材料中去分析出现其中的语言要素或语言成分,但是对语言和言语的区别到底表现在什么地方,他们却没有充分的理解,因此,他们所制定的语言分析法就具有重大的缺点。

语言和言语的区别主要在于语言和言语是两个极不相同的系统。语言虽然存在于言语之中,但它却不是以整个系统的身份存在于每一个言语系统中,而是以其所包含的各个要素或成分都散处于许许多多言语系统之中的方式存在于言语之中的。从言语片段或言语系统中分析出来的只是个别的语言要素或语言成分,而不就是语言。语言是由这些出现于个别言语片段中的个别的语言要素或语言成分,按照语言自身的内部结构关系组织起来的一个交际工具的系统。而且存在于言语片段之中的语言要素或语言成分只是语言要素或语言成分的变体,不就是严格理解的语言要素或语言成分。我们暂且不说描写语言学的语言分析法根本上就不能分析任何语言要素或语言成分,就是在假定他们所制定的语言分析法能够分析出他们所想分析的语言要素或语言成分的情况下,这个语言分析法的用处也是极其有限的。就算是哈里斯和其他描写语言学家们能够从言语片段中分析出形股,这形股也只是作为一个语言成分的形位的变体。就算是他们能够运用某种手续把有关的形股归纳为形位,这形位也只是语言系统的组成成分之一,还不是语言系统的结构。就算是哈里斯和其他的描写语言学家们能够把形位加以归类,把句子结构加以分类,他们也没有把整个语言系统的结构分析出来。语言系统是由各个单位的各个方面按照语言系统自身的结构关系组织起来的各个小系统,例如形位系统、句法系统等的总和。然而描写语言学家们却没有企图做出这种系统的分析。他们只企图把形位加以归类,而不分析各个形位在形位系统之中的各种不同的关系,而他们所制定的语言分析法也不可能帮助他们进行这种分析,因为这种分析也不是单纯的替换法、对比法、以互补分配为原则的归并法、以寻求同类环境为原则的归类法所能奏效的。他们也说到形位与形位之间的关系,但这种关系只是形位在句法功能上的关系,而不是形位在形位系统上的关系。他们也谈到句型,但是他们并没有企图分析各个句型彼此之间的关系及其如何组成语言系统中的句法系统的情况,更不用说,就是有这种企图,他们所制定的语言学分析法也不能帮助他们达到目的。

所以,尽管描写语言学家们也说语言是系统,他们的分析法根本上就没有企图对整个语言系统的结构进行分析。描写语言学所制定的这种语言分析法之所以具有这样严重的缺点,正是因为描写语言学家们没有充分理解语言与言语的区别。

六 就描写语言学分析语言的基本方法评描写语言学的语言分析法

就描写语言学学派的语言分析所运用的四个基本方法来说,这个分析法的科学效能也是极其微小的。

替换法本来就是语言学家们一向曾经运用过的方法,不是描写语言学家们的发明,不过描写语言学家们更自觉而大量地运用这种方法罢了。

不能否认,替换法是各个科学部门都在运用的一种划分单位的合理方法。但是描写语言学家们在运用这个方法的时候,却没有注意到运用时所具备的一些条件。可以彼此替换的事物不见得是同类的事物,因此,可以彼此替换的事物不见得是同类的单位,也不见得是各自的同样数目的单位。拿来替换占据同样空间的一块砖的不见得就是另外一块砖,也可以是两块小砖的结合物,一块木头,甚至于是几块木块的结合物,一块木头或几块木头和一块铁或几块铁的结合物。替换一个单位的事物是否也是一个单位,要看彼此替换的事物的性质。同样地,拿来替换在言语片段中占一地位的形位的另外一个现象不见得就是一个形位,它也可能是各种不同性质的形位组合,甚至于是不同的形位,或根本上就不是形位。例如英语中能够在言语片段 I like——(我喜欢——)中拿来和 Irish(爱尔兰的)相替换的 fish 是一种情形,而 Irish 则是另一种情形,后者是两个形位所组成的形位组合。同样能够和另一个音位组合(-land)相替换的 Irish 之中的音位组合-ish 是一个形位,而能够和另外一个音位组合(fight 之中的-ight)相替换的 fish 之中的音位组合-ish 则不是形位。应当指出,根据哈里斯对形位所下的定义(即把形位看成是能够与其他类的音位组合有同样关系的音位组合),就连 fish 也要被看做是两个形位的组合,虽然哈里斯本人并没有这样说。fish 之中的-ish 能够和 fate(命运),late(迟),mate(同伴)之中的-ate 相替换,而 fish 里的 f 也能够和 dish(盘),pish(叹声),English(英吉利的),Scottish(苏格兰的),Irish 之中的 d-,p-,Engl-,Scot-,Ir-相替换,这不证明了 fish 是两个形位所组成的形位组合吗？但是，没有人会承认 fish 是两个形位 f- 和 -ish 所组成的形位组合。

如果根据葛礼桑的分析法，fish 就只是一个形位。葛礼桑没有哈里斯那样的极端，他认为形位是语言结构中最小的具有意义的单位①，并且认为鉴定形位要寻找语音表达的最小的差别和意义内容的部分差别②。根据他的理解，fish 里的 f 就不是一个形位，因为 f 并不具备意义，它能和 dish，pish 之中的 d，p 相替换，只证明 f，d，p 是不同的音位，fish 是以整个的音位组合来和 Scottish，English，dish，pish 等相替换的。但是，葛礼桑的分析法也只能分出形位的长度单位，即以整个 fish 为形位长度的单位，而不能鉴定 fish 是否一个单位。葛礼桑虽然说到了意义，但是他还没有详细地理解，也没有详细分析意义的结构。他和其他的描写语言学家一样，对意义的分析没有加以足够的重视。语言成分不只是声音符号或指明意义的声音符号，它本身就是声音和意义相结合的产物，因此，声音和意义两方面之中的任何一方的单位的变动，都要影响到语言成分的单位。换言之，语言成分之中的同音异义的成分是不同的单位，异音同义的成分也是不同的单位，尽管它们可能是同类的，可能出现在共同的环境中。正是这个缘故，尽管 fish 是一个形位长度的单位，但却不一定是一个形位。事实上，能够出现于同类环境中而与别的形位相替换的 fish 可以分成几个不同的形位，与不同的意义单位相结合：鱼、支撑船桅的木板或铁板、游戏中所用的筹码……这些不同的形位就是同音异义形位。

---

① H. A. Gleason: *Introduction to Descriptive Linguistics*, p. 53.
② 同上书, p. 67。

然而,这种情形却不是葛礼桑的分析法所能解剖的,因为他所说的意义的部分差别缺乏明确的标准,而他之把 oxen 中的-en([in])和 cubs(许多小熊)中的-s([-z]),cups(许多杯子)中的 s([-s]),houses 中的 es([-iz])合并成一个/z~s~iz~in/形位,①也证明了他的方法不能分析出同义异音形位之间的区别:[in]和其他的语音构造没有同一性,不能把同义异音成分看成是同一个形位。

至于哈里斯之把 be,am,are,还有 is 中的/i/,was 中的/əz/,were 中的/ər/归并成一个形位②则更是这一方法的不良后果:这些成分无论从声音上和意义上说,都是不同的音义结合物,然而运用了哈里斯所制定的分析法,就会把它们归结成同一个形位。

所以,尽管替换法是一般科学家们所运用的合理的方法,但是,由于描写语言学家们不考虑彼此替换的事物的性质,他们对这一方法的运用却没有产生良好的效果。

对比法也是一般科学家们所运用的方法,不是描写语言学家们所发明的。传统的语言学家们就经常地运用对比法。

但是,在不充分理解被对比的对象的情况下,描写语言学家们也没有能够到处有效地运用这个方法去分析语言。例如哈里斯在强调可以不顾意义,只把形位看成是能够与其他类的音位组合有同类关系的音位组合,按照其出现于言语片段中的环境来鉴定形位之后,认为可以用对比的方法把[tuw]分析成三个形位:two,to,too。哈里斯说,有的[tuw]能够出现其中的环境就是 three,six,forty 等能够出现其中的环境,因此是 two;有的[tuw]能够出

---

① Z. S. Harris:*Methods in Structural Linguistics*, p. 89.
② 同上书,pp. 200—201。

现其中的环境就是from,for等能够出现其中的环境,因此是to;有的[tuw]能够出现其中的环境就是also能够出现其中的环境,因此是too。但是事实并不如此,因为forty不能出现在twenty之前(forty-twenty并不存在),而two却可以(two-twenty"两点二十分");from,for不能出现在come,hear……之前(from come, from bear,for come,for hear都不存在),而to却可以;also可以出现于my point of view(我的观点)之前(This is also my point of view),而too却不能(人们不说This is too my point of view)。何况既然不考虑意义,只考虑其音位组合的情形,那么,[tuw]这个音位组合能够出现其中的环境就应当是以[tuw]来代替x—y之中的"—"时所能产生的一切情况,不能把它切成三块,因为在没有被切成三块之前而拿[tuw]来和three,six……或from,for……或also等相对比时,我们所得出的结论就只能是:[tuw]能出现其中的环境比上述三类之中的任何一类的语言成分能出现其中的环境要广泛得多。更何况是语言中能够在部分环境中和别的音位组合具有同样的出现的可能性,而在另外的部分环境中和另外的音位组合具有同样的出现的可能性的音位组合多得很,我们难道都要把它们切成几块吗?哈里斯之所以拿[tuw]来和上述三者相对比,这是因为没有对比之前,他就根据传统语言学家们按照同音异义的特点而把同样念为[tuw]的三个形位写成two,to,too的情形,清楚地知道英语中有三个同音形位two,to,too,再拿它们来和上述三类形位相对比。如果不是这样,哈里斯所规定的对比法就不能帮助人们分析出这三个同音异义的形位,而这种对比法也就失去了它的效用。

哈里斯又在归纳形位的时候教导人们要对比一下形态环境,

例如对比一下 Their wives are coming 和 his wife's job,就知道 wives 之中的 v 念成[v],wife's 之中的 f 念成[f]是形态环境所使然,虽然它们都处在 s 之前,这并不妨碍人们把 wife 和 wive(s)根据互补原则归并成一个形位。然而,哈里斯的方法正为的是分析形态单位(形位),在形位未被归纳之前,如何知道 wife's 之中的 s 是不同于 wive(s)之中的 s 的形位而拿它来对比呢?再说,两个不同的言语片段不见得就是 Their wives are coming 和 his wife's job. 如果我们遇到的是 His wife's coming 和 his wife's job,它们之间的形态环境的不同为什么就没有使其中的一个 f 不念成[f]呢?

所以,尽管对比法是一般的科学方法,但是在哈里斯的运用下,它却成了不能解决问题的方法。

描写语言学家们宣称他们发明了分配法,即以互补分配为原则的归并法和以寻找同类环境为原则的归类法。所谓分配(distribution),简直地说,就是一个要素或成分对其他要素或成分来说的出现的情况。哈里斯说:"一个要素的分配就是它在其中出现的所有环境的总和,亦即一个要素对其他要素来说的所有(不同)地位(或出现情况)的总和。"[①]参考语言要素在言语片段中的地位或它对其他语言要素的地位来说的出现的情况来分析语言要素,正如狄德里希森(P. Diderichsen)所说的,这是古来语言学家们所曾经运用过的方法。传统语言学家们所说的限定规则和一致规则、时制规则和分句情态的规则、声音(元音、辅音等)、词(名词、动词、形容词等)、形位(词干、词缀等)的归类都是部分地借助于分配

[①] Z. S. Harris: *Methods in Structural Linguistics*, pp. 15—16.

情况来进行的。但是,描写语言学家们所运用的分配法则有其特殊的特点。[①] 他们不但第一次对这个方法做出了理论上的阐明,发明了"分配"这一术语,并且制定了以他们对分配的理解为基础的互补分配分析法和同类环境分析法的原则。

"分配"一词虽然见于布仑费尔德的著作,但是作为学术术语用的"分配"则是斯瓦特茨(Morris Swadech)第一次提出来的。[②] 不过,斯瓦特茨只阐明音位是许多在语音上和分配上彼此交叉的组成员所组成的单位的原理,而没有把它当作分析音位的原则,虽然他曾经提过互补分配的标准这一概念。真正把互补分配提高到分析音位的基本方法和基本原则的是布洛哈和特拉志。他们在《语言分析纲要》里认为音位分析的基本概念就是把所有语音差别分为两类:起区别意义作用的或对立的差别和不起区别意义作用的差别。分析音位要把不起区别意义作用的差别排除在外。这可以运用两种方法去进行:直接的方法,即说明什么差别事实上起区别词义或其他成分的意义的作用;间接的方法,即把不出现于同一个声音前后的类似的声音加以归并,因为这些声音不可能在起区别意义的作用上彼此对立。布洛哈和特拉志采取了后一方法,认为可以完全不考虑意义而仅就这种互补分配的情况来进行音位的归纳。[③] 后来哈里斯进一步把互补分配的原则运用在形态单位的分析上,认为可以不顾意义而只根据互补分配的原则来把形股归

[①] F Diderichsen: The Imqortance of Distribution versus Other Criteria in Linguistic Analysis, *Proceedings of the 8th International Congress of Linguists*, p. 176.

[②] M. Swadech: The Phonemie Principle, *Language*, 10, 1934, pp. 117—129.

[③] B. Bloch & G. L. Trager: *Outline of Linguistic Analysis*, Baltimore, 1942, pp. 38—45.

纳成形位,并认为可以不顾意义而只根据形位甚至于形位组合在言语片段中的分配来把它们归成类别。这样,分配法就分成了两种方法,即以互补分配为原则的归并法和以寻求同类环境为原则的归类法。这两种方法的确是描写语言学家们所发明的,问题在于这两种方法到底是否行之有效。

互补分配的确是一个语言要素或语言成分可能具备的情况。例如英语的[tʰ]只能出现于[♯—V]中而不能出现于[s—V]中,然而[t]则反是,只能出现于[s—V]中而不能出现于[♯—V]中。确定一个语言要素或成分自然要参考其分配的情形。问题在于是否根据这种情况就把互补分配看成是分析音位或分析形位的起决定作用的根据。无论是语音方面或是形态方面,我们都发现处在互补分配情况中的两个语言要素或语言成分不能归并成一个音位或形位的情况。例如汉语的[m]只能出现于音节的开头,即只能出现于[♯—V]中,而不能出现于音节的收尾,即不能出现于[V—♯]中,然而汉语的[ŋ]则反是,它只能出现于[V—♯]中,而不能出现于[♯—V]中。我们显然不能根据这种情形而把这两者合并成一个音位。又如汉语的[ɕ]只能出现于[♯—i]中,汉语的[tɕ]也只能出现于[♯—i]中,它们都与只能出现于[♯—V′](V′=i以外的元音)中的[k]互补。我们显然也不能根据这种情形而把[ɕ]和[k]或[tɕ]和[k]合并成一个音位。如果有人提出异议,认为我们无妨把[ɕ]和[k]合并成一个音位,这也不能解决问题,因为[ɕ]和[tɕ]并不互补,它们不能根据这一原则归并成一个音位,[ɕ]和[k]合并成一个音位之后,[tɕ]和[k]就出现于同一个环境中,不能合并成为音位;[ɕ]和[tɕ]语音性质相类,为什么同样呈现互补情况的[ɕ]可以和[k]合并成音位,而[tɕ]就不能这样呢?形位的情况也是如此。英语的 king 只出现在 He remaims as——的环境中,不能出现在 She remains as——的环境中,而 queen 则反是,它只能出现于 She remains as——的环境中,而不能出现在 He remains as——的环境中。king 与 queen 彼此互补,我们是否能把它们归并成一个形位呢?显然不能。所以,描写语言学家们在这里显然犯了逻辑上的一个错误,即尽管我们所有的音位的条件变体或形位的条件变体都具有互补分配的特点,这却不能允许我们反过来说,所有具有互补分配特点的音股或形股都是音位或形位的条件变体。问题在于语言结构是个十分复杂的结构,一个音位不但是以一个音位的身份出现在言语片段里,它还可以以形位音位的组成成分的身份出现在言语片段里,它还可以由于和别的音位的接触而产生语音的条件变化。这些情形都可能使它在言语片段里呈现出互补的情形。然而在分析之前,我们却不能预先知道我们所要分析的音位到底是以什么身份出现在言语片段里,因此,根据这个原则去归并音位就会产生差错。

互补原则之不能帮助我们分析语言要素或语言成分,最主要的原因是它所包含的根本性的内在矛盾。互补分配既然要以被分析的对象能够在其中出现的环境为条件,它就要受环境决定,然而环境本身却是未知数,它也要由人们来加以鉴定,加以分析。充作环境的语言要素或语言成分被确定之前和之后,环境的情况就有所不同,因此,得出的结论也就不相同。斯鹏-汉森(H. Spang-Hanssen)曾经就这情形做出一个公式,说明在分析的过程中环境之如何前后发生变化。他说,假定我们在言语片段中发现三个要素 a, b, c,又发现充作它们的环境的要素 x, y, z。a 只能出现在 z 之前,b 只能出现在 x, y 之前,c 可以出现于 x, y, z 之前。根据互补分配的原则,c 是一个独立的语言要素或语言成分,例如音位,因为它和 a,b 在相同的环境中相遇,不构成互补分配的条件。a 和 b 要被归纳成一个单位,如一个音位,因为它们能够在其中出现的环境正好是互补的,a 能在其中出现的环境 z 正好不是 b 能在其中出现的,b 能在其中出现的环境 x 正好不是 a 能在其中出现的。然而 x,y,z 也是语言要素或语言成分,它们也要加以确定,要确定它们到底是多少单位,当然也要根据它们能够在其中出现的环境,这环境就反过来是 a,b,c。在没有把 a,b,c 归并成单位时,x,y,z 的分配情形是这样的:

	x	y	z
a	—	—	+
b	+	+	—
c	+	+	+

根据这情形,z 和 x 或 y 都是有差别的,z 能在其中出现的环境 a 不是 x 或 y 能够在其中出现的环境,而 x 或 y 能够在其中出现的环境 b 却正好不是 z 能在其中出现的环境。把 a,b,c 归并成单位,得出 /ab/ 和 c 两个单位之后,x,y,z 能在其中出现的环境就改变了,z 和 x 或 y 之间也就没有差别了:[①]

	x	y	z
/a b/	+	+	+
c	+	+	+

斯鹏-汉森只说到在进行分析的过程中,环境本身会因为归并

---

① H. Spang-Hanssen: Typological and Statistical Aspects of Distribution as a Criterion in Linguistic Analysis, *Proceedings of the 8th International Congress of Linguists*, pp. 186—187.

单位前后的情况而起变化。我们还可以进一步运用类似的公式来证明描写语言学家们所制定的这个以互补分配为原则的归并法怎样地会引出许多分歧的结果。假定 a,b,c 和 x,y,z 这两组互为环境的现象是以下面的公式出现在言语片段中的:

	x	y	z
a	—	—	+
b	+	+	—
c	+	+	—

那么,我们要怎样地把它们归并成单位呢? 上面的公式表明 a 和 b 或 c 都处在互补分配的环境中,a 能出现于 z,不能出现于 x,y,而 b 或 c 却恰好相反,不能出现于 z,而能出现于 x,y。如果我们开始从 a,b,c 这一组来归并单位的话,我们不是把 a 和 b 归并成一个单位,就是把 a 和 c 归并成一个单位,而不能把 b 和 c 归并成一个单位,因为它们不是互补的。然而,我们到底是把 a 和 b 归并起来呢,还是把 a 和 c 归并起来呢? 没有任何的标准,只看运气或看我们的主观愿望。如果我们先看到 a 和 b 的互补情况,或我们愿意这样做,我们就可以根据描写语言学家们所规定的互补分配原则把 a 和 b 归并成一个单位,即 /ab/。归并之后,/ab/ 和 c 的分配情况就是这样的:

	x	y	z
/ab/	+	+	+
c	+	+	—

根据归纳音位时所要求的环境总和的分配情况来说,如果我们所要归并的是音位,我们就不能再把 /ab/ 和 c 归并起来,因为就环境的总和来说,它们不是互补的。如果我们先看到 a 和 c 的互

补情况或我们愿意这样做,我们也可以根据互补分配原则先把 a 和 c 归并成一个单位。归并之后,/ac/和 b 的分配情况就是这样的:

	x	y	z
/ac/	+	+	+
b	+	+	−

根据环境的总和,我们不能再把/ac/和 b 归并起来,因为就环境的总和来说,它们不是互补的。这样,由于我们先看到的是哪些现象或我们主观愿望如何,根据这同样的互补分配的原则,我们就已经可以得出两个不同的结果:(1)/ab/和 c,(2)/ac/和 b。然而分歧的地方还不止此。我们还得分析 x,y,z。先把 a,b,c 这一组归并成单位之后,x,y,z 的分配情况就或者是:

	x	y	z
/ab/	+	+	+
c	+	+	−

或者是:

	x	y	z
/ac/	+	+	+
b	+	+	−

根据互补分配原则,我们只能把它们看成各自独立的单位,即 x,y,z 三个单位,因为在这两种情况下,它们彼此之间,就环境的总和来说,都不具备互补分配的特点。

但是,我们也可以由于先看到 x,y,z 这一组或愿意这样做而先对 x,y,z 进行分析。那么,结果怎样呢?原始材料中的各个现象的分配情形是这样的:

	x	y	z
a	—	—	+
b	+	+	—
c	+	+	—

就环境的总和来说，x 和 y 不互补，x 和 z 或 y 和 z 是互补的。根据描写语言学家们所制定的互补分配原则，我们可以依靠运气或主观愿望而把 x 和 z 归并成 /xz/ 或把 y 和 z 归并成 /yz/。把 x 和 z 归并成 /xy/ 之后，分配的情形就是这样的：

	/xz/	y
a	+	—
b	+	+
c	+	+

于是，我们就不能再把 /xz/ 和 y 归并在一起，因为它们的分配，就环境的总和来说，不是互补的。把 y 和 z 归并成 /yz/ 之后，分配的情形就是这样的：

	yz	x
a	+	—
b	+	+
c	+	+

于是，我们就不能再把 /yz/ 和 x 归并在一起，因为就环境的总和来说，它们的分配不是互补的。这已经是两个不同的结果：(1)/xz/ 和 y，(2)/yz/ 和 x。先分析 x,y,z 之后再来分析 a,b,c 时，所得的结果又与先分析 a,b,c 时的情形不同。无论所得的结果是 /xz/ 和 y 或是 /yz/ 和 x，再来分析 a,b,c 时，a,b,c 就既不能被归并成 /ab/ 和 c，也不能被归并成 /ac/ 和 b，而只能被看成是各自独立的单位，

因为在这两种情况下,它们的分配的总和都不再是互补的了。所以,就分析的全部过程来说,只因为运气的关系或主观愿望的关系,这a,b,c和x,y,z两组所有的六个现象,就可以得出四个不同的结果:1)如果先开始归并a,b,c之中的a和b,所得的结果就是/ab/,c,x,y,z五个单位;2)如果先开始归并a,b,c之中的a和c,所得的结果就是/ac/,b,x,y,z五个单位;3)如果先开始归并x,y,z之中的x和z.所得的结果就是a,b,c,/xz/,y五个单位;4)如果先开始归并x,y,z之中的y和z,所得的结果就是a,b,c,x,/yz/五个单位。仅仅原始材料中的六个现象,用了这同样的方法,只由于下手先后的运气或主观愿望的不同,就可以得出四种不同的结果,如果要把原始材料中的所有现象都加以分析和归并,其所得出的结果就将不知道是如何的分歧了。

我们无妨拿哈里斯自己所举的实例来说明这个以互补分配为原则的归并法的谬误性。先说归并音位的情形。哈里斯在制定分析音位的手续时曾经提出"调整环境"这一条规则。他说,英语里有这样的情形,cry(啼哭)之中cr-发成[kr]音,try(试)之中的tr-发成[tr̪]音,[k]和[t̪]是互补的:[k]只能出现于[r]之前,[t̪]只能出现于[r̪]之前。[r]和[r̪]也是互补的:[r]只能出现于[k]之后,[r̪]只能出现于[t̪]之后。当我们根据互补原则把[r]和[r̪]归并成/r/音位之后,我们就要拿它去代替原有的[r]和[r̪],把它们都写成[r],因为这样才能把[k]和[t̪]的环境加以调整,加以改变,不让我们把[k]和[t̪]合并成一个音位。如果没有这样做的话,[k]和

[t]就是互补的,要归并成一个音位;这样做之后,它们就不是互补的,都能出现在[♯—r]中,不能归并成一个音位。① 哈里斯也看到这种矛盾的情形,但是他自以为有了调整环境的办法就可以解决这个问题。事实上,他并没有解决这个根本性的矛盾,因为他没有看到,根据调整环境的办法,只要下手的先后改了次序,所得出的结论就不相同。如果我们先把[k]和[t]根据其互补的情形归并成一个音位的话,调整环境的结果(即以[k]去代替[k]和[t]的结果)将使[r]和[r]的合并成为不可能,因为调整环境之后,它们就没有了互补的情形。归纳单位总要有个先后的次序。我们不可能同时对所有的现象都进行归并。然而哪一个先归并,哪一个后归并,就会影响到整个音位系统的建立。所以,以互补分配为原则的音位归并法是无效的,是不科学的。

哈里斯也曾制定一些附带的规则,来帮助选择互补的要素或成分,但是这些规则都不能解决这一根本性的矛盾。例如,他说,必须根据要使音位的数目越少越好,它在其中出现的自由越多越好的标准,把上图②所列的[t]和[t]合并成一个音位,而不把同样互补的[t]和[K]合并成音位,因为这样一来,[t]和[t]合并成的音位就能够具备一共八个出现的自由,比[t]和[K]的合并多出五个,并且要少一个音位([t]和[t]合并成一个音位之后,[K],[k]和[ĸ]可以三者合并成一个音位,一共两个,而[K]和[t]合并之后,[t]就自成一个音位,[k]和[ĸ]又合并成一个音位,共有三个)。

---

① Z. S. Harris: *Methods in Structural Linguistics*, p. 62.
② 见上文,本书第617页。

这不但会使分析的手续变成非常笨重的,而且也不成其为规则,因为按照上图的情况,我们也未尝不可以把[t],[K],[k],[к]合并成一个音位,结果,/t/和/t,K,k,к/仍然是两个音位,而后者的出现的自由却反而多出了一个(一共九个)。哈里斯又以声音的对称为附带的标准来限制归并,但是既然不是全面的相同的声音,声音的同一性就难于确定。以发音部位来说,[t]和[d]是同类的声音;以清浊来说,[t]却与[p]或[th]等是同类的声音,到底要以何者为准?环境的对称也不能解决问题,因为对称的角度就可以各不相同。

就归并形位的情形来说,这个以互补分配为原则的归并法的不可克服的根本性矛盾也同样存在。按照哈里斯的意见,人们可以根据形股之间的互补情况把它们归并成形位。例如只能出现于-s之前,不能出现于[♯](零形式)之前的knive(s)和只能出现于[♯]之前,不能出现于-s之前的knife合并成一个形位。但是-s和[♯]也是一种形股,它们也有互补情形,它们的出现环境并且就是knive(s)和knife。如果我们先将互补的-s与[♯]归并成形位的话,knive(s)和knife就处在共同的环境中,失去其互补的情形,因之不能合并成一个形位,而是两个形位。如果我们先把knive(s)和knife合并成形位的话,-s与[♯]就不能合并成一个形位。哈里斯采取的是后一种归并法,但这种归并法与他之合并be,am,are,还有is之中的[i],was之中的[əz],were之中的[ər]为一个形位是自相矛盾的。-s和[♯]按意义说,是复数与单数之间的差别;am和are等按意义上说,是人称之间的差别。两者意义上的差别程度不相上下,没有前者可以合并后者不可合并之理,何况哈里斯的原则并不涉及意义。照互补的情形来说,-s与[♯]之为互补的语言成分,并不亚于be,am,are等之为互补的语言成分,根据哈里斯的原则，没有任何理由可以不把-s与[♯]合并成一个形位。然而先合并了-s与[♯]，就不能合并knive(s)和knife；先合并了knive(s)和knife，就不能合并-s与[♯]。到底要合并哪一个呢？这种根本性的矛盾是哈里斯的方法所无法解决的。

可见，无论就音位的归纳来说，或就形位的归纳来说，以互补分配为原则的归并法都是没有效果的。

描写语言学家们所发明(?)的以寻求同类环境为原则的归类法也具有根本性的内在矛盾。哈里斯对环境所下的定义是："一个要素的环境或地位就是言语片段中的比邻的要素，这些要素已经在用来确定我们所要确定的要素的同样基本手续的基础上被确定过。'比邻'指的是处在目前所要确定的要素的前面、后面或同时的要素的地位。"[①]这个定义就暴露了描写语言学这种语言分析法的根本性的内在矛盾，因为这个定义预先假定要有已经被确定过的要素，而在确定这已经确定的要素的时候，又要假定有比它们更早被确定过的要素，这样下去，最后就找不到已经被确定过的要素，因而无法找出这种环境，无从着手归类。何况这个定义并没有说明如何规定起作用的环境，也没有区别同一个单位中的两个要素之间的关系（例如同一个音节之中的两个音位）和某一要素与在其中出现的单位之间的关系。

描写语言学家们既然认为分配是鉴定语言要素或语言成分的基本原则，而这分配事实上就是"一个要素……在其中出现的所有环境的总和"[②]，要把语言要素或语言成分加以归类就要看它在其

---

① Z. S. Harris: *Methods in Structural Linguistics*, p. 15.
② 同上书, pp. 15—16。

中出现的所有环境的总和。不这样也是不可能的,因为归类的标准既然是环境,而他们又没有区别何者是起作用的环境,人们就只能就其环境的总和来加以归类。然而,依照哈里斯自己的报导,尽管有时我们有可能找到一组在其中出现的环境的总和完全相同的语言要素或语言成分,在更多的场合下,我们所找到的却只是一些部分分配相同的语言要素或语言成分。但是,就连哈里斯的这个报导[①]也是不可靠的,因为哈里斯没有能够举出任何环境的总和完全相同的一组语言要素或语言成分的实例。事实是:如果要根据环境的总和来把语言要素或语言成分加以归类,我们就会发现任何一个语言要素或语言成分都要被归成一类,也就是说,真正的归类是不可能的,因为每一个语言要素或语言成分的环境的总和都是特殊的。像汉语的"一"这样一个形位,它的环境的总和就和"二"的环境的总和不同。"一"可以出现在"一忽儿"、"一蹴而就"、"一视同仁"等环境里,而"二"却不能。哈里斯难道要说"一"和"二"不同类吗?

哈里斯也看出这个问题,因此,他认为在进行分析时,只要找到接近的环境的总和或粗略的相似的环境的总和就行了。[②] 他说,four 能够出现在 He left at two—ty sharp(他于准两点——分离开)里,而 seven 却不能,因此我们可以按照 four 和 seven 在其他环境中同样出现的可能性来把它们归成一类。然而,问题就产生在这个地方:到底要接近到什么程度,要根据环境的总和之中的哪些环境来归类呢?这里,描写语言学家们就没有提出

---

① Z. S. Harris: *Methods in Structural Linguistics*, p. 243.
② 同上书, p. 245。

任何的标准,他们并且不可能提出这种标准,因为一提出就要把他们的分配原则取消了,就要另定原则来鉴定何者才是起作用的环境。既然找不到这种标准,这所谓接近的环境的总和就给主观主义敞开了大门,让分析的人"各取所需",要把哪些语言要素或语言成分归成一类,就取其相同环境而去其不同环境,随处可以左右逢源。

哈里斯在上图①所列举的形类正是这样归纳出来的。然而只要我们不同意哈里斯的分类,我们就可以"取我所需",运用同样的方法作出另外一种分类。例如根据英语动词之中能不能直接出现在名词之前的情况,加上所有动词都能够同样出现其中的环境,而把它们分成及物动词和不及物动词两类,不像哈里斯那样地把英语动词分成六类,而不分成及物动词和不及物动词两者。哈里斯于上图说明其分类后,认为根据更多的环境所进行的分类,得出的是小类,根据更少的环境,例如根据 they will——这个环境所进行的分类,得出的是大类。这种处理问题的办法不但不合最低的逻辑规则,并且也自相矛盾。逻辑的分类规则只允许人们拿独一的标准去进行一次分类;如果分好之后,又要就其中的类再行分成小类的话,就要改换一个次一层的分类标准,例如传统的语言学家根据拉丁语的词所包含的语法上的名物意义与语法上的非名物意义,把拉丁语的词分成名词和非名词(即动词、形容词等)之后,再改一个次一层的标准,即性别的标准,把名词这一大类分成阳性名词、阴性名词、中性名词三小类。然而哈里斯却只根据同一的分配标准而把形位分成大类和小类。逻辑的规则并且不允许把同一个

---

① 见上文,本书第617页。

个体在同一个分类的标准下归入两类,然而哈里斯却把同一个 see 归入第一类、第二类、第五类、第六类,并把 stay 分属第二类、第四类。这些都是不符合逻辑规则的最低要求的。哈里斯最初要求的是语言要素或语言成分能够在其中出现的环境的总和,后来避而不谈环境的总和,而谈接近的环境的总和或粗略的类似的环境,到了这里,他却只以 they will——这个环境来把第一至第六类形类归成第七类形类。这就自相矛盾。这样,从最严格的环境的总和到最宽的单独一个环境之间,就有无量数的伸缩余地,真可以叫分析的人随心所欲,要怎样的分类就怎样的分类了。

这种归类原则并且是违反常识和违反逻辑的。我们不能没有归类的标准而对一群事物进行归类,根据不同的标准并且可以把同群的事物分成不同性质的类别。我们不能空空地说我们要把一群人分成类,而要说要把他们分成什么类,即按照什么标准来把他们分成类别。例如,我们可以根据性别的标准把人分成男性的人和女性的人,也可以根据肤色的标准把人分成黄种人、黑种人和白种人,也可以根据阶级的标准把人分成无产阶级和资产阶级,但却不能由于空空地说要把人来分类就把人分成男女,分成黄种人、黑种人和白种人,或分成无产阶级和资产阶级。这些标准并且是以同类事物自己所具有的某种特点为根据的。描写语言学家们把语言成分或要素分成各种类别,他们把同类的音股归成音位,把同类的形股归成形位,把同类的形位归成形类,把同类的形类组合归成句法形类,他们到底根据哪些不同的标准来把各个同类的语言要素或成分归成各自的类别呢?标准只有一条:语言要素或成分的出现的自由或环境,即分配。如果他们合理地遵守这一标准,那也未尝不可成为一个局面。如果这样的话,他们所分出的类别就应当是能够出现于 X 环境或 Y 环境中的一类东西和不能出现于 x 环境或 y 环境中的一类东西，例如能出现于[♯—V]中的一类声音和不能出现于[♯—V]中的一类声音，能出现于[that—]中的一类形位和不能出现于[that—]中的一类形位，而把[ţh],[ph],[kh],[d],[b],[g]等归成一类，把[t],[p],[k]等归成另一类，把 man,good man,hurted,is,will,be 等归成一类，把 hear,to,what,are 等归成另一类。然而他们所分成的类别却不是这些东西，而是/p/音位,/t/音位,/k/音位……N(名代词性形类)、V(动词性形类)、A(形容词性形类)、D(副词性形类)等。从逻辑上说，这是牛头不对马嘴的分类，因为他们是拿语言要素或语言成分能不能出现于某种环境这一特点以外的别的特点来充作这一分类的标准，而不遵守其原来所定的分类标准的。事物能够出现于什么环境的可能性，除了说明事物所具备的这个可能性之外，不能准确地说明事物所具备的其他特点，也不能充作以事物的其他特点为分类标准的分类的根据。俗语说："种瓜得瓜，种豆得豆。"瓜和豆都能出现于菜园中，但是我们却不能以其是否能出现于菜园中来充作划分瓜类和豆类的标准。依照其是否能出现于菜园中这一特点来归类，我们就要把所有能在菜园中找到的东西，例如瓜、豆、菠菜、白薯等归成一类，而与不能出现于菜园中的东西相对立。如果我们要把东西分成瓜类和豆类，我们就要根据东西之是否能成为瓜类和豆类的本质特点来进行。在具有能够出现于某种环境的特点之外的其他特点上，不相同的事物可以共同出现于同一个环境里，而同具有这后一种特点的事物却可以出现于不同的环境中。同是铁工而在性别上具有不同特点的男女工人可以出现于共同的环境(同一个铁工厂)里，而在性别上具有共同特点的两个或更多的男工却可以出现于不同的环境中,一个出现于石景山钢铁厂里,一个出现于国棉一厂里。我们如何能够仅仅根据其出现的环境来把事物归成不同性质的各种类别呢?当然,在先行证明事物的某一其他的特点与其能在其中出现的环境有必然的联系的情况下,我们可以参考事物的出现环境,以之作为归类的凭借(这正是传统的语法学家们所做的),但这也只能是凭借而已,不能把它看成是以此特点为根据的分类标准,因为谁也不能担保其他不属于这一类的事物就不可能具备其他也与这环境有必然联系的特点。何况描写语言学家们根本就没有做出过这种证明。至于环境的总和或特点的总和,那就根本不能作为任何分类的标准,因为归类的目的在于把不同的特殊的个体归成类,而特殊的个体之所以成为特殊的个体,正因为它可以具备不同于任何同类的其他个体的特殊特点,包括其能够出现于什么地方的特点,各个个体的出现环境或特点的总和都是特殊的,不一定要和同类的其他个体的出现环境或特点的总和相等。所以,描写语言学的语言分析法的这个原则根本是违反常识和违反逻辑的。

描写语言学这种以寻求同类环境为原则的归类说并且是不能加以实践的。哈里斯在发现 four(四)能够出现于 He left at two—ty sharp 里而 seven(七)则不能,hear 能够出现于 I'll——the bell 里而不能出现于 I'll——the paper 里,tear 能够出现于 I'll——the paper 里而不能出现于 I'll——the bell 里时,认为可以拿类号去代替环境中的个别成分,使其成为类,而把环境看成是属于同一类的。例如拿 N(名代词性形类)这个类号去代替 bell 和 paper,那么,我们就可以说,hear 和 tear 都能够出现于同类的环境 I'll——the N 中。他说:"与其说我们是根据其他每一个形位的出现来规定一个形位,勿宁说我们是根据其他一类的出现来规定每一类的出现。"① 这句话也就暴露了这种归类法的谬误性。按照其他个别形位能够在其中出现的环境,不能进行归类,因为个别的形位都有其特殊的环境的总和,例如 bell 不能出现于 I'll tear the——中,而 paper 则不能出现于 I'll hear the——中。于是,就得将环境改变成同类的环境,不是个别的环境;充作环境的要改成同类的语言要素或语言成分,而不是个别的语言要素或语言成分。正是这个缘故,我们称这种方法为以寻求同类环境为原则的归类法。然而这种方法却是无从实践的,因为它必须预先假定有已经归过类的环境,而这已经归过类的环境却不可能是由这个方法来归类的。问题就在于,上面所说的类号 N 到底是从哪儿来的呢?如果说,我们所以知道它们是 N 类,这是因为它们都出现于 V 类之后,而不是出现于个别的语言要素或成分 tear 或 hear 之后,那么,我们就要问,这 V 又是从哪儿来的?总之,在进行一次归类的时候,我们必须先承认已经有其他类的存在,而这已经存在的类则不是这种方法所归并成的。因此,在没有别人替我们把类归好的情况下,这种方法就束手无策,寸步难行。别人所用的归类法到底是什么方法且不管它,但有一点是明确的:别人所用的方法不可能就是这种方法。奇怪的是,不用这种方法,别人却能够把类归好,至少归到运用这种所谓新方法的人必须加以承认的地步,然而运用这种专为分类而制定的方法的人却离开了别人所归的类,就将一事无成。

这种分类法给主观主义敞开了大门。哈里斯用这个方法把

---

① Z. S. Harris: *Methods in Structural Linguistics*, p. 245.

he,she,we,you,I 等看成是同一个形类的组成员,又用这个方法证明了 am,are,还有 is 之中的[i],was 之中的[-əz],were 之中的[-ər]是同一个形位的不同变体。前者是在他承认传统结论的情况下加以证明的,后者是在他提出自己的所谓新看法的情况下加以证明的。其实这种分析是自相矛盾的。he,she,we,you,I 等之所以被他归成类,因为根据他的归类原则,可以把同样出现于某一环境,即出现于 is,are,am……之类的语言成分之前的语言成分归成形类,但是,am,are,is 等也正是能够同样出现于某一环境,即出现于 he,she,you,I,we 之后的语言成分,为什么不把它们归成形类,而只把它们归成一个单一的形位呢?何况在归并 he,she,we,you,I 为形类时承认其环境 is,are,am 等为同类的环境,即形类,为什么现在又把 is,are,am 等归成形位呢?事实上,he,she,we,you,I 彼此之间的区别,无论从意义上说,或是从句法的作用上说,在某一点上都和 am,are,is 等彼此之间的区别一样:前者是人称之间的区别,后者也是人称之间的区别。而就其能够在其中出现的环境来说,它们也同样地可以彼此都出现在同类的环境中,彼此之间都有互补的情形。然而这却没有妨碍哈里斯在运用这个分析法时得出不同的结论,前者归结成形类,后者归结成形位。问题在于,这个语言分析法本质上就是这样可以让他随心所欲地归并的。他要归并为形类就归并成形类,他要归并为形位就归并成形位,完全看分析者的主观愿望如何而定。他可以就 he,she,you,we,I 之出现于 V 类之前而不顾其互补环境的情况把它们归并成形类,也可以就 am,are,is 等之出现于相应的 I,you,he,she 之后而不顾及其互补环境的情况把它们归成单一的形位。

七 就描写语言学分析语言的具体手续评描写语言学的语言分析法

音股的划分该是最容易不过的,然而哈里斯的替换法并没有解决这个问题。汉语方言中福州话的音节收尾[ŋ]可以和[n]自由替换。按哈里斯的分析法,这当然是音股的自由变体了。然而它却既不是音股的自由变体,也不是音位的自由变体,而是形位音位的自由变体,因为福州话中处在音节开头的[ŋ]却不能和[n]自由替换,/ŋ/和/n/显然是福州话的两个音位,只是充作形位音位的组成成员时,[ŋ]和[n]才在音节末尾的地方自由替换。

在归纳音位这一步骤里,正如上面所说的,以互补分配为原则的归并法,事实上并没有让哈里斯分析好音位。

在分析形股的过程中,正如上面所说的,哈里斯之所以没有把英语的 glaze, glow, blaze, blow 分析成 gl-、bl-、-ow、-aze 等形股,只是因为传统的语言学告诉他这些是不能再行分割的形股,而不是他的分析法所应当得出的必然结果。他的方法事实上并没有能够让他分析形股。

以互补分配为原则的归纳形位的方法,也只有暴露哈里斯的语言分析法的根本性的内在矛盾。他既把互补的 am, are 等归纳成形位,为什么不把互补的 king 和 queen, bull 和 cow 等归纳成一个形位?何况这种方法是不能着手进行的。

以寻求同类环境为原则的归纳形类的手续,前已评论,无须再谈。

以出现于同类环境之中为原则而把具有同类句法功能的形位

和形类组合归成句法形类的方法也具有严重的缺点，因为它并不能说明这些不同的形位或形位组合为什么会在句法上功能相等，它们本身之间有什么差别，并且由于形类本身的归纳就是不能实践的，在不知道什么是形类的情况下，如何能分析不同形位或形位组合之间的等价关系？就这一个手续来说，其他描写语言学家所用的直接组成成分分析法，要比哈里斯的从小到大的分析法合理些。在哈里斯不能没有预先假定的同类环境而去进行分析各形类或形类组合在同类环境中的替换情况时，直接组成成分的分析法却不发生这种困难，因为整个言语片段是这个方法的出发点，而这整个言语片段则是存在着的现成材料，无须预先假定其他情况的存在。但是描写语言学家们的直接组成成分分析法，由于他们所分出的形位仍须以互补分配为原则来加以鉴定，他们所分析出的形类仍须以寻求同类环境原则来加以归类，所以他们也没有能够把各单位加以合理的鉴定和分类，何况由于他们忽视意义结构的各种条件，只就表达形式的表现来下手，这一方法也在某些情况下难于着手进行。例如 He teaches me English（他教我英语）之类的极其常见的言语片段，到底要分析成：

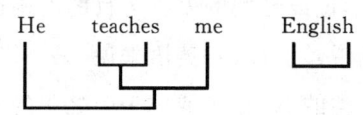

```
He    teaches    me    English
```

或是分析成：

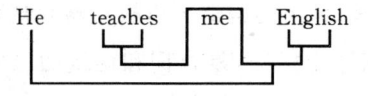

```
He    teaches    me    English
```

都无标准，何况照前一办法来分析，就不知道应当把 English 算做哪一个构造的直接组成成分；照后一个办法来分析，就不知道应当把 me 算是哪一个构造的直接组成成分。如果把 me 和 English 都算是和 teaches 共同组成的构造的组成成分而加以这样分析：

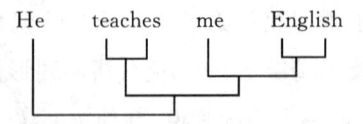

```
He    teaches    me    English
```

那么，我们要怎样地分析 He teaches English grammar（他教英语语法）或 He teaches English, German（他教英语、德语）呢？这后两个言语片段不是也要分析成

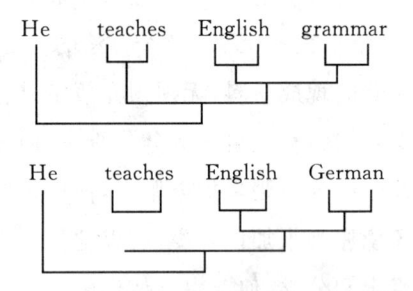

```
He    teaches    English    grammar
```

```
He    teaches    English    German
```

吗？把这些具有不同的语法关系的言语片段分析成同样类型的结构，能给语言的分析起什么作用呢？

哈里斯所制定的构造分析法也缺乏明确的标准，何况既然不能分析形位或形类，这以形位或形类的安排为目的的构造的分析就没有了前提呢。哈里斯说："所以，对英语来说，第一级，词的构造规定为带或不带黏着形类的 N 或 V 或 A……之中的一个组成员的构造。第二级，复合词规定为包含两个或更多的词而加调弧`⌒`的构造。第三级，词组的构造可以极粗略地规定为许多词和许多复合词。"[①]根据这个标准，复合词和词组的区别就不明

[①] Z. S. Harris: *Methods in Structural Linguistics*, p. 331.

确。复合词 bookworm(书虫)是所谓两个词而有调弧`——„——的构造的,难道词组 old man 不是所谓两个词而有调弧`——„——的构造吗?

以不同替换的不同环境为根据的句型分析法,应当说是比较可靠的,但是由于句子所包含的各种语言要素或语言成分都没有有效的分析法,这种分析也就失去了前提。如果哈里斯能够在书中把英语的句子分成各个类型,这只是因为传统的语言学给他提供了前提。

德·索绪尔和他的《普通语言学教程》*

一

费尔丁南·德·索绪尔(Ferdinand de Saussure)是本世纪西欧影响最大的一位语言学家。据他的学生麦叶(A Meillet)所写的传记(载麦叶《历史语言学与普通语言学》——*Linguistique historique et linguistique générale*,第二卷,1938,巴黎,第174—183页)记载,他于1857年11月26日生于瑞士日内瓦一个瑞士籍的法国流亡贵族的家庭。他的曾祖父和祖父都是自然科学家。德·索绪尔在日内瓦上了一年大学后,于1876年进德国莱比锡大学学习了两年。其时,莱比锡语言学家古尔提乌斯(G. Curtius)身边,有许多青年的学者,例如雷斯琴(Leskien)、勃鲁格曼(Brugmann)和奥斯托夫(Osthoff)等,彼此交换意见,酝酿给印欧语历史比较

---

* 《语言学论丛》编者按:本文是我国已故著名语言学家、前北京大学中文系语言学教研室主任高名凯教授的遗稿。高名凯教授于1965年1月3日不幸因病逝世,这是他在1963年为《普通语言学教程》汉译本所写的序言。文中有少数术语的译法与不久即将出版的译本不同。为了方便读者,我们参考了高名凯教授的其他遗稿,对这些术语的译法做了必要的注释。

语言学进行改革。德·索绪尔参加了这一行列。1876年5月13日,德·索绪尔加入巴黎语言学会。从1877年1月13日起,这位新会员的长篇报告就开始在学会宣读。1877年出版的《巴黎语言学会会刊》第三卷上发表了这位青年作者的几篇论文,其中以论印欧语不同的元音a的论文较有见地。但是德·索绪尔的有关印欧语研究的有贡献的著作则是他于1878年12月出版的《论印欧诸语元音原始系统》(*Mémoire sur le système primitif des voyelles dans les langues indo-européennes*,版权页上标作1879年)。那时候,他是大学第六学期的学生,在柏林听齐梅尔(Zimmer)和奥尔登堡(Oldenberg)的课。这部著作把古代印欧诸语所有的元音交替都归结为同一个元音的交替,这个元音有时以e形式出现,有时以o形式出现,有时不出现;人们所说的i和u两元音不是严格的元音,而是响音的元音化;这些响音在别的地方或者是复元音的第二个成分,或者是辅音y和w;元音i和u只是y和w的元音化,正如r̥,l̥,n̥,m̥是r,l,n,m的元音化一样;甚至于希腊语的元音ā,ē,ō也被归结为一般的类型,仿佛它们都是e(与o或零相交替)和一个特殊的成分的组合似的;这成分在隔离的情况下,于梵语出现为i,于拉丁语出现为ă,于希腊语出现为ă,ε,或o。这理论使人假设以这成分为第二片段的双音节词根的存在。德·索绪尔这一理论已经成为二十世纪印欧语历史比较语言学的主要概念,麦叶、本文尼斯特(Benveniste)和古里罗维奇(Kurylowicz)等人都是以此为根据而去研究原始印欧语的语音系统的。

1880年2月,德·索绪尔自柏林回到莱比锡通过博士论文。这篇题为《梵语绝对领格的用法》(*De l'emploi du génitif absolu en sanskrit*)的论文,与具有理论性的《论印欧诸语元音原始系统》

相反，是一篇单纯技术性的著作，1881年于日内瓦出版。

1880年秋天，德·索绪尔来到巴黎。自1880年12月4日起，他就踊跃地参加巴黎语言学会的各种讨论会。1881年秋天，乐于提拔后进的布勒阿尔（Bréal）放弃了他在高等研究学院（Ecole des Hautes Etudes）的比较语法学的讲席，让德·索绪尔于该年11月5日在高等研究学院担任日耳曼语比较语法学的教职。后来这门课程的名称改成了比较语法学。1882年12月16日，德·索绪尔继阿维特（L. Havet）之后，担任巴黎语言学会副秘书的职务。一直到他离开巴黎的日子为止，语言学会的记录都是出诸他的手笔的。德·索绪尔只在高等研究学院任教九年（初于1881年至1889年任教八年，一年的间断之后复于1890—1891年担任了一年的教学工作）。时间虽然不长，影响却是很大的。许多语言学家，如杜芜（L. Duvau）、莫尔（G. Mohl）、葛拉曼（M. Grammont）、多丹（G. Dottin）、布瓦哀（P. Boyer）和麦叶等，都是他的学生。

1891年，德·索绪尔回到瑞士，任教于日内瓦大学，讲授梵语和比较语法学。在他生命的最后几年里，他兼授普通语言学，开过三次课（1906—1907，1908—1909，1910—1911），而巴利（Ch. Bally）和薛施蔼（A. Sechehaye）也就成了他在普通语言学方面的学生。

德·索绪尔在巴黎任教以来，由于忙于教学，很少发表论著。他只在《巴黎语言学会会刊》上发表了一些短论，只在为纪念某些语言学家而刊印的论文集里发表了一些论文。值得一提的有：在《会刊》第6卷上发表的短论，即1885年12月5日在巴黎语言学会所作的有关Bouxόλos的报告，解决了非常困难的印欧语唇软颚音的问题；在《会刊》第6卷里发表的短论，即1887年1月8日在巴黎语言学会会议上所作的报告《印欧语辅音的一个语音现象》（un point de la phonétique des consonnes en indo-européen），论述印欧语的音节划分问题；在《会刊》第7卷（1889）上发表的一些短论，讨论各种语言事实；1884年在《纪念格罗论文集》（*Mélanges Graux*）上发表的有关希腊语的语音节奏的论文，认为希腊语有避免三个短音连续出现的趋势；1885年在《纪念尼科尔论文集》（*Mélanges Nicole*）上发表的有关希腊语词源学问题的论文；1887年在《纪念勒尼埃论文集》（*Mélanges Renier*）上发表的《日耳曼语inferus, infimus形式的比较级与最高级》（Comparatifs et superlatifs germaniques de la form 'inferus, infimus'）；在《印度日耳曼研究》第4卷《纪念雷斯琴专刊》上发表的《立陶宛语辅音变格的复数主格与单数领格》（Sur le nominatif pluriel et le génitif singulir de la déclinaison consonantique lituanienne），对十六世纪立陶宛文献做出考证工作；1912年在《纪念阿维特论文集》（*Mélanges L. Havet*）上所发表的《caecus（盲）类型的印欧语形容词》（Les adjectifs indo-européens du type caecus）。德·索绪尔后来把兴趣转移到立陶宛语的研究上，特别注意立陶宛语的语调和声调。他曾于1889年6月8日在巴黎语言学会上做过有关立陶宛语的语调和音量之间的关系的报告，又于1894年9月在日内瓦东方学者会议上做过有关立陶宛语转声调为语调的规律的报告。德·索绪尔本来计划写一部有关这一问题的专著，但没有能够实现，我们只能于他在《会刊》第8卷（1894）上所发表的有关的论文和《印度日耳曼研究》第6卷上所登预告中的这部著作的摘要里看出他的系统的大略。

从十九世纪九十年代起，德·索绪尔发表语言学著作逐渐少起来。他甚至于离开了语言学,进行语言学以外的一些研究工作,例如研究尼泊龙根(Nibelungen)的诗歌。他曾接受过前往小亚细亚古国卡柏多斯(Cappadoce)考古的仓特尔(Chantre)调查队的委托,解释该调查队自卡柏多斯带回的两种古代弗里基亚语的文献,发表于1898年巴黎出版的《仓特尔卡柏多斯调查报告》(*Mission en Cappadoce de Chantre*)里。

德·索绪尔在他生命的最后几年中化费了很多时间和精力去思考普通语言学问题。他把他想到的一些问题和意见在普通语言学一课中讲给学生们听,但却没有能够亲自写成专书出刊问世,因为他的健康逐渐恶化,而死亡之神不久也就夺去了他的生命。1912年夏天,德·索绪尔因病停止讲课。1913年2月22日他就与世长辞了。不久,他的学生巴利和薛施蔼在另外一位学生黎德林格尔(A. Riedlinger)的合作下,根据听讲的笔记和一些其他的材料把他有关普通语言学的讲演内容加以整理,以《普通语言学教程》(*Cours de linguistique générale*)为书名,由巴黎拜约书局(Payot)于1916年初次出版。

德·索绪尔死后四十四年,1957年,哥德尔(Robert Godel)于日内瓦-巴黎出版一本《费尔丁南·德·索绪尔〈普通语言学教程〉的笔记资料》(*Les sources manuscrites du cours de linguistique générale de F. de Saussure*),将一些听德·索绪尔讲授各种课程或演讲的人所留下的笔记,德·索绪尔自己所留下的一些卡片,德·索绪尔的学生黎德林格尔所记录的德·索绪尔有关静态语言学课程的谈话,另一学生葛提埃(Gauthier)所记的他与德·索绪尔四次谈话的记录,德·索绪尔给他的学生麦叶的七封信等原始资料收集在一起,和《普通语言学教程》相对比。全书共四章,第一章论述普通语言学在德·索绪尔生活史中的地位,第二章对笔记资料进行分析,写出有关《普通语言学教程》的注解,第三章论述《普通语言学教程》的编者的工作;第四章论述对德·索绪尔的某些理论的解释问题,说到了语言系统内的各个单位的同一性问题,语言与言语问题(包括音位问题,句子和结构段问题),语言学和它的分部问题(即语言中各种不同事素①的问题)。这部书可以说是德·索绪尔的遗著《普通语言学教程》的笺注,是研究德·索绪尔的语言理论和语言学理论的主要的辅助资料。

二

《普通语言学教程》是一部纯理论的著作。全书共分六部分:(1)绪论,(2)一般原理,(3)共时语言学,(4)历时语言学,(5)地理语言学,(6)后顾语言学问题。

在《绪论》里,德·索绪尔在语言学史的简述里指出他所理解的语言学发展的道路。他认为在语言学认识它的真正的研究对象之前曾经经历过三个时期:最初是希腊人所肇始的规范语言学,其次是1777年以后的语文学,最后是博布(F. Bopp)所肇始的"比较语言学"。他认为尽管比较语言学家们对语言学的发展有过贡献,但是他们还没有能够建立起真正合乎科学的语言学,因为他们从来也没有从事于语言的本质特点的探讨,而离开了这个基本的步骤,任何科学都是不可能建立起它的方法的。一直到1870年左

---

① 《语言学论丛》编者注:entité,译本现译"实体",高译"事素"。说明见688页注。

右，人们才追问到什么是语言的生存条件。使语言学接触到它的真正的研究对象的是罗曼语学家们和日耳曼语学家们。原型语（例如罗曼诸语言的原型语拉丁语）的知识和丰富的文献使他们得以避免任意的猜想，而进行具体的研究。于是，一个新的语言学学派，即新语法学派，就建立起来了。新语法学派的语言学家们使人们看清楚语言是说话者群众的集体精神所创造的产物，不是博布等人所说的自然界中的有机体。然而，尽管他们有此功绩，他们还不能够全面地阐明这个问题。所以，要使语言学成为真正的科学，就有必要对语言学的研究对象作出理论的理解。德·索绪尔认为语言学的研究资料是人类语言机能的一切表现，语言学的任务在于：（1）描写所有具体语言的状态并追溯其历史；（2）研究出对所有语言起永恒普遍的作用的力量；（3）为语言学本身规定范围。要规定语言学的范围，就要规定语言学的研究对象。德·索绪尔认为，与其他的科学不同，语言学的研究对象不是容易规定的，因为语言事实是许多事物结合在一起的，肤浅的观察家也许会把法语的 nu（赤裸裸）看成是一个语言学的具体的研究对象，但是细加观察，却可以在那里找出三四个不同的东西：声音，某一个观念的表达，拉丁语 nūdum 的对应……此外，语言现象总在各方面呈现出二元性的特点；发出的音节要有听和说的联系，缺一就不成其为音节。这"听—说"的统一体又要和它所表达的思想相联系，缺一也不成其为语言现象。这"音—义"的统一体又要有个人的一面和社会的一面，缺一也不成其为语言现象。而这"个人—社会"的统一体又要有其现实的一面和历史的一面，它既是现时的系统，又是历史的产物。在这样复杂的情况下，如果我们要同时从各方面来接触语言学的研究对象，我们就会越出语言学的范围而去从事心理学、人类学、规范语法学、语文学……等的研究。因此,他认为,我们有必要从这一团混沌里找出能够独自规定的东西,把它看成是语言学的研究对象。这东西就是各族人民所运用的具体的语言。它是人类语言机能①发出的一切表现的规范。那么,语言是什么呢?德·索绪尔认为语言(langue)既不同于语言机能(langage),又不同于言语(parole)。语言只是语言机能的一个确定的、主要的部分,但不等于语言机能。语言既是语言机能的社会产物,又是社会集体为了使个人能够运用这个机能而采用的必要习惯的一种总和。语言机能涉及许多领域,物理学、生理学和心理学的领域,个人的领域和社会的领域,然而语言却是语言机能各种表现之中的一个自成整体,自成分类原则的东西。它是同一个社会集体中各个个人运用语言机能时所形成的一个宝库,存在于每一个个人的脑中或个人总和的集体的脑中的一个语法系统。语言既不同于语言机能,它就自然而然地不同于语言机能的另一个部分——言语。于是,德·索绪尔就进而提出区别语言与言语的理论。

德·索绪尔认为,要明确语言的性质,就必须区别语言与言

---

① 《语言学论丛》编者注:langage,译本现译"言语活动",高译"语言机能"。高名凯先生认为:"德·索绪尔认为 langage 包括 langue(语言)和 parole(言语)两者,而 parole 则包括人们所说的东西的总和(即一般人所说的'言语作品')和表现这个总和的过程(即一般人所说的'言语活动')。从逻辑上说,'言语活动'既是'言语'这个术语所包括的东西,它就不可能又是把'言语'包括在内的 langage。""按照德·索绪尔本人的理论,langage 有'机能'的意思,所以,我把它译成'语言机能',意思就是说,由此机能可以产生运用语言(言语活动)及其成果(言语作品)、组织语言系统、学习语言系统、贮藏语言系统等活动和成果。这样就可以把语言和言语都包括在 langage 之内。""日本把 langage 翻译成'言语活动',但是日本人所说的'言语'就是'语言',如日本人称'语言学'为'言语学',称我们所说的'语言'为'言',以求有别,日本人所说的'活动'就有'机能'的含义,与汉语的'活动'不同。"

语,不把语言和言语混为一谈。虽然语言和言语都是语言机能的一部分,但两者却有所不同。言语是个人对语言机能的运用及其直接的产物,它是人们所说的东西的总和,一方面包含有依赖于说话者意志的个人的组合(即个人所说出的话),一方面包含有为了实现这种组合所必需的、同样依赖于个人意志的发音动作,然而语言却是个人被动记录下来的社会产物,亦即由于各个个人运用语言机能所发端而被社会所共同总结下来的表达手段的系统,一种社会制度。语言是社会的,言语是个人的;语言是主要的,言语是次要的。这种表达手段的系统事实上也就是一种符号系统,而语言符号则本质上是概念和音响形象的结合物。语言跟文字,聋哑人的字母,象征性的礼仪、礼节,军事信号之类的东西相似,也是表达观念的一种符号系统,不过,它是其中最重要的一种罢了。德·索绪尔建议建立一种研究社会生活中符号的生命的科学,称之为符号学。他认为语言学就是符号学之一种,而符号学则是社会心理学的一个部门,因为符号是社会心理现象。德·索绪尔既然把语言和言语区别开来,他就认为有必要把语言学分为语言的语言学和言语的语言学二者,不过只有前者才是真正的语言学。德·索绪尔既然认为只有符号系统才是语言,他就把构成这符号系统的物质材料——声音——归入言语,把研究声音的音位[①]学列入言语的语言学,在《普通语言学教程》里只用《附录》的方式讨论音位学的基本问题。德·索绪尔曾经对他的学生们说,他将要给他们讲授言语的语言学,但是由于他过早去世,没有能够如愿以偿,

---

① 《语言学论丛》编者注:phonème,音位,与现在通行的"音位"的含义不同。德·索绪尔这个术语指的是(物理的)音。

因此,我们没有能够获悉他的言语的语言学的全豹。

德·索绪尔既然把语言看成是符号系统,他就认为有必要区分语言的内在因素和外在因素。属这符号系统的是语言的内在因素;在此之外而与语言有关的一切则是语言的外在因素,例如民族的历史和文化、政治史、一切其他种类的社会制度(教会、学校等)、地理环境等。于是,他又从另外一个角度把语言学分为内在语言学和外在语言学二者。前者就语言符号系统的内部结构去研究语言,后者就语言与这些语言以外的事物的关系去研究语言。

德·索绪尔既在《绪论》里对语言学的研究对象以及以此为根据而划分出来的语言的语言学与言语的语言学,内在语言学与外在语言学的对立做出规定,他就进而在《普通语言学教程》的本论里把语言学的各个问题分为五篇来论述。因为真正的语言学,在他看来,就是语言的语言学,《普通语言学教程》的本论所谈到的问题事实上就是语言的语言学所涉及的各个问题。不过,语言的语言学所讨论的语言既有其内部的结构,又有其与其他事物的联系,因此,他就在《普通语言学教程》里就内在语言学和外在语言学两个角度来进行讨论:第一篇《一般原理》、第二篇《共时语言学》和第三篇《历时语言学》是就内在语言学的角度来论述的;第四篇《地理语言学》和第五篇《后顾语言学问题》是就外在语言学的角度来论述的。

在第一篇《一般原理》里,德·索绪尔阐述了他对语言的本质特点的看法和由此而产生的他对研究语言的方法论问题的观点,提出了他的两个理论:语言符号的理论和划分共时语言学与历时语言学的理论。德·索绪尔既在《绪论》里指出语言是一个符号系统,他就有必要对语言符号的性质作出解释,于是,他就在第一篇《一般原理》里提出他对语言符号的本质特点的看法。他认为符号(signe)是能指(signifiant)和所指(signifié)的结合,离开了能指或所指,符号就不能存在。这就是他的符号两极性的理论。在语言符号里,能指是音响形象,所指是概念。由某一音响形象和某一概念相结合,就构成了语言符号。不指明任何概念的音响,不被某一音响形象所指明的概念,都不成其为语言符号。作为语言符号中的能指的不是物理的声音,而是心理上的音响形象,因为人们可以不发出声音而在脑筋里呈现出和某一概念结合在一起的音响形象,即听别人说话时所给人们留下的听觉印象,作为能指。构成语言符号的两个极——音响形象和概念——都是心理现象,所以语言符号是心理现象。德·索绪尔认为语言符号的第一个特点就是它的任意性,即能指和所指的结合是无理可说的,是约定俗成的。语言符号不是象征(symbole)。象征也是能指和所指的结合,但象征中的能指和所指的结合是有理可说的。天平之所以象征公正,因为天平在衡量物体时两边一样高。然而为什么在语言里拿[böf](法语 boeuf)这个音响形象去指明"牛"的概念,则是无理可说的,它只是社会习惯所公认的。因此,语言符号不但是心理的,而且是社会的。总而言之,它是社会心理现象。正是这个缘故,人们称德·索绪尔的语言学说为社会心理主义。语言符号的第二个特点是它的能指的线条性特点,它的能指只能由一个度向(时间)去加以衡量,换言之,它必得是前后相继出现的、不在空间上扩张、只在时间中绵延的音响形象。这是语言符号和其他符号不同的地方。由于语言符号具有这两个特点,语言符号就既具有不变性,又具有可变性。语言符号中能指和所指的结合既然是任意性的,约定俗成的,那么,只要是社会的公认,用什么音响形象去和什么概念相结合都无不可。一旦符号形成了,某一音响形象和某一概念结合起来了,就没有必要加以改换,也找不出加以改换的理由,因为这种结合本来就是无理可说的。因此,语言符号具有不变性,谁也不能更动它。但是,由于语言符号的能指要在时间中绵延,而时间会使一切事物发生变化,又因为语言符号中的能指和所指之间的结合是任意的,无理可说的,改变了能指和所指的关系也没有什么关系,因此,语言符号又具有可变性,不能抵抗时间对它所加的压力。语言不但不能脱离说话者群众,同时也不能脱离时间。

语言符号的不变性和可变性引出了研究语言的方法论上的一个问题,即德·索绪尔所提出的划分共时语言学和历时语言学的问题。语言既然是具有不变性的符号系统,它就可以以这种不变的、固定的符号系统的身份存在于某一时间的片段中;语言既然又具有可变性,它就可以在前后不同的时间片段间发生演化。这样一来,德·索绪尔就认为人们有必要把语言现象分为两种,一是语言的共时秩序(synchronie),一是语言的历时秩序(diachronie),并把语言学分为两种不同性质的学科:静态语言学或共时语言学和演化语言学或历时语言学。前者研究同时存在于一个时间片段里的语言符号系统,研究同时存在的许多事物(即语言现象)之间的各种关系,而不涉及不同时期之间的演变;后者研究语言现象在不同时间片段之间前后相续的演变,而不涉及系统。德·索绪尔认为这两种语言学的对立是绝对的,不可调和的,因为两者的研究对象不容相混,语言符号系统中的共时秩序和历时秩序不能互相归并。历时秩序的现象,例如古高德语 gasti(客人)之变为 geste,并不直接影响共时秩序的现象,gast×gäste的单复数名词之间的系统关系并不因为gasti之变为geste而有所改变。历时秩序的现象并没有改变共时系统的趋势,它是偶然产生的。共时秩序的现象都是作为系统中的一个成员而出现的,它要有其他同时存在的项,例如表示复数的并不是gasti或geste,而是gast×gasti或gast×geste的对立。然而历时秩序的现象则只涉及其中的一个项,只要gasti让位给geste,就构成了一个历时秩序的事实。德·索绪尔形象地引用棋戏来作比喻。他说,语言就像下棋的状况似的,每一个语言系统中的组成员都是以它在系统中跟其他各项的对立关系而有它的价值的,正如每一个棋子的价值要依靠它在棋盘上的地位一样。棋子在棋盘上的地位的改变意味着棋局的改变;同样地,语言系统中某一个项的改变可以影响到语言系统的改变。但是,正如棋子的移动是跟移动棋子前后的棋局完全不同的事实一样,语言系统的某一个项的改变也是完全不同于改变前后的两个状态的事实。每次棋盘上的棋局的改变都只需一个棋子的地位的变动,同样地,语言中的每一次变化也都只涉及系统之中的一个项。德·索绪尔认为共时语言学和历时语言学的差别可以从各方面看出。首先,对说话者群众和语言学家来说,只有共时秩序是真实的存在。如果人们研究了历时秩序,这也为的是更清楚地理解共时秩序的性质,避免一些错觉。所以,历时语言学没有自己的目的,它是为共时语言学服务的。共时语言学要比历时语言学重要。从研究的方法上说,两者也不相同:共时语言学只有一个透景①,即说话者的透景,它的方法在于搜集他们的见证;历时语

---

① 《语言学论丛》编者注:perspective,译本现译"展望",高译"透景"。

学则有两个透景,顺着时间的绵延而往前看的前瞻的透景和逆着时间的绵延而往后瞧的后顾的透景。共时语言学的研究范围是同时存在于或大或小的系统(语言、方言或次方言)之内的一切事实,历时语言学则不一定要研究同一个系统之内的事实,它可以研究不同系统(不同的语言、方言或次方言)之间的同一来源的事实的演变。共时语言学和历时语言学所要探讨的规律也具有不同的性质。共时语言学所要探讨的规律是一般的,但却不是命令式的,它涉及系统内的同类现象的一般的规则,但却允许有例外。历时语言学所要探讨的规律是命令式的,不允许有例外,但却不是一般的,只涉及语言系统中的个别现象。总之,德·索绪尔认为人类的语言机能包含有两方面,一方面是言语,一方面是语言,而语言又包含有两种秩序,一是共时秩序,一是历时秩序。针对着这两个不同的语言秩序,以语言为研究对象的语言的语言学要分成共时语言学和历时语言学二者。

接着,德·索绪尔就在第二篇和第三篇里分别论述共时语言学和历时语言学的各个问题。在《共时语言学》这一篇里,他着重地讨论语言符号的单位及其划分的方法,提出他的语言价值的理论及分析语言系统的基本方法的理论。德·索绪尔认为组成语言系统的符号是语言学所要研究的具体的事素。这事素只有在能指和所指相结合的情况下才能存在。只有从语链中把它和周围的东西分隔开,给它划清界限之后,才能确定语言中的一个具体的事素,即语言符号。这事素或符号也就是语言机制中的单位,即语言单位。划清语言单位界限的方法就是把作为语言文献的言语表现为两条平行的锁链,一条代表概念,一条代表音响形象,按照与概念锁链的片段相对应的音响形象锁链中的片段划出界限,切成单位,再拿它来和一系列句子中重复出现的同样的单位相比较,确定其是否一个真正的语言单位。德·索绪尔的语言价值的理论是他用来规定语言系统中各个单位的同一性及共时秩序的现实性的钥匙。德·索绪尔认为语言是被组织在声音材料中的思想,从声音材料里抽象出来的思想是杂乱无章的一团混沌;离开了思想,声音材料也是一团混沌。对思想来说,语言的作用不在于为思想的表达创造出声音材料的工具,而是充作思想和声音之间的中介,使思想和声音的结合能够必然地达到划分各个单位界限的地步。这既不是思想的物质化,也不是声音的精神化,而是某种使"思想—声音"分成片段,使语言在这两个杂乱无章的混沌中形成各个单位的神秘的东西,而思想和声音的这种结合就构成了形式,而不构成实体。① 语言是形式,不是实体。这种形式事实上就是说话者群众在习惯和约定俗成中所创造出来的一种价值系统,亦即具有任意性的符号系统。它之所以是形式,而不是实体,因为它的存在不依靠声音或思想的实体,而依靠两者结合的等价方式,正如任何价值的存在都不依靠实体,而依靠等价的方式一样。价值的存在要有两个条件:人们可以拿它来和某种分量的别的事物相交换,例如一

---

① 《语言学论丛》编者注:substance,译本现译"实质",高译"实体"。高名凯先生认为:"哲学中的 entité(entity) 和 substance 是两个不同的概念,entité 指的是事实的元素,事实不是实体,它指的是一切非实体性的存在,包括事物之间的关系,因为关系也是一种客观的存在,也是'万事'之中的一事。德·索绪尔虽然否认语言是实体,却认为有语言事实的存在。一桩事情发生了,就是一个事实,就是一种 entité(哲学中拿来解释 entité 的是 event'事情、事件'这个词),而'实体'则是实在的东西,在某些情况下,可以译成'本体'。德·索绪尔本人认为语言是形式,不是实体,他讲实体的时候,用的是 substance,不是用的 entité,而他既认为语言是形式,不是实体,他就不会说什么'语言实体',他所说的 entité linguistique 就不会指的是'语言实体',而是指的语言事实的元素。"

角钱的价值不依靠铸成货币的金属的价格,而依靠它所能换到的一斤小白梨;人们可以拿它来和系统中的其他价值单位相比较,例如一角钱等于十分之一的一块钱。语言符号正是这样。语言中的一个词可以和某一概念相交换,它可以和语言系统中其他的词相比较。从其概念方面的情况来考查,作为语言符号中的所指的价值并不等于它所指明的某一意义。英语中的 sheep(羊)和法语中的 mouton(羊)可以指明同样的意义,但并不具备相等的价值,因为当人们可以用法语的 mouton 去指明端在桌子上的煮熟了的羊肉的时候,人们却不能用英语的 sheep 去指明这同样的东西,而要用 mutton。其所以如此,因为语言符号中的所指方面的价值要依靠它和系统中其他符号的所指方面的关系和差别。法语的 mouton 和英语的 sheep 不是等价的,因为英语除了 sheep 之外还有 mutton,而法语则不然。正因其如此,不同语言之中可以指明同一意义的词,在所指方面的价值不是相等的。从其物质材料方面的情况来考查,语言符号中的能指的价值也不依靠于它的声音的物质属性,而依靠于它和系统中别的符号的能指方面的关系和差别,即它和别的符号的能指的不相混淆的情况。人们可以把法语的 r 读成德语 doch(毕竟)中的 ch,但是人们不能把德语的 r 读成 ch,因为在德语里,r 和 ch 是有差别的,必须加以区别。在语言中只有差别。一般的情形,差别要以积极的项为前提,但是在语言里,这种差别却没有积极的项。语言符号既不具备存在于系统之先的声音,也不具备存在于系统之先的概念,只具备系统所产生出来的概念方面和声音方面的差别。它的概念方面和材料方面的价值都是从消极方面得来的。例如英语 sheep 的所指方面的价值是由它之不是 mutton 的所指得来的,德语 r 的物质材料方面的价值是由它之不是 ch 得来的。但是，当人们把这具有两极性的符号当作整体来看待的时候，人们就发现它是一个积极的东西，它是语言系统中的一个单位。语言系统是和一系列概念上的差别相结合的一系列声音的差别，这种结合产生了一个价值的系统。这种结合是个积极的事实。在这系统里，具有两极性的符号就在积极方面有所区别，彼此之间有所对立。

语言系统中各个单位之间的关系和差别是怎样的情形呢？为了回答这一问题，德·索绪尔提出了他的结构段关系①和联结关系②的理论。他认为语言单位之间的关系和差别存在于两个不同的范围内，其中每一个范围都是某种价值秩序的产物。由于线条性的特点，语言单位间可以构成结构段，各语言单位在结构段里处在结构段的关系之中。结构段就是两个前后相续的单位所构成的类聚或整体（例如 re-lire"再读", contre tous"与一切相反", la vie humaine"人的生命", s'il fait beau temps, nous sortirons"如果天气好，我们就要出去"等）。结构段不是指的言语中各个语言单位的前后相续，而是指的语言结构中前后相续的单位的类聚。言语的特点在于它的各个成分组合的自由性，而语言系统中的结构段则是传统所固定下来的语言单位前后相续的组合和前后相续的合乎规则的形式的结构。语言中还有以某种特点而归成一类的各个单位之间的类聚。这种类聚就称为联结，其组成单位之间的关系就称为联结关系（例如 enseigner"教导"和 renseigner"再教"以词

---

① 《语言学论丛》编者注：rapports syntagmatiques，译本现译"句段关系"，高译"结构段关系"。

② 《语言学论丛》编者注：rapports associatits，译本现译"联想关系"，高译"联结关系"。

根相同而结成联结，armement"武装"和 changement"变化"以后缀相同而结成联结，éducation"教育"和 apprentissage"学业"以同类的词义而结成联结）。结构段是实存的，它出现在人们的言辞中。联结是潜存的，它被贮藏于人们的记忆宝库里。这两种类聚有相互的作用。在各个结构段的类聚里，各结构段之间有相互依赖，互为条件的特点。这种空间上的座标使联结的座标得以形成，而联结的座标又是分析结构段的必要条件。如果没有结构段 enseigner le texte（教文件）和结构段 imprimer le texte（印文件）之间的相互关系，人们就不能找出以词尾-er 为根据的 enseigner 和 imprimer 的联结；如果没有 décoller（揭开），déplacer（移动），découdre（拆缝线）等为一方和 faire（做），refaire（重做），contrefaire（假做）等为另一方的联结，就不能分析出 dé-faire（拆除）这个结构段。语言的机制就在于从贮藏于记忆里的各种各样的联结里选择出其中一个组成员来组成结构段。我们是从 vous（您），tu（你），nous（我们）等所组成的联结里选择出 vous 而说 que vous dit-il（他对您说什么？）的。

语言的机制又可以从另外的角度来加以表现。语言符号的任意性并不妨碍我们把它们分为绝对任意的和相对任意的。法语 vingt（二十）是绝对任意的，法语的 dix-neuf（十九）的任意性则是相对的，因为它可以分析成两个构成结构段的项，并与其他的单位组成联结类聚：dix-neuf 一方面可以分析成 dix-和-neuf，一方面又与 dix（十），neuf（九），vingt-neuf（二十九），dix-huit（十八），soixante-dix（七十）等结成联结类聚；分开来说，dix 和 neuf 跟 vingt 一样，都是绝对任意的，但是 dix-neuf 却是相对的有理可说的，它是"十加九"。以绝对任意的符号为基本组成成分的语言可以称为词汇性语言，以相对任意的符号为基本组成成分的语言可以称为语法性语言。结构段关系和联结关系事实上就是语法结构的基本原则，而语法事实上也就是语言系统的共时秩序。这样理解的语法当然与传统所理解的语法有所不同。传统的语言学把语言学分为语法学和词汇学，又把语法学分为形态学与句法学。德·索绪尔认为这种分法是不合理的，因为所谓词汇事实往往和语法事实分不开，而合理的办法则应当把所有的结构段关系和联结关系归入语法，把语法分为结构段关系和联结关系两类。传统语法学的某些部分可以归入两者之中的一类：屈折是联结的典型形式，而句法则应归入结构段。结构段的事实并不都属于句法，但所有句法的事实则都属于结构段。语法中除了分属于这两种关系的具体事素之外，还有抽象的事素，即根据共同的作用而把许多具体的语法事实归入一般规则的抽象的事实，例如将各种具有共同作用的词归入名词、形容词等。语法的这些抽象事素一方面是以语法的具体事素为基础的，一方面也同样地可以具有结构段的特点或联结的特点。

在第三篇《历时语言学》里，德·索绪尔讨论了有关语言系统个别成分在历史发展过程中产生演变的各种情况及其原则。他认为与研究一种语言状态的声音情况的音位学不同，语音学是历时语言学的第一个研究对象，而他所理解的语音学事实上也就是一般人所说的历史语音学。他认为语音的变化并不涉及整个词或其他语言成分，只涉及语言成分之中的个别的声音，但这种变化却是非常规则化的，不容有例外。语音变化可以分为自发性的变化和联合性的变化，由于一种内在的原因而产生的变化是自发性的变化，由于其他音位的出现而产生的变化，则是联合性的变化。人们虽然曾经寻找过语音变化的原因,提出过许多解释,但是没有一个理论能够全面地解决问题。由于语言符号的任意性特点,语音变化的可能性是无限的,无从计算的。人们不能预先知道它会变化到什么地步。语音变化虽然只涉及语言成分的个别声音,但却能够影响到语法的改变,首先是破坏了语法的联系,例如拉丁语 decem(十)与 undecem(十一)有语法上的联系,但是由于语音变化而发展成的法语的 dix(十)与 onze(十一)之间就没有这样的联系;其次是消磨了词的组合,例如德语的 Drittel(三分之一)是原来的 dri-teil(三-部分)受语音变化的影响而形成的,不再能够分析出组合这个词的成分;最后是语法上的交替作用的产生。由于语音变化的规律性特点,他认为所谓双重式并不存在,一般人所理解的法语 chaire(讲座)和 chaise(椅子)的所谓双重式事实上是拉丁语 cathedra 在不同方言中的不同变化;chaise 是方言词而进入法语文学语言中的。听任语音变化的无法预计的可能性的发展,会使语法的联系到处受到破坏,但是这种情形却会被类推作用所阻止。不过,类推作用本身并不是一种变化,而是语言创造的一般原理。类推作用事实上是创造语法秩序的心理活动。类推作用本身虽然不是变化,但是由于它拿所创造的形式去替换旧有的形式,它却能给语言的演化做出贡献。类推性的革新是改变解释的征象,由于类推作用,对语言成分的解释就起了变化,分析起来也就不同了。类推作用既是革新的原则,又是保守的原则。它既可以使新的形式得以创造,又可以使旧的形式得以保持。类推作用看来很像俗词源,但却与俗词源不同。俗词源和类推作用可能得到同样的结果,但两者却有性质上的不同。类推作用是个理性的活动,而俗词源则是仓卒形成的;类推作用以忘记先前的形式为前提,而俗词源则以回忆旧形式为前提，尽管这种回忆是混乱的，但却以此为出发点而使语言成分改变形状；类推作用是一般的事实，而俗词源则只涉及为数有限的一些事实。类推作用也与黏着作用不同。在句子里相遇的两个或两个以上的原来有区别的语言成分往往会黏在一起，归并成一个语言成分，不能再行分析其组成成分。这样变化的过程称为黏着，例如法语的 tous jours（所有的日子）＞toujours（随时）。黏着作用与类推作用不同，因为黏着作用要把两个或更多的成分合并成一个单位，而类推作用则把更小的单位组合成更大的单位；黏着作用只在结构段里起作用，而类推作用则既有结构段的作用，又有联结的作用；黏着作用不是有意识的积极的活动，而类推作用则是有意识的理性的活动。

德·索绪尔着重地讨论了内在语言学的问题之后，就在第四篇《地理语言学》和第五篇《后顾语言学问题》中就外在语言学的角度讨论了语言和某些其他事物的关系。他在《地理语言学》中认为语言在地理上的差异最容易引起人们的注意。人们肯定在某些情况中两种或几种语言有亲属关系，同出于一源，称之为语系。有的语言之间的差异则是绝对的，找不出亲属关系。语言间的差异有各种不同的程度，差异程度最小的语言系统叫做方言。方言和语言的差别只是量的差别，不是质的差别，地理上的分隔是造成语言分歧的最为一般的因素。但也有一些次要的事实可以破坏语言分歧和地理分界之间的对应关系，使许多语言在同一个地区上存在。这些语言不一定是混合语，它们在同一个地区上的存在不一定要排斥地理上的相对划界的情况，例如一种语言通行于城市，另一种语言通行于乡村。造成这种现象的原因往往是强大民族对弱小民族的侵略，但也可能是殖民或和平的渗透，甚至于游牧民族的随处漂泊。当自然的语言受到文学语言的影响时,语言在地区上的统一性也会被破坏。任凭语言的自然的发展,语言都是以方言的身份出现的,它们之间的分歧将是无限的。但是由于文化的发展而使交际频繁的时候,人们就会从现存的许多方言中选择其一,作为全民族共同的交际工具。某一方言之被选择为共同语的原因是多种多样的,而被选为共同语的方言也将吸收各方言的成分,变得与原来的样子有所不同。共同语的形成不一定要依赖于文字,但它们却表现出文学语言的一切特点。为了理解语言的本质特点,德·索绪尔认为首先要研究的应当是语言在地理上的自然分歧。他认为,语言的这种地理上的分歧或差异不是像某些人所说的那样起因于空间上的分野,而是时间所使然。时间是语言发生分化的主要原因,离开了时间,空间的分野就不起任何作用,我们应当把地理上的分歧翻译成时间上的差异。地理上的分歧只是一般现象的次要方面。由于语言的变化都只涉及语言系统中的个别现象,同一地区内部的不同部分的人们所说的同一个语言在不同时间中所发生的不同的变化会在地区上占据不同面积的领域。这就使得人们找不到各方言之间的自然的界限。因之,他认为只有自然的方言特点,而并没有自然的方言。由于在他看来语言和方言之间的差别只是量的差别,不是质的差别,他就认为两者之间是难于分别的,因之,和方言一样,语言间的自然分界也不存在。德·索绪尔认为语言事实的传播要遵守一切社会习惯的传播的规律。人类社会有两种同时存在的相反的力量,"交游"的力量[①]和"深居"的

---

① 《语言学论丛》编者注:la force d'intercourse,译本现译"交际的力量",高译"交游的力量"。说明见下注。

力量①。"深居"的力量使语言社会严格地忠实于在它中间发展的传统。如果只有这种力量起作用,语言的特殊性就会无限制地产生出来。"交游"的力量使某一语言社会的人们不断地和外界的人相来往,因之,阻碍了语言的不断分化,使语言在地区上的统一得以顺利进行。所谓语言波浪就是这种促进语言统一的"交游"的力量。同语线就是这种"交游"的力量使某一语言事实在一定的地区上传播所产生的结果。在一个方言点上,人们容易分别这两者之中起作用的一种,但是在一块较大的地区上,人们就很难说清楚哪一个语言事实是两者之中的哪一个力量所使然,事实上,两者都起作用。对甲地区来说是特殊的现象,对它内部的各方言点来说却是彼此共同的。"深居"的力量使甲地区不与乙地区、丙地区等来往,因之使甲地区具有特殊的语言特点,而"交游"的力量则使甲地区内部的某一方言点的语言特点传播开来,遍及全地区。因此,在研究的实践中,我们可以把这两种力量归结为一种力量,即"交游"的力量。由于侵略、殖民或其他的原因,原来运用同一语言的人们可以被隔离。在这种情况下,语言可以在被隔离的不同地区里平行地发展着,使语言间发生分歧。但是这种情形并不是和毗邻地区上的语言的差异相对立的,因为由于语言波浪的作用,能够发生

---

① 《语言学论丛》编者注:l'esprit de clocher,译本现译"乡土根性",高译"深居的力量"。高名凯先生认为:"l'esprit de clocher 就字面上的理解是'钟楼的精神',这个典故指的是像礼拜堂的钟楼似的处在乡村的深处,不与外界相接触;德·索绪尔的意思指的是一些不与外民族相接触的民族,不是说在本民族内没有用作交际工具的语言,也不是指的本族人们内部不进行交际,只是指的这种民族深居简出,不与外族相接触,因此,他们的语言不发生融合现象,而另一种民族则喜欢与外族相接触,因此,造成了语言上的许多演变。照汉语来说,前者正是'深居简出'的精神,后者正是与此相对立的'好结交天下豪杰'之类的性格,因此,我把它们译成'深居的力量'与'交游的力量'。"

于被隔离的地区上的事情也能够发生于毗邻的地区上。不过,在确定语言之间的亲属关系时,人们所根据的不是语言间的差别,而是语言间的休戚相关的积极因素,因之,人们可以说,在被隔离的地区里,语言间的关系于彼此隔离的时候起就被切断,而在毗邻的地区里,这种休戚相关的关系总是存在着的。

德·索绪尔以第六篇《后顾语言学问题》作为《普通语言学教程》的"结论"。后顾语言学既属于历时语言学的范围,又属于外在语言学的范围。它事实上是就语言和运用语言的人民的历史的联系来研究语言的发展的;因此,德·索绪尔把它安排在外在语言学的部分来论述。他指出历时语言学的两个研究的透景:"前瞻"的透景和"后顾"的透景。认为在有丰富的历史文献的情况下,人们可以运用"前瞻"的透景去研究语言的历史,但在缺乏文献的情况下,人们就有必要运用"后顾"的透景去研究语言的发展,用比较的方法去进行文献以前的语言状态的拟构,正如印欧语比较语言学家们所做的那样。拟构的唯一方法是比较,而比较的唯一目的就是拟构。在拟构的时候,人们尽可以限制自己的目标,只去拟构语言中的孤立的成分,但是人们也可以把这些孤立成分的拟构综合起来,得出更一般的结论。所以,拟构的目的并不在于为某一形式自身的拟构而拟构某一形式,而是依据每一次对某一形式的拟构而得出综合的结论。拟构出的形式有时靠得住,有时有疑问。可靠的程度依赖于每一次部分拟构的相对的可靠性,而这后者则依赖于被比较的材料的多寡。运用了这样的后顾的研究方法,语言学家可以拟构出进入历史之前的某些人民所运用的语言。但是这种拟构并不能告诉我们原始的语言和史前的种族的关系,让我们去了解某一种族在史前时期的情况。语言社会并不是由血统组成的，对语言社会的形成来说，血统关系只是次要的因素。事实上，形成语言社会的单位的主要因素是民族统一体，由宗教、文化、共同的防御所结合的人群统一体。这种统一体甚至于可以建立在不同种族的人们，没有任何政治联系的人们之间。这种社会的联系有创造语言社会的趋势，而给共同的语言打下某些特点的烙印。我们也可以反过来说，语言社会在某种程度上构成了民族统一体。所以，古代语言状态的拟构可以帮助我们了解古代民族统一体的情况，它的见证超过其他见证的作用。不过这种见证并不足以让我们认识清楚民族统一体的性质。某些语言学家以为印欧诸语所提供的见证可以让我们知道雅利安民族的文化的基本特点而建立起语言古生物学。然而这种企图是靠不住的，因为词源学的知识往往不可靠，词的意义可以随着时间的流逝而起变化，借词的可能性也妨碍我们这样做。不过，这不是说，语言的见证都不能帮助我们了解运用语言的民族统一体的一些史前的情况。例如，印欧诸语的亲属称谓显然可以帮助我们了解印欧民族统一体的家庭制度。语言见证也不像某些人所说的那样，可以反映民族统一体的心理素质，因为语言的过程不一定要受心理原因的决定。确定语言的语法类型，依照语言表达思想的方式对语言进行分类，这些都是饶有趣味的事情，但是，我们不能从这种确定和分类中得出有关语言以外的事实的可靠的结论。语言不断地演变着，任何语族都没有权利永远属于某一类型。我们可以追问某一原始的语言属于哪一种类型，但是我们却不能保证某一语族的各个语言都会永远属于这一类型。尽管我们应当从外在语言学的观点去研究语言和运用语言的民族统一体的关系，但是我们却不要忘记：语言学的唯一的、真正的研究对象是语言本身。

三

德·索绪尔在《普通语言学教程》里所提出的理论包含有许多新鲜的见解和许多合理的内核,对二十世纪语言学的发展起了推动的作用。德·索绪尔的语言理论和语言学理论,在很大的程度上,是对十九世纪历史比较语言学家们的语言理论和语言学理论的反抗。十九世纪的历史比较语言学家们曾经建立过语言学中的自然主义学派和个人心理主义学派。以施来哈尔(A. Schleicher)为代表的自然主义学派把语言看成是自然现象,以保罗(H. Paul)为代表的个人心理主义学派把语言看成是表达个人思想感情的工具。德·索绪尔针对着这两个错误的观点提出他自己对语言的本质特点的看法,认为语言不是自然现象,而是社会现象,语言不是个人心理现象,而是社会心理现象。德·索绪尔的这一观点虽然还有唯心主义的成分,但就语言学史的角度来看问题,却给二十世纪的语言学提出了新的任务,即把语言主要看成是以符号系统为特点的交际工具来加以研究,换言之,把语言看成是社会现象来加以研究。

德·索绪尔的区分语言机能、语言和言语的论点是为了明确语言学的研究对象而提出的。德·索绪尔既认为语言是以符号系统为特点的交际工具,他就有必要把语言和言语区别开来,因为作为社会交际工具的语言绝不能被看做是人们交际时的发音动作及其所组成的言辞,只有把语言和言语区别开来,才能了解作为交际工具的语言是一套社会公认的符号系统,才能明确语言学的研究对象就是这一套社会公认的符号系统,才能集中力量对这一交际工具进行深入的研究。德·索绪尔在承认语言是符号系统之后，接着提出其外在语言学和内在语言学相区别的观点。这种观点是正确的，因为任何独立科学的主要任务都在于研究其对象的内部情形，离开了对其对象的内部情况的研究，就不成其为独立的科学。何况德·索绪尔并不抹杀语言和其他现象之间的联系而忽视这一方面的研究，只是把这后者看成是外在语言学的任务罢了。

德·索绪尔的语言符号的学说也给二十世纪的语言符号的理论奠定了基础。他正确地提出符号是能指和所指的结合物，离开了其中的任何一端就失去了符号的作用，也没有符号的存在。这种符号两极性的学说，是了解符号的本质特点的锁钥。尽管德·索绪尔把语言符号的能指误作音响形象，把语言符号的所指误作概念，但是他指出语言符号的两极性，指出语言符号是某种结合物，既不是单纯的声音，也不是单纯的概念，则是正确的。不但如此，德·索绪尔又正确地指出语言符号的任意性特点，正确地指出语言符号任意性特点所派生的语言符号的不变性和可变性的特点及其与社会条件和时间条件之间的关系。德·索绪尔尽管把内在语言学和外在语言学分开，但他并不因此而否认语言符号内部的社会性，他在好多地方都谈到社会力量在符号形成的过程中所起的作用。

德·索绪尔不但正确地把语言看成是符号，并且正确地把它看成是个系统。德·索绪尔的语言系统的学说，是使二十世纪语言学不同于十九世纪语言学的基石之一。虽然，早在1870年，鲍都安·德·古尔天纳就在他的《十四世纪以前的波兰语》里谈到语言的系统性问题，波铁布尼亚也曾于1874年的《俄语语法笔记》里提出语言系统的概念。但是对语言系统这一概念作出比较完备的理论阐明的,则是德·索绪尔。德·索绪尔正确地唤醒人们注意语言成分在系统中的地位和语言成分在系统中受其他成分的制约的情形。

与系统的理论休戚相关的,是德·索绪尔的语言价值的理论。德·索绪尔正确地唤醒人们注意语言要素或语言成分在系统中受到其他要素或成分的制约而产生的价值,唤醒人们注意语言要素或语言成分之间的不相混淆而有所差别的情形对规定语言符号的价值所起的作用。虽然德·索绪尔的语言价值的学说还存在着严重的缺点,但是它却是现代语言学各学派规定语言系统中各种单位(如音位、形位、词位、法位等)的理论基础,也是现代语言学中把语言要素和单纯的声音或单纯的概念区别开来的理论基础。

德·索绪尔的共时语言学与历时语言学的划分也具有合理的内核。他认为应当把有关语言符号的所有现象分为两类,一类是属于语言的共时秩序的,亦即属于语言的横切面的系统的,一类是属于语言的历时秩序的,亦即属于语言系统中的某一组成成分的历史演化的。他并且认为从研究的方法上说,有必要把这两种秩序截然分开,不相混淆。不能否认,从事物的客观存在的情况来说,事物都有其相对的静止状态的一面和其历史演变的一面。为了更加深刻地了解事物,在研究的方法上,把这两个面区别开来,不相混淆,是有好处的。把语言中的历时秩序的现象和共时秩序的现象混淆起来,有碍于了解语言事实的各种现象。例如,现代汉语的"了"是两个形位(一个是"了一桩事"的实词的"了",一个是"看了他一眼"的虚词的"了"),这种情形只能就现代汉语的共时秩序的角度来加以分析,依照"了"在现代汉语的系统中所处的不同地位来加以分析,而古代汉语的一个"了"之如何分化成现代汉语的两个"了"则是汉语的历时秩序中的一个现象,我们不能因为现代汉语的两个"了"是从古代汉语的一个"了"分化而来的,就认为现代汉语中只有一个"了",也不能因为现代汉语中有两个"了"就认为古代汉语也得有两个"了"。德·索绪尔并且正确地指出共时语言学的研究更为重要,因为它是运用语言的人的研究目的,历时语言学是为共时语言学服务的,人们只是为了更加明确地了解语言的共时秩序才去研究语言的历时秩序的。共时语言学和历时语言学的区分使现代语言学走上了着重静态分析法的道路,使静态分析法成了二十世纪语言学的中心论题,而与十九世纪以历史比较语言学为中心论题的局面两不相同。共时语言学和历时语言学的区分,也使二十世纪的静态分析法比起以往的静态分析法来更为严密,更为细致。

德·索绪尔的联结关系和结构段关系的学说是现代语言学的静态分析法的基本原则,也给现代语言学中的静态分析法奠定了科学的基础。现代各语言学家之如何从言语材料中分析出各个语言要素或语言成分,都是依照联结关系和结构段关系之间的相互作用来进行的。例如词之为一个词汇单位,因为它是从言语单位的句子里分析出来的。以语言单位一个组成成分的身份出现于句子里的时候,词和其他的言语组成成分是浑然合体,密不可分地连成一气的,人们无从把它分析出来。然而比较了各个不同的言语单位的材料,就其中的各自的某一片段之能彼此组成联结关系,并且是以充作基本的句子成分的特点上组成联结关系的情况来看,就可以把言语单位中的这一片段分析出来,鉴定其为一个词。另一方面,要从言语材料中分析出句法结构,也要依赖于联结关系;由于参考了词的某种联结关系,例如按照其共同具有语法上的名物意义而组成的名词的联结和按照其共同具有语法上的行为意义而组成的动词的联结,可以让我们分析出动词和名词所组成的动宾结构的结构段。

德·索绪尔的有关历时语言学的某些论点也是值得注意的。他正确地指出语音演变的绝对规律性,正确地指出历时秩序中的语音演变对共时秩序的语法系统所生的影响。他正确地指出语言演变和类推作用的区别,并且在理论上正确地认为类推作用并非演变,而是创造语言新要素或新成分的原则。这样,他就解决了历史比较语音学家保罗的类推理论中所包含的矛盾。保罗认为语音演变的原因除了语音方面的原因之外,还有个人心理的类推作用,从而也把类推看成是一种历史的演变,因之,陷入自相矛盾,因为类推作用往往打破一般的语音演变的规律,既然把类推作用看成是一种演变,就不能说语音演变的绝对规律性。德·索绪尔不把类推作用看成演变,而把它看成语言中的创新的原则,这样,他就给语音演变的绝对规律性留下科学的基础,因为类推作用既然只是创新的原则,它就是语言中的不同于语音演变的现象,与语音演变之是否具有绝对规律性无关,只是这种现象也影响到语言的演化罢了。德·索绪尔又正确地指出类推作用和俗词源的区别,虽然两者都是创新,都是运用语言中有意义的成分来创造新的成分,但却是两种不同的现象,类推作用以忘却原先的形式为原则,俗词源则以对原先的形式进行新的解释为原则。德·索绪尔又正确地指出语言的历史秩序中的黏着作用,虽然黏着作用也是产生新单位的一个因素,但与类推作用不同,黏着作用是把同一个结构段内的不同单位合并成一个新的单位的现象。这样,德·索绪尔就让人们在研究语言的历史时,除了注意具有绝对规律性的语音演变之外，还要注意类推作用、俗词源、黏着作用等创新的现象及其对语法系统的影响。

在外在语言学方面，德·索绪尔也提出了一些合理的见解。例如他正确地指出方言的产生不但有空间的条件，并且有时间的条件，而且认为时间的条件是主要的。这样，他就正确地把方言学的问题列入语言史的研究范围之中。他正确地指出"交游的力量"和"深居的精神"在语言波浪的传播中所起的不同作用及其相互的作用。他正确地指出历史比较语言学中所运用的比较法和拟构法之间的关系，认为历史比较语言学所运用的拟构的方法是比较，而比较的目的则是拟构。他正确地指出历史比较语言学的研究不能充作某一血缘种族的历史的见证，而只能充作某一民族统一体的历史的见证。他又正确地指出语言古生物学的局限性，认为尽管人们可以根据语言的见证确定某一民族统一体的存在，但却不容易根据语言的见证去断言这一民族统一体的性质，由于词源学研究的可靠性尚成疑问，词义的历史演变的经常发生，外来词存在的可能性，人们不能机械地滥用语言的见证去确定运用语言的民族统一体的性质，虽然某些语言事实，例如亲属关系的称谓，可以准确地提供有关民族统一体的某些制度的见证。他又正确地指出语言的见证不能被滥用去鉴定民族统一体的心理素质，虽然研究不同民族所用的语言的不同的语法类型是有益处的。德·索绪尔又正确地指出语系的语言类型可以随着时间的流逝而起变化。

四

尽管德·索绪尔的语言理论和语言学理论，从语言学史的角度来看，包含有许多新鲜的见解和合理的内核，对二十世纪的语言学发展起了推动的作用。但是，他的语言理论和语言学理论也存在着唯心主义的色彩，并且具有相当大的片面性，应当加以实事求是的批判。

德·索绪尔虽然正确地指出语言不是自然现象，不是个人现象，而是社会现象，但是他却仍然不能摆脱心理主义的束缚从而把语言看成是心理现象。正是这一观点使德·索绪尔对许多问题不能作出正确的解释。例如他虽然正确地把语言符号看成是能指和所指的结合物，但却把语言符号中的能指看成是心理现象的音响形象，把语言符号中的所指看成是心理现象的概念。其实语言是客观地存在于社会之中的具有物质外壳的存在物。语言符号的音响形象只是人们学习客观存在着的语言时反映在人们精神里的听觉印迹。如果没有客观存在着的语言，人们就不可能有这听觉印迹。尽管语言的产生和创造有赖于人们的心理活动和生理活动，但心理活动和生理活动并不就是语言，正如无线电收音机的产生和创造有赖于人们的精神劳动和体力劳动，但无线电收音机并不就是人们的精神劳动和体力劳动，而这后者也不就是无线电收音机一样。语言以具有物质外壳的存在物的方式存在于人们口里说出的言语之中，或者以具有物质外壳的存在物的方式存在于人们言语运动神经的活动所产生的内部言语之中。德·索绪尔不但自相矛盾地既把语言和言语对立起来，又认为语言就是人们言语活动的心理现象，并且抹杀了语言存在的客观性，误以人们认识客观存在的语言时所获得的听觉印迹为语言符号的能指部分。德·索绪尔又误以概念为语言符号的所指部分。其实，构成语言符号的所指部分是意义，不是概念，虽然意义是概念在语言符号中的体现形式。尽管意义的产生和创造有赖于人们的思维活动，人们的心理活动，但意义却不就是心理现象的概念，而是和语言符号的能指部分（即语音方面）相结合而现实地存在于人们口里说出或没有说出口来的言语之中。所以，德·索绪尔把语言看成是心理现象的观点是错误的。

德·索绪尔虽然正确地指出语言和言语的区别，但是他把语言和言语在社会性的问题上对立起来，把语言的物质外壳（语音）排斥于语言之外，使语言成了没有物质性的东西，并且只片面地了解语言和言语的某些差别。德·索绪尔认为语言是某一社会集团全体组成员通过言语实践而获得的一种宝库，它是属于社会集体的，而言语则是个人意志和智慧的一种活动，其中可以分为说话者应用语法规则去表达个人思想时所做出的组合，允许个人把这些组合表面化的心理—物理的机制。然而我们是不是可以把言语看成是单纯个人的东西呢？当然，言语是个人运用语言机能的行为及其所产生的组合（即言语作品），但是个人的行为及其产物是不是就是完全属于个人的呢？个人运用语言机能的行为事实上就是交际行为。交际行为显然是一种社会活动。尽管所有的社会活动都要通过个人的生理活动和心理活动来实现，但是我们却不能因此而否认其为社会活动。所以，不能把言语行为看成是个人现象。虽然言语可以允许个人因素的存在，但言语毕竟也是社会现象，不过是和语言不同的社会现象罢了。言语行为所组成的言辞或言语作品事实上也正是为的让社会中其他的人听或看的，并且是能为社会中其他的人所理解的。我们也不能把它看成是纯粹的个人现象。所以，德·索绪尔把语言和言语在社会性的问题上对立起来，是没有根据的。德·索绪尔不但自相矛盾地既把语言符号的能指看成是音响形象,又把发音的生理－物理的机能看成是属于言语的,并且把语言的物质外壳驱出语言的范围,使语言符号成了无从捉摸的音响形象和概念的结合物。要知道,正是语言的物质音响使语言成为人们在社会中可以由听觉来接受而被理解的交际工具,也正是这语言的物质音响使语言具有客观存在的物质性。因此,不能把发音活动仅仅看成是个人的言语行为,把语言符号看成是心理现象。语言和言语虽然是不同的社会现象,但两者却有密切的联系。语言存在于言语之中,语言中的语音也具体地存在于言语的发音中。语言和言语的区别主要在于两者是各自独立的系统,虽然两者的部分组成成分可能相同(例如词既是言语系统的组成员,又是语言词汇系统的组成员)。语言以类聚性为结构特点,言语以线条性为结构特点。语言是词汇系统和语法系统(以及它们的组成要素的语音系统和语义系统)的总和,言语则是人们运用语言的表达手段和超语言的表达手段的行为及其所组成的言辞组合。德·索绪尔在很多地方都把语言和言语的区别模糊起来(例如没有区别清楚语言中的结构段和言语中的结构段),正是他只片面地了解语言和言语的区别所使然。

德·索绪尔的语言符号的理论也具有严重的缺点。他不但误将语言符号的能指看成是心理现象的音响形象,误将语言符号的所指看成是心理现象的概念,并且不能自圆其说地认为语言中存在着相对任意性的符号,认为法语的 vingt(二十)是绝对任意的,而法语的 dix-neuf(十九)则是相对任意的。德·索绪尔指出语言符号之中的能指和所指的结合具有任意性,然而,这里,德·索绪尔并不是就 dix-neuf 这个语言符号的能指和所指之间的关系来说明其具有相对的任意性的,而是就能指—所指结合物的 dix,neuf

和能指—所指结合物的 dix-neuf 之间的关系来说明其具有相对的有理可说的特点的,他已经没有遵照他自己对任意性所下的定义来处理问题。其实,dix-neuf 之类的现象是语言之后(post-linguistic)的象征作用,即具有任意性的语言符号与另外一个具有任意性的语言符号形成之后的彼此之间的象征作用,与语言符号的能指与所指之间的任意性的结合问题无关。德·索绪尔并且认为语言符号的能指和所指的结合具有神秘的性质。他说,语言中的声音部分和概念部分就其自身来说都是无形的一团混沌,只有当它们结合在一起的时候,才各自具有形状,而这种结合则是神秘的。这种神秘主义的解说显然是唯心主义的,并且也和他自己的论点不相一致。人们并不像德·索绪尔所说的那样,不认识语言,就听不出别人说出的声音。无数的语言调查工作者都告诉我们,他们虽然不认识被调查的语言,却可以听清楚别人运用这语言时所发出的声音,而把它记录下来。人们也不像德·索绪尔所说的那样,不认识新的语言,就不知道别人运用这语言时所表达的概念,许多旅行家都告诉我们,他们可以在某种程度上猜出他们所遇见的口操不同语言的人所说的话的意思,虽然在猜想时他们要运用自己的语言去进行思维。没有声音材料和意义内容的存在,语言符号就不能形成,而这两者的结合也并不具备神秘的特点。德·索绪尔既强调社会力量在使这两者相结合的过程中所起的作用,又把这种结合说是具有神秘性,这不但暴露了他的学说的自相矛盾,也暴露了他的学说的唯心主义的色彩。

德·索绪尔的语言价值的学说虽然具有合理的内核,但基本上却是唯心主义的。德·索绪尔认为语言符号的价值,就其能指和所指两方面来说,都是从"消极"方面产生的。例如,从语言符号的所指（即概念）方面来说，它的价值就是从它之不是其他的意思来决定的。英语的 mutton 所以有"烹好的羊肉"的意思，因为它不是"没有烹好的羊肉"，它不是一般的"羊"。从语言符号的能指方面来说，情形也是一样的。语言符号的声音部分所以能够存在就在于它和其他语言符号的声音部分处在"不雷同"的地位上，它也是从"消极"方面而有它的价值的。德语的 Bach（小河）在法国人念来可以念成[ba:x]或[bɑ:R]，因为在法语里，没有[x]和[R]的价值上的差别，然而德国人却要念[x]，用以区别于[R]（例如 bar—明显的）。只有当这两个方面的价值结合在一起的时候，才在"积极"方面产生了价值。任何一个语言符号的价值都是受它的环境所决定的。能够使一个符号和别的符号区别开来的东西就是构成这符号的一切因素，差别可以创造特性，它也可以创造价值。德·索绪尔这个理论显然是外因决定论在语言学中的反映。任何一个事物的特点和存在都首先是决定于它的内部的本质特点，而不是决定于环境，虽然环境对它有影响。任何事物都有其不同于其他事物的一面，但这一面并不是决定其为何种事物的主要因素，更不是其一切的因素。事物之为事物首先决定于它的内部的本质特点。如果一个语言符号的能指的单位（例如 ɑ）是它和其他语言单位的差别，是由它之不是其他的语音单位而有其价值或特点，那么，为什么它就刚刚好是这一特定的语音单位 ɑ，而不是不同于其他的语音单位，而又不是 ɑ 的语音单位呢？如果语音单位是由它之不是其他的语音单位而决定它的价值的，那么，其他的语音单位又由什么来决定它的价值呢？如果其他的语音单位也同样地要由它和其他的语音单位的差别来决定，它之不是它以外的语音单位来决定它的价值，那么，在彼此本身都只是消极的东西的情况下，大家都等于零，就连差别都谈不上，如何能够有各个语音单位的价值呢？从语言符号的所指部分的价值，即概念方面的价值来说，结果也同样不可思议。至于由"消极"方面得出的两个部分的价值结合起来就成了积极的价值，就更说得莫名其妙了。当然，任何事物都有它的消极一面，它不是它以外的其他事物，但是仅仅这一面却不能使这事物存在，事物还有其"是什么"的积极的一面，并且这后者是更重要的。"消极"一面和"积极"一面并且是辩证地结合在一起，不能加以割裂的。德·索绪尔认为，分开来说，语言符号的能指部分和所指部分都是从"消极"方面而得到它们的价值的，而结合在一起，这两者就构成了具有积极方面的价值的语言符号的单位。他的论断显然是把"消极"方面和"积极"方面割裂开来。事实上，从语言符号的能指和所指两方面的价值来看，它们都既有"消极"的一面，也有"积极"的一面；从这两者的结合物来说，这个结合物也同样地都有其"消极"的一面和"积极"的一面。作为音义结合物的某一个词既有它和其他的词的"不雷同"的地方，也还有其自己的内部特点的一面。德·索绪尔这个错误的观点一直影响到现代语言学的一些理论，例如，某些结构主义者的只从语言符号的差别或对立来规定语言符号的性质的错误的方法论，就是在德·索绪尔这一学说的影响下发展出来的。

我们不能否认德·索绪尔的语言系统学说在推动二十世纪语言学发展上所起的积极作用，但是德·索绪尔的语言系统的学说也给二十世纪的语言学带来了消极的作用。德·索绪尔正确地指出语言是个符号系统，在这系统里，各个组成成分之间都是休戚相关的，相互制约的。但是，他却错误地认为语言系统不是由个别的单位组织而成的，倒是有了系统，个别的单位才能存在，换言之，他认为系统存在于个别的组成成分之先。这是唯心主义的绝对论在语言学中的反映,好像语言不是人们在劳动的过程中积累经验逐步创造出来的,而是早就存在于人脑之中的一个系统,个别的组成成分只是由于被放在这个系统里才有其存在似的。如果语言系统是预先存在的,语言的扩张和发展就是不可能的,因为被放进系统里的新的组成成分既要受系统中的其他组成成分的决定而有其价值,其他的组成成分也将受新的组成成分的制约而起价值上的变化,结果起了变化之后的原有的组成成分和新的组成成分的价值的总和仍然不会超出原有的价值的总和,仍然不能超出预先存在的系统之外。实际上德·索绪尔的语言系统的学说也是自相矛盾的。虽然他反复地说,语言系统是由许多相互关系的组成成分组织而成的,但又强调语言是纯粹的价值系统,而价值则是由各项之间的差别关系来决定的,把语言系统只看成是各个相互关系的组成成分之间的关系,把语言看成是形式,不是实体。其实,语言系统是整个语言存在的相对的静止状态,它是由许许多多语言成分组织而成的整体,而所谓价值系统或语言各成分之间的差别关系的系统则只是语言系统之内的某种结构关系的系统。德·索绪尔的语言是形式而不是实体的论断,事实上是就语言系统内部的某种结构关系的系统来理解语言系统的。然而这种理解与德·索绪尔所说的语言系统是由许许多多相互关系的组成成分组织而成的统一体的观点相矛盾的,并且是不合理的,因为绝不能拿事物的结构关系的系统去偷换事物本身的系统。事物的结构关系的系统仍然只是事物的结构关系的系统,不等于具有这种结构关系的事物本身。正是德·索绪尔的"语言是形式,不是实体"的论点使得现代语言学产生一种错误倾向,即企图以割裂语言结构关系与关系项的联系而对语言结构进行的研究去偷换对语言系统的全面的、有机的研究。

德·索绪尔区分共时语言学与历时语言学的学说虽然引起了人们对语言系统研究的精密化，但是也引起了语言学中的反历史主义潮流的产生。德·索绪尔虽然没有反对历史语言学，他本人也曾经在历史语言学的研究中做出贡献，并且说过语言系统的研究由于历史主义方法而有所革新，但是他却割裂了共时语言学和历时语言学之间的联系，认为共时语言学和历时语言学是绝对不能调和的，拒绝在研究语言的共时秩序的任何情况下运用历史的事实来解释，这种倾向后来就由某些结构主义者加以扩大，成了现代语言学中的反历史主义的潮流。德·索绪尔并且不能摆脱十九世纪历史比较语言学家们的原子主义的错误，站在历史比较语言学家们的原子主义观点的立场上去理解历时语言学，认为历时语言学只研究系统中的个别成分的演变，不是系统的演变。语言既是一个系统，语言在历史发展的过程中，就应当是前后不同的系统之间的演变，而不是个别的零星的语言成分的演变，虽然这演变是由后者来体现的。如果语言中看来只有个别的现象在历史中发生了演变，它也是以系统组成成分之一的身份而发生变化的，这变化既受其在系统中的地位的制约，又使系统产生新的调整，新的平衡。德·索绪尔也错误地认为语言的历时秩序的演变并不影响语言系统的改变，也不是以改变语言系统为目的的。不能否认，语言中的某些要素，例如一个音位的改变，不一定会引起语言的语法系统的改变，但这只是局部的情形，语言的历史演变显然也能引起语法系统的改变，例如印欧诸语言的历史演变引起现代某些印欧语的词尾的消失，使其"性"、"数"、"格"的语法范畴的系统不同于原始印欧语,而新的语法成分的产生也不是都与改革语法系统的作用无关。正是这个缘故,德·索绪尔又自相矛盾地认为历时秩序的演变会产生语法系统的改变。共时语言学的规律和历时语言学的规律也不像德·索绪尔所说的那样对立:一个是一般的而不是命令式的,一个是命令式的而不是一般的。问题在于任何规律都是一般的,但却都容许有个别的例外,不过"一般"云云,要有具体的范围。对某一个共时秩序的规律来说,在这规律所涉及的范围之内,它都是一般的,而又容许有个别的例外,例如就汉语"主—动—宾"的句法词序来说,在主语、动词性谓语和宾语的关系的范围内,这一条规律是一般的,但在特殊的情况下,我们却可以遇到宾语提前的情形。就历时秩序的规律来说,中古汉语到现代汉语之间的语音颚化的规律就其涉及的范围来说,也是一般的,它并不是说明某一个别现象的规律,而是说明某一群演变现象之间的一般的事实,而这一规律也容许有个别的例外。

德·索绪尔还企图取消词汇和语法的区别,认为共时语言学的研究对象就是语法,而语法也就是语言的共时秩序的系统。这一方面是上述他对语言系统的自相矛盾的不同观点的反映,一方面则是他混淆词汇事实和语法事实的结果。德·索绪尔既认为语言系统是由许多相互关系的成分组织而成的,他就应当把充作语言系统组成成分之一的词(即词汇单位)也列入以研究语言系统为目的的共时语言学的研究对象的范围,然而他却只把共时语言学的研究对象看成是语法,而把语法系统看成是语言中各个组成成分之间的价值关系。德·索绪尔既认为传统语言学之区别词汇和语法是没有根据的,他就否认了词汇事实和语法事实之间的本质特点上的区别。其实词汇事实是不同于语法事实的语言成分,不能与语法事实混为一谈。词汇成分是以语言系统中的基本的结构项的身份而存在的,而语法成分则只涉及结构项之间的结构关系,两者在性质上很不相同。何况德·索绪尔拿来证明词汇成分与语法成分没有区别的实例也是不能说明问题的。虚词只是语言词汇中的极少部分的词,并且与实词有性质上的差别;虚词本身主要是语法成分,如何能拿虚词之与其他的语法成分无大区别这一事实来证明词汇和语法没有区别的必要呢?德·索绪尔这一错误的观点正是后来某些结构主义者反对在语言学中研究词的主张的滥觞。然而仅仅研究语法而不研究词,既不可能,也不合理。离开了作为结构项的词,就不能完全理解存在于结构项之间的结构关系。只研究语言中的语法关系,人们就无从知道如何应用语言去进行交际,而语言学的研究也就失去其主要的实践目的。

德·索绪尔似乎把历时语言学的研究对象只限于语音变化、类推作用、俗词源、黏着作用的研究。这显然没有把历时语言学的研究范围规定好。历时语言学固然要研究这些问题,但是仅仅研究这些问题却不能完成历时语言学的任务。语言系统内部各要素或各成分之间的对立而统一的局面之如何不断地调整和平衡,应当是历时语言学的主要论题之一,但是德·索绪尔由于他的心理主义的观点和原子主义的观点,没有能够提出这个任务。

尽管德·索绪尔正确地指出方言的分化与时间因素之间的关系,但是德·索绪尔的方言学理论则基本上是错误的。德·索绪尔对方言所下的定义就是极其含糊的。他认为差别程度小的语言,就是方言。这种提法事实上是把方言和语言的差别取消了。差别程度小的语言就是方言,然而这差别要小到什么程度才叫做方言呢?德·索绪尔显然提不出标准来。事实上,方言是语言在地区上由于时间的推移,社会环境的差别而产生的变体。这种变体主要体现在"方音"的差别上。语音只是语言要素,不是语言成分,语音上的差别无论如何大(甚至于大到彼此几乎完全听不懂的程度)都不一定要影响其为同一个语言成分,因此,"方音上"的分歧并不体现语言成分的质变,而方言也只体现语言的一种变体。方言的发展要在语言发展总方向的范围内进行,不超出这个范围,虽然它的基本词汇和语法结构与语言有所不同,但却不改变其全貌。语言是全民的交际工具,而方言则总是全民社会单位内某一地区上的人们的交际工具,它总是从属于某一语言的,总是某一语言的地方变体,它总有其不同于语言的基本词汇和语法结构,虽然这差别可能是极其微小的,甚至于只在其语音外壳上有所不同。德·索绪尔又错误地承继施美特(Schmidt)等人的波浪说,否认独立的方言的存在,认为只有自然的方言特点,没有自然的方言。当然,自然的方言特点的确存在,但不能否认自然的方言的存在。尽管齐列龙(Gilliéron)学派的方言学家们证明各方言之间没有相同的同语线,但是除了极其个别的情形之外,不同的同语线可以结成一条带,这就说明了方言在地理上还有其某种界线,而所谓自然的方言特点也可以综合起来构成某一方言不同于其他方言的特点的全貌。德·索绪尔既认为有自然的方言特点的存在,又否认自然的方言的存在,这不但是自相矛盾的,并且也与事实不符。

德·索绪尔尽管正确地指出历史比较法所拟构的原始语言的状态并不足以充作某一血缘种族存在的见证,它只能充作某一民族统一体存在的见证,并且正确地指出语言的见证不足以充作语言古生物学的基础,鉴定民族心理素质的条件。但是他的论点也是有片面性的。语言固然是民族统一体的交际工具,但是,在历史发展的某一阶段上,民族统一体和血缘种族的统一体可以相一致,氏族时代的种族统一体就是那时候的一个民族统一体(广义理解的民族统一体),因此,语言也不是随处都不能充作某一血缘种族存在的见证的。语言固然不容易充作民族性质的见证,但是在充分了解某一语言的历史的情况下,它却可以在很大的程度上让我们了解运用该语言的民族统一体的文化、政治、社会等情况,只是要有确切的证据,不能滥用语言的见证罢了。词源学的知识虽然尚不可靠,但是经过学者们的努力,人们终于可以得到比较可靠的词源学的结论。词义虽然时常发生变化,但是只要对词义的变化历史做出科学的论断,它却可以在某种程度上帮助人们了解它所反映的民族统一体的某种社会情况的演变。外来词虽然是常见的现象,但是只要确认其为外来词,确切地了解它的历史,它却能够在某种程度上帮助我们了解各民族统一体之间的文化交流的历史事实。民族统一体的心理素质固然不容易拿语言的语法特点来加以证明,但是表达方式本身就是民族统一体的心理素质之一,至少语言的见证可以反映民族统一体的这一心理素质。所以,全盘地否认语言的见证在反映民族统一体的心理素质上所起的作用,也是不恰当的。

五

德·索绪尔在《普通语言学教程》里所提出的许多理论上的见解,对二十世纪的西方语言学有着重大的影响,包括积极的影响和消极的影响。如果说十九世纪的西方语言学大体上是在方·洪堡尔特(W. von Humboldt)的理论的影响下发展起来的,我们就可以说,二十世纪的西方语言学,在相当程度上,是在德·索绪尔的理论的影响下发展起来的。现代语言学中的许多学派都是在直接或间接地发挥德·索绪尔的某些论点的情况下建立起来的。例如,以麦叶为代表的法兰西社会心理主义学派就是在发挥德·索绪尔的社会心理主义的观点和外在语言学的观点的情况下建立起来的;以巴利为代表的日内瓦的功能主义学派就是在发挥德·索绪尔的语言与言语的区别,语言的交际职能的观点的情况下建立起来的;以特鲁别次可伊(Н.С.Трубецкой)为代表的布拉格功能主义学派就是在发挥德·索绪尔的价值差别的理论、语链中的音位的观点、语言的交际职能等观点的情况下建立起来的;以叶尔姆斯列夫(L. Hjelmslev)为代表的现代结构主义流派之一的丹麦的语符单位论学派就是在发挥德·索绪尔的符号两极性的理论,语言是符号系统,而语言符号系统是纯粹的价值系统,"语言是形式,不是实体"等观点的情况下建立起来的;以哈里斯(Z.S. Harris)为代表的现代结构主义流派之一的美国的描写语言学派就是在发挥德·索绪尔的语言与言语的区别,"语言是形式,不是实体",语言价值等观点的情况下建立起来的。当然这些学派的理论和方法都还有其他的根源,例如美国的描写语言学的理论基础还有以实用主义为指导思想的行为主义心理学的理论,但是它们都受德·索绪尔的某些基本性的影响,则是无可否认的。

正因为德·索绪尔的语言理论和语言学理论给二十世纪的西方语言学以重大的影响,鉴别他的理论系统之中的合理的部分和错误的部分就是十分必要的,因为现代各学派语言学中的功过可以说在相当的程度上就是德·索绪尔的语言理论和语言学理论的功过。例如丹麦的语符单位论者在强调分析语言结构,企图描绘语言结构的各种情况,强调要从语言符号的表达方面(即语音方面)和内容方面(即语义方面)的结合去分析语言结构上,有其合理的内核,这固然是语符单位论者的功绩,但是这功绩却正是德·索绪尔的符号两极性的理论,语言系统的理论,语言价值的理论的赐予。语符单位论者在排斥语言的实体(即具体的语义和具体的语音)于语言学的研究对象之外,强调不是语音实体或语义实体使语言符号具有表达形式或内容形式,而是语言符号的表达形式或内容形式使语音实体或语义实体得以形成等观点上犯了错误,但这错误也正是德·索绪尔的"语言是形式,不是实体",语言系统先于其组成成分而存在的错误的论点的产物。又如美国的描写语言学派强调语言与言语的区别,主张从言语的具体材料中去分析出语言成分,这固然是美国描写语言学的正确的论点,但这论点却正是来源于德·索绪尔的语言与言语相区别的理论。美国描写语言学派强调可以从语言现象在环境中出现的互补的情况来归纳单位,可以从语言内的某些形态单位之以别类形态单位为环境而出现的情况来把它们归成形态类别,这固然是美国描写语言学的错误而无效的语言分析法,但是,这种错误却正是来源于德·索绪尔的"语言是形式,不是实体",语言价值来自"消极"方面,受环境的决定的错误的观点的。

当然,我们也不能把现代语言学各学派在语言学上的功过都归在德·索绪尔身上。因为事实上,现代语言学各学派的语言学家们并不是处处都以德·索绪尔的理论为根据的,他们也有所创新,甚至于也有歪曲德·索绪尔的原意的地方。例如以麦叶为代表的法兰西社会心理主义语言学不像德·索绪尔那样从语言符号的能指和所指的心理性质来证明语言是社会心理现象,而是从语言的发展历史来证明其为社会心理现象的。这种观点的功过就不能算在德·索绪尔的账上。德·索绪尔否认语言中有"泛时的规律",而丹麦的语符单位论者则强调研究语言的"泛时的"或"超时的"系统,寻找不立足于语言之外的"实体"之上的常数(constant)。不消说,我们不能把这一学派的这一反历史主义的观点算在德·索绪尔的账上。德·索绪尔尽管错误地把语言符号中的能指和所指的价值都看成是来自"消极"方面的,但是他却正确地认为能指和所指的结合物有其积极的价值。然而某些结构主义语言学家则只一味地从所谓"对立",即"消极"方面的差别,来鉴定语言成分。这就歪曲了德·索绪尔的原意而把错误扩大了。德·索绪尔并没有反对历史语言学,他并且给历史语言学以一定的地位;虽然他强调共时语言学比历时语言学(即历史语言学)重要,但他却认为历时语言学能使人们更加清楚地理解语言的共时秩序。然而,某些结构主义语言学家却反对历史语言学,把历史语言学排斥于语言学的研究范围之外。这就完全歪曲了德·索绪尔的原意了。我们当然不能把这种错误算在德·索绪尔的账上。

正确地评价德·索绪尔的语言理论和语言学理论的功过,扬弃其渣滓,吸取其精华,并在马列主义、毛泽东思想的指导下加以改造,使之作为建立我们的语言理论和语言学理论的参考,这就是我们的任务。

六

在《普通语言学教程》出版后这半个世纪的时间的流逝中,据我所知,这部书已经有以下这些译本:

1. 小林英夫译的日文本,《言语学原论》,东京,1928初版,1940改译新版。

2. 罗梅尔(Herman Lommel)译的德文本,*Grundfragen der allgemeinen Spachwissenschaft*,柏林,1931。

3. 苏合丁（А. М. Сухотин）译的俄文本,*Курс Обшей Лингвистики*,梭尔（Р. И. Шор）校注,维叶地烟斯基（Д. Н. Введенский）序,莫斯科,1933。

4. 阿郎梭（Awado Alonso）译的西班牙文本,*Course de linguistcá generál*,布宜诺斯艾利斯,1945。

5. 巴斯金(Wade Baskin)译的英文本,*Course in general linguistics*,纽约,1959;伦敦,1960。

德·索绪尔的《普通语言学教程》尽管在现代语言学中起着这样正面和反面的重大作用,德·索绪尔这部书所提出的有关语言和语言学的理论却还没有都被这样或那样地发挥。为了评价德·索绪尔在语言学史中的功过,为了辨别德·索绪尔理论中的错误的论点和合理的内核,为了批判地继承德·索绪尔的语言理论和语言学理论的有用的部分,我们有必要对德·索绪尔的《普通语言学教程》进行研究。因此,把德·索绪尔的这部著作用汉语翻译出来作为我国语言学家们的参考,也就成了目前我国语言学界的必要任务之一。

这部书主要是根据法文原本翻译的,也参考了日、德、俄、英等译本。其中所附加的译注主要是采用俄译本的。因为德·索绪尔的《普通语言学教程》不是他亲笔写的,而是他的学生们于他死后根据听讲的笔记为他编写的,其中颇有不能衔接的地方,又因为这是部理论性很强的著作,理解起来,可能不一致(各译本中就有许多出入),这部译稿怕不能避免错误和曲解。希望读者和专家多多指教。

1963.11.26　北京大学燕东园

(原载《语言学论丛》第6辑,1980)

作者简历

1911年3月28日生于福建省平潭县苏澳区先进乡土库村。

1918年7月在本村私塾就学,1921年秋入平潭县开宗小学,1924年转福州市进德小学,1928年秋转福州市英华中学小学部。

1925年秋至1931年夏在福州市英华中学读初中和高中。

1931年秋至1935年12月,在北京燕京大学哲学系学习,获文学士学位。

1935年12月至1937年8月,在燕京大学研究院哲学部学习。

1937年9月至1940年5月,受燕京大学派遣赴法国巴黎大学研究院文学院学语言学,获文科博士学位。留法期间,曾加入巴黎语言学会和亚细亚学会。

1940年6月至1941年1月,从法国回国途中因大战影响漂流海上及亚非各地。

1941年2月至同年12月,在燕京大学国文系任助教。

1941年12月至1942年3月,因燕京大学被日本侵略者封闭而失业。

1942年3月至1945年7月,在北京中法汉学研究所任研究员。

1945年9月至1952年7月,在燕京大学国文系任教授兼系主任。1949年5月至1951年6月期间任燕京大学工会委员。1950年1月,加入中国民主同盟。从1951年起,先后担任民盟北京市支部文教委员、民盟总部文教委员、学习委员。建国以后,参加了全国文联、新哲学研究会、文改协会、中央人民政府文教委员会所属科学技术译名统一工作委员会、教育部高等学校课程改革小组。

1952年9月,因院系调整,到北京大学中文系,任教授兼语言教研室主任,1954年9月起改任语言学教研室主任。在此期间任中国科学院语言研究所学术委员,《中国语文》编委;1957年起任北京大学中文系《语言学论丛》编委会副主任委员。1953年起,先后任北京大学中文系工会部门委员会主席,北京市教育工会委员、文教部长、宣传部长及常委。1955年起任中国人民政治协商会议北京市委员会委员。1957年11月至12月,与王力先生同应波兰高等教育部邀请赴波兰讲学并作文化访问。1962年10月至12月,应邀赴合肥、上海、杭州、南京、济南等地讲学。

1965年1月3日病逝于北京。

高名凯语言学论著目录

(附译文目录)

〔按初次发表时间先后排列；前加 * 号者是专书〕

1940 年

 * Essai sur la valeur réelle des particules prépositionnelles en chinois(汉语介词之真价值)(Rodstein,Paris)

1941 年

 怎样研究中国的文法(载《文学年报》第 7 期)

1944 年

 汉语规定词"的"(载《汉学》第 1 辑)

1946 年

 中国语言之结构及其表达思想之方式(载《观察》第 1 卷第 11 期)

 语言的宗教(载《观察》第 1 卷第 16 期)

 中国语的特性(载《国文月刊》第 41 期)

 如何研究汉语语法(载《国文月刊》第 42 期)

 从句型研究中国的语法(载《国文月刊》第 43、44 期合刊)

 中国语法结构之内在关系(载《国文月刊》第 45 期)

 中国语法结构之外在关系(载《国文月刊》第 46 期)

 论数词(载《国文月刊》第 47 期)

 动词之态(载《国文月刊》第 50 期)

 汉语的人称代名词(载《燕京学报》第 30 期)

 马伯乐教授(载《燕京学报》第 30 期)

 葛兰言教授(载《燕京学报》第 30 期)

 汉语句终词的研究(载《燕京学报》第 31 期)

1947年

　句型论(载《国文月刊》第51期)

　汉语之指示词(载《国文月刊》第53期)

　中国现代语言变化之研究(载《天文台》第1期)

　中国语的语义变化(载《天文台》第2期)

　汉语之表意语法(载《燕京学报》第32期)

　福州语之语丛声母同化(载《燕京学报》第33期)

1948年

　*汉语语法论(开明书店,上海)

　中国话的语义变化与中国人的心理趋势(载《燕京社会科学》第1期)

　语言的结构与哲学的思想(载《学原》第1卷第12期)

　唐代禅家语录所见的语法成分(载《燕京学报》第34期)

　书评:《中国语法理论》(王力)(载《燕京学报》第35期)

1951年

　语法杂识(载《燕京学报》第40期)

1952年

　汉语语法的基本结构(载《语文学习》1月号)

　汉语的语词(载《语文学习》2月号、3月号)

　汉语的语句(载《语文学习》8月号)

　省略句与绝对句(载《语文学习》10月号)

1953年

　简单句和复杂句(载《语文学习》2月号)

　包孕句和复合句(载《语文学习》7月号)

　关于句法的一些问题(载《语文学习》11月号)

　关于汉语的词类分别(载《中国语文》10月号)

1954年

　*普通语言学(上册)(东方书店,上海)

　再论汉语的词类分别(载《中国语文》8月号)

1955年

　*普通语言学(下册)(东方书店,上海)

　三论汉语的词类分别(载《中国语文》1月号)

　论汉语语法的历史继承性(载《北京大学学报》(人文科学)第1期)

有关汉语规范化的一些问题（载《新建设》12月号）

1956年

* 福州人怎样学习普通话（与林焘合著）（文化教育出版社，北京）

* 语言与思维（三联书店，北京）

从语法与逻辑的关系说到主语宾语（载《语文学习》1月号）

语音规范化和汉字正音问题（与刘正埮合著）（载《新建设》3月号）

怎样在科学研究中贯彻"百家争鸣"的方针（笔谈）（载《中国语文》7月号）

关于《语音规范化和汉字正音问题》的补充说明（与刘正埮合著）（载《中国语文》11月号）

语法教学和逻辑思维的培养（载《语法和语法教学》，人民教育出版社，北京）

汉语里的单部句（载《语法和语法教学》，人民教育出版社，北京）

1957年

* 增订本普通语言学（新知识出版社，上海）

* 汉语语法论（修订本）（科学出版社，北京）

* 现代汉语外来词研究（与刘正埮合著）（文字改革出版社，北京）

* 鲁迅与现代汉语文学语言（与姚殿芳、殷德厚合著）（文字改革出版社，北京）

鲁迅与现代汉语文学语言（与姚殿芳、殷德厚合著）（载《北京大学学报》（人文科学）第1期）

关于社会方言（载《中国语文》5月号）

我们要如何对待文字改革问题（载7月25日《光明日报》）

文字改革问题座谈会上的发言（载《拼音》7月号）

关于文字改革的两个问题（笔谈）（载《文字改革》8月号）

采用拼音文字以后是否可以继承文化遗产（载9月19日《光明日报》）

苏联学者关于风格学问题的讨论（载《语言学论丛》第1辑，新知识出版社，上海）

语法范畴（载《语法论集》第2集，中华书局，上海）

库兹涅佐夫对汉语词类问题的看法（与刘正埮合著）（载《语法论集》第2集，中华书局，上海）

对"文学语言"概念的了解（载《文学语言问题讨论集》，文字改革出版社，北京）

1958年
　汉语拼音方案与语言科学的教学研究工作(载《中国语文》2月号)
　语法是什么?(载《厦门大学学报》(社会科学版)第1期)
　文风中的风格问题(载《新建设》第4期)
　汉语拼音方案的作用(载4月7日《光明日报》)
　我对汉语拼音方案某些问题的理解(载4月21日《光明日报》)
　漫谈文风中的三个问题(文风笔谈)(载《中国语文》5月号)
　语言学课程整改笔谈(载《中国语文》8月号)
　批判我在语言学工作中的资产阶级学术思想(载《中国语文》10月号)
1959年
　论语言的融合(载《中国语文》9月号)
　语言与思维(载《语文学习》10月号)
　五四运动与白话文问题(与徐通锵合作),(载《北京大学学报》(人文科学)第3期)
1960年
　*语法理论(商务印书馆,北京)
　论语言与言语(载《中国语文》1月号、2月号)
　关于汉语实词分类问题(北京大学五四科学讨论会上的发言,载《语言学论丛》第4辑,上海教育出版社,上海)
　语言风格学的内容和任务(载《语言学论丛》第4辑,上海教育出版社,上海)
　法兰西学派汉学家在汉语研究中的资产阶级学术思想(载《语言学研究与批判》第2辑,高等教育出版社,北京)
1961年
　*英语常用词汇(与刘正埮合编)(商务印书馆,北京)
　*俄汉、汉俄对照语言学名词(主持集体编写,署名中国科学院语言研究所、北京大学语言学教研室)(科学出版社,北京)
　从国际化问题谈到科学文献中拉丁字母的读音问题(载《文字改革》3月号)
　再论语言与言语(载《中国语文》3月号)
　论语言发展的内因和外因(载《中国语文》7月号)
　论语言系统中的义位(载《中国语文》10、11月号合刊)

论语言的职能(载《新建设》10月号)
1962年
　*语言学名词解释(主持集体编写,署名北京大学语言教研室)(商务印书馆,北京)
　论语言系统中的词位(载《北京大学学报》(人文科学)第1期)
　语言的内部发展规律与外来词(载7月3日《光明日报》)
1963年
　*语言学概论(与石安石合作主编)(中华书局,北京)
　*语言论(科学出版社,北京)
　从"动词形容词的名物化"问题说到汉语的词类问题(与计永佑合著)(载《北京大学学报》(人文科学)第2期)
　汉语语法研究中的词类问题(载《安徽大学学报》第1期)
　语言与言语问题的争论(载10月26日《光明日报》)
1964年
　*学习英语单词的基本知识(与刘正埮合作编著)(商务印书馆,北京)
1980年
　德·索绪尔和他的《普通语言学教程》(载《语言学论丛》第6辑,商务印书馆,北京)
1984年
　*汉语外来词词典(与刘正埮、麦永乾、史有为合编)(上海辞书出版社,上海)
1989年
　语言与言语问题争论的意见分歧的根源(载本文集)
　美国描写语言学语言分析方法述评(载本文集)

附:语言学译文目录

*语言学中的历史主义问题(文集,〔苏〕契科巴瓦等著)(五十年代出版社,1954,北京)

*方言·方言学(苏联大百科全书选译,与彭楚南合译)(新知识出版社,1954,上海)

*语法·语言的语法构造(苏联大百科全书选译,与彭楚南合译)(人民出版社,1954,北京)

* 语言学概论,第一编下册(〔苏〕契科巴瓦著)(高等教育出版社,1955,北京)

语音和语法(形态)的相互关系(〔苏〕列弗尔玛茨基著)(载《语言学论文选译》第8辑,中华书局,1958,上海)

语言意识(〔法〕马尔赛尔·哥思著)(载《语言学译丛》1959第1期)

风格学问题讨论的总结(〔苏〕维诺格拉陀夫著,与张中和合译)(载《语言学译丛》1959年第3期,后收入《语言风格与风格学论文选译》)

* 语言风格和风格学问题选译(文集,〔苏〕毕奥特罗夫斯基等著,与吴玉等合译)(科学出版社,1960,北京)

论语言结构的特点(〔苏〕高尔农格著)(载《语言学译丛》1960年第1期)

* 普通语言学教程(〔瑞士〕德·索绪尔著,岑麒祥、叶蜚声校注)(商务印书馆,1980,北京)

编 后 记

编好这本文集,正值高名凯先生逝世二十周年前夕。

名凯先生留下了大量学术著述。就汉语和普通语言学方面的研究来说,集中体现名凯先生的成就的当然是几部大部头著作,即《汉语语法论》、《普通语言学》、《语法理论》和《语言论》,然而他的单篇论文也很有特色,有些还有较大的影响。

文集选收的二十九篇论文都经过校阅,包括对绝大部分引文、引例的核对。名词术语中作者的独特用语和今天已过时但当时通用的如"国语"、"福州语"、"泰西"等,全都保留原样。外国学者的译名,仅 de Saussure 统一为"德·索绪尔"(曾译"德·苏胥尔"),Чикобава 统一为"契科巴瓦"(曾译"契珂巴瓦"),其余一律遵照原译。引文、引例仍用当时原文章注明的版本。加 * 号的注,有的说明来源,如"《中国语文》编者注";凡不说明来源的,都是本文集编者所加的按语。

《汉语的句终词研究》等几篇论文中所用广州话、上海话和苏州话的材料,这次分别请岑麒祥、王理嘉和李小凡三同志校改过。

为编辑这本文集,北京大学中文系语言学教研室全体同志、汉语专业其他一些同志以及校外一些同志,还有高苏同志都出了不少力。同志们深切怀念名凯先生,切望文集早日问世。

宇 炎
1984 年 10 月